Ursula Struppe/Walter Kirchschläger
Einführung in das Alte und Neue Testament

Ursula Struppe/Walter Kirchschläger

Einführung in das Alte und Neue Testament

Verlag Katholisches Bibelwerk GmbH, Stuttgart

Die Deutsche Bibliothek – CIP-Einheitsaufnahme

Struppe, Ursula:
Einführung in das Alte und Neue Testament /
Ursula Struppe / Walter Kirchschläger. –
Stuttgart : Verl. Kath. Bibelwerk, 1998
ISBN 3-460-33035-X

Ursula Struppe,
Einführung in das Alte Testament
© 1994 Verlag Katholisches Bibelwerk GmbH, Stuttgart

Walter Kirchschläger,
Einführung in das Neue Testament
© 1994 Verlag Katholisches Bibelwerk GmbH, Stuttgart

ISBN 3-460-33035-X
Alle Rechte vorbehalten
© 1998 Verlag Katholisches Bibelwerk GmbH, Stuttgart
Umschlag: Finken & Bumiller, Stuttgart
unter Verwendung von drei Fotos (links: KBW; Mitte: Hans Siwik; rechts: EdS, Strasbourg)
Druck und Bindung: Kösel, Kempten

Ursula Struppe

Einführung in das
Alte Testament

Inhalt

III. Kapitel: Israel als Staat (ca. 1000–586 v. Chr.)

Vorwort

Der Text dieser »Einführung in das Alte Testament« entstand im Jahr 1993 auf dem Hintergrund meiner Tätigkeit im Rahmen der »Theologischen Kurse« in Wien.

Die nun vorliegende Verbindung der beiden Einführungen in AT und NT in einem Band entspricht meinem Anliegen, das Erste Testament als den ersten und grundlegenden Teil der christlichen Bibel zu verstehen. In meinem Vorwort 1993 schrieb ich: »Vor allem erlebe ich, wie not-wendig im Sinn des Wortes die Zuwendung zum ersten Teil der christlichen Bibel für uns heute ist. Ich hoffe, daß ich Ihnen durch dieses Buch einen Blick auf diese Welt des Alten Testaments öffnen, Ihnen etwas von meiner Faszination vermitteln kann. Vor allem wollte ich zeigen, wie der Glaube des alttestamentlichen Israel durch die Herausforderungen der Geschichte gewachsen ist, Gestalt angenommen hat und – in Treue zur Überlieferung – immer neu formuliert und aktualisiert wurde. Glaube in der Geschichte, Offenbarung in der Geschichte – ein Grundbekenntnis des Christentums, das

sich immer mehr zu entdecken lohnt.« Ich freue mich, daß mein Versuch auf so großes Echo gestoßen ist.

Zugleich enthält diese Publikation aber auch einen Wermutstropfen: Aus verlagstechnischen Gründen kann nur ein unveränderter Nachdruck erscheinen. Obwohl ich auf S. 14–15 von der Tendenz spreche, die Entstehung des »vorexilischen Erzählwerks« erst um das Jahr 700 v. Chr. anzusetzen, folgt der Aufbau des Buches noch der klassischen »Frühdatierung« (»Jahwist« in der frühen Königszeit – S. 39–41; vgl. S. 48–49), was ich heute nicht mehr vertreten würde. Die sog. »jahwistische Urgeschichte« ist möglicherweise erst in der Exilszeit dem »vorexilischen Erzählwerk« vorgeschaltet worden.

Für Leserinnen und Leser, die an den neueren Forschungsergebnissen interessiert sind, füge ich einen Literaturhinweis an: *E. Zenger*, Einleitung in das Alte Testament, Stuttgart, [2]1996.

Wien, im Februar 1998   *Ursula Struppe*

I. Kapitel: Zugänge und erste Überblicke

1 Zugänge zum Alten Testament: Warum überhaupt ein Altes Testament? Sein Wert für uns

1.1 Das Alte Testament – die Bibel Jesu und der Urkirche

Wenn wir unser Altes Testament aufschlagen, dann nähern wir uns der Bibel Jesu. Es ist die *Sammlung von »Heiligen Schriften«, aus denen der gläubige Jude Jesus gelebt hat*, die er gehört und meditiert, die er gebetet hat, aus denen er sein Leben gedeutet hat.

Seit seiner Jugend war Jesus mit dem Tempelgottesdienst vertraut. Jeden Sabbat besuchte er den Gottesdienst in der Synagoge. Wie jeder erwachsene Jude, so konnte auch er vom Synagogenvorsteher eingeladen werden, die Lesung in der Liturgie zu übernehmen (vgl. Lk 4). Er sprach täglich das »Sch^{e}ma Israel«, das »Höre, Israel« (= Dtn 6,45).

Nach den Evangelien besteht Jesus Krisen und Versuchungen mit Versen aus seiner Bibel (vgl. Mt 4,13). Wenn ihn ein Suchender um Weisung bittet, zitiert er ganz selbstverständlich Worte seiner Heiligen Schrift (Mk 10,17–31). Er, der in Vollmacht den Willen seines Vaters auslegt, sagt von sich selbst: »Denkt nicht, ich bin gekommen, das Gesetz und die Propheten aufzuheben. Ich bin nicht gekommen, um aufzuheben, sondern um zu erfüllen. Amen, das sage ich euch: Bis Himmel und Erde vergehen, wird auch nicht der kleinste Buchstabe des Gesetzes vergehen, bevor nicht alles geschehen ist.« (Mt 5,17–20)

Nach Darstellung der Evangelisten stirbt Jesus mit einem Psalmwort auf den Lippen (Mt 27,46; Mk 15,34: »Mein Gott, mein Gott, warum hast du mich verlassen?«, vgl. Ps 22,2; Lk 23,46: »Vater, in deine Hände lege ich meinen Geist«, vgl. Ps 31,6). Für den Evangelisten Lukas gehört es daher auch zu den ersten und zentralsten Taten des Auferstandenen, seinen Jüngern die Schrift zu erklären (Lk 24,27).

Auch nach Ostern blieben die ersten Christen in gewisser Weise Juden: Sie nahmen an den Gebetszeiten im Tempel (dem »Stundengebet«) teil (Apg 3,1) und hielten sich in der Halle Salomos auf (vgl. Apg 5,12). Und wieder in der Nachfolge ihres Herrn versteht die junge Kirche unser Altes Testament als *die* Heilige Schrift (vgl. 1 Kor 15,35), die sie geduldig erklärt (Apg 8,30ff).

Das Alte Testament war die Bibel Jesu – und es war die einzige Bibel, die Jesus und die Urgemeinde hatten.

1.2 Abschied vom Alten Testament?

Dennoch ist für uns das Alte Testament nicht so selbstverständlich und unproblematisch. Der lange zeitliche Abstand von 3500–2000 Jahren, seine lange Entstehungszeit selbst (ca. 1200 Jahre) und die damit verbundenen Widersprüchlichkeiten schaffen eine »*anstößige Konkretheit*«: Gottes Wort an ein bestimmtes Volk, in einer bestimmten Zeit, in bestimmten Sprachen und Anschauungsformen schaffen einen nur schwer zu überbrückenden Graben.

Was sollen wir im Zeitalter der Naturwissenschaften noch mit der Überzeugung der Psalmen, Gott habe »die Welt auf Pfeilern gegründet« (Ps 104,5) oder ein Meeresungeheuer, der Leviatan, wohne in den Tiefen des Meeres (Ps 104,26)? Was soll es für uns noch bedeuten, daß Gott über den Kerubim thront (Ps 99,1)? Was gehen uns die »Baschan-Büffel« (Ps 22,13) an, oder wie können wir Gott dafür danken, daß er die »großen Könige« Sihon, den König der Amoriter, oder Og, den König von Baschan (vgl. Ps 135,11), tötete?

Das letzte Beispiel führt uns noch näher zum Kern der Fragestellung: Spricht das Alte Testament nicht von Gott als einem grausamen, rachsüchtigen Gott? Von einem Gott, der willkürlich ein Volk erwählt, es bevorzugt und an dieser (fast nationalistisch-chauvinistisch) anmutenden Erwählung alle anderen Völker (z. B. die Ägypter, die im Schilfmeer umkommen, oder die Völker der Könige Sihon und Og) zu leiden haben? Nicht zuletzt scheint uns daher das Gottesbild fragwürdig: zum Gott des Neuen Testaments findet man leichter einen Zugang, in ihn kann man sich verlieben, sich betrachtend einfühlen: in die Bilder von Gott als unserem Vater, den Jesus vertrauensvoll »Abba« nennt; in den guten Hirten, der dem verlorenen Schaf nachgeht... – das ist »unser« Gott, dem wir als Christen glauben.

Diese Gedanken sind bereits im 2. Jahrhundert gedacht worden. Die Ausklammerung des Alten Testaments aus der christlichen Bibel wurde damals von der Kirche verworfen. Sie lebte im 19./20. Jahrhundert wieder auf, zum Teil mit deutlich antisemitischen Untertönen. Die Frage der Bedeutung des Alten Testaments für Christen ist so auch eine Frage, an der sich die Beziehung von Christen und Juden spiegelt.

1.3 Theologische »Rettungsversuche«, die ungenügend bleiben

Nur »Vorgeschichte« und »Hintergrund« für Jesus bzw. das Neue Testament?

Ein möglicher Rettungsversuch für das Alte Testament sieht so aus: die Offenbarung kennt in der Geschichte einen Fortschritt. Sie erreicht in Jesus einen Höhepunkt, so daß das Alte Testament von dieser endgültigen Offenbarung Gottes her nur »vorläufig« ist: sie bereitet sie vor, ist aber abgelöst und überholt von der vollen Offenbarung im Neuen Testament. Die Mängel, Einseitigkeiten und Unzukömmlichkeiten verlieren so für den Christen ihre Provokation und ihr Gewicht. Das Alte Testament erscheint als geschichtliches Relikt, als »Vorspann« für das eigentliche »Wort Gottes«, das Neue Testament.

Freilich: bei genauerem Hinsehen zeigt sich, daß auch das Neue Testament als »reines Wort Gottes« auf eine ähnliche Problematik hinweist: auch dort finden sich Stellen, die nach unserem Verständnis unzureichend, verzerrend von Gott sprechen. So wenn das Gericht über Hananias und Saphira (Apg 5) geschildert wird oder wenn vom »Zorn Gottes«, der über die Erde ausgegossen wird, in der Offenbarung des Johannes (Offb 16,1ff) die Rede ist.

Nur ein Fundort für »messianische Verheißungen«?

Eine »Rettung« des Alten Testaments kann auch so aussehen, daß die christliche Theologie bestimmte Texte zur *Fundierung dogmatischer Aussagen* verwendet: vor allem die beiden ersten Kapitel (Gen 1–2) als Belegstellen für den 1. Artikel des Glaubensbekenntnisses (»Ich glaube an Gott, den Schöpfer des Himmels und der Erde«) und Gen 3 zur Darlegung der kirchlichen Lehre von der »Erbschuld«. Für die Liturgie wurden die Psalmen als Gebete und Lieder gebraucht.

Außer den ersten Kapiteln der Bibel waren für die Dogmatik vor allem die sogenannten »messianischen Weissagungen« für die *Christologie* unentbehrlich: Jesus ist der im Alten Testament verheißene Messias Gottes. Diese Überzeugung ist schon für das Neue Testament grundlegend und unaufgebbar. Allerdings ist es problematisch, aus dem Alten Testament einzelne Verse wie aus einem Steinbruch herauszuhauen, sie aus dem Zusammenhang zu isolieren und zu »Beweisen« der Messianität Jesu zu stempeln.

Oftmals halten solche einzelnen Verse einer kritischen Überprüfung nicht stand. Die Verfasser der neutestamentlichen Schriften und die Kirchenväter haben in der ihnen geläufigen Weise die Überzeugung von Jesus als dem Messias Gottes zum Ausdruck gebracht. Ihr Umgang mit der Schrift war für sie und ihre Zeitgenossen erhellender

Hinweis, für uns – in historisch-kritischer Perspektive – können einzelne Stellen für sich genommen jedoch keine Beweiskraft beanspruchen (vgl. z. B. Mt 2,15 mit Hos 11,1). Von der messianischen Erwartung wird in diesem Buch noch ausführlich die Rede sein (vgl. Kap. VI.).

Meditativ fruchtbar und von großer Tiefe ist die Methode der sog. *Allegorie*: Sie versucht, hinter dem Wortsinn einen tieferen, geistlichen Sinn zu erschließen; den alten Text transparent zu machen auf die Gegenwart hin. So sprechen für die Kirchenväter nicht nur die messianischen Texte von Christus, sondern indirekt, hinter dem Wortsinn verborgen, auch andere Texte (ein Beispiel: der Felsen, auf den Mose in der Wüste schlägt und aus dem Wasser hervorsprudelt – vgl. Num 20,7–11 – ist nach 1 Kor 10,4 ein Sinnbild für Christus).

Aber selbst wenn man sich nur auf den Textbestand stützt, der auch in historisch-kritischer Perspektive »messianisch« zu deuten ist, reicht dieser »Rettungsversuch« nicht aus. Im Grund werden so ja nur einige wenige Texte und Verse des Alten Testaments »gerettet«. Der »Rest« ist entbehrlich und überflüssig. Die Überzeugung der Kirche, das Alte Testament sei kanonisch, Wort Gottes, verlangt eine tiefere Begründung. Eine »christologische« Begründung, der Hinweis auf die messianischen Verheißungen, reicht dazu nicht aus. Das Alte Testament ist nicht nur »Vorläufer«, »Wegbereiter« für das Neue Testament. Es hat eine eigene Würde, eine eigene Kraft und Bedeutung, einen Eigen-Wert und einen Mehr-Wert.

Dazu ist der folgende theologische Gedanke grundlegend: Von Gott wissen wir nicht nur durch Christus, Christus ist nicht der einzige Inhalt der Schrift und nicht der einzige Gegenstand des Glaubens. Das Alte Testament ist Offenbarungszeugnis einer echten und bleibend gültigen Gotteserfahrung.

Genau besehen hat sich die Argumenta-tionsstruktur von der Zeit der Urkirche zu uns heute unter der Hand entscheidend verändert: den ersten Christen ging es darum, auf der Grundlage ihrer Heiligen Schrift (des Alten Testaments) den Anspruch und die Bedeutung Jesu aufzuzeigen. Sie rechtfertigten Jesus vom Alten Testament her, wollten zeigen, daß der Christusglaube nicht im Widerspruch zur Schrift steht, sondern in einer inneren Einheit mit ihr, in einer inneren göttlichen Logik und Folgerichtigkeit. Altes und Neues Testament sprechen vom Wirken des einen Gottes. Heute hat sich die Beweislast verschoben: Nicht Jesus muß vor dem Alten Testament gerechtfertigt werden, sondern umgekehrt das Alte Testament von Christus her.

Wenn diese »Rettungsversuche« theologisch ungenügend sind – worin liegt dann der Wert des Alten Testaments?

1.4 Wozu das Alte Testament gut ist

Geschichtlichkeit des Glaubens

Das Alte Testament ist der schriftliche Niederschlag von Gottes Geschichte mit Israel. Es verweist – gerade durch seine lange Entstehungszeit und die Fremdheit der Zeit und Kultur – nachdrücklicher noch als das Neue Testament auf die Geschichte als den Ort der Offenbarung.

Gerade die *Vielstimmigkeit* und *Buntheit* sind für das Alte Testament charakteristisch: es erzählt von den Alltagserfahrungen in Großfamilien und Stammesverbänden, von der internationalen Weisheit am Hof der Könige von Jerusalem, von der beißenden Sozialkritik des Viehzüchters Amos und von der Kraft der Erotik in den Liebesliedern des Hoheliedes. Die Worte von Bauern und Gelehrten, Priestern, Propheten und Prophetinnen – all das ist durch mehr als 1000 Jahre eingeflossen und macht seinen Reichtum aus. »Die Bücher errichten nicht ein Gebäude unveränderlicher Wahrheiten; vielmehr bezeugen sie, daß Gott eine Geschichte in Gang gebracht hat, in deren Verlauf Menschen immer neue Seiten der unfaßlichen Wahrheit entdecken.« (*A. Ohler*) »Gott wollte nicht eine Religion stiften, er wollte ein Menschenvolk für sich gewinnen.« (*M. Buber*)

Derselbe Gott im Alten und Neuen Testament als Grund der Einheit der Heiligen Schrift

Der Vater Jesu Christi ist der Gott Abrahams, Isaaks und Jakobs. Das Neue Testament ist nicht der »bessere« Teil der Bibel, sondern beide Teile sprechen von der Liebesgeschichte Gottes, von seinem oft zum Scheitern verurteilten Versuch, sich ein Volk zu schaffen und Heil und Rettung bis an die Grenzen der Erde zu wirken. Es ist ein und derselbe Gott, der im Alten wie im Neuen Testament wirkt. Beide Testamente sind daher untrennbar miteinander verbunden. Dies ist die tiefste Begründung für die Einheit der Schrift.

Die Einheit des Kanons ist daher:
▷ sachlich-inhaltlich, nicht bloß historisch-zeitlich (als ein bloßes »Nacheinander«) aufzuzeigen und
▷ zunächst *»theo*-logisch«, nicht *»christo*-logisch« zu begründen.

Diese Behauptung muß sich aber auch von der Botschaft des Alten Testaments her aufzeigen lassen.

Die Grunderfahrung Gottes im Alten Testament

Einige Male finden sich *»Kurzfassungen« des Glaubens*, credoartige Texte (Dtn 26,5–10; Dtn 6,20–25; Jos 24,17–18). Was bekennt Israel als die Mitte seines Glaubens? Nicht die Erschaffung der Welt durch Gott, auch nicht die Ereignisse vom Sinai und die Mitteilung von Gesetz und Gebot. Es spricht von der geschichtlichen Erfahrung der Errettung aus der Knechtschaft der Ägypter. Diese Errettung wird in breit ausformulierten Erzählkränzen im Buch Exodus

(Ex 1–14) berichtet, mehr als 360 mal finden sich im Alten Testament wörtliche Anspielungen darauf. Es ist das Zentrum der alttestamentlichen Botschaft, die »Geburtsstunde« des Jahweglaubens. »Ich bin Jahwe, dein Gott, der dich aus Ägypten geführt hat, aus dem Sklavenhaus« (Ex 20,2). Jahwe ist nicht ein Gott, der von fern die Welt regiert, sondern einer, der in geschichtlicher Erfahrung nahekommt, der den Leidenden und Bedrängten nahe ist, ihr Schreien hört, ihr Elend sieht und sich als rettend erweist. Diese geschichtliche Erfahrung der Befreiung ist in die glaubende Deutung des Gottesnamens »Jahwe« eingeflossen: »Ich bin der, der mit euch/für euch/rettend gegenwärtig ist (so, wie ich das bleibend gültig im Exodus erwiesen habe)«.

Die Struktur dieser Erfahrung des Volkes Israel wirkt in vielen Büchern und Texten nach, so z. B. auch im Ps 113.

	Dtn 26,5–10	Ps 113,5–9
Not	die Ägypter behandelten uns schlecht, machten uns rechtlos, legten uns harte Fronarbeit auf (V. 6)	im Staub liegen (V. 7) kinderlos sein (V. 9)
Hilferuf	wir schrien zu Jahwe (V. 7)	
hören/ sehen	Jahwe hörte unser Rufen sah unsere Ausbeutung (V. 7)	er schaut in die Tiefe (V. 6)
retten	er führt uns heraus (V. 7) er brachte uns an diese Stätte (V. 8–9)	er hebt empor er läßt im Hause wohnen (V. 9)

Wie Gott sich im Exodus erwiesen hat, so erweist er sich auch im Leben des einzelnen Glaubenden. Der Gott des Alten Testaments ist ein Gott, der in der Höhe thront und in die Tiefe hinabschaut: von seiner Größe und Hoheit kann nur geredet werden, wenn auch von seinem »Hinabneigen«, seiner Hinwendung zu den Armen, die im Schmutz liegen, zu den Verachteten und Schwachen, gesprochen wird. Diese »Bewegung Gottes zur Welt«, seine rettende Nähe, erreicht in Jesus ihren unüberbietbaren Höhepunkt: »Er war Gott gleich, hielt aber nicht daran fest, wie Gott zu sein, sondern er entäußerte sich und wurde wie ein Sklave ... darum hat ihn Gott über alle erhöht« (Phil 2,6–7.9). Er ist der »Immanuel«, der »Gott-mit-uns« (Mt 1,23), das fleischgewordene Jahwesein Gottes.

Die Mitte des Alten Testaments und des Neuen Testaments entsprechen einander. Es geht nicht um ein anderes Gottesbild, nicht um eine »Aufhebung« oder »Revision« des Alten Testaments durch das Neue Testament, sondern um seine Erfüllung. »Gott hat das Erbarmen mit den Vätern an uns vollendet«, so formuliert das Neue Testament die untrennbare Einheit der Rettungsgeschichte Gottes (Lk 1,72).

☛ Auf S. 107 f finden Sie eine weiterführende Arbeitsanregung zum Text Dtn 26,5–10.

1.5 Schrift als Quelle der Erneuerung – das Alte Testament als Korrektiv

Gegen Verjenseitigung – Die Diesseitigkeit des Alten Testaments und seine Rede vom »Land«

Das Alte Testament kennt – bis in die allerletzte Zeit – keine Vorstellungen über das Jenseits. Dies ist erstaunlich, weil in seiner Umwelt üppige Totenkulte (z. B. in Ägypten) blühten. Der Glaube ist ganz auf das *Handeln Gottes im Diesseits* gerichtet. Lehren über das Jenseits wehrte man wahrscheinlich gerade deshalb ab, weil sie zu sehr nach den Totenkulten der Umwelt rochen, die untrennbar mit seltsamen, fremden Göttern verknüpft waren.

Deshalb ist »Erlösung« auch keine Erlösung in/für das Jenseits, sondern eine konkrete, geschichtliche Erfahrung: Die Erlösungstat Jahwes an Israel ist das Exodusereignis. (Das Wort »er – lösen« ist hier durchaus wörtlich zu verstehen: »lösen« von Fesseln, losmachen, freimachen, Freiheit schenken.) Wie aber erfahren die späteren Generationen »Erlösung"? Sie erfahren die »Frucht« dieser Erlösung – das »Land« als Segensgabe Gottes.

Es ist ein »prächtiges Land ..., ein Land mit Bächen, Quellen und Grundwasser ..., ein Land mit Weizen und Gerste, mit Weinstock, Feigenbaum und Granatbaum, ein Land mit Ölbaum und Honig, ein Land, in dem du nicht kärglich dein Brot essen mußt, ein Land, in dem es dir an nichts fehlt, ein Land, dessen Steine aus Eisen sind, aus dessen Bergen du Erz gewinnst«. Es ist ein Land, in dem man ißt und satt wird, prächtige Häuser baut und sie bewohnt, wo Rinder, Schafe und Ziegen sich vermehren und Gold und Silber sich häuft« (vgl. Dtn 8,7–13).

Der Segen des Landes kann sich dort entfalten, wo Israel nach seiner *»Tora«*, nach seiner von Jahwe geschenkten Gesellschaftsordnung, lebt: wenn sie Jahwe nicht vergessen (vgl. Dtn 8,14), wenn alle sieben Jahre die alten, egalitären Besitzverhältnisse wiederhergestellt und alle Schulden erlassen werden (Dtn 15,1–6.12–18), wenn Israel für die sozial Schwachen (die Witwen und Waisen) sorgt (Dtn 24,17–22), so daß es eigentlich keinen Armen geben sollte (Dtn 15,4). Diese Geschwisterlichkeit, die von Jahwe geschenkt und gefordert wird, äußert sich auch in einer alle sozialen Schichten und Gruppen umfassenden Fröhlichkeit vor Jahwe bei den großen Wallfahrtsfesten in Jerusalem (Dtn 16,11.14–15).

So sollte es eigentlich sein, sagt das Alte Testament – aber zugleich erfahren wir auch, wie weit Theorie und Praxis auseinanderklafften. Propheten wie Amos oder Jesaja prangern im 8. Jahrhundert die krassen sozialen Unterschiede an, daß die armen Bauern ihr Land verkaufen mußten und die Reichen stattdessen »Haus an Haus reihen«. Aber gerade das ruft den Zorn Jahwes hervor, weil es die Pervertierung seines Willens, die Verdrehung von Recht und Gerechtigkeit ist. Es ist von theologischer Brisanz: hat ein freier Israelit seinen Anteil an Land verloren oder hat er sich gar in Schuldknechtschaft verkaufen müssen, dann wäre er auch um sein »Erbteil« an der Erlösung des Exodus geprellt worden; dann ist es so, als wäre er gleichsam noch in Ägypten.

So wird auch eine kommende Heilszeit immer in konkreten Bildern beschrieben: Weinberge pflanzen und Wein trinken, Gärten anlegen und seine Früchte essen (z. B. Am 9,11–15), ein Festmahl mit üppigen Speisen feiern (Jes 25,6–8).

Das Leben mit Gott lohnt sich, bringt »Lebensqualität« hier und jetzt. Diese Grundüberzeugung des Alten Testaments kann gegen eine einseitige »Verjenseitigung« ins Treffen geführt werden. Glaube ist nicht eine »Versicherung« für das Jenseits, ist kein »Opium des Volkes«, keine billige Vertröstung. Damit ist natürlich nichts gegen die Hoffnung auf die Vollendung bei Gott, auf die Auferstehung der Toten gesagt. Die wird z. B. in Ps 16 erwartet. Aber das Christentum ist – wie das Judentum – *keine (ausschließliche) »Jenseitsreligion«*, sondern eine Hoffnung, die Zeit und Geschichte umgreift.

Gegen einseitige Verinnerlichung –
Die Botschaft von Gottes Herrschaft
und die Konkretheit seines Willens
Manche Begriffe und Wendungen sind durch den häufigen Gebrauch so abgegriffen und »stumpf« geworden, daß sie niemandem mehr wehtun und leicht handhabbar sind: wir verstehen sie »innerlich«, »spirituell«, wie wir sagen, nicht »äußerlich«, konkret-praktisch. Und so haben wir ihnen jeden Stachel genommen. Die konkrete und praktische Redeweise des Alten Testaments könnte uns da aufbrechen zu einem neuen Verständnis und einer neuen Praxis.

Ein Beispiel: Jesus nennt uns seine »Brüder und Schwestern«, und diese Wendungen sind zum sprachlichen Allgemeingut geworden. Was bedeutet es aber, wenn ein Prediger seine Gemeinde mit »Liebe Schwestern und Brüder 'im Herrn'« anspricht? Sicherlich, das Neue Testament konkretisiert diese Begriffe, spricht von der Gesinnung des »Dienens«, der Demut. Aber sind nicht auch diese Begriffe abgenutzt, schal, ja sogar mißbraucht worden? Hat sich hinter der Maske des Dienens nicht oft auch Herrschaft versteckt?

Mit dem Begriff »Bruder« wurde im Dtn z. B. das rechte Verhalten zum Kriminellen (Dtn 25,1–3) wie die Amtsführung des Königs (Dtn 17,14–20) unter ein Richtmaß gestellt: Auch der straffällig Gewordene ist »Bruder« – das bedeutet, daß seine Strafe nicht entwürdigend oder entehrend sein darf (»humaner Strafvollzug«). Auch der König ist »Bruder«. Er darf sich nicht zu viele Rosse halten (Kriegsmaterial), nicht zu viele Frauen haben (»Statussymbol«), nicht Gold und Silber anhäufen (»Reichtum«); seine Macht muß durch eine ämterteilige Verfassung wirksam beschränkt werden, und er darf sein Herz nicht über seine Brüder erheben.

Der »Bruderbegriff« ist also alles andere als eine (nur) geistige, innerliche Wirklichkeit! Geschwisterlichkeit »im Herrn« bedeutet nicht »Geschwisterlichkeit im Himmel« oder im »Herzen«, sondern umfaßt Rollenverhalten, rechtliche Beschränkung von Macht, Verzicht auf Statussymbole usw.

Gegen Individualisierung – Gottes Liebe zu Israel
So persönlich, ja intim Gottesbegegnung im Alten Testament auch ist: sie geschieht im Kontext der Erwählung Israels. Gott will und schafft sich ein Volk – nicht ein Heer von einzelnen. Der Ausdruck »Erwählung« läßt einen unangenehmen Beigeschmack zurück: es klingt nach Überheblichkeit und Anmaßung, nach (nationalem) Chauvinismus und einseitiger »Bevorzugung«.

Zwar weist das Alte Testament die Versuchung zum Stolz nachdrücklich zurück (»Nicht weil ihr zahlreicher als die anderen Völker wäret, hat euch der Herr ins Herz geschlossen und auserwählt; ihr seid das kleinste unter allen Völkern«, Dtn 7,7). Die Frage ist aber dennoch berechtigt:

Was bedeutet die anstößige Redeweise von der »Erwählung« Israels? Es bedeutet, daß Gott in der Geschichte der Menschen, einer Geschichte auch voller Schuld und Gewalttat, einen neuen Anfang setzt, der allen Völkern gilt. Ein Volk, das Jahwe persönlich gehört, das ganz aus seinem Willen und aus seiner Tora (Gesellschaftsordnung) lebt, wird zur Attraktion für die Völker werden: zum Licht, zur Stadt auf dem Berg (Jes 2), wird andere mit seinem Gottesverhältnis und seiner wahrhaft humanen Lebensweise anstecken und in seinen Bann ziehen. Nach der Bibel soll auf diese Weise eine umfassende Rettung und Heil zu allen Völkern gelangen.

Das Wort von der »*Erwählung*« ist also nicht partikularistisch (»nur ihr«), sondern *universalistisch* (»ihr, und durch euch für alle«) zu verstehen. Der Weg, auf dem Gott zu allen Völkern geht, ist gerade der bescheidene, gewaltlose Weg in der Geschichte, der überzeugen, werben, einladen und nicht zwingen will. Dazu braucht Gott ein Volk, das als »Kontrastmodell« zeigt und lebt, was geglücktes Leben in Gemeinschaft mit Gott bedeuten kann.

L *Literatur*: B. Lang, Ein Buch wie kein anderes. Einführung in die kritische Lektüre der Bibel. (Biblische Basis Bücher 3), Stuttgart 1980, S. 222–231; N. Lohfink, Kirchenträume. Reden gegen den Trend, Freiburg ⁴1984, S. 11–25; E. Zenger, Das Erste Testament. Die jüdische Bibel und die Christen, Düsseldorf 1991; C. Dohmen / F. Mußner, Nur die halbe Wahrheit? Für die Einheit der christlichen Bibel, Freiburg 1993

> Unser Altes Testament war die Bibel Jesu und der Urkirche.
> Die ferne Zeit und Kultur und das angeblich gewalttätig-strafende Gottesbild bilden eine Hürde, das Alte Testament zu verstehen. Diese Schwierigkeiten sind nicht neu.
> Theologisch angemessen ist ein Verständnis, das es als geschichtliches und bleibend gültiges Offenbarungszeugnis von dem einen, gemeinsamen Gott von Altem und Neuem Testament auffaßt. Die Grunderfahrung der Bibel: Gottes rettende, befreiende und berufende Gegenwart in und für sein Volk.

> Das Wort Gottes hat auch eine prophetisch-kritische Funktion an unserem Glaubensverständnis und unserer Lebenspraxis. So kann das AT uns helfen, auch die diesseitige, die konkret-leibliche, und die gesellschaftlich-gemeinschaftliche Dimension unseres Christseins zu entdecken.

2 Erste Überblicke

Wenn man ein Kunstwerk betrachtet, geht man in der Regel von dem Gesamteindruck aus und wendet sich dann dem Detail zu. Unter dieser Überschrift »Erste Überblicke« sollen einige »Flugaufnahmen«, gleichsam aus der »Vogelperspektive«, unternommen werden, um in den weiteren Kapiteln des Buches die einzelnen Dinge im Detail anzuschauen. Ein erster Überblick soll dazu helfen, später die großen Züge im Kopf zu behalten. Außerdem ist es jederzeit möglich, auf diese Seiten zurückzublättern und sich wieder eine »Panoramasicht« zu verschaffen.

2.1 Was gehört dazu? Umfang und Aufbau des alttestamentlichen Kanons

Das Alte Testament erscheint in unserem Bücherregal als ein Buch, in Wirklichkeit ist es aber eine Sammlung von verschiedensten Büchern, eine *»Bibliothek« von 46 Büchern*. Es ist die »Bibliothek« der kanonischen Schriften Israels. Dieser Kanon des Alten Testament ist über einen längeren Zeitraum in einem Selektions-, Kompositions- und Überarbeitungsprozeß entstanden.

»Kanon« bedeutet ursprünglich »Rohr«, »Maßstab«, »Norm«; in unserem Sinn »Maßstab«; die Sammlung heiliger Bücher, in denen die Kirche Richtschnur und Norm für ihr Leben und ihre Lehre erkennt.

Der hebräische Kanon – die Einteilung der jüdischen Bibel

Das Judentum gliedert unser Altes Testament in drei Teile: in »Torá«, »Propheten« und »Schriften«.

Die fünf Bücher der Tora (wörtl. »Weisung«, »Gesetz«) sind die fünf ersten Bücher des Alten Testaments, nämlich:

Genesis

Exodus

Levitikus

Numeri

Deuteronomium

Sie heißen auch die fünf Bücher Mose oder der *»Pentateuch«*.

Hinter dieser Bezeichnung spiegelt sich der Brauch, umfangreichere Texte nicht in Büchern (als »Codex«), sondern in Rollen auf Papyrus oder Leder niederzuschreiben und in eigenen Behältern aufzubewahren; von griech. »penta« und »teuchos«, wörtl. »die in fünf Behältern aufbewahrte Schrift«.

Der Pentateuch enthält vielfältiges Material aus verschiedenster Zeit. Seine heutige Gestalt erhielt er zwischen 500 und 400 v. Chr. Er ist der älteste kanonisierte Teil des Alten Testaments und daher auch der Teil, der im Judentum die höchste Würde und Achtung genießt. Alle anderen Bücher gelten als Auslegung und Interpretation der Tora.

Beim Kanonteil »Propheten« wird nach der Einteilung des jüdischen Kanons zwischen den früheren (oder vorderen) und den späteren (oder hinteren) Propheten unterschieden. Zu den »früheren Propheten« gehören die Bücher

Josua,

Richter,

1 und 2 Samuel,

1 und 2 Könige;

zu den »späteren Propheten« die Bücher

Jesaja,

Jeremia,

Ezechiel und

die 12 »kleinen« Propheten (im Inhaltsverzeichnis der Bibel die Bücher Hosea bis Maleachi).

An den Kern des Pentateuch schlossen sich diese Bücher etwa im 3. Jahrhundert an.

Inhaltlich scheinen uns die Bücher Jos bis 2 Kön eher geschichtlich, nicht aber prophetisch zu sein. Trotzdem wurden sie unter den »Propheten« zusammengefaßt, weil man auch in ihren Verfassern Menschen mit prophetischem Geist am Werk sah.

Unter die »Schriften« fallen alle übrigen Bücher (wie z. B. Psalmen, Ijob, Sprüche, Rut, Daniel, Chronik). Wie die etwas vage Bezeichnung »Schriften« schon andeutet, handelt es sich um den am wenigsten profilierten Bereich des Alten Testaments. Ihm ordnete man alle Schriften zu, die so spät entstanden, daß sie in den beiden ersten Teilen des Kanons keinen Platz mehr fanden.

Diese Entwicklung des Alten Testaments spiegelt sich auch an den Stellen im Neuen Testament wider, wo es von unserem Alten Testament spricht. Es gibt noch nicht eine Bezeichnung, sondern man umschreibt sie mit den Namen der drei Kanonteile der jüdischen Tradition: »Gesetz« (Joh 12,34 u. a.); »Gesetz und Propheten« bzw. »Mose und Propheten« (Mt 7,12; Lk 16,16.29; Röm 3,21) und schließlich an einer Stelle »Mose, die Propheten und die Psalmen« (Lk 24,44).

In den christlichen Bibeln wurden die Bücher neu eingeteilt (in Geschichtsbücher, Lehrbücher und Prophetenbücher) und auch neu geordnet, so daß nicht in allen Bibelausgaben die Reihenfolge der alttestamentlichen Bücher gleich ist.

Die Sprache: Hebräisch und die griechische Übersetzung

Die Originalsprache des Alten Testaments ist Hebräisch. Hebräisch, ursprünglich Volkssprache, wurde ab dem 6. Jh. v Chr. vom Aramäischen (der Muttersprache Jesu) verdrängt. Es blieb der Bibel, dem Gottesdienst und den Theologen vorbehalten. Im hebräischen Alten Testament finden sich auch zwei Texte (Esra 4,8 – 6,18; Dan 2,4 – 7,28), die in Aramäisch abgefaßt sind.

Das hebräische Alphabet besteht nur aus Konsonanten. Erst im frühen Mittelalter wurde durch jüdische Gelehrte (die sog.

Die hebräische Bibel	Die Einheitsübersetzung
Tora	**Die fünf Bücher des Mose**
Genesis, Exodus, Levitikus, Numeri, Deuteronomium	Genesis, Exodus, Levitikus, Numeri, Deuteronomium
Propheten	**Die Bücher der Geschichte des Volkes Gottes**

die früheren Propheten
    Josua, Richter, 1 und 2 Samuel, 1 und 2 Könige
 	
die späteren Propheten
    Jesaja, Jeremia, Ezechiel, und das Zwölfprophetenbuch (Hosea, Joel, Amos, Obadja, Jona, Micha, Nahum, Habakuk, Zefanja, Haggai, Sacharja, Maleachi)
	Josua, Richter, Rut, 1 und 2 Samuel, 1 und 2 Könige, 1 und 2 Chronik, Esra, Nehemia, Tobit, Judit, Ester, 1 und 2 Makkabäer

	Die Bücher der Lehrweisheit und die Psalmen
Schriften	Ijob, Psalmen, Sprichwörter, Kohelet, Hohelied, Weisheit, Jesus Sirach
Psalmen, Ijob, Sprichwörter, Rut, Hohelied, Kohelet, Klagelieder, Ester, Daniel, Esra, Nehemia, 1 und 2 Chronik	**Die Bücher der Propheten**
	Jesaja, Jeremia, Klagelieder, Baruch, Ezechiel, Daniel und das Zwölfprophetenbuch (Hosea, Joel, Amos, Obadja, Jona, Micha, Nahum, Habakuk, Zefanja, Haggai, Sacharja, Maleachi)

Im Kanon der Einheitsübersetzung kommen die sieben »deuterokanonischen Bücher« vor, die in der jüdischen Bibel fehlen:

Tobit, Judit, 1 und 2 Makkabäer, Weisheit, Jesus Sirach, Baruch

»Masoreten«) ein Zeichensystem aus Pünktchen und Strichen, meist unter den Konsonanten, erfunden, das die Vokale zwischen den Konsonanten anzeigt (die sog. »Vokalisierung«).

Beispiel für einen hebräischen, vokalisierten Text (Gen 1,1):

בְּרֵאשִׁ֖ית בָּרָ֣א אֱלֹהִ֑ים אֵ֥ת הַשָּׁמַ֖יִם וְאֵ֥ת הָאָֽרֶץ׃

Ab dem 3. Jahrhundert wurde Griechisch im östlichen Mittelmeerraum zur beherrschenden Sprache, auch für die Juden. Daher wurde das hebräische Alte Testament ins Griechische übersetzt – die sog. »Septuaginta« entstand. Diese Übersetzung hat für uns insofern große Bedeutung, als die neutestamentlichen Verfasser das Alte Testament fast immer nach ihr zitieren.

Diese Übersetzung wird so genannt, weil sie nach einer Legende von 72 Männern in 72 Tagen erstellt wurde.

Da die letzten alttestamentlichen Bücher erst zwischen 200 und 50 v. Chr. entstanden, ist es nicht verwunderlich, daß sie fast ausnahmslos entweder griechisch verfaßt (Weisheit; 2 Makkabäer; Judit; Daniel 13 – 14) oder nur in griechischer Übersetzung überliefert sind (1 Makkabäer; Baruch 6; Tobit u. a.).

Kanonisch – deuterokanonisch – apokryph

Die Kanongeschichte wirkt sich noch heute im Umfang des Alten Testaments in den verschiedenen christlichen Kirchen aus. Einige »Schriften«, die um die Zeitenwende in Synagogen gelesen wurden, fanden in anderen Gebieten oder Kreisen weniger Beachtung oder wurden abgelehnt. Die Kanongrenzen waren noch bis ins 2. Jahrhundert n. Chr. hinein fließend.

So ist erklärbar, daß die katholischen Bibelausgaben sieben Bücher (Tobit, Judit, 1 und 2 Makkabäer, Weisheit, Jesus Sirach, Baruch) sowie die griechischen Zusätze in den Büchern Ester und Daniel unter den anderen kanonischen Schriften abdrucken (sie werden »deuterokanonisch« genannt), sie aber in den jüdischen Bibelausgaben fehlen. In evangelischen Bibeln sind sie meist als »Anhang« zum Alten Testament abgedruckt, sie gelten nicht als kanonisch, sondern als »apokryph«.

Der hebräische Kanon besteht aus drei Teilen: der Tora, den Propheten und den Schriften. Diese Dreiteilung spiegelt auch die Entstehung des Kanons wider.

Das Alte Testament ist hauptsächlich Hebräisch geschrieben. Die Septuaginta ist eine alte und für das Neue Testament wichtige Übersetzung ins Griechische.

Kanonische Bücher sind Bücher der Heiligen Schrift.

»Apokryph« nennt man Bücher, die nicht in den Kanon aufgenommen wurden.

Deuterokanonisch nennt man jene sieben Bücher bzw. einige weitere Buchteile des Alten Testaments, die nicht Teil des Kanons des Judentums bzw. der evangelischen Christen sind.

2.2 In welchem zeitlichen / geschichtlichen Rahmen bewegen wir uns? Überblick über die Geschichte Israels

Vorbemerkung: Dieser Abschnitt will eine erste, grobe Orientierung ermöglichen. Erklärungen und ausführlichere Darlegungen zu den einzelnen Perioden folgen später. Machen Sie sich daher keine Sorgen, wenn Sie manches nicht genau einordnen können oder den Hintergrund nicht präsent haben.

Die Geschichte Israels in alttestamentlicher Zeit umfaßt einen Zeitraum von knapp 1 ½ Jahrtausenden und läßt sich grob in drei Perioden einteilen.

Die vor- oder antistaatliche Zeit: die Stammesgesellschaft Israel (1250 – 1000 v. Chr.)

Diese Periode umfaßt in der Bibel die Erzählungen über die Patriarchen Abraham,

Isaak und Jakob; die Wanderung nach Ägypten (Buch Genesis) und der Aufenthalt dort; der Auszug unter der Führung des Mose, der Zug durch die Wüste und der Aufenthalt am Sinai (Bücher Exodus, Levitikus, Numeri, Deuteronomium), die Landnahme in Palästina (Josua) und die Zeit der »Richter« (Richter).

Der geschichtliche Hintergrund dieser Zeit ist relativ schwierig zu erheben, weil wir meist über zuwenig Quellen verfügen. So liefern die Patriarchenerzählungen (Gen 12 – 36) geschichtlich kaum Anhaltspunkte: die erzählten Bräuche und Lebensweisen sind dem Milieu von (Groß)familien und Sippen entnommen und haben sich wahrscheinlich über Jahrhunderte kaum geändert.

Auf einen historischen Anhaltspunkt stoßen wir in der Notiz Ex 1,11: Die Israeliten wurden demnach zum Bau der Vorratsstädte Pi-Atum und Pi-Ramses herangezogen. Wahrscheinlich handelt es sich um den Bau der Residenzstadt vor allem unter Ramses II. (1279 – 1213). Die Ereignisse des Auszugs liegen also wahrscheinlich in der 2. Hälfte des 13. Jahrhunderts v. Chr.

In den ägyptischen Quellen finden sich keine Nachrichten über Mose oder den Auszug. Es muß sich – aus der Sicht des Weltreiches Ägypten – um ein unbedeutendes Ereignis, um die gelungene Flucht einer relativ kleinen Gruppe, gehandelt haben.

Ab dem 12./11. Jahrhundert wird für uns ein Stämmeverband »Israel« in Palästina greifbar. Archäologische Spuren einer »Völkerwanderung« oder einer großen »Einwanderungswelle« finden sich nicht. Einzelne Stämme können sich in einer konkreten Situation (z. B. zur Abwehr einer militärischen Bedrohung von außen) zusammenschließen, leben aber relativ unabhängig voneinander. Es gibt noch keinen »König«, d. h. keine zentrale Leitung. Anders gesagt: Israel bildet eine Stammesgesellschaft, ist aber noch kein Staat.

Die staatliche Zeit: Die Monarchie in Israel, das Nord- und Südreich (rund 1000 – 586 v. Chr.)

Ab dem 10. Jahrhundert entwickelt sich aus der losen Stammesgesellschaft ein Staat: das Königtum entsteht. Auf Saul, den ersten König, folgen David und Salomo. Jerusalem wird zur Hauptstadt.

Nach dem Tod des Salomo (um 930 v. Chr.) zerfällt das Reich in zwei Teile: das Nordreich »Israel« und das Südreich »Juda«. Beide Reiche gehen getrennte Wege. Im Südreich herrschen die Davididen, Jerusalem und sein Tempel sind der Mittelpunkt dieses Reiches.

Während das Nordreich Israel mit seiner Hauptstadt Samaria 722 v. Chr. von den Assyrern erobert und zerstört wird, besteht das Südreich Juda rund 150 Jahre länger. Erst 586 v. Chr. ereilt es ein ähnliches Schicksal: es wird von den Neubabyloniern (der Nachfolgemacht der Assyrer) erobert. Jerusalem und der Tempel werden zerstört; die Oberschicht deportiert. Es ist der Beginn des »babylonischen Exils«.

Die substaatliche Zeit: Israel als Provinz fremder Mächte (586 – 63 v. Chr.)

Das babylonische Exil erreicht 538 v. Chr. durch die Perser sein Ende: Sie lösen die Neubabylonier als Großmacht ab und verfolgen eine andere Politik. Sie erlauben die Rückkehr und unterstützen den Wiederaufbau Jerusalems und des Tempels. Die persische Zeit ist eine Zeit der literarischen Blüte.

Um 330 v. Chr. beginnt durch den Vormarsch Alexander des Großen die Zeit des Hellenismus. Griechische Kultur und die griechische Sprache strömen ein, das Judentum nimmt zum Teil diese »modernen« Strömungen auf und adaptiert sie, zum Teil setzt es sich kritisch dagegen ab.

Die Zeit nach Alexander (die Zeit der Diadochenreiche) ist wechselvoll. Es kommt zu Zwangshellenisierung, zu einem jüdischen

Religionsverbot, zu Aufständen und zu jüdischen Märtyrern (Zeit der »Makkabäer«, 2. Jh. v. Chr.).

Ein jüdisches Herrschergeschlecht, die Hasmonäer, erweist sich als Enttäuschung: auch Juden erleben den Einmarsch der Römer (63 v. Chr. unter Pompeius) zunächst als Erleichterung.

> Die Geschichte Israels hat drei Hauptetappen:
> ▷ die vor- oder antistaatliche Zeit als eine Zeit der Stammesgesellschaft (Frühzeit, bis ca. 1000 v. Chr.)
> ▷ die Zeit des Staates bzw. der getrennten Staaten Israel und Juda (Königszeit)
> ▷ die substaatliche Zeit (nach dem babylonischen Exil 586 v. Chr. bis in die Zeit der Römer)

2.3 Wie ist es entstanden? Zur Buchwerdung des Alten Testaments

Von einigen wenigen Büchern abgesehen (Jona...) entstand kein alttestamentliches Buch, wie heute Literatur entsteht. Sie sind nicht aus einem Guß und wurden nicht »am Schreibtisch« geschrieben. *Sie verdanken sich einem langen, meist Jahrhunderte dauernden Prozeß der Überlieferung.*

Mündliche Stoffe (Lieder, ethische Weisungen, Rechtssätze, Sagen) wurden von Generation zu Generation in Großfamilien, Sippen oder Stammesverbänden weitergegeben. Oft hafteten erzählende Stoffe an einzelnen Personen (den Ahnherrn einzelner Sippen, z. B. Abraham) oder an bestimmten heiligen Orten (z. B. Bet-El; Jerusalem). Langsam wurden diese Stoffe gesammelt und zu Erzählkränzen, Gebotsreihen o.ä. geformt, gleichzeitig wurden die Stoffe auch schriftlich niedergelegt.

Diese Sammlungen wurden noch jahrhundertelang ergänzt, bearbeitet, für die jeweilige Generation neu ausgelegt und »aktualisiert«.

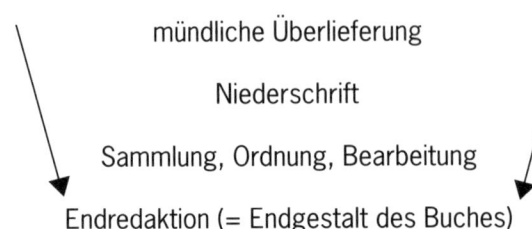

mündliche Überlieferung

Niederschrift

Sammlung, Ordnung, Bearbeitung

Endredaktion (= Endgestalt des Buches)

Obwohl einzelne Stoffe sehr alt sind, entstand kein einziges biblisches Buch (in der Gestalt, wie es heute vor uns liegt) vor der Perserzeit, also vor dem 5./4. Jahrhundert (vgl. dazu 2.1). Sie sind daher in der Mehrzahl nicht Werk eines Autors, sondern ein gewachsenes Geflecht von Überlieferung und Deutung vieler Generationen. Sie sind in gewisser Weise Schriften ganz Israels. Sie wissen sich der Kraft der Geschichte und der Überlieferung verpflichtet und bezeugen zugleich die Erfahrung, daß jede Generation sich diese überlieferten Stoffe neu zu eigen machen muß.

2.4 Die Entstehung des Pentateuch als Beispiel

Der Pentateuch ist das beste, für Bibelwissenschaftler aber auch das dornigste Beispiel für eine lange, komplizierte Entstehungsgeschichte.

Erste Erkenntnisse: nicht von Mose, keine literarische Einheit

Die kritische Betrachtung des Pentateuch entzündete sich an der jüdisch-christlichen Tradition, Mose sei der Verfasser des Pentateuch.

Das Alte Testament selbst nennt Mose nicht als Verfasser; wohl aber schreibt es gewisse Teile (vor allem bestimmte Gesetze) Mose zu (vgl. Ex 24,4; 34,27–28; Dtn 31,9.21ff). Ab dem 1. Jahrhundert n. Chr (Josephus; Philo) wurde Mose als Verfasser angesehen. Diese Auffassung spiegelt sich auch im Neuen Testament (Mk 12,26; Joh 1,17; Apg 13,38).

Die Pentateuchforschung, anfangs noch zaghaft und unsystematisch betrieben, wurde vor allem im 19. Jahrhundert systematisch zur Frage nach seiner Entstehung ausgebaut. Weiter führte vor allem eine systematische Untersuchung des Textbestandes. Unterschiede in Wortwahl, Syntax, Stil, zahlreiche Dubletten und widersprüchliche Erzählstränge führten zu der Erkenntnis, daß unmöglich *ein* Autor dieses Werk verfaßt haben konnte.

Das letzte Buch des Pentateuch, das Deuteronomium, hat eine eigene Entstehungsgeschichte. Die folgenden Beobachtungen beziehen sich daher nur auf die ersten vier Bücher, insbesondere auf Genesis, Exodus und Numeri.

Ein Beispiel – zwei Schöpfungserzählungen in Gen 1,1 – 2,4a und Gen 2,4b-25

Gen 1,1 – 2,4a erzählt schematisch und geordnet die Erschaffung der Welt als ein »6-Tage-Werk« (wiederholt gleiche Wendungen: »Gott sah, daß es gut war« V. 4.10.12.18.21.25.31; »Es wurde Abend, und es wurde Morgen: erster Tag« – V. 5.8.13.19.23.31; Gott spricht, und es geschieht...). Gott setzt der Urflut, dem Chaos, eine Grenze und schafft »Land« (V. 2.6.9). Es entstehen Pflanzen, Himmelskörper, Tiere und zum Schluß die Menschen als Mann und Frau. Am siebenten Tag ruht Gott. Abschließend steht als »Unterschrift« die Notiz: »Das ist die Entstehungsgeschichte von Himmel und Erde, als sie erschaffen wurden« (2,4a).

In *Gen 2,4b* ist wieder ein Zustand »vor der Schöpfung« vorausgesetzt: das »Chaos« ist diesmal Trockenheit, Wüste, das Fehlen von Nutzpflanzen (V. 5). So beginnt die Erzählung damit, daß Feuchtigkeit aus dem Boden aufsteigt. Jahwe formt den »Menschen« (hebr. »Adam«) aus dem feuchten Boden und macht ihn lebendig. Danach legt Gott einen Garten mit Bäumen für den Menschen an (V. 8), den der Mensch »bebauen

und hüten« soll. Nun stellt Jahwe fest, daß der Mensch allein ist, und formt aus dem Ackerboden Tiere. Aber der Mensch findet in ihnen keine Hilfe gegen seine Einsamkeit. Nun läßt Jahwe einen tiefen Schlaf auf den Menschen fallen und formt aus seiner Rippe ein Wesen »aus des Menschen Fleisch und Blut«, ein gleichwertiges Gegenüber, das der Mensch jubelnd begrüßt (V. 23).

Es ist deutlich, daß hier zwei Erzählungen über die Erschaffung der Welt und des Menschen hintereinander stehen. Sie sprechen auf sehr unterschiedliche Weise davon. Unterschiede in

▷ *Wortwahl* (z. B. wird in Gen 1 Gott »Elohim« – »Gott« – genannt«, in Gen 2 »Jahwe«);

▷ *Stil* (vgl. die schematische, feierliche Darstellung in Gen 1 und und die freiere, lockere Erzählung in Gen 2);

▷ in der *Abfolge der Schöpfungswerke* (Gen 1: Mensch am »6. Tag«; Gen 2: Mensch am Anfang);

▷ in *kulturellen Voraussetzungen* (Gen 2 verrät deutlich die Perspektive eines Bauern in trockener Landschaft; Gen 1 sieht – ähnlich wie die babylonischen Schöpfungsmythen – das Chaosmeer als Urbedrohung des Lebens; Gen 1 hat einen kosmologischen, umfassenderen Horizont, während Gen 2 eher in geographisch bescheideneren Dimensionen denkt).

Diese Beobachtungen lassen vermuten, daß Gen 2 der ältere Text ist. Dies wird auch durch die Vorstellungen vom »Erschaffen« gestützt: Gen 2 stellt sich das Tun Jahwes sehr »menschlich« vor – er ist der »Handwerker« (z. B. der Töpfer, der Gärtner...) in seiner Welt. Gen 1 formuliert die Überzeugung von der Wirkmächtigkeit des göttlichen Wortes: Gott spricht, und es geschieht. Offenbar steht hier schon die Erfahrung des prophetischen Wortes Pate (vgl. Jes 55,10–11).

Ähnliche Ergebnisse liefert die Untersuchung vieler anderer Texte des Pentateuch.

Wie die Ägypter sich die Erschaffung des Menschen vorstellten: Der Gott Ammon zeugt ihn, Chnum und Hathor formen und beleben ihn.

Auch an anderen Stellen finden sich zwei thematisch gleiche oder ähnliche Erzählungen (vgl. die Berufung des Mose in Ex 3 und Ex 6; die Berufung des Abraham in Gen 12, Gen 15 und Gen 17). Oft wurden zwei Darstellungen nach dem »Reißverschlußsystem« ineinander geschoben: es blieben nicht zwei Texte erhalten, sondern es entstand – freilich nicht ohne Mühe – *ein* Text. Widersprüche und »unlogische« Abfolgen der Erzählzüge nahm man offenbar bewußt in Kauf. Ein Beispiel für das »Reißverschlußsystem« ist Gen 6 – 9, die »Sintfluterzählung«.

Die wahrscheinlichste Erklärung – »Schichten« oder »Quellen« im Pentateuch

Ist also der Pentateuch eine Zusammenfügung vieler einzelner Erzählungen? Hat der »Endverfasser« eine große Zahl von Einzeltexten (zwei Schöpfungserzählungen, zwei Sintfluterzählungen, zwei Berufungen des Mose,...) zu einem Werk zusammengebaut? War er ein fleißiger und genialer Sammler? Die Bibelwissenschaft sagt nein. Sie konnte nämlich feststellen, daß Wortschatz, Satzbau, Stil, theologische Akzente in Gen 1, in einer der beiden Erzählstränge in Gen 6 – 9 und in der Berufung des Abraham in Gen 17 einander entsprechen und sich auch im

Buch Exodus, Levitikus und Numeri wiederfinden. Löst man nun diese Texte aus ihrem Kontext und reiht sie versuchsweise aneinander, ergibt sich eine fortlaufende Erzählung. Hier liegt also eine »Quelle«, eine »Urkunde«, vor, die der Endverfasser (man nennt ihn den »Endredaktor«) bereits vorgefunden hat. Da sie ein auffälliges Interesse an kultischen Vorgängen zeigt, erhielt sie den Namen »*Priesterschrift*« (abgekürzt: »P«). Mit ziemlicher Sicherheit läßt sie sich in die exilisch/nachexilische Zeit datieren.

Diese Quelle P ist in Sprache und Theologie sehr klar von den übrigen Texten abzuheben. Der Endredaktor hat sie als Rahmen benützt, in den er die anderen – die älteren – Teile des heutigen Pentateuch eingefügt hat. Bei seiner Tätigkeit hat er nicht nur Texte hintereinandergereiht, sondern auch Überleitungen und Verbindungen geschaffen.

Haben wir nun die »P«-Texte aus ihrem heutigen Zusammenhang im Pentateuch herausgeschält, bleibt der »Rest« übrig. Mit Sicherheit handelt es sich ebenfalls nicht um viele Einzeltexte, sondern um eine ausführliche Geschichtserzählung, also um eine zweite Quelle. Der Endredaktor hat P mit dieser zweiten Quellen verbunden, die jedenfalls älter ist als P. Mit ziemlicher Wahrscheinlichkeit ist diese zweite Quelle bereits vor dem Exil entstanden.

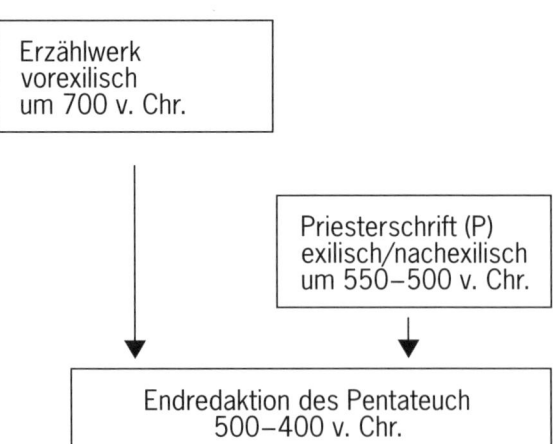

Erzählwerk
vorexilisch
um 700 v. Chr.

Priesterschrift (P)
exilisch/nachexilisch
um 550–500 v. Chr.

Endredaktion des Pentateuch
500–400 v. Chr.

Was läßt sich über die Entstehung des vorexilischen Erzählwerks sagen? Ist es ein Werk, in dem mündliche und schriftliche Einzeltraditionen aufgenommen wurden? Hier sind die Antworten schwierig. Die klassische »Urkundenhypothese« geht davon aus, daß auch dieses vorexilische Erzählwerk aus zwei selbständigen Urkunden zusammengefügt wurde: aus dem *»Jahwist«* (abgekürzt: »J«) und dem *»Elohist«* (abgekürzt: »E«). Man meinte, daß der Jahwist etwa um 1000 – 900 v. Chr. entstanden ist, der »Elohist« zwischen 800 und 700 v. Chr. Das vorexilische Geschichtswerk – also die Verbindung von Jahwist und Elohist – kürzt man mit »JE« ab und nennt es den »Jehowist«. Diese Hypothese findet sich in den meisten Lehrbüchern.

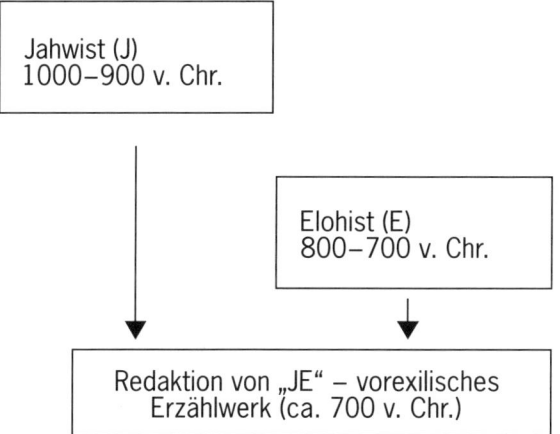

Allerdings ist die Entstehung dieser vorexilischen Quelle in den letzten Jahren wieder in die wissenschaftliche Diskussion geraten. Zum einen bezüglich »E«: Hier liegen nur bestimmte Texte vor, die E zugeschrieben werden. Entweder sind nur Teile dieser Quelle in JE aufgenommen worden. Oder aber – und das ist wahrscheinlicher – J wurde später durch verschiedene (»elohistische«) Texte zu JE ergänzt, ohne daß E eine selbständige Urkunde gewesen wäre (»elohistische Fragmente«).

In der jüngsten Zeit sind aber auch Zweifel an der Existenz von J aus der frühen Königszeit laut geworden. Ist das vorexilische Erzählwerk vielleicht erst um 700 v. Chr. entstanden, und wurden darin vielleicht nicht umfangreiche Erzählwerke, sondern kleinere Erzählkreise und Überlieferungen zu einer Geschichtsdarstellung verbunden?

Die Entstehungsgeschichte des Pentateuch ist daher sehr kompliziert und wird sich in ihren Einzelheiten nie ganz rekonstruieren lassen. Sicher ist, daß er »Traditionsliteratur« und nicht »Autorenliteratur« ist: daß er also nicht Werk eines Autors ist. Sicher ist auch, daß zahlreiche und umfangreiche mündliche und schriftliche Traditionen aus verschiedenen Zeiten (von rund 1200 – 400 v. Chr.) gesammelt wurden. Als gesichert gilt in der Forschung auch die Existenz der jüngsten Schicht, der Priesterschrift, und ihre Datierung in die exilisch-nachexilische Zeit. Die vorexilische Geschichte des Pentateuch läßt sich weniger leicht erhellen. Die in diesem Buch vorgestellte Hypothese ist noch immer diejenige, die meist vertreten wird und sich auch in den meisten Lehrbüchern findet. Dabei ist aber zu beachten, daß die Forschung weitergeht und kein abschließendes Urteil möglich ist.

☛ Wenn Sie gerne an den »Schichten des Pentateuch« weiterarbeiten wollen: Auf S. 109–113 finden Sie eine Arbeitsanregung zur »Fluterzählung« (Gen 6 – 9).

📖 *Literatur:* W. H. Schmidt, Einführung in das Alte Testament, Berlin-New York ⁴1989, S. 40–58

Das Alte Testament entstand in einem jahrhundertelangen Prozeß von mündlicher Überlieferung, Anfängen der Schriftwerdung, Sammlung und Ordnung der Materialien bis zur Endredaktion.
Wer ein Buch des Alten Testaments aufschlägt, stößt also nicht einfach auf einen Text eines Verfassers aus einer bestimmten Zeit. Er bekommt es

sehr oft mit einem Textgewebe zu tun, das unterschiedlichste Fäden zu einer Einheit verwoben hat. Innerhalb weniger Verse kann der Leser oder die Leserin einem Autor aus dem 9., dem 5. und dem 3. Jh. begegnen.

Vor allem die Entstehungsgeschichte des Pentateuch ist lang und kompliziert. Verschiedene ursprünglich selbständige Quellen wurden im Lauf von Jahrhunderten darin verwoben: ein vorexilisches Erzählwerk (JE), das vielleicht schon die Verbindung von »Jahwist« und »Elohist« (elohistische Fragmente) darstellt, und die Priesterschrift. Die Zusammenfügung(en) nennt man »Redaktion(en)«.

➤➤ ÜBERBLICKS- UND VERSTÄNDNISFRAGEN

1. Nennen Sie Schwierigkeiten mit dem Alten Testament und »Rettungsversuche«, die nicht wirklich befriedigen können.

2. Worin liegt die Einheit von Altem und Neuem Testament begründet?

3. Wozu braucht die Kirche das Alte Testament und inwiefern könnte das Alte Testament einseitige Sichtweisen korrigieren?

4. Nennen Sie die drei Kanonteile der jüdischen Bibel.

5. In welcher Sprache ist das Alte Testament (zumindest sein überwiegender Teil) geschrieben?

6. Was ist die »Septuaginta«?

7. Was bedeuten die Begriffe kanonisch – deuterokanonisch – apokryph?

8. Nennen Sie die drei großen Etappen der Geschichte Israels.

9. Ergänzen Sie den Satz: »Die Bücher des Alten Testaments sind in ihrer Mehrzahl nicht Werk eines einzigen Autors, sondern....«.

10. »Die fünf Bücher des Pentateuch sind das Werk eines Autors, und zwar des Mose.« Diese Behauptung läßt sich so heute nicht mehr vertreten. Nennen Sie Beobachtungen und Gründe, warum das so ist.

11. Wie stellt sich die heutige Forschung die Entstehung des Pentateuch vor? Beschreiben Sie in groben Zügen die Hypothese. In welchen Aspekten ist die heute gängige Hypothese umstritten?

1 Der Alte Orient – die Umwelt des Alten Testaments

1.1 Zur Geographie Palästinas

Unter Palästina versteht man im allgemeinen den Schauplatz der biblischen Geschichte, also die Gebiete der heutigen Staaten Israel und Jordanien.

Der Name Palästina ist die griechische Form eines ursprünglich aramäischen Wortes. Es bezeichnete das Siedlungsgebiet der Philister in der Küstenebene. Zur Zeit des römischen Reiches wurde dieser Name dann auf westjordanische Gebirgsgegenden und das Ostjordanland ausgedehnt.

Das Gebiet umfaßt das mittlere Stück des sogenannten »Fruchtbaren Halbmondes«. Darunter versteht man eine Reihe von Kulturländern im Nordosten, Norden und Nordwesten der syrisch-arabischen Wüste. Als mittlerer Teil der syro-palästinischen Landbrücke war Palästina in seiner Geschichte immer Durchzugs- und Aufmarschgebiet der Großmächte des Nordens und des Südens: in biblischer Zeit zunächst die Assyrer, danach die (Neu)Babylonier und Perser einerseits und die Ägypter andererseits. Hier kreuzten sich bedeutende Verkehrsstraßen und machten das Gebiet zu einem wichtigen Durchzugsland für Handel und Verkehr.

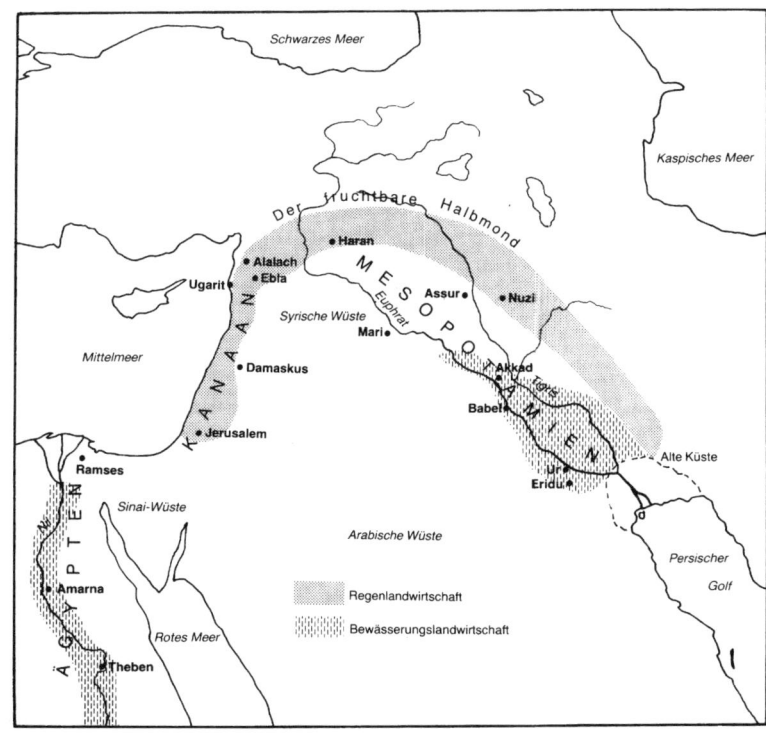

Der fruchtbare Halbmond. Schauplätze der Väter- und Auszugsüberlieferungen.

Die Fruchtbarkeit des Zweistromlandes im Gebiet von Eufrat und Tigris und die Ägyptens wurde durch Flüsse garantiert. Sie brachten Wasser und ermöglichten so Ackerbau und eine hohe (Israel weit überlegene) Kultur und Zivilisation.

Palästina wird im Westen durch das Mittelmeer begrenzt. Die Küste verläuft völlig gerade und bietet wenig Gelegenheit zum Ausbau natürlicher Häfen. Die Küstenebene ist zwar sehr fruchtbar, aber auch Durchmarschgebiet fremder Völker und Soldaten. Für Israel hat sie wenig Rolle gespielt. Umso wichtiger ist die relative Offenheit des Kulturlandes gegen Osten zur Wüste hin. Die Grenze von Kulturland und Wüste verläuft nicht abrupt, sondern kontinuierlich. Ein breiter Steppengürtel, der als Viehweide genützt werden kann, schließt an das Kulturland an. Der sog. Jordangraben erstreckt sich von Norden nach Süden, trennt das Westjordanland vom Ostjordanland und verbindet den See von Galiläa mit dem Toten Meer. Der Spiegel des Toten Meeres liegt bis 390 m unter dem Niveau des Mittelmeeres.

Das Land selbst besteht von Norden nach Süden aus dem galiläischen Gebirge, der Ebene von Megiddo oder Jesreel und dem zentralpalästinischen Gebirge, das zur Küste hin in einem Hügelland abfällt.

Seine Fruchtbarkeit empfängt Palästina nicht durch große Ströme, sondern ausschließlich vom Regen. Es gibt nur zwei Jahreszeiten: den regenreichen Winter von Oktober/November bis April/Mai und den völlig regenlosen Sommer.

Der erste Regen nach der langen Trockenheit ist eine beeindruckende Erfahrung. Die Wüste beginnt zu blühen. Der Wind, der die Wolken und damit den Regen bringt, wird herbeigesehnt. Diese Erfahrung spiegelt sich im Ps 104,30: »Sendest du deinen Geist aus, so werden sie alle erschaffen, und du erneuerst das Antlitz der Erde.« Das hebr. Wort für »Geist« (ruach) bedeutete ursprünglich auch »Wind«.

Es ist seit jeher ein karges Land, Bodenschätze gibt es so gut wie nicht. Es war niemals ein Überschußgebiet für Wirtschaft und Handel im Nahen Osten.

Die Karten, die im Anhang der Einheitsübersetzung (und eventuell auch in einer anderen Bibelausgabe) abgedruckt sind, können Ihnen den Überblick erleichtern. So finden Sie in der Einheitsübersetzung eine »Physikalische Karte Palästinas« (unter »XI. Karten« die Nr. 2) oder eine Karte zum »Nahen Osten« (Nr. 1). Ihre Bibel enthält mehr als nur den Bibeltext allein – gehen Sie auf Entdeckungsreise!

1.2 Religion und Gesellschaft im Alten Orient

Wirtschafts- und Gesellschaftsform

Religion und Gesellschaft standen im Alten Orient in einem unlösbaren Verhältnis. Dies läßt sich am besten an den beiden Hochreligionen im Zweistromland und am Nil ablesen.

Beide Kulturen lebten von den großen Strömen. Um Boden bewirtschaften zu können, sind umfangreiche Bewässerungssysteme notwendig. Kennzeichnend für diese »Bewässerungsgesellschaften« ist das, was seit Karl Marx in der Literatur allgemein »asiatische Produktionsweise« genannt wird: Eine kleine Gruppe kontrolliert die Produktion, die von der großen Masse der Bevölkerung geleistet wird, und schöpft das Ergebnis ab. In Ägypten entwickelte sich schnell eine absolute Zentralisation, im Zweistromland bildeten sich mehrere Zentren.

Grund und Boden ist meist Eigentum des Königs bzw. des Tempels. In manchen Zeiten bildeten sich auch eine schmale Aristokratenschicht, *Lehenswesen* und *Feudalismus* herrschten vor. Die Gesellschaft ist streng nach Rang und Stand gegliedert, wie eine Fülle streng hierarchischer Listen belegt. Es handelte sich um hochentwickelte und durchorganisierte Beamtenstaaten – wir kennen eine Fülle von Bezeichnungen für Amtsträger aller Art vom Minister und Statthalter bis hinunter zu Aufsehern. Der Großteil der Bevölkerung lebte als Arbeiter oder halbfreie Sklaven.

Die erklärende und stabilisierende Funktion der Mythen

Der Tempel war ein Wirtschaftskomplex – der Gott, der dort verehrt wurde, war der Gott des Bewässerungssystems. Die intensive Durchdringung von Religion und Gesellschaft zeigt sich auch daran, daß die Gliederung der Gesellschaft in den Himmel und den Bereich der Götterwelt projiziert wurde: Das Götterpantheon – mit dem höchsten Gott an der Spitze – ist Abbild der Gesellschaft. Umgekehrt wirken die Mythen auf die Gesellschaft legitimierend und stabilisierend zurück: Die Weltenherrschaft der Götter legitimiert die Herrschaft der Menschen.

Zwei Beispiele:
1.) Nach dem *altbabylonischen Atramchasis-Mythos* erschaffen die Götter die Menschen, um die notwendige Arbeit zu verrichten. 1200 Jahre nach ihrer Erschaffung haben sich die Menschen so vermehrt, daß sich die Götter durch den Lärm, den die Menschen erzeugen, belästigt fühlen. Sie beschließen daher, die Menschheit in einer Flutkatastrophe wieder zu vernichten. Durch die List eines Gottes überlebt aber eine Menschenfamilie. Als den Göttern bewußt wird, daß sie nun ihre Arbeiter vernichtet haben, bemerken sie erleichtert, daß doch einige überlebt haben. Sie beschließen einen Kompromiß: Es soll zwar Menschen geben, aber ihre Zahl wird durch Krankheit und Seuchen beschränkt.
Auf die Grundfrage des Mythos: »Wer ist der Mensch? Wozu ist er geschaffen?« antwortet dieser Mythos: Er ist zur Arbeit erschaffen, er ist Arbeitssklave der Götter, kommt er dieser Aufgabe nicht nach, könnten ihn die Götter vernichten.
2.) Andere Mythen erzählen die *Kosmogonie (Weltentstehung) durch einen Kampf der Götter:* Marduk, ein junger Gott, tötet Tiamat, die Göttin des Meerwassers, die in der Gestalt einer Schlange oder eines Drachens dargestellt wird. Die Schöpfung des Götterkönigs Marduk ist aber immer bedroht: Das Meeresungeheuer könnte sich jederzeit wieder erheben und die Welt zurück ins Chaos stürzen. Am Neujahrsfest wird der Sieg des Marduk gefeiert und durch den Kult auch seine Kraft erneuert. In diesem Mythos spricht sich die Erfahrung aus: es ist eine bedrohte Welt, im Moment noch geordnet und si-

cher, sie kann aber jederzeit im Chaos versinken (Spuren dieses Seeungeheuers im Alten Testament: Ps 74,13–14; Ps 104,24–26).

Der göttliche König

Besonders deutlich wird die ideologische Verbrämung von Religion in den Vorstellungen über den König, vor allem in Ägypten. Der Pharao war der »Sohn Gottes«, von der Sicherung seines Geschicks – auch über den Tod hinaus – hing das Schicksal der ganzen Gesellschaft ab. Er vermittelte Heil, Fruchtbarkeit und Lebensfülle für das ganze Land. Überhaupt kreiste neben dem Kult der kosmischen Götter (Himmel, Sonne, Mond, Sterne...) das religiöse Denken um Fruchtbarkeit, um Leben und Tod. Es gab kultdramatische Begehungen, bei denen die Göttermythen durchgespielt, aktualisiert wurden, so in Babylonien das Ritual der »Heiligen Hochzeit«, eines sakralen Geschlechtsverkehrs: Der König vertrat den Gott der Fruchtbarkeit, Dumuzi (Tammuz), eine Priesterin die Liebesgöttin Inanna/Ischtar. Durch diese »Aktualisierung« sollte Fruchtbarkeit gesichert werden. Nach dem Vollzug der ersten Heiligen Hochzeit galt der König als Gott.

Diese Fruchtbarkeitskulte verschleierten die gesellschaftlichen Vorgänge, indem sie sie naturhaft interpretierten. Der Mensch konnte in der geheimnisvoll-bedrohlichen Natur zwar ein Gefühl der Verborgenheit spüren, aber die Zwänge, denen er sich unterwerfen mußte, waren ja zunächst nicht die große göttliche Notwendigkeit des Naturkreislaufes, sondern das Machtsystem, das hinter dem Tempel und seinen Ritualen stand.

Syrien-Palästina

In Syrien-Palästina wurde der Gott El als höchster Gott verehrt (vgl. den Volksnamen »Isra-El«). Daneben gab es mehr lokal gebundene Göttertypen, die »Baale«. So hatte auch eine Stadt ihren Stadtgott. Diese lokale Bindung von Gottheiten macht deutlich, daß es um die religiöse Durchdringung der ganz konkreten, am Ort gegebenen gesellschaftlichen Realität des Menschen ging.

Da die Götterwelt schließlich zu kompliziert und vielfältig wurde, entwickelte sich der *Typ eines »persönlichen Gottes«* oder »Nahgottes«. Sie wurden als »Gott des...« oder »Gott unseres Vaters...« verehrt. Zu diesem Göttertyp gehörte die Religion der Patriarchen, worauf Gottesbezeichnungen wie »Gott Abrahams« bzw. »Gott unseres Vaters Abraham« hinweisen.

Die altorientalischen Reiche waren meist hoch organisierte, feudale Bewässerungsgesellschaften. Gesellschaft und Wirtschaft waren religiös durchdrungen.

Die Mythen (bes. Schöpfungsmythen) spiegeln das Selbstverständnis der Menschen wieder und haben eine erklärende und stabilisierende Funktion. Der König galt als »Sohn Gottes«.

In Syrien-Palästina wurden an verschiedenen Orten »Baale« verehrt. Neben den ortsgebundenen Gottheiten gab es den Göttertypos eines »persönlichen« Gottes.

---

2 Von der Schwierigkeit und der Bedeutung des geschichtlichen Ursprungs des Jahweglaubens

Die Frühzeit Israels, d. h. die Zeit bis zur Einführung der Monarchie (1250 – 1000 v. Chr.), ist geschichtlich schwer zu greifen. Es gibt eine Fülle von Texten, die folgendes Bild vor den Augen des Lesers entstehen lassen (Gen – Ri):

Familien bzw. Sippen leben in Kanaan (Gen 12 – 36). Ihr Ursprung liegt in einem Mann namens »Abraham«, der aus seinem angestammten Siedlungsgebiet (Ur in Chaldäa) auszieht (Gen 11,31; 12,1–3). Gott verheißt ihm und dann wiederholt auch seinen Nachkommen Mehrung und Landbesitz. Sein Enkel Jakob (der in »Israel« umbenannt wird – Gen 32,29) hat 12 Söhne. Diese

Söhne und ihre Familien gelangen nach Ägypten (Gen 37 – 50), wo sie zu einem großen Volk werden (Ex 1,7). Dort beginnt die eigentliche Religion Israels: Mose erfährt die Offenbarung des Jahwenamens (Ex 3,14) und wird zum Anführer einer Befreiung aus der Knechtschaft des Pharao (Ex 5 – 15). Die gefahrvolle Wanderung durch die Wüste wird unterbrochen von einem langen Aufenthalt am Sinai: Dort gab Jahwe seinem Volk Gesetze und Weisungen, dort erscheint er ihm in einer machtvollen »Theophanie« (Gotteserscheinung), dort schließt er mit dem Volk einen Bund (Ex 19 – 24), dort wird der Kult Israels eingerichtet (Errichtung eines Zeltheiligtums, eines Altars, Priester), und dort wird das erste Opfer gefeiert (Ex 25 – Lev 6).

Am Ende des Pentateuch, mit dem Buch Deuteronomium, ist das Volk unter der Führung des Mose an der Schwelle des verheißenen Landes angelangt (Dtn 1 – 3; 34), wo Mose in großangelegten Reden nochmals die Ereignisse vom Sinai (= Horeb) und die dort übermittelten Gesetze rekapituliert. Er setzt einen Nachfolger, Josua, ein, der mit der Eroberung und der Verteilung des Landes die Geschichte fortführt. Im Land selbst lebt Israel weiter in kriegerischer Konfrontation mit Nachbarvölkern. Es hat noch keine Hauptstadt und keine zentrale Leitung (ist kein »Staat«). Als Führungspersönlichkeiten treten die sog. »Richter« auf – teils rechtsprechend (Ri 4,4), teils als charismatische Heerführer (Ri 3,7–11). Um 1000 wird Israel zur Monarchie (Saul, David).

Diese Texte sind aber nicht einfach »historische Protokolle«. Wie schon im letzten Kapitel deutlich wurde, ist der Pentateuch (und damit die oben beschriebene Darstellung) erst in der Perserzeit (ca. 400 v. Chr.) – also mehr als 800 Jahre von den Anfängen entfernt – entstanden. Jahrhundertelang haben Menschen die Erfahrungen ihres Glaubens, ihre Nöte und Freuden in diesen alten Überlieferungen wiedergefunden und sie neu und im Blick auf ihre Zeit aktualisiert. Sie sind daher sprechende Zeugnisse für die Zeit ihrer Entstehung, aber nur bedingt Quellen zur Geschichte Israels in der Frühzeit. Allerdings gibt es auch viele Texte und Überlieferungen, die sehr alt sind und teilweise bis in diese Zeit zurückreichen. Für die Geschichte Israels sind sie daher von unschätzbarer Bedeutung – besonders deswegen, weil wir sonst nur über wenige Quellen verfügen.

Neben der Analyse der alttestamentlichen Zeugnisse können wir vor allem auf folgende andere Quellen zurückgreifen: auf schriftliche Quellen aus dem Alten Orient (Inschriften, Briefe, Dokumente) und auf Ausgrabungsfunde (Besiedlungsspuren, Gebäude, Stadtmauern, Tonscherben,...).

Der Name »Israel« begegnet erstmals auf der Stele des Pharao Merenptah (1219 v. Chr.). »Israel« erscheint dort zusammen mit der Bezeichnung »Volk«. »Israel liegt brach und hat kein Saatkorn (= hat keine Nachkommen, die gegen Ägypten Widerstand leisten können). Hr (= Syrien-Palästina) ist zur Witwe geworden für Ägypten«.

Archäologische Oberflächenforschung ortet das Siedlungsgebiet der Bevölkerung Israels in Mittelpalästina südlich von Sichem. Andere altorientalische Zeugnisse von »Israel« fehlen aus dieser frühen Zeit. »Israel« wird Ende des 13. Jahrhunderts in Mittelpalästina als Volk historisch faßbar – mehr wissen wir aus außerbiblischen Quellen nicht.

Trotz dieser schwierigen Quellenlage ist die Frage nach der Geschiche von großer Bedeutung. Die biblischen Texte sind nicht einfach »Mythen« oder gar »Erfindungen«. Sie sind »Geschichten um Geschichte« (*G. Fohrer*): Sie halten an einem geschichtlichen Ursprung der Religion Israels fest. Dies unterscheidet das Alte Testament von den Religionen der Umwelt.

Israel hat den Ursprung seines Glaubens nicht in eine »Urzeit« verlegt und mythologisch verankert (wie z. B. nach der babylonischen Tradition die Weltschöpfung in der Gründung des Marduk-Tempels mündet oder das Königtum nach sumerischer Tradition gleich nach der Menschenschöpfung vom Himmel herabsteigt). Die biblischen Texte sprechen vom erwählenden und berufenden Handeln Jahwes in der Geschichte.

> Die alttestamentlichen Texte sind keine historischen »Protokolle«, sondern »Geschichten um Geschichte«, glaubende und verkündigende Deutung der Geschichte. Sie halten fest: Der Jahweglauben hat keinen mythologischen, sondern einen geschichtlichen Ursprung.

3 »Ein Gott, der mit uns geht« – Lebensweise und Religion der familiären Kleingruppen (»Patriarchen«)

Lebensweise

Die Überlieferungen in Gen 12 – 50 erzählen »*Familiengeschichten*«. Das kulturgeschichtliche Milieu, das sich in diesen Texten widerspiegelt, führt uns nach neueren Untersuchungen erst in die Zeit ab 1200 v. Chr. – also in eine Zeit, in der wir schon aus den altorientalischen Quellen von der Existenz einer Bevölkerungsgruppe »Israel« im Land wissen.

Die patriarchalen Familien leben vor allem im palästinischen Bergland. Sie betreiben (nomadisierende) Viehzucht, aber auch Ackerbau.

Die Patriarchen wurden früher oft »Nomaden« genannt, und man meinte, ihre Lebensform in Unterschied zur »Seßhaftigkeit« der kanaanäischen Bauern beschreiben zu können. Einen Gegensatz zwischen Nomaden und Seßhaften hat es aber so nicht gegeben. Zwar gibt es (s. dazu unten) einen Gegensatz zwischen den kanaanäischen Stadtstaaten in den Ebenen und der Hirten- und Bauernbevölkerung in den Gebirgsgegenden, aber die Übergänge zwischen Bauern und Hirten waren fließend: Die Patriarchen besitzen sowohl Großvieh (Gen 12,16) als auch Äcker, die sie zum Teil mit großem Erfolg bewirtschaften (Gen 26,12–13).

Die Großfamilien sind lose größeren »Sippen« zugehörig, doch sind familienübergreifende Sozialformen schwach ausgebildet. Die (Groß)familie ist die wichtigste Lebens-

und Wirtschaftseinheit: In ihr lebt und erwirtschaftet man als Hirten und Bauern den Lebensunterhalt. Das Familienoberhaupt hat auch die Funktion eines »Richters«: Er entscheidet über Streitigkeiten unter den Familienmitgliedern. Und er ist auch »Priester« im Rahmen eines Gottesdienstes, der weitgehend in den Familien gefeiert wird. Arbeitsteilung, Geld und Gerichtswesen fehlen noch völlig.

Religion

Die alten Gottesbezeichnungen, die im Buch Genesis genannt werden, sind typisch: Gott gilt als *Gott des Vaters bzw. des Vorvaters*: »Gott meines Vaters«, »Gott eures Vaters« (Gen 31,5.42; 49,25) oder mit der Nennung des Namens (»Gott Abrahams/Gott Nahors« – Gen 31,53) oder die Bezeichnung »Schrecken Isaaks« (Gen 31,42). Die jeweilige Familie lebt in einer besonderen Vertrauensbeziehung zu »ihrem« Gott, der ihnen vor allem in ihren konkreten Sorgen und Freuden begegnet.

Der Gottesname »Jahwe« wurde nach der Bibel erst Mose geoffenbart (Ex 3,14; Ex 6) und kam auch geschichtlich erst durch die Mosegruppe nach Palästina. Der Gott der Patriarchen wurde »El« (= Gott) genannt und war wohl eine Ausprägung des großen Himmelsgottes »El«, wie er an verschiedenen Orten mit unterschiedlichen Beinamen verehrt wurde: El-'Eljon (Einheitsübersetzung: der höchste Gott) von Jerusalem; El Bet-El in Bet-El (Gen 31,13), El-'Olam (Einheitsübersetzung: »Gott der Ewige«) in Beerscheba (Gen 21,33).

Gott sorgt für sie, indem er Kinder von Bedrohungen rettet (Gen 21,16–19) oder einen Verehrer vom Kinderopfer abhält (Gen 22); er rettet vor sexuellen Übergriffen (Gen 12,10–20) oder schenkt kinderlosen Frauen Nachwuchs (Gen 21,20). Gerade das letzte Beispiel – die *Verheißung eines Sohnes* – trifft ein vitales Lebensinteresse der Familien und begegnet auch immer wieder in den

Texten (Gen 15; 16; 17; 18). Kinder, in der patriarchalischen Form der Großfamilie ein Sohn, waren wirtschaftlich (als Arbeitskräfte) für das Überleben der Sippe notwendig, sorgten aber auch für die Altersversorgung der Eltern und für deren würdiges Begräbnis. Bei Kinderlosigkeit war die Existenz der Familie bedroht. Gott erwies sich also gerade in dieser lebensbedrohlichen Situation als Retter.

Diese Verheißung eines Sohnes ereignet sich in alltäglichen Situationen, etwa wenn müde Wanderer von Abraham gastfreundlich aufgenommen werden, die sich dann als Boten Gottes erweisen (Gen 18). Und vor allem ergeht die Verheißung »ohne wenn und aber«, ohne irgendwelche Bedingungen, d. h. völlig unabhängig vom moralischen Verhalten der Familienmitglieder. Es ist auffällig, daß in diesen Texten sonst im Alten Testament wichtige Themen wie Gebot, Gesetz oder Schuld und Sünde fast völlig fehlen; ebenso fehlt jede Abgrenzung von anderen Göttern oder Kulten. Manche für die Spätzeit befremdliche Züge wurden nicht gestrichen – etwa wenn unbefangen erzählt wird, daß Rahel kleine Götterfiguren ihres Vaters stiehlt (Gen 31,19.34–35), die dieser also selbstverständlich besitzt. Götterbilder oder -statuen waren später in Israel streng verboten!

Die Familien sind häufig mit ihren Herden unterwegs und dabei besonderen Gefahren ausgesetzt. Auch in diesen Notsituationen erweist sich Gott als »ihr Gott«: er ist mit ihnen auf dem Weg, ist ihnen nahe, begleitet und schützt sie (Gen 28,20; 31,5.42). Dieser Schutz und diese Hilfe Gottes erfahren die Familien auch in Streitigkeiten untereinander oder mit »Stadtstaaten«. So wie die Großfamilien viel zu klein und militärisch zu schwach sind, um sich kriegerische Aktionen leisten zu können, so ist auch die Hilfe Gottes auffallend unkriegerisch.

Beispiel: In Gen 26,19–33 geht es um einen Streit um Brunnenrechte zwischen den Leuten Isaaks und den

Hirten der Stadt Gerar. Isaak muß immer wieder zu anderen Quellen ausweichen. Gottes Hilfe besteht darin, daß er sie neue Brunnen entdecken läßt bzw. sie einen Vertrag mit dem Stadtkönig von Gerar schließen können (V. 28).

Die Familien haben wohl an ihrem Wohnbereich Opfer vollzogen, sie haben aber auch Heiligtümer der Umgebung aufgesucht bzw. solche gegründet. Sie haben Altäre an Orten aufgestellt, Kultsteine errichtet oder heilige Bäume gepflanzt (Gen 13,18; 33,20; 28,18; 21,33). Einige Texte erzählen in Form einer »Ätiologie« vom Beginn einer solchen Kultstätte.

Eine sogenannte *Ätiologie* antwortet auf die Frage nach dem Grund für etwas, was man in seiner Erfahrungswelt vorfindet, z. B.: Warum trägt eine Person oder ein Ort einen bestimmten Namen? Warum ist ein bestimmter Ort ein Kultort, zu dem man wallfahrtet? Eine Ätiologie gibt den Grund an, indem sie von einer Begebenheit erzählt, die in der Vergangenheit spielt (z. B. antwortet der Text Gen 32,23–33 »ätiologisch« auf die Frage nach dem Ursprung des Namens »Israel« mit der Geschichte des Kampfes Jakobs mit Gott. Zugleich wird auch noch der Name des Ortes und ein Speisebrauch erklärt (V. 31–33).
In Gen 28,10–22 wird der Ursprung des Kultortes Beerscheba mit einem Traum Jakobs erklärt.

Die Texte in Gen 12 – 50 waren ursprünglich einzelne Erzählungen, die von bestimmten Familien/Sippen (des »Abraham«, des »Isaak« usw.) oder auch an bestimmten Orten (als Begründungsgeschichte für einen Kultort, z. B. in Beerscheba) weitergegeben worden. Sie sind mündlich und ursprünglich unabhängig voneinander überliefert worden. Später wurden sie zu *Erzählkränzen* zusammengefügt, bis sie schließlich Teil der umfassenden Geschichte Israels wurden, wie sie uns im Pentateuch überliefert wird. Doch dazu später.

☞ Auf S. 114 ff finden Sie Anregungen, um mit einem auf den ersten Blick schwierigen Text aus der Patriarchentradition weiterzuarbeiten – mit dem »Kampf des Jakob« aus Gen 32,23–33. In diesem Text wird in erzählender Form der Name des Volkes »Israel« erklärt.

L *Lesevorschlag*: Gen 12,1–9; Gen 18,1–15; Gen 26,19–33; Gen 32,23–33

Die »Patriarchen« waren Ackerbauern und (nomadisierende) Viehzüchter. Ihr Gott war eine lokale Ausprägung des Gottes »El«, der vor allem als »Gott des Vaters« bezeichnet wurde. Sein Wirken wurde in den Alltagssituationen der Familie erfahren: Schutz und Begleitung auf dem Weg, Verheißung eines Sohnes. Ihm kann man bedingungslos vertrauen.

4 »Ein Gott, der befreit«

Von der eigentlichen »Geburtsstunde« des Jahweglaubens wird uns im Buch Exodus erzählt. Auch diese Texte entstanden zum Teil erst im Abstand von einigen Jahrhunderten.

Es handelt sich also nicht um historische Berichte, sondern um glaubende und verkündigende Deutung des Geschehens. Der Exodus als die Grunderfahrung Israels kommt nicht nur im Buch Exodus, sondern in den verschiedensten literarischen Gattungen und in den meisten Büchern vor. Wenn das Israel des 7. Jh. v. Chr. seinen Glauben bekannte und in kurzgerafften und prägnanten Glaubensbekenntnissen ausformulierte, dann sprach es vor allem vom Exodus (vgl. Dtn 26,5–10). Was läßt sich geschichtlich über dieses Ereignis sagen?

4.1 Der geschichtliche Hintergrund des Exodus

Die Situation (Ex 1)

Aus nichtbiblischen Quellen wissen wir über Einwanderungen von Gruppen aus dem Nordosten, dem Bereich des Sinai und Asiens, in das östliche Nildelta. Ägyptische Grenzbeamte berichten an den Pharao, daß Mauern errichtet wurden, um Nomaden abzuwehren und »Sandfüßler« niederzuschlagen. Es gab also Grenzbefestigungen. Diese Gruppen waren durch Wanderlust, Neugier, aber auch durch klimatische Ver-

Herstellung von Lehmziegeln in Ägypten.
Aufseher mit Stock und Peitsche beaufsichtigen die Arbeit der Frondienstpflichtigen.

hältnisse (geringe Regenmenge in manchen Jahren, daher Hungersnot) motiviert. Das Motiv des Hungers, das in der Josefserzählung (Gen 37 – 50; vgl. bes. 41,53ff) breit ausgeführt wird, fügt sich gut in diese Verhältnisse ein.

Ägypten hat nach Prüfung auch Gruppen den Einzug gestattet; es sind uns Grenzübertrittsprotokolle erhalten. Die Einwanderer siedelten im östlichen Nildelta und wurden dort zu Arbeiten – z. B. zum Bau der Vorratsstädte Pi-Atum und Pi-Ramses – herangezogen (vgl. Ex 1,11). Der ausgedehnte Palastkomplex wurde vor allem von *Pharao Ramses II.* (1273–1213) gebaut. In diese Zeit könnten die Exoduseignisse fallen. Es ist die Periode des »Neuen Reiches«.

Es entfaltete seine politische Macht damals bis Syrien. Der Pharao genoß zum Teil *göttliche Verehrung.* Er vermittelte Heil und Leben, die göttliche Lebenskraft, für seine Untertanen. Gegenüber dem Alten Reich, das stärker von echter Verantwortung und Religiosität getragen war, entfaltete sich im Neuen Reich eine propagandisti-

sche Ideologie und ein brutales Herrschaftssystem: die prunkvolle Hofhaltung, die enorme Bautätigkeit, der gewaltige Verwaltungsapparat – all das brauchte Geld und Arbeitskräfte. Grund und Boden gehörte weitgehend dem Tempel bzw. dem Pharao, der es feudalistisch bewirtschaften ließ. Auch die eingewanderten Semiten wurden zur Arbeit auf dem Feld und zur Bautätigkeit herangezogen. Die Lebensbedingungen lagen hart am Existenzminimum, wenngleich es nicht im eigentlichen Sinn »Sklaverei« war. Abbildungen aus dieser Zeit zeigen uns die brutalen Methoden der Aufseher. Gerade aus der Ramseszeit wissen wir auch von Unruhen und Streiks. Von Gerichtsprotokollen aus dieser Zeit wissen wir, daß Flüchtige streng bestraft wurden.

Mose (Ex 2 – 4) und die Exodusgruppe

Die Erzählungen um die Geburt des Mose (seine wunderbare Rettung durch die Tochter des Pharao) tragen *legendenhafte Züge.* Nach Darstellung der Bibel erschlägt er einen Ägypter, flieht in die Wüste zu den

Midianitern, heiratet Zippora (Ex 2) und hütet die Schafe und Ziegen seines Schwiegervaters Jitro. Dort wird er berufen (Ex 3), erfährt die Offenbarung des Jahwenamens (Ex 3,14), kehrt zurück und wird zum Anführer des Auszugs (Ex 4ff).

Der Name Mose ist ägyptischen Ursprungs, obwohl Mose Semit war. Im einzelnen sind historische Hintergründe und Legende nicht mehr zu unterscheiden. Offenbar war er durch seine Kontakte zu den Midianitern und durch seine Ortskenntnis besonders geeignet für seine Aufgabe.

Wer waren die Leute, die unter der Führung des Mose auszogen? Offensichtlich waren sie nicht Ägypter, sondern Semiten. Vielleicht waren es die eingewanderten Nomaden, die zur Arbeit verpflichtet worden waren; vielleicht aber auch ausländische (semitische) Kriegsgefangene oder sozial entwurzelte und an den Rand gedrängte Bevölkerungsgruppen. Die Gruppe kann nicht sehr groß gewesen sein – aus der Sicht des Großreiches Ägypten war das Ereignis so unbedeutend, daß uns keine ägyptischen Aufzeichnungen davon belegt sind. Daß aus der siebzigköpfigen Verwandtschaft des Jakob in sehr kurzer Zeit ein Volk von 600 000 Männern (mit Frauen und Kindern etwa 3 Millionen Leute) wurde (vgl. Ex 12,37), ist sicher übertrieben. Diese Zahlenangaben stammen aus einer späteren Zeit, in der die Exodusüberlieferung eine so zentrale Bedeutung erlangt hatte, daß man bekannte: »Ganz Israel« wurde aus Ägypten befreit. Warum der Exodus diese Bedeutung erhielt, wird im nächsten Abschnitt noch zu erklären sein. Sicher ist jedoch, daß die Exodusüberlieferung nicht von einer (kleinen oder größeren) Familie, sondern von einer Großgruppe erzählt. Der Inhalt der Gotteserfahrung ist daher auch nicht auf familiäre Sehnsüchte (Nachkommenschaft), sondern auf politische Befreiung bezogen. Diese politische Ausrichtung des Jahweglaubens wird ihn bis in die Spätzeit des Alten Testaments prägen.

Wie lange die Vorfahren der Exodusgruppe in Ägypten lebten, läßt sich nicht mehr rekonstruieren. Die biblischen Angaben sind widersprüchlich und bieten historisch kaum Anhaltspunkte: So spricht 1 Kön 6,1 von 460 Jahren; Ex 12,40 von 430 Jahren; Gen 15,3 von 400 Jahren; Gen 15,16 denkt an drei bis vier Generationen.

Der Auszug und die Rettung am Schilfmeer (Ex 5 – 14)

In der redaktionellen Endgestalt von Ex 7 – 14 wird die schrittweise Entmachtung des Pharao vorgeführt. In Anklängen an ägypti-

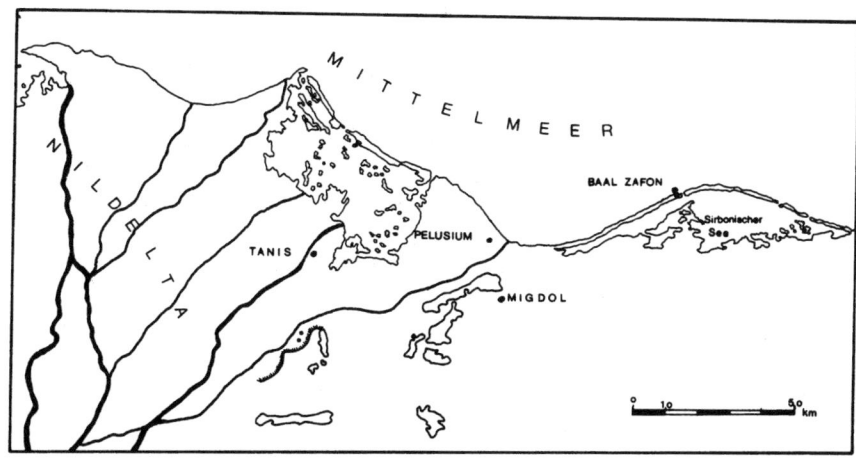

Die verschiedenen Auszugsrouten:

Der priesterschriftliche Erzähler läßt die Israeliten beim Exodus zunächst am Mittelmeer entlangziehen.

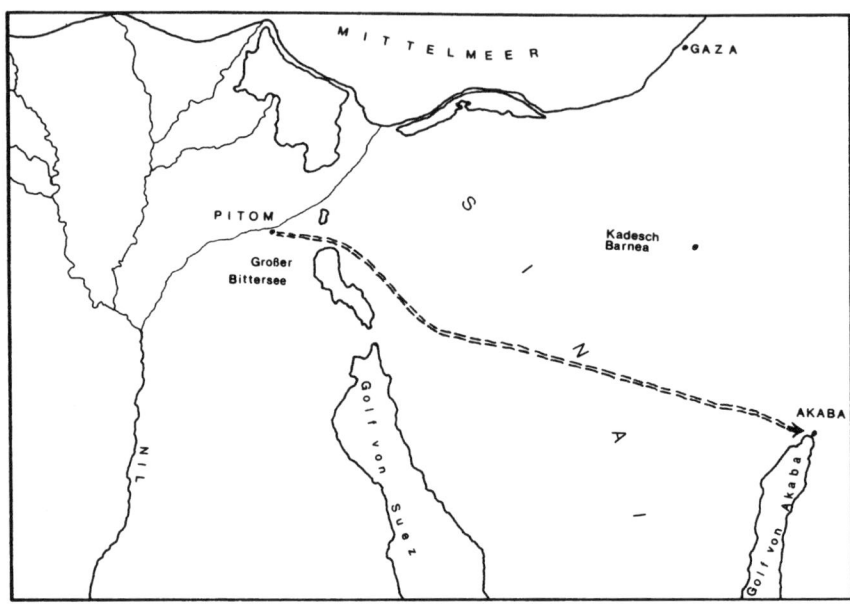

Ein Jerusalemer Erzähler läßt die Israeliten beim Exodus zum Roten Meer marschieren.

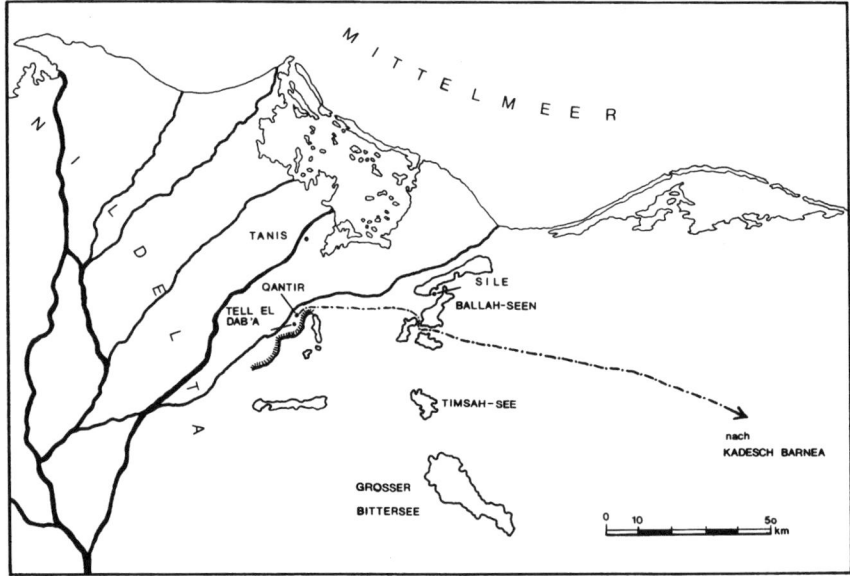

Ein historisch plausibler Fluchtweg der Exodus-Gruppe ist ein Schleichpfad zwischen den Ballah-Seen hindurch.

sche Zaubergeschichten erweist sich in einem »Wettkampf« Jahwe als mächtiger als der kultisch-magische Machtapparat des Pharao (die ägyptischen »Plagen«). Stichwort und Sinnspitze: »Du (und damit auch der Leser) sollst erkennen, daß keiner Jahwe, unserem Gott, gleichkommt« (Ex 8,6). Die schrittweise Entmachtung des Pharao erreicht ihren Abschluß mit der Überwindung des ägyptischen Militärapparates, der zweiten Stütze der pharaonischen Macht (das »*Meerwunder*«, Ex 14).

Die beiden Schichten in Ex 14 zeigen, wie dieses Ereignis im Lauf der Geschichte (von der alten Pentateuchquelle JE zur Priesterschrift) ausgemalt und ausgestaltet wurde.

Die Auszugsroute wird in den verschiedenen Texten unterschiedlich beschrieben. Die Priesterschrift lokalisiert das »Schilfmeer« am Mittelmeer, nach JE handelt es sich um den Golf von Akaba. Heute siedelt man es entweder in einem Ausläufer des Sirbonischen Sees oder in den »Bitterseen« der Suez-Kanalzone an. Israel hat den Auszug und die Rettung aus dem »Sklavenhaus Ägypten« immer als Tat Jahwes verstanden.

Das sog. »*Mirjamlied*« gehört zu den ältesten Texten der Bibel: »Singt dem Herrn ein Lied, ja, er ist hoch und erhaben! Rosse und Reiter warf er ins Meer« (Ex 15,21).

4.2 Ursprung und Deutung des Jahwe-Namens (Ex 3,14)

In Ex 3 wird im Zusammenhang mit der Berufung des Mose erzählt, Jahwe habe ihm seinen Namen geoffenbart. Die Errettung wird konsequent als Wirken des Gottes Jahwe erzählt, so daß der umfangreiche Erzählkomplex des Exodus geradezu als Interpretation des Gottesnamens gelesen werden kann. Was läßt sich über den geschichtlichen Ursprung des Namens »Jahwe« sagen?

Schon in den ältesten greifbaren Texten des Alten Testaments spiegelt sich die Überzeugung, der Name »Jahwe« habe seinen Ursprung nicht im Kulturland, sondern »draußen« im Süden, in der Wüste (vgl. Hos 13,1: »Jahwe, Gott Israels von Ägypten an«). Tatsächlich gibt es altorientalische Belege des Wortes »JHWH«, die auf ein Gebiet oder auf eine Gottheit, die in diesem Gebiet verehrt wurde, schließen lassen. Geographisch ist dieses Gebiet in der Halbinsel Sinai lokalisierbar. Daher vermutet man, Mose habe durch seine verwandtschaftlichen Kontakte mit den Bewohnern der Sinaihalbinsel diesen Namen kennengelernt.

Ein Text aus der Zeit Ramses II. nennt ein »Schasuland jhw'« und meint mit »Schasu« eine Bevölkerungsgruppe, mit jhw' den Namen eines Berges in der Gegend von Seir oder den Namen eines Gottes, nachdem später auch der Berg (der als der Wohnsitz dieses Gottes galt) benannt wurde. Der früheste Beleg des Jahwenamens ist eine Fremdvölkerliste aus der Zeit des Pharao Amenophis' III. (1402–1364). Der Name selbst hat seinen Ursprung also sicher nicht in Israel selbst. Allerdings hat ihn Israel auf neue Weise interpretiert.

Im polytheistischen Bezugssystem des Alten Orients war es wichtig, den Namen eines bestimmten Gottes zu kennen, um ihn identifizieren zu können. Zudem eröffnet die Kenntnis eines Namens auch den Zugang zu diesem Gott – er wird dadurch »anrufbar«. Daher hatten Götter oft auch die Tendenz, ihren Namen zu verbergen und geheimzuhalten. Zudem war ein Name ganz allgemein nicht nur »Schall und Rauch«, sondern sagte etwas über den Träger aus, hatte Bedeutung. Die Weise, wie Israel den Gottesnamen interpretiert, sagt daher sehr grundsätzlich etwas über sein Gottesverständnis aus. Außerdem hält Jahwe seinen Namen nicht geheim, sondern offenbart ihn, macht sich so »anrufbar«.

In Ex 3,14, im Zusammenhang mit der Erzählung von der Berufung des Mose und dem »brennenden Dornbusch«, wird der Name »Jahwe« durch das hebräische Zeitwort »sein, wirksam sein, sich erweisen« interpretiert. Man müßte übersetzen: »*Er ist, er erweist sich*« oder »*Ich bin für euch da*«.

Diese Wirksamkeit Jahwes ist zeitlich nicht festgelegt. Das NT (wie auch schon die jüdische Tradition) hat sie auf Vergangenheit, Gegenwart und Zukunft bezogen: »Ich bin der, der für euch (im Exodus) rettend da war«; »Ich bin der, der jetzt und heute für euch da ist«; »Ich bin der, der in alle Zukunft für euch da sein wird« – vgl. Offb 1,4.

Der Exeget Erich Zenger hat verschiedene Dimensionen dieses »Jahweseins« Gottes herausgestrichen:

▷ Zuverlässigkeit: »Ich bin so da, daß ihr fest mit mir rechnen könnt.«

▷ Unverfügbarkeit: »Ich bin so bei euch da, daß ihr mit mir rechnen müßt, wann und wie ich will – vielleicht auch dann und so, wie es euch sogar stört.«

▷ Ausschließlichkeit: »Ich bin so bei euch da, daß ihr allein mit mir rechnet als dem, der euch rettend nahe sein kann.«

▷ Unbegrenztheit: »Ich bin so da, daß mein Nahe-Sein keine örtlichen, institutionellen und zeitlichen Grenzen kennt.«

Für uns bedeutet das:

1.) »JHWH« ist die Ermächtigung, von Gott etwas zu erbitten und zu erwarten; er ist ein Gott einer unbeschreiblichen Hörbereitschaft, der ein »Ohr für uns hat«.

2.) Er ist der Gott der geschichtlichen Errettung – nicht, wie andere Götter, der Garant der ewigen, unveränderlichen Ordnung. Er ist ein Gott, der an die Veränderbarkeit glaubt und sie wirkt (»Erlösung«).

3.) Er ist ein Gott voller Leidenschaft für die Geknechteten, Unterdrückten, Armen, Ausgebeuteten; ein »parteiischer« Gott, der für sie in der Geschichte Rettung und Heil wirkt.

L *Lesevorschlag*: Ex 1 – 3; Ex 12 – 15

Historisch ist aus der umfangreichen Exodusüberlieferung einiges für uns greifbar: Der ägyptische Name »Mose«; die ungefähre Zeit (unter Ramses II., 13. Jh. v. Chr.); die Lebensbedingungen der Fronarbeiter und deren Fluchtversuche; altorientalische Belege von »JHWH«. Ägyptische Quellen für den Auszug der Mose-Gruppe finden sich nicht. Wahrscheinlich wird daher die Gruppe klein gewesen sein, der unter Führung des Mose die Flucht gelang.

Die Texte im Buch Exodus erzählen diese Botschaft aus dem Abstand von Jahrhunderten, um deutlich zu machen: Gottes Macht schafft Rettung für die Geknechteten und Armen, ihm kann Israel vertrauen. Er ist für alle Zukunft der »Gott mit uns«.

4.3 Wüstenwanderung und Gotteserscheinung am Sinai

Auf seinem Weg durch die Wüste ist die Exodusgruppe zahlreichen Gefährdungen ausgesetzt, die für die Wüste typisch sind: der Not des Verhungerns (Ex 16; Num 11,4–35), des Verdurstens (Ex 15,22–27; Num 20,1–13); der Gefahr durch Feinde (Ex 17,8–16) und wilde Tiere (Num 21,4–9). Auch das Fuß-

Hungernde Nomaden, die nur noch aus Haut und Knochen bestehen (ägyptisches Kalksteinrelief)

fassen in Palästina selbst gelang nicht ohne Schwierigkeiten (Num 13 – 14). Auf eindrucksvolle Weise beschreiben die Texte, daß Jahwe sein Volk begleitet und ihm beisteht, daß er es auf vielfältige Weise rettet. Die Entscheidung des Aufbruchs im Vertrauen auf Jahwe muß sich bewähren; Hoffnung muß ausgehalten und durchgetragen werden. Manchmal erscheint in der Phantasie der Ausgezogenen Ägypten nahezu als »Paradies«, nach dem man sich zurücksehnt.

Inmitten dieses Wüstenzuges ist ein gewaltiger Textkomplex (Ex 19 – Num 10) eingebaut worden, der von einem *Aufenthalt am Sinai* erzählt: dort erfährt Israel eine Gotteserscheinung (»Theophanie«); dort werden ihm Gesetze und Gebote übermittelt; dort wird nach einem genauen Bauplan, den Jahwe schauen läßt, ein »Zeltheiligtum« errichtet und Kult und Opfer eingeführt; dort schließt Jahwe mit seinem Volk einen Bund. Das meiste Textmaterial wurde erst nach dem Exil an diese Stelle gerückt. Dennoch lassen sich wichtige Elemente geschichtlich wahrscheinlich machen: Schon in der Auszugstradition erklärt Mose wiederholt, daß Israel seinem Gott in der Wüste ein Fest feiern und ihn dort verehren möchte (Ex 3,18; 5,2). Der Berg, auf dem Mose berufen wurde, soll der Ort dieser Verehrung sein.

Der Sinai ist heute nicht mehr lokalisierbar. Das Israel der späteren Zeit hatte nur mehr verschwommene Vorstellungen davon, daß er irgendwo im Süden, außerhalb von Palästina, gelegen war. Der Berg, den heute Pilger aufsuchen (der Dschebel Musa, das Gebirgsmassiv an der Südspitze der Sinaihalbinsel), wurde erst einige Jahrhunderte nach Christus mit dem »Sinai« identifiziert.

Die Exodusgruppe hat also offenbar nach dem Auszug ein Bergheiligtum der Midianiter und anderer nomadischer Gruppen aufgesucht und dort Jahwe verehrt und seine Macht und Größe erfahren. Damit ist ein weiteres Element gegeben, das den Glauben Israels prägen sollte: die Erfahrung der Nähe Gottes im Gottesdienst. Die Erfahrung seines einmaligen, geschichtlichen Handelns und die Erfahrung seiner beständigen und verläßlichen Nähe im Kult werden untrennbar verbunden.

L *Lesevorschlag*: Ex 16; Ex 19 – 20; Ex 24; Num 20,1–13

5 »Ein Gott, der zu Solidarität befreit« –Die Entstehung Israels als anti-staatliche Stammesgesellschaft

Beide Traditionskomplexe – die »Väterüberlieferung« (Gen 12 – 50) und die »Exodusüberlieferung« – wurden später zur einen Geschichte Israels verbunden. Das setzte voraus, daß es bereits ein Volk »Israel« gab. Die Entstehung dieses Volkes im Land Palästina wird in den verschiedenen Schichten und Textbereichen des Alten Testaments unterschiedlich beschrieben. Es gibt daher nicht einfach *die* biblische Darstellung, sondern verschiedene Entwürfe und Modelle, die aus bestimmten theologischen Intentionen formuliert sind.

Im Buch Genesis scheint die Familie des Abraham friedlich einzuwandern. Das Buch Josua schildert eine gewaltige Völkerwanderung. Israel kommt von außen in einer planvollen Eroberung nach Palästina. Im ersten Kapitel des Richterbuches wird erzählt, daß einzelne Stammesgruppen sich unabhängig voneinander angesiedelt haben. Die Priesterschrift, die letzte Schicht des Pentateuch, eliminiert alle kriegerischen Züge aus den älteren Landnahmeerzählungen. Nach den Büchern Chronik (1 und 2 Chr) gehörte Israel zur ursprünglichen kanaanäischen Bevölkerung, war also immer in Palästina.

Wir sind bei der Antwort auf die Frage nach der Frühzeit Israels auf Hypothesen angewiesen. Die beste Hypothese ist diejenige, die den biblischen und außerbiblischen Befund (altorientalische Textzeugnisse, Archäologie) am besten erklärt. Darum wird es im folgenden gehen. Welche Situation trifft die Exodusgruppe an, als sie in Palästina Fuß faßte?

5.1 Ein tiefgreifender gesellschaftlicher Wandel zu Beginn der Eisenzeit

Es war ein Land in einem tiefen Umwälzungsprozeß. Zwischen dem 15. und dem 13. Jh. v. Chr. war Palästina von einem Netz kleiner, aber hochentwickelter kanaanäischer Stadtstaaten überzogen. Diese Städte lagen vor allem in den Ebenen. An der Spitze stand ein Stadtkönig. Politisch waren diese kleinen Stadtstaaten Vasallen Ägyptens.

Die Archäologie zeigt, daß ab 1200 v. Chr. bisher blühende Städte nicht oder kaum mehr besiedelt wurden, die Stadtmauern weisen Zerstörungsspuren auf. Gleichzeitig entstehen neue, unbefestigte Siedlungen (offene Dörfer) in den bergigen Regionen der Umgebung. Sie konnten durch neue Möglichkeiten und Techniken Land besser landwirtschaftlich nutzen. Durch den Gebrauch von Eisen (Beginn der Eisenzeit) konnten sie Berghänge und Terrassen anlegen, gruben wasserdichte Zisternen. Das wirtschaftliche Erstarken dieser Bauern führte offenbar zu einem tiefgreifenden Wandel: die Machtverhältnisse in dieser Zeit verschoben sich mehr und mehr weg von den Stadtstaaten und hin zu den Bewohnern der »offenen Dörfer«. Diese Bewohner waren kein Staat, sondern eine Stammesgesellschaft.

Auch in der Art der Keramik und der Architektur können Archäologen einen tiefgreifenden Wandel feststellen.

Dieser Prozeß des Wandels wurde durch die außenpolitische Schwäche Ägyptens beschleunigt: Aus Teilen des ägyptischen Staatsarchivs (den sog. »Amarnabriefen«) wissen wir von den Hilferufen der Stadtkönige an den Pharao, ihnen militärisch gegen Feinde zu Hilfe zu kommen. Die Bevölkerungselemente, die sie bedrängten, werden 'abiru genannt. Es handelt sich dabei nicht um ein Volk der Wüste, sondern um Bevölkerungselemente außerhalb der Städte und ihres sozialen Gefüges. Sie sind unterschiedlicher Herkunft: Leute der Stammesgesellschaft, aber auch sozial abgesunkende Menschen, die sich der Stammesgesellschaft anschlossen, die »outlaws« der bronzezeitlichen Städte. Hinter diesen Bevölkerungsgruppen wird man die Bewohner der rasch anwachsenden Dörfer vermuten dürfen – die Stammesgesellschaft »Israel«.

Nach Auskunft der sog. Siegesstele des Pharaos Merenptah (1219) hat sich auch eine Volkgruppe namens »Israel« an Aufstandsbewegungen gegen die Ägypter beteiligt.

Die Städte haben also am Übergang von der Spätbronzezeit zur Eisenzeit (13. Jh.) ihre Führungsposition an die stammesmäßig organisierte Gesellschaft verloren. In einer Art sozialer Revolution bzw. Evolution gewinnen untergeordnete Schichten an Macht. In diesem Vorgang der Machtverschiebung ist mit einer »Absetzbewegung« von den Städten und ihrer Gesellschaftsstruktur hin zur Stammesgesellschaft zu rechnen – ein Vorgang, den die Ethnologen beobachtet und den sie »Retribalisation« genannt haben. In durchaus kriegerischen Aktionen wandten sich einzelne oder mehrere Stämme gegen Stadtstaaten, eroberten sie und zerstörten die Stadtmauern. In einem langsamen Prozeß wurden die Stämme die bestimmende Gesellschaft in Kanaan – das Volk Israel war entstanden.

Die gesellschaftlichen Gegensätze zwischen »Stadtstaaten« und »Stammesgesellschaft«

Nach der allgemeinen Beschreibung der Situation ab 1200 v. Chr. noch ein genauerer Blick auf die beiden so unterschiedlichen Gesellschaftssysteme, die in Konflikt miteinander gerieten: die Stadtstaaten und die Stammesgesellschaft.

Zur Stadt gehörten Zentralwirtschaft, Markt, Handwerk, Handel, Latifundien, die meist von Kleinpächtern oder Lohnarbeitern bewirtschaftet wurden, Geräteherstellung usw. Es gab ein hohes Maß an Arbeitsteilung, eine starke soziale Schichtung, vor allem eine ausgeprägte soziopolitische Führungselite, auf die sich der wirtschaftliche Reichtum konzentrierte. Das Land gehörte meist dem König oder dem Tempel – ein feudales System.

Die Stammesgesellschaft hingegen war nach Stämmen, Clans und Großfamilien organisiert. Man lebte auf eigenem Grund und Boden, war also freier Bauer und siedelte in offenen, unbefestigten Dörfern. Sie lebten von Ackerbau und Viehzucht, das in wechselnder Intensität betrieben wurde. Einzelne Gruppen konnten mit ihren Herden oft lange unterwegs sein, dennoch waren sie seßhaft. Es gab keine Geldwirtschaft, es dominierte der Tausch und der direkte Verbrauch von Gütern. Es gab nur eine geringe gesellschaftliche Schichtung, insofern war die Gesellschaft »egalitär«, d. h. auf Gleichheit bedacht.

Die ethnologische Forschung hat die Aufmerksamkeit auf Gesellschaften gelenkt, die als Analogie für die Stammesgesellschaft besser geeignet sind als das Modell der »Nomaden« oder »Halbnomaden«, das lange die Diskussion beherrschte. Es handelt sich um die sog. segmentären, akephalen Gesellschaften. »*Segmentär*« bedeutet, daß die Gesellschaft aus Segmenten, die nebeneinander leben, besteht: Familie, Clan, Stamm.

Die kleinste Einheit, das kleinste Segment, war das »*Vaterhaus*«, die Großfamilie. Sie war die ursprüngliche Wohn- und Produktionseinheit und umfaßte zwei oder mehrere Generationen. Die nächstgrößere Einheit war das Schutzbündnis oder der *Clan*. Er konnte zwischen 50 und 100 Personen (8–

10 Großfamilien) umfassen, die in einem Dorf oder seiner Umgebung lebten. Den Vätern der Großfamilien, den Ältesten, kam eine besondere Funktion zu.

Ca. 50 lokale Schutzbündnisse bildeten einen *Stamm*. Er hatte kultische und militärische Funktionen: Die erwachsenen Männer eines Stammes trafen sich mehrmals jährlich zu bestimmten Festen an einem lokalen Heiligtum. Im Notfall bildete der Stamm auch eine Verteidigungseinheit: die Stammesältesten konnten ein militärisches Aufgebot beschließen. Im Vergleich zu den Sippen war der Zusammenschluß des Stammes viel lockerer: Sippen konnten sich einmal dem einen, dann einem anderen Stamm zugehörig fühlen; Stämme konnten sich teilen oder zu einem Stamm zusammenwachsen.

Rechtsfragen wurden innerhalb der Großfamilie (der pater familias als »Richter« und »Schlichter«) bzw. der Sippe entschieden, bei Streitigkeiten konnten wahrscheinlich die Stammesältesten herangezogen werden.

In den einzelnen Sippen und Stämmen bzw. an den Kultstätten wurden ethische, rechtliche und kultische Traditionen weitergegeben. Segmentäre Gesellschaften sind *akephal*, d. h. ohne Zentralinstanz (kein König, keine Hauptstadt, keine zentrale Gerichtsbarkeit, kein stehendes Heer...). Es handelt sich um (auch zeitlich sehr stabile) »Gesellschaften«, aber nicht um »Staaten«. Sie können sogar ausgesprochen »antistaatlich« sein. In gewisser Weise läßt sich diese Gesellschaft als »primitive Demokratie« beschreiben. Entscheidungen sind auf die Zustimmung aller Betroffenen angewiesen.

Die Gesellschaft strukturierte sich nach genealogischen Gesichtspunkten, das heißt: die Beziehung der einzelnen Gruppen zueinander wurde als »Verwandtschaft« definiert (vgl. die »Blutsbrüderschaft« der Indianer).

Der Zusammenhang zwischen Mose-Gruppe und Stammesgesellschaft

Bei diesem Prozeß spielte eine Gruppe eine

Rolle, die von außen, d. h. genauer: von Ägypten, nach Palästina gekommen war. Sie war aus dem Machtbereich des Pharao geflüchtet – ein Wunsch, der gerade auch die Stämme in Kanaan beflügelte. Sie verehrten einen Gott mit Namen »Jahwe«: Jahwe hatte sie aus der Hand der Ägypter gerettet und sie aus der Knechtschaft befreit.

Gerade waren die erstarkten Stämme dabei, sich von den dominierenden kanaanäischen Stadtstaaten freizukämpfen. Da die Stadtstaaten ja politisch von Ägypten unterstützt wurden, war die Erfahrung der Mosegruppe ein zündender Funke und sehr aktuell. Der Gott dieser Gruppe, Jahwe, ist ein Gott, der aus der Knechtschaft von Königen befreit. Die Stämme übernahmen den Gottesnamen und diese Gotteserfahrung. Im Namen Jahwes wandten sie sich gegen die Stadtkönige. *Jahwe und Baal* – das war von nun an ein *Gegensatz*, und zwar nicht nur ein religiöser, sondern eine gesellschaftliche Option: »Jahwe« stand für die egalitäre Gesellschaftsform der Stammesgesellschaft, »Baal« für die feudalistisch geprägte Lebensform der kanaanäischen Stadtstaaten. Daher konnte Israel später sagen: »Wir alle sind von Jahwe aus der Knechtschaft der Ägypter befreit worden!« Und – in der Tradition der genealogisch verfaßten Stammesgesellschaft: »Wir sind ein Volk von Brüdern.« Gerade die umfassende »Brüderlichkeit« wird zu einem Merkmal der »Jahwegesellschaft«.

Der Ausdruck »Brüderlichkeit« ist für uns nicht unproblematisch. Heute würde man lieber »Geschwisterlichkeit« sagen. Auf der anderen Seite macht der Ausdruck deutlich, daß das »egalitäre Pathos« des Alten Testaments innerhalb der von Männern bestimmten Grenzen der Gesellschaft und Kultur blieb – also Gleichheit unter »Männern« war. »Isra-El« (das sich von Baal abgesetzt und – wie der Name sagt – »El« verehrt hatte) übernahm den Gottesnamen und die Gotteserfahrung: Jahwe, ein Gott der Brüderlich-

keit, ein Gott, der aus der Macht von Königen befreit. Die Kriege gegen Stadtkönige wurden nun als Jahwekriege verstanden: ihr Gott Jahwe steht ihnen bei, ist auf ihrer Seite.

In allen Religionen des Altertums kämpft die Gottheit auf der Seite ihres Volkes. Jeder Kampf wird sozusagen auf zwei Ebenen ausgetragen: auf der Ebene der menschlichen Krieger und auf der himmlischen Ebene, auf der die Götter der beiden Völker miteinander kämpfen.

5.2 Zwei biblische Texte – gelesen auf dem Hintergrund der gesellschaftlichen Situation der Frühzeit Israels

Befreiender Krieg im Namen Jahwes – Das Deboralied (Ri 5)

Das sog. »Deboralied« in Ri 5 ist einer der ältesten Texte des Alten Testaments und im einzelnen nicht leicht zu verstehen. Es ist ein Siegeslied, das Jahwe und die große Tat von zwei Frauen (Debora und Jael) und eines Mannes (Barak) preist.

In einer wirtschaftlichen Notsituation (V. 6–8) kam es zu einem Kriegszug, der als Befreiungskrieg verstanden wurde. Diesen Kriegszug führen Bauern, die von Bergen herunterziehen in die Ebene (V. 11.13–15), und richtet sich gegen befestigte Städte. Diese Bauern sind in Stämmen organisiert: Sechs Stämme haben an diesem Kampf teilgenommen (V. 14–15a), vier sind ihm aber ferngeblieben (V. 15b–17). Die Stämme haben keine zentrale Leitung, insbesondere keinen König. Jeder Stamm entscheidet selber, ob er sich der Aktion anschließt oder ihr fernbleibt.

Der siegreiche Ausgang der Schlacht wird in mythologisch anmutenden Wendungen geschildert (V. 19–22): Lenker der Schlacht sind die Sterne. Jahwe ist derjenige, dessen Kommen und Wirken den Sieg schenkt. Er kämpft siegreich für die Stämmekoalition, die »Israel« genannt wird.

Die charismatischen Heerführer, die in militärischen Bedrohungssituationen kurzfristig die Führung übernahmen (die »Richter«, vgl. Ri 2–3), traten nach dem erfolgreichen Befreiungskrieg wieder ins Glied zurück; es bildete sich keine dauernde politische Herrschaft heraus.

Der besondere Impuls, der dabei vom Jahweglauben ausgeht, ist der der Solidarisierung: Der Jahweglauben wirkte, gerade weil einheitsstiftende Institutionen fehlten, als Band der Verbundenheit und führte zu gemeinsamer Aktion. Die Solidarisierung, die Jahwe schafft, beruht nicht auf Zwang, sondern auf Freiwilligkeit. Die notwendige Balance zwischen Solidaritätsverpflichtung zueinander einerseits und dem Freiheitsstreben der Sippen und Stämme andererseits konnte so bewahrt werden.

Befreiungskriege sind der Ort, wo das Wirken Jahwes in dieser Zeit am deutlichsten erfahren wurde – es sind sowohl *»Jahwekriege«* als auch Kriege Israels. Wie schon im Exodus, so wird Jahwe auch hier im geschichtlich-politischen Bereich erfahren. Jahwe als Kriegsgott ist für uns heute nur schwer verständlich. Vom Alten Testament her kann dazu gesagt werden: »Jahwekriege« dienten der Abwehr von unmittelbarer und großer Gefahr. Zudem gab es damals kein Berufsheer und keine Zwangsrekrutierung. Die Sippen und Stämme mußten einer kriegerischen Aktion zustimmen – ein länger andauernder Prozeß der Meinungsfindung war erforderlich. Der Anlaß für einen Krieg mußte daher auf eine längere und schwerwiegende Unterdrückung bezogen sein, und das Kriegsziel bildete ausschließlich die Beendigung dieser Notlage. Es handelte sich um kleinräumige und kurz andauernde Befreiungskriege. Das Alte Testament selbst sieht diese Form des Wirkens Jahwes auch auf diese Zeit des Anfangs beschränkt.

Schon die Eroberungskriege in der Königszeit wurden nicht mehr als »Jahwekriege« dargestellt. Ab dem babylonischen Exil scheidet »Krieg« als Mittel zur Durchsetzung der Gottesherrschaft dann völlig aus. Gott rettet nicht mehr durch militärische Mithilfe von Menschen, sondern gerade durch Gewaltlosigkeit und Ohnmacht seines »Knechtes« und seines Volkes (vgl. in Kap. VI. den Abschnitt über die »messianische Erwartung«).

Die Praxis der Alleinverehrung Jahwes (Ex 34,11–26)

Dieser Text stammt wahrscheinlich aus der Königszeit, geht aber in seinem Kern der Sache nach auf die Frühzeit zurück. Er spricht von einem »Bündnisverbot« Israels mit den Nachbarn, das mit der »Eifersucht« Jahwes begründet wird, und er enthält einen Festkalender, der auf bäuerliches Milieu Bezug nimmt. Der Text beschreibt eine unbedingte Zugehörigkeit Jahwes zu Israel bzw. Israels zu Jahwe: Jahwe ist ein »eifersüchtiger« Gott. Seine Verehrung schließt die Verehrung anderer Götter aus. Wer sich zu ihm bekennt und zu Israel gehören will, gerät in einen scharfen Kontrast nicht nur zu den Göttern der Umgebung, sondern auch zu den Völkern, die diese Götter verehren. Ein scharfer, einschneidender Bruch ist angesagt zwischen Israel und den anderen; zwischen Jahwe und Baal.

Schon sehr früh wußte Israel sich seinem Gott Jahwe in Ausschließlichkeit verpflichtet und geriet in Distanz zu den anderen Völkern der Umgebung, vor allem zu den Bewohnern des Landes selbst, die andere Götter verehrten. Dieses Selbstverständnis eines Volkes ist erstaunlich. Im Alten Orient war die Götterwelt durchaus offen und flexibel, um viele verschiedene Götter zu integrieren – manche fremde Götter wurden mit bereits bekannten identifiziert, andere kamen neu hinzu, wieder andere verfielen dem Vergessen. Ein eifersüchtiger Gott, der auch seine Verehrer in einen Kontrast hineintreibt, ist religionsgeschichtlich einmalig.

Beide biblischen Texte – Ri 5 und Ex 34 – fügen sich also gut in die Beschreibung der gesellschaftlichen Situation in der Frühzeit Israels ein. Vor allem kann sie verschiedene Besonderheiten der Religion Israels im Kontrast zur Umwelt erklären:

▷ Das Königtum hat sich in Israel erst sehr spät und nur gegen große Widerstände entwickelt. Der Jahweglaube enthielt immer ein beträchtliches herrschaftskritisches Potential.

▷ Obwohl die Patriarchen »El« und noch nicht »Jahwe« verehrt haben, hat sich der Gottesname »Jahwe« sehr rasch in Israel durchgesetzt. »El« und »Jahwe« haben ja eine Reihe gemeinsamer Züge. »Jahwe, der uns alle aus der Macht der Ägypter befreit hat« wird so zu einem auch geschichtlich nachvollziehbaren Bekenntnis.

▷ Der Opposition zwischen Jahwe und Baal (Ex 34) entspricht die Opposition zwischen Israel und Kanaan: zwei Gesellschaftsformen und Lebensweisen stehen einander gegenüber. Der Wille Jahwes ist daher von allem Anfang an ein »gesellschaftlicher Wille«: Er umfaßt nicht nur den religiösen Bereich, sondern meint eine gesellschaftliche Option, die in der Sprache der Stammesgesellschaft heißt: »Wir sind ein Volk von Brüdern«.

L *Lesevorschlag*: Ri 5; Ex 34,11–26; Ri 3,7–11; dazu im Vergleich Jos 11,15–23

L *Literatur*: S. Bock, Kleine Geschichte des Volkes Israel. Von den Anfängen bis in die Zeit des Neuen Testaments, Freiburg ²1991; R. Albertz, Religionsgeschichte Israels in alttestamentlicher Zeit 1. (Altes Testament Deutsch Ergänzungsband 8/1), Göttingen 1992, S. 45–157

Israel entstand nicht nur durch eine Völkerbewegung von außen in das Land hinein, sondern vor allem durch Veränderungen im Land selbst.

Israel war in seiner Frühzeit eine Stammesgesellschaft. Es lebte in Kontrast zu den kanaanäischen Stadtstaaten. Durch wirtschaftliche und außenpolitische Faktoren bestimmt, kam es (ca. im 12. Jahrhundert) zu militärischen Aktionen gegen die Stadtstaaten, der Stammesverband Israel wurde zur bestimmenden gesellschaftlichen Größe in Kanaan.

Die Stammesgesellschaft übernahm den Jahwenamen und den Jahweglauben von der einwandernden Mosegruppe. Aus dieser Frühzeit stammt die scharfe Alternative zwischen »Jahwe« und »Baal« und die Überzeugung, daß Jahwe auch eine bestimmte Gesellschaftsform will: eine umfassende »Brüderlichkeit«, vgl. das »egalitäre Pathos« alttestamentlicher Texte.

➤ ÜBERBLICKS- UND VERSTÄNDNISFRAGEN

1. Beschreiben Sie kurz die Landschaft (Geographie) Palästinas. Können Sie Landschaften oder Landstriche, Städte oder Orte, Flüsse oder Seen nennen bzw. auf einer Landkarte auffinden?

2. Nennen Sie einige Aspekte der altorientalischen Gesellschaften und ihrer Religionen. Welche Funktion haben Mythen?

3. Warum ist es nicht so einfach, eine Geschichte der Anfänge Israels zu schreiben? Warum ist es dennoch notwendig, nach den geschichtlichen Ursprüngen zu fragen?

4. Auf welche Weise haben die Patriarchen Gott erfahren, und wie hängt ihre Gotteserfahrung und ihr Glaube mit ihrer Lebenssituation zusammen?

5. Beschreiben Sie den geschichtlichen Hintergrund des Exodus.

6. Woher kommt der »Jahwe-Name« geschichtlich, und wie wird er theologisch gedeutet?

7. Was wird über die Wüstenzeit Israels erzählt und worin liegt die Bedeutung des »Sinai«?

8. Überblicksfrage: Ab dem 12. Jh. wird für uns ein Stämmeverband »Israel« in Kanaan geschichtlich greifbar. Wie kam es zu seiner Entstehung?

a.) Welche Faktoren führten im 12. Jahrhundert zu einem gesellschaftlichen Wandel in Kanaan?

b.) »Stadtstaaten« und »Stammesgesellschaft«: Beschreiben Sie den gesellschaftlichen Gegensatz.

c.) Wie hängt die Mose-Gruppe und der Jahwe-Name mit der Stammesgesellschaft »Israel« in Kanaan zusammen?

9. Was erfahren wir im »Deboralied« (Ri 5) und in Ex 34,11–26 über das frühe Israel?

1 Die Anfänge des Königtums und die ältesten alttestamentlichen Erzählwerke

1.1 Die Aufstiegs- und Thronfolgegeschichte Davids (1 Sam 16,14–1 Kön 2)

Die frühesten Überlieferungen, in welchen sich Israel seiner Geschichte erinnert, haben die Form einer *Sage*. Es handelt sich um eine volkstümliche Gattung, die einfachen Erzählgesetzen gehorcht. Jede Sage ist in sich geschlossen, setzt nichts voraus und verlangt keine Fortsetzung.

Mit dem Ausdruck »Sage« ist noch nichts über die Historizität des Überlieferten ausgesagt. Ausgangspunkt ist eine irgendwie problematische Situation (Exposition); sie berichtet von Verwicklungen und erzählt schließlich die Lösung des Konflikts. Die auf das Geschick der Stämme bzw. auf Gesamtisrael bezogenen Sagen haben historische Inhalte (politische oder militärische Verwick-

lungen). In der Regel ragen bestimmte Führergestalten hervor (»Heldensagen«), wobei aber die Ereignisse energisch auf Jahwe bezogen werden: er bringt die glückliche Wendung. Ein gutes Beispiel einer solchen Sage ist 1 Sam 11,1–11 (V. 1–3 Exposition; V. 4–11 Entwicklung des Konfliktes; V. 11 seine Lösung).

Sehr bald ist es zu umfassenderen Erzählzusammenhängen gekommen: Die heutige Forschung rechnet mit einer »Geschichte von Davids Aufstieg« (1 Sam 16,14 – 2 Sam 5,12) und einer Thronfolgegeschichte (2 Sam 9 – 20; 1 Kön 1 – 2). Der Erzähler hat populäres Erzählgut gesammelt, in einen Zusammenhang gebracht und einer gewissen Tendenz unterstellt. Er bringt auch unmittelbar historische Erinnerungen ein. Aus Einzelüberlieferungen und eigenständiger Neugestaltung ist so eine *Großsage* geworden.

Die Verfasser sind Kreise in der Nähe des Hofes und seines Schul- und Wissenschafts-

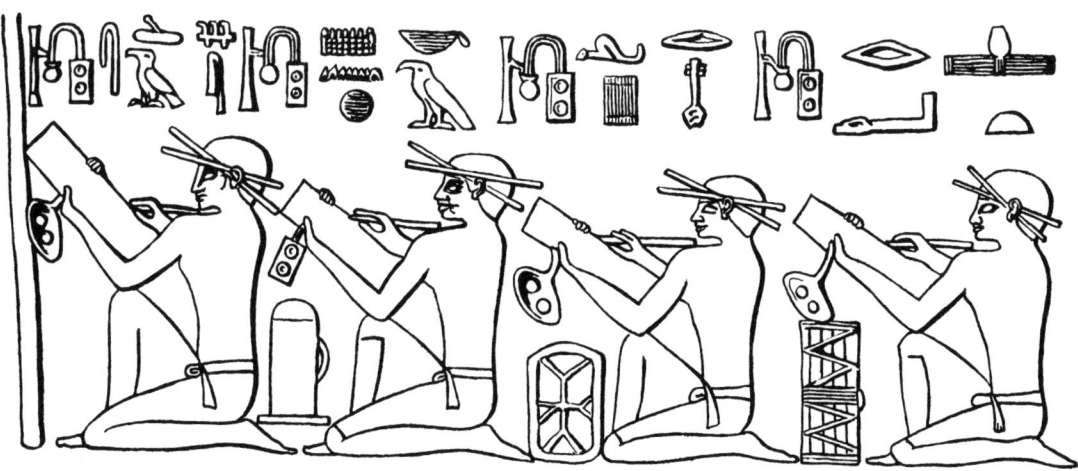

Ägyptische Schreiber des Alten Reiches
(Relief aus dem Grabe des Kaninesut in Giseh, um 2500 v. Chr.)

betriebes (der »weisheitlichen« Bildung). Es dürfte sich weniger um das Werk eines Schriftstellers handeln, sondern um einen Erzählzusammenhang, der in einer Gruppe geformt und überliefert wird, sehr bald auch in schriftlicher Gestalt.

Der Gebrauch der Schrift und damit die Möglichkeit der *»Schriftwerdung«* von mündlicher Überlieferung hat gesellschaftlich-politische Voraussetzungen: Mit dem Aufblühen der Stadt Jerusalem und dem Entstehen des Königtums hielt auch altorientalische Bildung in Israel Einzug, es wurden »Schreiberschulen« gegründet. Dies war für die Verwaltung des Reiches notwendig. Beamte wurden für das Steuer und Militärwesen, für den Fernhandel und die Diplomatie ausgebildet. Vorbilder waren dabei die altorientalischen Kulturen, allen voran Ägypten.

Im Alten Orient gab es schon Jahrtausende eine hochentwickelte Kultur und Schrift (z. B. die ägyptische Hieroglyphenschrift oder die mesopotamische Keilschrift). Israel war diesbezüglich »Entwicklungsland«.

Die Aufstiegs- und Thronfolgeerzählungen haben zwar ihre Eigenheiten, können aber – unter Einschluß von 2 Sam 6 und 7 – auch als Einheit betrachtet werden. Der Gesamtkomplex berichtet, wie und warum David König wurde; er erzählt von der Kultgründung Davids und der Garantie Jahwes für seine Dynastie; und er endet mit der Frage nach der Bewährung und der Zukunft dieser Dynastie. Was erfahren wir nun aus diesen alten Erzählzusammenhängen über die Entstehung und die Anfänge des Königtums?

Saul – zaghafte Anfänge des Königtums

Zur Erinnerung: In der Epoche der sog. »Richter« lag die Führung vorübergehend für die Zeit des Kriegs in den Händen des Richters. Ansonsten gab es aber keine zentralen Leitungspersönlichkeiten, keine Institutionen, die über den Stamm hinaus zwingend Geltung hatten.

Auch das Wirken Sauls erscheint zunächst ganz im Rahmen der Richterzeit. Saul – bis dahin ein normaler Stammesbruder – übernahm die militärische Führung anläßlich eines ammonitischen Angriffs auf die Stadt Jabesch (1 Sam 11) und landete einen Überraschungssieg. Gegen die Bedrohung durch die Philister genügte die alte Struktur nicht mehr. Saul gelang es, in vielen kleinen militärischen Operationen, die Philister zurückzudrängen. Er wurde »König« – gesalbt vom Propheten Samuel (1 Sam 10). Sein Herrschaftsgebiet war noch sehr klein (wahrscheinlich das Stammesgebiet Benjamins und das der mittelpalästinischen Stämme).

Als Mittel gegen die militärische Bedrohung sammelte er ein stehendes Heer um sich (der alte Heerbann genügte nicht mehr). Sein Wirken wird noch ganz im Stil der alten Richter geschildert: Seine Schlachten verstand er als »Jahwekriege«, wichtige Befehlsfunktionen wurden von Verwandten Sauls wahrgenommen (z. B. der Sohn Jonatan oder sein Cousin Abner).

David – Begründer der »davidischen Dynastie«

Zu seinen Gefolgsleuten gehört auch David, ein Judäer aus Betlehem. Er zeichnet sich durch besondere Tapferkeit aus, gewinnt bald eine einflußreiche Position und heiratet die Tochter Sauls. Es kommt zu einem Zerwürfnis mit Saul. David zieht sich in seine Heimat zurück und beginnt, sich eine eigene Machtbasis aufzubauen. Er sammelt eine Söldnertruppe um sich (wohl zwielichtige Elemente), verspricht mit seiner Freischärlertruppe Schutz gegen die Philister und fordert Tribut. Zunächst scheitert er (offenbar wird er von den Südstämmen als ungebetener Beschützer verjagt) und läuft mit seinem Anhang in das Lager der Philister über. Dort lernt er moderne Kriegstechniken kennen.

Saul und sein Sohn Jonatan werden von den Philistern vernichtend geschlagen und fallen in der Schlacht. In dieser äußersten Bedrohung sieht Juda in David die einzige Chance. Halb bieten die Judäer ihm die Königswürde an, halb wird er wohl in einer Art Handstreich das Machtzentrum in Hebron besetzt haben (2 Sam 2,1–4). Nach 7 ½ Jahren kommen auch die Nordstämme überein, David die Königswürde zu übertragen. Er erobert die kanaanäische Festungsstadt *Jerusalem* und macht sie zu seiner *Hauptstadt*. Auch die »Lade«, ein alter Kultgegenstand der Stämme, überführt er von Schilo nach Jerusalem. Damit wird Jerusalem auch zum religiösen Mittelpunkt des Reiches (2 Sam 6).

Er bannt endgültig die Gefahr der Philister und betreibt eine expansionistische Politik. Durch seine Kriege (die nicht mehr als »Jahwekriege« stilisiert werden) unterwirft er angrenzende Staaten und Gebiete (Edom, Moab, Amon u. a.) und macht Israel zum Großreich.

Er war zweifellos ein staatsmännisches Talent, aber auch mit einer Portion Egoismus und Machtanspruch gesegnet. Auch darüber berichtet das Alte Testament schonungslos. Unkritische »Heldenverehrung« ist ihm fremd.

Er findet Gefallen an Batseba, der Frau seines Feldherrn Urija, die er von seiner Dachterrasse aus beim Baden beobachtet, und läßt sie zu sich bringen. Batseba wird schwanger, während ihr Mann im Feld kämpft. David versucht, die Sache zu vertuschen, und holt Urija zurück. Als der sich aber weigert, bei sich zu Hause zu übernachten (und er damit eventuell als Vater des Kindes gelten könnte), sieht David nur einen Ausweg: Er befiehlt seinen Truppen, Urija im Kampf sterben zu lassen (2 Sam 11). So wird Batseba zur Frau Davids (und später zur Mutter Salomos).

Innenpolitisch bringt das Königtum schwere Konsequenzen. Durch die Über-nahme des kanaanäisch strukturierten Königtums braucht es komplexe Herrschafts- und Dienstleistungsfunktionen. Es entstand ein Beamtenapparat, der Geld kostete – und damit entstanden Steuern und Abgaben. David verstand sein Königtum als Zentralfunktion des politischen, kulturellen und religiösen Lebens; Hofpropheten legitimieren seine Herrschaft und seine Dynastie durch Orakel.

So der Kern der sog. »Natansprophetie« in 2 Sam 7, die allerdings mehrfach in späterer Zeit überarbeitet wurde. Später wurde sie zu einem Katalysator messianischer Hoffnungen.

In diesen Texten spiegelt sich eine ungebrochene Tendenz zugunsten des Königtums Davids. Der Kreis, der die Überlieferung trug, war dem Königtum und David gewogen (schließlich handelte es sich um Kreise bei Hof). Allerdings zeigt sich auch eine Tendenz, das Königtum an seiner Intention, der ihm von Gott zugedachten Aufgabe, zu messen. Seine Endgestalt hat die Aufstiegs- und Thronfolgeerzählung wahrscheinlich 2–3 Generationen nach David erreicht.

Bereits in diesem alten Textbereich tritt neben dem Königtum eine andere Personengruppe in das Blickfeld: die Propheten. Besonders erscheint *Samuel* (1 Sam 9,1–10,16) als ein allein wirkender, kraftbegabter Seher, aber auch Natan (2 Sam 7,8–16; 2 Sam 12). Vor allem in 1 Sam 19,18–24 (Prophetensagen, die nicht ursprünglich in die Aufstiegsgeschichte hineingehörten) zeigt sich ein *königskritischer Zug der Prophetie*. Prophetische und königliche Autorität stehen gegeneinander, die prophetische Macht triumphiert über die Staatsgewalt.

Die Prophetie arbeitet immer deutlicher die theologischen Maßstäbe heraus, an denen sie die Könige mißt. So werden in 1 Sam 15 und 28 exemplarische Konfliktsituationen dargestellt. Der König vergeht sich aus machtpolitischen Erwägungen gegen Jahwe und wendet sich anderen Göttern zu.

1.2 Die Königsherrschaft des Salomo

Nach dem Tod Davids gelangt sein Sohn Salomo nach blutigen Intrigen an die Macht.

Dies wird nicht mehr in der alten Thronfolgegeschichte 2 Sam 9 – 1 Kön 2, sondern erst im Buch 1 Könige ab dem 3. Kapitel erzählt. Die Zusammenstellung dieser Kapitel stammt aus späterer Zeit, doch es wurde zweifellos altes Material verwendet. Ausdrücklich findet sich in 1 Kön 11,41 ein Hinweis auf eine »Chronik Salomos«, derer sich die Verfasser bedient haben.

Unter ihm erlebt Israel eine kulturelle und wirtschaftliche Blüte: die Kriegsgefahr ist im wesentlichen gebannt, Salomo gilt als »Friedenskönig«. Er verbessert die geordnete Verwaltung des Reiches und errichtet einen Beamtenstaat nach ägyptischem Muster. Zu diesem Zweck holt er auch ägyptische Berater ins Land.

In Jerusalem zieht *»internationales Flair«* ein. Salomo heiratet ausländische Prinzessinnen (vgl. 1 Kön 3,1; 11,1–8), nutzt seine Kontakte zu internationalen Handelsbeziehungen, fördert Weisheit und Bildung. Der Nachwelt gilt er als der weise König (vgl. 1 Kön 3,2–15; 1 Kön 5,9–14); später wird ihm die Weisheitsliteratur zugeschrieben.

Die Propagandaliteratur Israels ist stolz auf die internationale Anerkennung ihres Königs und schildert ihn ganz im Stil eines altorientalischen Herrschers.

Eine eindrucksvolle Schilderung seiner Weisheit bildet die Erzählung des *»salomonischen Urteils«* (1 Kön 3,16–28). Von zwei Frauen behauptet jede, sie sei Mutter eines bestimmten Kindes. Salomo soll zwischen ihnen schlichten. Er befiehlt, das Kind in zwei Stücke zu hauen und jeder der beiden Frauen eine Hälfte zu geben. Eine Frau ist einverstanden; die andere bittet, lieber der anderen Frau das Kind zu überlassen, als es zu töten. Gerade diese »mütterliche« Reaktion erweist sie als die wahre Mutter, und sie erhält das Kind zugesprochen.

Das internationale Prestige des Königs wird in 1 Kön 10,1–10 stolz ausgedrückt: Selbst die *Königin von Saba* kam, um seine Weisheit auf die Probe zu stellen. Aufgrund der Persönlichkeit und der Taten des Königs »stockte ihr der Atem«, und sie hob zu einer »Seligpreisung« der Israeliten an: »Glücklich sind alle deine Männer, glücklich alle deine Diener, die allezeit vor dir stehen und deine Weisheit hören«.

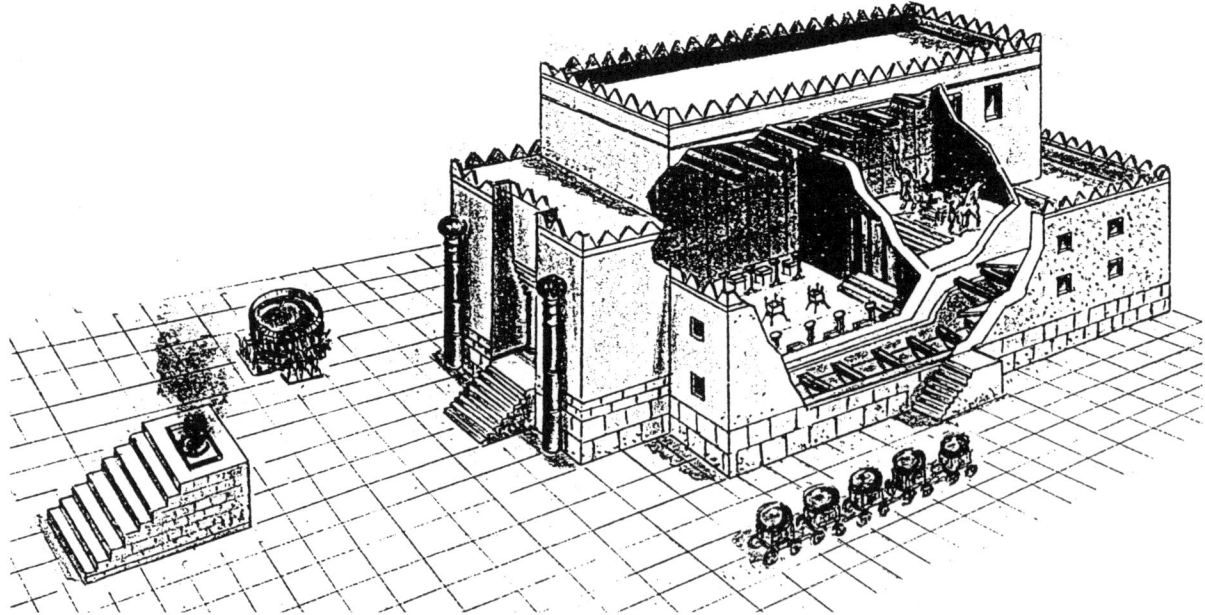

Rekonstruktion des salomonischen Tempels in Jerusalem

Bewundernd und übertreibend sprechen die Texte auch vom sagenhaften Reichtum Salomos (1 Kön 10,14–29): »Alle Trinkgefäße waren aus Gold... Silber galt in den Tagen Salomos als wertlos« (V. 21); »Der König machte das Silber in Jerusalem so häufig wie die Steine und die Zedern so zahlreich wie die Maulbeerfeigenbäume« (V. 27).

Salomo entfaltete eine reiche Bautätigkeit: einen *Tempel in Jerusalem* und eine königliche Residenz. Für seine prachtvolle Hofhaltung, seine Prunkbauten und den aufgeblähten Verwaltungsapparat brauchte er Geld. Er führte neue Steuern ein und zog Israeliten zu Fronarbeiten heran (1 Kön 5,27–30). Die Unzufriedenheit wuchs, es kam zu Unruhen und Aufständen.

Bei der theologischen Deutung und Begründung des Tempels auf dem »Tempelberg Zion« wurden kanaanäische Vorstellungen aufgegriffen und modifiziert: der an sich kleine Berg wurde zum »höchsten der Berge«, die Gottesstadt galt als uneinnehmbar für die Feinde, auf dem Urfelsen gegründet, so daß sie nicht wankt (vgl. Ps 46). Zwei Kerubim (mythologische, vogelähnliche Figuren) wurden aufgebaut (1 Kön 6,23–28) und als »Thronwagen« Jahwes verstanden: er thront unsichtbar über den »Kerubim«, die Lade wird zum »Thronsockel«, zum »Schemel seiner Füße«.

L *Lesevorschlag*: 1 Sam 8; 1 Sam 10,17–27; 2 Sam 2,1–11; 2 Sam 5,1–3; 2 Sam 6 – 7; 1 Kön 1,28–37; 1 Kön 3,4–15; 5,9–14; 1 Kön 6 – 9; 1 Kön 10,1–29; 1 Kön 11,1–28

L *Literatur*: S. Bock, Kleine Geschichte des Volkes Israel. Von den Anfängen bis in die Zeit des Neuen Testaments, Freiburg ²1991

1.3 Einheitsstiftende Überlieferung – die Anfänge des Pentateuch

Die Einheit des Staates schuf auch die Notwendigkeit einer einheitlichen schriftlichen Überlieferung – einer gemeinsamen Geschichtssicht der Anfänge, einer Darstellung der verschiedenen Überlieferungen entlang eines »roten Fadens«, eines Erzählfadens. Es ging um eine identitätsstiftende

theologische Deutung der Geschichte. Erst in der Königszeit (vgl. die Schreiberschulen am Königshof, in denen die Beamten ausgebildet wurden) waren auch die Voraussetzungen für eine so umfangreiche Niederschrift gegeben. Daher nehmen viele Exegeten an, in dieser Zeit sei die älteste Quellschrift des Pentateuch, der Jahwist (J), entstanden. Es sei seine Leistung gewesen, Schöpfungs-, Patriarchen-, Exodus- und eventuell Landnahmetraditionen miteinander zu einer Geschichtserzählung zu verbinden. Heute meinen einige Exegeten, diese älteste Schicht des Pentateuch sei doch erst später (8. Jh. v. Chr.?; manche meinen sogar erst nach dem Exil) entstanden. Die folgenden Darlegungen bleiben gültig, unabhängig vom zeitlichen Ansatz.

Sicher werden aber in der Königszeit Einzelüberlieferungen zu größeren Erzählkreisen verbunden worden sein. Und es wird sich wohl auch das Bewußtsein um die Einheit des Volkes in der Einheit einer Überlieferung über die Anfänge niedergeschlagen haben.

Diese *Zusammenfügung* von Einzelüberlieferungen *zu größeren Erzählkomplexen* geschah so, daß man Überlieferungen, die an einzelnen Orten, Heiligtümern, in bestimmten Sippen und Stämmen tradiert wurden, sammelte. Es waren vor allem Sagen (d. h. lange mündlich weitergegebene Erzählungen), wahrscheinlich auch bereits Sagenkränze. Wie, in welcher Reihenfolge, sollten sie aber verbunden werden? Zwei Weisen boten sich als Aufbau- und Gliederungsprinzipien an: Genealogien und Wanderungen.

So wurde aus den Überlieferungen über die Patriarchen eine »Familiengeschichte": Abraham hatte einen Sohn namens Isaak, dessen Sohn hieß Jakob. Durch seine 12 Söhne (= Ahnherren der zwölf Stämme) wurde er Ahnherr des 12-Stämme-Volkes Israel. Diese Vorstellung erlaubt es, die enge Verwandtschaft und Zusammengehörigkeit innerhalb eines Stammes auszudrücken (im Stammvater des Stammes) und die (etwas weitere) Zusammengehörigkeit im Volk Israel (im Stammvater Jakob = Israel).

Der Pentateuch dehnt diese Genealogien über das Volk Israel hinaus aus: Auch die »Semiten« sind verwandt im Stammvater Sem, einem Sohn des Noach. Letztlich reicht diese Verwandtschaftslinie zurück bis zu Adam, dem Stammvater der Menschheit.

Zweites Mittel der Verbindung von ursprünglich selbständigen Überlieferungen ist das Stilmittel von Wanderungen (z. B. die Wanderung der Jakobsöhne nach Ägypten, der Auszug und die Wanderung durch die Wüste zum Sinai). Diese Wanderung stellt eine Verbindung zwischen den Patriarchentraditionen und der Exodus- und Wüstentradition her.

Die Entstehung von langen und umfassenden Erzählwerken war aber nicht nur eine literarische Leistung, sondern entsprang einer theologischen Motivation: Man wollte konsequent die Geschichte als Wirken des einen Gottes Jahwe deuten. In der Fülle der Einzelüberlieferungen – so die Grundthese – wirkte und wirkt Jahwe *allein*. Er ist der Gott der Schöpfung, und alle Gotteserfahrung der Ahnherren und Ahnfrauen Israels ist die Erfahrung seines rettenden und segnenden Tuns in der Geschichte. Er hat Israel aus der Vielfalt der Sippen und Stämme zur Einheit des Jahwevolkes berufen.

Die Botschaft der sog. »jahwistischen Urgeschichte« (Gen 2–11)

Die Schöpfungs- und Sündenerzählungen in Gen 2–11 fragen in einer Zeit der wirtschaftlichen und außenpolitischen Blüte nach dem Wesen des Menschen und dem Sinn der Geschichte. Sie werden »Urgeschichten« genannt, weil sie nicht Erzählungen im Raum von Zeit und Geschichte sein wollen, sondern »Urzeiterzählungen«. Die »Urzeit« ist jenseits der erfahrenen Geschichte. Sie erzählen nicht »Ein-maliges«, sondern

»Erst-maliges« oder »All-maliges« (*E. Zenger*). Sie erzählen nicht unbedingt, was »chronologisch«, sondern was »sachlich« das erste ist.

Schöpfung – Gen 2,4b-7

Die Perspektive des Erzählers ist die des Bauern in trockener Gegend. Daher charakterisiert er den Zustand vor der Schöpfung so: »Es gab noch keine (Nutz)pflanzen, denn Gott... hatte es noch nicht regnen lassen, und es gab noch keinen Menschen, der den Ackerboden bestellte.« Gott schafft Feuchtigkeit, formt den Menschen aus der Erde und bläst ihm den Lebensodem ein.

Er ist der »adam« (= Mensch), genommen von der »adama« (= Ackerboden, Erde). Er ist durch seine Verwiesenheit auf den Ackerboden bestimmt, den er bebauen soll. Andererseits ist er »Staub«, zu dem er nach seinem Tod wieder zurückkehrt.

Der Mensch ist aber nicht nur durch seinen Bezug zum Ackerboden und zu Jahwe (der ihm den Lebensodem einbläst) charakterisiert, sondern durch seine Verwiesenheit auf ein Du: »Es ist nicht gut, daß der Mensch allein bleibt« (V. 18). Gott formt nun Tiere, die wie der Mensch aus Erde geformt werden. Der Mensch »benennt« sie, d. h. er steht über den Tieren – doch sie sind ihm keine »Hilfe, die ihm entspricht«. Hilfe bedeutet hier: Hilfe gegen die Einsamkeit, personales Gegenüber. Nun baut Gott aus der Rippe des Adam die Frau, die der Mann mit einem Jubelruf begrüßt (V. 23). Aus der Rippe bedeutet: Die Qualität und die Elemente des Spenders gehen auf das neue Geschöpf über, sie ist »aus dem gleichen Holz geschnitzt«. Dies wird durch ein Wortspiel unterstrichen (V. 23): hebr. ísch bedeutet Mann, íscha bedeutet Frau.

Schuld – die »jahwistischen« Texte in Gen 3 – 11

Die Schöpfungserzählung ist aber keine eigenständige Erzählung, sondern soll – wie vielfältige Stichwortverbindungen (der Baum, die Schlange, etc.) zeigen – im Zusammenhang mit Gen 3 – 4 gelesen werden.

Der Blick des Verfassers – in der politischen und wirtschaftlichen Glanzzeit Israels – ist erstaunlich realistisch, ja fast pessimistisch: Die Welt ist nicht nur gute Schöpfung Gottes, sondern von Schuld, von Mißtrauen gegen Gott (Gen 3), von Gewalttat und Mord unter »Brüdern« (Gen 4), von sprachlichen und nationalistischen Vorurteilen und Unverständnis (Gen 11) geprägt. Der Autor entwickelt eine »Ätiologie« des »Fluches«, des Unheils, den er überall lasten sieht.

Der Mensch ist nicht gewalttätig, mißtrauisch und böse, weil ihn Jahwe so gemacht hätte. Im Mythos Enuma Elisch etwa sind die Götter selbst in Schuld geraten. Aus dem Blut eines schuldig gewordenen Gottes und aus Erde werden die Menschen geformt – sie sind »von ihrem Wesen her« böse und schuldig. Für Gen 3 ist die Ursache die Tat des Menschen. Sie hat zwar schwerwiegende Folgen: die Mühsal des Ackerbauern (3,17–19), die Schmerzen der Frau bei der Geburt und die Herrschaft des Mannes über die Frau (3,16), die tödliche Bedrohung, die von der Schlange für den Menschen (und vom Menschen für die Schlange) ausgeht (3,14–15), die Rast- und Ruhelosigkeit Kains bzw. der »Städter« (4,14.17). Folge ihrer Schuld ist ihre Vertreibung aus dem »Paradies« (3,23–24). Gott bekleidet sie mit Fellen (3,21) und versieht Kain mit einem Zeichen (4,15). Dennoch und trotz aller Schuld steht Gottes bewahrende Sorge über den Menschen, und er schwört, die Erde nicht zu vernichten (Gen 8,21–22).

Die Berufung Abrahams (und Israels) zum Segen für alle Völker (Gen 12)

Unmittelbar an diese Kapitel wurde der Text Gen 12 angeschlossen, der traditionell ebenfalls dem »Jahwisten« zugesprochen wurde. Gen 2 – 12 bieten – als Einheit gelesen – einen grandiosen theologischen Entwurf: Inmitten dieser schuldverstrickten Menschheit, inmitten einer Kettenreaktion von Schuld und Gewalt, setzt Gott einen neuen Anfang in der Berufung des Abraham. Das Segenswort Gen 12,1–3 ist Abschluß und Kontrapunkt der Urgeschichte und zugleich Eröffnung eines neuen Anfangs. An einem Punkt in der Geschichte, mit einem Menschen, beginnt die Segensgeschichte Gottes. Während der »Fluch« das Thema der jahwistischen Urgeschichte ist, ist der »Segen« das große Leitmotiv der Vätererzählungen.

Abraham ist der Ahnherr Israels. Der Text beschreibt also zugleich die Identität und die Berufung des Volkes.

Es entsprach dem Selbstbewußtsein der Königszeit, ein »großes und mächtiges« Volk zu sein und einen »großen Namen« (vgl. 2 Sam 7,9) zu besitzen. Gegenüber jeder arroganten Überheblichkeit streicht der Text heraus, daß dies Wirkung des Segens Jahwes ist. Und zugleich beantwortet er eindringlich die Frage, wozu Abraham (Israel) gesegnet wurde: um ein Segen zu sein, für die engere Umgebung (V. 3a) und sogar bis an die Grenzen der Erde. Dieses Motiv des Segens klingt in der Patriarchen- überlieferung immer wieder an (Gen 18,18; 28,14).

Die weitere Erzählung beschreibt dann an exemplarischen Situationen, wie Israel für andere Völker zum Segen werden kann: durch die Fürbitte (wie Abraham in Gen 18,16–33), durch die freiwillige Überlassung eines guten Stück Landes an einen anderen (Gen 19), durch einen Friedensvertrag mit früheren Feinden (Gen 26,27), durch wirtschaftliche Tüchtigkeit und Wirtschaftsberatung wie Josef in Ägypten (Gen 41,49.51).

Das Leitwort »Segen« stellt der Königszeit mit ihrer Großmachtpolitik die Frage: »Hat Abrahams Volk sich für die unterworfenen Völker und für seine Nachbarn schon zum Segen ausgewirkt? Haben die Völker in Israel Segen gefunden? Entspricht das »große Volk« mit seinem »großen Namen« dem verkündeten Willen Jahwes?« (*H. W. Wolff*) Die Texte wollen nicht schon die Erfüllung der Verheißung beschreiben. Die Fülle des Segens, die es vermitteln soll, wird Israel »in vielen Modellzeichnungen hingestellt, wenn Israel vom verkündigten Wort seines Gottes die Zukunft erwartet. Der Hybris der Großgewordenen in Salomos Tagen muß es ein schneidendes Wort gewesen sein, daß sie erst dann ihre Größe als Segen Jahwes gewinnen, wenn bei ihnen alle Völker Segen als Rettung freien, fruchtbaren Lebens gefunden haben.« (*H. W. Wolff*)

L *Lesevorschlag*: Gen 32,23–33; Gen 2 – 3; Gen 12,1–4b; Gen 18,16–33

L *Literatur*: H. W. Wolff, Das Kerygma des Jahwisten: Gesammelte Studien, München ²1973, S. 345–373

Das Wirken Sauls, des ersten Königs, wird noch ganz im Stil der Richter geschildert. David macht Jerusalem zur Hauptstadt und wird Begründer der davidischen Dynastie. Unter Salomo erlebt Israel eine Blütezeit. Er gilt als weiser und (im Sinn des Alten Orients) gebildeter König und erbaut den Tempel.

Erst die Zeit des Königtums bot die gesellschaftlichen und kulturellen Voraussssetzungen für die Schriftwerdung von mündlicher Überlieferung. Die »Großsage« der Aufstiegs- und Thronfolgegeschichte Davids oder Erzählkränze im Pentateuch sind die ältesten Beispiele dafür. Möglicherweise entstand in dieser Zeit auch die erste umfangreiche Erzählschicht des Pentateuch, der »Jahwist«.

2 Die theologische Deutung des Königtums – pro-königliche und anti-königliche Texte

2.1 Anklänge an altorientalische Vorstellungen: Ps 2 – der König als »Sohn Gottes«

Außenpolitischer Druck und eine geschickte Machtstrategie führte zur Einführung des Königtums und damit zur »Internationalisierung« Israels. So ist es folgerichtig, daß sich die Könige auf einer Linie mit den altorientalischen Königen verstanden und Elemente aus deren theologischem Selbstbewußtsein übernahmen. Für diesen Vorgang ist Ps 2 ein gutes Beispiel, der – zwar wahrscheinlich erst nach dem Exil entstanden – doch die Vorstellung vom König als dem »Sohn Gottes« gut illustriert.

Das alte Ägypten hatte großen Einfluß auf Palästina: einerseits über die kanaanäischen Vasallenfürsten, andererseits über die vielfältigen Kontakte zur Zeit des Salomo (er war z. B. mit einer ägyptischen Prinzessin verheiratet). In Ägypten hieß der Pharao schlicht »der Gott« oder der »Gottessohn«. An der Tempelwand in Luxor ist der Gott Amun-Re zu sehen, der bei der Königin-Mutter eingeht, um den König zu zeugen.

Der folgende Ps 2 stammt zwar wahrscheinlich aus der Zeit nach dem Exil, spiegelt aber dennoch gut die dahinterliegenden altorientalischen Vorstellungen wider.

Ps 2,6–9:

»Ich selber habe meinen König eingesetzt auf Zion, meinem heiligen Berg.«
Den Beschluß des Herrn will ich kundtun.
Er sprach zu mir:
»Mein Sohn bist du.
Heute habe ich dich gezeugt.
Fordere von mir, und ich gebe dir die Völker zum Erbe, die Enden der Erde zum Eigentum.
Du wirst sie zerschmettern mit eiserner Keule,
wie Krüge aus Ton wirst du sie zertrümmern.«
Im Hintergrund steht das *Inthronisationszeremoniell des Königs.* Er erhält den Titel eines »Sohnes« Gottes, den Gott »heute« (d. h. mit der Thronbesteigung) »gezeugt« hat. Ihm wird die Übereignung der ganzen Erde als sein Herrschaftsgebiet zugesprochen (V. 8) und Überlegenheit über seine Feinde zugesichert (V. 9).

Auch das Bild der Tonkrüge hat eine Parallele im ägyptischen Königszeremoniell: Bei der Thronbesteigung zertrümmerte der Pha-

Vor der Krönung wird der König gereinigt und mit Lebenswasser besprengt (Relief aus dem großen Tempel in Karnak).

rao Tongefäße, die die Ägypten umgebenden feindlichen Völker symbolisierten.

Für Israels Könige heißt das: Sie tragen den Titel eines Sohnes Gottes, der ihnen aber – anders als in Ägypten – nicht aufgrund ihrer quasi göttlichen Natur zukommt, sondern aufgrund eines Willensentscheids Jahwes. Schutz vor den Feinden und damit Überlegenheit im Krieg gehört zu ihren wesentlichen Aufgaben. Zur Königstitulatur gehört auch der Begriff *»Gesalbter«* *(»Messias«)* – eine Bezeichnung, die von der Königssalbung herrührt.

2.2 Widerstand gegen das Königtum am Beispiel von Ri 9, der sog. »Jotamfabel«

Die Institution des Königtums wurde also in Israel übernommen. Dennoch blieb es eine »Neuerung«, die gerade von den jahwetreuen Kreisen auch heftig bekämpft wurde. In der Exodus-Erfahrung war »Israel als Grunderfahrung in die Wiege gelegt worden, daß Jahwe alle Formen der Herrschaft von Menschen über Menschen zutiefst verabscheut und immer auf der Seite derer steht, die sich um den Abbau versklavender menschlicher Herrschaft bemühen« (*E. Zenger*). Vor allem die jahwewidrigen Praktiken der Könige stießen auf Widerstand: ein bedrückendes Abgabensystem, ein kontrollierender, schmarotzender Verwaltungsapparat und ein machtlüsternes Söldnerheer. Auch diese königskritischen Stimmen sind uns im Alten Testament überliefert, so z. B. in der »Jotamfabel« (Ri 9,8–15).

Dort wird erzählt, daß die Bäume sich einen König salben wollen. Doch der Ölbaum, der Feigenbaum und der Weinstock lehnen es ab, König zu werden. Sie verweisen auf ihre Früchte, mit denen »Götter und Menschen« geehrt und erfreut werden. Wäre es nicht verantwortungslos und dumm, dieses Tun aufzugeben, um König zu sein? Schließlich erklärt sich der Dorn-

strauch, der keinerlei Früchte bringt, bereit dazu. In grandioser Selbstüberschätzung lädt er, der keinerlei »Schatten« (ein uraltes Bild für die Herrschaft eines Königs) zu bieten hat, alle ein, in seinem »Schatten« Schutz zu suchen.

In bissiger und scharfer Weise soll gesagt werden: Kein vernünftiger Mensch würde sich auf das Unternehmen Königtum einlassen. Es wäre auch schade, weil es keine fruchtbare Existenz für andere ermöglicht. Jede andere Tätigkeit ist fruchtbarer. Nur jemand, der fruchtlos ist und nichts zu bieten hat, ein Taugenichts und Nichtsnutz, erklärt sich bereit und verliert jeden Blick für nüchterne Selbsteinschätzung. Eine sinnlose und lächerliche Einrichtung ist das Königtum. Kein Wunder, daß Martin Buber diesen Text als die »schärfste antimonarchische Dichtung der Weltliteratur« bezeichnet hat.

Ein späterer Bearbeiter hat den Text noch verschärft (V. 15 b): Der Dornstrauch kann sich selbst entzünden, das Feuer kann sogar den »Zedern des Libanon« gefährlich werden. Das Königtum ist nicht nur eine nutzlose und lächerliche, sondern auch eine gefräßige, gefährliche, ja todbringende Institution.

Beide Traditionen, die königsfreundliche und die königskritische, sind uns überliefert. Die Auseinandersetzungen über Für und Wider und die Suche nach dem Willen Gottes reichen bis in die Zeit nach dem babylonischen Exil. Auch im Neuen Testament ist die Auseinandersetzung mit Herrschaft und ihrer Ausübung ein wesentliches Problem (vgl. Mt 20,25–28).

☛ Haben Sie beim Lesen Lust bekommen, sich näher mit der unterschiedlichen Beurteilung des Königtums zu beschäftigen? Auf S. 117 f finden Sie beispielhaft alttestamentliche Texte mit Anregungen zur Weiterarbeit.

L *Lesevorschlag*: Ps 2; Ps 72; 2 Sam 7; Ri 8,22–23; Ri 9
L *Literatur*: R. Albertz, Religionsgeschichte Israels in alttestamentlicher Zeit 1. (Altes Testament Deutsch Ergänzungsband 8/1), Göttingen 1992, S. 172–190

Israel versteht seinen König in Anlehnung an altorientalische Vorstellungen. Er ist »Sohn Gottes« und »Messias«.
Konservative Kreise stehen dem Königtum skeptisch bis radikal ablehnend gegenüber.

3 Die Anfänge des israelitischen Rechts

Mit der Existenz des Staates entstand auch Gerichtswesen und Rechtsprechung, zugleich langsam auch die ersten Gesetzestexte und -sammlungen.

Die Stammesgesellschaft hatte noch keine förmlichen Gerichte: Konflikte in der Familie wurden vom Familienoberhaupt entschieden. Streitigkeiten unter Sippen wurden durch Verhandlungen der Streitparteien gelöst; eventuell konnte man sich dabei auch charismatischer und durch ihre Erfahrung anerkannter Persönlichkeiten (vgl. »Richter«) bedienen. In der Regel gewann die Streitpartei die Oberhand, die physisch stärker und durchsetzungsfähiger war als die andere – eventuell deshalb, weil sich größere Gruppen (andere Sippen oder Stämme) mit ihr solidarisierten (vgl. die »Konfliktregelung«, in Gen 31; 34; Ri 18; Ri 19).

Die Normen und Urteilsmaßstäbe waren »Allgemeingut«; was galt, war grundsätzlich anerkannt (»Das tut man nicht!«). Manche Weisungen des späteren Rechts gehen auf dieses »Sippenethos« zurück. Es war einfach formuliert, ohne Begründungen und ohne die Androhung von Folgen: »Du sollst nicht töten!« »Du sollst nicht die Ehe brechen!« »Das tut man nicht in Israel!« (Gen 34,7) »Das (d. h. der Bruch des Gastrechts) ist eine Schandtat!« (Ri 19,23). Diese frühen Normen waren noch nicht ein »Gottesrecht«, d. h. sie wurden noch nicht ausdrücklich mit dem Willen Gottes begründet.

Mit der Königszeit entstand eine Zentralgewalt mit einer bedeutenden Machtfülle. So wurden die Könige bei Streitigkeiten zu

Hilfe gerufen (so in 2 Sam 14). Bald entstand eine öffentliche und mit der Autorität des Königs ausgestattete Instanz, die Zeugen anhörte, Beweise würdigte, Rechtsformen anwendete und so Schlichtung von Streit ermöglichte: die staatlich garantierte Rechtsprechung der Ältesten und freien Männer in den Toren der Städte.

Die sog. »kasuistischen« Formulierungen vieler Gesetze sind überlieferte Urteile dieser Institution. In einem kasuistischen Rechtssatz wird ein »Fall« beschrieben und eine konkrete Straffolge festgesetzt (z. B.: »Wenn einer ein Rind oder ein Schaf stiehlt und es schlachtet und verkauft, soll er fünf Stück Großvieh für das Rind und oder vier Stück Kleinvieh für das Schaf als Ersatz geben« – Ex 21,37).

Das »Bundesbuch« (Ex 20,22 – 23,33)

In der Königszeit entstand auch das älteste Rechtsbuch des Alten Testaments, das sog. »Bundesbuch«, das uns heute im Zusammenhang der Sinaierzählung überliefert ist (Ex 20,22 – 23,33). Es umfaßt bereits – ein markanter Unterschied zu den sonstigen Rechtskodizes des Alten Orients – sowohl im engeren Sinn juristische wie kultische Bestimmungen. Die Grundstruktur des alttestamentlichen Gesetzes (der Tora) war damit geboren.

Zu Beginn steht das Altargesetz; es folgen u. a. Bestimmungen über Sklaven, Mord und Totschlag, Mißhandlung und Körperverletzung, Diebstahl und Haftung für fremdes Eigentum; Schutz der Fremden und Verhalten im Rechtsverfahren; Sabbatjahr und Sabbatfeier; die drei Hauptfeste und Opfer.

Die Verbote, andere Götter zu verehren, Bilder anzufertigen (Ex 20,23; 23,13) und ein Bündnis mit den Kanaanäern einzugehen (Ex 31,32), werden aus dem älteren Text Ex 34,11–26 wiederholt. Besonders eingeschärft werden daneben *Schutzbestimmungen für die Fremden und Verarmten*: »Fremde« sind Menschen, die an einem Ort leben, wo sie weder Familie noch Erbbesitz haben. Sie sind insofern rechtlos, als sie auch keine Stimme im Rechtsprozeß am Tor haben. Um diesen armen, sozial schwachen und rechtlosen Menschen ihr Recht zu verschaffen, wird Israel auf seine Vergangenheit hingewiesen: Sie waren selbst Sklaven in Ägypten (Ex 20,20; 23,9). Rechtlos, weil auch sie neben ihrer wirtschaftliche Notlage keine Stimme im Torgericht der Männer haben, sind auch die Waisen und Witwen. Auch ihren Schrei wird Jahwe hören und ihnen Recht verschaffen (Ex 22,21–23), wie er den Schrei Israels in Ägypten gehört hat.

Im Dienst der Armen und Entrechteten steht auch *das älteste biblische Wirtschaftsgesetz* (Ex 22,24–26): Es verbietet, Zinsen zu nehmen. Und es verbietet Pfandnahme als Sicherstellung für den Kredit entweder überhaupt oder verlangt zumindest, daß der »Mantel« (d. h. zugleich die einzige Decke) vor Einbruch der Dunkelheit zurückgegeben werden muß, damit der Kreditnehmer nicht friert. Hinter dieser Bestimmung spiegeln sich die krasser werdenden sozialen Spannungen und Konflikte der Königszeit: Die wachsende Verarmung der Kleinbauern unter dem Druck der Steuerlast. Das älteste Rechtsbuch des Alten Testaments will diesen sozialen Fehlentwicklungen gegensteuern.

Da das Problem der verarmten Israeliten, der rechtlosen Witwen und Waisen so stark genannt wird, muß die Gesellschaft bereits tief zerklüftet gewesen sein. Das war noch nicht zu Beginn der Königszeit, sondern wohl erst nach einigen hundert Jahren der Fall (8. Jh. v. Chr.). Daher schließen Exegeten, daß das Bundesbuch insgesamt erst in dieser Zeit entstanden ist. Andere Teile des Bundesbuches sind aber wesentlich früher, schon zu Beginn der Königszeit, aufgeschrieben worden. Dieser erste Versuch, die Gesellschaftsordnung gemäß dem Jahweglauben zu gestalten, wurde in der Geschichte Israels durch die Schaffung neuer Rechtsbücher ergänzt und zum Teil auch wesentlich verändert. Von dieser Entwicklung des alttesta-

mentlichen Rechts je nach neuen gesellschaftlichen Herausforderungen wird noch einige Male zu reden sein.

L *Literatur*: F. Crüsemann, Die Tora. Theologie und Sozialgeschichte des alttestamentlichen Gesetzes, München 1992, S. 132 – 234

Die Anfänge des alttestamentlichen Rechts liegen in der Königszeit. Das Bundesbuch, das älteste Gesetzbuch, umfaßt juristische und kultische Bestimmungen. Besonders wichtig ist darin die Alleinverehrung Jahwes und die Sicherung von Recht und Leben der Armen und Rechtlosen.

---

4 Das Ende der Personalunion von Israel und Juda – die Entwicklung im Nordreich Israel

4.1 Das Ende der Personalunion von Israel und Juda (1 Kön 12,1–19)

Schon zu Lebzeiten Salomos kam es zu Unruhen und Aufständen. Die Einführung des Königtums hatte zu tiefgreifenden gesellschaftlichen Veränderungen geführt. Aus einer freien und egalitären Stämmegesellschaft war ein altorientalisches Großreich geworden. Eine neue, reiche Oberschicht war entstanden, der alte Heerbann war durch ein Berufsheer abgelöst worden. Fronleistungen, Steuern und Abgaben waren die Folge. Nach dem Tod Salomos waren die Stämme des Nordens nicht mehr bereit, seinen ältesten Sohn und Nachfolger Rehabeam als König anzuerkennen. Damit war die Personalunion der beiden Reiche, die David und Salomo zusammengehalten hatte, zerbrochen.

1 Kön 12,1–19 schildert diese Entwicklung. Die Nordstämme forderten eine Erleichterung des »Joches«, das ihnen Salomo auferlegt hatte, Rehabeam wollte davon nichts wissen und kündigte ihnen – unter dem Einfluß von schlechten Ratge-

bern – noch stärkeren Zwang an: »Ich werde euch mit Skorpionen (= Geißeln mit Stacheln) züchtigen...« (1 Kön 12,11). Israel sagte sich daraufhin ein für allemal vom davidischen Königshaus los (vgl. 1 Kön 12,16).

Die Königsbücher, die davon berichten, wurden in Jerusalem aus der einseitigen Sicht des Südreiches überarbeitet. Darum wird diese Trennung als frevelhafter Abfall Israels von Juda gedeutet (vgl. 1 Kön 12,19). Gleichzeitig hoffte man stets auf Wiedervereinigung.

Das ehemalige Stammesgebiet des Hauses Josef (Mittelpalästina) und der nördlichen Stämme wurde zum Nordreich »Israel«, mit der Hauptstadt Sichem (heute: Nablus), später Samaria. Das Südreich »Juda« mit dem Zentrum Jerusalem umfaßte das Gebiet der Stämme Juda und Benjamin. Zeitweise waren die beiden Reiche verbündet, dann wieder verfeindet, stets aber existierten sie als zwei Staaten.

☞ Auf S. 71 finden Sie eine Karte, die Ihnen das Territorium der beiden Reiche Israel und Juda zur Königszeit veranschaulichen kann.

4.2 Das Nordreich Israel (926–722)

Durch Akklamation wurde Jerobeam aus dem Stamm Efraim König. Schon unter Salomo war er Anführer einer Aufstandsbewegung gewesen, nun machten ihn die Israeliten zum König (1 Kön 12,20). Der Nordstaat Israel hat zweifellos das schwierigere Erbteil des davidisch-salomonischen Großreichs angetreten.

Da ist einmal die geographische Lage. Sie ist verkehrsmäßig zwar günstig (Anschluß an die Küstenebene und ans Mittelmeer nördlich und südlich des Karmelgebirges), doch bedeutet das auch, daß das Gebiet ständig nach allen Seiten gesichert und verteidigt werden mußte. Vor allem war die Küstenebene gegen die Philister zu sichern, die Ebene von Akko gegen mögliche Feinde aus dem Norden, das nördliche Ostjordanland gegen die Aramäer von Damaskus, das südliche Ostjordanland gegen die Moabiter.

Für eine solche Situation wäre eine einheitliche Führung sicher vorteilhaft gewesen. Aber sie fehlte, nachdem die Verbindung zum Königtum Sauls abgebrochen war. Die freie Wahl des Königs durch das Volk wird beibehalten. Zwar gab es Ansätze und Versuche, das Königtum von Anfang an dynastisch zu festigen, doch blieb es bei kurzen Episoden.

Jerobeam I. baut Sichem zur neuen Residenzstadt aus, erhebt die beiden Heiligtümer von *Bet-El und Dan zu Staatsheiligtümern* und verbietet die Wallfahrt nach Jerusalem (vgl. 1 Kön 12,28). In alten Traditionen wurde Jahwe vermutlich auch vor einem Stierbild verehrt. Darin lag allerdings eine Gefahr: Im Alten Orient war der Stier ein Fruchtbarkeitssymbol – wie leicht konnte Jahwe damit verwechselt werden! Was schließlich auch passierte: »Menschen küssen Kälber!« mußte der Prophet Hosea entsetzt ausrufen (vgl. Hos 13,2).

Politische Unruhen und instabile Verhältnisse prägen das Nordreich. Einige Könige fallen Verschwörungen zum Opfer. Schließlich gelangt mit Omri ein Politiker an die Herrschaft, der Entgegenkommen und besonnenen Ausgleich vertrat. (Ausgleich hieß vor allem Ausgleich mit der kanaanäischen Bevölkerung, zugleich bedeutet das Zugeständnisse an ihre religiösen Praktiken.) Mit ihm begann die Dynastie der Omriden, die für ca. 40 Jahre zu einigermaßen stabilen Verhältnissen führte.

Sein Sohn Ahab gilt als der mächtigste Herrscher aus diesem Haus. Ahabs Ehe mit der phönizischen Königstochter Isebel wurde vor allem von jahwetreuen Kreisen heftig kritisiert. Sie soll nämlich die Verehrung des Stadtgottes von Tyrus mitgebracht haben.

Nach 1 Kön 16,32 errichtete Ahab in der Hauptstadt Samaria einen Tempel für »Baal« – das bedeutet die Anerkennung der Baalsreligion in Israel. Daß der Protest der Jahweanhänger nicht ausblieb, zeigt vor allem auch die breit ausgebaute Aufnahme der Geschichten um die beiden Propheten *Elija* und *Elischa* (1 Kön 17–19; 21; 2 Kön 1,1–2,18; 4,1–8,15). Sie wehrten sich – teilweise recht erfolgreich – gegen die Einflüsse der fremden Kulte und der fremden Götterverehrung.

Die Dynastie der Omriden wurde beendet, als mit Unterstützung des Propheten *Elischa* ein neuer Mann völlig anderer Herkunft zum Herrscher gesalbt wurde: *Jehu*, Offizier und Feldherr, ein leidenschaftlicher Verfechter des Jahwekultes. Er riß durch einen Umsturz die Macht an sich, beseitigte das Haus Omri samt der verhaßten Isebel und ließ den Baalstempel in Flammen aufgehen (vgl. 2 Kön 9 – 10).

Jehu wurde Begründer einer neuen Dynastie, doch Israel war nicht zuletzt durch die Brutalität der Revolte politisch am Rand des Abgrunds (vgl. 2 Kön 10,12–14). Zu einer Art wirtschaftlicher und politischer »Spätblüte« kam es unter Jerobeam II., einem der Nachfolger Jehus, der sich 40 Jahre auf dem Thron halten konnte. Darüber hinaus sind die Nachrichten über die Verhältnisse damals spärlich.

4.3 Der Aufstieg der assyrischen Macht

Seit Ende des 9. Jh. streckte sich Assyrien (Kernland: nördlicher Teil des Zwei-Strom-Landes) nach Syrien-Palästina aus. Kennzeichnend für den Erfolg der Assyrer war die technische Überlegenheit des Heeres und starke Disziplin. Die eroberten Länder wurden durch Vasallenverträge an die assyrische Militärmacht gebunden und zu regelmäßigen Tributzahlungen verpflichtet. Wer Widerstand leistete, bekam einen assurfreundlichen Fürsten eingesetzt bzw. das Land wurde endgültig okkupiert, der Staat ausgelöscht und in eine assyrische Provinz umgewandelt. Letztlich ging es um die Auflösung der nationalen Identität der unterworfenen Länder. Dazu verschleppte man große Teile der Bevölkerung und nahm damit dem Land die Führungsschicht.

In der Mitte des 8. Jahrhunderts eroberten die Assyrer Nord und Mittelsyrien. Zahlreiche Staaten, darunter Israel, wurden tributpflichtig. Der König von Damaskus versuchte 734, das assyrische Joch abzuschütteln, und wollte die Könige von Israel und Juda zu einem Aufstand gegen Assur bewegen. Ahas von Juda zögerte, und so zogen

die beiden anderen gegen Jerusalem, um ihn zum Mitmachen zu zwingen. Damit begann der erfolglose *»syrisch-efraimitische Krieg«* (vgl. auch den Abschnitt zu Jesaja).

Er steht im Hintergrund der berühmten *Immanuel-Weissagung* in Jes 7,1–14. Ahas wird von Jesaja zum Vertrauen auf Jahwe statt auf Assur aufgefordert, das Zeichen: »...die junge Frau wird...einen Sohn gebären, und sie wird ihm den Namen Immanuel (Gott mit uns) geben«. Doch Ahas mißtraut Jahwe, unterwirft sich freiwillig dem assyrischen Großkönig und wird dessen Vasall (vgl. 2 Kön 16,7).

Mit dem Bündnis (Syriens und Israels) gegen Assur ist das Schicksal dieser beiden Staaten besiegelt: 732 wird Damaskus und anschließend Israel erobert. Israel wird auf die assyrischen Provinzen aufgeteilt, nur der Rumpfstaat Efraim bleibt bestehen. Ein Vasallenkönig wird eingesetzt. Doch als dieser die Tributzahlungen verweigert und Kontakte zu Ägypten aufnimmt, wird Samaria belagert, und es fällt 722 endgültig unter die *Herrschaft Assurs*.

Ein großer Teil der Bevölkerung wird, wie es bei den Assyrern üblich war, in deren Großreich verschleppt und geht darin auf, die Spuren verlieren sich. Andere, fremde Gruppen werden im Gebiet des ehemaligen Nordreichs angesiedelt und vermischen sich mit dem Rest der einheimischen Bevölkerung. So entsteht das Mischvolk der *Samaritaner.*

Hier hat die Sonderentwicklung des Gebietes von Galiläa und Samaria, die wir noch zur Zeit Jesu beobachten können, ihre Wurzeln und Anfänge (vgl. z. B. die »samaritanische Frau« am Jakobsbrunnen in Joh 4).

Die Traditionen des Nordreiches wurden im Südreich weiter tradiert. Da alles, was wir über das Nordreich wissen, aus der Sicht des Südreiches geschrieben wurde, erscheint das Nordreich im Alten Testament wohl in ungerecht düsteren Farben.

L *Lesevorschlag*: 1 Kön 12,1–19; 1 Kön 17–19

Nach dem Tod Salomos zerfällt das Großreich wieder in die beiden Staatsgebiete, die durch die Persönlichkeiten David und Salomo zusammengehalten worden waren. Die beiden Staaten sind sehr unterschiedlich und erleiden ein wechselvolles Schicksal.

Israel: Das Los des Nordreichs ist schwierig, sowohl geographisch als auch politisch. Die Könige sind meist nur kurz an der Macht; Dynastiebildungen kommen kaum vor.

Schrittweise wird Israel von Assur abhängig und fällt 722 endgültig unter dessen Herrschaft.

4.4 Das kontinuierliche Anwachsen des Pentateuch – Der Jehowist (JE)

Bis 700 v. Chr. waren neben den alten Überlieferungen des Pentateuch (J?) weitere Texte entstanden. Meist spricht man von sog. »elohistischen Fragmenten«; früher rechnete man überhaupt mit der Existenz einer zweiten, von J ursprünglich unabhängigen Quellschrift des Pentateuch (E). Jedenfalls wurde wahrscheinlich bis 700 v. Chr. das umfangreiche *vorexilische Erzählwerk* vollendet, das die im Exil entstandene Priesterschrift kennt und voraussetzt (JE).

Dieser Kunstname »Elohist« bzw. »elohistische Fragmente« wurde gewählt, weil in diesen Texten Gott mit der allgemeinen Bezeichnung »Elohim« (= übersetzt »Gott«) genannt wird und sie nicht – im Unterschied zum sog. Jahwisten – den Gottesnamen »Jahwe« verwenden.

Beispiele für Texte, die man in der Literatur als »elohistisch« bezeichnet bzw. bezeichnet hat, sind: Teile von Gen 15 (Berufung des Abraham); Gen 20,1 – 22,19; Gen 28,11–12.17–18.20–21; Gen 46,1b-5a; Ex 1,15ff; Ex 3,1b.4b.6.9–14; Ex 13,17–19; 14,5a.19a; Teile der folgenden Kapitel: Ex 18; Ex 19; Num 22–23. Es fehlt also eine »Urgeschichte«.

Die folgenden Bemerkungen beziehen sich auf Eigentümlichkeiten der oben genannten Texte, die zur Annahme eines Elohisten bzw. elohistischer Fragmente geführt haben – im Unterschied zu den meist als »jahwistisch« eingestuften älteren Abschnitten. Wie aber im-

mer der komplizierte Prozeß der Wachstums der Pentateuchüberlieferung ausgesehen haben mag: Die folgenden Beobachtungen machen deutlich, mit welch unterschiedlichen theologischen Akzenten wir innerhalb des Textes oft eines einzigen Kapitels des Pentateuch zu rechnen haben. Diese Akzentverschiebungen gegenüber den älteren Texten stammen wahrscheinlich aus den Auseinandersetzungen und Herausforderungen des Glaubens im 9./8. Jahrhundert v. Chr.

Die allgemeine Gottesbezeichnung »Elohim« will offenbar *die Transzendenz und den Universalismus Jahwes* gegenüber den kanaanäischen Göttern betonen: Jahwe, der Gott Israels, ist der Gott schlechthin. Auch sonst wird die Transzendenz Gottes auffällig betont. Erzählungen, die von einer unmittelbaren Begegnung zwischen Gott und Mensch berichten (vgl. Gen 3: Jahwe geht im Abendwind spazieren oder Gen 18: Jahwe besucht Abraham) finden sich nicht mehr. Gott »spricht« mit Abraham (Gen 22,1), ohne daß von einer Erscheinung gesprochen wird, oder er »ruft« Mose (Ex 3,1). Sehr häufig schickt Gott einen Boten, der ihn im sichtbaren Bereich vertritt (vgl. Gen 21,17; 22,11; 28,12; Ex 14,19; 20,22). Oder Gott erscheint im Traum (vgl. Gen 20,3ff; 28,12; 31,24; 46,2). Dabei hat der Traum kein Eigengewicht, sondern ist Stilmittel der Offenbarung. Daher ist auch nicht die Vision entscheidend, sondern die Rede, die im Traum erfahren wird. Beide Weisen der Offenbarung – im Traum und durch Boten – können auch verknüpft sein (vgl. Gen 28,12). So tritt die Tendenz deutlich hervor, Gott als unverfügbaren und transzendenten Herrn zu charakterisieren.

Dem entspricht die Grundhaltung des Menschen, die Gottesfurcht, die sich vor allem auch in ethischen Entscheidungen bewährt und in ihnen Gestalt gewinnt: Abraham erweist sich auch in Krisensituationen als »gottesfürchtig« (Gen 20,12). Die Hebammen verweigern sich dem unmenschlichen Befehl des Pharao, alle hebräischen Buben bei ihrer Geburt umzubringen, und beweisen Zivilcourage, weil sie »Gott fürchten«

(Ex 1,17.21: »Die Hebammen aber fürchteten Gott und taten nicht, was ihnen der König von Ägypten gesagt hatte, sondern ließen die Kinder am Leben«). In der Gottesfurcht sind Glaube an Gott und Verhalten zum Mitmenschen untrennbar verbunden.

5 Politische und religiöse Entwicklungen des Südreichs Juda

Die Geschichte der beiden israelitischen Staaten verlief nicht getrennt und unabhängig voneinander. Immer waren die Ereignisse und Entwicklungen im Süden und Norden in irgendeiner Weise miteinander verbunden. Doch trotz gemeinsamer Schicksale ging jeder von ihnen einen eigenen Weg. Darum auch die getrennte Darstellung.

5.1 Juda als Vasall Assyriens

Nach dem Tod des Salomo herrschen im Südreich die Davididen, was insgesamt eine größere innenpolitische Stabilität bedeutet. Neben dem Königtum garantiert der Kult in Jerusalem und das Heer sowie der judäische Landadel ein gefestigtes Staatswesen. Juda hat klüger taktiert als Israel und bleibt so auch nach 722 v. Chr. weiter bestehen – allerdings als Vasall Assurs.

Trotz des warnenden Beispiels kam es immer wieder zu Aufständen gegen die Assyrer. So machte König Hiskija unter anderem mit den Philisterstädten gemeinsame Sache und stellte die Tributzahlungen ein, unterstützt vom ägyptischen Pharao. Gegen dieses trügerische Vertrauen auf ägyptische Hilfe wendet sich der Prophet Jesaja (vgl. Jes 30).

701 nahm der Assyrer Sanherib Juda ein und belagerte Jerusalem lange, ohne es einzunehmen. Um die Wasserversorgung sicherzustellen, baute man damals den Schiloach-Tunnel (520 m), der bis heute in Jerusalem zu besichtigen ist (vgl. 2 Kön 20,20). Einen Bericht über diese Belagerung finden wir in 2 Kön 18 – 19, ein anschauliches Beispiel assyrischer Kriegspropaganda: Der Feldherr sandte vor dem geplanten Angriff hohe Beamte vor die Stadt, die die Einwohner zur Übergabe überreden sollten. Jerusalem lehnte ab, trotzdem griffen die Assyrer nicht an, sondern brachen aus unbekannten Gründen die Belagerung ab. Die Einwohner erkannten darin ein Eingreifen Jahwes; in dieser Erfahrung wurzelt auch die Überzeugung von der Uneinnehmbarkeit der Stadt. Jeremia wird diesen Irrtum später in seiner berühmten Tempelrede geißeln (vgl. Jer 7,1–15).

5.2 Der Reformkönig Joschija und seine Reform

Mit der Herrschaft der Assyrer beginnt eine starke kulturelle Ausstrahlung in alle Lebensbereiche. Erst König Joschija gelingt es, sich etwas aus dieser Abhängigkeit zu lösen. Berühmt wurde er vor allem durch seine Reformmaßnahmen.

Diese Reform hing damit zusammen, daß 622 im Jerusalemer Tempel ein Buch aufgefunden wurde, das vermutlich ein »Vorgänger« bzw. der Kern unseres Buches Deuteronomium war. In 2 Kön 22 – 23 wird ausführlich beschrieben, wie dieses Buch gefunden und dem König überbracht wurde. Nach Aufsuchen der Prophetin Hulda ließ Joschija den Text öffentlich verlesen und verpflichtet sich und das Volk auf die Einhaltung dieses »zweiten« Gesetzes (= »Deuteronomium«; aus dem Griechischen: »deutero« = zwei; »nomos« = Gesetz).

Joschija führt einschneidende Reformen durch, mit denen schon sein Vorgänger Hiskija begonnen hatte. Er ließ den Tempel in Jerusalem von allen assyrischen und kanaanäischen Kultgegenständen reinigen. Er verbot den Jahwe-Priestern in Juda ihre Tätigkeit und holte sie nach Jerusalem. Nur an einer einzigen Stätte, am Tempel von Jerusalem, durfte Jahwe legitim verehrt werden. Mit dem Fachausdruck heißt diese Zentralisierung aller Gottesdienste im Tempel von

Jerusalem »Kultzentralisation«. Alle anderen Kultstätten wurden vernichtet. Daher wurden auch die Opferschlachtungen aus dem Familienkreis in das Zentralheiligtum des Tempels verlegt, und die regelmäßige Wallfahrt nach Jerusalem wurde zur Pflicht.

Daß Joschija solche Maßnahmen durchführen konnte, hängt damit zusammen, daß die assyrische Macht bereits am Zerbröckeln war. Schon 612 v. Chr. wurde die assyrische Hauptstadt Ninive von den Medern und Babyloniern erobert.

Drei Jahre später fällt Joschija, einer der bekanntesten Davididen und der letzte bedeutende König des Südreiches, in der Schlacht gegen Ägypten in Megiddo. Seine Nachfolger machen teilweise seine Reformen rückgängig. Die letzten Jahrzehnte des Südreiches Juda stehen immer mehr unter dem Zeichen der Konfrontation mit der neuen Weltmacht – dem babylonischen Reich. Schließlich fällt 586 v. Chr. Juda dem Vormachtstreben der Babylonier zum Opfer und hört auf zu bestehen. Näheres zum geschichtlichen Hintergrund dieser Katastrophe im Abschnitt über den Propheten Jeremia.

5.3 Das Deuteronomium

Inhalt und Stil

Das Buch Deuteronomium (Dtn) bildet heute das fünfte und letzte Buch des Pentateuch. In ihm endet der Erzählbogen, der von der Erschaffung der Welt bis zum Tod des Mose (Dtn 34) den Pentateuch überspannt. Inhaltlich ist es eine Sammlung von Reden; die erzählenden Teile halten oft nur fest, Mose habe dieses oder jenes gesagt, dann folgt wörtlich und sehr breit, was er gesagt hat. Es sind die letzten Worte des Mose vor seinem Tod, gleichsam sein »Testament«.

Die Überschriften gliedern das Dtn in 4 Blöcke: Kap. 1 – 4 (Mose ruft geschichtliche Ereignisse in Erinnerung); Kap. 12 – 26 sind »Tora«, »Weisung«, also primär Gesetzes-

materialien; Kap. 29 – 32 enthalten Texte und Notizen aus der Vertrags- und »Bundes«zeremonie in Moab; Kap. 33 ist ein Segen des Mose.

Auch das Dtn hat einen komplizierten Werdegang. Die ältesten Texte stammen wohl aus der Zeit des Königs Hiskija (715–687 v. Chr.), bis in die nachexilische Zeit kamen Ergänzungen und Bearbeitungen hinzu.

Im zentralen gesetzlichen Teil (Dtn 12 – 26) ist ein Rechtsbuch enthalten, das auf das 7. Jh. v. Chr. zurückgeht. Es bildet eine gewisse inhaltliche Parallele zum älteren Rechtsbuch, dem »Bundesbuch« (Ex 20,22 – 23,33). Es greift teilweise dessen Themen und Anliegen auf und aktualisiert sie neu. Neue Fragestellungen bedingen aber auch eine inhaltliche Erweiterung. Teilweise werden auch vom Bundesbuch abweichende Bestimmungen festgeschrieben. Ein Vergleich einzelner Bestimmungen zwischen Bundesbuch und Dtn zeigt, daß und wie sich die Rechtsvorschriften und Weisungen in der Geschichte Israels geändert und an neue Verhältnisse angepaßt haben. So sind z. B. im Bundesbuch viele Heiligtümer und Kultstätten vorausgesetzt, im Dtn ist aufgrund der Kultkonzentration nur mehr Jerusalem der einzig legitime Kultort (Dtn 12,4–7). Sollte eine Sklavin im Bundesbuch geheiratet – und damit in die Familie integriert werden, so wird sie im Dtn wie ein männlicher Sklave behandelt und im siebten Jahr frei entlassen (Dtn 15,12–18).

In Sprache und zum Teil im Aufbau steht das Dtn altorientalischen Rechtstexten nahe, vor allem Vertragstexten. Die Sprache ist hochrhetorische Kunstprosa. Sie liebt den wogenden Rhythmus weit gespannter Satzperioden, vermittelt den Eindruck von Feierlichkeit und hat suggestive Kraft. Motivationen und Begründungen werben um den/die HörerIn.

Neuassyrische Rechtstexte wurden oft ausgesprochen rhetorisch formuliert und in öffentlichen Zeremonien vorgelesen. Dazu waren auch die ältesten Teile des Dtn bestimmt. Seine Verfasser sind gebildete Kreise bei Hof, wahrscheinlich aus der höheren Beamtenschaft in Jerusalem.

Das Dtn als Antwort auf den »neuassyrischen Kulturschock«

Durch die militärische Überlegenheit der Assyrer gab es auch eine massive kultische und religiöse Einstrahlung in alle Lebensbereiche. Der traditionelle Jahweglaube verlor seine Plausibilität. Auch die eine Zeitlang in den Untergrund gedrückten Baalskulte lebten wieder auf. Die Welt war pluralistisch geworden. Es schlug die Stunde der Theologie. Die Theologenschule, die hinter dem Dtn steckt, versuchte auf zweierlei Art, den »alten« Jahweglauben für eine neue Zeit attraktiv zu machen: Durch »Kurzformeln« des Glaubens gelang es, die Mitte des Glaubens in der Vielfalt der Überlieferungen deutlich zu machen (vgl. die »Credotexte« Dtn 6,20-25; Dtn 26,5-10). Zweitens systematisierten und vereinheitlichten sie die alten Überlieferungen der Beziehung Israels zu seinem Gott zu einem umfassenden »Vertrag«, einem »Bund«.

Das neuassyrische Reich wurde durch eine Fülle von Verträgen zusammengehalten, die durch ihr Zeremoniell und ihre kunstvolle Rhetorik imponierten. Wichtige Elemente altorientalischer Vasallenverträge werden übernommen:
1.) *Name und Titel des Großkönigs* (»Ich bin Jahwe, dein Gott«)
2.) *Vorgeschichte*: Aufzählung der Wohltaten, die der Großkönig seinem Vasall erwiesen hat (»der dich aus Ägypten, dem Sklavenhaus, herausgeführt hat«)
3.) *Vertragsbedingungen*: enthalten ein *Hauptgebot* (»du sollst den Herrn, deinen Gott, lieben«), das dann in die Einzelbestimmungen ausgefaltet wird (Gesetze als Konkretisierung dieses Hauptgebotes)
4.) Bestimmungen über die *Aufbewahrung* dieses Dokuments und seiner *Verlesung*
5.) *Anrufung* von göttlichen Zeugen
6.) *Segen oder Fluch* bei Einhaltung bzw. Nichteinhaltung des Vertrags
In Dtn 5 – 28 lassen sich diesem Schema folgende Teile zuordnen: Vorgeschichte und Hauptgebote Dtn 5 – 11;

Einzelbestimmungen Dtn 12 – 26; Segen und Fluch Dtn 28.
Zur Stilisierung als Vertrag vgl. auch Dtn 26,16-19.

Die Deutung des Gottesverhältnisses als »Vertrag« hatte Anhaltspunkte in der älteren Tradition, wurde aber in der dtn. Theologie zur »Bundestheologie« ausgebaut. »Indem die dtn. Theologen Israels eigene Traditionen in solche Formen gossen, nahmen sie ihnen das Altmodische und Überholte, das ihnen in den Augen der Judäer anhaftete, und machten sie neu akzeptabel, ja überhaupt wieder verständlich.« (*G. Braulik*)

Einige Jahrhunderte später, nach dem Exil, bildete diese in ihrer Zeit grandiose Theologie ein Problem. Davon wird noch zu reden sein.

Das Volk Israel nach dem Dtn

Das Dtn versteht ganz Israel als Jahwevolk. Es ist eine geschwisterliche Gemeinde, die als Jahwegesellschaft im »Kontrast« zu den anderen Völkern leben soll. Dies wird deutlich im Bemühen um eine gerechte Sozialordnung. So werden alle sieben Jahre, in der allgemeinen Volksversammlung in Jerusalem, alle Schulden erlassen, und die Sklavinnen und Sklaven erhalten die Freiheit wieder (Dtn 15,1-6.12-18). Die alten egalitären Verhältnisse werden wiederhergestellt.

Das Ziel der Tora, der »Gesellschaftsordnung«, lautet: »Eigentlich sollte es bei dir gar keine Armen geben« (15,4). Sie enthält eine Fülle von sozialen Bestimmungen: Kredithilfe für arme Israeliten (15,7-11), nachbarschaftliche Hilfe (22,1-4), sofortige Lohnauszahlung an den Tagelöhner (24,14-15), Verbot der Rechtsbeugung (24,17-18), Verbot der Nachlese zugunsten der sozial Schwächsten (24,20-22).

Israel ist auch eine »*Festgemeinde*«: Leitwort des Kultes ist das »Sich-freuen vor Jahwe« (vgl. Dtn 16,11.14.15). Bei diesen Festen soll niemand von der gemeinsamen Freude ausgeschlossen bleiben, gerade die sozial benachteiligten Gruppen werden durch diese »Liturgiereform« ausdrücklich eingeschlossen.

Das »egalitäre Pathos« des Dtn greift die alten, vorstaatlichen Traditionen wieder auf: Die Amtsführung des Königs und sein Lebensstil werden normiert, seine Vollmacht durch selbständige Ämter neben dem Königtum beschränkt. Bis zu den Verbrechern reichen die Konsequenzen der »Brüderlichkeit« (vgl. Dtn 25,1–3: »Humaner Strafvollzug«).

Das Schlüsselwort »Bruder« hat im Dtn gerade keine geschlechtsspezifische Bedeutung, wie 15,12 zeigt (»Wenn dein Bruder – ein Hebräer *oder* eine Hebräerin...«). Auch eine Hebräerin ist »Bruder«.

L *Lesevorschläge*: Dtn 6,4–9.20-25; Dtn 8,1–20; Dtn 15,1–18; Dtn 26,16–19
L *Literatur*: G. Braulik, Deuteronomium 1 – 16,17. (Neue Echter Bibel. Kommentar zum Alten Testament in der Einheitsübersetzung, Lieferung 15), Würzburg 1986, S. 5–17

> Das Südreich war stabiler als das Nordreich. Es regierten die Davididen. Es gab Reformbestrebungen, so eine Kultzentralisation in Jerusalem.
> Das Deuteronomium versuchte, die alten Überlieferungen wieder attraktiv zu machen, und schuf dazu die »Bundestheologie«. Im Buch Dtn ist uns eine (neben dem Bundesbuch) zweite Gesetzessammlung Israels aus dem 7. Jahrhundert überliefert. Eine Leitvorstellung des Dtn ist die »geschwisterliche Gemeinschaft« in der Freude vor Jahwe.

5.4 Leben aus Befreiung – der Dekalog

Im Dtn ist uns in Kap. 5,6–21 auch ein Text überliefert, der in der christlichen Überlieferung überragende Bedeutung erlangt hat: der Dekalog, die »10 Gebote«. Er begegnet uns nicht nur an dieser Stelle, sondern nochmals – mit leichten Unterschieden – in Ex 20,1–17.

Ursprünglich einzeln überlieferte Ge- oder Verbote wurden zu einer Reihe zusammengefügt. Die 10-Zahl der Worte hat wahrscheinlich »lerntechnische« Gründe: 10

Weisungen lassen sich relativ leicht auswendiglernen (vgl. die 10 Finger). Diese Zusammenfügung von 10 relativ allgemeinen Weisungen stammt aus dem 9.-7. Jahrhundert v. Chr. Der Text wurde später – bis in die exilisch-nachexilische Zeit – weiter bearbeitet, insbesondere in den beiden Formulierungen zum Sabbatgebot.

Erst sehr spät wurde er im Buch Ex und im Buch Dtn in unseren heutigen Pentateuch eingefügt. An beiden Stellen steht er im heutigen Textzusammenhang vor zwei Gesetzessammlungen (dem »Bundesbuch« Ex 20,22 – 23,33 bzw. der deuteronomischen Tora Dtn 12 – 26). In beiden Fällen hat er also eine »Spitzenstellung«. Beim kontinuierlichen Lesen gelangt man durch das »Tor« der recht grundsätzlichen Bestimmungen des Dekalogs zu den konkreten Gesetzen. Diese erscheinen so als Konkretisierung und Auslegung des Dekalogs.

Ursprüngliche Adressaten des Dekalogs waren – wie die einzelnen Gebote zeigen – erwachsene Männer, die wehr-, kult- und rechtsfähig sind. Sie besitzen Land und

Der Dekalog hat seine Vorgänger: Oberteil der Stele mit dem Kodex Hammurabi, gefunden in Susa (18. Jh. v. Chr.): Der König steht vor Schamasch, dem Sonnen- und Gerechtigkeitsgott.

Vieh, sind also freie Bauern. Der Dekalog spricht also nicht (wie vielfach bei uns) Kinder an; ebenso nicht Frauen oder Sklaven. Er wurde zunächst für einen bestimmten Stand in Israel formuliert.

Trotz der großen Lebensbereiche, die der Dekalog abdeckt (»*Gottesrechte*« wie die ausschließliche Jahweverehrung oder das Bilderverbot am Anfang, »*Menschenrechte*« im 2. Teil wie das Tötungsverbot), und der allgemeinen Art zu sprechen, deckt der Dekalog nicht den ganzen Bereich biblischer Ethik ab (so fehlen die sonst im Alten Testament wichtigen Bereiche von Kult, Wirtschaft und Staat, Sorge um die sozial Schwachen). Er ist also nicht eine Zusammenfassung der Tora.

Sein Thema ist – wie der wichtige Prolog (»Ich bin Jahwe, dein Gott, der dich aus Ägypten, dem Sklavenhaus, befreit hat«) zeigt – *die »Bewahrung der Freiheit«*. Er formuliert »10 tödliche Gefahren«, wie das von Gott geschenkte Leben im Land bedroht ist und verspielt werden kann. Er will im Alltag des Handelns nicht so sehr konkrete Verhaltensnorm sein, sondern Wegweisung, um zu wissen, wo das Zerstörerische und Gottwidrige anfängt. In diesem Sinn ist er »Wegweisung«, in welche Richtung das Gute zu suchen ist. Die Erkenntnis der Einzelsituation (»Was heißt diese Weisung in meiner konkreten Situation heute für mich?«) ist dem einzelnen und der Gemeinschaft des Gottesvolkes (der Kirche) immer neu aufgegeben.

Zu einem »Gesetz im engeren Sinn des Wortes, zu einer Anweisung zum moralischen Leben, fehlt dem Dekalog das Wichtigste: die positive Füllung, ohne die sich ein Gesetz nicht denken läßt ... es begnügt sich damit, gewissermaßen an den Rändern eines weiten Lebenskreises Zeichen aufzustellen, die der zu achten hat, der Jahwe angehört« (*G. v. Rad*). Die Notwendigkeit einer je neuen inhaltlichen Füllung und Interpretation ergibt sich auch aus der wichtigen Beobachtung, daß der Dekalog im Alten Testament nie allein, sondern immer in engem Zusammenhang mit einer Gesetzessammlung begegnet. In gewisser Weise könnte man beide Gesetzessammlungen als zwei unterschiedliche Kommentierungen des Dekalogs verstehen: In einer anderen Zeit und Situation wurde er daher anders und neu interpretiert; seine Auslegung ist in diesem Sinn zeitgebunden.

5.5 Die alttestamentliche Tora – Gesetz vom Sinai?

Bundesbuch, deuteronomische Tora, Dekalog – verschiedene Texte aus unterschiedlicher Zeit. Sie alle – und ebenso die exilisch/nachexilischen Gesetze und Kultvorschriften – gelten nach der Darstellung des Pentateuch als Gesetze vom Sinai: Dort hat Jahwe sie dem Volk bzw. seinem Mittler Mose gegeben. Warum hat der Sinai wie ein Magnet fast alle Gesetze an sich gezogen? Warum erscheint die Tora als »Gesetz vom Sinai«? Warum wird Mose zu dem Mittler des Gesetzes schlechthin?

Trotz der komplizierten literarischen Entstehung ist die theologische Botschaft erstaunlich eindeutig: Jahwe hat sein Volk aus der Sklaverei in Ägypten befreit, er ist nun der »Herr« Israels geworden. Seine Tora ist die »Lebensordnung«, die »Gesellschaftsordnung«, die im Land des Segens und der Erlösung (»Kanaan«) gelten soll. Dieser Zusammenhang von Befreiungs- bzw. Erlösungserfahrung und Gebot ist für biblische Ethik sehr wichtig. Niemals ist die Forderung, die Weisung das erste Wort Gottes an den Menschen. Das erste ist ein Handeln Gottes: er rettet, befreit, segnet, erweist sich als »Jahwe« – und dieses Tun Gottes hat Konsequenzen; man kann nicht mehr so weiterleben wie bisher. Aber menschliches Verhalten ist »Reaktion«, ist »Antwort« auf das zuvorkommende Handeln Gottes am Menschen. Ansonsten könnte der Mensch nicht die Lebensordnung Gottes leben, und er hätte auch keinen Grund dafür. Der Exodus ist daher die Ermöglichung und die Begründung des Gebotsgehorsams.

Auch inhaltlich nimmt menschliches Verhalten an Jahwes Tun Maß. Weil er die Fremden liebt, soll auch Israel die Fremden lieben (vgl. Dtn 10,19). Weil Jahwe Israel aus seinem Sklavendasein befreit hat, soll es nun selbst zur Sklavenbefreiung beitragen (Dtn 15,12–15). Es soll sogar – einmalig im Alten Orient – eher mit dem entlaufenen Sklaven als mit seinem Herrn sympathisieren, den Sklaven nicht ausliefern und ihn als freien Mann unter sich wohnen lassen (Dtn 23,16–17).

Erich Zenger faßt dies so zusammen: »Die Grundordnung der Gottesherrschaft Jahwes wurzelt nicht wie das altorientalische Recht in der Weltschöpfung durch die Götter, das deshalb primär und meist den status quo bestehender staatlicher Ordnungen (häufig Monarchien mit repressiv-feudalen Staatsapparaten!) sanktionieren soll, sondern Jahwes ʼKönigsgesetzʼ leitet sich, gerade in seiner inhaltlichen Struktur, von einer bestimmten historisch-gesellschaftlich vermittelten Situation ab: nach der Sklavenbefreiung verkündet der Sklavenbefreier Jahwe selbst ein Gesetz, das hinfort alle Formen der Sklaverei... verhindern, ja überwinden will. Sein Königsgesetz ist die Verpflichtung der Freigewordenen, nunmehr selbst an der Befreiungsgeschichte mitzuwirken.«

»Die Grunderfahrung des ʼGott-für dichʼ, der Freiheit schenkt, soll in ein jahwekonformes Ethos umgesetzt werden. Die Perspektive... soll sich als motivierende Klammer aller Einzelaktionen auf die vielfältigen Lebensfelder auswirken... (soll) im gesamten Raum des Sozialen, Politischen, Juridischen, aber auch im Raum des Festes real werden.« (G. Braulik)

☛ Sie haben bereits zwei wichtige Gesetzeswerke des alten Israel kennengelernt: das Bundesbuch und die Tora des Deuteronomium. Auf S. 119 f finden Sie als »weiterführende Arbeitsanregung« Texte aus beiden Sammlungen, die sich mit dem Verhalten gegenüber Sklavinnen und Sklaven beschäftigen.
☛ Außerdem finden Sie auf S. 121 f zur Weiterarbeit einen »Lückentext« zu den Themen »Gesetz« und »Dekalog«.

🅛 *Literatur*: F. Crüsemann, Bewahrung der Freiheit. Das Thema des Dekalogs in sozialgeschichtlicher Perspektive (Kaiser Traktate 78), München 1983; G. Braulik, Sage, was du glaubst. Das älteste Credo der Bibel – Impuls in neuester Zeit, Stuttgart 1979; E. Zenger, Israel am Sinai. Analysen und Interpretationen, Altenberge ²1985

Der Dekalog ist eine wichtige und relativ allgemeine Zusammenstellung von Weisungen. Er sprach ursprünglich die freien, männlichen Vollbürger im Israel des 9./7. Jh. an, wurde im Exil bearbeitet und rückte später als »Kommentar« vor umfangreiche Gesetzessammlungen ein. Er muß in jeder Zeit neu angeeignet und konkretisiert werden.

Die alttestamentlichen Gesetze stammen aus unterschiedlichen Zeiten. Sie gelten als am Sinai gegeben, weil sie die »Grund- und Lebensordnung« des von Jahwe im Exodus befreiten Volkes bilden.

In die Zeit der getrennten Staaten fällt auch der Beginn der »Schriftprophetie«. Darum geht es im nächsten Kapitel.

6 Der Prophetismus im Alten Orient und in Israel

6.1 Wer oder was sind Propheten?

Unsere Alltagssprache setzt den Begriff »Prophet« meist gleich mit einem Menschen, der über ein außerordentliches (übernatürliches) Wissen verfügt und dadurch zukünftige Ereignisse voraussagen kann. Dementsprechend verstehen wir »prophezeien« als »Zukünftiges voraussagen«, wahrsagen. Das ist jedoch verkürzt, ja mißverständlich.

Bestenfalls ist damit ein sehr kleiner Teilbereich angesprochen, schon gar nicht das Wesentliche der Prophetie. Diese ist vielgestaltiger, hat verschiedene Gesichter. Vor allem sprechen Propheten Gottes Wort, seine Botschaft, in ihre Zeit – als Mahnung und als Trost.

Warum Prophetinnen und Propheten so wichtig sind

Man könnte prophetische Menschen als »Rufer wider den Strom« *(F. J. Stendebach)* bezeichnen. Denn sie sind nicht nur wach und hellhörig gegenüber den Ereignissen ihrer Zeit, scharfsichtiger als die Mehrheit ihrer Mitmenschen, sondern sie ahnen auch viel deutlicher, was aus bestimmten politischen, wirtschaftlichen, religiösen Entscheidungen folgt. Das drängt, ja zwingt sie zur Kritik an den jeweiligen Einrichtungen – damit kommen sie aber unweigerlich in Spannung und Konflikt mit den bestehenden Institutionen. Darum sind Propheten fast immer recht »unbequeme« Zeitgenossen, meist sind sie das kritische und mahnende Gewissen der jeweiligen Gesellschaft.

Aber auch sie selbst haben an ihrem »Beruf« zu tragen: Ihr Protest führt häufig dazu, daß sie mißverstanden, abgelehnt, angefeindet und sogar verfolgt werden. Außerdem bringt ihnen die starke Empfindsamkeit auch notwendig Krisen, ja Zweifel und Einsamkeit ein.

Prophet – ein »berufener Rufer«

Im Hebräischen heißt der Prophet *»nabi«* und wird vom Verb »rufen« abgeleitet. »Rufen« ist in doppelter Weise charakteristisch: Der Prophet ist ein *»Gerufener, Berufener«*, der daher selbst zum *»Rufenden«* wird; er ist also ein »berufener Rufer«. Wir haben es also ganz entscheidend mit dem »Wort« zu tun.

Unser Wort »Prophet« kommt aus dem Griechischen. Auch der griechische Ausdruck »prophetes« wird von einem Wort des Redens hergeleitet und bedeutet soviel wie »offen heraus erklären, öffentlich bekanntmachen, verkünden«. Darum kann man übersetzen: Prophet = Sprecher, Verkünder.

Grundlegend für die Propheten Israels ist, daß sie nicht aus eigenem Antrieb, sondern aufgrund ihres nahen Verhältnisses zu Jahwe auftreten und wirken. Sie wissen sich von Jahwe berufen.

Diese Berufung hat ihr Vorbild in der Berufung charismatischer Rettergestalten und läßt ein fast gleichbleibendes Schema erkennen: Es besteht aus vier Elementen: 1) Gott spricht eine Berufung aus. 2) Der Berufene äußert Bedenken. 3) Gott beseitigt diese Bedenken durch eine Erklärung. 4) Gott bekräftigt die Erklärung durch ein Zeichen. Beispiele für das Berufungsschema: Ri 6,11–21; Ex 3,1–12; Jes 6; Jer 1,4–10 u. a.

Als Berufene reden die Propheten im Auftrag eines Höheren, im Auftrag Gottes. Sie erhalten diesen Auftrag in einem *Sehvorgang* (vgl. Jes 6) oder in einem *Hörvorgang* (vgl. Jer 1,4).

Der Auftrag der Propheten

An manchen Stellen wird in Anklängen an mythologische Redeweise deutlich: zunächst zielt die prophetische Berufung darauf hin, »in der himmlischen Ratsversammlung Gottes zu sitzen« (vgl. Am 3,7; Jes 6,8; 1 Kön 22,19–22). Im Hintergrund steht die Vorstellung eines »Thronrates«, in dem der höchste Gott sich mit seinen »Mitarbeitern« über die Regierungsgeschäfte berät. Der Prophet, der diese Beratungen mitverfolgen darf, wird so gewissermaßen in die Gedanken und Pläne Gottes eingeweiht; er lernt die Dinge und die Geschichte aus dem Blickwinkel Gottes zu sehen. So wird er zum Verkünder dessen, was er selbst gehört hat.

In der Form ihrer Verkündigung verwenden sie gebräuchliche Formen, um klarzumachen, daß nicht sie selbst eigentlich reden, sondern der sie sendende Herr. Ein Beispiel für eine solche Form ist der sog. *»Botenspruch«* (»So spricht Jahwe«). Diese Formel ist der Diplomatensprache entnommen: Ein Bote überbringt eine Botschaft seines Herrn. Dieser »profane« Ursprung macht deutlich: Die prophetische Verkündigung ist nicht ein »ekstatisches Ereignis«, sondern im Grunde ein äußerst nüchterner Vorgang: Der Prophet richtet dem Volk oder einem einzelnen als »Bote« aus, was Jahwe ihm aufgetragen hat.

Beispiel für einen Botenspruch (2 Kön 18,31): »So spricht der König von Assur: Trefft mit mir ein Abkommen, und ergebt euch!«

6.2 Israel ist mit seinen Propheten nicht allein – ähnliche Phänomene im Alten Orient

Wenn wir von Propheten sprechen, denken wir meist an bestimmte Gestalten der Bibel. Doch das Prophetische ist vielgestaltig. Schon im Alten Orient gibt es ähnliche Phänomene, die sich aber in manchen Zügen auch deutlich von den alttestamentlichen Schriftpropheten unterscheiden.

Im Alten Orient war *Mantik* allgemein weit verbreitet. »Mantik« meint Hellsehen, Wahrsagen; den Versuch von Privatpersonen oder beruflich dazu bestellten Leuten, die Wirklichkeit aufgrund einer religiösen oder magischen Weltsicht tiefer zu durchschauen. Wichtig dabei – und so alt wie die Menschheit – ist das Bemühen, zukünftige Entwicklungen vorherzusehen.

Schon Cicero hatte zwei Arten von Mantik unterschieden: die induktive oder instrumentelle Mantik, die vorhandene Vorzeichen ausdeutet, und die intuitive oder mediale Mantik.

Die Babylonier und die Assyrer haben im zweiten und ersten Jahrtausend eine Vorzeichen»wissenschaft« entwickelt. Außergewöhnliche Naturerscheinungen werden zum gottgewirkten »Zeichen«, daß Außergewöhnliches bevorsteht. Der kundige Deuter kann durch selbst eingeleitete Zeichen weitere Aufschlüsse gewinnen (Eingeweideschau...).

Die intuitive Mantik geht von intuitiven, seelischen Erlebnissen aus, in denen man

eine geheimnisvolle, göttliche Stimme zu vernehmen glaubt. Die Offenheit für solche Erfahrungen kann durch verschiedene Techniken (Trance, Musik, Tanz, Fasten, Rausch, Ekstase) gesteigert werden.

Einen Typ von Propheten, der am nächsten an Israel herankommt, finden wir im nordsyrischen Ebla. Die Archäologie hat in Mari (= Gebiet des mittleren Eufrat) eine umfangreiche Korrespondenz auf Tontafeln aus dem 18. Jh. v. Chr. zutage gefördert, darunter auch eine Reihe von Texten mit Prophetensprüchen. Es handelt sich dabei meist um Briefe, die an den jeweiligen König adressiert waren und Offenbarungen bzw. Prophezeiungen enthalten. Die prophetischen Sprüche betreffen das Wohlergehen, das Tun und Lassen des Herrschers. Mitunter finden sich auch Spuren von Sozialkritik.

Ein Beispiel: Der König Zimrilim von Mari liegt mit den Stämmen der Jaminiten im Krieg. Ein endgültiger Sieg will nicht gelingen. Der Gott Dagan läßt ihm durch einen Propheten ausrichten: »Warum halten sich die Abgesandten des Zimrilim nicht ständig vor mir auf?« (D.h.: Warum gibt es zuwenig Kontakt, d. h. Gebet, zwischen dir und mir?) Dann fährt er fort: »Schicke deine Abgesandten zu mir... dann will ich die Scheichs der Jaminiten in einem Fischkorb zappeln lassen und vor dich hinstellen.« (D.h.: Dann werde ich dich siegen lassen.)

6.3 Vorliterarische Propheten im AT

Vor allem ab der Königszeit gibt es auch verschiedene Mantiker in Israel. Gelegentlich wird deutlich, daß diese Propheten in Gruppen auftreten und »Prophetenschulen« bilden (vgl. 1 Sam 10,5ff).

So gab es Lossteine, die geworfen wurden, um als Orakel den Willen der Gottheit zu erkunden (vgl. 1 Sam 23). Wie dieser Text zeigt, war eine Gottesbefragung, d. h. die Frage nach dem günstigen Ausgang, vor allem bei kriegerischen Aktionen sehr wichtig. Daneben gab es herumziehende Leute, die ihre Wahrsagekunst anbieten; sie werden oft »Seher« oder »Gottesmänner« genannt (vgl. Ri 13; 1 Sam 2,27; 1 Kön 13). In diese Reihe gehört auch Samuel: er wird bei entlaufenen Eselinnen um Hilfe angegangen (1 Sam 9), spielt aber auch bei der Entstehung des Königtums eine Rolle.

Gelegentlich erfahren wir auch von magischen Praktiken in Israel, die mit dem Jahweglauben in Widerspruch stehen – so wenn Saul die Geister von Toten beschwört (1 Sam 28), oder von fremden Propheten (so die Baalspropheten in 1 Kön 18,26–29).

Auch im Tempel gab es Propheten, die entweder einzelnen Betern oder innerhalb des Gottesdienstes der ganzen Gemeinde ein verheißendes, tröstendes oder ermahnendes Wort sagten. Auch Priester hatten die Funktionen von Mantikern. Einige Propheten übten ihr Amt am Hof aus (Samuel = Prophet Sauls, Natan = Prophet Davids). Für die Träger der staatlichen Einrichtungen, die Könige und Machthaber, sind natürlich die (ungerufen) auftretenden Propheten alles andere als angenehm. Darum gibt es immer wieder Versuche, sie zu »zähmen« – beispielsweise, indem man sie an den Tempel oder den königlichen Hof bindet. Dort werden sie angestellt und versorgt. Damit sind sie kontrollierbar und lenkbar. Damit kommt es aber auch zur Spannung zwischen diesen politisch gebundenen Berufspropheten und den freien, »spontanen« Propheten. Genau an diesem Punkt entsteht das, was wir als die »klassische« Prophetie des Alten Testaments kennen.

6.4 Die Schriftpropheten

Nicht von allen Prophetinnen und Propheten, von denen das Alte Testament spricht, sind uns eigene Bücher überliefert (z. B. Samuel, Natan, Hulda).

Wahrscheinlich sind – vielleicht mit einer Ausnahme – alle Propheten, unter deren Namen uns im AT ein Buch überliefert ist (die sog. »Schriftpropheten«), nicht »Berufspropheten«, sondern Männer, die sich ausschließlich durch ihre Berufung durch

Jahwe legitimiert wissen, als Propheten aufzutreten.

Bei Amos wird das deutlich: In Am 7,12 verbietet der Oberpriester (nach Absprache mit dem König) Amos, weiterhin in Bet-El als Prophet aufzutreten. Amos entgegnet ihm: »Ich bin kein Prophet und kein Prophetenschüler, sondern ich bin ein Viehzüchter, und ich ziehe Maulbeerfeigen. Aber der Herr hat mich von meiner Herde weggeholt und zu mir gesagt: Geh und rede als Prophet zu meinem Volk Israel! Darum höre jetzt das Wort des Herrn…« (Am 7,14–16). Amos distanziert sich von den »üblichen« Propheten, bezeichnet sich als »Bauer« und verweist darauf, daß er keine Anweisung des Oberpriesters oder des Königs entgegennimmt, weil er sich ausschließlich von Jahwe bestellt und berufen weiß.

Schriftprophet wurden sie also nicht durch Ausbildung, Erbfolge oder Ernennung, sondern ausschließlich durch die *Berufung durch Jahwe*. Dies macht auch ihre innere Freiheit aus. Gelegentlich distanzieren sie sich auch von den »Berufspropheten« und ihren Prophetenschulen. Sie verstehen ihren Auftrag als ein nüchternes Ausrichten einer Botschaft, deren Initiative von Jahwe ausgeht – und nicht als eine menschliche »Technik«, durch die man sich des Willens der Gottheit vergewissert.

Das ist ein großer Unterschied zu vielen altorientalischen Formen des Prophetismus: Es ist nicht ein Mensch, der sich an einen Mantiker wendet, um (ev. gegen Bezahlung) zu erfahren, ob die Gottheit diesem oder jenem Plan gnädig gesinnt ist. Propheten sind in diesem Sinn nicht »dienstbar«, sondern reden von sich aus und ungefragt drein, wann immer sie sich von Jahwe dazu beauftragt wissen – auch dann, wenn es den Adressaten der Botschaft nicht »in den Kram paßt«.

Das eigentliche Kennzeichen ist die Spontanität, mit der die Prophetie aus der Freiheit Jahwes heraus ergeht. In ihren Ankündigungen, die oft den Wünschen und Erwartungen der Machthaber sowie des Volkes zuwiderlaufen, sind die Propheten die eindrücklichsten Verkünder des Willens Jahwes. In der Spannung zwischen Berufspropheten und freien Propheten liegt auch der Konflikt von Gerichts- und Heilsprophetie.

Heilsprophetie – Unheilsprophetie

Es ist verständlich, daß die beruflich angestellten Propheten eher beruhigen und Heil ansagen, während die »spontanen« Propheten die Situation kritischer beurteilen und daher eher Unheil verkünden, also die Ruhe stören. Bei Jeremia wird die Ansage von Unheil sogar zum Kennzeichen der echten Prophetie, nachzulesen in Jer 28,5–9.

Dementsprechend ergeht der Prophetenspruch entweder als Mahnung und Anklage, als Ruf zur Umkehr und Ankündigung von Gericht (= Gerichts- bzw. Unheilsprophetie, z. B. Jes 5), oder er ist bestimmt von Trost, Verheißung von Zukunft und Ansage von Heil (= Heilsprophetie, vgl. Jes 11,19; 41,17).

Beispiele: Im Gerichtswort wird das kommende Gericht in Form einer Anklage begründet (im Unrecht Israels oder der Völker) und als Drohwort angesagt; das Heilswort ist gekennzeichnet durch die Anrede in der zweiten Person, eine Mahnung zur Furchtlosigkeit (»Fürchte dich nicht!«) und Aussagen über ein Eingreifen Jahwes zum Heil Israels (z. B. Jes 41,10).

Hier wird in besonderer Weise deutlich, daß das Wort der Prophetinnen oder Propheten von Heil oder Unheil immer in Beziehung zur Geschichte des Volkes Israel steht und nie fernab jeder Wirklichkeit. Immer wird konkret in bestimmte Zeitsituationen hinein geredet.

Beispiel Jes 7: Jesaja spricht dem König angesichts des drohenden Krieges Mut zu und fordert ihn zum Vertrauen auf Jahwe auf.

Gleichzeitig stehen sie als *Mittler zwischen Gott und Volk*. Diese Spannung prägt zutiefst ihr Leben und macht sie auch zu leidenden Menschen (vgl. Jeremia, Hosea).

Die prophetische Zeichenhandlung

So sehr die Existenz der Propheten vom »Wort« bestimmt ist, so wenig begnügen sie sich damit, nur zu »sprechen«. Sie sind zugleich auch »Handelnde«, die in »prophetischen Zeichenhandlungen« auch durch ihr Tun verkünden.

So zerbricht Jeremia einen Topf am Scherbentor (Jer 19,1.11) als Ausdruck des kommenden Gerichts. In einer »Auftrittsskizze« wird uns auch berichtet, daß Jeremia mit einem Joch auf dem Nacken durch Jerusalem geht (Jer 27,1), um seine Botschaft zu unterstreichen: »Das Volk aber, das seinen Nacken unter das Joch des Königs von Babel beugt und ihm untertan ist, lasse ich ungestört auf seinem heimatlichen Boden – Spruch des Herrn« (Jer 27,11).

Manche Zeichenhandlungen zeigen, wie tief das prophetische Zeugnis mit der ganzen Existenz des Propheten verbunden ist. Sein ganzes Leben wird zum »Wort Jahwes«, er ist lebendiger Zeuge (vgl. Hos 6,5).

Dafür ist wieder Jeremia ein gutes Beispiel: Er erhält den Auftrag, nicht zu heiraten und keine Kinder zu zeugen (Jer 16,2 – für das AT ein undenkbarer Lebensstil). Seine Lebensform soll ein unübersehbares Zeichen sein, daß die gegenwärtige Existenz Israels keine Zukunft hat und auf eine Katastrophe hinausläuft. Sein Leben soll diese »Zukunftslosigkeit« darstellen.

Ähnlich wird die »Ehegeschichte« des Hosea und seine Liebe zu seiner untreuen Frau zur lebendigen Offenbarung der leidenschaftlichen Liebe zu Israel (vgl. dazu unten).

6.5 Zum Inhalt der prophetischen Kritik – ein Überblick

Sehr vereinfacht gesprochen, lassen sich drei Grunddimensionen der prophetischen Kritik ausmachen. Sie können bei den einzelnen Propheten unterschiedlich stark hervortreten, vgl. dazu im Detail die Darstellung der einzelnen Propheten in diesem Kapitel.

Diese drei Aspekte sollen im folgenden jeweils an einem Beispiel dargestellt werden.

Abkehr von anderen Göttern und Hinkehr zu Jahwe (Jer 2)

Israel hat sich in andere Götter »verliebt« und läuft ihnen hinterher (Jer 2,25). Sie sind Jahwe untreu geworden, so daß er klagt: »Mein Volk hat doppeltes Unrecht verübt: Mich haben sie verlassen, den Quell lebendigen Wassers, um sich Zisternen zu graben, Zisternen mit Rissen, die das Wasser nicht halten« (Jer 2,13). Daher lautet die Klage Jahwes auch: »Sie wenden mir den Rücken zu und nicht das Gesicht« (2,27). Die Mahnung besteht darin, zu Jahwe umzukehren, ihm wieder das »Gesicht zuzuwenden«, neu Gemeinschaft mit ihm aufzunehmen.

Bekehrung zu Recht und Gerechtigkeit (Jes 1,10–27)

Dieser Text spricht – wie viele andere – davon, daß Jahwe Gottesdienst, Gebet und Opfer »verabscheut«; er ist es müde, es zu ertragen. Er hört nicht mehr auf Israels Gebete und verhüllt seine Augen vor ihnen (V. 14–15). V. 16–17 nennen den Grund: Jahwe möchte Sorge für das Recht, Hilfe für die Unterdrückten, Eintreten für die sozial Schwachen. Ohne dieses soziale, gesellschaftliche Tun ist Frömmigkeit leer und sinnlos. »*Recht und Gerechtigkeit*« ist eine Grundforderung der prophetischen Botschaft, die in verschiedenen Ausprägungen bei allen Propheten vorkommt. Sehr konkret und auf ihre Zeit bezogen nennen sie Mißstände und Unterdrückung beim Namen.

Von »*prophetischer Kultkritik*« spricht man dann, wenn – wie im obigen Text – in zum Teil scharfer Form dabei Gebet und Liturgie relativiert, ja scheinbar abgelehnt werden.

Vertrauen auf Jahwe in politischen Entscheidungen (Jes 30,1–5; Jes 31,1–3)

Die Propheten scheuen sich auch nicht, in innen- und außenpolitischen Fragen das Wort zu ergreifen. In Jes 30,1–5; 31,1–3 geht es konkret darum, daß der König Hilfe gegen Feinde aus dem Norden sucht und dabei ist, ein militärisches Bündnis mit Ägypten einzugehen. Scharf tritt Jes im Namen Jahwes dagegen auf und erklärt, daß dieses Bündnis nicht dem Willen Jahwes entspricht (30,1–2).

6.6 Der Gott der Propheten – ein zürnender und rächender Gott?

Der Gott, den die Propheten verkünden, ist nicht »zahm«, vielmehr feurig und leidenschaftlich. Und das Reden von diesem Gott steht nicht selten in Zusammenhang mit der Ankündigung von Gericht und Strafe. Wie läßt sich das Reden von einem Gott der Liebe vereinbaren mit der Vorstellung vom strafenden, zürnenden, rächenden Gott?

Gottes Liebe ist verwundbar – Gott »zürnt«

Alttestamentlicher Glaube kennt Jahwe als lebendigen Herrn – lebendig in seiner Gnade, lebendig auch in seinem Zorn, d. h. in seiner Strafgerechtigkeit. Wenn Israel vom »Zorn« Gottes spricht, will es damit den Blick offenhalten für alle nicht erklärbaren Übel. Leid, Verlust, Unheil sind für Israel nicht einfach unheimliche (weil anonyme) Schicksalsschläge, die nur schweigend und resignierend ertragen werden können. Wo sie auf Jahwes Zorn zurückgeführt und vor Jahwe (manchmal schreiend, klagend, anklagend) bewältigt werden, hat das Unheimliche sein Lebensrecht verloren.

Das ist der Unterschied zu anderen Religionen: hier konnte man Unheil und Böses auf die Launenhaftigkeit der Götter zurückführen. Aber Jahwe ist frei von Willkür und dämonischem Gehabe. (Als Beispiel Jos 7: Die Niederlage bei der Schlacht um Ai ist nicht auf eine Götterlaune zurückzuführen, sondern Jahwe ahndet einen Diebstahl.)

Außerdem ist viel häufiger davon die Rede, daß Jahwe seinen Zorn (nur) ankündigt oder gar zurückhält, als daß er das Zorngericht tatsächlich vollstreckt. Es ist charakteristisch, daß jeder Zorn Gottes vorübergeht, daß er umklammert ist von seiner Treue (vgl. Ps 30,6). Beides, sowohl der Zorn als auch die Barmherzigkeit Gottes, drückt seine leidenschaftliche Liebe zum Menschen aus. Auch wenn wir vielleicht die Worte vom »zornigen Gott« nicht gern hören oder nur schwer nachvollziehen können, so gilt doch: Wir und alles, was wir tun, lassen Gott nicht unberührt, sondern erreichen ihn, betreffen ihn – Gott ist verwundbar in seiner Liebe und daher (vielleicht) auch zornig. Schließlich aber triumphiert seine leidenschaftliche Liebe für immer (vgl. Jes 54,7–10).

Gottes Suche nach Gerechtigkeit – Gott »rächt« das Unrecht

Auch das wurde bisher hinlänglich deutlich: der Gott der Bibel ist ein Gott der Gerechtigkeit. Anders ausgedrückt: Er ist Garant dafür, daß nicht Unterdrückung und Gewalt, sondern Reue und Erbarmen das letzte Wort haben. Er verhilft dem Recht zur Geltung und »rächt« (d. h. wörtlich: er richtet) das Unrecht.

In frühester Zeit war jeder mit seiner Sippe selbst dafür verantwortlich, daß Unrecht gesühnt wurde. Man tat dies im Namen Jahwes (vgl. Jos 10,13). Später wurde zunehmend Gott allein das Recht auf Rache (im Sinn von »richten«) zugeschrieben.

Wer seine Rache Gott überantwortet, verzichtet darauf, sich selbst zu rächen. Und Gott entscheidet, was Recht und was Unrecht ist – nicht mehr die einzelnen selbst. In diesem Zusammenhang wird auch klar, was das Rufen zu Gott um Rache eigentlich bedeutet: Es ist der Schrei nach Gerechtigkeit in einer ungerechten Welt. Wo die Not so groß und zum Verzweifeln ist, wo man menschlich gesehen nichts mehr zu erwarten hat, drückt dieser Schrei die Hoffnung auf Rettung aus. Das ist der tiefste Sinn der Redeweise vom »Gott der Rache«.

Keine Botschaft der Angst

Das Alte und das Neue Testament entsprechen einander zutiefst darin, daß Vergeltung nicht von den Menschen, sondern von Gott erwartet wird (vgl. Röm 12,19). Die Voraussetzung einer solchen Haltung ist der Glaube an die Gerechtigkeit Gottes, die nicht Projektion menschlicher Wünsche ist. Gott, so sagt uns die Bibel unmißverständlich, bleibt nicht stummer Zuschauer bei der Macht und den Mörderspielen der Menschen. Darum dürfen wir die Begriffe »Zorn« und »Rache« auch nicht leichtfertig ausblenden oder gar tilgen.

Aber es kann niemals der Heiligen Schrift entsprechen, vor diesem Gott Angst zu haben und ihn daher zu meiden. Im Grund will die Redeweise vom Zorn Gottes das Gegenteil sagen: sie will erklären, warum wir uns diesem Gott in jeder Situation bedingungslos anvertrauen können. Darum hat Israel auch sehnsüchtig gebetet: »Herr, auf das Kommen deines Gerichts vertrauen wir« (Jes 26,8).

6.7 Der Gott der Propheten – ein Gott, der »bereut«?

Vor allem bei der Gerichts- bzw. Unheilsprophetie wird deutlich: Gott muß Bestrafung ankündigen, um sie (hoffentlich) nicht vollstrecken zu müssen. Die Bibel drückt diesen Sachverhalt mit der Redewendung von der »Reue« Gottes aus. Eine Aussage, die so anstößig klingt wie wohl kaum eine andere. Wie kann Gott etwas planen, ankündigen oder sogar schon vollbracht haben, und dann darüber Reue empfinden und den Entschluß zurücknehmen? Ist das nicht ein sehr wankelmütiger, ja beeinflußbarer Gott? Wie ist es möglich, so einem Gott zu vertrauen? Kann man die »Reue« Gottes mit seiner »Allwissenheit« vereinbaren?

Menschliche Ausdrucksweise

Der Gedanke, daß Gott einen Plan oder eine

Tat bereut, ist eine Besonderheit des Alten Testaments und hat im übrigen Alten Orient keine Entsprechung. Das gibt es sonst nicht. Wie kommt es zu dieser Idee?

Der Begriff »Reue« wurde sicher zuerst vom Menschen auf Gott übertragen, und diese Redewendung drückt unterschiedlichste Erfahrungen Israels mit seinem Gott aus.

Der Ausdruck findet sich in den frühen Schriften nicht häufig. Vor allem wird er dazu verwendet, Taten Jahwes zu deuten, die rätselhaft erscheinen: Gott »reut« es, den Menschen erschaffen zu haben (Gen 6,6); er verwirft Saul als König, denn es »reut« ihn, ihn erwählt zu haben (1 Sam 15,11).

Gottes Erbarmen bleibt siegreich

Das Herzstück der Rede von der Reue und der Umkehr Gottes bildet der Text Hos 11,8–9: »Wie könnte ich dich preisgeben, Efraim, wie dich aufgeben, Israel? ... Mein Herz wendet sich gegen mich (wörtl.: kehrt sich um), mein Mitleid lodert auf. Ich will meinen glühenden Zorn nicht vollstrecken. ... Denn ich bin Gott und kein Mensch ... darum komme ich nicht in der Hitze des Zorns.«

In späterer Zeit wird dies vor allem in den Büchern Jona und Joel wichtig. Auch bei Amos findet sich der Gedanke: »Da reute es den Herrn ...« (Am 7,3.6).

Israel kommt zur Erkenntnis, daß Jahwe in der Lage ist, einen gefaßten Beschluß zu verändern, um gegen sein Volk nicht unbarmherzig sein zu müssen; ja daß Jahwe sogar »umkehrt« (vgl. Klgl 5,21). Diese Wandelbarkeit Jahwes preist Israel als das Letzte und Äußerste, was es über seinen Gott auszusagen vermag. Ein solches Bekenntnis ist nicht das Ergebnis einer theoretischen Überlegung, sondern der Versuch, die eigene Geschichte vom Handeln Jahwes her zu deuten und zu begreifen. An einem unwandelbaren Gott hätte Israel – gemessen an seiner Schuld – zugrundegehen müssen. Die Reue Jahwes hingegen schenkt jenseits allen Verstehens und Begreifens neues Leben. Worin Jahwe tatsächlich »unwandelbar« ist, das ist seine grenzenlose schöpferische Treue.

Zu diesem Gott beten auch wir Christinnen und Christen. Dieser Gott, so sagt uns die Schrift auf sehr menschliche Art und Weise, will »beeinflußt« werden, um seinen Willen »wandeln« zu können, um helfend und rettend einzugreifen.

L *Lesevorschlag*: Ri 2,18; Am 7,1–6; Hos 11; Jona 3; Lk 13,6–9

6.8 Zum Werden der prophetischen Bücher

Zwischen den Worten des einzelnen Propheten und der heutigen Gestalt eines Buches, das unter dem Namen eines Propheten überliefert ist, liegen mehrere Jahrhunderte.

Die Sprüche eines Propheten wurden meist von Schülern des Propheten gesammelt. Man ordnete sie zu bestimmten, thematisch zueinandergehörenden Blöcken (z. B. »Sprüche gegen die Völker«, »Sprüche gegen Israel«), fügte Überleitungen oder Erweiterungen an; aktualisierte die Botschaft für die neue Zeit und Situation Israels.

Daher kommt es, daß in einem Kapitel Worte aus unterschiedlichen Zeiten – z. B. unterschiedlichen Etappen des Wirkens eines Propheten – zusammengeordnet sind. Nicht immer geschah die Reihenfolge bzw. die Anordnung der Sprüche nach für uns heute einsichtigen Kriterien.

Manchmal stammt ein Vers oder ein Abschnitt auch aus einer Zeit, die von der Lebenszeit des Propheten Jahrhunderte entfernt ist. Dahinter steht die Überzeugung, daß die prophetische Botschaft nicht nur für die Augen- und Ohrenzeugen damals Bedeutung hatte, sondern als lebendiges Wort auch in eine veränderte geschichtliche Situation hineingesprochen werden muß.

Darin liegt ein weiterer Unterschied zu altorientalischer Prophetie, etwa zu den prophetischen Briefen aus dem Archiv von Mari (vgl. dazu Abschnitt 5.2). Auch dort gab es Propheten, die ungefragt und kritisch – z. B. dem König gegenüber – Stellung nahmen. Sobald die aktuelle Situation vorüber war, war ein prophetisches Wort »erledigt«, es konnte »zu den Akten gelegt werden«, kam ins Archiv. Prophetensprüche des AT hingegen waren nicht »passé«, sondern wurden weitertradiert und für das jeweilige »Heute« neu ausgelegt. So erhielt ein Prophetenspruch im Lauf der Geschichte auch immer neue Bedeutungen (das Phänomen einer sog. »rélecture«), die auch über die Aussageabsicht des historischen Propheten hinausgehen konnten. Wir werden diesem Phänomen noch bei den einzelnen Propheten beispielhaft begegnen.

6.9 Prophetie – auch heute bedeutend

Das Wirken der Propheten ist dem prophetischen »Charisma« und nicht der Institution (dem Amt) zuzuordnen. Beides ist für eine Gesellschaft notwendig, obwohl naturgemäß die Träger der Institution (König, Priester) das kritische Charisma nicht als etwas Angenehmes empfinden können. Wo tritt heute die Spannung von kritischem Charisma und Institution auf?

Gesamtgesellschaftlich gesehen üben eine solche kritische Funktion etwa die Wissenschaft oder die Kunst aus: Sie stellen in Frage, was allgemein gilt. Ebenso manche Jugendkulturen, die die Maßstäbe der Erwachsenenwelt hinterfragen und oft sehr rasch von der Gesellschaft assimiliert werden. Innerkirchlich könnte man an die prophetischen Impulse von (kanonisierten oder nichtkanonisierten) Heiligen denken – oft als Ordensgründer Initiatoren einer »prophetischen Bewegung« (z. B. Franziskus).

In Israel bleibt Prophetie nicht Sache einzelner, sondern das ganze Volk soll prophetischen Charakter haben. Indem es nach Jah-

wes Willen lebt, wird es zur lebenden Kritik an den übrigen Völkern. Nach Joel 3 wird der Geist über alle Glieder des Gottesvolkes ausgegossen, so daß alle zu Prophetinnen und Propheten werden. Die Urkirche und das Neue Testament sind überzeugt, daß das eingetroffen ist. Nach Apg 2 bezieht Petrus diese Stelle aus Joel 3 auf die junge Kirche.

Auf die Frage nach dem Prophetischen heute müßte man daher von der Bibel her vor allem antworten: Wir – das Volk Gottes, die Kirche – sollte diese »kritische Kontrollinstanz« sein: Ort des Prophetischen für die Welt als Ganze.

Prophet – kein »Wahrsager«, sondern ein »berufener Rufer«: Seine einzige Legitimation liegt darin, daß Jahwe ihn berufen hat. Er verkündet als Bote Gottes, was Gott ihm für seine Zeit aufträgt. Es gibt Gerichts- und Heilsprophetie.

Die prophetische Botschaft bezieht sich auf Jahwe und seinen Willen, der sowohl in der Abkehr von anderen Göttern als auch in der sozialen, wirtschaftlichen und politischen Wirklichkeit das Leben Israels prägen soll. »Gottes- und Nächstenliebe« sind gleichrangige Themen ihrer Botschaft. In menschlicher Redeweise (»zürnen«, »rächen«, »bereuen«) erzählt die Bibel, daß Gott nicht unberührt bleibt von dem, was wir tun oder lassen, sondern in leidenschaftlicher Liebe um sein Volk und um Gerechtigkeit ringt.

In den prophetischen Büchern sind verschiedene literarische Gattungen enthalten. Jedes Buch hat eine jahrhundertelange Entstehungsgeschichte und ist das Ergebnis eines langen Prozesses von Überlieferung, Sammlung, Ordnung, Reinterpretation bis zur Endredaktion.

---

7 Propheten des Nordreichs Israel

7.1 Der Prophet Amos

Er ist der *älteste der sogenannten Schriftpropheten*. Von Beruf war er Viehbesitzer und

Maulbeerfeigenzüchter. Als sein Herkunftsort gilt Tekoa, das südlich von Betlehem liegt. Nach seinen eigenen Worten war er von Jahwe von seiner Herde im Südreich weggeholt und als Prophet gegen das Nordreich Israel gesandt worden (Am 7,14).

Seine Zeit

Amos trat in der Mitte des 8. Jahrhunderts am Heiligtum von Bet-El und in der Hauptstadt Samaria auf. Es war die Zeit Jerobeams II., eine Zeit wirtschaftlicher Blüte. Israel war gerade mächtig, was den Handel betrifft, die Landwirtschaft stand scheinbar auf gesunden Beinen.

Durch Grabungsfunde aus diesem Gebiet können wir erahnen, wie rege damals die Bautätigkeit und wie beeindruckend prächtig der Königspalast gewesen sein muß.

Aber mit dieser blühenden Wirtschaftslage kamen auch *schwere soziale Mißstände*: Die Armen wurden durch die reichen Landbesitzer ausgebeutet, ja geradezu wirtschaftlich aufgefressen. So wurden Ernteüberschüsse aus guten Jahren von den Großgrundbesitzern gehortet und in Dürrezeiten zu überhöhten Preisen verkauft; dadurch rutschten die kleinen Bauern und Pächter zunehmend in Abhängigkeit, sowohl rechtlich als auch wirtschaftlich und sozial.

Das ist die Stunde des Propheten Amos. Im Namen Jahwes tritt er auf als Anwalt der Ausgebeuteten und Wehrlosen, derer, die ihre Menschenwürde durch andere verloren haben. Jahwe sendet ihn, um dieses himmelschreiende Unrecht aufzudecken und unter Gottes vernichtendes Strafurteil zu stellen.

Seine Botschaft

Seine Unheilsbotschaft gilt jenen, die sich auf Kosten der Armen dem Luxus und Wohlleben hingeben, der leichtlebigen Oberschicht (vgl. Am 6). Er prangert ihre Überheblichkeit und Selbstsicherheit an. Es ist eine *falsche Heilsgewißheit*, die sich auf die Auserwählung Israels stützt. Wirtschaftliche Blüte und Machtstellung verleiten die Oberschicht offenbar dazu.

Durch diesen luxuriösen Lebensstil werden die Ordnungen Gottes verletzt. Es geht nicht an, daß die Lebensansprüche der einen ständig steigen und gleichzeitig die Lebensqualität der anderen andauernd sinkt! Ein solches Unrecht fordert Gottes Gericht heraus: Die Oberschicht, die sich an den Armen und Schwachen gemästet hat, wird an der Spitze des Zuges in die Verbannung ziehen (6,7).

Scharfe Kritik übt Amos auch an den Gottesdiensten. Jeder Kult wird zum Selbstbetrug, wenn nicht gleichzeitig Gottes Forderungen nach Gerechtigkeit und Geschwisterlichkeit beachtet werden. Jahwe will davon nichts riechen, sehen oder hören, wenn Israel seinen Gottesdienst feiert. Ja, er haßt die Feste, den Opferlärm, das fromme Getue, das Israel inszeniert. Vielmehr soll sich sein Volk durch Recht und Gerechtigkeit im mitmenschlichen Bereich als wahrer Jahwe-Verehrer ausweisen (5,21–27).

Doch es wäre ein Mißverständnis zu meinen, es ginge dem Propheten um Abschaffung der Gottesdienste. Sehr wohl geht es Amos (und auch anderen Propheten) darum, daß der Schwerpunkt von Opferdienst und Gesang auf »Menschendienst« in Recht und Gerechtigkeit verlegt wird. Tempelbesuch ist noch lange keine Jahweverehrung!

Nicht nur Amos fordert im Namen Jahwes Gerechtigkeit, Mitmenschlichkeit, Solidarität mit den Armen, das tun auch andere Propheten. Aber er tut es am eindringlichsten und schärfsten. Für ihn ist der Einsatz für Unterdrückte und Hilflose der Einsatz Jahwes. Und an diesem Einsatz entscheidet sich Geschichte und Zukunft. Für ihn ist klar: Jahwe kann nicht tatenlos zusehen, wie Unschuldige und Arme verkauft werden, wie das Recht der Schwachen gebeugt wird, wie sich Wohlleben aus erpreßtem Geld finanziert.

In den Augen des Propheten Amos ist Israel so verdorben, daß das Gericht Gottes nicht mehr aufzuhalten ist. Er sieht im Bild des Korbes mit reifem Obst dieses Ende vor sich (vgl. 8,1–3). Darum finden wir auch kein Heilswort. Erst später, nach dem Untergang des Nordreiches, fügten andere Autoren Ausblicke auf künftiges Heil an das Buch Amos an (vgl. 9,11).

Zur Berufung zum Propheten gehört aber nicht nur, das Wort Gottes an die Menschen weiterzusagen; Propheten werden durch ihre Mittlerstellung auch zu Sprechern des Volkes zu Gott hin. Auch bei Amos zeigen Texte, daß er nicht nach Bestrafung gierte, sondern vielmehr mitlitt und Fürsprache einlegte (vgl. 7,1–6). Ja gerade angesichts der Katastrophen, die er kommen sieht und ankündigen muß, entbrennt er in Mitleid und ruft zu Gott um Erbarmen.

L *Lesevorschlag*: Am 2,6–16; 5,7.10–15.21-27; 8

> Amos ist der älteste Schriftprophet und wirkt im Nordreich. Seine Botschaft besteht vor allem aus scharfen Gerichtsworten: Er mahnt zu Recht und Gerechtigkeit und sagt den Untergang an.

7.2 Der Prophet Hosea

Seine Zeit

Hosea ist ein wenig jünger als Amos und stammt aus dem Nordreich. Er wirkt wahrscheinlich über mehrere Jahrzehnte: Seine Tätigkeit fällt noch in die Zeit Jeroboams II. und dauert bis kurz vor dem Untergang des Nordreichs 722. Dieser Zeitraum gilt als Epoche des Verfalls.

Politisch wandte man sich abwechselnd Ägypten und Assur zu, was zu politischer Unbeständigkeit führte. Diese Schaukelpolitik begünstigt, daß sich der kanaanäische Fruchtbarkeitskult ausbreiten kann. Vor allem gegen ihn geht Hosea scharf vor.

Seine Botschaft

Wie bei Amos finden sich auch bei Hosea Texte, die Ungerechtigkeit und fehlende Mitmenschlichkeit anprangern. Doch die Hauptanklage geht *gegen die Baalisierung der Jahwereligion* im Volk.

Die kanaanäischen Städte waren von der Fruchtbarkeit des Landes abhängig und damit angewiesen auf Regen und Tau, die nicht selbstverständlich zur Verfügung standen. In der Vorstellung der Kanaanäer war die Fruchtbarkeit des Landes das Ergebnis der »Hochzeit zwischen Himmel und Erde«. Das wurde auch im Kult ausgedrückt, der das gewissermaßen nachahmte.

Die Baalsreligion war von Anfang an für Israel die große Versuchung (vgl. Num 25,1ff). Sie wurde in Nordisrael vor allem durch König Ahab und seine Frau Isebel eingeführt. Dem Propheten Elija gelang es zwar, diese Krise der Jahweverehrung positiv zu entscheiden (vgl. 1 Kön 18), trotzdem blieben Baalsvorstellungen gegenwärtig. Im 8. Jahrhundert entwickelte sich ein Synkretismus (= Religionsvermischung), sowohl in der offiziellen Jahweverehrung als auch und vor allem in der privaten Volksreligion (vgl. Hos 4,4–19).

Hier setzt Hosea an. Das einzuklagen, wußte er sich berufen. Daß Israel den Fruchtbarkeitsgöttern Kanaans verfallen ist, sieht Hosea als »Ehebruch« Jahwe gegenüber an. Denn dieses Verhältnis zwischen Volk und Jahwe wird dargestellt im Bild der Ehe, zeichenhaft verdichtet in Hoseas eigener Ehe: »Geh, nimm dir eine Unzüchtige (Einheitsübersetzung: »Kultdirne«) zur Frau, und (zeuge) Unzuchtskinder (Einheitsübersetzung: »Dirnenkinder«)! Denn das Land hat Jahwe verlassen und ist zur Dirne geworden...« (Hos 1,2).

Hosea erfährt die ehebrecherische Beziehung des Volkes zu den fremden Göttern

Baal als Wettergott mit
Keule und Blitzspeer.

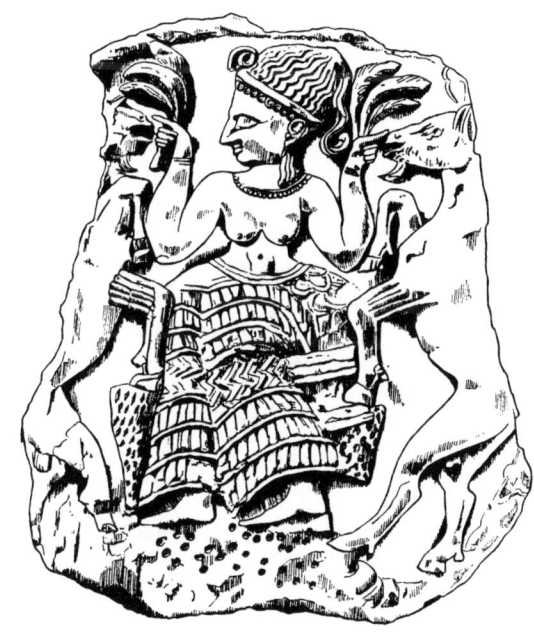

Fruchtbarkeitsgöttin mit Ährenbündel in den Händen,
nach denen sich zwei Ziegen recken.

gleichsam am eigenen Leib, sein Lebensgeschick wird zum Bild der Beziehung Jahwes zu Israel. In seinen persönlichen Erfahrungen erkennt er den Zustand des Volkes. Es hat die intime Gemeinschaft mit Jahwe aufgekündigt. Dem enttäuschten Gott bleibt nichts übrig, als das Gericht über das treulose Volk zu verhängen. Jahwe spricht gegen Israel die Scheidungsformel aus: »Ihr seid nicht mein Volk, und ich bin nicht der Ich-bin-da für euch« (1,9; vgl. die Anspielung auf den Gottesnamen Jahwe »Ich bin für euch da«).

Das Volk hat sich an den reichen Früchten des Landes berauscht und dabei den Geber dieser Gaben vergessen. Weil das geschehen ist, kann auch die wirtschaftliche Blüte nicht von Bestand sein. Dieser »Ehebruch« muß

Folgen haben bis in alle Lebensbereiche hinein.

Auch die Namen der Kinder Hoseas sind Drohzeichen für Israel »Kein Erbarmen« und »Nicht-mein-Volk": Jahwe hat sein Erbarmen entzogen und die Scheidung vollzogen. Hier, bei Hosea, beginnt die Auslegung des »Bundes« (6,7; 8,1) als »Ehebund«, zunächst auf dunklem Hintergrund.

Aber die Unheilsdrohungen sind nicht Jahwes letztes Wort. Die Botschaft Hoseas zeigt Jahwe auch als Liebhaber, der wegen der Untreue seines Volkes um dieses leidet, es umwirbt und zur Umkehr / Rückkehr verführen möchte. Dieser neue Anfang geschieht in der Wüste, dort, wo Israel nach dem Exodus seinen Gott als tragend und führend erlebt hat. Hier können auch die Götter des Kulturlandes keine Versuchung mehr sein. Israel muß aufs neue lernen, daß Leben allein von Jahwe kommt. Der bevorzugte Ort dieses Lern- und Läuterungsprozesses ist die Wüste: Wo alle menschlichen Sicherungen fehlen, keine »Götter« mehr retten können, ist Begegnung mit Jahwe möglich (Hos 1 – 2).

Was die Verkündigung Hoseas zutiefst prägt, ist die Spannung zwischen Gerichtszorn und Liebe Gottes. Jahwe erscheint als leidenschaftlicher Gott, der in Zorn und Eifersucht entbrennen kann, dessen Liebe und Erbarmen aber letztlich siegreich bleiben. Er leidet an seinem Volk, dessen Abtrünnigkeit und Treulosigkeit, kommt aber dennoch nicht los von ihm. Das letzte Wort ist sein Ja zu Israel, das er nicht zurücknimmt. Darauf wird die Beziehung neu begründet (vgl. 11,1–11).

☛ Vielleicht möchten Sie sich näher mit Texten aus dem Hoseabuch beschäftigen? Die weiterführenden Arbeitsanregungen auf S. 123 f geben Ihnen Gelegenheit dazu.

Hosea ist der Prophet der leidenschaftlichen, eifersüchtigen Liebe Jahwes zu seinem untreuen Volk. Im Hintergrund stehen die Fruchtbarkeitskulte. Hoseas eigene Ehegeschichte wird zum Bild und Gleichnis des Schicksals Jahwes.

L *Lesevorschlag*: Hos 2; 11; 14

8 Propheten des Südreichs Juda

8.1 Jesaja

Zeit und Person

Seine Botschaft findet sich in den Kapiteln 1 – 39 des Buches Jesaja. In Jes 6,1 ist davon die Rede, daß Jesaja im Todesjahr des Königs Usija (739 v. Chr.) berufen worden sei. Es war die Zeit, in der sich die Großmacht Assur ausbreitet und es zu antiassyrischen Bündnissen kommt. Jesaja stammte wohl aus Kreisen der Oberschicht, hatte Zugang zum Hof (Jes 7,3; 8,2) und war wohl an einer »Elite-Schule« in Jerusalem ausgebildet – insgesamt gute Aussichten für eine Karriere in Politik oder Verwaltung! Durch seine Berufung, gerade der Oberschicht Gericht anzusagen, kommt er gerade mit den Kreisen seiner Herkunft in Konflikt. Seine ganze Familie wird zu einem »sprechenden Zeichen«, zu einem lebendigen »Ärgernis«: seine Frau, die ebenfalls »Prophetin« genannt wird (8,3); seine Kinder, die – wie schon bei Hosea – Symbolnamen tragen (7,3; 8,3; 8,18).

Die jetzige Anordnung dieses Buches verdankt sich einer längeren Sammler- und Ergänzertätigkeit. Hinzugefügt wurden u. a. sicher die Kapitel 24 – 27; 33 – 35 und 36 – 39. Auch die Texte, die von Babel handeln, sind nicht von Jesaja. Die Kapitel ab 40 stammen aus späterer Zeit. Mehr dazu im Kapitel über die Exilszeit.

Seine Botschaft

Wie Amos im Nordreich, so hat Jesaja im Südreich den »Tag Jahwes«, den großen Gerichtstag, auszurichten und anzukündigen. Das ist zunächst eine Anklage der Überheblichkeit der Verantwortlichen in Jerusalem, denen jede Furcht und Ehrfurcht vor dem allheiligen Gott abhanden gekommen ist, den Jesaja in seiner Berufung im Tempel von Jerusalem so eindruckvoll geschaut hat (vgl. Jes 6,1–7). Im Bild vom Gottessturm, der Wälder und Berge zerbricht, wird allem Hochragenden der Untergang angesagt.

Als es rund um den syro-efraimitischen Krieg (734 – 732 v. Chr.) zur Krise kommt, wird Jesaja »politisch« tätig. Sein Credo, das als »Grundgebot« gilt, lautet: *»Jahwe allein!«* Dieses Gebot wird verletzt, wenn man auf fremde Mächte, in diesem Fall Assur, baut. Die Grundlage des Jahweglaubens ist ja, ganz auf Jahwe zu vertrauen.

Die Reiche von Damaskus und Samaria wollten den damaligen König von Juda (= Ahas) zwingen, einer Widerstandsbewegung gegen Assur beizutreten. Daß er sich weigert, wird zum Anlaß für den syro-efraimitischen Krieg: Die beiden Gegner belagern Jerusalem. Ahas wendet sich – gegen den Rat Jesajas – an Assur um Hilfe (Jes 7), vgl. S. 47.

Jesaja spricht Ahas den Beistand Jahwes zu, um den König und seine Gefolgschaft in die Entscheidung »Glauben allein« hineinzurufen (7,9: »Nehmt ihr nicht Stand (= in Jahwe), fürwahr, so habt ihr keinen Bestand!«)

Ähnlich wie Amos greift Jesaja die sozialen Mißstände an: Mord, Bestechung, Gier sind an der Tagesordnung – bei gleichzeitigem Gottesdienst und Gebet. Unvereinbar und widersprüchlich!, klagt der Prophet (vgl. Jes 1,10–17). Ein auch sprachlich besonders beeindruckendes Beispiel ist das »Weinberglied« (Jes 5,1–7): Wahrscheinlich hat Jesaja dieses Lied bei einem der fröhlichen Feste Israels gesungen. Er singt in der Art eines »Hochzeitsliedes« von der Liebe eines Mannes zu seinem Weinberg, dem dieser mit fast erotischer Liebe zugetan ist. Er grub diesen Weinberg um, entfernte die Steine, pflanzte Reben. Jeder Weinberg, der mit solcher Sorgfalt gepflegt wird, wird es mit reichen Weintrauben lohnen! Allerdings geht es in diesem Fall anders zu – die Liebe wird nicht erwidert, der Bräutigam erntet Undank, d. h. saure und faule Trauben, keine süßen Beeren. Während des Liedes wurde den Zuhörern plötzlich bewußt: Dieses eindringliche Lied handelt von Jahwe und Israel. Jahwe hat sich liebevoll um sein Volk bemüht, dennoch ohne Erfolg: »Ich hoffte auf Rechtsspruch – doch siehe da: Rechtsbruch, und auf Gerechtigkeit – doch siehe da, der Rechtlose schreit.« (5,7) Daher wird Jahwe seinen Weinberg aufgeben, seine Schutzmauern entfernen und ihn wieder zum Ödland werden lassen. Recht und Gerechtigkeit – das sind die »süßen Trauben« die Jahwe von seinem Volk erwartet.

L *Lesevorschlag*: Jes 1,10–17; 5,1–7; 6,1 - 9,6

Jesaja ruft zu Glauben und Vertrauen auf Jahwe auf, auch in politischen Entscheidungen. Im »Weinberglied« beklagt er, daß Jahwe trotz aller Mühe um Israel keine süßen Trauben, sondern Rechtsbruch und Rechtlosigkeit der Armen ernten kann. In scharfen Worten spricht er vom Gericht Gottes.

8.2 Jeremia und das Ende des Südreichs

Er gilt als der »leidgeprüfte Anwalt des Bundesgottes« (*A. Deissler*). Aus einer Priesterfamilie in Anatot (nördlich von Jerusalem) stammend, hatte er die Möglichkeit, mit Geschichte und Tradition Israels vertraut zu werden.

Das Buch hat eine sehr bewegte Überlieferungsgeschichte. Es ist mehrfach überarbeitet worden, vor allem in Anlehnung an die deuteronomistische Theologie. Häufig gibt es Überarbeitungen von Jeremia-Schülern im »Geist des Meisters«.

Seine Zeit: das Ende des Südreiches und der Beginn des babylonischen Exils (586 v. Chr.)

Das Auftreten Jeremias fällt in die bewegteste Epoche der Geschichte Israels: Assurs Macht ist im Sinken, kurz gerät Palästina unter ägyptischen Einfluß. Um 628 v. Chr. wird Jeremia als junger Mann berufen (Jer 1). Er stammt aus einer Priesterfamilie aus Anatot. Er kritisiert zunächst soziale und kultische Mißstände und hilft so möglicherweise indirekt, die Reformen des Königs Joschija (621 v. Chr.) vorzubereiten. Zur Zeit der hoffnungsvollen Reformen schweigt er offenbar.

Aber schon Jojakim, der Nachfolger Joschijas, macht einen Teil der Reformen rückgängig. Die Hoffnungen auf eine Fortführung der Erneuerung zerschlagen sich. Außenpolitisch verdrängt Babylon Assur, steigt auf zur Großmacht, und Palästina fällt den expansionistischen Bestrebungen der Babylonier zum Opfer. Juda wird Vasall.

Belagerung einer Stadt. Relief aus dem Zentralpalast Tiglatpilesers III in Nimrud.

König Jojakim verfolgt eine *gefährliche Außenpolitik*: Er setzt auf die Hilfe der Ägypter und stellt die Tributzahlungen an Babylon ein. Er ist ein brutaler Despot. Erneut tritt Jeremia auf – mahnend, anklagend, warnend. Nun beginnt seine *»Leidensgeschichte«*: Der König verbrennt eigenhändig eine Rolle mit Anklage- und Drohreden des Jeremia (Kap. 36): Weder er noch die führenden Kreise in Jerusalem wollen ihn hören. Er wird gefangengenommen und mißhandelt (Kap. 19), man trachtet ihm sogar nach dem Leben (Jer 26,24). Vor allem warnt Jeremia auch vor einem Aufstand gegen die Babylonier – allerdings vergebens.

Der offene Aufstandsversuch Jojakims wird von den Babyloniern sofort im Keim erstickt und mit einer Strafaktion beantwortet: Schon nach kurzer Belagerung fällt 598 v. Chr. die Stadt, Tempel und Palast werden geplündert. Königshaus und die »oberen Zehntausend« (vgl. 2 Kön 24,24) werden nach Babylon verschleppt. Nebukadnezzar setzt Zidkija, einen Davididen, als König ein.

Allerdings setzt auch Zidkija die antibabylonische Politik fort. Jeremia tritt scharf dagegen auf und fordert Juda auf, sich dem »Joch Babylons« zu beugen, während andere Propheten im Namen Jahwes zum Aufstand ermutigen (Jer 27 – 28).

Schließlich belagern die Babylonier zum zweiten Mal Jerusalem und versuchen, es auszuhungern. Jeremia wird des Hochverrats bezichtigt und eingekerkert (37,11–21); beinahe kommt er in einer Zisterne ums Leben und wird nur durch einen Palastbeamten gerettet (38,1–6). Aber die angekündigte Katastrophe bricht herein: Nach eineinhalb Jahren, im Jahr 586 v. Chr., gelingt es den Belagerern, die Stadt zu erobern. Jerusalem wird abermals geplündert und völlig zerstört, der Tempel wird ein Raub der Flammen. Ein Teil der Bevölkerung wird getötet, ein anderer verschleppt. Die Mehrzahl der Landbevölkerung darf in Juda bleiben; darunter auch Jeremia. Nach einer erneuten Revolte und der Ermordung des babylonischen Statthalters flüchtet eine Gruppe nach Ägypten. Sie nehmen den greisen Jeremia mit. In Ägypten verliert sich seine Spur (40,7 – 41,15).

Das Jahr 586 v. Chr. markiert somit den *Beginn des babylonischen Exils*. Im Unterschied zur assyrischen Politik ließen die Babylonier die Struktur der unterworfenen Gebiete unangetastet und siedelten auch keine anderen Gruppen dort an.

Seine Botschaft

Das Schicksal Jeremias ist bestimmt von tiefer Enttäuschung über den Mißerfolg seiner Verkündigung; wir erfahren von der Verfolgung durch die Behörden und die Nachstellungen seiner eigenen Verwandten und Landsleute (11,18–23; 12,1–6; 15,10–18; 18,18–23 usw.). Zweifel an Gott und an sich selbst kennzeichnen dieses Prophetenschicksal.

Einige Zeit vor dem Ende des Staates beginnt der Kampf des Propheten um das Geschick seines Volkes, das dem Untergang ausgeliefert ist, wenn es nicht zu Jahwe zurückkehrt. Leidenschaftlich geißelt er den Abfall zu den fremden Göttern und greift die falschen Sicherheiten an, die sich auf den Tempel stützen. Es ist kein Wunder, daß er damit in Konflikt mit den Herrschenden gerät. Es kommt auch zu einem Zusammenstoß mit falschen Propheten, die Heil weissagen und zum Befreiungskampf aufrufen (Jer 28).

Der Gott, den Jeremia verkündet, ist ein Gott der Geschichte. Er hat Israel in Freiheit erwählt und ist mit ihm ein Sonderverhältnis eingegangen, hat einen Bund mit ihm geschlossen (vgl. 11,31; 14,21). Wie bei Hosea ist dieser Bund ein »Ehe-Bund«, und der Bundesbruch kann dementsprechend als Ehe-Bruch gegeißelt werden (3,1–13). Aber gerade bei Jeremia wird auch deutlich: Alle Ankündigung von Bestrafung, die Jahwe vollziehen muß, ist (nur) Drohung, welche eine Umkehr bewirken soll. Bekehrt sich Israel, hat sich die Strafe erübrigt, ist sie hinfällig geworden.

Genau das macht im Grunde die tiefste Spannung der Propheten aus: Sie müssen im Namen Gottes »drohen«, ankündigen – damit sich das Angekündigte nicht erfüllen muß. Sie stehen also einerseits auf seiten des leidenden Gottes, gleichzeitig auf seiten des schuldig gewordenen Volkes, für das sie fürbittend eintreten müssen.

Am deutlichsten stellt Jeremia in der »Tempelrede« (7,1–5) den Einwohnern von Jerusalem den Willen Jahwes vor Augen. Auch hier geht es um Einforderung von Recht und Gerechtigkeit, von Erfüllung der Gebote Gottes. Das Volk Jahwes muß die Tora Gottes in seiner Ganzheit leben. Wenn es nur auf göttliche Erwählung setzt und das leidenschaftliche Interesse Jahwes am Menschen vergißt, verwirkt es sein Heil.

Jeremia tritt sogar gegen den König selbst auf (23,13–19). Wenn ein Herrscher, von Jahwe zum Hüter seiner Brüder und Schwestern berufen, die Untertanen nur für seinen Luxus mißbraucht und ausbeutet, muß sich der Prophet zum Anwalt der Schwachen machen – weil der Bundesgott selbst der mächtigste Anwalt der Armen ist. Das ist der Kern aller »Jahwe-Erkenntnis«: den Armen und Schwachen zu ihrem Recht verhelfen.

Doch nicht nur Unheil, sondern auch Heil hat der Prophet anzukündigen. Ein Heil, das es freilich nur jenseits der bevorstehenden Gerichtskatastrophe gibt. Den Erstverbannten, die verzagt und mutlos sind, schreibt Jeremia einen Brief (29,1–23, von der Jeremia-Schule später überarbeitet), in welchem sie ermutigt werden, ihr Geschick auf sich zu nehmen und auf die Zusage Jahwes zu bauen.

Ausdrücklich werden die Heilsansagen in der Trostschrift (30,1 – 31,40), die wohl in ihrem Kern und Horizont auf den Propheten selbst zurückgeht, jedoch deuteronomistisch überarbeitet und damit in ihre jetzige Form gebracht wurde. Das gilt auch für den theologisch wichtigen Text von der Verheißung eines neuen Bundes (31,31–34).

Der alte Bund wurde ja gebrochen, Israel hat die Folgen dieses Bruchs zu tragen. Von seiten Israels ist der Bruch auch nicht mehr zu kitten. Zukunft und Leben hängen nun allein von Jahwe ab. Auf diesem schwarzen Hintergrund ist die *Botschaft vom Neuen Bund* zu hören: Jahwe selbst bewirkt, daß dieses neue Verhältnis nicht mehr zerstört werden kann, indem er seine Weisung ins Herz seines Volkes schreibt.

Wichtig zu beachten: Dieser Neue Bund, der im Neuen Testament wieder aufgegriffen wird, steht nicht im Gegensatz zum »Alten«, sondern beinhaltet ebenso die Tora. Denn Jahwes Willensoffenbarung bleibt stets die gleiche.

▣ *Lesevorschlag*: Jer 7; 20; 28; 29; 30–31

> Nach längerer Abhängigkeit von Babylon fällt 586 v. Chr. Juda dieser Großmacht endgültig in die Hände. Jeremias Botschaft steht im Zeichen des Untergangs von Jerusalem. In seinem Leiden spiegelt sich das Leiden Gottes an der Ablehnung durch sein Volk.

▣ *Literatur*: A. Deissler, Dann wirst du Gott erkennen. Die Grundbotschaft der Propheten, Freiburg 1987; F. J. Stendebach, Rufer wider den Strom. Sachbuch zu den Propheten Israels, Stuttgart ²1988; N. Lohfink, Wo sind heute die Propheten? Stimmen der Zeit 206 (1988) S. 183–192

Der Untergang Jerusalems bedeutete das Ende der davidischen Monarchie und des Staates Juda. Der Versuch, die Jahwegesellschaft als Staat aufzubauen, war gescheitert. Nach dem Exil wird es eine neue, ganz andere Gestalt der Jahwegesellschaft geben. Wenn man die Geschichte betrachtet, brachte die Katastrophe von 586 nicht das Ende, sondern führte zum Wandel und zu neuer Gestalt Israels. Doch davon im nächsten Kapitel.

➤➤ ÜBERBLICKS- UND VERSTÄNDNISFRAGEN

1. Wer war Saul?
2. Was wissen wir über David?
3. Worin liegt die Bedeutung Salomos, und weswegen wurde er berühmt?
4. Was versteht die Bibelwissenschaft unter dem Ausdruck »Jahwist«? Wie ist das jahwistische Erzählwerk entstanden?
5. Beschreiben Sie die Botschaft von Gen 2–12 im Überblick.
6. Das Königtum wird in alttestamentlichen Texten verschieden gedeutet. Wie? Nennen Sie Textbeispiele.
7. Wo liegen die Anfänge des alttestamentlichen Rechts, und welche Themen werden in dem ältesten Rechtsbuch behandelt?
8. Nennen Sie einige wichtige Etappen der Geschichte des Nordreichs Israels.
9. Was geschah bis 700 v. Chr. mit der vermutlich ältesten Schicht des Pentateuch, dem Jahwisten?
10. Nennen Sie einige wichtige Etappen der Geschichte des Südreichs Juda.
11. Das Deuteronomium: Inhalt? Entstehung? Theologische Akzente?
12. Wie und für wen (für welche Adressaten) ist der Dekalog entstanden, und worin liegt seine Bedeutung?
13. Warum gilt die ganze Tora als am Sinai von Gott gegeben?
14. Was verbindet, was unterscheidet altorientalische von alttestamentlicher Prophetie?
15. Wer ist ein Prophet? Was versteht man unter dem Ausdruck »Schriftprophet«?
16. Zeigen Sie einige Grundzüge prophetischen Wirkens und Inhalte prophetischer Verkündigung auf.
17. Ist der Gott des AT ein zürnender und rächender Gott? Wie können Sie versuchen, jemandem einen Zugang zu dieser biblischen Redeweise zu vermitteln?
18. Wie ist es zu verstehen, wenn das Alte Testament sagt, daß Gott »Reue« empfindet?
19. Haben die Propheten selbst das Buch, das in ihrem Namen überliefert ist, geschrieben?
20. Amos: Grundzüge seiner Botschaft
21. Hosea: Grundzüge seiner Botschaft
22. Die Botschaft Jesajas
23. Wie kam es zum Babylonischen Exil?
24. Der Prophet Jeremia, seine Zeit und seine Botschaft

Juda und Israel
in der Königszeit

IV. Israel in der Zeit des babylonischen Exils – der entscheidende Wendepunkt (586–538 v. Chr.)

Was bisher geschah – Ein Rückblick

Aus Gruppen verschiedener Herkunft war ein neuer Verband entstanden, der nach Familien und Stammesregeln aufgebaut war. Dieses Israel der Frühzeit, ohne zentrale Leitungsgewalt und ohne herrschaftliches Über- und Untereinander, stand ganz bewußt im Gegensatz zu den Stadtstaaten-Gesellschaften Kanaans. Dieser neue Weg war möglich geworden, weil man sich von den Göttern der anderen Gesellschaften losgesagt und sich ganz auf Jahwe verlassen hatte. Jahwe, das ist der Gott des Exodus, der Gott der Befreiung, der die neuen Lebensmöglichkeiten garantiert – für Israel der einzige Gott.

Doch dieser erste Versuch der Geschichte Israels endete, als man wegen der Bedrohung durch äußere Feinde nach einem Führer rief. Israel konnte sich dadurch retten, daß es unter den Königen zu einem Staat wurde. Nun hatte das Jahwevolk jene Staatsform, die es anfangs so vehement vermeiden wollte.

Wie war es unter diesen neuen Bedingungen um die freie Jahwegesellschaft bestellt? Gewiß wurde mühsam versucht, das zu bewahren, was man von Jahwe und von einer gerechten Gesellschaft wußte. Man wollte ja seit David einen anderen Staat, als ihn die übrigen Völker hatten. Das wurde auch immer wieder von den Propheten in Erinnerung gerufen und durch Erneuerungsbewegungen (z. B. unter Joschija) aus dem Untergrund geholt. Doch vergebens. Auch der Versuch, Jahwegesellschaft als Monarchie zu leben, scheiterte. 722 endet das Nordreich Israel, 586 wird Jerusalem zerstört, der Staat Juda endgültig vernichtet.

Und der Traum von der freien Jahwegesellschaft? Was ist aus ihm geworden?

1 Juda in der Verbannung (586–538) – Eine Krise des Glaubens

Die Katastrophe von 586 mit dem Fall Jerusalems und dem anschließenden babylonischen Exil bedeutet, politisch betrachtet, den absoluten *Tiefpunkt* in der Geschichte dieses Volkes: Das Nordreich besteht nicht mehr, das Südreich fristet ein kümmerliches Dasein. Damit waren auch alle Grundlagen des Glaubens und der bisherigen Lebensordnung in Israel in Frage gestellt. Das Ende der politischen und religiösen Institutionen war in der Geschichte oft das Ende der Existenz dieser Völker selbst – ihrer Identität, Religion,...

Weit über die politische und menschliche Katastrophe hinaus bedeutete das Exil für das Volk eine Krise des Glaubens. Da ist zunächst das verheißene Land, das verloren ist. Verloren und zerstört ist Jerusalem mit seinem prächtigen Tempel. Jerusalem hatte – in Anknüpfung an alte, einst mythologische Traditionen – als uneinnehmbar gegolten. Und schließlich erhob sich die Frage: Was ist mit der Erwählung Jerusalems und des davidischen Königshauses? Ist ihm nicht Bestand verheißen? Nun gab es auf einmal keinen König mehr. Die alten, tragfähigen Traditionen sind abgebrochen, und die sozialen Strukturen sind zerschlagen – das alles war Ursache und Kennzeichen für die tiefe Krise der Exilszeit. So stellte man radikal auch die Frage nach Jahwe selbst – nach seiner Macht und seinem Wirken im Gegenüber zu den anderen Göttern.

Israel (d. h. die Judäer) – wir können nun,

nach dem Einschnitt des Exils, auch sagen: »das Judentum« – lebt nun in drei Siedlungsgebieten: im Land selbst, im Exil in Babylon, und bald bildet sich auch eine jüdische Gemeinde in Ägypten. Die Lebensbedingungen waren in den drei Bereichen durchaus unterschiedlich. Im eigentlichen Sinn bildet das Exil auch den Beginn der »Diaspora«, d. h. der »Zerstreuung«.

Im Unterschied zu den Gepflogenheiten der Assyrer setzten die Babylonier keine ausländische Oberschicht im unterworfenen Land ein. Trotz Deportationen vor allem der Oberschicht blieb ein Großteil der Bevölkerung im Land, vor allem kleine Bodenbesitzer und die landlose Unterschicht. Das verlassene oder enteignete Land wurde sogar unter sie verteilt. Diese Gruppen haben wohl das Exil als Gericht über die ausbeuterische Oberschicht begriffen (Ez 11,15; 33,24), während es Angehörigen der Oberschicht als ungerechte Zwangsmaßnahme und Enteignung erschien (Klgl 5,2.12–13). Das Machtvakuum nützen vor allem die umliegenden Kleinstaaten zu Eroberungen und Plünderungen (Obd 19). Rechtsunsicherheit und die ständige Konfrontation mit den Nachbarn prägten das Leben.

Anders war die Situation in der babylonischen Verbannung. Zwar litten sie unter ihrer sozialen Entwurzelung und hofften auf ihre Rückkehr, aber dennoch ging es ihnen wirtschaftlich nicht schlecht: Sie wurden in einem geschlossenen Siedlungsgebiet angesiedelt und hielten regen Kontakt mit der Heimat. Sie lebten meist von Handwerk, aber konnten auch in höhere Positionen aufsteigen. Von diesen Gruppen gingen wichtige Impulse der Erneuerung des Jahweglaubens aus.

Eine dritte Gruppe bildete sich in Ägypten aus Leuten, die aus verschiedenen Gründen mehr oder weniger freiwillig ausgewandert waren (Furcht vor den Babyloniern,...). Sie war noch stärker als die babylonische Gruppe integriert und richtete sich auf einen dauernden Aufenthalt in Ägypten ein.

Mit der Zerstörung des Tempels hatte der Opferkult in Jerusalem ein vorläufiges Ende gefunden (jener Kult, den Amos, Hosea und Jeremia so sehr kritisiert hatten). Als Ersatz entwickeln sich im Exil die Vorstufen der Synagoge heraus, damit verbunden die neue Form des »Wortgottesdienstes«.

»Synagoge« heißt wörtlich »Versammlung«. Man bezeichnet damit den Versammlungsort einer jüdischen Gemeinde bzw. manchmal auch diese Gemeinde selbst. Synagogen waren die geistige Heimat des Diasporajudentums.

Die Gottesdienste der Exilszeit waren wohl vor allem *Klagegottesdienste.* Im Buch »Klagelieder« werden die Folgen des Krieges ohne Beschönigung namhaft gemacht und theologisch reflektiert: Es war nicht ein blindes Schicksal, und letztlich waren es auch nicht die Babylonier, sondern es war Jahwe selbst, der Tempel, Königtum und Jerusalem zerstört hat (Klgl 2,1–10; 4,11–16). Die offizielle Theologie der vorexilischen Priester und Tempelpropheten mit ihrer unbedingten Heilsgewißheit hatte sich als schwerer Irrtum erwiesen. Jahwe hatte sich von ihr distanziert. Dies soll zum Eingeständnis eigener, gemeinsamer Schuld des Volkes führen: zum Bekenntnis einer verfehlten Außenpolitik (Klgl 4,17; 5,6–7); zur Erkenntnis, daß Israel nicht auf die Gerichtspropheten hören wollte, die die Verfehlungen der Gesellschaft aufdeckten (Klgl 2,14; 4,13).

Da Juda nun kein Staat mehr war, wurden alte Formen des Zusammenlebens wieder erneuert: Man orientierte sich wieder stärker an der Familie bzw. am Familienverband. Die Familie wurde zu einem neuen und wesentlichen Träger des Jahweglaubens. Alte Bräuche der Familie wurden nun zu »Bekenntniszeichen« der Zugehörigkeit zu Jahwe (die Beschneidung, verschiedene Speisebräuche); teilweise wurden auch früher offizielle Kultfeiern zu »Familienliturgien« umgestaltet (die Feier des Sabbat, das Paschafest).

Die große Tradition des Handelns Gottes an seinem Volk in der Geschichte war nun in eine Krise geraten. Umso mehr vertiefte und verlebendigte sich die persönliche Frömmigkeit des einzelnen: Die persönliche Beziehung des Vertrauens und der Hingabe an den Schöpfer, das kindliche Vertrauen zu Gott als Vater (Jes 64,7) oder als Mutter, die Israel seit der Geburt schützt und auf dem Arm trägt (Jes 46,3; Jes 66,13), festigt sich und findet in vielen Texten Ausdruck. Daneben findet man in den alten Überlieferungen der Patriarchenzeit lebendige Identifikationsmöglichkeiten. Damals hat Israel in den Familien und Sippen die unbedingte Nähe und Fürsorge Gottes erfahren – damals, als sie noch ohne Land, Tempel und König ganz auf die liebende Nähe Gottes angewiesen waren. »Von den Enden der Erde« hatte Jahwe Abraham, seinen »Freund«, ergriffen und erwählt (Jes 41,8–9) – wie sollte da diese bedingungslose Freundschaft Jahwes nicht auch heute noch »bis an die Enden der Erde«, also bis nach Babylon, gelten und wirken? Die Patriarchen, besonders Abraham, wurden zu den großen Vorbildern des Glaubens.

📖 *Lesevorschlag*: Klgl 2,1–10; 4,11–16; Ps 137; Jes 41,8–9

Das Exil bedeutet national und religiös eine Katastrophe. Die bis dahin tragenden Einrichtungen, Tempel und Königtum, gab es nicht mehr. Selbst seine grundlegende Gabe, das Land, hatte Jahwe scheinbar zurückgenommen. In Klagegottesdiensten wird getrauert und dieses Schicksal als Folge von Schuld verstanden.

Das Jahr 586 markiert auch den Beginn der eigentlichen »Diaspora«, den Beginn der Zerstreuung. Die Familie wurde zu einem Träger des Jahweglaubens (Sabbat, Beschneidung, Pascha, Speisebräuche). Im persönlichen Vertrauen zu Jahwe, dem Schöpfer und dem Gott des Abraham, findet der einzelne Halt.

---

2 Literatur zur Bewältigung der Katastrophe

2.1 Das Deuteronomistische Geschichtswerk

So werden die Bücher (Dtn), Josua, Richter, die beiden Samuel- und die beiden Königsbücher bezeichnet. Ursprünglich gehörte auch das Buch Dtn dazu, das erst später davon abgetrennt und zum letzten Buch des Pentateuch wurde.

Ein Schriftstellerkreis, der von der Theologie und der Sprache des Dtn beeinflußt war (darum die Bezeichnung »Deuteronomistisches Geschichtswerk«), sammelte alte Überlieferungen und gestaltete daraus eine Geschichtserzählung, die von Josua bis zum babylonischen Exil reicht. Sie wollten in der Stunde der Krise ihre Situation durch einen Rückblick in die Geschichte verstehen. Es geht also um »*Lernen aus der Geschichte*«. Nach dem Exil wurde das Werk nochmals überarbeitet.

Welche Traditionen haben die Verfasser im Exil schon vorgefunden? Im einzelnen ist diese Frage umstritten. Manche Autoren (Norbert Lohfink) rechnen mit einer Erzählung aus der Zeit des Reformkönigs Joschija, die von Dtn 1 bis Jos 22 reichte. Eine alte Quelle – die Aufstiegs- und Thronfolgegeschichte Davids, 1 Sam 16,14 – 1 Kön 2 – haben Sie schon in Kap. III kennengelernt. Die Verfasser haben auch schon einen Zyklus der Elija-Elischa-Erzählungen (1 Kön 17 – 2 Kön 13) gekannt; dazu verwenden sie auch verschiedene alte Listen und Chroniken (2 Sam 8,16ff; 1 Kön 4).

Diese alten, vorexilischen Traditionen mußten sich aber noch nicht die Frage stellen, die nun – im Exil – die Menschen bewegte: Wie steht es mit der Existenz Israels insgesamt? So dient die Geschichte dazu zu zeigen: Israel hat sich immer wieder, von der Landnahme bis zum Exil, gegen Jahwe gestellt, ist ihm untreu geworden. Im Dtn und in der deuteronomischen Tora (das Dtn bildete ja das erste Buch dieses Werkes) liegt ein »Maßstab« vor, an dem die weitere Geschichte Israels zu beurteilen ist – vor allem am Gebot der ausschließlichen Jahweverehrung.

Die Gabe des Landes hatte eine Voraussetzung: das Befolgen der Tora. Da Israel sie immer wieder verworfen hat, ist es selbst schuld an der Katastrophe; Jahwe ist also mit seinem Gerichtshandeln im Recht.

Wahrscheinlich haben sich die Verfasser

nicht damit begnügt, Israel seine Schuld vor Augen zu stellen. Sie wollten zugleich Möglichkeiten für die Zukunft aufzeigen: Wenn Israel zu Jahwe zurückkehrt, wenn es sich wieder an der Tora orientiert, kann es hoffen, sein Land wiederzugewinnen.

Die Verfasser stellen in einigen Texten aus dem Richterbuch die Zeit der Richter nach einem bestimmten Schema dar: Weil das Volk von Jahwe abfällt, gerät es in Not und Bedrängnis. Es bekehrt sich daraufhin zu Jahwe und schreit zu ihm. Jahwe erbarmt sich und sendet einen »Retter«, der es in der Kraft Jahwes (von seinem Geist erfüllt) aus der Krisensituation befreit, vgl. Ri 2,17–23; 3,7–11 u.ö. Dieser Ablauf der Geschichte bietet Hoffnung: Das Volk im Exil soll erkennen, daß für den bisherigen Verlauf der Geschichte der Abfall von Jahwe schuld ist (also Volk und Könige verantwortlich sind). Die Katastrophe des Exils ist auf diesem Hintergrund als Eintreten des angedrohten Bannfluches verständlich. Wenn Israel sich erneut Jahwe und seiner Tora zuwendet, wird es wieder ins Land zurückkehren dürfen.

Späte, nachexilische Bearbeitungen des Geschichtswerks haben den Akzent neu gesetzt: Auch wenn Israel durch seine Gesetzestreue im Segen Jahwes lebt, darf es nicht stolz und überheblich auf seine »Leistung« pochen. Es lebt ganz und gar aus der Liebe und der Gnade Jahwes (vgl. Dtn 4,23–31; 9,4–8).

L *Lesevorschlag*: Ri 2,17–23; 3,7–11; Dtn 4,23–31

Das deuteronomistische Geschichtswerk nimmt alte, vorexilische Traditionen auf und deutet die Geschichte von der Landnahme bis zum Exil am Maßstab der Tora: Israel hat sich immer wieder gegen Jahwe und seine Tora entschieden und so das Gericht auf sich gezogen. Umkehr bietet neue Hoffnung.

2.2 Die Priesterschrift

Zur Entstehung

Wahrscheinlich noch während des Exils entstand die Grundschicht der letzten und für den ganzen Pentateuch bestimmenden Quellenschrift des Pentateuch – der Priesterschrift (P). Sie kannte die vorexilische Überlieferung des Pentateuch (JE), erzählte die Geschichte von der Schöpfung bis wahrscheinlich zur Landnahme neu und setzte neue theologische Akzente.

Der Wortschatz und die Sprache weisen eine deutliche Eigenart auf, so z.B.: ganz bestimmte Wendungen wie »fruchtbar sein und sich mehren« (z.B. Gen 1,28), »des Bundes gedenken« (z.B. Gen 9,15); gleichförmiger (monotoner), formelhafter Stil, Wiederholungen; Vorliebe für Geschlechtsregister und Ortslisten; Fülle von Zahlen und genauen Maßangaben (vgl. die Maße der Arche, Gen 6,15; 7,20); Bezeichnung der Monate mit Zahlen statt mit Namen.

Schon die älteren Pentateuchtexte hatten den Blick auf die Völkerwelt hin geweitet; noch stärker ist bei P diese universalistische Sicht erkennbar. Außerdem betont P Ordnung und Beständigkeit. Dies entspricht der Situation des Exils: Alles ist ins Wanken geraten – wo gibt es Halt?

Darum ordnet P Kosmos, Menschheit, Völkerwelt und Israel in ein großes Ordnungsgefüge ein, das durch den Segen zusammengehalten wird. Dieser Segen wird von Generation zu Generation weitergegeben (vgl. die Listen der Geschlechterfolgen).

Die priesterliche Urgeschichte (Gen 1,1 – 2,2a; Teile aus Gen 6 – 9)

P stellt an den Beginn den Schöpfungsbericht, ein Bekenntnis zu Jahwe als Gott und Schöpfer aller Menschen. Nicht nur jede und jeder in Israel, sondern jeder Mensch ist als Geschöpf Abbild Gottes (Gen 1,26), Gottes Stellvertreter auf Erden, empfängt Herrschaftsauftrag und Segen. Vor allem in Ägyp-

Der in Gen 1,28 ausgesprochene Herrschaftsauftrag über die Tiere ist vom Bild des fürsorglichen Hirten her zu verstehen.

ten galt der König als »Bild Gottes«. Dies bedeutete, daß er Hirte und Hüter der göttlichen Schöpfung ist; zugleich der Repräsentant Gottes und sein Wirkmedium in der Welt. Im Alten Testament wird diese Vorstellung »demokratisiert«: Alle Menschen sind dazu berufen.

Der Auftrag zu »unterwerfen« (Gen 1,28) wurde oft als Ermächtigung, ja fast als »Gebot« zu schrankenloser Herrschaft und Ausbeutung der Natur mißverstanden. Allerdings stammen die Ausdrücke aus dem Bereich der Hirten: die Menschen sollen – wie ein Hirte – verantwortungsvoll die Schöpfung als das ihnen vom Schöpfer anvertraute »Lebenshaus« bewahren und hüten.

Wie die Welt, so ist auch die Zeit gegliedert. Die sechs Tage der Schöpfung laufen auf den Höhepunkt, den siebten Tag, hinaus – den Tag, an dem Gott ruhte. Dies diente als Begründung für den Sabbat – weil Gott ruhte, sollen auch Menschen und Tiere ruhen und den Tag heilig halten. Die schematische Darstellung der Schöpfungserzählung mit den immer wiederkehrenden Wendungen (»Es wurde Abend und Morgen...«; »und so geschah es«; »und Gott sah, daß es gut war«, usw.) machen auf sehr eindringliche, meditative Weise deutlich: Gott schuf diese Welt in souveräner Vollmacht, er hält und trägt sie, verläßlich und trostspendend. Dem Gott dieser »guten Schöpfung« kann man sich bedingungslos anvertrauen.

Doch das Verhalten des Menschen veranlaßt Gott, sein Urteil über seine Schöpfung zu korrigieren. Plötzlich, in P unmittelbar nach der Schöpfungserzählung (also ohne »Sündenerzählung«), beginnt der nächste Abschnitt mit dem schockierenden Satz: »Die Erde war (in Gottes Augen) verdorben, sie war voller Gewalttat« (Gen 6,11). *Die Sünde der Menschheit ist für P die Gewalttätigkeit.* Sie nimmt so überhand, daß damit die Sintflut heraufbeschworen wird.

Nach Darstellung des Jahwisten bricht die Flut durch starken Regen herein – P schildert hingegen eine kosmische Katastrophe, bei der die Fluten der Urmeere wieder zusammenströmen. Doch die Schöpfung wird nicht rückgängig gemacht, wenn sich auch die »Schleusen des Himmels« öffneten (vgl. Gen 7,11).

Nach der Flut erneuert Gott seinen Schöpfungssegen. Er schließt mit Noach einen Bund, indem er selbst sich verpflichtet, niemals mehr eine »Rücknahme« der Schöpfung zu wollen. Mit dem »Bogen in den Wolken« (Gen 9,12–17) ist gemeint: Gott wird machtvoll in der weiteren Geschichte handeln, um Gewalttätigkeit und Sünde einzudämmen, ja zu überwinden.

Der Bund mit Abraham und die Stiftung der göttlichen Gegenwart

Ein zweiter Bund in P wird mit Abraham geschlossen (Gen 17). Es ist nicht – wie im Dtn – ein »Vertrag«. Diesen Vertrag hatte Israel gebrochen, er bot keine Hoffnung mehr. P greift auf ältere Texte zurück und versteht den Bund mit Abraham als reinen »Gnadenbund«: Gott verheißt Abraham Land und Nachkommenschaft, ohne daß diese Zusage an Bindungen (Gebotsgehorsam) gebunden wäre. P sagt damit den verunsicherten Zeitgenossinnen und -genossen: Unverbrüchlich (»ewig« – Gen 17,7) sind die Zusagen und die Erwählung Gottes; sie bestehen auch heute noch – Israel braucht sich nur glaubend wieder darauf einzulassen. Zeichen dieses Bundes ist die Beschneidung (17,11).

Seinen Höhepunkt erreicht P in der Sinaierzählung: Es wird nicht von einem »Sinaibund« gesprochen. Stattdessen errichtet Mose getreu dem Auftrag Gottes ein »Zeltheiligtum« (das »Zelt der Begegnung«), das von der Herrlichkeit Jahwes feierlich eingeweiht wird. Ziel dieses »Zeltes« (und Sinn der Geschichte) ist es, daß Jahwe »mitten unter den Israeliten wohnt« und für sie »Gott ist« (Ex 29,43–46).

Dieses Heiligtum ist transparent auf den Tempel in Jerusalem hin: P will Tempel, Kult und Opfer. Andererseits ist der Tempel zerstört worden, Kult und Opfer nicht möglich. So reinterpretiert P die alten Zusagen Jahwes, er werde »seinen Namen« im Tempel von Jerusalem wohnen lassen. Für P lautet daher die Zusage Gottes: »Ich will in eurer Mitte wohnen« (nicht nur in Jerusalem, sondern wo immer ihr seid – in der Wüste, im babylonischen Exil, …).

Jahwes »Realpräsenz« gilt seiner Gemeinde, für die er durch seine Herrlichkeit in den Gefährdungen der Geschichte wirkt.

Dieses Motiv wird im Neuen Testament aufgenommen: »Wo zwei oder drei in meinem Namen beisammen sind, da bin ich mitten unter ihnen.« (Mt 18,20)

L *Lesevorschlag*: Gen 1; 17; Ex 29,43–46

Die Priesterschrift ist die jüngste Quellschrift des Pentateuch. Der gute Schöpfungsgott, der die Schöpfung als »Lebenshaus« eingerichtet und den Menschen als ihren »Hüter« bestellt hat, hat in Noach mit der ganzen Menschheit einen Bund geschlossen.
Mit Abraham schließt Jahwe einen reinen Gnadenbund. Jahwe stiftet mit der Errichtung des »Zeltheiligtums« seine rettende Gegenwart in seine Gemeinde ein.

2.3 Ezechiel

Das Buch Ezechiel ist literarisch sehr kompliziert. Ähnlich den anderen Prophetenbüchern ist auch hier mit einem Kern echter Worte des Propheten zu rechnen, die nach und nach in der »Schule« des Ezechiel erweitert wurden.

Es unterscheidet sich auch in manchem von den älteren Prophetenbüchern: Vor allem fällt auf, daß einzelne Themen breiter ausgestaltet sind (im Unterschied zu den Prophetenbüchern, in denen sich vorwiegend Sammlungen von einzelnen Worten finden, z. B. Amos); umfangreicher sind auch die Visionen (Ez 1 – 3; 8 – 11; 37; 40 – 48) und die Bildreden (z. B. das Bild von den untreuen Frauen: Ez 16; 23; vom Weinstock: Ez 15; 17); kennzeichnend sind auch ausführliche Geschichtsrückblicke (16; 23) und bestimmte Wendungen wie Erweisworte, Anrede des Propheten als »Menschensohn« usw.

Ezechiel ist unter der ersten Gruppe, die (597) nach Babylon verschleppt wurde. Man siedelte sie am »Fluß Kebar« an. Dort erfuhr der Prophet seine Berufung (Ez 1,1). Vorerst hatte man geglaubt, diese Gefangenschaft würde nur kurz dauern. Doch nach dem Zusammenbruch 587/86 stürzten alle Hoffnungen in sich zusammen und schlugen in tiefe Verzweiflung um. Über 20 Jahre wirkte Ezechiel unter den Exilierten.

Auch Ezechiel versucht, die Geschichte Israels zu verstehen. Er stellt die vielen »Brüche« und Treulosigkeiten Israels heraus und deutet das Exil dementsprechend als gerechte Bestrafung. Warum erst jetzt das Gericht eingetreten ist? Nur weil Jahwe immer wieder »inkonsequent« war und seine Drohungen nicht ausführte, blieb Israel so lange vor diesem Schicksal bewahrt (vgl. Ez 20). Den Höhepunkt (eigentlich ist es der Tiefpunkt) der Botschaft vom Gericht bildet die große Vision, in der Jahwe wegen des verkommenen Gottesdienstes und des Abfalls zu den fremden Göttern den Tempel und die Stadt Jerusalem verläßt (Ez 8,1 – 11,25). Damit ist das Schicksal der Stadt besiegelt.

Neben dieser scharfen Anklage und Deutung des Exils als gerechtes Gericht (hauptsächlich in den Kapiteln 1 – 24) kommt eine zweite Seite zum Zug. Der Prophet weiß sich berufen, die Verzweifelten zu trösten und aufzurichten, neues Heil anzusagen und den Wiederaufbau vorzubereiten (vor allem Kapitel 33 – 48). Dieses neue Heil, die Zukunft für das zerschlagene Volk, besteht darin, daß die Herrlichkeit Jahwes sich in und an Israel zeigen wird und aller Welt offenbar werden soll.

In Gericht und Heil will sich Jahwe als der »herrliche« Gott seines Volkes erweisen. Es ist überdeutlich, daß die Schuld des Volkes und seiner Hirten das Gericht verursacht hat. Aber Jahwe will und kann über diese Katastrophe hinaus einen neuen Anfang setzen. Er wird sein Volk aus dem Grab des Exils, aus Trost- und Hoffnungslosigkeit befreien und ihm neues Leben im eigenen Land ermöglichen (vgl. Ez 37). Diese Hoffnung gilt dem Volk in seiner Gesamtheit und auch jeder/m einzelnen.

In einer großen Schlußvision sieht Ezechiel die Rückkehr Jahwes in den Tempel, die Neugründung des Heiligtums (vgl. Ez 40 – 48). Das bedeutet das Ende des Gerichts und eine neue Zukunft unter dem Schutz Jahwes, der für immer inmitten seines Volkes wohnt (vgl. 43,7).

In diesem mutigen Entwurf eines neuen Tempels meldet sich eine priesterliche Reformgruppe zu Wort. Die Herrlichkeit Jahwes könne nur dann in den Tempel zurückkehren, wenn er in Zukunft vor jeder Entweihung geschützt werde. So zeichnet schon die Architektur des Tempel eine strenge Unterscheidung von »heilig« und »profan« bzw. Räume von gestufter Heiligkeit: der äußere Vorhof, der innere Vorhof, schließlich das eigentliche Tempelgebäude (mit Vorhalle, Haupthalle und dem »Allerheiligsten«, dem Innersten des Tempels). Die scharfe Trennung der beiden Vorhöfe ermöglichte eine klare Trennung von Laien und Priestern. Die Opfer soll-

ten allein von den Priestern vollzogen werden – das Volk konnte der Opferliturgie nur als Zuschauer von Ferne her beiwohnen (Ez 46,8–9). War früher der Kult in Jerusalem Staatskult, so gelang auch durch die Aufwertung der Priester eine Loslösung: Der Tempel sollte von ganz Israel gebaut (Ez 43,10ff) und dann auch finanziert werden. Die Priester sollten von den Opferanteilen der Gläubigen und von eigener Arbeit (Land- und Viehbesitz – Ez 45,1–8; 48,8–14) leben. Geheiligt würde der Tempel nicht mehr durch die Autorität des Königs, sondern allein durch den Einzug der Herrlichkeit Jahwes. Der König selbst wird in seiner Funktion stark beschnitten. Ihm wird das Recht zu opfern entzogen – er ist nur mehr der vornehmste Repräsentant der Laiengemeinde (Ez 46,2.10).

Das utopische Programm umfaßt nicht nur den Kult: die Reformer weisen dem König ein fest umrissenes Land als »Erbbesitz« zu. Er darf in Zukunft Land nicht mehr an treue Dienstleute vergeben. Die so bedrohlich angewachsenen Besitzunterschiede sollen durch eine umfassende Neuverteilung des Landes behoben werden, die sich an der alten, egalitären Gesellschaftsstruktur orientiert: Jedem Stamm soll ein gleich breiter Streifen des Landes zugeteilt werden (Ez 47,13 – 48,29). Kult- und Gesellschaftsreform gehen in diesem Programm Hand in Hand.

L *Lesevorschlag*: Ez 1,1 – 3,15; 20; 37,1–14; 43

> Ezechiel und seine Gruppe leben unter den Verbannten in Babylon und helfen ihnen, ihre Situation zu bestehen. Er deutet das Exil als gerechte Bestrafung der Untreue und verkündet das machtvolle Wirken Gottes in der Geschichte, das sich als herrlich erweisen wird. Dazu entwirft die Schule des Ezechiel ein utopisches Programm für die Zukunft.

2.4 Deuterojesaja (Jes 40 – 55)

Schon lange weiß die Bibelwissenschaft, daß in den Kapiteln 40 – 55 des Jesajabuches ein anderer Verfasser spricht als in vorexilischen Texten in Jes 1 – 39. Dieser Teil stammt von einem Propheten oder einer Gruppe, die in der Exilszeit gewirkt hat. Man nennt diesen Teil des Jesaja-Buches »Zweit-Jesaja« (= Deutero-Jesaja – im Unterschied zu »Proto-Jesaja« / »Erster Jesaja«).

Die Begründung: Wir haben eine völlig veränderte Situation, das Gericht wird nicht angekündigt, sondern vorausgesetzt; das angeredete Volk lebt bedrückt im Exil; nicht mehr Assur ist die beherrschende Großmacht, sondern Babylon, das jedoch dem Perserkönig Kyrus weichen muß, dessen Aufstieg erwartet wird (Jes 44,28; 45,1 mit Namen genannt!). Schließlich finden sich große stilistische Unterschiede, auch die Wortwahl ist verschieden. Der zeitgeschichtliche Hintergrund läßt erkennen, daß er bald nach 550 v. Chr. mit seiner Tätigkeit begonnen haben muß.

Eine frohe Botschaft: Jahwe, der einzige Gott, rettet und befreit

Die Zeit des (babylonischen) Exils war gekennzeichnet vom langsamen Abstieg Babyloniens und vom steten Aufstieg der persischen Macht. Vor allem der Siegeszug des Perserkönigs Kyrus im Norden weckte die Hoffnung auf eine Wende des Schicksals. Durch die Meditation alter Hymnen, in denen Gott als Weltenschöpfer und Herr der Geschichte gepriesen worden war, der die Mächtigen erniedrigt und die Niedrigen erhöht (Jes 40,23.29), gelangte Deuterojesaja zur überraschenden Erkenntnis, die er als »frohe Botschaft« verkündet (Jes 40,1): *Jahwe selbst ist im Aufstieg des Kyrus am Werk*, er ist der »Gesalbte Jahwes« (Jes 45,1; vgl. auch Jes 41,1–5; 44,24 – 45,8). Die Schuld Israels ist beglichen (Jes 40,2; 44,22), eine neue Zeit des Heils bricht an.

Diese Botschaft war unerhört. Sie galt als politisch unwahrscheinlich und theologisch unglaubwürdig: Daß Jahwe fremde Völker und Könige als Werkzeuge seines Gerichts über Israel benutzte, das hatten die Propheten schon verkündet (Jes 10). Daß aber Jahwe einen fremden König, der Jahwe nicht kannte (Jes 45,5), einzig um Israels willen zum Gesalbten erwählt haben sollte, war unglaublich. Die Mehrheit der Zeitgenossen verhielt sich blind und taub gegenüber der

Botschaft dieses Wirkens Gottes in der Geschichte (Jes 42,7.16.18–23).

Schon die vergangene Katastrophe hätte Israel nicht als blindes Schicksal treffen müssen: Das göttliche Gerichtshandeln war von den Gerichtspropheten angekündigt worden.

Die »frohe Botschaft« ist vertrauenswürdig und entspricht der Geschichte, dennoch ist es etwas völlig Neues – etwas, was es vorher noch nicht gegeben hatte (Jes 42,9; 43,18–19). Diese aufregend neue Botschaft führt die Gruppe Deuterojesajas zu einer tieferen und neuen Erkenntnis: Jahwe allein ist Gott. Erstmals in der Geschichte Israels wird ein klarer Monotheismus formuliert. In dramatischen himmlischen Gerichtsszenen werden fremde Götter und Völker vor Jahwe als Richter und als Streitpartei zugleich vorgeladen. Die Götter sollen Beweise ihrer Göttlichkeit vorlegen – was sie nicht können. Sie sind »Nichtse«, »Götzen«. So erweist sich allein Jahwe als Gott. Er wirkt planvoll in der Geschichte, er allein ist Retter und Fels, er ist der Erste und Letzte, der die ganze Weltgeschichte trägt (Jes 41,1–5.21-29; 43,8–13; 44,6–8; 45,20–25). Jahwe wird so universal: Er ist nicht nur der Gott Israels, sondern der aller Welt. Seine universale Herrschaft entmachtet jede politische Macht.

Israel – Mittler des Heils für die Völker

Was wird nun aus den Völkern, wenn Jahwe sein Volk rettet? Sie werden nicht politisch unterworfen, sondern freiwillig und aus innerer Überzeugung werden sie sich Jahwe zuwenden, um sich von ihm retten zu lassen (Jes 45,22–24). Israel wird zum Zeugen Jahwes vor den Völkern (Jes 43,10–12; 55,4), wie umgekehrt auch Fremde nun in die Gemeinschaft mit Israel aufgenommen werden können. Israel wird hier zu einer religiösen und nicht mehr nur ethnischen Gemeinschaft.

Die besondere Funktion Israels wird in

den sogenannten »*Liedern vom Gottes-knecht*« weiter entfaltet (Jes 42,1–4; 49,1–6; 50,4–10; 52,13 – 53,12). Der »Knecht« ist in den meisten Texten das Volk Israel selbst; teilweise könnten sie sich auch auf Deutero-jesaja bzw. seine Gruppe beziehen. Israel, erniedrigt und geschlagen, unscheinbar und verachtet, wird zum Mittler des Ret-tungshandelns Jahwes, hat stellvertretend für die Sünden aller gelitten, um allen Völ-kern Heil zu schaffen. Gerade die Zerstreu-ung unter die Völker und der Verlust des Lan-des werden hier nicht negativ, sondern posi-tiv interpretiert: Gerade so kann Israel seine Funktion im göttlichen Heilshandeln erfül-len. Nach dem Zeugnis des Neuen Testa-ments hat sich diese Hoffnung in Jesus (und seiner Kirche) erfüllt.

Eine Wiederkehr des Staates Israel wird nicht mehr verheißen. Jahwe selbst wird direkt die Königsherrschaft antreten (Jes 40,9–11). Für Israel ist – trotz seiner Mittler-funktion – kein politischer Machtzuwachs verheißen. Aus der alleinigen Göttlichkeit Jahwes läßt sich gerade nicht ableiten, Israel werde die Weltherrschaft antreten. Die Anerkennung Jahwes wird – im Kon-trast zur vorexilischen Amtstheologie des Jerusalemer Königs (vgl. Ps 2,8–12) – nicht mehr durch die Unterwerfung anderer unter Israel verwirklicht.

Wie haben sich die Verfasser die Königs-herrschaft Jahwes konkret vorgestellt? Die Texte bleiben sehr offen und unbestimmt. In der Aufnahme des Exodusmotivs wird aber unmißverständlich festgehalten: Es geht um Befreiung von Unterdrückung, um Kräfti-gung der Schwachen und Müden (Jes 40,29–31; 41,17; 42,22). Es geht um die Aufrich-tung von Recht und Gerechtigkeit – ein Recht, das sich nicht mit der Gewalt des Stär-keren durchsetzt, sondern das selbst den »glimmenden Docht« nicht auslöscht (Jes 42,1–4).

L *Lesevorschlag*: Jes 40,1–11.12-18; 45; 54

> Mit dem Ausdruck Deuterojesaja werden die Kapi-tel 40 – 55 des Jesajabuches bezeichnet. Sie ver-künden Jahwe als Herrn der Schöpfung und der Geschichte; als den einzigen Gott. Gerade das zer-schlagene Volk wird zum Zeugen Jahwes vor den Völkern.

L *Literatur* (zu Kap. IV): E. Zenger, Gottes Bogen in den Wolken. Studien zu Komposition und Theologie der priesterlichen Urgeschichte. (Stuttgarter Bibelstudien 112), Stuttgart 1983; U. Struppe, Die Herrlichkeit Jah-wes in der Priesterschrift. Semantische Studie zu kebod YHWH. (Österreichische biblische Studien 9), Kloster-neuburg 1988; R. Albertz, Religionsgeschichte Israels in alttestamentlicher Zeit 2. (Altes Testament Deutsch Ergänzungsband 8/2), Göttingen 1992, S. 375–459; A. Deissler, Dann wirst du Gott erkennen. Die Grundbot-schaft der Propheten, Freiburg 1987

➤➤ ÜBERBLICKS- UND VERSTÄNDNISFRAGEN

1. In welcher Weise war das Babylonische Exil eine Krise des Glaubens? Welche Inhalte und Aus-drucksformen des Glaubens wurden in dieser Zeit besonders wichtig?
2. Was versteht man unter dem »Deuteronomisti-schen Geschichtswerk«? Was ist seine Botschaft?
3. Was versteht man unter »Priesterschrift«?
a.) Was betont die Priesterschrift in ihrer Urge-schichte?
b.) Was versteht die Priesterschrift unter »Bund«? Inwieweit unterscheidet sich die priester-schriftliche Theologie des »Bundes« von der des Deuteronomiums?
4. Worum geht es vor allem in der Verkündigung Ezechiels und seiner Schule?
5. Beschreiben Sie einige Grundzüge der Bot-schaft Deuterojesajas.

V. Israel als substaatliche Gesellschaft in der Zeit der Perser und des Hellenismus

1 Die politische und religiöse Entwicklung in der Perserzeit (538 – 330 v. Chr.)

1.1 Juda als persische Provinz

Mit der Eroberung Babylons durch den Perserkönig Kyrus 539 v. Chr. hat sich die weltpolitische Situation grundlegend verändert. Kurz nach 539 wurde auch Syrien-Palästina erobert. Zwar wurde Juda dadurch nicht zu einem selbständigen Staat, sondern wechselte nur die Oberherrschaft. Aber die Perser betrieben eine andere Politik mit den unterworfenen Völkern. Sie meinten, ihre Herrschaft am besten dadurch abzusichern, daß sie den Völkern ein großes Maß an kultureller und religiöser Eigenständigkeit ermöglichten. Die Tempelgeräte, die die Babylonier geraubt hatten, wurden nach Jerusalem zurückgebracht (Esra 1,7–11). Die Perser selbst sorgten für den Wiederaufbau des Tempels (Esra 6,1–5) und erlaubten den Exilierten, in ihre Heimat zurückzukehren.

Tempelbau und nationale Erwartungen

Allerdings war die Begeisterung nicht ungeteilt: Manche hatten auf eine vollständige staatliche Souveränität gehofft und waren enttäuscht. Andere verspürten wenig Lust, in ein wirtschaftlich ausgeblutetes Land zurückzukehren. So zog erst 520 v. Chr. eine größere Welle von Exilierten zurück. Darius, ein Nachfolger des Kyrus, setzte *Serubbabel*, einen Davididen, als Verantwortlichen für den Wiederaufbau ein. Gerade prophetische Kreise glühten vor Begeisterung: Würde nicht jetzt – mit einem Davididen an der Spitze – Israel in eine neue Heilszeit eintreten? Die Propheten Haggai und Sacharja traten entschieden für den Wiederaufbau des Tempels ein (Hag 1,2–11; Hag 2,1–9).

Nicht alle waren leicht für den Wiederaufbau des Tempels zu gewinnen. Die Sorge um das eigene Leben und Überleben war zu groß, als daß man im Moment viel Energie und Geld in den Tempel investieren wollte. Außerdem gab es wohl auch theologische Einwände: Hatten nicht Propheten wie Jeremia vor einem falschen Vertrauen in den Tempel gewarnt und der Sorge um Recht und Gerechtigkeit im gesellschaftlichen Miteinander Priorität eingeräumt?

Die Begeisterung für den Tempel konnte durch die Propheten dennoch geweckt werden. Bald kamen nationale Hoffnungen dazu: Sacharja und Haggai sprachen von einem Umsturz der politischen Machtverhältnisse und sogar von einer Renaissance der davidischen Monarchie (Sach 2,4–5; Hag 2,21–23). Diese fiebernde Hoffnung wurde rasch enttäuscht. Vorübergehend stoppten die Perser sogar den Aufbau des Tempels, um die gefährlichen antipersischen Umtriebe einzudämmen. Serubbabel wurde wieder abgezogen. Die prophetischen Kreise rund um Haggai und Sacharja, die für kurze Zeit großen Anklang, Begeisterung und politischen Einfluß gefunden hatten, erlebten ein Fiasko: Ihre Hoffnungen wurden bitter enttäuscht. Viele Menschen wendeten sich von der Prophetie ab – sie hatte scheinbar außer Begeisterung nichts zu bieten.

Schließlich wurde doch im Jahr 515 v. Chr. der Tempel fertiggestellt und eingeweiht. Der erste Tempel (des Salomo) war königliches Heiligtum, der zweite Tempel stand unter dem Einfluß der Priester. Damit hatte man wieder ein religiöses Zentrum, wenn auch weitaus kleiner und bescheidener als der einstige prächtige salomonische Tempel.

Jene, die den früheren Bau noch gekannt hatten, scheinen besonders unter diesem »Abstieg« gelitten zu haben; sie brachen angesichts des armseligen Nachfolgebaus in Tränen aus, vgl. Esra 3,13; Hag 2,3.

Um die politisch unruhige Situation zu befrieden, wurde mit Nehemia ein judäischer Statthalter als »Chef« der persischen Provinzverwaltung eingesetzt. Unter ihm wurden die Mauern Jerusalems wieder aufgebaut. Im Wesentlichen wurde Juda aber eigenständig verwaltet. Zwei Leitungsgremien – ein »Ältestenrat« und das Priesterkollegium unter der Leitung des Hohenpriesters – nahmen diese Aufgabe wahr.

Der Hohepriester wurde immer mehr zur zentralen Persönlichkeit – nicht nur in kultischer Hinsicht, sondern auch im Rahmen der Selbstverwaltung. Wir begegnen dieser Figur des Hohenpriesters recht eindrucksvoll im Neuen Testament in den Texten über den Prozeß Jesu.

Soziale Konflikte und die Hoffnung der Armen

Der exilische Traum von einer Wiederherstellung der alten, egalitären Gesellschaftsstruktur ließ sich nicht verwirklichen: Die Perser erhoben hohe Steuern. Die reichen Familien gewannen politisch und wirtschaftlich Einfluß; die ärmeren Bauern verelendeten zusehends und gerieten in Gefahr, in Schuldknechtschaft zu geraten. Zwar setzte Nehemia aufgrund sozialer Unruhen einen einmaligen und allgemeinen Schuldenerlaß durch (Neh 5,1–12), dennoch sank ein großer Teil der Bevölkerung immer mehr unter das Existenzminimum.

Die Haltung gegenüber den Persern war auch aufgrund dieser sozialen Spannungen zwiespältig: Einflußreiche Kreise beteiligten sich loyal gegenüber den Persern am Wiederaufbau – vor allem die Priesterschaft und die führenden Leute unter den Laien. Sie waren auch an der politischen Macht beteiligt. Andere Gruppen – vor allem prophetische Kreise und Leute aus der Unterschicht – litten unter ihrer Armut und strebten nach politischer Unabhängigkeit. Es kam auch zu Aufständen gegen die Perser. Für die kritischen und ärmeren Leute sah es so aus, als würde ihre reiche Oberschicht mit den Persern gemeinsame Sache machen; als würden sie sich auf Kosten des Volkes persönliche Vorteile durch die Kooperation verschaffen.

Der Prophet *Maleachi* (480 v. Chr.) ist ein Sprachrohr der verarmten und bedrängten Unterschicht. Ihnen sprach er von der Hoffnung, daß die scheinbar übermächtigen Frevler, die sich über die Gebote Gottes hinwegsetzen, nicht endgültig triumphieren werden. Jahwe werde sie, die Recht und Gerechtigkeit mit Füßen treten, vernichten und seinen Gerechten die »Sonne der Gerechtigkeit« aufgehen lassen (Mal 3,16–21).

In den Gruppen der Unterschicht entstand eine besondere »Armenfrömmigkeit«: Gerade sie, die Kleinen und Verarmten, verstehen sich als die eigentlich Frommen. Ihre Armut ist kein Zeichen dafür, von Gott verlassen zu sein – im Gegenteil: Ihnen ist Jahwe besonders nahe, er steht auf ihrer Seite, er wird ihnen im Gericht Rettung verschaffen. Diese »Armenfrömmigkeit« spiegelt sich z. B. in vielen Psalmen wider (Ps 10; 12; 35; 69; 109; 140).

Wer ist Israel?

Worin liegt die Identität Israels? Wer gehört dazu? Diese für das Überleben wichtige Frage wurde rigoros ethnisch bestimmt. Mischehen wurden streng untersagt (Esra 9,1–4; 10,1–17). Andererseits konnten sich offenbar auch Fremde Israel anschließen, und in der Nachfolge Deuterojesajas plädierten prophetische Kreise dafür, daß der Zugang zur religiösen Gemeinde allen offenstehen sollte (Jes 56,3–8). Israel ist also auch Glaubensgemeinschaft, konstituiert durch den gemeinsamen Glauben, nicht mehr (wie vor dem Exil) durch die Zugehörigkeit zum Staat. So wurde es möglich, daß einzelne Gruppen behaupteten, sie wären das »wahre«, das »eigentliche« Israel. Gruppenbildungen und Abspaltungen waren unvermeidlich.

Die nachexilische Zeit war die produktivste literarische Epoche in Israel. Einerseits wurden alte Texte fortgeschrieben, erweitert und ergänzt, so daß schließlich unsere »alttestamentlichen Bücher« entstanden (Pentateuch, Bücher der vorexilischen oder exilischen Propheten). Zum anderen entstanden neue, eigene Schriften (z. B. Bücher Chronik oder die nachexilischen Propheten Haggai, Sacharja). Es gab ein angeregtes theologisches Gespräch zwischen den einzelnen theologischen Schulen und Meinungen; konkurrierende, ja widersprüchliche Gedanken und Überlegungen wurden formuliert.

Deuteronomistische, priesterliche, prophetische, weisheitliche und psalmistische Traditionen stehen oft nebeneinander. Die Aufsplitterung der Jahwereligion war durch das Exil bedingt: die tragenden Institutionen waren zusammengebrochen. Neben den Familien waren die verschiedenen theologischen Schulen die eigentlichen Träger des Jahweglaubens.

Neben diesem Auseinanderdriften von theologischen Konzeptionen und Gruppen stehen auch Bemühungen einer Integration, eine Suche nach Verbindendem und Zusammenhalt.

Die Perser erlaubten und förderten die Rückkehr und den Wiederaufbau des Tempels. Soziale Gegensätze brachen auf: zwischen Wohlhabenden und Armen; zwischen Gruppen, die den Persern gegenüber loyal waren, und solchen, die sich nach Befreiung sehnten. Die nationalen Hoffnungen prophetischer Kreise, die sich am Davididen Serubbabel entzündet hatten, wurden bitter enttäuscht.

1.2 Leben im Kraftfeld des Heiligen Gottes – die priesterlichen Gesetze

Die priesterlichen Theologen, die wahrscheinlich schon im Exil mit ihrer Darstellung der Schöpfung und der Gründungsgeschichte Israels begonnen hatten, bauten diese Grundschicht immer weiter aus. Sie erweiterten sie um umfangreiches gesetzliches Material, vor allem in Bezug auf Kult und Tempel. Diese Texte sind uns vor allem im Buch Levitikus, aber auch teilweise im Buch Exodus und im Buch Numeri erhalten.

Zur Heiligkeit befreit – zur Unterscheidung verpflichtet

Im Exodus hat Jahwe sein Volk erwählt und befreit. Jahwe hat Israel damit befreit zur Gemeinschaft mit sich selbst, dem heiligen Gott. Er hat es »geheiligt«. Der Verlust von Freiheit und Landbesitz ist daher nicht so entscheidend – entscheidend ist, daß Jahwe im Exodus Israel aus allen Völkern ausgesondert hat, daß er sein Volk in seine Nähe gerufen hat. Gottes Forderungen, sein Gesetz, gelten daher nicht nur für die freien Vollbürger im Land, sondern ausnahmslos für alle: für die Grundbesitzer wie für die Sklaven, für die Bewohner des Landes Israel wie für die Diaspora.

Ganz Israel steht im Kraftfeld des heiligen Gottes – ähnlich einem elektrischen Kraftfeld. Diese Nähe ist Geschenk und Wunder, aber auch – wie jede Kraft – Gefahr. So werden konzentrische Kreise um das Heiligtum gezogen, sie symbolisieren die Grade der Nähe zum Heiligen. Nur der Hohepriester darf einmal im Jahr das Allerheiligste des Tempels betreten. Der Dienst im Tempel selbst ist nur den geweihten Priestern gestattet. Einen weiteren Kreis um das Heiligtum bilden die Leviten, der äußerste Kreis ist das Volk. Die sogenannte »Lagerordnung« in Num 1ff macht diese Abstufungen anschaulich.

Das System der gestuften Nähe zum Heiligtum verschärft die Unterscheidung zwischen Männern und Frauen. In ihm haben Frauen keinen besonders guten »Platz«. Später gibt es einen eigenen Vorhof für die Frauen; weiter dürfen sie nicht vordringen. Diese Entwicklung – ganz im Gegensatz zur früheren Zeit in Israel – ist Folge dieses spezifisch priesterlichen Denkens.

Die wichtigste Aufgabe der Priester ist die, zwischen »rein« und »unrein« zu unterscheiden, vgl. die umfangreichen kultischen Reinheitsgesetze (Lev 11 – 15). Alles, was mit genitalen Ausscheidungen zu tun hat, besonders aber der Umgang mit Toten und mit Blut verunreinigt. Die Ursprünge dieser Zuordnungen sind uns nicht mehr bekannt. Im Selbstverständnis der Texte wollen diese Regeln dem Leben dienen – rituelle Unreinheit ist gefährlich, wenn sie mit dem Heiligen in Berührung kommt.

Sühne und Vergebung

Schon im babylonischen Exil erkannte Israel in seinem Schicksal kein blindes Geschick, sondern Folge eigener Schuld. Um die Bewältigung von Schuld und Sünde kreist auch das priesterliche Denken. Die Nähe zum heiligen Gott ist ja nur zu bestehen, wenn für die vielen Sünden und Verfehlungen Vergebung und Sühne möglich ist. Israel ist davon überzeugt, daß Gott diese in barmherziger Weise schenkt. Für Israel wird sie wirksam in den von Gott gewährten Möglichkeiten des »Schuldopfers« (Lev 4 – 5) und im Ritual des »Versöhnungstages« (Lev 16).

Im Ritual des »Versöhnungstags« wird ein Ziegenbock geschlachtet und sein Blut im Allerheiligsten an einen Gegenstand (das sog. »Sühnmal« oder den »Sühneapparat«) gespritzt. Über einem zweiten Ziegenbock werden die Sünden ganz Israels bekannt und symbolisch durch Handauflegung auf den Ziegenbock übertragen. Dann wird er in die Wüste getrieben.

Liebe deinen Nächsten wie dich selbst!

Der Wille Gottes vollendet sich im Tun der Liebe, wie der Text Lev 18,11–19 zeigt. Offenkundige Vergehen wie Stehlen, Betrügen, Täuschen, einen Meineid Schwören sind in der Nähe Gottes undenkbar. Genauso wenig kann es in Frage kommen, Arme und Benachteiligte auszunützen: Körperbehinderte werden geschützt, der Arme soll vor Gericht zu seinem Recht kommen. Die Nähe Gottes umgreift aber nicht nur konkrete Taten, sondern auch innere Haltungen, so Zorn und Groll gegenüber dem Bruder. All diese Forderungen münden als Zusammenfassung und Ziel in der Weisung von V. 19, die im Neuen Testament zitiert wird: »Du sollst deinen Nächsten lieben wie dich selbst!« Das ist wohl die tiefste Forderung, die sich aus der Gottesliebe und der Gottesnähe ergibt: »Seid heilig, denn ich, Jahwe, euer Gott, bin heilig.« (Lev 19,2)

L *Lesevorschlag*: Lev 16,1–34; Lev 18,11–19

Die priesterlichen Gesetze des Pentateuch stellen die »Befreiung zur Heiligkeit« in die Mitte ihres Denkens. Die Unterscheidung »Rein – Unrein« und konzentrische Kreise um das Heiligtum sollen vor der wunderbaren und gewaltigen Nähe des Heiligen schützen.

1.3 Die Tora – von den Persern autorisiertes Reichsgesetz

Ein Blick zurück: Schon vor dem Exil war die erste große Erzähltradition des Pentateuch (JE) entstanden. Danach bildete sich rund um einen älteren Kern aus dem 7. Jahrhundert das Buch Dtn. Im Exil und in der Perserzeit schließlich schufen priesterliche Kreise eine Parallelüberlieferung zu der alten, deuteronomisch/ deuteronomistisch bearbeiteten Pentateuchtradition, aber auch zum Dtn. Sie kannten diese Überlieferungen, wollten aber bewußt neue Akzente setzen. Aus allen drei Textgruppen entstand schließlich in der Perserzeit der Pentateuch als kanonisches Werk. Wie konnte es geschehen, daß so unterschiedliche, ja gegensätzliche theologische Entwürfe in einem Werk zusammengefaßt wurden?

Diese Frage verschärft sich, wenn man sieht, daß sich gerade in der Perserzeit verschiedene Gruppen und theologische Schulen zum Teil in heftigen Auseinandersetzungen gegenüberstanden – insbesondere die Theologen, die im Stil des Dtn arbeiteten, die priesterlichen Kreise und die prophetischen Gruppen. Immer deutlicher wurde bewußt, daß es auch einigende Elemente brauchte – eine gemeinsame Basis, die von allen akzeptiert wurde und als Orientierungspunkt für die weitere theologische Diskussion dienen konnte.

Dabei kam Israel die offizielle Politik der Perser zu Hilfe. Sie wollten, daß die unterworfenen Völker so weit als möglich ihre eigene Rechtspraxis behielten. So wurden die Gesetzestexte unterworfener Völker als »Reichsgesetze« übernommen und autorisiert. Sie galten von da an auch als persische Gesetze in diesem Land. Dieser Vorgang steht hinter dem, was in Esra 7,11–26 erzählt wird: Esra, aus einer priesterlichen Familie stammend, wurde vom Perserkönig als Beauftragter für Religionsfragen nach Israel gesandt. Er hatte den Auftrag, für die Einhaltung eines jüdischen Gesetzes zu sorgen. Vielleicht hat die jüdische Volksgruppe die Chance von sich aus ergriffen, durch die Unterstützung der Perser ein einigendes »Grundgesetz« zu gewinnen. Vielleicht sind sie sogar sanft dazu gedrängt worden. Jedenfalls haben die unterschiedlichen Strömungen und Gruppen offenbar alle Streitigkeiten hintanstellen können, um einen gemeinsamen Text zu erarbeiten. Dieser Text wurden den Persern vorgelegt und von ihnen genehmigt.

Manche Exegeten meinen, das Gesetz des Esra sei noch nicht der Pentateuch in seiner heutigen Gestalt, sondern eine Vorform gewesen. Aber sicher ist, daß er sehr bald nach dem »Gesetz des Esra« entstanden ist

und von den Persern als Reichsgesetz autorisiert wurde.

Der Pentateuch ist also ein Kompromißtext. Er bildet ein einigendes Band, einen gemeinsamen Nenner, für die unterschiedlichen Strömungen und Gruppen. Er wurde verpflichtend und gültig – er wurde zu einem »kanonischen« Text.

> Der Pentateuch als kanonische Gründungsurkunde Israels entstand als Kompromißtext der verschiedenen theologischen Richtungen. Er wurde von den Persern als Reichsgesetz anerkannt.

1.4 Das Chronistische Geschichtswerk (1 und 2 Chr)

Die Bücher 1 und 2 Chronik entstanden gegen Ende der persischen oder zu Beginn der hellenistischen Zeit.

Von manchen Autoren werden auch Esra und Nehemia zum »Chronistischen Geschichtswerk« dazugerechnet. In den Büchern Esra und Nehemia wird der Beginn der persischen Epoche erzählt. Die Heimkehr der Juden, der Wiederaufbau des Tempels, sowie die Wiederherstellung Jerusalems werden als Zeichen für den fortwährenden Heilswillen Jahwes gedeutet.

Der Pentateuch als die »kanonische« Gründungsgeschichte Israels enthielt nichts über das davidische Königtum und die Errichtung des Tempels von Jerusalem. Dies wurde von manchen Kreisen als Mangel empfunden. So schuf man in 1 und 2 Chr eine Darstellung, die bei Adam beginnt und ihren Ziel- und Höhepunkt in der Etablierung des Königtums und des Kultes findet (1 Chr 11 – 2 Chr 9). *David* wird *als »neuer Mose«* gezeichnet: Wie diesem wird ihm das Modell für den Tempelbau geoffenbart (1 Chr 28,11 ff; vgl. Ex 25,9). Wie Jahwe die Patriarchen erwählt hat, so erwählte er den Dynastiegründer David, den Tempelbauer

Salomo (1 Chr 28,4–6.10), aber auch den Ort des Tempels, die Stadt Jerusalem, das Heiligtum und die Priesterschaft.

Die negativen Erfahrungen mit den Königen werden nicht erwähnt. Die Könige werden menschlich, sympathisch und volksverbunden dargestellt. Der Kult wird zwar mit dem Königshaus verbunden und so legitimiert, aber dennoch erscheint er nicht als »Staatskult«.

Das Werk versucht, die verschiedenen Überlieferungsströme zu integrieren, besonders den Pentateuch und das deuteronomistische Geschichtswerk. Geschichte und Liturgie werden zusammengeschaut, wobei die liturgischen Bestimmungen die Liturgie seiner Zeit widerspiegeln. Durch zahlreiche Zitate aus den Propheten und aus Psalmen fließen auch diese Traditionen ein. Gerade dem Auseinanderdriften von Gruppen und Traditionen wollte das Werk eine Synthese entgegensetzen.

Letztlich will das Werk dafür werben, sich auf den Weg mit Gott einzulassen. Israel ist zu einer engen, persönlichen Verbundenheit mit Jahwe berufen, der mit seinem Volk geht und es begleitet. Diese Gnade Gottes hält sich letztlich durch – in allem Scheitern und in aller Schuld. So ist es nie zu spät, zu Jahwe umzukehren.

L *Lesevorschlag*: 1 Chr 11,1–3; 1 Chr 17,1–27; 2 Chr 7,11–22

Die Bücher 1 und 2 Chronik versuchen eine Zusammenschau der großen Überlieferungen Israels. Ziel und Höhepunkt der Geschichtserzählung ist die Erwählung Davids und die Einrichtung des Kultes.

L *Literatur*: R. Albertz, Religionsgeschichte Israels in alttestamentlicher Zeit 2. (Altes Testament Deutsch Ergänzungsreihe 8/2), Göttingen 1992, S. 461–589; F. Crüsemann, Die Tora. Theologie und Sozialgeschichte des alttestamentlichen Gesetzes, München 1992, S. 323–425

2 Die politische und religiöse Entwicklung in der Zeit des Hellenismus (ab 330 v. Chr.)

Mit Hellenismus bezeichnet man die Kultur des Vorderen Orients vom 3. bis zum 1. Jahrhundert vor Christus. Es ist die Zeit Alexanders des Großen und seiner Nachfolger. Griechische Sprache und Kultur breitete sich im ganzen Gebiet des östlichen Mittelmeers aus. Eine Frucht des Hellenismus ist die Übersetzung des Alten Testaments in die neue Weltsprache, in das Griechische: die sogenannte Septuaginta.

2.1 Soziale Zerklüftung des Gemeinwesens und religiöse Spannungen

Gegen Ende des 4. Jahrhunderts eroberte der Mazedonierkönig *Alexander der Große* den Orient. Nach seinem Tod teilten seine Generäle (die Diadochen) nach blutigen Kriegen das Reich unter sich; dabei wurde Jerusalem den ägyptischen Ptolemäern unterstellt.

Diese hundert Jahre unter der Herrschaft der Ptolemäer (300–200 v. Chr.) war eine Zeit des wirtschaftlichen Wohlstandes und der politischen Stabilität. Die Herrscher verzichteten darauf, einen Statthalter einzusetzen. An seine Stelle wurde der Hohepriester der Repräsentant der Volksgruppe gegenüber dem König; seine Macht wurde auch auf den Ältestenrat ausgedehnt.

Diese neue politische Funktion des Hohepriesters wurde von den wohlhabenden und einflußreichen Aristokratenfamilien mit Mißtrauen betrachtet: Wenn schon ein Führungsamt nötig war, dann sollte es nicht erblich sein wie das des Hohepriesters, sondern es sollte nach Belieben zu besetzen, unter Umständen sogar käuflich sein.

Vom wirtschaftlichen Aufschwung, von der Ausweitung des Handels und der Münzwirtschaft, von verbesserten Anbaumethoden und ertragreicheren Pflanzen profitierte nur die *reiche Oberschicht*, vor allem die Aristokratenfamilien. Sie fanden auch eine neue Chance der Einkommensvermehrung vor: die »Steuer- oder Staatspacht«. Steuern, Zölle und Abgaben wurden nicht vom Staat selbst eingetrieben, sondern an den Meistbietenden verpachtet. Diese konnten dann frei Gelder in der Höhe eintreiben, die ihnen notwendig erschien. Unglaublicher Reichtum floß auf diese Weise in die Hände weniger Familien. Die reichen Aristokraten waren auch sehr geneigt, sich die moderne Lebensweise und Kultur des Hellenismus anzueignen. Sie lernten Griechisch, trugen griechische Kleidung und nahmen an griechischen Festen teil.

Die ärmeren Leuten litten unter der hohen Besteuerung. Sie wurden – mehr noch als in der Perserzeit – in *Schuldknechtschaft und Elend* getrieben. Sie wurden von einer »unheiligen Allianz« unterdrückt: den fremden Herrschern und den eigenen, korrupten Reichen. Für die arme Landbevölkerung war es unverständlich, daß die reichen Städter fremde Lebensgewohnheiten angenommen hatten und sich um die Armen und Ausgebeuteten nicht mehr scherten.

In der Oberschicht gab es nicht nur »Hellenisten«, sondern auch Leute, denen die Öffnung zu weit ging. Sie verstanden sich als »Fromme«, die dem Erbe der Väter verpflichtet waren und die die Tora (= Pentateuch) achten wollten, auch das Sozialgesetze der Tora. Sie verstanden sich als die »Gerechten« und sahen die egoistischen und besitzgierigen Hellenisten als »Frevler« an.

Diese frommen Kreise meditierten, betrachteten, lernten die Tora. Einige Psalmen sind schöne Zeugnisse für die Liebe zur Heiligen Schrift und für den Stellenwert, den sie eingenommen hatte (Ps 1; Ps 119). Es bildeten sich auch »Spezialisten« für die Tora und ihre verbindliche Auslegung heraus: die »Schriftgelehrten«.

2.2 Die Makkabäerkriege (167–140 v. Chr.)

Diese Zerklüftung der Gesellschaft entlud sich schließlich in einem blutigen Krieg. Außenpolitische Faktoren kamen hinzu: Die syrischen Seleukiden lösten um 200 v. Chr. die ägyptischen Ptolemäer ab; unter den Juden gab es pro-seleukidisch und pro-ptolemäisch eingestellte Gruppen.

Die *Hellenisten* als die »modernen« Zeitgenossen gewannen immer mehr Bedeutung. Sie erreichten, daß in Jerusalem eine griechische Stadt (»Polis«) errichtet wurde. Der Oberschicht stand griechische Bildung (ein »Gymnasium«) offen. Sie waren natürlich Juden und lehnten die Tora nicht ab. Wohl aber wollten sie eine »moderne«, zeitgemäße Auslegung. Für den Handel und die Wirtschaftsbeziehungen waren z. B. enge Auslegungen des Sabbatgebots, der Speisevorschriften oder des Mischehenverbots hinderlich. Als einige unter ihnen den Tempelschatz egoistisch ausbeuteten und immer brutaler und rücksichtsloser ihre Interessen durchsetzten, war das Maß endgültig voll. Es kam zu bürgerkriegsähnlichen Unruhen. Der seleukidische Herrscher Antiochus IV. griff auf der Seite der radikalen Hellenisten ein. Alle spezifisch jüdischen Riten und Gebräuche wurden verboten. Der Tempel wurde nach »Zeus Olympos« benannt und ein Aufsatz auf den Brandopferaltar gesetzt, der Jahwe mit Baal identifizieren sollte (der »Greuel der Verwüstung« – Dan 11,31; 1 Makk 1,54).

Ein offener Aufstand der verarmten Landbevölkerung und der konservativen »Frommen« brach los – unter der Führung einer Priesterfamilie, der Makkabäer (2 Makk 5,27; 1 Makk 2,29.43). Judas der Makkabäer war erfolgreich. Jerusalem wurde erobert, der offizielle Jahwekult wiederhergestellt. Das Kriegsziel war für die »Frommen« erreicht – nicht jedoch für die neue makkabäische Führungselite. Sie strebte die volle nationale Unabhängigkeit an und führte Eroberungskriege. Das Staatsgebiet wurde ausgeweitet, die drückende Steuerlast der Seleukiden beseitigt. Eine tiefgreifende Sozialreform blieb aber aus. Im Gegenteil: Die Makkabäer maßten sich das Amt des Hohenpriesters und des Königs an. Die Vermischung von militärischen Führungsaufgaben mit priesterlichen Funktionen, die *Verbindung von Religion und staatlicher*

Macht, die brutale Gewalt der Herrscher (die nun »Hasmonäer« genannt werden) trieb große Teile der Bevölkerung in die Opposition und in den Widerstand (z.B. die Leute von Qumran, die Pharisäer).

Die Ablehnung und der Haß gegen die Hasmonäer war so stark, daß auch Juden zunächst die neue Weltmacht mit Jubel begrüßten, die ihren Siegeszug im 1. Jahrhundert antrat: die Römer. Pompeius eroberte 63 v. Chr. Palästina – es wurde Teil des römischen Weltreiches.

📖 *Lesevorschlag*: 1 Makk 1 – 2; 2 Makk 7; 2 Makk 10,1–8

Im 4. Jahrhundert fällt Palästina an Alexander den Großen und seine Nachfolger. Es beginnt damit die Zeit des Hellenismus. Hellenisten und Konservative, die reiche Oberschicht der Stadt und die verarmte Landbevölkerung stehen einander immer feindseliger gegenüber. Die Spannungen entladen sich in den Makkabäerkriegen, die zwar zu Selbständigkeit, aber zugleich zu neuer Unterdrückung führen.

---

3 Glaube im Widerstand: die spätprophetische und apokalyptische Literatur

Die soziale Verklüftung des Gemeinwesens und die inneren Widersprüche der verschiedenen Gruppen riefen vor allem in den Kreisen der Unterschicht und der »Frommen« tiefen Protest hervor. Sie entwickelten eine Widerstandstheologie, die zuerst tastend, dann immer detaillierter und genauer von einem Abbruch der Weltgeschichte und von einem umfassenden Gericht Jahwes sprach: Jahwe werde sich gegen alle politischen Kräfte als Herr und König erweisen, der die »Mächtigen vom Thron stürzt« und Gerechtigkeit für die Kleinen, Frommen und Erniedrigten schafft.

3.1 Hoffnung auf tiefgreifendes Gericht und auf Auferstehung: Jes 24 – 27

Die Hoffnung dieser Kreise kommt in der sog. »Jesaja-Apokalypse« in Jes 24 – 27 zum Ausdruck. Ein Klage aus dem Gottesdienst (Jes 26,7–18) zeigt, woran die prophetisch orientierte Gruppe der Klagenden litt: Unter realer und schwerer äußerer Not und Unterdrückung (26,13) und besonders darunter, daß Jahwe nicht eingreift, daß sein Gericht auf sich warten läßt (26,8). Die »Gerechten« leiden unter den »Frevlern«, die »Armen« unter den Unterdrückern (26,10). Sie sind ohnmächtig, und auch alle Gebete führen nicht zu einem Eingreifen Jahwes (26,16–18). Die Frevler, die im Inneren Israels herrschen, sind zugleich auch die »Bewohner des Erdkreises« (26,9–10). Die einheimische Oberschicht und die Fremden machen gemeinsame Sache. Diese Erfahrung führt zu einer radikal negativen Weltsicht: Die kleine Gruppe der Verfasser sieht sich von einer bösen, feindlichen Welt umgeben (24,6.16.20). In den Gottesdiensten dieser Gruppe sprechen sie einander Hoffnung und Mut zu: Hoffnung darauf, daß das Gericht Gottes über die verrottete Welt bevorsteht. Dieses Gericht wird radikaler und umfassender als je zuvor gedacht. Wie der Noachbund von den Menschen gebrochen worden war, so werde Jahwe eine neue Sintflut über die Erde bringen und die ganze Erde verwüsten. Dieses Gericht wird vor allem »das Hohe«, die Machthaber und die Oberschicht, treffen und ihnen alle Privilegien nehmen (Jes 24,1–6.18). Besonders die Vernichtung der »Stadt« bzw. der städtischen Kultur wird sehnsüchtig erhofft (25,2; 26,5). Nach dieser vollständigen Vernichtung werden die Armen wieder Gottes Rettung erfahren (25,4). Jahwe wird den Unterdrückten auf dem Zion ein Festmahl bereiten, alle Tränen abwischen und alle Schmach beseitigen.

In diesen Hoffnungsbildern erscheint deutlich die prophetische Gruppe, die sie formuliert hat: es sind Menschen, die hungern, weinen, trauern, unter Schmach und Verachtung leiden. Diese reale Situation macht verständlicher, mit welcher Vehemenz, ja Brutalität man die große Wende erhoffte (vgl. z. B. Jes 26,6).

Neben dieser Vision eines umfassenden Gerichts wächst auch eine Hoffnung, ja Überzeugung, die bisher im Alten Testament auf diese Weise nicht gedacht und formuliert wurde: Gottes Gerechtigkeit wird so umfassend verwirklicht werden, daß sogar *die Toten auferstehen* (26,19) und der *Tod für immer vernichtet* wird (25,8).

Die tastende Hoffnung der Auferstehung gilt in Jes 26,19 den frommen Armen, die diese endzeitliche Heilswende nicht mehr erlebt haben. Im Buch Daniel wird diese Hoffnung zur Erwartung einer allgemeinen Auferstehung aller Toten erweitert (Dan 12,2).

3.2 Apokalyptische Literatur im Buch Daniel

Mit dem Begriff Apokalyptik (wörtlich »Enthüllung«) bezeichnet man eine Literaturgattung, die besondere Merkmale aufweist und vor allem vom 2. Jh. v. Chr. bis 1. Jh. n. Chr. beliebt und verbreitet war.

Allgemeine *Merkmale der apokalyptischen Literatur* sind: Träume und Visionen spielen eine große Rolle; häufig tritt ein Deutekundiger auf (aus dem menschlichen oder himmlischen Bereich), der das Geschaute erklärt; in diesen Offenbarungen wird das Kommende enthüllt; die Geschichte erscheint als längst vorherbestimmt und rollt nach einem festen Plan ab; zwei grundsätzlich verschiedene »Weltzeiten« stehen einander gegenüber, der alte »Äon« wird vom neuen abgelöst; Zahlen-, Buchstaben- und Tiersymbolik; die Texte werden unter den Namen von berühmten Personen aus der Vergangenheit überliefert (sie sind daher »pseudonym«).

In der Bibel haben wir vergleichsweise wenige Texte und vor allem Vorstufen der Apokalyptik (z. B. Teile des Ez; Jes 24 – 27; Sach 9 – 14; Dan; Offb im Neuen Testament). Verglichen mit außerbiblischen Apokalypsen und ihrer bizarren Phantasie (z. B. den apokryphen Schriften »Adam«, »Henoch«, ...) wirken sie eher nüchtern.

Die brennende Sehnsucht nach einer besseren Welt, die Hoffnung auf ein unmittelbares Eingreifen Gottes schlägt sich am stärksten in den Visionen des Buches Daniel nieder. Es ist noch vor den Makkabäeraufständen entstanden, der Verfasser stammt wahrscheinlich aus dem Kreis der Frommen, die von einem bewaffneten Umsturz, wie ihn die Makkabäer vertraten, nicht viel hielten. Seine Sicht der Geschichte wird in der *Vision vom Menschensohn in Dan 7* deutlich.

Dan 7 enthält die eigentliche Vision (7,1–14) und die anschließende Deutung (7,15–28). Der Verfasser greift eine ursprünglich iranische, dann von den Griechen übernommene Vorstellung auf: die von vier Weltreichen, die ihrer Qualität nach immer schlechter werden. Die gegenwärtige Herrschaft der Griechen ist der Tiefpunkt in dieser Abfolge.

Der Reihe nach steigen aus dem Meer (= Bild für das gesellschaftliche Chaos) vier Raubtiere empor, die für die politischen Machtsysteme der damaligen Zeit stehen. Sie alle werden vom Feuer vernichtet und müssen abdanken. Das Gesamtsystem der politischen Herrschaft wird beseitigt, die bisherige Weltgeschichte ist an ihr Ende gekommen. Gott setzt seine Königsherrschaft durch – gegen die politischen Mächte.

Danach schaut Daniel einen »wie einen Menschen«, einen »Menschensohn«. Ihm wird die Königsherrschaft gegeben (7,13–14). Wer ist damit gemeint? Wahrscheinlich nicht eine Einzelperson. In der an die Vision anschließenden Deutung wird der Menschensohn mit den »Heiligen des Höchsten« identifiziert – mit der Gemeinde der Frommen. Nach der Zeit, in der »Bestien« die Welt beherrscht haben, kommt nun eine Herrschaft der »Menschengestalt«, eine menschliche Herrschaft. Diejenigen, die bisher die Opfer von Unterdrückung und Gewalt gewesen sind, werden nun aufgrund ihrer eigenen leidvollen Erfahrung in der Lage sein, eine ganz neue, bisher noch ungeahnte Form des menschlichen Miteinander aufzurichten.

Diese Verheißung einer Zukunft von Gott her, welche die bedrückenden Verhältnisse der Gegenwart umwandelt, soll alle trösten, die angefochten und mutlos sind, sie zu Glaubenstreue und Ausharren aufrufen.

Diese Ermutigung steht hinter zwei Erzählungen aus dem Danielbuch, die in der Kunst später sehr beliebt wurden: Die Märtyrerlegende von den »Drei Jünglingen im Feuerofen« (Dan 3) erzählt von der Machtbesessenheit und Überheblichkeit der hellenistischen Staatsmacht. Ihr gegenüber muß Widerstand geleistet werden, selbst um den Preis des eigenen Lebens.

Die Erzählung von »Daniel in der Löwengrube« (Dan 6) nennt in ähnlicher Weise den Konflikt beim Namen: Eine Zusammenarbeit, ja eine Hoffnung auf Veränderung und Besserung ist bei diesem totalitären Regime unmöglich. Es gibt für den frommen Juden nur einen Weg, zu dem Daniel im Vertrauen auf Jahwe bereit ist: den Weg der unerschütterlichen Treue zum Jahweglauben und den Überlieferungen, den Weg des Widerstandes gegen den Anpassungsdruck und sei es um den hohen Preis, das eigene Leben zu verlieren.

In diesen spätprophetischen und apokalyptischen Texten gewinnt der Jahweglaube eine neue und überraschende Dimension. War er zunächst eine »geschichtliche Befreiungsreligion«, so wird er nun (auch) zu einer »eschatologischen (= »endzeitlichen«) Erlösungsreligion« (R. Albertz).

L *Lesevorschlag:* Dan 7; Dan 3 und 6

Leidenschaftlich und radikal erhoffen bedrängte Gruppen eine Wende: die Beseitigung von Terror und Unterdrückung, das Ende der Geschichte, das Gericht Gottes, Auferstehung der Toten und eine neue, vollkommen verwandelte Zeit des Heils von Gott her. Diese Hoffnung drückt sich in der »apokalyptischen Literatur« mit Bildern und Symbolen aus.

L *Literatur* (zu Kap. 2 und 3): S. Bock, Kleine Geschichte des Volkes Israel. Von den Anfängen bis in die Zeit des Neuen Testaments, Freiburg ²1991; R. Albertz, Religionsgeschichte Israels in alttestamentlicher Zeit 2. (Altes Testament Deutsch Ergänzungsreihe 8/2), Göttingen 1992, S. 591–676

4 Die Weisheitsliteratur

Mit diesem Begriff werden die Bücher Ijob, Kohelet, Weisheit, Jesus Sirach, Sprichwörter und einige Psalmen bezeichnet. Die Endfassung dieser Literatur erfolgte spät, doch ist in diesen Texten sehr altes Gedanken- und Glaubensgut verarbeitet. Außerdem zeigt sich hier der internationale Zusammenhang von biblischer und außerbiblischer Literatur besonders stark: Es gibt viele außerbiblische Parallelen; teilweise werden Elemente aus der Umwelt, vor allem aus der ägyptischen Weisheitsliteratur, übernommen. In den späteren weisheitlichen Büchern hat sich die geistige Auseinandersetzung mit dem Hellenismus niedergeschlagen (Kohelet, Buch Weisheit).

4.1 Menschliches Erfahrungswissen und das Gelingen des Lebens

Ein Weiser ist im Alten Testament zunächst einmal jemand, der seine Sache versteht, der mit »sachverständiger Tüchtigkeit« (das ist die eigentliche Bedeutung) sein Leben meistert. So kann ein sachverständiger Handwerker oder Künstler (Ex 31,3ff), ein Herrscher oder Richter (1 Kön 3; Jes 11,2ff) »weise« sein. Es geht um Lebensklugheit, um ein Erfahrungswissen.

Ein Appell an das menschliche Erkenntnisvermögen

Weisheit ist in diesem Sinn ein notwendiges Element menschlichen Lebens. Jeder von uns muß lernen, die Fülle der auf ihn eindringenden Eindrücke und Ereignisse in eine Ordnung hineinzubringen, und zwar so, daß er mittels Erfahrung (Empirie) Regeln aufspürt. Damit dieses Erfahrungswissen handhabbar und wiederholbar wird, muß es in eine adäquate sprachliche Form gebracht werden. Schulfragen, Wiederholungen, Parallelismen, scharfe Gegensätze (»gut« – »böse«), Zahlensprüche – all diese Sprachformen weisen auf den Willen hin zu überzeugen. Sie haben mit dem menschlichen Erkenntnisvermögen zu tun. »Weisheit« kann man lehren und lernen. Weisheitsliteratur stammt aus dem Milieu der *Erziehung* und der *Bildung*.

Israel hat das Erkenntnisvermögen nicht als ein »Privileg« verstanden, das Jahwe nur ihm eingeräumt hätte. Im Gegenteil: Es hat nach der Weisheit und der Erkenntnis anderer Völker gefragt, sie unbefangen betrachtet und das, was ihm gut schien, übernommen.

Der Weisheitslehrer wandte sich dem Feld täglicher Erfahrungen zu. Im Zusammenleben mit Menschen, im politischen und wirtschaftlichen Leben, aber auch im Umgang des Menschen mit sich selbst stellten sie gewisse Eigengesetzlichkeiten fest. Ein Vertrauen in die Stabilität der elementaren Bezüge von Mensch zu Mensch, ein Vertrauen in die Gleichheit der Menschen und Reaktionen, ein Vertrauen in die Verläßlichkeit der das Menschenleben tragenden Ordnungen war direkt oder indirekt ein Vertrauen zu Gott, der diese Ordnungen in Kraft gesetzt hat. So sind die Weisheitsbücher zutiefst theologisch, auch wenn unmittelbar von Jahwe eher selten und von seiner geschichtlichen Offenbarung (Exodus,...) kaum die Rede ist.

»Weisheit« ist nicht einfach ein »theoretisches«, abstraktes Wissen, sondern ist praktisch: Als weise galt ein Mensch erst, wenn er auch seine ganze Lebensführung von diesen durchaus wertbetonten Einsichten gestalten ließ. Daher ist der Tor auch nicht einfach jemand mit einem intellektuellen Defizit, sondern: »Das Herz der Toren ist verkehrt« (Spr 15,7). Daher gilt: »Gottesfurcht ist der Anfang der Erkenntnis, nur Toren verachten Weisheit und Zucht.« (Spr 1,7) Mit »Gottesfurcht« ist nicht »Angst vor Gott« gemeint, sondern Gehorsam gegenüber dem göttlichen Willen, oft in einem allgemeineren Sinn »Bindung an« oder »Wissen um« Jahwe.

»Anfang der Erkenntnis« bedeutet wirklich »Beginn« (nicht »Summe«, »Quintessenz«): Die Gottesfurcht führt zur Weisheit. Sie befähigt dazu, sie zu erwerben, sie erzieht zu ihr hin. Insofern spricht Israel dem Glauben an Jahwe eine große Bedeutung für das Erkennen zu: Glaube behindert nicht das Erkennen, sondern er ermöglicht es, setzt es frei.

Ursachen und Wirkungen: Der Tun-Ergehen-Zusammenhang

Die Weisheit beobachtet Einzelphänomene und versucht, einen Zusammenhang zwischen ihnen festzustellen. Sie fragt nach Ursache und Wirkung. Es geht um die Bewältigung dessen, was der Mensch erfährt, was ihm begegnet. Es scheint ihm zunächst »zufällig«, unverständlich und ohne Zusammenhang. »Warum ist das passiert?« »Mußte das so kommen?« Wenn der Mensch geduldig nachdenkt und scharf beobachtet, erkennt er Zusammenhänge, eine Ordnung, die hinter allem Geschehen steht.

So wird beobachtet, was einem bestimmten Ereignis vorausgegangen ist: »Hoffart kommt vor dem Sturz, und Hochmut kommt vor dem Fall.« (Spr 16,18) Vor allem das oft harte soziale Leben zeigt solche Gesetzlichkeiten: Der Faule verarmt (Spr 10,4; 24,30ff), daher soll man rechtzeitig vorsorgen (Spr 10,5). Armut ist also nicht etwas rein Zufälliges, sondern weithin vom Verhalten des Menschen abhängig. So lassen sich Regeln aufstellen, deren Mißachtung zum Verarmen führen. Wenn man sie beachtet, vermeidet man Armut, die für das Alte Testament ein hartes Los ist. Doch manche Beobachtungen sind mehrdeutig, und unter einem bestimmten Gesichtspunkt kann selbst Armut in einem positiven Licht erscheinen: »Besser ein trockenes Stück Brot und Ruhe dabei als ein Haus voll Braten und dabei Streit.« (Spr 17,1)

Besondere Bedeutung haben nun die Beobachtungen der Weisen, die von einer guten oder bösen Wirkung des Tuns auf den Täter selbst ausgehen. Diesen Zusammenhang nennt man den »Tun-Ergehen-Zusammenhang«. Wie die ganze antike Welt, so war auch Israel davon überzeugt: Von guten oder bösen Taten wird eine Bewegung ausgelöst, die früher oder später auch auf den Täter selbst zurückwirkt. Er hat es also letztlich in der Hand, sich der Strahlkraft des Unheils oder des Segens auszusetzen.

»Die Frevler werden gestürzt und sind dahin, das Haus des Gerechten hat Bestand.« (Spr 12,7) »Im Hause des Gerechten gibt es reichen Vorrat, was der Frevler erwirbt, wird zerschlagen.« (Spr 15,6)

Das Gute wird als Macht erfahren, als etwas täglich Erfahrbares und Wirksames: Gut ist, was guttut. Das Böse verursacht Schaden. Es handelt sich um lebensgestaltende Kräfte. Der Gute ist der, der weiß, daß das Gute aufbaut und das Böse zerstört, und er ist bereit, entsprechend zu handeln. Er ist der Gerechte, der Fleißige, der Maßvolle, der Hilfsbereite, für den dieses Gutsein selbst zum Guten, d. h. zu Wohlergehen, Wohlstand und Ansehen führt. Gutheit war also immer etwas Öffentliches, nicht etwas bloß Innerliches; es war ein soziales Phänomen. »Wenn es dem Gerechten gut geht, freut sich die Stadt.... Eine Stadt kommt hoch durch den Segen der Redlichen.« (Spr 11,10–11) Alles, was von einem Gerechten ausgeht, trägt ihn auch selbst, er rückt auch selbst in eine Sphäre des Segens. Ein Gerechter ist ein Mensch, der »in Ordnung ist«. Es geht nicht um einen Nützlichkeitsstandpunkt. Es ist ein je neu zu vollziehender Akt frommer Einordnung in eine göttliche Ordnung, in der der Mensch allein Segen finden kann.

Was in einer Situation zu tun ist, steht nicht ein für allemal fest, sondern bedarf einer gründlichen Überlegung: »Manch einem scheint sein Weg der rechte, am Ende aber sind es Wege des Todes.« (Spr 14,12) Das genaue Hinsehen, das gründliche Nachdenken ist gefragt – und es kann gelernt werden. Dazu will die Weisheitsliteratur ermutigen. In der Spätzeit werden die Belehrungen zu imposanten Lehrgedichten ausgestaltet.

Personifikation der Weisheit

In großen Lehrdichtungen kann von der Weisheit als einer personifizierten Größe gesprochen werden: Spr 8; Ijob 28; Sir 24. Die Weisheit ist das erste Werk und Geschöpf Gottes, das Geschöpf über allen Geschöpfen (Spr 8,22–31). Sie war bei der Erschaffung der Welt dabei, ist sein geliebtes Kind und Tag für Tag seine Freude (V. 30), sie spielte vor Gott, und es war ihre Freude, bei den Menschen zu sein. Diese Weisheit ruft nun ihrerseits die Menschen an (Spr 1,20–31); ja nicht nur das: das Weltgeheimnis, Schöpfungsgeheimnis liebt sie. »Ich liebe alle, die mich lieben, und wer mich sucht, der wird mich finden.« (Spr 8,17)

Später wird die Weisheit mit der Tora identifiziert. Dadurch wird die Weisheitslehre deutlicher in die Tradition des Jahweglaubens eingebunden (Spr 8; Sir 24; Bar 3).

L *Lesevorschlag*: Spr 6,6–11.16–19; Spr 10; Spr 8,22–31

4.2 Das Buch Ijob

Das Buch Ijob zählt zu den großen Werken der Weltliteratur. Ein Grund dafür ist sicher die dichterische Kraft der Sprache. Vor allem aber liegt seine Bedeutung darin, daß es allgemein-menschliche Fragen und Erfahrungen formuliert, die immer gültig sind. Es handelt sich um eine Lehrdichtung, in der die Personen »typisiert«, d. h. als Vertreter typischer Haltungen und Meinungen, vorkommen.

Mit dem Problem des Leids hat man sich auch in der Umwelt Israels auseinandergesetzt. Wir haben Texte aus Mesopotamien, die älter sind als das biblische Ijob-Buch und starke Ähnlichkeiten aufweisen. Es scheint, daß man mit Ijob-Dichtungen vertraut war und daß sie ein gutes Modell waren, die Frage des leidenden Gerechten abzuhandeln.

Das Ijob-Buch besteht aus einem Rahmen in Prosa (1,1 – 2,13; 42,7–17) und den poetischen Dialogen des Ijob mit seinen Freunden.

Die Rahmenerzählung

Ijob wird als ein frommer und gerechter Mann geschildert. Auch als er alles verliert (Besitz, Wohlstand, Freunde, Familie, Gesundheit), bleibt er Jahwe treu. Das Buch schließt mit der tröstlichen Perspektive: Ijob erhält im Übermaß zurück, was er verloren hat. Thematisch kreist die Rahmenerzählung um die Frage: Kann Gott um seiner selbst willen, das heißt auch ohne »Lohn«, geliebt werden?

Ijob im Dialog mit seinen Freunden

Die Freunde des Ijob argumentieren gemäß der Vergeltungslehre: Gott ist der allmächtige Lenker der Welt, er verhängt auch das Leid. Gott ist gerecht und handelt nicht grundlos. Daher ist Leid Strafe für Sünde. Der Freund Elihu verändert diese Lehre: Leid ist eine Warnung, eine Erziehungsmaßnahme Gottes – hat also Sinn, ist eine Chance zu Besserung. Ijob kann sich mit diesen Deutungen nicht abfinden.

Er hält an seiner Schuldlosigkeit fest (6,24.28ff; 9,21; 10,7; 16,17; 23,10ff). Er gelobt für die Zukunft, bis zum Lebensende Lauterkeit zu bewahren (27,2ff), und bekräftigt abschließend mit einem umfangreichen Reinigungseid (31), daß er sich keiner Schuld bewußt ist. Er klagt Gott an, daß er die Schwachen plagt (7,12ff) und den Schuldlosen schuldig spricht (9,20ff). Obwohl er erkennt, daß es zwischen ihm und Gott keinen Schiedsrichter, keine übergeordnete neutrale Instanz gibt (9,32f), ruft er Gott zum Rechtsentscheid auf (13,3.18ff; 23,4ff). Entgegen seiner früheren Bitte »Laß ab von mir« (7,16; 10,20) wendet er sich dennoch an Gott: er möge ihn vor dem göttlichen Zorn im Totenreich bergen, um dann Ijobs in Güte zu gedenken (14,13). So ruft Ijob gegen den Gott, der ihn verfolgt (16,9ff; 19,6ff.21) und ihm das Recht nimmt (27,2), den Gott an, der in der Not für ihn und für sein Recht eintritt. Gegen den zürnenden, anscheinend unge-

recht und willkürlich handelnden Gott appelliert Ijob an den ihm wohlgesinnten (16,19–21; 19,25f).

In den Kap. 38 – 42 tritt Jahwe in den Dialog mit Ijob ein, der auf die zwei Reden Jahwes jeweils kurz antwortet (38,2–3 und 42,2–6). Jahwe zeigt Ijob, daß er der unbegreiflich Größere ist, dessen Wirken Ijob nicht zu durchschauen und nicht zu beurteilen vermag (Ijob 38,1 – 40,2). Und er führt Ijob vor Augen, daß er ständig gegen das Chaos – symbolisiert durch die wilden Tiere (Kap. 40 – 41) – kämpft und sich so als Herr der Schöpfung und als »Jahwe« erweist.

Ijob antwortet mit Schweigen (40,3–5) und mit dem Bekenntnis, im Unverstand geredet zu haben. Jedoch: Sein Hadern mit Gott hat ihn dazu geführt, daß anstelle seines »erlernten« Gottesbildes die lebendige, persönliche Erfahrung Jahwes getreten ist (42,1–6). Ijob kann sein Leid tragen im Vertrauen auf diesen lebendigen und rettenden Gott.

Mit diesem Eingeständnis des Ijob ist die Theologie seiner Freunde nicht rehabilitiert – im Gegenteil: Ausdrücklich wird festgehalten, daß sie – im Gegensatz zu Ijob – nicht recht von Gott gesprochen haben (Ijob 42,7–9).

L *Lesevorschlag:* Ijob 3; 38; 40,3–5; 42,1–6

4.3 Das Buch Kohelet

Hinter diesem Buch verbirgt sich vielleicht der radikalste Versuch, »moderne« hellenistische Lebensauffassungen (griechische Philosophie) in einen kritischen Dialog mit der Überlieferung Israels zu bringen. In vielen Gedankengängen zitiert er Weisheitslehrer und »Schulmeinungen«, um sie zu widerlegen. Oft ist nicht klar erkennbar, wo Kohelet andere Meinungen zitiert und wo er seine Auffassung darlegt.

Die »Leitfrage« des Buches begegnet schon ganz zu Beginn (Koh 1,3): »Welchen

Vorteil (d. h. welchen Gewinn, welchen bleibenden Sinn) hat der Mensch von all seinem Besitz (d. h. auch von all seinen Mühen), für den er sich anstrengt unter der Sonne?« Koh spielt verschiedene Antwortversuche durch (1,12 – 3,15): Weder Wissen noch Können, weder Reichtum noch (politische) Gestaltungsmöglichkeiten begründen diesen »bleibenden Vorteil«. In allem menschlichen Bemühen waltet die Unverfügbarkeit der Stunde (vgl. Koh 3). *Tiefe Skepsis* ist angesagt – das Leben erscheint ihm »absurd« (als »Windhauch« – 1,2; 12,8). Es gibt zwar umfassenden Sinn, aber nicht der Mensch verfügt über ihn, sondern nur Gott. Was dem Menschen zu tun bleibt: Das unverfügbare Glück des Augenblicks in aller irdischen Konkretheit anzunehmen und zu ergreifen. In diesem Tun gibt sich Gott selbst zu erfahren. »Es gibt kein in allem Tun gründendes Glück, es sei denn, ein jeder freut sich, und so verschafft er sich Glück, während er lebt, wobei... das ein Geschenk Gottes ist« (3,12–13).

Diese Auffassung war für viele ungewohnt und hat dazu geführt, daß das Buch nicht ohne Schwierigkeiten in den Kanon gekommen ist. Zwei Nachworte (9,9–11 und 9,12–14) verteidigen das Buch: das erste verteidigt den Autor als einen »Weisen«, der von Gott her spricht; das zweite verteidigt die Rechtgläubigkeit des Autors: Gehe es nicht im Grund in diesem Buch um die Gottesfurcht und die Einhaltung der Gebote?

L *Lesevorschlag*: Koh 3,12–14; 5,17–19; 9,7–10; 11,9 – 12,8

Das Buch Weisheit versucht, die Spannung zwischen Tun-Ergehen-Zusammenhang und der menschlichen Erfahrung auf eine ganz andere Weise zu lösen: sie verlegt den »Lohn« für Rechtschaffenheit in das Jenseits (Weish 3). Diese Lösung ist nur möglich auf dem Hintergrund eines Weiterlebens nach dem Tod bzw. einer Auferstehung. Im Buch Weisheit wird dazu das griechische

Modell vom Menschen mit »Leib« und »Seele« übernommen. Das Buch stammt wahrscheinlich aus dem 1. Jahrhundert v. Chr.

Ähnlich wie Koh in Stil und Aussage – auch wenn es nicht der Weisheitsliteratur zuzurechnen ist – ist das Hohelied. Als Komposition von Liebesliedern preist es die Kraft und lebenspendende Bedeutung der erotischen Liebe, die als etwas »Göttliches« erscheint.

L *Literaturhinweis*: G. v. Rad, Weisheit in Israel, Neukirchen-Vluyn ²1982

Die Weisheitsliteratur stammt aus dem Milieu der Bildung und Erziehung. Sie appelliert an das menschliche Erkenntnisvermögen: Leben gelingt, wenn man scharfsichtig und geduldig die Welt betrachtet. So zeigt sich, daß es Ordnungen und Gesetzmäßigkeiten gibt. Das »Gute« führt zum Guten, das Böse fällt auf den Täter selbst zurück. Das Buch Ijob ringt mit der Frage des Leidens Unschuldiger. Kohelets Antwort liegt im entschlossenen Ergreifen des im Augenblick möglichen Glücks.

---

5 Das Buch der Psalmen

Die Psalmen (wörtlich: »Preisungen«) sind Gebete (Gebetslieder, Meditationstexte) des Volkes Israel – und der Kirche. Gerade in diesem Teil der Bibel kommt deutlich zum Ausdruck, daß die Heilige Schrift wesentlich Gesprächscharakter hat. Das heißt, sie ist Wort Gottes an uns, ohne Zweifel. Doch Gottes Reden und Handeln kann nicht ohne Antwort bleiben. Gebet ist eine Form dieser Antwort. Das Besondere der Psalmen besteht nun eben darin, daß hier beides zusammenkommt: Sie sind Worte des Menschen an Gott (= Gebet), zugleich aber sind sie – weil Teil der Heiligen Schrift – auch Wort Gottes an uns. Es handelt sich also nicht um irgendwelche altehrwürdigen Gebete, sondern als

Wort Gottes an uns haben diese Texte wegweisenden Charakter. Es ist, als ob Gott uns damit sagen würde: So kannst du beten. So sollst du beten.

5.1 Gebete aus Erfahrung – Verdichtetes Leben

Das Buch der Psalmen ist in vieler Hinsicht bunt. Es finden sich Gebete eines einzelnen und Gebete des Volkes; Psalmen voll verzweifelter Klage und voll überbordenden Jubels. Es finden sich Lieder für die großen Feste der Liturgie (Erntefest, nationale Feier und Gedenktage) und für Hausgottesdienste im Familienkreis.

Viele der Psalmen sind aus Teilen persönlicher Gebetsrufe (wie z. B. Ex 18,10; Ri 15,18), der Klage und des Dankes im Gottesdienst und für den Gottesdienst entstanden. Sie tragen den »Erdgeruch« der persönlichen Not des Beters an sich: das Leiden in Krankheit und die Freude über Heilung – Ps 30; die Erfahrung von Einsamkeit und Bedrohung durch Feinde – Ps 35. Aber auch die leidvollen Erfahrungen der Geschichte werden verdichtet – so die Katastrophe des babylonischen Exils (Ps 126). Alles kommt in den Psalmen zur Sprache – ungeschminkt, voller oft widersprüchlicher Emotionen, mit starken und eindringlichen Bildern.

Wer das Buch der Psalmen aufschlägt, stolpert über die üppige Bilder- und farbenprächtige Symbolsprache, über Anspielungen auf Personen und Ereignisse, die uns nichts mehr sagen. Eine längst vergangene Zeit wird uns zugemutet; ein Gott, der um Eingreifen und Rache gebeten wird, der sich vor Menschen versteckt oder sie sogar wie ein Feind verfolgt. Diese Aussagen der Psalmen scheinen uns oft befremdlich, ja sogar unfromm oder »unchristlich«.

Dabei ist die literarische Gattung »Gedicht« hilfreich. Ein Gedicht ist anders und will anderes bewirken als ein theologischer Lehrsatz, ein Lehrgebäude oder ein informierender Bericht. Zum Wesen von Gedichten gehört es, daß sie Erfahrungen, Stimmungen, Gefühle ausdrücken, zur Sprache bringen, ohne zunächst zu werten oder sie vom Verstand her einzuordnen. Wenn R. M. Rilke in seinem berühmten Herbstgedicht schreibt, daß die Blätter mit »verneinender Gebärde« zu Boden fallen, dann ist das keine naturwissenschaftliche Aussage, die man auf die Goldwaage legen kann. Wer dies tut, hat den Dichter gründlich mißverstanden.

So sind auch Aussagen der Psalmen über Gott (»Mein Gott, mein Gott, warum hast du mich verlassen?« »Warum drückst du mein Leben zu Boden?«) nicht lehrhaft »theologische« Aussagen, das heißt Wesensbeschreibungen dieses Gottes. Gott ist ja nicht einer, der den Menschen bedroht oder der sich aus Laune von den Menschen abwendet und sie ins Unglück stürzt. In den Psalmen werden Angst und Not, Bedrohung und Einsamkeit ungeschminkt vor Gott formuliert. Jede Not und jedes Leid werden vor Gott ringend und betend zur Sprache gebracht und so ein Stück weit bewältigt.

Ein Psalm ist nun aber nicht einfach die Niederschrift eines persönlichen, freien Gebets. Er ist oft lange gebetet oder gesungen worden, ehe er aufgeschrieben wurde. Wie ein Kiesel, der lange im Bach liegt und so seine Kanten und Ecken verliert, so haben viele Psalmen durch ihren langen Gebrauch auch im Gottesdienst vieles abgestreift, was nur ein Mensch in einer ganz bestimmten Situation beten kann. Solche Psalmen sind »Gebetsformulare«, die dem Beten vieler Menschen vieler Jahrhunderte Sprache gegeben haben. Sie wurden immer weitergereicht und konnten zum Ausdruck stets neuer Erfahrungen werden – darin besteht ihre Dichte.

Andere Psalmen wiederum sind als Lese- und Betrachtungstexte geschrieben worden. Sie enthalten Meditationen über die Schöpfung (Ps 104) wie über das Gotteswort (die Tora) als Orientierung für das tägliche Leben (Ps 1; 119). Sie meditieren das Wesen und die Aufgabe des Menschseins (Ps 8) und betrachten voll Staunen die Geschichte Israels mit seinem Gott (Ps 105). Manche dieser Texte werden für den Unterricht in der Tempelschule gebraucht worden sein. Die Psalmen sind so vielfältig, wie das Leben Israels vielfältig und facettenreich war.

5.2 Die Sammlung des Psalters

Die einzelnen Psalmen stammen aus allen Epochen der Geschichte Israels: Aus der vorexilischen Zeit, besonders aber aus der Zeit der Perser und des Hellenismus. Bald wurden sie zu kleineren Sammlungen zusammengefügt. Frühestens um 200 v. Chr. wurden verschiedene Sammlungen ergänzt und bearbeitet. Unser »Psalter« entstand. Er ist das Lese- und Volksbuch Israels.

Die »Überschriften«, die einen Psalm einem Verfasser zuschreiben oder die musikalische Angaben enthalten (»von David«; »für den Chormeister« o.ä.), stammen aus der Zeit der Sammlung. Sie sind daher keine historischen Angaben über die Verfasser.

Die Psalmen sind nicht einfach willkürlich hintereinander geordnet worden. Als »Lese- und Meditationsbuch« lädt der Psalter ein, die Psalmen auch in ihrer Reihenfolge hintereinander zu lesen. Oft sind sie durch Stichwortverbindungen miteinander verbunden.

So bilden Ps 1 und Ps 2 das »Eingangsportal« in den Psalter, während Ps 149; Ps 150 den Beter als »Ausgangsportal« wieder entlassen. Ps 1 und Ps 2 sind durch ihre »Seligpreisung« miteinander verbunden: »Wohl dem Mann, der... Freude hat an der Weisung des Herrn« (1,1–2); »wohl allen, die ihm vertrauen« (Ps 2,12). Inhaltlich ergänzen beide Psalmen einander: Das Leben des einzelnen sowie das der Völker gelingt, wenn man sich an der Tora orientiert. Toragehorsam (Ps 1) ist letztlich Vertrauen auf Jahwe (Ps 2,12).

5.3 Feinde und Gottesleugner?

Besondere Schwierigkeiten bieten Psalmteile, die oft – streng genommen unrichtig – als »Fluchpsalmen« bezeichnet werden. In vielen Psalmen ist von »Feinden«, »Frevlern« o. ä. die Rede. Im Hintergrund für diese Psalmen steht, daß die Menschen im Alten Orient ein viel intensiveres Verhältnis

zur Gemeinschaft (und damit auch zur »Feindschaft«) hatten als wir heute.

Der einzelne war viel stärker von der Sippe, der Gemeinschaft abhängig; der Lebensraum ist eng, darum sind auch Gefühle (Ängste, Mißtrauen usw.) viel leichter auf die Umgebung übertragbar. Außerdem kam es vor allem in der Königszeit zu neuen Gruppierungen. Es wuchs eine mächtige Oberschicht (der König und seine Beamten) heran, die durch Großgrundbesitz reich geworden war. Ihnen gegenüber stand die verarmte Landbevölkerung. Diese Kluft wird nach dem Exil noch schärfer und führt zu einer »Armenfrömmigkeit": Gerade die Armen und Geknechteten hoffen und wissen Jahwe auf ihrer Seite. Ihre Erniedrigung und ihre leidenschaftliche Hoffnung drückt sich in vielen Psalmen aus (vgl. Ps 129,2–3).

In allen Aussagen über »Feinde« ist auch immer die Wirkung von Übertragungen (Projektionen) zu bedenken: Das Gegenüber wird zum Feind, weil ich ihm feind bin. Krankheit, Depression usw. werden der Auffassung des Alten Orients nach von Dämonen verursacht. Der Glaube an Jahwe läßt solche Projektionen in Israel nicht zu. Damit bleibt das Projizieren auf die menschliche Umwelt und auf Jahwe beschränkt. Die Erfahrungen von Not, Einsamkeit, Angefochtenheit, Bedrohtheit brauchen viele Bilder, um zugelassen und ausgedrückt werden zu können. Diese Bilder finden sich im überlieferten Formelgut der Psalmen. Mit »Feind« muß also nicht ein persönlicher Gegner gemeint sein.

In der Umwelt Israels werden Angst und Bedrohung durch Zauber und Magie abgewehrt. Das ist für Israel nicht möglich. Auch ein Herunterspielen der Feindesmacht hilft nicht. Israel bleibt allein auf Jahwe verwiesen. Daher wird die Gefahr so dargestellt, daß Gott zum Eingreifen herausgefordert wird. Die Feinde werden eindringlich beschrieben: Sie führen Böses im Schild, verbreiten Lüge und Verleumdung, ihre

»unmenschliche« Erbarmungslosigkeit wird durch Tierbilder dargestellt (Stiere, Hunde, Löwen ... vgl. Ps 22), deren einziges Ziel es ist, die Beter zu vernichten.

Die »Feindpsalmen« sind aber keine »Fluchpsalmen«, weil in ihnen kein »Fluch« ausgesprochen wird. Was ausgedrückt wird, ist der Wunsch zur Bestrafung der Feinde, der als Bitte Gott vorgetragen wird (vgl. Ps 137,8.9). Darum ist der Begriff »Rachegebete« ein besserer Ausdruck für diese Texte. Solche Rachegebete finden sich vor allem in den Klagepsalmen. Sie sind ein Hilfeschrei, eine dringende Bitte um Rettung und Heil. Immer ist die Bitte an Gott um Rache der Verzicht auf eigene Vergeltung. Von Gott wird das Durchsetzen der Gerechtigkeit erwartet.

Die Psalmen machen uns also Mut, uns mit unseren Ängsten an Gott heranzuwagen, unzensuriert und ohne Masken zu beten. So dürfen wir auch Zorn, Eifersucht, Aggression vor Gott im Gebet zulassen, es ihm sagen und gerade so auch bewältigen. Deswegen ist es weniger wichtig, jeden sprachlichen Ausdruck ganz zu verstehen (z. B. genau zu wissen, was mit den »Stieren Baschans« in Ps 22 gemeint ist) oder jeden Psalmvers im Augenblick des Betens mitvollziehen zu können. Es kommt vielmehr darauf an, sich dem Rhythmus des Psalms und seiner Bildsprache anzuvertrauen, sich von jenem Vers mitnehmen zu lassen, der etwas in mir zum Schwingen bringt.

5.4 »Weint mit den Weinenden und freut euch mit den Fröhlichen«

In den Psalmen unterscheiden wir zwei Hauptgattungen: *Lobpsalmen und Klagepsalmen.* Beide umfassen die Pole unseres Daseins: Freude und Jubel, aber auch Depression und Einsamkeit, also die Höhen und die Tiefen unseres Lebens.

Die Kirche mutet uns in ihrem »Stundengebet«, dem offiziellen Psalmengebet der Kirche, sowohl Klage- als auch Lobpsalmen zu,

und zwar ganz unabhängig von der Situation der Betenden. Kann man klagen, wenn einem gerade zum Jubeln zumute ist? In dieser Situation sind die Psalmen eine Einladung, mit und für diejenigen zu beten, die gerade schreien und klagen. Sie öffnen die persönliche Situation für das Leiden der (anderen) Menschen. Umgekehrt kann ich – auch wenn es mir gerade schlecht geht – mit anderen Gott loben im Bewußtsein, daß seine Liebe größer ist als meine Not und daß letztlich der Lobpreis das Bleibende ist. Dadurch ist die Gefahr gebannt, voller Selbstmitleid in sich selbst verschlossen zu bleiben.

Psalmen sind in ihrer erfahrungsgetränkten Sprache ein Ausdruck der persönlichen Lebenssituation, aber sie weiten auch den Blick für die Welt und die Größe Gottes. Sie sind so heilendes und heilsames Gebet. Nicht zuletzt ist das Beten der Psalmen auch eine Form der Nachfolge Jesu, der bis zu seinem Tod am Kreuz Psalmen gebetet hat (vgl. Mk 15,34).

☛ Auf S. 125–127 haben Sie die Möglichkeit, sich in Form der »weiterführenden Arbeitsanregungen« noch eingehender mit dem Thema »Psalmen« zu beschäftigen. Die Abbildungen auf der folgenden Seite vermitteln Ihnen einen Eindruck, wie sehr die altorientalische Bilderwelt in die Bild- und Symbolsprache der Psalmen eingeflossen ist.

L *Lesevorschlag*: Ps 1 – 2; 22; 30; 77; 149 – 150
L *Literatur*: E. Zenger, Mit meinem Gott überspringe ich Mauern. Einführung in das Psalmenbuch, Freiburg ³1991

Psalmen sind Gebete, Lieder, Gedichte, Meditationstexte des Volkes Israel und der Kirche.
Psalmen sind Gebetsformulare, verdichtet durch Lob und Klage vieler Menschen durch viele Jahrhunderte.
Psalmen sind Gedichte: Sie bringen Stimmungen zum Ausdruck; Not und Angst, Freude und Jubel finden Sprache vor Gott.
Psalmen ermutigen, aus den Erfahrungen des Lebens zu Gott zu gehen, und weiten den engen Horizont der einzelnen.

Altorientalische Bilderwelt in den Psalmen

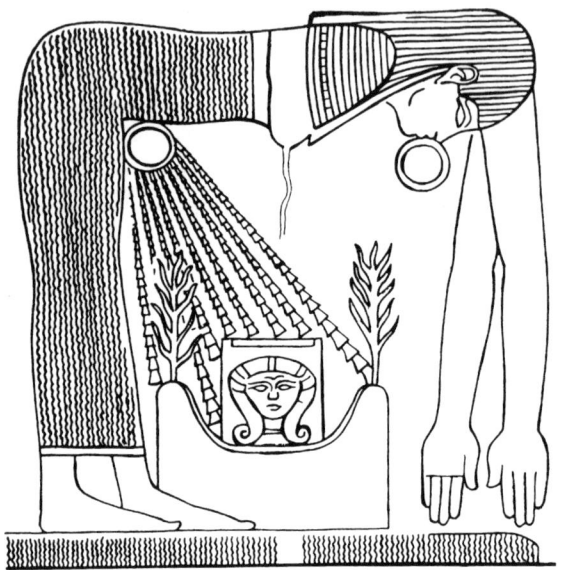

»Durch Jahwes Wort sind die Himmel gemacht« (33, 6 a).
»Jahwe festigt durch seine Weisheit den Himmel« (Spr 3,19).
»So hoch wie der Himmel über der Erde,
so mächtig ist deine Liebe über denen, die dich fürchten«
(103, 11; vgl. 57,11 = 108,11).
»Jahwe, der Himmel preist deine Wundermacht!« (89, 6 a).

»Jahwe, in den Himmel (reicht) deine Liebe . . .
Deine Gerechtigkeit ist wie die Gottesberge,
dein Recht wie das große Urmeer.
Menschen und Tieren hilfst du« (36, 6 f).

» . . . der den Himmel ausspannte wie ein Zelt-
dach . . . ,
der die Erde auf ihre »Gestelle« gegründet . . .
da ist das Meer, groß und breit nach beiden
Seiten . . . « (104, 2 b.5 a. 25 a).
»Jahwe gehört die Erde und ihre Fülle, der Erdkreis und die darauf wohnen.
Denn er hat sie über Meeren fest gegründet
und über Fluten fest gemacht« (24, 1 f).
»Der Himmel ist der Himmel Jahwes, doch
die Erde hat er den Menschen gegeben.
Die Toten können Jahwe nicht preisen, keiner
von denen, die ins Schweigen hinabgehen,
wir aber, wir preisen Jahwe, jetzt und immer-
fort« (115,15–18).

»Rette mich . . . vor den Hörnern der Wildtiere!« (22,22).

»Entreiße . . . mein Einziges der Gewalt des Hundes!« (22,21).

»Du läßt ihn herrschen
über das Werk deiner
Hände . . .
über Kleinvieh und alles
Großvieh und auch das
Getier des Feldes,
die Vögel am Himmel
und die Fische im Meer,
was die Straßen der
Meere zieht . . .«
(8,7a. 8f).
». . . alles hast du ihm unter die Füße gelegt«
(8,7b).

»Siehe, wie die Augen der Sklaven
auf die Hand ihrer Herren,
wie die Augen der Magd
auf die Hand ihrer Herrin,
so sind unsere Augen auf Jahwe, unsern Gott, gerichtet,
bis er sich unser erbarmt« (123, 2f).

»...die Könige von Scheba und von Saba (Süden) entrichten Tribut.
Alle Könige huldigen ihm, alle Völker dienen ihm,
denn er rettet den Armen, der schreit, und den Elenden, der keinen hat, der ihm hilft.
Er hat Mitleid mit den Schwachen und Armen und rettet ihr Leben.
Vor Bedrückung und Gewalttat rettet er sie, und kostbar ist ihr Blut in seinen Augen.
So lebe er denn, und man bringe ihm Gold von Scheba.
Ständig bete man für ihn, jeden Tag soll man ihn segnen« (72, 10 b–15).

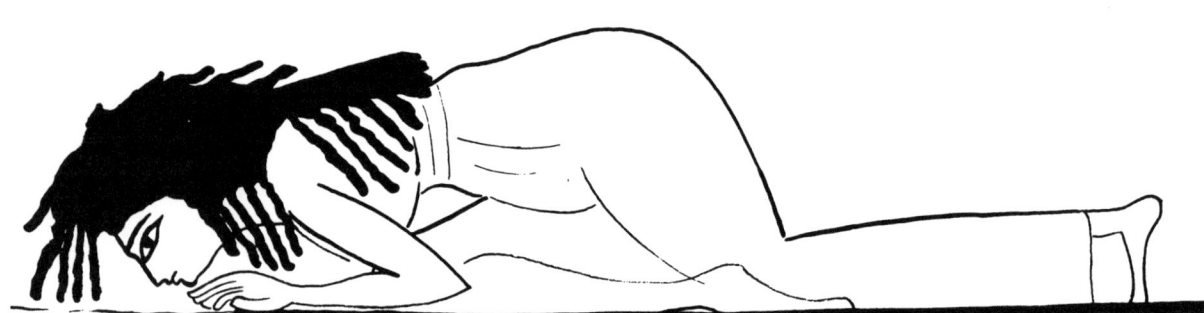

»Ich werfe mich nieder zu deinem heiligen Palast hin und bekenne deinen heiligen Namen« (138,2).
»Tretet ein, laßt uns niederfallen und uns beugen, niederknien vor Jahwe, unserm Schöpfer« (95,6).
»Fallt nieder vor Jahwe bei seiner heiligen Erscheinung« (29,2 b; 96,9 a).
»Warum verbirgst du dein Angesicht...,
da unser Leben in den Staub gebeugt ist und unser Bauch am Boden klebt?« (44,26).

» ÜBERBLICKS- UND VERSTÄNDNISFRAGEN

1. Welche Hoffnungen und welche Krisen und Konflikte erlebte das Israel der Perserzeit?

2. Um welche Themen kreisen die priesterlichen Gesetze?

3. In welcher Weise hatte der Abschluß des Pentateuch (der Tora) mit den Persern zu tun?

4. Wie geht das Chronistische Geschichtswerk mit den Traditionen Israels um?

5. Beschreiben Sie kurz die soziale und religiöse Situation Israels in der Zeit des Hellenismus.

6. Wer waren die Makkabäer?

7. Spätprophetische Texte sind oft von einer radikal negativen Weltsicht und einer ebenso radikalen, d. h. tiefgreifenden Hoffnung bestimmt. Wie läßt sich das aus der Situation zur Zeit der Entstehung der Texte verstehen?

8. Was versteht man unter »Apokalyptik«, was sind Kennzeichen dieser Literatur und vor allem in welchem Buch des AT begegnen uns apokalyptische Texte? *Daniel*

9. Worin liegt das Grundanliegen der Weisheitsliteratur?

10. Was versteht man unter dem »Tun – Ergehen – Zusammenhang«?

11. Worum geht es im Buch Ijob, und welche Lösungen werden angeboten?

12. Worin liegt die Grundgedanke des Kohelet?

13. Was sind »Psalmen«, und wie sind sie entstanden?

14. In manchen Psalmen ist von »Feinden« die Rede. Was ist damit gemeint, welche Schwierigkeiten werfen diese Textstellen auf, und wie können wir diese Texte beten?

VI. Ausblick: Der Gott Abrahams, Isaaks und Jakobs – Vater Jesu Christi

Wir sind nun am Ende unseres »Rundganges« durch das Alte Testament angelangt. In diesem Abschnitt soll es darum gehen, abschließend die wichtige Frage nach der Verbindung von Altem und Neuem Testament nochmals aufzugreifen, besonders darum, die messianischen Erwartungen des Alten Testaments genauer in den Blick zu nehmen. Damit schließt sich der Bogen zu Kap. I, Abschnitt 1. Dort wurde einleitend deutlich, daß die Einheit der beiden Testamente durch Gott und sein geschichtliches Offenbarwerden begründet wird.

1 Die messianischen Erwartungen

1.1 Das Alte Testament – ein Buch der Verheißung? Das Neue Testament – ein Buch der Erfüllung?

Das Neue Testament und die kirchliche Überlieferung sind überzeugt, daß Jesus die Erfüllung des Alten Testaments ist, der verheißene Messias. Dieses Bekenntnis begründet christliche Identität – ohne Bekenntnis zu Jesus als dem Messias, d. h. dem Christus Gottes, könnten wir uns auch nicht mehr »Christen« (wörtlich: »Messianer«) nennen: »Er ist das Ja zu allem, was Gott verheißen hat« (2 Kor 1,20).

Bereits in Kap. I wurde deutlich, daß die Deutung vieler Stellen auf Christus nicht unproblematisch ist. Die Urkirche hat die Methoden der Schriftauslegung ihrer Zeit benützt, um ihren Zeitgenossinnen und Zeitgenossen die Einheit vom Alten Testament und der Verkündigung von Jesus Christus zu zeigen. Für uns sind daher heute viele »Schriftbeweise« nicht mehr überzeugend.

So sieht das Matthäusevangelium in der Flucht Josefs nach Ägypten bzw. in der Möglichkeit der Rückkehr nach dem Tod des Herodes ein Prophetenwort erfüllt: »Denn es sollte sich erfüllen, was der Herr durch den Propheten gesagt hat: Aus Ägypten habe ich meinen Sohn gerufen.« (Mt 2,15) Wer den zitierten Vers in Hos 11,1 nachschlägt, macht eine überraschende Entdeckung. Der Prophet Hosea erzählt von der Berufung und Erwählung Israels durch Jahwe, seine Herausführung aus der Knechtschaft in Ägypten, um zu einer Gerichtspredigt anzuheben: »Je mehr ich sie rief, desto mehr wandten sie sich ab.« Hosea will keinerlei »Weissagung« machen, sondern bezieht sich auf ein Ereignis, das bereits für ihn in der Vergangenheit liegt. Dies zeigt allein schon die grammatikalische Form: »Aus Ägypten habe ich meinen Sohn gerufen.«

Dazu kommt nun – nach unserem geschichtlichen Durchblick durch die alttestamentlichen Schriften – eine weitere Erkenntnis: *Der Messias steht keineswegs im Mittelpunkt des AT.*

Viele Schriften sind in ihrem Geschichtsbild auch nicht nach »vorne«, in die Zukunft, gerichtet, sondern eher »nach hinten": Was Jahwe einst in der Geschichte getan und gestiftet hat, ist bleibend gültig. Heilvolle Zukunft liegt darin, in die vergangenen Stiftungen und Setzungen Gottes glaubend einzutreten (vgl. Priesterschrift, Dtn). Ein neues Handeln Gottes kommt nicht in den Blick.

Ebenso sind die Propheten bis zum babylonischen Exil von der Erwartung des Gerichts, aber nicht von der Hoffnung auf neues Heil bestimmt (vgl. z. B. Amos).

Das *Schema Verheißung – Erfüllung* ist zwar eine wichtige Deutekategorie der Geschichte, aber weitaus die meisten Verheißungen werden bereits im Alten Testament selbst erfüllt (Landverheißung, Volkwerdung,...). In diesem Sinn ist das Alte Testament nicht einfach ein Buch der »Verheißung«, sondern ebenso ein »Buch der Erfüllung«. (Ebenso könnte man sagen, daß das Neue Testament nicht nur ein »Buch der Erfüllung«, sondern ebenso ein »Buch der Verheißung« ist, eine ausgespannte und sehnsuchtsvolle Bitte: »Komm, Herr Jesus!«, vgl. Offb 22,20.)

Selbst das Wort »Messias« führt hier zunächst nicht weiter. Es ist ursprünglich eine Bezeichnung für den (regierenden) König; kann dann aber auch für den Perserkönig Kyrus gebraucht werden (vgl. Jes 45,1).

Mit seinen »Messiassen« (dem Königtum) hatte Israel aber gerade nicht nur gute Erfahrungen gemacht. Die alttestamentlichen Texte sind von einer tiefen Ambivalenz bestimmt. Schon von daher wäre eine »Messiaserwartung« in Sinne einer Wiedereinführung des Königtums im alten Stil keine »Hoffnung«, sondern für viele Kreise eher eine »Befürchtung« gewesen.

1.2 Das Exil als Geburtsstunde messianischer Erwartung

Im engeren Sinn ist die messianische Idee erst aus der Not der Exilszeit geboren worden. Sie bildet ein utopisch-kritisches Gegenbild zu den Erfahrungen, die Israel mit seinen Königen bzw. auch seinen Besatzungsmächten gemacht hat. »Die erlittene Geschichte, aber auch die begeistert angenommenen Situationen erfahrener Gottesnähe wurden zum fruchtbaren Mutterboden vielgestaltiger Bilder und Utopien, die nun aufbrechen.« (E. Zenger) Es bricht die Hoffnung auf, daß Gott diese Welt zum Guten wenden, daß er auf neue Weise handeln wird: in einem neuen Exodus, einer neuen Landnahme, einem neuen Bund, einem neuen Königtum. In den Konturen der Ver-

gangenheit wird von einem neuen, ganz anderen Handeln Gottes gesprochen. Diese Bilder sind eigenartig offen und nicht auflösbar. Es ist nicht möglich, anhand dieser Texte das Eintreffen dieser Hoffnung festzustellen. Sie drücken die »unerschütterliche Hoffnung aus, daß allem Anschein zum Trotz die Dinge nicht so bleiben, wie sie sind, der Mensch nicht so bleibt, wie er ist, die Welt nicht so bleibt, wie sie ist.« (E. Zenger)

Ab dem Exil gibt es also eine überraschend breite Erwartung, die sich auf das Kommen des Reiches Gottes, das Anbrechen einer messianischen Zeit, richtet. Die Vorstellungen darüber, wie das im einzelnen geschieht, sind in den Texten aber sehr verschieden.

»Messiaserwartung« ist also ein Teil der umfassenden »messianischen Erwartung« (die auch ohne »Messias« gedacht werden kann, dazu später).

1.3 Der vielgesichtige Traum von einer messianischen Zeit

Erich Zenger systematisiert diese Bilder und Utopien und unterscheidet drei »Grundtypen«: die Erwartung einer messianischen Ämterteilung, eines neuen und idealen Königtums oder eines direkten Eingreifens Gottes ohne Messias.

Die Vision einer messianischen Ämterteilung

Der Machtmißbrauch der Könige soll in einer neuen Heilszeit durch eine neue Beschreibung und Festlegung des königlichen Amtes verhindert werden: Das Ämtergesetz des Dtn (Dtn 16,18 – 18,22) ordnet dem König ein unabhängiges Rechtswesen und eine selbständige Priesterschaft zu. Alle drei Ämter (= König, Richter, Priester) stehen unter dem freien Charisma und Amt des Propheten. Eine neue Heilszeit kann – so dieser Text – nur durch Machtbeschränkung und »Gewaltenteilung« verwirklicht werden.

In Sach 4,1–14* bilden *das Priestertum und das Königtum* (die beiden »Ölsöhne«) gemeinsam die Voraussetzung dafür, daß nach einer Periode des Dunkels wieder das Licht Jahwes leuchten kann.

Diese Erwartung »mehrerer Messiasgestalten« war auch zur Zeit Jesu lebendig (z. B. in der Mönchsgemeinde von Qumran).

Die Hoffnung auf ein neues, gewaltloses Königtum

Als Schlüsseltext messianischer Hoffnung erwies sich in der exilisch-nachexilischen Zeit der vorexilische Text Jes 7,14–17.

Die Geburt eines Kindes sollte dem König Ahas in einer bedrohten Zeit Zeichen für die Zuverlässigkeit des göttlichen Wortes sein. Das Kind wird aber weder ausdrücklich als »Königssohn« bezeichnet, noch hat es selbst irgendeine Funktion (wie etwa zu regieren, Recht zu sprechen, Frieden zu schaffen,…).

Der Text hat auch keinerlei eschatologische oder messianische Perspektive - es geht bloß um das »daß« dieser Geburt, die für Ahas »Zeichen« sein soll.

Jahrhunderte später wurde dieser Text in Jes 9,1–6 und Jes 11,1–9 weitergeführt und neu gedeutet. Die Texte sprechen so – in der heutigen, redaktionellen Gestalt des Jesajabuches – von der Ankündigung der Geburt eines Königskindes (Jes 7), der Geburt eines Königskindes (Jes 9) und von der Ausübung seiner Herrschaft (Jes 11). Der – in sich genommen nicht-messianische Text Jes 7 – wurde zum »Katalysator« für die exilisch-nachexilische messianische Erwartung.

Auffallend ist, daß diesem neuen Königtum in Jes 9 und Jes 11 jeder gewalttätige und kriegerische Zug fehlt. Dieses Idealkönigtum ist nur möglich, weil Jahwe selbst vorher – gerade ohne Mitwirkung von Menschen – den Kriegen ein Ende setzt. Die Mächtigkeit dieses Königtums erweist sich nicht mehr im Zerschlagen feindlicher Völker, sondern in der Entfaltung geschwisterlichen Zusammenlebens. Kein Lebewesen wird auf Kosten anderer leben müssen, die

ganze Schöpfung wird in umfassendem Schalom (= Frieden) geborgen sein, in einer Welt umfassenden Glücks. Es ist die Vision einer Menschheit, die durch ihre Bindung an Jahwe so verändert wird, daß der Drang des Menschen zur Sünde und Gewalttätigkeit überwunden werden kann.

Auch Sach 9,9–10 spricht von dieser Hoffnung. Der König wird geradezu als »Anti-König« dargestellt: er ist arm und niedrig, reitet auf einem Esel (ein König zieht sonst auf einem Pferd in den Krieg), und er ist »einer aus dem Volk«. Es ist ein scheinbar ohnmächtiges Königtum, das – nachdem Gott die Streitwagen und die Kriegsbogen vernichtet hat (V. 10a) – den Völkern nur noch den Frieden zu verkünden braucht.

Diese Hoffnung orientiert sich am leidenden und scheinbar auch scheiternden Gottesknecht, der gerade so den Völkern das Recht bringt (vgl. Jes 42,1–9; 52,13 – 53,12).

L *Lesevorschlag*: Jes 7; 9; 11; Sach 9,9–10

Eine messianische Zeit ohne messianische Ämter

Die Enttäuschung über die Führer des Volkes kann auch so groß sein, daß die Hoffnung im Ende dieser Hirten liegt – eine messianische Hoffnung ohne »Messias«.

So spricht Ez 34,10.11.16b davon, daß Gott alle Hirten absetzt, die ohnehin nur sich selbst geweidet haben, und daß er selbst an deren Stelle treten wird. Auch in Jes 65,17–18.25 handelt Gott selbst, so daß für messianische Amtsträger kein Platz ist. Der Heilsruf in Jes 55,1–3 lädt alle ein, sich bei Jahwe mit Wein, Brot und Milch zu sättigen. Diese Heilszeit wird dadurch gekennzeichnet sein, daß die königliche Berufung und »Amtsgnade« auf das ganze Volk übergeht (V. 3). Das ganze Volk ist der »Messias«.

Erst *um die Zeitenwende* – also im nicht kanonischen (apokryphen) Schrifttum – wird die Hoffnung auf eine *individuelle Messiasgestalt* zugespitzt. Von ihr wird die

Befreiung von der Römerherrschaft erwartet. Zur Zeit Jesu gab es ein ausgesprochen »messianisches Fieber«. Das mag wohl Jesus veranlaßt haben, sehr vorsichtig mit den Erwartungen seiner Zeitgenossinnen und Zeitgenossen umzugehen.

1.4 In Jesus erfüllt sich die Hoffnung auf Gottes Reich

Die Entwürfe des Alten Testaments ergeben kein eindeutiges Bild. Sie sprechen sehr unterschiedlich von der einen, zentralen Hoffnung, daß Gott inmitten der Geschichte eine neue Zeit heraufführt. Wie Gott das im einzelnen tut (mit einer oder mehreren »Messiasgestalten« oder überhaupt ohne menschliche Vermittlung), kann vom Alten Testament her nicht entschieden werden.

Schalom ben Chorin, ein jüdischer Theologe unserer Zeit, drückt die Überzeugung des Judentums und des Alten Testaments so aus: »Der Messias erweist sich am Reich, das er bringt.« Entsprechend antwortet auch Jesus auf die Frage, ob er der Messias sei, mit dem Hinweis auf seine Wirksamkeit (vgl. Mt 11,2–6).

Ob der Messias gekommen ist, erweist sich daran, ob die verheißene messianische Zeit (die »Gottesherrschaft«) gekommen ist. Was das bedeutet, ist aus den alttestamentlichen Texten eindeutig bestimmt: Ende von Krieg und Gewalt; neues, geschwisterliches Zusammenleben; umfassende Gerechtigkeit und Frieden; eine neue Nähe zu Gott. Dies ist – so bezeugen die neutestamentlichen Texte – in Jesus angebrochen.

Die Glaubwürdigkeit des Messias Jesus aufzuweisen und zu bezeugen, ist der Gemeinschaft der Christen aufgetragen: Durch sie muß sich zeigen, daß Gott in Jesus diese Welt von innen her verändert hat.

Jesus ist die Erfüllung des Alten Testaments in seinem Kern: Gott, der rettet und liebt, offenbart in Jesus, daß er die Liebe ist. So ist Jesus die Erfüllung, aber auch die Überbietung des Alten Testaments. Er ist

mehr, als jemals erhofft und erträumt werden konnte (vgl. 1 Kor 2,9).

> Im Alten Testament gibt es eine Vielfalt von »messianischen Erwartungen«. Sie entstehen vor allem mit dem Exil. Der Grundgedanke dabei ist, daß Gott einen neuen Anfang setzen und sein Volk und diese Welt verwandeln wird. Das »Wie« dieser Verwandlung wurde verschieden gedacht: als neues ideales Königtum, in Form von Gewaltenteilung, als direktes Eingreifen Gottes ohne Messias.

L *Literatur*: E. Zenger, Jesus von Nazaret und die Hoffnungen des alttestamentlichen Israel, in: Studien zum Messiasbild im Alten Testament. Hrsg. v. U. Struppe (Stuttgarter Biblische Aufsatzbände 6), Stuttgart 1989, S. 23–36

2 Das Alte Testament – gemeinsames Erbe von Juden und Christen

Das Alte Testament als gemeinsamer Ursprung verbindet Jüdinnen/Juden und Christinnen/Christen. So sind die Jüdinnen/Juden unsere »älteren Brüder/Schwestern« (Johannes Paul II.). Mit keiner anderen Religion verbindet uns so viel.

Gleichzeitig ist unser Verhältnis aber auch durch die Geschichte des (auch christlichen) Antisemitismus belastet wie kaum eines sonst. Umso notwendiger ist es, einander besser kennen- und verstehen zu lernen. Für uns Christen und Christinnen heißt das zunächst: das Alte Testament verstehen lernen. Eine Ablehnung des Alten Testaments war und ist oft mit antisemitischen Vorurteilen gepaart. Hier liegt auch heute noch eine Kluft, die mit Geduld und Entschiedenheit überwunden werden muß.

Schon der Apostel Paulus, der – selbst Jude – immer wieder auf Unverständnis und Überheblichkeit der Heidenchristinnen und -christen stieß, hat in Röm 9,4–5 zusammengefaßt, was alles den Jüdinnen/Juden gehört und in der Kirche von ihnen stammt:

»Sie sind Israeliten; sie haben die Sohnschaft, die Herrlichkeit, die Bundesschlüsse,
ihnen ist das Gesetz gegeben, der Gottesdienst und die Verheißungen, sie haben die
Väter, und dem Fleisch nach entstammt
ihnen Christus.« So vergleicht er Israel mit
einem edlen Ölbaum, in den als wilde
Zweige die Heidenchristinnen und -christen
»eingepfropft« wurden und die so an der
Kraft der Wurzel teilhaben. Freilich gilt
dann auch: »*Nicht du trägst die Wurzel, sondern die Wurzel trägt dich*« (Röm 11,18).

Unwiderruflich sind Gnade und Berufung,
die Gott Israel geschenkt hat (Röm 11,30).
Israel hat daher nie aufgehört, geliebter
»Sohn« Gottes zu sein, in seinem Liebes-
und Gnadenbund zu leben. Wir sind als Kirche hineingenommen in diesen Bund, auch
wir haben Abraham zum Vater bekommen,
wurden zu Gottes auserwähltem Volk. Aber
das nicht auf Kosten Israels, sondern als
Zeugnis für den unerschöpflichen Reichtum
der Gnade Gottes, der Juden wie Christen in
seine Vollendung und in ein immer tieferes
Verständnis seines Heils führen will.

L *Lesevorschlag*: Röm 9 – 11; 2. Vatikanisches Konzil,
Erklärung über das Verhältnis der Kirche zu den nicht-
christlichen Religionen »Nostra aetate«, Nr. 4–5.
L *Literatur*: C. Dohmen /F. Mußner, Nur die halbe
Wahrheit? Für die Einheit der christlichen Bibel, Frei-
burg 1993; N. Lohfink, Der niemals gekündigte Bund.
Exegetische Gedanken zum christlich-jüdischen Dia-
log, Freiburg 1989

> Das Alte Testament ist der gemeinsame Grund
> von Jüdinnen/Juden und Christinnen/Christen.
> Darum sind wir mit keiner anderen Religion so eng
> verwandt. Von daher sind wir in besonderer Weise
> gefordert, das Alte Testament verstehen zu lernen.

➤ ÜBERBLICKS- UND VERSTÄNDNISFRAGEN

1. Warum ist es einseitig, das Alte Testament als
»Buch der Verheißung«, das Neue Testament als
»Buch der Erfüllung« zu verstehen?
2. Welche geschichtliche Situation wird zur
»Geburtsstunde« messianischer Erwartungen?
3. Beschreiben Sie die verschiedenen »Typen«
messianischer Erwartung(en) der alttestamentlichen Texte.
4. Manchmal hört man die Meinung, Gott habe
seinen Bund mit Israel gekündigt und die Kirche
sei an die Stelle Israels getreten. Was meinen Sie
dazu?

➤ ALS ABSCHLUSS: ANREGUNGEN ZUM NACH- UND WEITERDENKEN

1. Sie sind am Ende eines Rundgangs durch das
Alte Testament angelangt. Worin liegt Ihrer Mei-
nung nach der Sinn einer Beschäftigung mit dem
AT?
2. Welche Schwierigkeiten mit dem Alten Testa-
ment kennen Sie aus Ihrem Bekannten- oder
Freundeskreis? Können Sie aufgrund Ihrer
Beschäftigung mit dem Alten Testament Antwor-
ten und Verständnishilfen anbieten? Worauf
könnte man in einem Gespräch hinweisen, welche
Aspekte betonen?
3. Welcher Abschnitt des Buches oder welche
Texte des Alten Testaments waren für Sie und Ihr
Leben aus dem Glauben am wichtigsten? Was ist
Ihnen klar geworden, was hat Ihnen geholfen?
4. Welche Fragen sind bei Ihnen offen geblieben?
Welche Fragen sind neu entstanden? Woran möch-
ten Sie gerne weiterarbeiten?

Weiterführende Arbeitsanregungen

Arbeitsanregungen zu Dtn 26,5–10

V. 5 *Mein Vater war ein heimatloser Aramäer.*
Er zog nach Ägypten,
lebte dort als Fremder mit wenigen Leuten
und wurde dort zu einem großen,
mächtigen und zahlreichen Volk.

V. 6 Die Ägypter behandelten uns schlecht,
machten uns rechtlos
und legten uns harte Fronarbeit auf.

V. 7 Wir schrien zum Herrn,
dem Gott unserer Väter,
und der Herr hörte unser Schreien
und sah unsere Rechtlosigkeit,
unsere Arbeitslast und unsere Bedrängnis.

V. 8 Der Herr führte uns mit starker Hand
und hoch erhobenem Arm,
unter großem Schrecken,
unter Zeichen und Wundern aus Ägypten.

V. 9 Er brachte uns an diese Stätte
und gab uns dieses Land,
ein Land, in dem Milch und Honig fließen.

V. 10 *Und siehe, nun bringe ich hier die ersten Erträge von den Früchten des Landes, das du mir gegeben hast, Herr.*

Dieser Text stammt aus dem 7. Jahrhundert. Sie kennen ihn aus Kapitel I, Abschnitt 4. Er faßt in knappen Sätzen die umfangreichen Traditionen der alten Pentateuchschicht JE zusammen. Der Rahmen in V. 5a und V. 10 (kursiv gedruckt) war dem Verfasser wahrscheinlich schon als Gebet vorgegeben. Diesen Rahmen hat er durch einen Geschichtsrückblick erweitert.

1. Um welche *Textsorte* handelt es sich hier? (Achten Sie vor allem auf V. 5 und V. 10!)

_____

2. *Wo* wird dieser Text gesprochen? *Von wem? Wann?* (Schauen Sie in Ihrer Bibel auf den Zusammenhang, in dem dieser Text steht!)

Ort: _____ Sprecher: _____

Zeitpunkt: _____

3. Welche Begebenheit in der Geschichte des Volkes wird hier vor allem erinnert und erzählt?

_____

4. Beschreiben Sie den *Stil* dieses Textes (z. B.: erzählend, poetisch, lehrhaft, ...)

_____

5. Wer sind die *Handlungsträger* (Subjekte) der einzelnen Verse?

V. 5a: _____   V. 7a: _____

V. 5b: _____   V. 7b-9: _____

V. 6: _____   V. 10: _____

6. Nun können Sie sicher leicht den *Aufbau des Textes* erarbeiten: (Orientieren Sie sich an den Handlungsträgern, die Sie in der Frage 5 herausgefunden haben. Eine Hilfe ist auch die Wiedergabe des Textes oben, an der der Aufbau im Schriftbild erkennbar ist.)

Der Rahmen (V. 5a.10): _____

Abschnitt 1 (V. 5b): _____

Abschnitt 2 (V. 6): _____

Abschnitt 3 (V. 7): _____

Abschnitt 4 (V. 8–9): _____

7. Im Alten Testament begegnen noch öfter »Kurzformeln« des Glaubens, Glaubensbekenntnisse – so in Dtn 6,21–23 und in Num 20,15–16. Schlagen Sie diese Texte nach und vergleichen Sie sie mit Dtn 26,5–10. Was steht jeweils im Zentrum des Glaubens?

8. In *1 Kor 15,3–5* ist auch eine »Kurzformel« des Glaubens überliefert. Worum geht es in diesem Text? Was ist also der zentrale Inhalt des Bekenntnisses im NT im Vergleich zum AT?

Arbeitsanregungen zu den Quellen des Pentateuch – am Beispiel der Fluterzählung (Gen 6 – 9)

Die Kapitel Gen 6 – 9 enthalten zwei Erzählstränge. Im folgenden haben wir beide für Sie auseinandergenommen und jeweils als fortlaufende Erzählung abgedruckt. Meist wird ein Text dem »Jahwisten«, der andere der »Priesterschrift« zugeordnet.

Ein Hinweis: Der Vers 8,7 wurde nicht in die untenstehende Auflistung aufgenommen. Wahrscheinlich handelt es sich weder um »J« noch um »P«, sondern um die Hinzufügung des Redaktors, dem aus dem Gilgamesch-Epos die Tradition von einem Raben als »Versuchsvogel« bekannt war. Diese fügte er hier ein. Vielleicht stammen auch noch andere Verse, die unten »P« zugeordnet wurden, vom Redaktor. Sie ahmen aber im Stil P nach.

Die jahwistische Fluterzählung

6,5   Der Herr sah, daß auf der Erde die Schlechtigkeit des Menschen zunahm und daß alles Sinnen und Trachten seines Herzens immer nur böse war.

6,6   Da reute es den Herrn, auf der Erde den Menschen gemacht zu haben, und es tat seinem Herzen weh.

6,7   Der Herr sagte: Ich will den Menschen, den ich erschaffen habe, vom Erdboden vertilgen, mit ihm auch das Vieh, die Kriechtiere und die Vögel des Himmels, denn es reut mich, sie gemacht zu haben.

6,8   Nur Noach fand Gnade in den Augen des Herrn.

7,1   Darauf sprach der Herr zu Noach: Geh in die Arche, du und dein ganzes Haus, denn ich habe gesehen, daß du unter deinen Zeitgenossen vor mir gerecht bist.

7,2   Von allen reinen Tieren nimm dir je sieben Paare mit, und von allen unreinen Tieren je ein Paar,

7,3   auch von den Vögeln des Himmels je sieben Männchen und Weibchen, um Nachwuchs auf der ganzen Erde am Leben zu erhalten.

7,4   Denn noch sieben Tage dauert es, dann lasse ich es vierzig Tage und vierzig Nächte lang auf die Erde regnen und tilge vom Erdboden alle Wesen, die ich gemacht habe.

7,5   Noach tat alles, was ihm der Herr aufgetragen hatte.

7,7   Noach ging also mit seinen Söhnen, seiner Frau und den Frauen seiner Söhne in die Arche, bevor das Wasser der Flut kam.

7,16b   Dann schloß der Herr hinter ihm zu.

7,10   Als die sieben Tage vorbei waren, kam das Wasser der Flut über die Erde.

7,12   Der Regen ergoß sich vierzig Tage und vierzig Nächte lang auf die Erde.

7,17   Die Flut auf der Erde dauerte vierzig Tage. Das Wasser stieg und hob die Arche immer höher über die Erde.

7,22   Alles, was auf der Erde durch die Nase Lebensgeist atmete, kam um.

7,23   Gott vertilgte also alle Wesen auf dem Erdboden, Menschen, Vieh, Kriechtiere und die Vögel des Himmels; sie alle wurden vom Erdboden vertilgt. Übrig blieb nur Noach und was mit ihm in der Arche war.

8,2b   Der Regen vom Himmel ließ nach,

8,3a   und das Wasser verlief sich allmählich von der Erde.

8,6   Nach vierzig Tagen öffnete Noach das Fenster der Arche, das er gemacht hatte.

8,8   Dann ließ er eine Taube hinaus, um zu sehen, ob das Wasser auf der Erde abgenommen habe.

8,9 Die Taube fand keinen Halt für ihre Füße und kehrte zu ihm in die Arche zurück, weil über der ganzen Erde noch Wasser stand. Er streckte seine Hand aus und nahm die Taube wieder zu sich in die Arche.

8,10 Dann wartete er noch weitere sieben Tage und ließ wieder die Taube aus der Arche.

8,11 Gegen Abend kam die Taube zu ihm zurück, und siehe da: In ihrem Schnabel hatte sie einen frischen Olivenzweig. Jetzt wußte Noach, daß nur noch wenig Wasser auf der Erde stand.

8,12 Er wartete weitere sieben Tage und ließ die Taube noch einmal hinaus. Nun kehrte sie nicht mehr zu ihm zurück.

8,13b Da entfernte Noach das Verdeck der Arche, blickte hinaus, und siehe: Die Erdoberfläche war trocken.

8,20 Dann baute Noach dem Herrn einen Altar, nahm von allen reinen Tieren und von allen reinen Vögeln und brachte auf dem Altar Brandopfer dar.

8,21 Der Herr roch den beruhigenden Duft, und der Herr sprach bei sich: Ich will die Erde wegen des Menschen nicht noch einmal verfluchen; denn das Trachten des Menschen ist böse von Jugend an. Ich will künftig nicht mehr alles Lebendige vernichten, wie ich es getan habe.

8,22 Solange die Erde besteht, sollen nicht aufhören Aussaat und Ernte, Kälte und Hitze, Sommer und Winter, Tag und Nacht.

Die priesterschriftliche Fluterzählung

6,9 Das ist die Geschlechterfolge nach Noach:
Noach war ein gerechter, untadeliger Mann unter seinen Zeitgenossen;
er ging seinen Weg mit Gott.

6,10 Noach zeugte drei Söhne, Sem, Ham und Jafet.

6,11 Die Erde war in Gottes Augen verdorben, sie war voller Gewalttat.

6,12 Gott sah sich die Erde an:
Sie war verdorben; denn alle Wesen aus Fleisch auf der Erde lebten verdorben.

6,13 Da sprach Gott zu Noach:
Ich sehe, das Ende aller Wesen aus Fleisch ist da;
denn durch sie ist die Erde voller Gewalttat.
Nun will ich sie zugleich mit der Erde verderben.

6,14 Mach dir eine Arche aus Zypressenholz!
Statte sie mit Kammern aus,
und dichte sie innen und außen mit Pech ab!

6,15 So sollst du die Arche bauen:
Dreihundert Ellen lang, fünfzig Ellen breit und dreißig Ellen hoch soll sie sein.

6,16 Mach der Arche ein Dach, und hebe es genau um eine Elle nach oben an!
Den Eingang der Arche bring an der Seite an!
Richte ein unteres, ein zweites und ein drittes Stockwerk ein!

6,17 Ich will nämlich die Flut über die Erde bringen, um alle Wesen aus Fleisch unter dem Himmel, alles, was Lebensgeist in sich hat, zu verderben.
Alles auf Erden soll verenden.

6,18 Mit dir aber schließe ich meinen Bund.
Geh in die Arche, du, deine Söhne, deine Frau und die Frauen deiner Söhne!

6,19 Von allem, was lebt, von allen Wesen aus Fleisch, führe je zwei in die Arche, damit sie mit dir am Leben bleiben;
je ein Männchen und ein Weibchen sollen es sein.

6,20 Von allen Arten der Vögel, von allen Arten des Viehs, von allen Arten der Kriechtiere auf dem Erdboden sollen je zwei zu dir kommen, damit sie am Leben bleiben.

6,21 Nimm dir von allem Eßbaren mit, und leg dir einen Vorrat an!
Dir und ihnen soll es zur Nahrung dienen.

6,22 Noach tat alles genau so, wie ihm Gott aufgetragen hatte.

7,6 Noach war sechshundert Jahre alt,
als die Flut über die Erde kam.

7,8 Von den reinen und unreinen Tieren, von den Vögeln und allem, was sich auf dem Erdboden regt,

7,9 kamen immer zwei zu Noach in die Arche, Männchen und Weibchen, wie Gott dem Noach aufgetragen hatte.

7,11 Im sechshundertsten Lebensjahr Noachs, am siebzehnten Tag des zweiten Monats. An diesem Tag brachen alle Quellen der gewaltigen Urflut auf, und die Schleusen des Himmels öffneten sich.

7,13 Genau an jenem Tag waren Noach, die Söhne Noachs, Sem, Ham und Jafet, Noachs Frau und mit ihnen die drei Frauen seiner Söhne in die Arche gegangen,

7,14 sie und alle Arten der Tiere, alle Arten des Viehs und alle Arten der Kriechtiere, die sich auf der Erde regen, und alle Arten der Vögel, des fliegenden Getiers.

7,15 Sie waren zu Noach in die Arche gekommen, immer zwei von allen Wesen aus Fleisch, in denen Lebensgeist ist.

7,16a Von allen Tieren waren Männchen und Weibchen gekommen,
wie Gott ihm aufgetragen hatte.

7,18 Das Wasser schwoll an und stieg immer mehr auf der Erde,
die Arche aber trieb auf dem Wasser dahin.

7,19 Das Wasser war auf der Erde gewaltig angeschwollen und bedeckte alle hohen Berge, die es unter dem ganzen Himmel gibt.

7,20 Das Wasser war fünfzehn Ellen über die Berge hinaus angeschwollen und hatte sie zugedeckt.

7,21 Da verendeten alle Wesen aus Fleisch, die sich auf der Erde geregt hatten, Vögel, Vieh und sonstige Tiere, alles, wovon die Erde gewimmelt hatte, und auch alle Menschen.

7,24 Das Wasser aber schwoll hundertfünfzig Tage lang auf der Erde an.

8,1 Da dachte Gott an Noach und an alle Tiere und an alles Vieh, das bei ihm in der Arche war.
Gott ließ einen Wind über die Erde wehen, und das Wasser sank.

8,2a Die Quellen der Urflut und die Schleusen des Himmels schlossen sich;

8,3b So nahm das Wasser nach hundertfünfzig Tagen ab.

8,4 Am siebzehnten Tag des siebten Monats setzte die Arche im Gebirge Ararat auf.

8,5 Das Wasser nahm immer mehr ab, bis zum zehnten Monat. Am ersten Tag des zehnten Monats wurden die Berggipfel sichtbar.

8,13a Im sechshundertsten Jahr Noachs, am ersten Tag des ersten Monats, hatte sich das Wasser verlaufen.

8,14 Am siebenundzwanzigsten Tag des zweiten Monats war die Erde trocken.

8,15 Da sprach Gott zu Noach:

8,16 Komm heraus aus der Arche, du, deine Frau, deine Söhne und die Frauen deiner Söhne!

8,17 Bring mit dir alle Tiere heraus, alle Wesen aus Fleisch, die Vögel, das Vieh und alle Kriechtiere, die sich auf der Erde regen.
Auf der Erde soll es von ihnen wimmeln; sie sollen fruchtbar sein und sich auf der Erde vermehren.

8,18 Da kam Noach heraus, er, seine Söhne, seine Frau und die Frauen seiner Söhne.

8,19 Auch alle Tiere kamen, nach Gattungen geordnet, aus der Arche, die Kriechtiere, die Vögel, alles, was sich auf der Erde regt.

9,1 Dann segnete Gott Noach und seine Söhne und sprach zu ihnen:
Seid fruchtbar, vermehrt euch, und bevölkert die Erde!
9,2 Furcht und Schrecken vor euch soll sich auf alle Tiere der Erde legen, auf alle Vögel des Himmels, auf alles, was sich auf der Erde regt, und auf alle Fische des Meeres; euch sind sie übergeben.
9,3 Alles Lebendige, das sich regt, soll euch zur Nahrung dienen. Alles übergebe ich euch wie die grünen Pflanzen.
9,4 Nur Fleisch, in dem noch Blut ist, dürft ihr nicht essen.
9,5 Wenn aber euer Blut vergossen wird, fordere ich Rechenschaft, und zwar für das Blut von jedem von euch. Von jedem Tier fordere ich Rechenschaft und vom Menschen. Für das Leben des Menschen fordere ich Rechenschaft von jedem seiner Brüder.
9,6 Wer Menschenblut vergießt, dessen Blut wird durch Menschen vergossen. Denn: Als Abbild Gottes hat er den Menschen gemacht.
9,7 Seid fruchtbar, und vermehrt euch; bevölkert die Erde, und vermehrt euch auf ihr!

9,8 Dann sprach Gott zu Noach und seinen Söhnen, die bei ihm waren:
9,9 Hiermit schließe ich meinen Bund mit euch und mit euren Nachkommen
9,10 und mit allen Lebewesen bei euch, mit den Vögeln, dem Vieh und allen Tieren des Feldes, mit allen Tieren der Erde, die mit euch aus der Arche gekommen sind.
9,11 Ich habe meinen Bund mit euch geschlossen:
Nie wieder sollen alle Wesen aus Fleisch vom Wasser der Flut ausgerottet werden;
nie wieder soll eine Flut kommen und die Erde verderben.
9,12 Und Gott sprach:
Das ist das Zeichen des Bundes, den ich stifte zwischen mir und euch und den lebendigen Wesen bei euch für alle kommenden Generationen:
9,13 Meinen Bogen setze ich in die Wolken;
er soll das Bundeszeichen sein zwischen mir und der Erde.
9,14 Balle ich Wolken über der Erde zusammen und erscheint der Bogen in den Wolken,
9,15 dann gedenke ich des Bundes, der besteht zwischen mir und euch und allen Lebewesen, allen Wesen aus Fleisch, und das Wasser wird nie wieder zur Flut werden, die alle Wesen aus Fleisch vernichtet.

1. Ein Grund, der zur Unterscheidung der beiden Erzählfäden führte, ist (neben Unterschieden in Stil und Sprache) vor allem: Viele Erzählzüge werden doppelt überliefert. Unterstreichen Sie in beiden Texten jeweils die Verse oder Versteile, die in beiden Erzählungen vorkommen.

Falls Sie dazu Hilfe brauchen: Vergleichen Sie Gen 6,5 mit 6,12; Gen 7,4 mit 6,17; Gen 7,1 mit 6,18b; Gen 7,7 mit 7,13; Gen 7,10 mit 7,11; Gen 7,17 mit 7,18; Gen 7,22 mit 7,21; Gen 8,2b mit 8,2a; Gen 8,21 mit Gen 9,15.

2. Ein weiterer Grund, zwei Erzählstränge anzunehmen, liegt darin, daß einige Erzählzüge unterschiedlich überliefert werden, ja daß sogar ausgesprochen widersprüchliche Angaben enthalten sind. Unterstreichen Sie mit einer anderen Farbe in den beiden Texten die Verse oder Versteile, die einander widersprechen.

Falls Sie Hilfe brauchen: Vergleichen Sie Gen 7,2 mit 6,19; Gen 7,12 mit 7,11 (dazu auch 8,2b und 8,2a); Gen 7,12.17 mit 7,24; 8,3b; Gen 8,6-12 und 8,15-16.

3. Welche Erzählzüge werden unterschiedlich überliefert?

in J

in P

4. Wenn Sie beide Texte vergleichen: Können Sie unterschiedliche theologische Akzente feststellen?

Ein Hinweis: Sie können – wenn Sie Kap. III/Abschnitt 1.3 und Kap. IV./Abschnitt 2.2 gelesen haben, nochmals auf diese Arbeitsanregung zurückkommen. Dann können Sie auch Ihre Eindrücke über die theologischen Akzente überprüfen bzw. Ihre Beobachtungen vertiefen und ergänzen.

Arbeitsanregungen zum Text Gen 32,23–33

Die folgende Übersetzung orientiert sich enger am hebräischen Text als die Einheitsübersetzung. Sie ist folgendem Buch entnommen: Werner Dommershausen, Ringkampf mit Gott. Eine unglaubliche biblische Geschichte. (Kleine Reihe zur Bibel 9), Stuttgart (Kath. Bibelwerk) 1969. Um Ihnen die Arbeit ein wenig zu erleichtern, ist der Text im Schriftbild gegliedert und sind wichtige Wörter (Leitwörter) kursiv gedruckt.

23 In jener Nacht machte er sich auf,
   er nahm seine zwei Frauen, seine zwei Mägde und
   seine elf Kinder
   und *fuhr* über die *Furt* des Jabbok.
24 Er nahm sie, *führte* sie über den Fluß und fuhr über,
   was sein war.

25 Jakob blieb allein zurück.
   Da *rang* ein Mensch mit ihm, bis das Morgengrauen aufzog.
26 Und er sah, daß er ihn nicht *überwand*.
   So rührte er an seine Hüftpfanne,
   und es verrenkte sich Jakobs Hüftpfanne,
   als er mit ihm *rang*.

27 Dann sprach er:
   Entlasse mich, denn das Morgengrauen ist aufgezogen.
   Er aber sprach: Ich entlasse dich nicht,
   bis du mich *gesegnet* hast.
28 Da sprach er zu ihm: Was ist dein *Name*?
   Und er sprach: Jakob.
29 Da sprach er: Nicht Jakob werde fürder dein *Name* gesprochen,
   sondern Israel,
   denn du *kämpftest* mit Gott und Mensch und *überwandst*.
30 Da fragte Jakob und sprach: Vermelde doch deinen *Namen*!
   Er aber sprach: Warum denn fragst du nach meinem *Namen*!
   Und er *segnete* ihn dort.

31 Jakob nannte den Namen des Ortes *Penuel*,
   denn: Ich habe Gott gesehen,
   Antlitz zu Antlitz,
   und meine Seele ist gerettet.

32 Die Sonne strahlte ihm auf,
   als er an Penuel *vorüberfuhr*.
   Er aber hinkte an seiner Hüfte.
33 Darum essen die Söhne Israels bis auf diesen Tag die Spannader nicht, die auf der Hüftpfanne liegt, denn an Jakobs Hüftpfanne an der Spannader hatte er gerührt.

1. Um welche *Textsorte* handelt es sich Ihrer Meinung nach?

_____

2. Wie heißt der *Held* dieser Geschichte? _____

3. Der Text hat einen *Rahmen* (V. 23–24 und 32–33). Hier wird die Situation beschrieben, in der das Hauptereignis, der nächtliche Ringkampf, stattfindet.

   Was erfahren wir in diesem Rahmen?

_____

_____

Der Rahmen der Erzählung ist durch ein *Leitwort* gekennzeichnet. Wie heißt es?

_____

4. Der *Hauptteil* (V. 25–31) ist in drei Szenen gegliedert.
a) Die *erste Szene* (V. 25f) ist kurz, berichtend. Es geht um:

_____

b) Die *zweite Szene* (V. 27–30) besteht aus einem Gespräch zwischen den beiden Kämpfern, das die Erzählung zu ihrem Höhepunkt führt. Worin besteht der Höhepunkt? (Achten Sie bitte auf die Leitworte!)

_____

Was »erringt« sich Israel-Jakob? _____

c) Die *dritte Szene* (V. 31) gehört eigentlich nicht mehr zum Ringkampf. Sie könnte auch fehlen. Wozu dient sie?

_____

Wie heißt ein solcher Text, in dem eine »Ursache«, eine Begründung in erzählerischer Form genannt wird?

_____

5. Finden Sie eine *Überschrift* für diesen Text:

_____

Zusatzinformation: Der biblische Verfasser nimmt hier eine alte Erzählung auf, deren Kern vor allem in V. 25–26 erzählt wird. Sie hatte ursprünglich noch nichts mit dem Jahweglauben oder mit Jakob zu tun. Sie erzählt davon, daß einst ein Mann bei dem gefährlichen Durchqueren einer Furt von einer Gottheit (einem Flußdämon) überfallen wurde, der in seinem Wirken und in seiner Gefährlichkeit auf die Nacht beschränkt war. Dem Mann gelang es, bis zum Morgen im Kampf nicht zu unterliegen. Damit hatte er bereits gewonnen. Der biblische Verfasser übernimmt die Erzählung, gibt ihr aber eine neue Sinnspitze (V. 27–30): Jakob wird zu »Isra-El« und erhält Segen von Jahwe.

Es handelt sich wahrscheinlich um einen jahwistischen Text. Lesen Sie bitte bis Kapitel III, Abschnitt 1.3 weiter. Sie können danach nochmals auf diese Seite zurückblättern und folgende Frage beantworten:

6. Versuchen Sie auf der Grundlage dessen, was Sie in Kap. III, Abschnitt 1.3 gelesen haben, einige *Kennzeichen des »Jahwisten«* in diesem Text zu finden:

_____

_____

_____

Arbeitsanregungen zum Königtum in Israel – Pro und Contra

Ri 8,22–23

22Die Israeliten sagten zu Gideon: Werde unser Herrscher, du und auch dein Sohn und dein Enkel; denn du hast uns aus der Gewalt Midians befreit. 23Aber Gideon antwortete ihnen: Ich will nicht über euch herrschen, und auch mein Sohn soll nicht über euch herrschen; der Herr soll über euch herrschen.

1 Sam 8,1–17

1Als Samuel alt geworden war, setzte er seine Söhne als Richter Israels ein. 2Sein erstgeborener Sohn hieß Joel, sein zweiter Abija. Sie waren in Beerscheba Richter. 3Seine Söhne gingen nicht auf seinen Wegen, sondern waren auf ihren Vorteil aus, ließen sich bestechen und beugten das Recht. 4Deshalb versammelten sich alle Ältesten Israels und gingen zu Samuel nach Rama. 5Sie sagten zu ihm: Du bist nun alt, und deine Söhne gehen nicht auf deinen Wegen. Darum setze jetzt einen König bei uns ein, der uns regieren soll, wie es bei allen Völkern der Fall ist. 6Aber Samuel mißfiel es, daß sie sagten: Gib uns einen König, der uns regieren soll. Samuel betete deshalb zum Herrn, 7und der Herr sagte zu Samuel: Hör auf die Stimme des Volkes in allem, was sie zu dir sagen. Denn nicht dich haben sie verworfen, sondern mich haben sie verworfen: Ich soll nicht mehr ihr König sein. 8Das entspricht ganz ihren Taten, die sie (immer wieder) getan haben, seitdem ich sie aus Ägypten heraufgeführt habe, bis zum heutigen Tag; sie haben mich verlassen und anderen Göttern gedient. So machen sie es nun auch mit dir. 9Doch hör jetzt auf ihre Stimme, warne sie aber eindringlich, und mach ihnen bekannt, welche Rechte der König hat, der über sie herrschen wird.

10Samuel teilte dem Volk, das einen König von ihm verlangte, alle Worte des Herrn mit. 11Er sagte: Das werden die Rechte des Königs sein, der über euch herrschen wird: Er wird eure Söhne holen und sie für sich bei seinen Wagen und seinen Pferden verwenden, und sie werden vor seinem Wagen herlaufen. 12Er wird sie zu Obersten über (Abteilungen von) Tausend und zu Führern über (Abteilungen von) Fünfzig machen. Sie müssen sein Ackerland pflügen und seine Ernte einbringen. Sie müssen seine Kriegsgeräte und die Ausrüstung seiner Streitwagen anfertigen. 13Eure Töchter wird er holen, damit sie ihm Salben zubereiten und kochen und backen. 14Eure besten Felder, Weinberge und Ölbäume wird er euch wegnehmen und seinen Beamten geben. 15Von euren Äckern und euren Weinbergen wird er den Zehnten erheben und ihn seinen Höflingen und Beamten geben. 16Eure Knechte und Mägde, eure besten jungen Leute und eure Esel wird er holen und für sich arbeiten lassen. 17Von euren Schafherden wird er den Zehnten erheben. Ihr selber werdet seine Sklaven sein.

Ps 72

1Verleih dein Richteramt, o Gott, dem König, dem Königssohn gib dein gerechtes Walten!
2Er regiere dein Volk in Gerechtigkeit und deine Armen durch rechtes Urteil.
3Dann tragen die Berge Frieden für das Volk und die Höhen Gerechtigkeit.
4Er wird Recht verschaffen den Gebeugten im Volk, Hilfe bringen den Kindern der Armen, er wird die Unterdrücker zermalmen.
5Er soll leben, solange die Sonne bleibt und der Mond, bis zu den fernsten Geschlechtern.
6Er ströme wie Regen herab auf die Felder, wie Regenschauer, die die Erde benetzen.
7Die Gerechtigkeit blühe auf in seinen Tagen und großer Friede, bis der Mond nicht mehr da ist.

2 Sam 5,1–3

1Alle Stämme Israels kamen zu David nach Hebron und sagten: Wir sind doch dein Fleisch und Bein. 2Schon früher, als noch Saul unser König war, bist du es gewesen, der Israel in den Kampf und wieder nach Hause geführt hat. Der Herr hat zu dir gesagt: Du sollst der Hirt meines Volkes Israel sein, du sollst Israels Fürst werden. 3Alle Ältesten Israels kamen zum König nach Hebron; der König David schloß mit ihnen in Hebron einen Vertrag vor dem Herrn, und sie salbten David zum König von Israel.

Ri 9,5–15

...⁵Dann drang er in das Haus seines Vaters in Ofra ein und brachte seine Brüder, die Söhne Jerubbaals, siebzig Mann, auf ein und demselben Stein um. Nur Jotam, der jüngste Sohn Jerubbaals, blieb übrig, weil er sich versteckt hatte. ⁶Da versammelten sich alle Bürger von Sichem und Bet-Millo, zogen zu der Eiche, die bei Sichem steht, und machten Abimelech zum König. ⁷Als man das Jotam meldete, stellte er sich auf den Gipfel des Berges Garizim und rief ihnen mit erhobener Stimme zu:

Hört auf mich, ihr Bürger von Sichem, damit Gott auf euch hört.

⁸Einst machten sich die Bäume auf, um sich einen König zu salben, und sie sagten zum Ölbaum: Sei du unser König!

⁹Der Ölbaum sagte zu ihnen: Soll ich mein Fett aufgeben, mit dem man Götter und Menschen ehrt, und hingehen, um über den anderen Bäumen zu schwanken?

¹⁰Da sagten die Bäume zum Feigenbaum: Komm, sei du unser König!

¹¹Der Feigenbaum sagte zu ihnen: Soll ich meine Süßigkeit aufgeben und meine guten Früchte und hingehen, um über den anderen Bäumen zu schwanken?

¹²Da sagten die Bäume zum Weinstock: Komm, sei du unser König!

¹³Der Weinstock sagte zu ihnen: Soll ich meinen Most aufgeben, der Götter und Menschen erfreut, und hingehen, um über den anderen Bäumen zu schwanken?

¹⁴Da sagten alle Bäume zum Dornenstrauch: Komm, sei du unser König! Der Dornstrauch sagte zu den Bäumen: Wollt ihr mich wirklich zu eurem König salben? Kommt, findet Schutz in meinem Schatten! Wenn aber nicht, dann soll vom Dornenstrauch Feuer ausgehen und die Zedern des Libanon fressen.

Ri 17,4–6

...Der machte ein mit Metall überzogenes Gottesbild daraus, das dann im Haus Michas aufgestellt wurde. ⁵So hatte Micha ein Gotteshaus. Er machte nun ein Efod und Terafin und stellte einen seiner Söhne dazu an, ihm als Priester zu dienen. ⁶In jenen Tagen gab es in Israel noch keinen König; jeder tat, was ihm gefiel.

1. Lesen Sie die alttestamentlichen Texte der Seiten 117–118 und ordnen Sie sie zu: Welche sind für, welche gegen das Königtum?

»pro-königliche« Texte: _____

»anti-königliche« Texte: _____

2. Worin bestehen in den »positiven« Texten die Aufgaben des Königs? Wozu dient er? Unterstreichen Sie die entsprechenden Formulierungen und formulieren Sie selbst zusammenfassend:

Der König soll _____

3. Worin liegen in den »negativen« Texten die Nachteile des Königtums, was sind seine Gefahren? Unterstreichen Sie die entsprechenden Formulierungen und formulieren Sie selbst zusammenfassend:

Folgen des Königtums sind: _____

König wird nur einer, der _____

Arbeitsanregungen zu Rechtstexten mit dem Thema »Sklavinnen und Sklaven«

Exodus

Ex 21,2–11

2Wenn du einen hebräischen Sklaven kaufst, soll er sechs Jahre Sklave bleiben, im siebten Jahr soll er ohne Entgelt als freier Mann entlassen werden. 3Ist er allein gekommen, soll er allein gehen. War er verheiratet, soll seine Frau mitgehen. 4Hat ihm sein Herr eine Frau gegeben und hat sie ihm Söhne und Töchter geboren, dann gehören Frau und Kinder ihrem Herrn, und er muß allein gehen. 5Erklärt aber der Sklave: Ich liebe meinen Herrn, meine Frau und meine Kinder und will nicht als freier Mann fortgehen, 6dann soll ihn sein Herr vor Gott bringen, er soll ihn an die Tür oder an den Torpfosten bringen und ihm das Ohr mit einem Pfriem durchbohren; dann bleibt er für immer sein Sklave.

7Wenn einer seine Tochter als Sklavin verkauft hat, soll sie nicht wie andere Sklaven entlassen werden. 8Hat ihr Herr sie für sich selbst bestimmt, mag er sie aber nicht mehr, dann soll er sie zurückkaufen lassen. Er hat nicht das Recht, sie an Fremde zu verkaufen, da er seine Zusage nicht eingehalten hat. 9Hat er sie für seinen Sohn bestimmt, verfahre er mit ihr nach dem Recht, das für Töchter gilt. 10Nimmt er sich noch eine andere Frau, darf er sie in Nahrung, Kleidung und Beischlaf nicht benachteiligen. 11Wenn er ihr diese drei Dinge nicht gewährt, darf sie unentgeltlich, ohne Bezahlung, gehen.

Ex 21,20–21

20Wenn einer seinen Sklaven oder seine Sklavin mit dem Stock schlägt, daß er unter seiner Hand stirbt, dann muß der Sklave gerächt werden.
21Wenn er noch einen oder zwei Tage am Leben bleibt, dann soll den Täter keine Rache treffen; es geht ja um sein eigenes Geld.

Ex 21,26–27

26Wenn einer seinem Sklaven oder seiner Sklavin ein Auge ausschlägt, soll er ihn für das ausgeschlagene Auge freilassen. 27Wenn er seinem Sklaven oder sei-

Deuteronomium

Dtn 15,12–18

12Wenn dein Bruder, ein Hebräer – oder auch eine Hebräerin –, sich dir verkauft, soll er dir sechs Jahre als Sklave dienen. Im siebten Jahr sollst du ihn als freien Mann entlassen. 13Und wenn du ihn als freien Mann entläßt, sollst du ihn nicht mit leeren Händen entlassen. 14Du sollst ihm von deinen Schafen und Ziegen, von deiner Tenne und von deiner Kelter so viel mitgeben, wie er tragen kann. Wie der Herr, dein Gott, dich gesegnet hat, so sollst du ihn bedenken. 15Denk daran: Als du in Ägypten Sklave warst, hat der Herr, dein Gott, dich freigekauft. Darum verpflichte dich heute auf dieses Gebot. 16Wenn dieser Sklave dir aber erklärt: Ich will nicht von dir freigelassen werden – denn er hat dich und deine Familie liebgewonnen, weil es ihm bei dir gut ging –, 17so nimm einen Pfriem und stich ihn durch sein Ohr in die Tür: Dann ist er dein Sklave für immer. Bei einer Sklavin sollst du das gleiche tun. 18Halt es nicht für eine Härte, wenn du ihn als freien Mann entlassen mußt; denn was er in den sechs Jahren für dich erarbeitet hat, entspricht dem, was du einem Tagelöhner als Lohn hättest zahlen müssen. Dann wird der Herr, dein Gott, dich in allem segnen, was du tust.

Dtn 21,10–14

10Wenn du zum Kampf gegen deine Feinde ausziehst und der Herr, dein Gott, sie alle in deine Gewalt gibt, wenn du dabei Gefangene machst 11und unter den Gefangenen eine Frau von schöner Gestalt erblickst, wenn sie dein Herz gewinnt und du sie heiraten möchtest, 12dann sollst du sie in dein Haus bringen, und sie soll sich den Kopf scheren, ihre Nägel kürzen 13und die Gefangenenkleidung ablegen. Sie soll in deinem Haus wohnen und einen Monat lang ihren Vater und ihre Mutter beweinen. Danach darfst du mit ihr Verkehr haben, du darfst ihr Mann werden und sie deine Frau. 14Wenn sie dir aber nicht mehr gefällt, darfst du sie entlassen, und sie darf tun, was sie will. Auf keinen Fall darfst du sie für Silber verkaufen. Auch darfst du

Exodus

...ner Sklavin einen Zahn ausschlägt, soll er ihn für den ausgeschlagenen Zahn freilassen.

Deuteronomium

...sie nicht als Sklavin kennzeichnen. Denn du hast sie dir gefügig gemacht.

Dtn 23,16–17

[16]Du sollst einen fremden Untertan, der vor seinem Herrn bei dir Schutz sucht, seinem Herrn nicht ausliefern. [17]Bei dir soll er wohnen dürfen, in deiner Mitte, in einem Ort, den er sich in einem deiner Stadtbereiche auswählt, wo es ihm gefällt. Du sollst ihn nicht ausbeuten.

Sowohl im Bundesbuch als auch – im Zeitabstand von einigen Jahrhunderten – in der deuteronomischen Tora gibt es Gesetzesmaterialien, die den Umgang mit Sklaven regeln. Vergleichen Sie Ex mit Dtn:

1. Was wird in Ex geregelt, d. h. worum geht es in den Abschnitten? Worum geht es im Dtn?
   Finden Sie für jeden Abschnitt eine Überschrift.

2. Welche Unterschiede (inhaltlich, sprachlich...) fallen Ihnen auf? Inwiefern hat sich die Rechtsstellung der Sklavin im Dtn geändert?

3. Dtn 23,16–17 fordert – einzigartig im Alten Orient –, daß ein geflohener Sklave nicht ausgeliefert werden darf. Israel soll eher mit dem Sklaven als mit dessen Herrn sympathisieren. Welche eigene geschichtliche Erfahrung könnte dahinter stehen?

Arbeitsanregungen – Lückentext zu den Themen Gesetz und Dekalog

1. Nach biblischer Darstellung kommt Israel nach dem Exodus auf dem Weg durch die Wüste zum

_____

2. Hier erhält Israel die neue _____

Damit soll – nach der Erfahrung der Sklaverei – die gewonnene _____
bewahrt werden.

3. Regeln gibt es in verschiedenen Formen/Textsorten:

»Wenn jemand..., dann...«: das ist ein _____

»Du sollst (nicht)...«: das ist ein _____

4. Die allgemeinste und vollständigste Zusammenstellung von Lebensregeln in der Bibel ist der:

_____

Hier handelt es sich um _____ und nicht um _____

5. Es gibt diese berühmte Sammlung in zwei Fassungen: eine im Buch _____

und eine im Buch _____

6. Diese beiden Fassungen sind über weite Strecken gleich, es gibt aber auch Unterschiede, z. B.

_____

7. In der vorliegenden Form stammen sie aus der Zeit _____

8. Diese Regeln galten für_____ und nicht (wie wir heute oft meinen) für _____

9. Ganz zentral für diese Lebensregeln ist die Begründung am Beginn. Sie lautet:

_____

10. Das Wesentliche dieser Regeln wird am besten ausgedrückt, wenn man sie als _____ charakterisiert.

Arbeitsanregungen zu zwei Texten aus dem Hoseabuch: Hos 2,4–22 und 11,1–9

Diese Aufgabe soll Ihnen helfen, anhand der Fragen die beiden Texte aus dem Hoseabuch ein bißchen genauer kennenzulernen. Benützen Sie dazu bitte Ihre Bibel.

1. In diesen beiden Texten werden viele verschiedene *sprachliche Bilder* verwendet.

a) Suchen Sie die Bilder, die (direkt und indirekt) für *Gott* verwendet werden:

2,4: _____   11,1: _____

2,15: _____   11,3: _____

2,16: _____   11,4: _____

2,18: _____

2,21.22: _____

b) Auch für das *Volk* werden sprachliche Bilder verwendet. Welche?

2,4: _____   11,1: _____

2,17b: _____   11,3: _____

                                   11,4: _____

2. Versuchen Sie auf der Grundlage dieser beiden Texte

a) das *Verhältnis Jahwes zu seinem Volk* zu beschreiben. Jahwe ist:

_____

b) die *Beziehung des Volkes zu Jahwe* zu beschreiben. Das Volk ist:

_____

3. Worin besteht nach Aussagen Hoseas die *Schuld des Volkes*?

2,15: _____

11,2: _____ 11,3: _____

11,5: _____ 11,7: _____

4. Wo liegt in dieser Krisensituation Israels die Chance eines *neuen Anfangs*?

_____

5. Auf welches (geschichtliche) Ereignis bezieht sich 2,17 b?

_____

6. Die letzten Teile dieser Textabschnitte sind in ihrer Aussage einander ähnlich. Worin liegen die *Gemeinsamkeiten*?

_____

7. Geben Sie den beiden Texten einen *Titel*:

11: _____

2: _____

8. Worin liegt Ihrer Meinung nach die *theologische Aussage* dieser Texte? Was sagen sie über Gott aus?

_____

_____

_____

Arbeitsanregungen zu den Psalmen

1. Zuordnung von Psalmen

In der Vielfalt der Psalmen unterscheiden wir zwei Grundgattungen (Textsorten): Klagelied und Lobpsalm. Ordnen Sie bitte die folgenden Psalmen der entsprechenden Spalte zu.

Es kann sein, daß sich in einem Klagelied ein Element des Lobes findet bzw. in einem Lobpsalm der Bericht einer Klage. Lassen Sie sich davon nicht verwirren! Achten Sie auf die »Grundstimmung« des jeweiligen Psalms.

Psalm 6; 13; 30; 34; 35; 38; 44; 65; 77; 88; 96; 100; 104; 113; 134; 143; 150;

Klgl 5; Jer 20,7–11

Klagelied   **Lobpsalm**

_____   _____

_____   _____

_____   _____

2. Arbeit mit Psalm 30

Psalm 30 – Übersetzung enger am hebräischen Text als die Einheitsübersetzung

2   Ich will dich erheben, Jahwe,
    denn du hast mich emporgewunden
    und meine Feinde sich meiner nicht freuen lassen.
3   Jahwe, mein Gott,
    als ich zu dir um Hilfe rief,
    da hast du mich heil gemacht.
4   Jahwe, heraufgeholt hast du mich aus dem Totenreich,
    belebt mich aus den ins Grab Gestiegenen.

5   Preist Jahwe, ihr seine Frommen,
    und dankt zu seinem heiligen Gedächtnis.
6   Ein Augenblick kann unter seinem Zorn stehen,
    das Leben steht unter seiner Güte.
    Am Abend mag Weinen zu Gast kommen,
    doch am Morgen kehrt Jubel ein.

7   Ich aber, ich wähnte in meiner Sicherheit:
    Niemals werde ich wanken!
8   Jahwe, in deiner Güte hattest du mich hingestellt
    auf einen Berg des Schutzes.

Du verbargst dein Antlitz,
da war ich betroffen.

9 Zu dir, Jahwe, schrie ich,
und zu Gott flehte ich um Gnade:

10 Welchen Gewinn bringt dir mein Blut,
wenn ich hinabsinke ins Grab?
Kann der Staub dir danken,
deine Treue verkünden?

11 Höre mich, Jahwe,
und sei mir gnädig,
Jahwe, sei du mir ein Helfer!

12 Verwandelt hast du meinen Trauergang mir in Tanzen,
gelöst mein Bußgewand
und mich geschürzt mit Freude,

13 damit meine Ehre dir singe
und nicht verstumme.
Jahwe, mein Gott, für immer will ich dir danken.

2.1 Um welche *Textsorte* handelt es sich hier? (Klage oder Lob?)

_____

2.2 Welche *menschliche Grunderfahrung* berichtet der Beter? Worüber wird geklagt, bzw. was ist der Grund für das Lob?

_____

2.3 Der Beter redet in mehrere Richtungen, hat mehrere Gegenüber. Zu wem spricht er

in V. 2–4: _____   in V. 5–6: _____

in V. 7: _____   in V. 8–13: _____

Aus dieser Beobachtung über die zwei »Gegenüber« des Psalmisten läßt sich auf die Entstehungssituation des Psalms schließen: Wo wird der Psalm gebetet? Wofür ist er entstanden?

_____

2.4 Manche Aussagen des Textes kann man dem Bereich »Tod« bzw. »Sterben« zuordnen. Nennen Sie Beispiele (auch mit eigenen Worten):

_____

_____

2.5 Andere Elemente gehören zum Bereich »*Leben*« bzw. »*zum Leben kommen*«, zum Beispiel:

2.6 Der Beter erzählt – vor allen in den V. 7–13 – ein Stück weit seine »Geschichte« mit Gott. Versuchen Sie, verschiedene Etappen seiner Geschichte nachzuzeichnen bzw. zu beschreiben. Dabei ist auch von *verschiedenen Gotteserfahrungen* die Rede. In welcher Weise erfuhr der Psalmist Gott?

2.7 In Vers 6 findet sich die »*theologische Lehre*« dieses Psalms. Sie lautet:

2.8 Suchen Sie eine passende *Überschrift*, einen Titel für diesen Psalm:

3. Elemente eines Klagepsalms

Ein Klagepsalm hat einen bestimmten Aufbau bzw. hat verschiedene typische Elemente. Nicht alle müssen in jedem Psalm vorkommen, und die Elemente können in der Reihenfolge abwechseln. Im Vergleich mit der »typischen« Form wird in einem konkreten Psalm sein eigentümliches Profil sichtbar. Die Beschreibung der Struktur folgt C. Westermann.

Aufbau eines Klagepsalms	*Psalm*

▷ Anrede Gottes (Hinwendung zu Gott) und einleitender Hilferuf
▷ Klage, meist in Bezug auf:
  – die Feinde
  – die eigene Situation (»ich-Klage«)
  – Klage über Gott (»du-Klage«)
▷ Bekenntnis der Zuversicht
▷ Bitte, meist doppelt:
  – Bitte um Zuwendung Gottes
  – Bitte um rettendes Eingreifen Gottes
▷ Lobgelübde
▷ Gewißheit der Erhörung	

In einem Klagepsalm wird von einem Geschehen erzählt – der Beter geht verändert aus dem Gebet hervor. Versuchen Sie, die einzelnen Verse oder auch Versteile eines Klagepsalms in das Raster einzutragen. Sie können dies zum Beispiel anhand von Ps 22 (vor allem in den Versen 2–22) versuchen. Aber auch anhand der Psalmen, die Sie in Aufgabe 1 als »Klagepsalmen« identifiziert haben.

Zeittafel

Zeit	Geschichte Israels	Biblische Literatur	Außerbiblischer geschichtlicher Hintergrund
I. Israel als Stammesgesellschaft			
ca. 1300-1000	Frühzeit Israels: Patriarchen – Stammesgesell-schaft – Richter – Josua	mündliche Überlieferungen Deboralied (Ri 5) Kern von Ex 34	Eisenzeit (ab 1200) Kanaan unter ägypt. Oberherrschaft kanaanäische Stadtstaaten
	Exodus	Mirjamlied (Ex 15,21)	Ramses II (Ägypten)
II. Israel als Staat			
1000– 931	Entstehung des Staates Könige: Saul, David, Salomo Bau des Tempels	mündliche Überlieferungen Erzählkreise Aufstiegs- und Thronfolge-erzählung Davids »Jahwist«?	Königreiche im Osten
Zeit der getrennten Staaten:			
931–722	Nordreich »Israel« Könige des Nordreiches: Jerobeam, Omri	elohistische Fragmente? Jehowist Bundesbuch; Dekalog Erzählungen von Elija, Elischa Auftreten von Amos, Hosea	Assyrer (722 Eroberung Samarias)
931–586	Südreich »Juda« davidisches Königshaus: Rehabeam, Ahas, Hiskija, Joschija	Jesaja, Micha, Jeremia Kern des Dtn	Neubabylonier 597/586 Eroberung Jerusalems - Beginn des babylonischen Exils
III. Israel als Provinz fremder Mächte			
586–538	Babylonisches Exil	Ezechiel, Deuterojesaja, Priester-schrift Deuteronomistisches Geschichts-werk	539 Edikt des Perserkönigs Kyrus
538–330	Persische Zeit Statthalter Serubbabel Nehemia, Esra	Endredaktion des Pentateuch Chronistisches Geschichtswerk späte Prophetie (Haggai, Sacharja, Maleachi)	Perserherrschaft
330–63	Hellenistische Zeit Übersetzung der »Septuaginta« Makkabäeraufstände (167)	Endredaktion der »Propheten« Psalter Weisheitsliteratur Apokalyptik	333 Alexander d. Große Ptolemäer (Ägypten) Seleukiden (Syrien) 63 Eroberung Jerusalems durch die Römer (Pompeius)

Anhang

Ergänzende Literatur in Auswahl

Nach den einzelnen Kapiteln wurden bereits Literaturangaben beigefügt, die sich zum »Weiterlesen« eignen. Hier folgen weitere ergänzende Literaturangaben. Bei der Auswahl wurde berücksichtigt, daß die Bücher lieferbar sein sollen. Es wurde daher schweren Herzens auf gute Literatur verzichtet, die nur mehr in Bibliotheken erhältlich ist. Ebenso wurden aus ähnlichen Gründen Artikel in Fachzeitschriften nicht genannt.

1. Biblische Zeitschriften

Für eine kontinuierliche Beschäftigung mit biblischen Themen sind vor allem Zeitschriften geeignet, die in ihren Beiträgen über die Entwicklungen in der Bibelwissenschaft auf dem Laufenden halten. Gut lesbar und verständlich sind vor allem folgende Zeitschriften:

Bibel und Kirche. Hrsg. v. Katholischen Bibelwerk. Vierteljährlich

Bibel und Liturgie. Bausteine für das Leben in den Gemeinden. Hrsg. v. Patmos Verlag und dem Österreichischen Kath. Bibelwerk. Düsseldorf
> »Bibel und Kirche« ist empfehlenswert für Leute, die sich für bibeltheologische Themen interessieren; Bibel und Liturgie hat wie der Untertitel sagt – eher praxisorientierten Charakter.

2. Einführende bzw. populärwissenschaftliche (d.h. leicht verständliche) Literatur

2.1 Einführungen in Entstehung und Inhalt allgemein

Das Alte Testament. Eine Verführung zum Weiterlesen. Hrsg. v. K. Hofmeister/V. Hochgrebe, Limburg (Lahn) 1992
> Prominente Bibliker (E. Zenger, N. Lohfink, F. Crüsemann u.a.) haben zu verschiedenen Themen einen Beitrag verfaßt. Insgesamt eine sehr lockere und gut lesbare Einführung in das AT – tatsächlich eine »Verführung zum Weiterlesen«. Als Einstieg in das AT sehr zu empfehlen.

Arenhoevel D., So wurde Bibel. Ein Sachbuch zum Alten Testament, Stuttgart (Kath. Bibelwerk) [5]1986

Charpentier E., Führer durch das Alte Testament. Anleitung zum Selbst- und Gruppenstudium, Düsseldorf (Patmos) [5]1992
> ein Taschenbuch; zum Einlesen in das AT hervorragend geeignet

Deissler A., Die Grundbotschaft des Alten Testaments. Ein theologischer Durchblick, Freiburg (Herder) [11]1990
> Wie die Auflage zeigt, ein »Klassiker« der Grundbotschaft (= Theologie) des AT; leicht verständliches Taschenbuch

Lang B., Die Bibel. Eine kritische Einführung. (Universitätstaschenbuch 1594), Paderborn (Quelle und Mayer) 1990
> Weniger eine theologische Einführung als ein Überblick über verschiedene Einleitungsfragen.

Mahnke H., Lesen und Verstehen I. Die biblische Botschaft im Überblick. Altes Testament. (Biblisch-theologische Schwerpunkte 8), Göttingen (Vandenhoeck & Ruprecht) 1992
> Eine Einführung in die Schriftlesung (folgt den biblischen Büchern) – zugleich geschichtl. Hintergründe und Hinweise zur Entstehung der Bücher

Ohler A., Grundwissen Altes Testament. Ein Werkbuch. 3 Bände. Stuttgart (Kath. Bibelwerk)
>> Band 1: Pentateuch [2]1988
>> Band 2: Deuteronomistische Literatur [2]1988 (vergriffen)
>> Band 3: Propheten – Psalmen – Weisheit 1988 (vergriffen)

2.2 Bedeutung des AT für Christen – Judentum / Christentum

Dohmen C./*F. Mußner*, Nur die halbe Wahrheit? Für die Einheit der christlichen Bibel, Freiburg (Herder) 1993

Lohfink N., Der niemals gekündigte Bund. Exegetische Gedanken zum christlich-jüdischen Dialog, Freiburg (Herder) 1989
> Ein kleines Taschenbuch, das um die Grundthese kreist, der alttestamentliche Bund, in dem das Judentum bis heute lebt, sei nicht durch Christus gekündigt oder aufgehoben.

Zenger E., Das Erste Testament. Die jüdische Bibel und die Christen, Düsseldorf (Patmos) ²1992

2.3 Einzelthemen / einzelne Bücher

Crüsemann F., Bewahrung der Freiheit. Das Thema des Dekalogs in sozialgeschichtlicher Perspektive. (Kaiser Taschenbuch 128), Gütersloh 1993

Kellermann M./S. Medala/M. Piccirillo/E. Sitarz, Welt aus der die Bibel kommt. (Biblische Basis-Bücher 2), Stuttgart (Kath. Bibelwerk) 1982

Lohfink N., Unsere neuen Fragen und das Alte Testament. Wiederentdeckte Lebensweisung. (Herder Taschenbuch 1594); Freiburg (Herder) 1989

Lohfink N., Das Jüdische am Christentum. Die verlorene Dimension, Freiburg (Herder) ²1989
> Der Buchtitel ist mißverständlich: es geht weniger explizit um Judentum – Christentum, sondern um verschiedene Beiträge zu Themen des Alten Testaments, die exegetisch fundiert in ihrer Aktualität erschlossen werden.

Schwantes M., Das Land kann seine Worte nicht ertragen. Meditationen zu Amos. (Kaiser Taschenbücher 105), München 1991

Westermann C., Schöpfung. Wie die Naturwissenschaft fragt – was die Bibel antwortet. (Herder Taschenbuch 1630), Freiburg (Herder) 1989

Zenger E., Mit meinem Gott überspringe ich Mauern. Einführung in das Psalmenbuch, Freiburg (Herder) ⁴1993

Zenger E., Ich will die Morgenröte wecken. Psalmenauslegungen, Freiburg (Herder) 1991

3. Weiterführende, detailliertere Literatur

3.1 Geographie, Alter Orient und Archäologie

Fritz V., Einführung in die biblische Archäologie, Darmstadt (Wissenschaftliche Buchgesellschaft Darmstadt) ²1993

Keel O., Orte und Landschaften der Bibel. Ein Handbuch und Studienreiseführer zum heiligen Land. 2 Bände, Göttingen (Vandenhoeck & Ruprecht) 1982 und 1984

Religionsgeschichtliches Textbuch zum Alten Testament. Hrsg. v. W. Beyerlin. (Altes Testament Deutsch Ergänzungsreihe 1), Göttingen (Vandenhoeck & Ruprecht) ²1985

Ringgren H., Die Religionen des Alten Orients. (Altes Testament Deutsch Ergänzungsreihe Sonderband), Göttingen (Vandenhoeck & Ruprecht) 1979

Soden v. W., Einführung in die Altorientalistik, Darmstadt (Wissenschaftliche Buchgesellschaft Darmstadt) ²1992

3.2 Überblicke oder einzelne Themen bzw. Textbereiche

Albertz R., Religionsgeschichte Israels in alttestamentlicher Zeit. 2 Bände, (Altes Testament Deutsch Ergänzungsreihe 8/1 und 8/2), Göttingen (Vandenhoeck und Ruprecht) 1992

Boecker H. J., Recht und Gesetz im Alten Testament und im Alten Orient. (Neukirchener Studien 10), Neukirchen ²1984

Crüsemann F., Die Tora. Theologie und Sozialgeschichte des alttestamentlichen Gesetzes, München (Chr. Kaiser) 1992

Kaiser O., Einleitung in das Alte Testament, Gütersloh (Gütersloher Verlagshaus) ⁵1984

Keel O., Die Welt der altorientalischen Bildsymbolik und das Alte Testament. Am Beispiel der Psalmen, Zürich (Benziger) ⁴1984
mit vielen Abbildungen versehen; gibt über die Bildsprache der Psalmen hinaus ein gutes Verständnis für die atl. Bildwelt; sehr hilfreich

Koch K., Die Profeten. 2 Bände. (Urban Taschenbücher 280 bzw. 281), Stuttgart (Kohlhammer) ²1987 bzw. ²1988

Preuß H. D., Einführung in die alttestamentliche Weisheitsliteratur. (Urban Taschenbuch 383), Stuttgart (Kohlhammer) 1987
in manchen theologischen Akzenten nicht unumstritten; dennoch als relativ ausführliche Taschenbucheinführung in die Weisheitsliteratur geeignet

Rad G. v., Weisheit in Israel. (GTB 1437), Gütersloh 1992
Ein jetzt als Taschenbuch neu aufgelegter »Klassiker«; gut verständlich

Schmidt W. H. in Zusammenarbeit mit H. Delkurt und A. Graupner, Die Zehn Gebote im Rahmen alttestamentlicher Ethik. (Erträge der Forschung 281), Darmstadt (Wissenschaftliche Buchgesellschaft) 1993

Seybold K., Der Prophet Jeremia. Leben und Werk. (Urban Taschenbücher 416), Stuttgart (Kohlhammer) 1993

Seybold K., Die Psalmen. Eine Einführung. (Urban Taschenbuch 382), Stuttgart (Kohlhammer) ²1991

Smend R., Die Entstehung des Alten Testaments, (Theologische Wissenschaft 1), Stuttgart (Kohlhammer) ⁴1990
Eine detaillierte Einführung in die Entstehung der Bücher (Zeit, Ort, Verfasser, Einheitlichkeit,...). Setzt sehr spezifisches Interesse voraus

Struppe U. (Hrsg.), Studien zum Messiasbild im Alten Testament. (Stuttgarter biblische Aufsatzbände 6), Stuttgart 1989

Trible P., Mein Gott, warum hast du mich vergessen! Frauenschicksale im Alten Testament. (Gütersloher Taschenbücher Siebenstern 491), Gütersloh (Gütersloher Verlagshaus Mohn) ²1990

Wolff H. W., Anthropologie des Alten Testaments, München (Chr. Kaiser) ⁵1990

Zenger E., Gottes Bogen in den Wolken. Untersuchungen zu Komposition und Theologie der priesterlichen Urgeschichte. (Stuttgarter Bibelstudien 112), Stuttgart (Kath. Bibelwerk) ²1987

Zenger E., Israel am Sinai. Analysen und Interpretationen zu Ex 17–34, Altenberge (CIS), ²1985

4. Kommentarreihen

Geistliche Schriftlesung, Düsseldorf (Patmos)
Wie der Titel sagt, handelt es sich um eine leicht verständliche Reihe, die die biblischen Texte spirituell fruchtbar machen will. Manchmal können Bände schon vor längerer Zeit erschienen und daher nicht mehr »brandaktuell« sein.

Stuttgarter Kleiner Kommentar AT, Stuttgart (Katholisches Bibelwerk)
Ein Kommentar in Taschenbuchform, gut verständlich. Seit 1992 als *Neuer Stuttgarter Kommentar – Altes Testament* völlig neu erarbeitet. Vielleicht im Preis-Leistungsverhältnis die empfehlenswerteste Reihe, wenn man eine ganze Kommentarreihe kaufen möchte (besonders wenn man die »neue Reihe« ab 1992 subskribieren möchte).

Die Neue Echter Bibel. Kommentar zum Alten Testament mit der Einheitsübersetzung, Würzburg (Echter)
Die Erklärungen folgen genauer dem Text, als dies bei den beiden erstgenannten Reihen aufgrund des Umfangs der Fall sein kann. Für konkrete Fragen zu einem Text ein gutes Nachschlagewerk. Der Text der Einheitsübersetzung wird jeweils mitabgedruckt. Dies vereinfacht die Lektüre (es braucht keine Bibel zum »Mitlesen«).

Zürcher Bibelkommentare, Zürich (Theologischer Verlag)
Eine gute, fundierte, evangelische Reihe. Vielleicht »exegetischer« als die beiden erstgenannten Reihen. Die meisten Bände sehr empfehlenswert.

5. Konkordanzen

Praktisches Bibelhandbuch. Wortkonkordanz, Stuttgart (Kath. Bibelwerk) ¹⁴1992
Diese Konkordanz hat den Vorteil, daß sie erschwinglich und nicht zu umfangreich ist; den Nachteil, daß

sie nicht den Text der Einheitsübersetzung als Grundlage hat

Konkordanz zur Einheitsübersetzung der Bibel. Hrsg. v. F. J. Schierse, Düsseldorf (Patmos) und Stuttgart (Kath. Bibelwerk) [4]1992
umfangreich und daher auch relativ teuer; Vorteil: Einheitsübersetzung

6. Nachschlagewerke und Handbücher

Kleines Stuttgarter Bibellexikon, Stuttgart (Kath. Bibelwerk) [4]1977
ein kleines Lexikon als Taschenbuch

Lurker M., Wörterbuch biblischer Bilder und Symbole, München (Kösel) [4]1990

Neues Bibel-Lexikon. Hrsg. v. M.Görg/B. Lang, Zürich (Benziger) 1988 ff
ein umfangreiches Werk; erscheint seit 1988 laufend und ist noch nicht vollständig

Praktisches Bibellexikon. Hrsg. v. A. Grabner-Haider, Freiburg (Herder) [11]1992

Theologisches Handwörterbuch zum Alten Testament. Hrsg. v. E.Jenni/C. Westermann. 2 Bände. München (Chr. Kaiser) [4]1984 und [3]1984

7. Geschichte Israels

Bock S., Kleine Geschichte des Volkes Israel. (Herder Taschenbuch 1642), Freiburg (Herder) [2]1991
eine knappe, leicht verständliche, aber hervorragende Geschichte Israels; als ergänzende Begleitlektüre zum Buch sehr zu empfehlen

Haag H., Das Land der Bibel. Gestalt, Geschichte, Erforschung, Stuttgart 1989
Ein Taschenbuch; knapp und gut verständlich

Donner H., Geschichte des Volkes Israel und seiner Nachbarn in Grundzügen. (Altes Testament Deutsch Ergänzungsreihe 4/1 und 4/2), Göttingen (Vandenhoeck und Ruprecht) 1993 und 1986

8. Theologie des Alten Testaments

Die folgenden Titel sind nach ihrem »Schwierigkeitsgrad« geordnet von einer eher lockeren Einführung bis zu einem Werk, das sehr speziell und umfassend in die Theologie einführt. Das Werk von Schmidt ist geeignet für alle, die verständlich und doch relativ umfassend über die großen theologischen Themen des AT einen Überblick gewinnen möchten.

Kittel G., Der Name über alle Namen. Band 1. Biblische Theologie/AT, Göttingen (Vandenhoeck und Ruprecht) 1989

Sitarz E., Höre Israel! Jahwe ist einzig. Bausteine für eine Theologie des Alten Testaments. (Biblische Basis-Bücher 5), Stuttgart (Kath. Bibelwerk) 1987

Schmidt W.H., Alttestamentlicher Glaube in seiner Geschichte. (Neukirchener Studienbücher 6), Neukirchen (Neukirchener Verlag) [7]1990

Preuß H.-D., Theologie des Alten Testaments. 2 Bände, Stuttgart (Kohlhammer) 1991 und 1992
eine umfangreiche Darstellung der Theologie des AT; setzt spezifisches Interesse voraus

9. Hilfen zur Bibelarbeit in der Gemeinde bzw. in Gruppen

Reihe »*Bibel in der Gemeinde*«. Hrsg. v. Ökumenischen Arbeitskreis für Bibelarbeit, Zürich (Benziger): Psalmen, 1982; Urgeschichten, 1985; Jeremia. Prophet in der Krise, 1986; Hiob, 1989

Reihe »*Bibelauslegung für die Praxis*«. Hrsg. v. der Deutschen Bibelgesellschaft und dem Katholischen Bibelwerk Stuttgart; bisher zum AT erschienen:
Band 1: Urgeschichte des Glaubens – Genesis, [2]1987
Band 2: Der lange Weg der Befreiung – Exodus bis Numeri, 1986
Band 8: Sehnsucht nach dem lebendigen Gott – Das Buch Ijob, 1983
Band 9: Die Melodie des Glaubens – Psalmen, 1991
Band 11: Licht der Völker - Jesaja, [2]1987
Band 12: Der unbequeme Mahner – Jeremia, 1993
Band 14: Der aufhaltbare Untergang – Hosea, Joel, Amos, Micha, 1981

Hecht, A., Zugänge zur Bibel. Methoden für Gruppen. Schnupperkurs. Stuttgart (Kath. Bibelwerk) 1993

Hungs F.-J., Die Propheten der Bibel. Ein Arbeitsbuch für Schule, Erwachsenenbildung und Katechese, Frankfurt (Josef Knecht) 1986

Bildnachweis

Umschlagbild: Tony Stone, München

Seite 14: Metropolitan Museum of Art, New York

Seite 17: F. Unger, Stuttgart

Seite 24: H. Grollenberg, Bildatlas zur Bibel (Abb. 121) mit Genehmigung durch Uitgeversmaatshapij Elsevier, Amsterdam

Seite 15 f: E. Zenger, Der Gott der Bibel, Verlag Katholisches Bibelwerk GmbH, Stuttgart ²1981 (Rudolf Solzbacher)

Seite 28, 42, 52, 68, 76, 98–100: O. Keel, Die Welt der altorientalischen Bildsymbolik und das Alte Testament; © 1972 Benziger Verlag AG, Zürich

Seite 35: Bo Reicke/L. Rost, Biblisch-Historisches Handwörterbuch (BBH), III 1718, Verlag Vandenhoeck & Ruprecht, Göttingen

Seite 38: Thomas Zöller, Leonberg

Seite 65: links: Bo Reicke/L. Rost, Biblisch-Historisches Handwörterbuch (BBH), III 1954, Verlag Vandenhoeck & Ruprecht, Göttingen
rechts: ebd., I 601

Seite 71: H. Donner, Geschichte des Volkes Israel und seiner Nachbarn in Grundzügen, Teil 2, Göttingen 1986, S. 285, Verlag Vandenhoeck & Ruprecht

Walter Kirchschläger

Einführung in das Neue Testament

Inhalt

Vorwort

Die Einführung in das Neue Testament will als Grundlage für eine persönliche Begegnung mit den neutestamentlichen Schriften dienen. Von diesem Anliegen sind Aufbau und Auswahl der Thematik bestimmt. Aus diesem Grund kommen zahlreiche neutestamentliche Textabschnitte direkt oder indirekt zu Wort. Ebenso wird mehrfach auf die Offenbarungskonstitution des II. Vatikanischen Konzils (»Dei Verbum«) verwiesen. Dies geschieht aus der Überzeugung, daß sich die katholische Schriftauslegung heute der Offenheit dieses Konzils verpflichtet weiß, durch die ein Fortschritt der wissenschaftlichen Forschung auf diesem Gebiet in den letzten Jahrzehnten erst ermöglicht wurde.

Diese Einführung ist aus den Vorlesungen zur Einleitung in das Neue Testament entstanden, die ich in unterschiedlicher Entfaltung durch viele Jahre an den Theologischen Fakultäten in Wien und Luzern, im Kontext der Theologischen Erwachsenenbildung vor allem im Rahmen der Wiener Theologischen Kurse und des Fernkurses für theologische Bildung sowie der Religionspädagogischen Akademie der Erzdiözese Wien gehalten habe. Die kritischen und weiterführenden Anfragen der Hörerinnen und Hörer in diesen Lehrveranstaltungen haben wesentlich zur ständigen Beschäftigung mit den Einleitungsfragen beigetragen. Ihnen ist diese Einführung daher auch zugeeignet.

Zu Dank verpflichtet bin ich der Assistentin an meinem Lehrstuhl, Frau Dipl.-Theol. Katharina Schmocker, für zahlreiche Anregungen zum Manuskript.

Für die sinnvolle und fruchtbare Beschäftigung mit dieser Einführung – und darüber hinaus mit diesem Fachgebiet – ist die persönliche Vertiefung in die Heilige Schrift unerläßlich. Dafür eine kleine Hilfestellung zu geben, ist der Wunsch, der dieses Buch begleitet.

Wenn jetzt die beiden so erfolgreichen Einführungen in das AT und NT in einem Band vorliegen, dann kann dies in jeder Hinsicht nur dienlich sein: Auf Schritt und Tritt fußt das Neue Testament auf dem Alten (Ersten) Testament. Zum Verstehen der Botschaft Jesu ist seine Verwurzelung in der jüdischen Glaubenswelt von fundamentaler Bedeutung.

Luzern, im Februar 1998

Walter Kirchschläger

I. Die Eigenart des Neuen Testaments

In diesem ersten Kapitel werden einige Grundfragen für die Beschäftigung mit dem Neuen Testament geklärt. So kann die Eigenart dieses Teils der Bibel aufgezeigt werden. Dadurch ergibt sich ein Einblick in den weiteren Aufbau dieses Buches.

1. Das Neue Testament als Schriftensammlung

Das Neue Testament ist vor ungefähr 1900 Jahren entstanden. Schon ein erster, oberflächlicher Blick in dieses Buch zeigt uns, daß es nicht einen zusammenhängenden Text aus einem Guß enthält, sondern daß darin verschiedene Schriften aneinandergereiht sind. Diese Hinweise erscheinen uns als Selbstverständlichkeiten. Welche Bedeutung sie jedoch im Hinblick auf die Vielfalt des Neuen Testaments und hinsichtlich seines Verständnisses haben, wird im folgenden aufgezeigt.

Das Neue Testament – ein »Buch«?

Die uns heute vorliegende Form der neutestamentlichen Textausgaben als Buch verleitet uns zu einem grundlegenden Mißverständnis. Wir haben es mit 27 Einzelschriften zu tun. Die meisten von ihnen sind unabhängig voneinander und durch verschiedene Verfasser (oder Verfasserinnen) entstanden. Erst im Zuge ihrer Sammlung wurden sie allmählich miteinander verbunden.

Ursprünglich sind die neutestamentlichen Texte auf Papyrus geschrieben; die einzelnen Blätter wurden zu Rollen zusammengeklebt oder einzeln übereinandergelegt. Ab dem Beginn des 3. Jh. n. Chr. wird neben dem Papyrus immer häufiger Pergament als Schreibmaterial verwendet. In Verbindung mit dieser Entwicklung des Schreibmaterials sowie der Tendenz, die neutestamentlichen Schriften als heilige Texte zusammenzuhal-

ten, erfolgte ihre gemeinsame Sammlung und Weitergabe (vgl. dazu II.). Für einzelne Schriftgruppen – z. B. die paulinischen Briefe – kann die Entstehung einer Sammlung schon für die Wende des 1. zum 2. Jh. n. Chr. angenommen werden (vgl. 2 Petr 3,15).

Wir müssen uns also vor Augen halten, daß die 27 Schriften des Neuen Testaments nicht alle in gleicher Weise zu lesen und zu verstehen sind. Sie wurden in einer Zeitspanne von ca. 80 Jahren (50/51 bis 120/130 n. Chr.) angefertigt. Da sie verschiedene Verfasserinnen oder Verfasser haben, liegt ihnen auch ein verschiedener Entstehungsanlaß zugrunde. Sie sind von diesen unterschiedlichen Entstehungsumständen je für sich geprägt.

Überdies ist zu beachten, daß die 1900 Jahre, die zwischen dem Neuen Testament und uns liegen, nicht bloß eine gewaltige Zeitspanne darstellen. Das Neue Testament entstand in einer Kultur, die uns nicht ohne Schwierigkeiten zugänglich ist. Das Umfeld dieser Schriften, ihr »Lebensraum«, ist uns großteils fremd. Im Zugang zum Neuen Testament müssen wir also auch einen Zugang zur Lebensepoche der neutestamentlichen Zeit suchen. Gerade für die Auslegung und für das Verstehen der neutestamentlichen Texte ist der Versuch unumgänglich, die Schriften aus ihrem Entstehungshorizont heraus zu verstehen.

Schließlich spiegelt die uns überlieferte und in den heutigen Textausgaben gewahrte Reihenfolge der einzelnen Schriften keine chronologische oder sachliche Reihung. Vielmehr hat darin die besondere Ehrfurcht vor den Evangelien ihren Niederschlag gefunden. Wir dürfen also bei der Lektüre des Neuen Testaments ihren Aufbau nicht als Hinweis auf ihre Entstehungsgeschichte verstehen oder aus der Stellung einer Einzelschrift Folgerungen für ihre Bedeutung ableiten.

Das Neue Testament als Botschaft

Wenn wir nach der Absicht der neutestamentlichen Texte fragen, können wir – ganz allgemein – festhalten, daß sie der Leserin und dem Leser etwas vermitteln wollen. Diese Grundabsicht der Vermittlung oder Kommunikation läßt verschiedene Eigenheiten der neutestamentlichen Texte deutlicher werden.

Kommunikation ist grundsätzlich als Übermittlungsprozeß eines bestimmten Inhalts zu verstehen. Er erfolgt von einer Senderin oder einem Sender zu einer Empfängerin oder einem Empfänger. Für den Vermittlungsprozeß bedient sich Kommunikation eines Mediums, das sowohl vom Kommunikationsinhalt wie auch von der -situation abhängig sein kann. Mit dem gesamten Prozeß verbinden Senderin, bzw. Sender eine Absicht, die mittels des angestrebten oder eingeleiteten Prozesses an die Empfängerin, bzw. den Empfänger übertragen werden soll. Intentionslose Kommunikation gibt es nicht, da in diesem Falle der innere Motor des gesamten Vorgangs nicht vorhanden wäre. Gelingt die Umsetzung der Vermittlungsabsicht, kann man von erfolgreicher Kommunikation sprechen. Dieser einfache Kommunikationsvorgang kann schematisch in folgender Weise dargestellt werden:

Stellen wir uns diesen Vorgang im Bereich des Sprechens vor, ist an die »Sprecherin«, bzw. den »Sprecher« und an die »Hörerin« oder den »Hörer« zu denken; im Falle eines schriftlichen Vorgangs wäre von »Absenderin« oder »Absender« und von »Adressatinnen« oder »Adressaten« zu sprechen. Wird dieser Vermittlungsprozeß auf das Neue Testament konkretisiert, kann die zu vermittelnde Botschaft als das »Christusereignis« umschrieben werden. Das Schema sieht dann so aus:

In diesem Zusammenhang müssen wir uns bewußt sein, daß die neutestamentlichen Texte ursprünglich zum Hören geschrieben wurden. So schreibt z. B. der Verfasser des Kol: »Wenn der Brief bei euch vorgelesen worden ist, sorgt dafür, daß er auch in der Gemeinde von Laodizea bekannt wird, und den Brief an die Laodizener lest auch bei euch vor.« (Kol 4,16). Die Texte sollten also vorgelesen werden; dies geschah im Rahmen des Gottesdienstes der Gemeinden. Die schriftliche Form ist ein Ersatz für die mündliche Weitergabe. Weil mündliche, persönliche Vermittlung der Botschaft aus den verschiedensten Gründen oft nicht möglich ist, transformiert die Absenderin, bzw. der Absender die Botschaft von der (mündlichen) Rede in die schriftliche Form; die Adressaten kehren diesen Weg wieder um, wenn ihnen die schriftlichen Texte vorgelesen werden und sie so den Inhalt im Hören aufnehmen.

Beim Verstehen der neutestamentlichen Texte können wir daher besondere Akzente, Hervorhebungen, Sinnzusammenhänge nicht aus der vorliegenden schriftlichen Form (also aus dem »Druckbild«) erheben. (Auch aufgrund der Schreibgegebenheiten in der Entstehungszeit der Schriften wäre dies nicht möglich gewesen). Akzentsetzungen und Betonungen sind vielmehr aus der Textgestalt, aus Wortwahl und Eigenart der Formulierung zu entnehmen.

Der antike Mensch war weit besser für die akustische Aufnahme eines Inhalts geschult als der moderne Mensch. Dies hängt mit den äußeren Umständen, insbesondere mit der Kenntnis von Lesen und Schreiben und mit den ungenügenden Möglichkeiten dazu zusammen. Auch war das Schreibmaterial kostspielig, und es war mühsam, dieses zu verwenden. Manche neutestamentlichen Texte weisen schon in der Formulierweise

Akzentsetzungen und Gliederungsmerkmale auf.

Vgl. z. B. Mt 5,21–48:
»Ihr habt gehört, daß ... gesagt wurde: ...;
ich aber sage euch: ...«
Jede dieser (sechsmal) wiederkehrenden Formeln markiert gleichsam einen Absatz.
Oder Gal 5,19.22:
»Die Werke des Fleisches sind deutlich erkennbar: ...
Die Frucht des Geistes aber ist: ...«
Beide Wendungen haben den Charakter einer einführenden Überschrift zu einer Aufzählung.

Vermutlich hat Jesus selbst – wie es damals üblich war – seine Verkündigung nach »mnemotechnischen« Grundsätzen aufgebaut, d. h.: Seine Sprechweise war so gewählt, daß sich das Gehörte leicht in das Gedächtnis der Zuhörerinnen und Zuhörer einprägte. Diese Art der Verkündigung hat dann auch in den neutestamentlichen Schriften ihren Niederschlag gefunden (vgl. dazu unten → V.).

Die Verfasserinnen und Verfasser der biblischen Schriften wollen also das Christusereignis in schriftlicher Form weitergeben. Dazu hatten sie zweifellos keine Anweisung Jesu – dies hätten sie wohl zur Legitimation ihres Tuns in den Schriften vermerkt – , und sie besaßen nur in bedingter Weise Vorbilder und Modelle dafür, wie eine solche Niederschrift der Botschaft aussehen sollte. Sie gehen in der Weitergabe der Botschaft den für sie möglichen und zugleich den überzeugendsten Weg. So finden wir im Neuen Testament ganz unterschiedliche literarische Gattungen, in welche die Botschaft auf ihrem Weg von Absenderin, bzw. Absender zu den Adressatinnen und Adressaten gekleidet ist: das Evangelium, die Apostelgeschichte, Briefe, eine Offenbarungsschrift.

Diese Großgattungen (auch: Makrogattungen) der einzelnen Schriften können hinsichtlich der Eigenart der verschiedenen Textabschnitte in einer Schrift noch verfeinert werden (vgl. dazu unten → VII.2.; als häufige literarische Gattungen begegnen z. B.: Gleichnis, Wundererzählung, Jüngerbelehrung,

Streitgespräch, Ermahnung, Hymnus/Lobpreis, Predigt/Rede). Mittels der literarischen Eigenart ihrer Schrift versuchen die Verfasserinnen oder Verfasser, das Wesentliche der Botschaft besonders herauszuarbeiten. Dabei müssen sie auf die Adressatinnen und Adressaten ebenso Rücksicht nehmen wie auf die eigenen Möglichkeiten und auf die Eigenart der Botschaft, die vermittelt werden soll.

So wie in der Literatur ist auch hier zu beachten, daß jede literarische Gattung in ihr eigener Weise zu lesen und zu verstehen ist; oder konkret: Ein Evangelium ist kein Brief; ein Hymnus hat andere Sprachgesetze als ein Streitgespräch. Mit einer bestimmten Gattung sind verschiedene Sprech-, bzw. Vermittlungsabsichten von Verfasserin oder Verfasser verbunden.

Für das Verständnis eines Textes ist diese Absicht der Verfasserin, bzw. des Verfassers sowie die literarische Eigenart des Textes zu berücksichtigen. Denn jeder neutestamentliche Text will
▶ etwas Bestimmtes (→ Inhalt)
▶ in einer bestimmten Weise (→ Aussageart)
zum Ausdruck bringen. Daher lauten zwei erste Grundfragestellungen an den Text:
Wie sprechen Verfasserin, bzw. Verfasser?
Was wollen sie damit sagen?

Neutestamentliche Verfasserinnen, bzw. Verfasser können z. B.: belehren, lobpreisen, beklagen, ermahnen, zurechtweisen, erzählen, bekennen, anklagen, verbieten, klarstellen...

Wir bekommen also die vielfältige Eigenart der Vermittlung des Christusereignisses deutlicher in den Blick. Bedenken wir das zuvor verwendete Schema mit diesem Schwerpunkt, kann es so aussehen:

ABSENDER/IN VERFASSER/IN	Evangelium Apostelgesch. Briefe Offenbarungsschrift	ADRESSATEN (-GEMEINDE)

Anhand der vielfältigen äußeren Gestalt der neutestamentlichen Texte ist es möglich, ihre inhaltliche Eigenart zu erschließen. Dadurch wird die Vielfalt der Darstellung zumindest im Kern auf eine Einheit zurückgeführt. Allen Schriften des Neuen Testaments ist gemeinsam, daß sie nicht bloß beschreiben oder aus historischem Interesse etwas berichten wollen. Vielmehr sind die Texte aufgrund der persönlichen Betroffenheit der Verfasserinnen oder Verfasser und wohl auch aufgrund der Fragen der Adressatinnen und Adressaten entstanden. Mittels der Darstellung in den Schriften wird eigener Glaube bezeugt, wird die Botschaft über Jesus Christus aus eigener Betroffenheit weitergegeben. Das bedingt allerdings, daß dieser Vorgang nicht distanziert und objektiviert geschieht, sondern voll persönlichen Engagements und unter Ausschöpfung aller zur Verfügung stehender (in diesem Fall: literarischer!) Mittel. Nicht größtmögliche Objektivität und historisches Interesse stehen im Vordergrund, sondern die Absicht der Verkündigung der Botschaft von Jesus Christus. Basis für die Glaubwürdigkeit der neutestamentlichen Botschaft ist daher nicht in erster Linie die historische Beweisbarkeit, sondern das Zeugnis der Apostel und der frühen Kirche.

Apg 2,32 heißt es:
»Diesen Jesus hat Gott auferweckt,
dafür sind wir alle Zeugen.«
Die neutestamentliche Verkündigung beruht also auf dem persönlichen Glauben der Verfasserin oder des Verfassers, den sie in der Kraft des Geistes niederschreiben. Am Beginn von 1 Joh kommt dies sehr deutlich zum Ausdruck:
»¹Was von Anfang an war, was wir gehört haben,
was wir mit unseren Augen gesehen haben,
was wir geschaut
und was unsere Hände angefaßt haben,
das verkünden wir: das Wort des Lebens.
²Denn das Leben wurde offenbart;
wir haben gesehen und bezeugen und verkünden euch das ewige Leben,
das beim Vater war und uns geoffenbart wurde.
³Was wir gesehen und gehört haben,
das verkünden wir auch euch,

damit auch ihr Gemeinschaft mit uns habt.
Wir aber haben Gemeinschaft mit dem Vater
und mit seinem Sohn Jesus Christus.« (1 Joh 1,1–3)

Ein solches Verständnis der neutestamentlichen Texte bedeutet aber nicht sofort einen ausschließlich subjektiven Zugang, der uns dann vergeblich nach der allgemeingültigen Wahrheit der Schriften fragen ließe. In diesem Zusammenhang müssen zwei Gesichtspunkte beachtet werden:
▶ Die neutestamentlichen Verfasserinnen oder Verfasser schreiben aus ihrer nachösterlichen Glaubenserfahrung. Sie blicken also auf Jesus Christus unter Einschluß ihrer glaubenden Überzeugung zurück, daß dieser Jesus nicht im Tode geblieben war, sondern auferstanden ist und erhöht wurde. So sehen sie das gesamte Christusereignis – also auch das vorösterliche Wirken Jesu – von Ostern her, gleichsam mit der »Brille« des Ostergeschehens. In dieser umfassenderen Betrachtungsweise sind sie unterstützt vom Geist Gottes, der sie befähigt, äußere Zeichen und Erfahrungen im Blick auf Gestalt und Wesen Jesu zu deuten. Sie blicken zurück auf die Zeit Jesu und auf das erste Ostergeschehen und verkündigen das Christusereignis in ihre Gegenwart. So erhalten auch das vorösterliche Wort und Handeln Jesu die richtige Bedeutung und den entsprechenden Stellenwert. Schematisch kann dies in folgender Weise veranschaulicht werden:

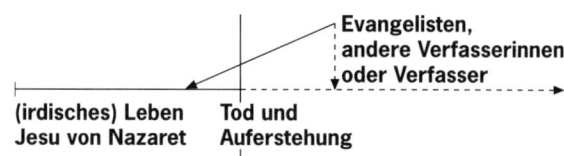

Auch dieses Wirken des Geistes in der frühen Kirche ist ein bezeugtes Geschehen, das nicht auf der Ebene der strengen Beweisbarkeit liegt. Die grundsätzliche Entscheidung zur Annahme göttlichen Wirkens in diesem Bereich fällt schon früher und an anderer

Stelle: Sie hängt mit der Frage zusammen, inwieweit Gott ein Einwirken in diese Welt überhaupt zugestanden wird, oder konkret: inwieweit wir die Aussage annehmen können, daß im Leben der Kirche sowie in der Entstehung der Heiligen Schrift Gott und Mensch zusammenwirken. Nur unter dieser Voraussetzung ist vom Umgang mit »heiliger« Schrift zu sprechen; andernfalls handelt es sich um die Beschäftigung mit einem Stück Literatur aus der Antike.

Zwei Textabschnitte aus dem Neuen Testament können diesen Gedanken unterstreichen:
»Keiner, der aus dem Geist Gottes redet, sagt:
Jesus sei verflucht!
Und keiner kann sagen: Jesus ist der Herr!,
wenn er nicht aus dem Heiligen Geist redet.« (1 Kor 12,3)
Das Glaubensbekenntnis des Menschen entspringt also der Verknüpfung eigener Einsicht mit dem Wirken des Geistes. In diesem Zusammenhang ist daran zu erinnern, daß getaufte Menschen geistbegabte Menschen sind . . .
»Wenn aber jener kommt, der Geist der Wahrheit, wird er euch in die ganze Wahrheit führen.« (Joh 16,13)
Die Wiedergabe dieser Zusage Jesu (ungefähr 60 Jahre nach Jesu Tod) spiegelt die Erfahrung der ersten christlichen Generationen. Sie wissen sich in ihrem Glauben (der Verfasser sagt: in der Wahrheit) vom Geist Gottes gefordert und gehalten.

▶ In diesem Zusammenhang ist auch die Frage nach der Wahrheit der Schrift zu stellen. Dabei müssen wir uns darüber im klaren sein, daß wir heute vielfach den Wahrheitsbegriff auf die geschichtliche oder die wissenschaftliche Wahrheit eingeengt haben. Zweifellos entspricht dies aber nicht einem umfassenden Gesamtverständnis von »Wahrheit«. Die Wahrheit, die uns das Neue Testament vermitteln will, ist nicht in erster Linie die historische Wahrheit. Diese steht vielfach im Hintergrund, sie schwingt mit, aber sie ist nicht das Entscheidende. Vielmehr wollen uns die Verfasserinnen, bzw. die Verfasser auf jene tiefere Wahrheit hinlenken, die im Wirken Gottes gegenüber dem Menschen zugänglich und erkennbar wird. Dafür benützen sie alle zur Verfügung stehenden Hilfsmittel ihrer Zeit und ihres Lebensraumes. Diese Wahrheit, welche in den neutestamentlichen Schriften zur Sprache (eher: zum Klingen) gebracht wird, ist vornehmlich die Wahrheit unseres Heils, das von Gott her kommt. Die Schriften wollen weder naturwissenschaftliche noch historische Aussagen machen. Vielmehr geht es darin um die entscheidende Zuwendung Gottes zum Menschen, die auf menschlich verstehbare Weise zur Sprache gebracht wird. Im Hinblick auf die heute oft vorrangige historische Fragestellung bedeutet dies: Es ist einerseits zu beachten, daß die geschichtliche Rückfrage nicht das erstrangige Anliegen der Verfasserinnen, bzw. der Verfasser ist, sondern daß für sie andere Akzente im Vordergrund stehen. Andererseits darf die Frage nach dem historischen Geschehen nicht zurückgewiesen werden, weil damit ein wichtiger Bereich heutiger Denkweise und heutigen Fragens übersehen würde. Es muß jedoch die richtige Rangordnung eingehalten werden, damit der entsprechende Stellenwert einer nur historischen Rückfrage erkennbar ist.

In Weiterführung der oben formulierten Grundfragestellungen wäre also weniger zu fragen:
Ist das (Erzählte) wirklich so geschehen?
sondern vielmehr: Was ist mit dem (so) Erzählten gemeint?
(Vgl. dazu auch unten → VII.)

➤ AUFGABEN:

■ Suchen Sie im Neuen Testament Beispiele für die oben genannten häufigen Gattungen.
■ Unterstreichen Sie im Zitat aus 1 Joh 1,1–3 (siehe oben) alle Begriffe des Wahrnehmens und der Erfahrung, mit einer zweiten Farbe alle Begriffe des Weitergebens. Beachten Sie die Beziehungen zwischen beiden Handlungsebenen, die auf diese Weise im Text sichtbar werden.

*Die Verfasser(innen) der neutestament-
lichen Schriften*

Aus den Aussagen zur Eigenart der neutestamentlichen Botschaft sind verschiedentlich
schon Hinweise zur Verfasserschaft dieser
Schriften erkennbar geworden. Die wichtigsten Momente sollen gesondert bedacht werden.

▶ Nur in wenigen Fällen können wir die
Identität der Verfasser einzelner Schriften
klar feststellen. Wo dies nicht der Fall ist,
müssen wir grundsätzlich für alle verschiedenen Entstehungsmöglichkeiten der Schriften offen sein. Aus diesem Grund ist bisher
auch von Verfasserinnen oder Verfassern
die Rede gewesen. Es ist nicht auszuschlie-
ßen, daß einzelne der neutestamentlichen
Schriften von Frauen geschrieben wurden.
Da uns heute der maßgebliche Einfluß von
Frauen in einzelnen Gemeinden der neutestamentlichen Zeit stärker bewußt ist als früher, ist diese Möglichkeit ausdrücklich
beachtet.

▶ In ihrer Aufgabe, die neutestamentliche
Botschaft über Jesus Christus zu verkündigen, bleiben die Verfasserinnen, bzw. Verfasser Menschen. Durch das Wirken des göttlichen Geistes werden sie aus ihrem Menschsein nicht herausgehoben; sie sind Kinder
ihrer Zeit und ihrer Kultur, mit allen
Beschränkungen und allen Chancen, die
dies miteinschließt. So schreiben die Verfasserinnen bzw. Verfasser in der ihnen geläufigen Ausdrucksweise, aufgrund ihrer religiösen Erfahrung, ihrer Bildung und Herkunft,
unter Zugrundelegung der sozialen Vorstellungen ihrer Zeit und im Rahmen des ihnen
geläufigen Weltbildes. Es ist daher auch verständlich, daß ihnen Fehler unterlaufen –
seien sie historischer, sprachlicher oder
anderer Art. Gott nimmt sie bei ihrer Niederschrift der Texte zwar in Dienst, aber er verändert damit nicht ihr Wesen und ihre
menschliche Eigenart. So bedeutet also die
sogenannte »Irrtumslosigkeit« der Schrift

auch nicht eine absolute, übermenschliche
Perfektion, sondern sie bezieht sich auf das
zuvor umschriebene Verständnis von Wahrheit.

▶ Das Neue Testament ist also in menschlicher Weise niedergeschrieben. Dies bedeutet nicht eine Einschränkung; vielmehr
eröffnet diese Feststellung den Blick für
eine einzigartige Eigentümlichkeit des
Umgangs Gottes mit den Menschen: Gott
spricht in seiner Botschaft den Menschen
auf menschliche, in einer für den Menschen
verständlichen Weise an. Selbstkundgabe
und -mitteilung Gottes in der Heiligen
Schrift geschieht·in einer dem Menschen
angemessenen Weise, also in einer Form,
die der Mensch verstehen und begreifen
kann: Die Schrift ist eingebettet in einen
menschlichen Erfahrungs- und Lebensbe-
reich und in den Verstehenshorizont des
Menschen. In der Schrift wird mit menschlicher Sprache gesprochen.

Die Bedeutung dieser Beobachtung kann durch ein Ge-
dankenexperiment unterstrichen werden: Wenn Gott
sich auf die ihm entsprechende Weise – also göttlich,
Zeit und Raum überschreitend – dem Menschen kund-
getan hätte: Wäre das zu verstehen? Wäre es zu ertragen, oder träfe das Wort aus Ex 33,20 zu: »Du kannst
mein Angesicht nicht sehen; denn kein Mensch kann
mich sehen und am Leben bleiben.«?

▶ Gott aber hat einen anderen Weg
gewählt. Verschiedene Menschen wurden
durch ihre Gotteserfahrung, ihren persönlichen Glauben dazu gedrängt, ihr Gottesbild,
ihre Geschichte mit Gott aufzuschreiben
und weiterzugeben. Sie fühlten sich dazu
von Gott selbst bestärkt und beauftragt. Im
Bereich der Entstehung des Neuen Testaments berufen sie sich dabei auf ihr unmittelbares oder mittelbares Naheverhältnis zu
Jesus Christus.

Gott selbst hat sich bei diesem Vorgang
erniedrigt, hat sich in vielfacher Weise in
Menschlichkeit eingelassen: in seiner
Zuwendung zum Menschen; in der Hinein-
gabe seiner Botschaft in menschliches (und

damit notwendiger Weise verkürzendes, beschränktes) Wort; in der Einschränkung seines Wirkens auf den je einen geschichtlichen Augenblick; schließlich in der Personifizierung seiner Botschaft in der menschlichen Person Jesu von Nazaret (vgl. Phil 2,6–7; Joh 1,14). Deswegen also ist die Heilige Schrift auch eine menschliche Schrift, sind ihre Verfasserinnen oder Verfasser wesentlich auch Menschen. Die Texte sind dadurch eingeordnet in die Geschichte und formuliert in menschlicher Sprache. Nur so ist Gottes Botschaft für uns überhaupt verständlich und zugänglich.

▶ In den neutestamentlichen Schriften sprechen verschiedene Verfasserinnen oder Verfasser über das eine Christusereignis. Dabei sind sie von ihrer Glaubenserfahrung und vom Wirken des Geistes geprägt. Es ist einsichtig, daß ihr (menschliches) Begreifen nicht ausreicht, um die ganze Fülle Jesu Christi einzufangen und überdies noch in menschlicher Sprache auszudrücken. Außerdem schreiben sie an ganz verschiedene Adressatinnen und Adressaten zu verschiedener Zeit. So werden uns in den neutestamentlichen Schriften durch die einzelnen Verfasserinnen, bzw. Verfasser verschiedene Zugänge zur Person und zum Wirken Jesu eröffnet. Jeder bringt seinen Blickwinkel ein, und so entsteht aus der Vielfalt allmählich eine Fülle.

Ein schematischer Vergleich kann dies verdeutlichen: Die Verfasserinnen, bzw. Verfasser der neutestamentlichen Schriften blicken gleichsam vom Rand eines Kreises auf die Mitte hin, auf das Christusereignis. So sieht jede, bzw. jeder aus seinem Blickbereich (nur) ein Segment der Wirklichkeit Jesu Christi. Uns aber, die wir die Gesamtheit der neutestamentlichen Schriften vor uns haben, eröffnet sich in der Zusammenschau der einzelnen Wege ein umfassender Zugang zur Wirklichkeit und Dimension des Christusereignisses.

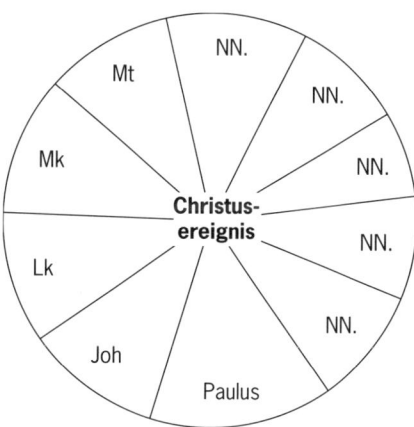

Aus diesem Bild läßt sich erschließen, daß die Einheit der Schrift auf ihrer Vielfalt beruht. Ihr Zusammenhalt ist durch Jesus Christus selbst gegeben; seine Person und Wirklichkeit ist die »Mitte« der Schrift. Dies führt uns zu einem wesentlichen Prinzip der Schriftauslegung: Die Heilige Schrift ist in ihrer Gesamtheit zu lesen und zu erklären. Gerade unter dem Gesichtspunkt der Zusammenschau einzelner Schriften auf Jesus Christus hin ist die Gefahr erkennbar, die isoliertes Lesen und Interpretieren einzelner Schriftabschnitte mit sich bringen kann.

Die Adressatinnen und Adressaten der neutestamentlichen Schriften

Was über den Bezug der biblischen Verfasserinnen bzw. Verfasser zu ihrem Lebensraum gesagt wurde, gilt in vergleichbarer Weise auch von den Adressatinnen und Adressaten. In den meisten Fällen handelt es sich dabei um Haus- oder Ortsgemeinden. Als Ausnahmen können 2 Joh und 3 Joh und – auf der literarisch beabsichtigten Ebene – die Pastoralbriefe (1 Tim, 2 Tim, Tit) angesehen werden. Diese Einbettung in eine konkrete Lebenssituation ist für eine soziologische Gruppe selbstverständlich. Sie gewinnt in diesem Zusammenhang deshalb an Bedeutung, weil von den Verfasserinnen und Verfassern angenommen werden darf, daß sie auf diese konkrete Lebenssituation ihrer Adressatinnen und Adressaten, mit der ja auch nicht selten der Problemstand ihres Christseins in enger Beziehung stand, Rücksicht nahmen und ihre Schrift darauf ausrichteten.

Als Beispiel sei nur auf die Unterschiede verwiesen, die sich zwischen dem Matthäus- und dem Lukasevangelium allein deswegen aufzeigen lassen, weil ersteres sich an eine (vorwiegend) judenchristliche Gemeinde richtet, während letzteres an Heidenchristen geschrieben ist. Des weiteren wäre an die verschiedene Gestalt und den unterschiedlichen Inhalt der paulinischen Briefe zu erinnern: Diese Schriften sind sehr stark von den Notwendigkeiten und Problemen der einzelnen Gemeinden bestimmt.

Neben den Eigentümlichkeiten der Verfasserin, bzw. des Verfassers sind also die näheren Bestimmungen der Adressatinnen und Adressaten zu beachten. Dabei stehen weniger äußere Konkretisierungen im Vordergrund; eher von Bedeutung sind hier soziologische, kulturelle und religiöse Perspektiven.

Zusammenfassende Konsequenz:
Die Situationsbezogenheit der neutestamentlichen Schriften

Die bisher angestellten Überlegungen können wir mit dem Stichwort »Situationsbezogenheit« (oder »Kontextualität«) zusammenfassen. Jede neutestamentliche Schrift ist in einem konkreten geschichtlichen Augenblick, in einem bestimmten Moment des Lebens einer Verfasserin oder eines Verfassers entstanden. Schreibweise und inhaltliche Akzente stehen in Bezug zu dieser Entstehungssituation. Jede neutestamentliche Schrift ist

▶ von einem/einer (oder mehreren) bestimmten Verfasser(n)/in(nen)
▶ aus einem konkreten Anlaß
▶ zu einem bestimmten Zeitpunkt

▶ an eine bestimmte Adressatengruppe geschrieben.
Dabei berücksichtigt die Verfasserin, bzw. der Verfasser (auch unbewußt) diese vorgegebenen Voraussetzungen. Durch diese Vorgangsweise wird die biblische Botschaft nicht »angepaßt«; vielmehr suchen die Verfasserinnen oder Verfasser entsprechend ihrer Schreibsituation nach je verschiedenen Wegen und Mitteln, um die eine Botschaft überzeugend weiterzugeben. Dies kann anhand des unten verwendeten Kom-

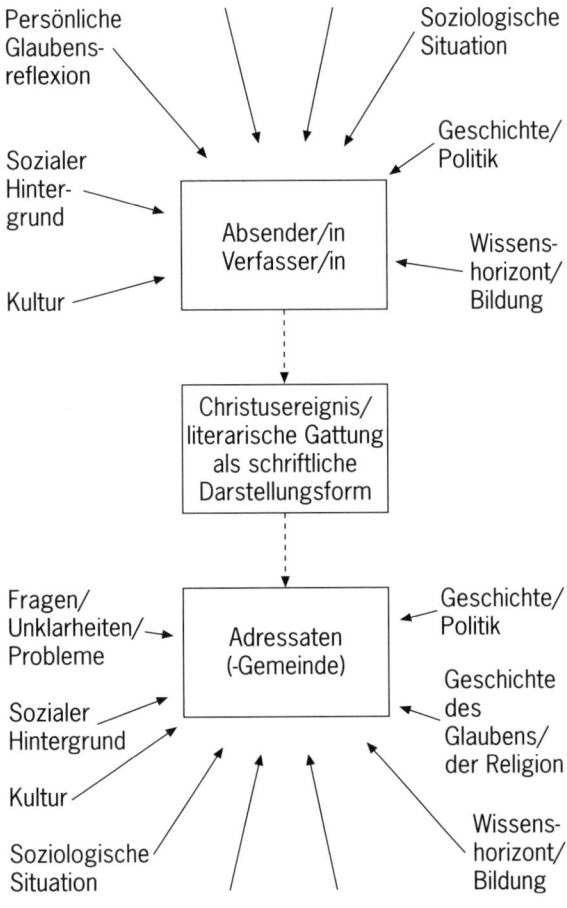

Die offenen Pfeile deuten an, daß hier nur einige Einflußfaktoren genannt sind. Andere wären zu ergänzen.

munikationsschemas dargestellt werden. So ist auch erkennbar, daß die Botschaft und ihre Darstellungsweise sowie Verfasserin, bzw. Verfasser und Adressaten in ihrem Lebenskontext zueinander in einer Wechselbeziehung stehen.

➽ AUFGABEN:

■ Vergleichen Sie verschiedene im Neuen Testament enthaltene Berufungserzählungen: Mk 1,16–20; Lk 5,1–11; Gal 1,11–24; Apg 22,1–21; Apg 26,1–23. Suchen Sie Gründe für die unterschiedliche Darstellungsweise und für die verschiedenen inhaltlichen Akzentsetzungen der Texte.

■ Lesen Sie in Ihrer Bibelausgabe die kurzen Einführungen zu den einzelnen Schriften. Überlegen Sie, welche Konsequenzen die skizzierte Schreibsituation für den Verfasser bei seiner Tätigkeit gehabt hat.

■ Blättern Sie in Ihrer neutestamentlichen Textausgabe von einer Schrift zur anderen. Überlegen Sie, welchen Sprung über Jahrzehnte, über Kulturräume, über geographische Distanzen Sie damit machen. (z. B.: Lk – Joh; Apg – Röm; 2 Petr – 1 Joh). Was ergibt sich daraus für Sie als Leserin oder als Leser heute? Was müssen wir beim Lesen des Neuen Testaments daher beachten?

2. Einführung in das Neue Testament – ein Zugang zur Heiligen Schrift

Aufgrund der Darlegung einiger Fragen zur Eigenart der neutestamentlichen Schriften und ihrer Entstehung kann der weitere Weg dieser Einführung aufgezeigt werden.

Das Wesen der neutestamentlichen Schriften

Nachdem über die Entstehung und den Inhalt der neutestamentlichen Schriften gesprochen wurde, ist ihre Eigenart zu bedenken. Die Besonderheit einer menschlichen Verfasserschaft unter göttlicher Führung wurde bereits angedeutet. Dies bedarf

einer weiteren Entfaltung. Das Wesen der Schriften als »inspirierte« Texte ist das Grundmerkmal ihrer Zugehörigkeit zur Bibel (Frage nach dem »Kanon«). Zugleich bildet es die Grundlage dafür, daß wir diese Texte nicht als schon tote Buchstaben aus der Antike, sondern als uns immer neu ansprechendes, lebendiges Wort Gottes begreifen dürfen (→ II.).

Die Frage nach Wirken und Person Jesu

Wir beschäftigen uns mit dem Neuen Testament, weil wir zu seiner inhaltlichen Mitte, zum Kernbereich seiner Aussagen vordringen wollen. Wir fragen dabei nach Jesus von Nazaret. Diese Grundfrage müssen wir schrittweise stellen. Dieses stufenweise Vorgehen ist durch die Fülle und das Wesen der Person Jesu bedingt:

Jesus hat zunächst auf dieser Welt als Mensch gelebt; in dieser Phase verkündigte er seine Botschaft und wirkte das Heil an vielen Menschen. Mit seinem Tod wurde dieser Abschnitt seines Lebens jäh abgebrochen. In diesem Bereich sprechen wir vom »vorösterlichen« oder vom »irdischen« Jesus. Der Tod war aber nicht der Endpunkt des Lebens Jesu. Gott blieb seinem Sohn selbst im Tod noch ein treuer, ein zugewendeter Gott. Er ließ seinen Sohn nicht im Tod, sondern gab ihm neues Leben in Fülle: Jesus ist auferstanden. Damit war der Karfreitag überwunden, damit gab es neue sinnvolle Hoffnung, da Jesus sich als der Christus, als der Herr nach Ostern geoffenbart hatte. In dieser Phase sprechen wir vom »nachösterlichen« oder »erhöhten« Jesus oder besser von »Jesus, dem Christus«.

Beide »Abschnitte« des Lebens Jesu gehören zusammen. Aber unserem Begreifen und Verstehen entspricht es, sie nacheinander zu bedenken. Aufgrund der dennoch beabsichtigten Einheit können wir auch die Gesamtheit von Leben und Existenz Jesu zum Ausdruck bringen; Wir sprechen dann vom »Christusgeschehen« oder vom »Christusereignis«. Ein erster wesentlicher Frage-gegenstand ist also die umfassende Wirklich-keit des Christusereignisses. Wir beschäfti-gen uns zunächst mit dem vorösterlichen Jesus, wie er uns insbesondere im Zeugnis der Evangelien begegnet. Dabei geht es um eine Orientierung an Person und Wirken Jesu in Grundzügen (→ III.).

Jesus, der Christus

Die Person Jesu ist in besonderer Weise anhand des Ostergeschehens zu bedenken. Tod und Auferstehung Jesu müssen also auf der Grundlage der biblischen Zeugnisse und hinsichtlich ihrer Bedeutung besprochen werden. Dabei zeigt sich, daß die ersten christlichen Generationen in vielfältiger Weise versuchten, dieses Geschehen zu deu-ten und in Bezug zu ihrer eigenen Existenz zu setzen. Daraus ist auch der Stellenwert des Osterglaubens im Rahmen des christli-chen Bekenntnisses zu begreifen. (→ IV.).

Von Jesus zu den Schriften des Neuen Testaments

Die neutestamentlichen Schriften haben eine Vorgeschichte. Ihrer Entstehung ist ein (teilweise längerer) Entwicklungsprozeß vorangegangen. Hier ist zu überlegen, wie es von der mündlichen Verkündigung Jesu zu den einzelnen Schriften gekommen ist, wobei es besonders um die Anfänge der Überlieferung sowie um den Schritt vom gesprochenen zum geschriebenen Wort geht (→ V.).

Die Entstehung der neutestamentlichen Schriften

Nachdem im allgemeinen der Schritt zur Ver-schriftlichung der Botschaft begründet wurde, können wir uns der Entstehung der einzelnen Schriften zuwenden. Dies ist eine wichtige Voraussetzung für die genaue, sach-liche Auslegung der Texte. Im Blick auf die

einzelne Schrift wird dabei die Situationsbe-zogenheit konkretisiert. In diesem Bereich kommen die Entstehungsfragen im einzel-nen zur Sprache. Zugleich muß die literari-sche Gattung der Schrift als Hilfe zum richti-gen Lesevorgang bedacht werden. Ein Blick auf die Grundthemen und die theologischen Leitlinien der einzelnen Schriften vermittelt einen Anhaltspunkt für die Aussageabsicht der Verfasserin, bzw. des Verfassers; auch das Bedenken von Aufbau und Inhalt ver-weist auf ihre, bzw. seine Intentionen. Schließlich ist auf die Beziehung der Einzel-schriften zueinander zu achten; dadurch werden traditionsmäßige und inhaltliche Querverbindungen erkennbar (→ VI.).

Wege und Möglichkeiten der Schrift-auslegung

Die Methoden der Schriftauslegung sehen heute anders aus als vor hundert oder auch noch vor zwanzig Jahren. Sie werden in der nächsten Generation nicht mehr dieselben sein. Die biblischen Texte müssen in jeder Phase der Geschichte für diese Epoche inter-pretiert werden. Dabei müssen die Ausleger-innen und Ausleger versuchen, mit den Möglichkeiten und den Methoden ihrer Zeit die Texte den Menschen ihrer Zeit verständ-lich zu machen. Ein Überblick über die heuti-gen Wege der Schriftauslegung dient hier der ersten Orientierung. Zugleich sollen Leserin und Leser anhand der Einführung an Beispielen in Grundzügen dazu befähigt werden, selbst in methodisch verantwortba-rer Weise mit den biblischen Texten umzuge-hen (→ VII.).

In den abschließend zusammengestellten Leseregeln wollen wir aus den angestellten Überlegungen die Konsequenzen für unse-ren persönlichen Umgang mit der Heiligen Schrift ziehen (→ VIII.).

Hilfsmittel

Die Hilfsmittel zur Lösung der aufgezeigten Fragestellungen sind vielfältig. Zunächst sind die Textausgaben der Heiligen Schrift zu nennen. Aus den biblischen Texten selbst können Anhaltspunkte über Entstehung, Verfasserabsicht, usw. gewonnen werden. Diese Informationen werden mittels der Methoden der Exegese erhoben. Wir sprechen diesbezüglich von der »inneren Evidenz«.

Manche Textdokumente der alten Kirche (schon ab dem 2. Jh. n. Chr.) sprechen direkt über die Entstehung der neutestamentlichen Schriften. Da sie der Abfassungszeit sehr nahe stehen, sind sie diesbezüglich von Bedeutung. Bei solchen Texten sprechen wir von der »äußeren Evidenz«.

In beiden Bereichen ist neben den entsprechenden Textausgaben die Fachliteratur heranzuziehen. Zur Erfüllung ihrer Aufgabe bedarf die Exegese der Hilfe zahlreicher Wissenschaften, die aufgrund ihres Forschungsgegenstandes und/oder ihrer Arbeitsmethodik wichtige Informationen oder methodische Ansätze beibringen können. Unter ihnen seien – als Beispiele! – genannt: Geschichtswissenschaft, Altertumsgeographie, Kultur-und Sozialgeschichte, Philosophie, Altphilologie, Soziologie, Sprachwissenschaft, Archäologie, usw. Stärker als früher nimmt die exegetische Wissenschaft die Möglichkeiten und Dienste der Nachbarwissenschaften an. Dies geschieht auch deshalb, weil die Heilige Schrift nicht in einen luftleeren Raum hinein ausgelegt werden darf, sondern ihr Verständnis in die vielfältigen, auch wissensmäßigen Verflechtungen der heutigen Zeit hineingetragen werden muß.

> »Unsere Vertreter der Bibelwissenschaft sollen...nichts unberücksichtigt lassen, was die Archäologie, die alte Geschichte und die Geschichte der alten Literatur an Neuem gebracht hat und was dazu dient, daß man die Absicht der alten Schriftsteller und ihre Art und Weise zu denken, zu erzählen und zu schreiben, richtig erfaßt.«
> *Aus der Enzyklika »Divinu afflante Spiritu« von Papst Pius XII., 1943, n. 31.*

3. Bibelausgaben und Bibelübersetzungen

»Kritische« Textausgaben

Der griechische Bibeltext ist die wissenschaftliche Grundlage für die Auslegung des Neuen Testaments. Dieser Text liegt in sogenannten »kritischen« Textausgaben vor; das sind Editionen, die aufgrund des Vergleichs der alten Handschriften erarbeitet werden. Dabei machen sich die Herausgeber die Erfahrungen und die »kritische« Arbeit mehrerer Jahrhunderte nutzbar. Der heute in der exegetischen Wissenschaft verwendete Text wurde unter Heranziehung aller bis heute bekannten Bibelhandschriften (für das Neue Testament: über 3000) erarbeitet und 1975 publiziert.

Der Text liegt heute in drei Ausgaben vor.
▶ The Greek New Testament. Hrsg. v. K. Aland, M. Black, C. M. Martini, B. M. Metzger, A. Wikgren, New York/London 3. Aufl. 1975.
▶ Novum Testamentum Graece. Hrsg. v. K. Aland, M. Black, C. M. Martini, B. M. Metzger, A. Wikgren. Textkritischer Apparat von K. und B. Aland, Stuttgart 26. Aufl. 1979 (Diese Ausgabe liegt auch griechisch-lateinisch sowie griechisch-deutsch vor).
▶ Novum Testamentum Graece et Latine. Griechischer Text sowie Text der Vulgata und der Neovulgata. Hrsg. v. G. Nolli, Vatikanstadt 1981.

Alte Bibelübersetzungen

Zunächst sind aus sachlichen Gründen zwei wichtige fremdsprachige Übersetzungswerke zu nennen.
▶ Die *Septuaginta* (»interpretatio septuaginta virorum«; abgekürzt: LXX) ist eine Übersetzung des Alten Testaments, die für die griechischsprechenden Juden im Gebiet um Alexandria in Ägypten angefertigt wurde.

Über die Entstehung der Septuagina berichtet der Verfasser des Aristeasbriefes (2. Jh. v. Chr.):
»Demetrios versammelte die Männer in einem prachtvollen und ruhig gelegenen Haus am Strand und forderte sie auf, die Übersetzung zu vollenden; alles Nötige stand ihnen reichlich zur Verfügung. Sie führten sie nun folgendermaßen aus: Zunächst brachten sie die einzelnen Übersetzungen durch Vergleich in Übereinstimmung; worin sie nun übereingekommen waren, das schrieb Demetrios in diesem Wortlaut ordentlich nieder. . . . Jeden Tag begaben sie sich frühmorgens an den Hof, machten dem König ihre Aufwartung und zogen sich dann an ihren Versammlungsort zurück. Wie es bei den Juden Brauch ist, wuschen sie sich die Hände im Meer und wandten sich, sobald sie zu Gott gebetet hatten, der Lektüre und Interpretation der einzelnen Stellen zu. . . . Es ergab sich aber, daß die Übersetzung in 72 Tagen fertiggestellt wurde, als ob dies absichtlich so geschehen wäre. Als sie nun fertig war, versammelte Demetrios die jüdische Gemeinde an dem Ort, wo auch die Übersetzung angefertigt worden war, und las sie allen vor. . . . Als die Rollen verlesen waren, traten die Priester, die Ältesten der Übersetzer, Vertreter der jüdischen Bürgerschaft und die Vorsteher der Gemeinde zusammen und sprachen: Da die Übersetzung gut, fromm und völlig genau ist, ist es recht, daß sie so erhalten bleibt und keine Überarbeitung stattfindet. . . .«
Übersetzung nach N. Meisner, in: Jüdische Schriften aus hellenistisch-römischer Zeit (siehe Lit.-Verzeichnis), 83–84.

Die LXX ist zwischen 280–150 v. Chr. entstanden. Der Legende nach wurde sie von siebzig Männern angefertigt. Die LXX war die maßgebliche griechische Übersetzung des Alten Testaments zur Zeit der Niederschrift des Neuen Testaments. Sie wurde weitgehend auch in der Liturgie der ersten christlichen Generationen verwendet und liegt vielen Zitaten des Alten Testaments in den neutestamentlichen Schriften zugrunde.
▶ Die *Vulgata* (Vg) ist eine lateinische Übersetzung der gesamten Bibel. Sie geht zum großen Teil auf Hieronymus (gestorben 420 n. Chr.) zurück. Aufgrund des Auftrages von Papst Damasus I. übersetzte Hieronymus zunächst die Evangelien, dann das hebräische Alte Testament und die übrigen Teile des Neuen Testaments. Die Vulgata blieb die maßgebliche lateinische Übersetzung der Bibel für den kirchlichen Gebrauch. Das Konzil von Trient erklärte ihren Text 1546 als authentischen Text der Bibel: Alle katholischen Übersetzungen mußten mit der Vulgata übereinstimmen. Unter Pius X. wurde 1907 eine kritische Revision des Vulgata-Textes eingeleitet. Paul VI. setzte 1969 dafür erneut eine Kommission ein, die 1977 ihre Arbeit beenden konnte. 1979 wurde sodann die Neo-Vulgata publiziert, deren Text durch Papst Johannes Paul II. zur offiziellen Textfassung für den Gebrauch der Heiligen Schrift in der Liturgie erklärt wurde.

Moderne Übersetzungen

Im Hinblick auf jede Übersetzung, insbesondere auf jene in eine moderne Sprache, ist zu beachten, daß sie den Text in seiner Wirkung abschwächt und durch den Übertragungsvorgang bereits den ursprachlichen Text deutet. Dies ist darauf zurückzuführen, daß Sprachen in ihrer Ausdrucksvielfalt nicht identisch sind und daß zudem die Objektivität der Übersetzerin oder des Übersetzers nur in begrenztem Maße gegeben sein kann. Die Verschiebung durch die Übersetzung wird größer, wenn der Übersetzungsvorgang über Sprachfamilien, Kulturkreise und Geschichtsepochen hinausgreift. Dies ist zu bedenken, wenn die Bibelwissenschaft auch heute immer wieder auf eine Beschäftigung mit dem Urtext drängt. Allerdings stehen der interessierten Leserin und dem Leser sehr gute Übersetzungen zur Verfügung:
▶ Im deutschen Sprachraum wurde 1979 die »Einheitsübersetzung der Heiligen Schrift. Das Neue Testament« publiziert (1980 folgte die Edition der Übersetzung des Alten Testaments). Damit wurde ein zwan-

zigjähriges Bemühen zum Abschluß gebracht, aus den Urtexten eine deutschsprachige Bibelübersetzung für den gesamten Sprachraum in möglichst weitgehender ökumenischer Zusammenarbeit zu schaffen. Die Fuldaer Bischofskonferenz hatte 1961 den Beschluß zu diesem Projekt gefaßt und 1962 die österreichischen und die schweizer Bischöfe zur Mitverantwortung eingeladen. Damit war ein wichtiges Anliegen des Konzils im deutschsprachigen Bereich schon vorweggenommen.

Die Einheitsübersetzung ist keine wörtliche Übertragung; sie ist vielmehr auch an sprachlicher Schönheit orientiert. Im Hinblick auf die weite geographische Streuung mußten hier manche Kompromisse geschlossen werden, die immer wieder Anlaß zur Kritik gaben. Die Bedeutung dieser Übersetzung liegt auch nicht vor allem darin, daß sie die beste oder einzige im deutschen Sprachraum wäre; aber sie ist jene Übersetzung, die bei kirchlichem Gebrauch der Heiligen Schrift, insbesondere in der liturgischen Verkündigung und in der Katechese, verwendet wird. Unter diesem Gesichtspunkt ist ihr gegenüber anderen Übersetzungen der Vorzug zu geben.

Keine Übersetzung kann den griechischen Urtext des Neuen Testaments ersetzen. Für die deutschsprachige, aber dennoch möglichst genaue Bibelarbeit ist die Heranziehung wörtlicher Übersetzungen wünschenswert, auch wenn diese Form der Textübertragung auf Kosten der sprachlichen Schönheit geht. Zur Zeit liegen zwei diesbezügliche Übersetzungen vor:

▶ Münchener Neues Testament. Studienübersetzung. Hrsg. v. J. Hainz, Düsseldorf 2. Aufl. 1989. Diese Übersetzung gibt den Urtext des Neuen Testaments nach dem Grundsatz »So griechisch wie möglich, so deutsch wie nötig« (vgl. Vorwort, ebda. S. VII) wieder. Sie bildet eine ausgezeichnete Grundlage für alle, die über keine Kenntnisse der griechischen Sprache verfügen.

▶ Das Neue Testament. Interlinearübersetzung Griechisch-Deutsch. Übersetzt von E. Dietzfelbinger, Neuhausen 2. Aufl. 1987. Diese Übertragung bietet keinen syntaktisch korrekten Text in deutscher Sprache, sondern eine jeweils unter den griechischen Text gesetzte Übersetzung der einzelnen Worte. Sie erfordert von der Benützerin, bzw. vom Benützer zumindest Grundkenntnisse der griechischen Sprache, sowie die Fähigkeit, mit Hilfe der übersetzten Begriffe einen Text zu formulieren.

Textgliederungen

Jede heutige Bibelausgabe weist verschiedene Formen der Textunterteilung auf. Während Zwischenüberschriften und Absatzgliederung von den heutigen Herausgeberinnen und Herausgebern stammen, gehen Kapitel- und Verseinteilung auf frühere Arbeiten zurück.

Schon Eusebius von Cäsarea (gestorben 339 n. Chr.) versuchte eine Aufgliederung der Evangelien in Sektionen, die fortlaufend numeriert waren (Mt: 355; Mk: 233; Lk: 342; Joh: 232). In Tabellen (Canones) wurden diese Sektionen so zusammengestellt, daß die jeweiligen Parallelabschnitte der Evangelien geordnet aufscheinen. In den wissenschaftlichen Textausgaben sind die Sektionen des Eusebius auch heute noch vermerkt.

Um 1200 fertigte Stephan Langton (1150–1228; zuerst Kanzler in Paris, dann Erzbischof von Canterbury) für eine lateinische Bibelübersetzung eine Kapiteleinteilung an. Diese Einteilung wurde 1226 in die sogenannte »Pariser Bibel« aufgenommen. Da diese Bibel in der Folge die maßgebliche Edition für wissenschaftliche Zwecke blieb, setzte sich die Kapiteleinteilung Langtons durch. Die Verseinteilung geht auf den Pariser Buchdrucker Robert Etienne zurück. Dieser edierte 1546, 1549, 1550 und 1551 das Neue Testament in griechischer Sprache. In die vierte Ausgabe (Genf 1551) trug er die

Verseinteilung ein, die seither erhalten blieb.

Schon eine kurze Analyse zeigt, daß die Kapitel- und Verseinteilung nicht immer unseren heutigen Textgliederungen entspricht und an manchen Stellen recht willkürlich scheint. Die Relativität dieser Einteilung ist also zu beachten; denn wir sind geneigt, Kapitel- und Verseinschnitte sogleich als Zäsuren im Text anzunehmen. Hier bedarf es in jedem einzelnen Fall einer Überprüfung.

➤➤ VERSTÄNDNIS UND WIEDERHOLUNGSFRAGEN ZU KAPITEL I:

Zu 1. Das Neue Testament als Schriftensammlung
■ Welche Entstehungsmerkmale sind zu berücksichtigen, wenn wir vom Neuen Testament als einem »Buch« sprechen?
■ Wie können Sie den zeitlichen und kulturellen Entstehungsrahmen der neutestamentlichen Schriften zusammenfassen?
■ Wenden sie das Kommunikationsschema Sender/in → Botschaft → Empfänger/in auf die neutestamentlichen Schriften an: Charakterisieren Sie jedes dieser drei Elemente im Kommunikationsvorgang.
■ Nennen Sie die Grundfragestellungen an den biblischen Text und begründen Sie diese.
■ Warum sprechen wir im Bezug auf das Neue Testament von »Verkündigungsschriften«? *im Gegensatz zur Geschichtsschreibung*
■ Welche Folgerungen können Sie aus der nachösterlichen Niederschrift der neutestamentlichen Texte ziehen?

■ Umschreiben Sie den Wahrheitsgehalt der biblischen Schriften.
■ Wie sind Vielfalt und Einheit des Neuen Testaments zu charakterisieren? Was bedeutet in diesem Zusammenhang der Satz: Jesus Christus ist die Mitte der Schrift?
■ Was wird mit dem Begriff »Situationsbezogenheit« umschrieben? Erklären Sie den entsprechenden Sachverhalt auf der Grundlage des herangezogenen Kommunikationsschemas.

Zu 2. Einführung in das Neue Testament – ein Zugang zur Heiligen Schrift
■ Was versteht man unter »vorösterlichem« und »nachösterlichem« Jesus? Was ist mit »Christusereignis« oder »Christusgeschehen« gemeint?
■ Welche Hilfsmittel stehen für die Einführung in das Neue Testament zur Verfügung? Was versteht man unter »innerer« und »äußerer« Evidenz? *Auslegung – Beschreibung Situat Offenkundig*

Zu 3. Bibelausgaben und Bibelübersetzungen
■ Was ist die Septuaginta? Was ist die Vulgata?
■ Ungefähr wann (Jahrhundert) und wo sind Kapitel und Verseinteilung der Bibel entstanden?

Vulgata – lateinische Übersetzung von NT u. AT

II. Das Neue Testament als »Heilige Schrift« der Kirche

Der Zugang zum Neuen Testament kann auf verschiedene Weise geschehen. Das Neue Testament kann als ein Stück Literatur gelesen werden, es kann im religionswissenschaftlichen Vergleich als eine religiöse Schrift unter anderen herangezogen werden. Der besondere Charakter des Neuen Testaments ist aus den einzelnen Schriften selbst nicht unmittelbar ablesbar. Vielmehr wurde mit der Weitergabe dieser Texte in der Gemeinschaft der Kirche durch die Jahrhunderte auch eine bestimmte Haltung zum Ausdruck gebracht und bezeugt. Im Sprechen von der »Heiligen Schrift« kommt dies zum Ausdruck. Diese Bezeichnung kann nicht für sich allein stehen. Sie bedingt eine Gemeinschaft, die in eben dieser Weise von den entsprechenden Texten denkt, sie so liest und aufnimmt.

Was also über Kanon und Inspiration zu sagen ist, kann nur im Rahmen dieser (glaubenden) Annahme eines (ur-)alten Zeugnisses bedacht und konkretisiert werden. Das Sprechen von Kanon und Inspiration gehört eng zusammen. Beides kann nicht für sich allein bestehen, sondern nur, wenn ein Konsens über die Annahme einer solchen Aussage besteht. In diesem Sinn kann es auch nicht darum gehen, einen bestimmten Zugang zur Bibel zu beweisen. Vielmehr soll der durch die Jahrhunderte in der Glaubensüberzeugung der Kirche überlieferten Haltung gegenüber den biblischen Schriften nachgespürt werden, damit der Sinn dieses Zugangs zur Bibel einsichtig und einleuchtend gemacht werden kann.

1. Die Kanonbildung

Das Wort »Kanon« ist semitischen Ursprungs: *kane* → griechisch *kanon* bedeutet ursprünglich Schilfrohr, Meßrute, Maßstab, dann übertragen: Norm. Im Zusammenhang mit den biblischen Schriften ist dieser Normcharakter zweifach zu verstehen: Kanon bezeichnet sowohl eine bestimmte Schriftenanzahl als auch Schriften eines bestimmten Inhalts oder einer bestimmten Eigenart. Das Sprechen von einem Schriften-»Kanon« ist nicht erst eine neutestamentliche Entwicklung, sondern es hat alttestamentlich-jüdischen Hintergrund. Die Festlegung des Kanons ist das Ergebnis eines längeren theologisch-geschichtlichen Entwicklungsprozesses, für den sich einzelne bestimmende Momente feststellen lassen.

Alttestamentliche Entwicklung

Die stufenweise Entwicklung des alttestamentlichen Kanons entspricht der Dreiteilung dieser Schriften. Ab dem 4. Jh. v. Chr. galt die Torah im Judentum als abgeschlossene, unveränderliche und höchste religiöse Autorität. Etwa zur gleichen Zeit wird allmählich die Zahl der Prophetenschriften festgelegt. Die Sammlung der sogenannten »übrigen Schriften« bleibt für eine Ergänzung offen, sie ist auch zu neutestamentlicher Zeit noch nicht abgegrenzt.

Im Prolog zur griechischen Übersetzung des Buches Jesus Sirach erhalten wir Aufschluß über diese Dreiteilung der alttestamentlichen Schrift:

> »Vieles und Großes ist uns
> – durch das Gesetz (tora),
> – durch die Propheten (nebi'im),
> – und durch die anderen Schriften (ketubim),
> die ihnen folgen, geschenkt worden. Dafür ist Israel
> zu loben...«

Ähnliche dreiteilige Aufzählungen der alttestamentlichen Schrift finden sich Lk 24,27.44.

Erst die Auseinandersetzung mit dem Christentum, das die jüdischen Schriften als heilige Bücher für sich in Anspruch nahm, war Anlaß für eine genauere Abgrenzung. Da sich nach der Zerstörung des Tempels in Jerusalem das Schwergewicht jüdisch-religiöser Praxis auf die Verkündigung und Verehrung des Wortes Gottes verlagern mußte, wurde eine solche Abgrenzung noch dringender. Ein in die Zeit zwischen 90 bis 95 n. Chr. zu datierender Entscheidungsprozeß brachte schließlich eine Klärung. Es ist historisch umstritten, ob in diesem Zusammenhang zu Recht von einer »Synode zu Jabne« gesprochen werden kann. Diese Bezeichnung ist jedoch mit der Kanonfestlegung des Judentums fest verbunden (Jabne, ursprünglich eine Stadt der Philister am Mittelmeer, war ab der Zerstörung Jerusalems bis 135 n. Chr. Sitz des Hohen Rates).

Der jüdische Kanon umfaßt 24 Bücher. Da die deuterokanonischen Schriften nicht mitgezählt und mehrere Schriften (die Bücher Sam, Kön, Esr/Neh, Chr, sowie das Zwölfprophetenwerk) als je ein Werk angesehen werden, stimmt diese Zählung mit dem späteren katholischen Kanon überein.

> Folgende Schriften gehören zum jüdischen Kanon:
> Gen, Ex, Lev, Num, Dtn
> Jos, Ri, Sam, Kön; Jes, Jer, Ez, Zwölfprophetenwerk
> Ps, Ijob, Spr, Rut, Hld, Koh, Klgl, Est, Dan, Esr/Neh, Chr.
> Inhaltlich übereinstimmende Aufzählungen finden sich bei Josephus, Contra Apionem I 8, sowie im babylonischen Talmud (Baba Bathra 14b-15a (3. Jh. n. Chr.).

Entwicklung des neutestamentlichen Kanons

In der Liturgie der frühen Kirche wird die alttestamentliche Schrift gelesen und auf Christus hin interpretiert. Denn was in diesen Texten über Gottes Verheißung steht, hat sich im Christusereignis erfüllt. Auf diese Weise wird der alttestamentliche Schriften-

kanon in den ersten christlichen Generationen übernommen. Da die Grundlage der christlichen Lesung des Alten Testaments in den meisten Fällen die Septuaginta (vgl. dazu oben → I.3.) ist, werden auch die sogenannten deuterokanonischen Schriften von Anfang an miteinbezogen, das sind jene Schriften, die in griechischer Sprache entstanden sind (Tob, Jdt, Bar, Weish, Sir, Makk).

Erst allmählich – beginnend mit der 2. Hälfte des 1. Jh. – entstehen Schriften von Aposteln, bzw. von Schülerinnen und Schülern der Apostel. Sie sprechen nicht nur mittelbar, im Sinne einer Verheißung, sondern unmittelbar über das Christusereignis und deuten dieses konkret im Blick auf die Gemeinden. Sie werden daher ebenfalls im Gottesdienst gelesen (und vermutlich in der Homilie kommentiert). Auf diesem Weg finden diese neuen Texte Eingang in die Schriftensammlung der einzelnen Gemeinden (2 Petr 3,15 läßt uns bereits auf eine Sammlung von Paulusbriefen schließen; aus Kol 4,16 ist zu entnehmen, daß die Schriften unter den Gemeinden ausgetauscht und auf diesem Wege auch weiterverbreitet werden). Vermutlich ohne besondere eigenständige Reflexion werden sie so auch dem Rang und der Bedeutung nach den hochgeachteten Texten der alttestamentlichen Schriften gleichgestellt.

In dieser sehr offenen Phase der Entwicklung wird durch zwei Tendenzen eine Entscheidungsfindung in der Frage der Bedeutung der neuentstandenen Texte herbeigeführt:

▶ 139 n. Chr. stellt Marcion aus Pontus (Kleinasien) einen sogenannten Minimalkanon vor. Von einer antijüdischen Haltung beeinflußt, lehnt Marcion das Alte Testament sowie mehrere neue christliche Schriften ab und akzeptiert lediglich eine gekürzte Fassung des LkEv sowie zehn paulinische Briefe (alle außer den Pastoralbriefen und Hebr).

▶ Etwa um diese Zeit mehrt sich die Entstehung der apokryphen Schriften, die in den verschiedenen Gattungen die älteren christlichen Texte nachahmen oder ergänzen (vgl. dazu genauer unten → III.1.).

Damit sind die christlichen Gemeinden zur Entscheidung aufgerufen. Denn jede Gemeinde muß für sich klären, ob sie den Minimalkanon des Marcion annehmen, die eigene Textsammlung um die Apokryphen erweitern oder bei dem der Gemeinde überlieferten Schriftenbestand bleiben soll. Wie dieser Entscheidungsprozeß im einzelnen vor sich ging, ist nicht mehr zu rekonstruieren. Schon um 200 n. Chr. besteht zwischen den Gemeinden ein Konsens darüber, daß 20 Schriften eine feststehende Sammlung bilden: 4 Evangelien, Apg, 13 paulinische Briefe (alle außer Hebr), 1 Joh, Offb.

Im Osterbrief des hl. Athanasius aus dem Jahr 367 n. Chr. werden erstmals die 27 Schriften des Neuen Testaments vollständig aufgezählt. Aus diesem Text ist erkennbar, daß die Kanonentwicklung zwar schon abgeschlossen ist, daß da und dort jedoch auch noch apokryphe Schriften auftauchen:

»... Da wir von den Häretikern als von Toten gesprochen haben, von uns jedoch als von jenen, die die göttlichen Schriften zum Heil besitzen, und da ich fürchte, daß – wie Paulus den Korinthern geschrieben hat – einige Arglose durch die Arglist gewisser Leute von ihrer Lauterkeit und Heiligkeit abkommen (vgl. 2 Kor 11,3) und, getäuscht durch die Gleichnamigkeit mit den wahren Büchern, in Zukunft beginnen, sich anderen, den sogenannten apokryphen Schriften zuzuwenden, darum ermahne ich euch zur Geduld, wenn ich um der Notwendigkeit und des Nutzens für die Kirche willen in meinem Schreiben auch die Dinge erwähne, über die ihr Bescheid wißt. In der Absicht, dieser Dinge zu gedenken, will ich mich zur Empfehlung meines Unterfangens des Beispieles des Evangelisten Lukas bedienen, indem ich sage (vgl. Lk 1,1–4): Da es einige versucht haben, für sich selbst die sogenannten Apokryphen zu verfassen und sie mit der von Gott eingegebenen Schrift zu vermengen, über die wir gemäß dem, was die ursprünglichen Augenzeugen und Diener des Wortes den Vätern überliefert haben, zu einer sicheren Überzeugung gelangt sind, deshalb habe auch ich, nachdem ich von rechten Brüdern gedrängt worden bin und die Sache von Anfang an erforscht habe, mich entschlossen, der

Reihe nach die kanonisierten, überlieferten und als göttlich bestätigten Schriften darzulegen, damit ein jeder Getäuschte seine Verführer verwerfe und ein jeder unbefleckt Gebliebene sich freue, wenn er wieder daran erinnert wird.«

Es folgt die Aufzählung der alttestamentlichen Schriften.

»Ohne Bedenken sind weiterhin die Schriften des Neuen Testaments zu nennen, und zwar handelt es sich um folgende: Die vier Evangelien nach Matthäus, Markus, Lukas und Johannes, ferner nach ihnen die Apostelgeschichte und die sieben sogenannten katholischen Briefe der Apostel, nämlich einer des Jakobus, zwei des Petrus, weiter drei des Johannes und nach diesen einer des Judas. Dazu kommen vierzehn Briefe des Apostels Paulus, in folgender Anordnung geschrieben: der erste an die Römer, darauf zwei an die Korinther, und danach diesen an die Galater, anschließend an die Epheser, danach an die Philipper und an die Kolosser und zwei an die Thessalonicher sowie der Brief an die Hebräer und sogleich zwei an Timotheus, einer an Titus und als letzter der eine an Philemon. Ferner noch die Offenbarung des Johannes.

Dieses sind die Quellen des Heiles, auf daß der Dürstende sich an den in ihnen enthaltenen Worten übergenug labe. In ihnen allein wird die Lehre der Frömmigkeit verkündigt. Niemand soll ihnen etwas hinzufügen oder etwas von ihnen fortnehmen.«

Die erste lehramtliche Aufzählung des Kanons findet sich im Decretum Damasi der Synode von Rom (382 n. Chr.). Erst das Konzil von Trient hat am 8. April 1546 den Umfang des katholischen Kanons definiert.

2. »Inspirierte Schrift«

Die Hinweise zur Entstehung des Kanons haben erkennen lassen, wie eng diese Normierung mit der Eigenart der biblischen Schriften zusammenhängt: Bestimmte Schriften werden zum Kanon gezählt, weil über sie ein besonderes Kriterium ausgesagt werden kann: Sie gelten als »inspiriert«.

Schon in den alttestamentlichen Schriften finden sich mehrere Hinweise darauf, daß diese Texte als von Gott kommend, von Gott »gesprochen« gedacht wurden. Ex 24,4 und Jer 25,13 wird der biblische Text als Niederschrift der Gottesrede bezeichnet. Die Propheten verstehen sich (auch in ihren Schriften) als jene, die das Wort Gottes verkünden:

So lautet die Einleitung zum Prophetenspruch auch konsequent: »So spricht Jahwe« oder: »... – Spruch des Herrn – ...«. Diese Grundhaltung gegenüber dem biblischen Wort wird von der frühen Kirche übernommen. Damit erhält die Verwendung des alttestamentlichen Gotteswortes in der Liturgie ihre theologische Begründung und die damit verbundene Verkündigung ihre theozentrische Autorität (vgl. z. B. Röm 1,1–2: Das Evangelium Gottes ist vorherverkündet durch die Propheten in den heiligen Schriften).

Der neutestamentliche Befund

Wo die neutestamentlichen Schriften über den besonderen Charakter der biblischen Schriften sprechen, beziehen sie sich naturgemäß auf das Alte Testament. Für dieses wird Gott als Urheber angesehen, in den Texten des Alten Testaments kommt Gott zu Wort (vgl. 2 Kor 6,6; Röm 12,19). Wer in der Schrift spricht, ist von Gott und von Gottes Geist erfüllt (vgl. Mk 12,36). In drei Textabschnitten kommen neutestamentliche Verfasserinnen, bzw. Verfasser genauer auf die Eigenart der biblischen (das ist in diesem Falle: der alttestamentlichen) Schriften zu sprechen; sie tun dies in einer selbstverständlichen, nicht argumentativen Weise; ihre Ausführungen haben jeweils einen anderen inhaltlichen Schwerpunkt. Daraus ist zu erkennen, daß sie die Aussagen über das Wesen der Schrift nicht begründen oder verteidigen müssen, sondern diese als selbstverständliche Voraussetzung in ihre Verkündigung eingliedern können.

2 Tim 3,14–17: »[14]Du aber bleibe bei dem, was du gelernt und wovon du dich überzeugt hast. [15]Denn du kennst von Kindheit an die heiligen Schriften, die dir Weisheit verleihen können, damit du durch den Glauben an Christus Jesus gerettet wirst. [16]Jede von Gott eingegebene Schrift ist auch nützlich zur Belehrung, zur Widerlegung, zur Besserung, zur Erziehung in der Gerechtigkeit; [17]so wird der Mensch Gottes zu jedem guten Werk bereit und gerüstet sein.«

Von der Vulgata-Übersetzung von 2 Tim 3,16 (»omnis scriptura divinitus inspirata utilis est ad...«) ist der Begriff »Inspiration« hergeleitet. Die Gottgewirktheit der Schrift wird als Ermutigung zum Feststehen im Glauben angeführt. Die Schrift ist dafür Rückhalt und feste Grundlage.

1 Petr 1,10–12: »[10]Nach diesem Heil haben die Propheten gesucht und geforscht, und sie haben über die Gnade geweissagt, die für euch bestimmt ist. [11]Sie haben nachgeforscht, auf welche Zeit und welche Umstände der in ihnen wirkende Geist Christi hindeute, der die Leiden Christi und die darauf folgende Herrlichkeit im voraus bezeugte. [12]Den Propheten wurde offenbart, daß sie damit nicht sich selbst, sondern euch dienten; und jetzt ist euch dies alles von denen verkündet worden, die euch in der Kraft des vom Himmel gesandten Heiligen Geistes das Evangelium gebracht haben. Das alles zu sehen ist sogar das Verlangen der Engel.«

Die Verfasserin, bzw. der Verfasser spricht über die endzeitliche Fülle des Heils in der Gemeinschaft mit Gott. Dieses ist den Glaubenden aufgrund des Christusereignisses zugesagt. Schon die Propheten haben dieses Christusereignis in seinen wesentlichen Zügen verheißen, da der Geist Christi in ihnen gewirkt hat. Die alttestamentliche Schrift ist also von diesem Geist geprägt und durchdrungen. Was einst durch die Propheten gesprochen wurde, haben nun die Verkündigerinnen und Verkündiger der neutestamentlichen Botschaft weitergeführt. Leitend dafür waren nicht sie selbst, sondern der Geist Gottes. Diese Aussage spiegelt das Bewußtsein der Gegenwart des Geistes im Wirken der jungen Kirche.

2 Petr 1,16–21: »[16]Denn wir sind nicht irgendwelchen klug ausgedachten Geschichten gefolgt, als wir euch die machtvolle Ankunft Jesu Christi, unseres Herrn verkündeten, sondern wir waren Augenzeugen seiner Macht und Größe. [17]Er hat von Gott, dem Vater, Ehre und Herrlichkeit empfangen; denn er hörte die Stimme der erhabenen Herrlichkeit, die zu ihm sprach: Das ist mein geliebter Sohn, an dem ich Gefallen gefunden habe. [18]Diese Stimme, die vom Himmel kam, haben wir gehört, als wir mit ihm auf dem heiligen Berg waren. [19]Dadurch ist das Wort der Propheten für uns noch sicherer geworden, und ihr tut gut daran, es zu beachten; denn es ist ein Licht, das an einem finsteren Ort scheint, bis der Tag anbricht und der Morgenstern aufgeht in eurem Herzen. [20]Bedenkt dabei vor allem eines: Keine Weissagung der Schrift darf eigenmächtig ausgelegt werden; [21]Denn niemals wurde eine Weissagung ausgesprochen, weil ein Mensch es wollte, sondern vom Heiligen Geist getrieben, haben Menschen im Auftrag Gottes geredet.«

Die Verfasserin, bzw. der Verfasser ermahnt die Adressatinnen und Adressaten zum Feststehen im einmal erkannten Glauben und verweist dafür auf sein Lebensbeispiel. In der pseudepigraphischen Einkleidung der Schrift bezeichnet er sich als Zeuge des Verklärungsgeschehens, um deutlich zu machen: Die verkündete Botschaft ist glaubwürdig. Die Gottesoffenbarung bei der Verklärung Jesu wird als zusätzliches Argument für die Glaubwürdigkeit der Prophetenbotschaft angeführt. An diese Verkündigung sind die Glaubenden gebunden, da sie nicht willkürlich gedeutet werden darf: Ihr Hintergrund ist nicht freies menschliches Ermessen, sondern die »treibende« Kraft des göttlichen Geistes.

Für das Verständnis der Inspiration ergibt sich daraus: Die biblischen Schriften sind von Gott eingegeben und von seinem Geist geprägt. Die Verfasserinnen oder Verfasser schreiben nicht aus eigenem Antrieb, sondern aufgrund des Geistwirkens (in ihnen) und im Auftrag Gottes. So wie Gottes Geist in der Botschaft des Alten Testaments geortet wird, so wird er auch für die Verkündigung der jungen Kirche aus der Erfahrung der ersten Generationen bezeugt.

Erst als die christlichen Schriften aufgrund ihrer Verwendung in der Liturgie den gleichen Rang erhalten wie die alttestamentlichen Schriften und sie gegen andere religiöse Texte abgegrenzt werden müssen, wird ihnen allmählich jene hohe Autorität zugestanden, die für die alttestamentliche Schrift sowie für die mündliche Verkündigung Geltung hat.

Zum heutigen Verständnis von Inspiration

Zusammen mit der Kanonizität der Schrift hat das Konzil von Trient 1546 unter Bezugnahme auf 2 Tim 3,16 auch die Inspiration der biblischen Schriften definiert. In Abgrenzung gegenüber einem früheren Verständnis, das durch künstlerische Darstellungen noch gefördert wurde, ist Inspiration nicht als ein instrumentaler Vorgang bei der Niederschrift der biblischen Texte zu verstehen. Das Wirken des Geistes in der Entstehung der biblischen Schriften ist stärker in das Verständnis der Texte als Weg der Kommunikation zwischen Verfasserin, bzw. Verfasser und Adressatin oder Adressat einzu-

ordnen (vgl. dazu oben → I.1.). Inspiration ist demnach nicht ausschließlich als eine Aussage über die Beschaffenheit der Schrift zu deuten, sondern als eine Umschreibung eines ihr eigenen dynamischen Wesenszuges. Die Grundlage für ein neu überdachtes Verstehen der Entstehung der biblischen Schriften bietet das Zweite Vatikanische Konzil:

Konstitution Dei Verbum III Art. 11 Abs. (1): »Das von Gott Geoffenbarte, das in der Heiligen Schrift enthalten ist und vorliegt, ist unter dem Anhauch des Heiligen Geistes aufgezeichnet worden; denn aufgrund apostolischen Glaubens gelten unserer heiligen Mutter, der Kirche, die Bücher des Alten wie des Neuen Testamentes in ihrer Ganzheit mit allen ihren Teilen als heilig und kanonisch, weil sie unter der Einwirkung des Heiligen Geistes geschrieben sind (vgl. Joh 20,31; 2 Tim 3,16; 1 Petr 1,19–21; 3,15–16), Gott zum Urheber haben und als solche der Kirche übergeben sind. Zur Abfassung der Heiligen Bücher hat Gott Menschen erwählt, die ihm durch den Gebrauch ihrer eigenen Fähigkeiten und Kräfte dazu dienen sollten, all das und nur das, was er – in ihnen und durch sie wirksam – geschrieben haben wollte, als echte Verfasser schriftlich zu überliefern.«

Der Text setzt bei der herkömmlichen Inspirationslehre an. Das Bekenntnis der Geistgewirktheit der Schrift bedingt ihre Kanonizität. Sodann wird die Entstehung der Schrift in zwei Schritten erläutert: Die Bibel hat »Gott zum Urheber« (Deum habent auctorem) und Menschen...als echte Verfasser« (homines...ut veri auctores). Göttliches und menschliches Handeln in der Entstehung der Texte werden mit dem gleichen Begriff umschrieben (auctor – auctores); so ist erkennbar, daß Gott und Mensch in der Entstehung der Schrift zusammenwirken. Vom menschlichen Verfasser wird gesagt, daß er alle seine Fähigkeiten und Kräfte einbringt und daß er »echter« Verfasser sei. Mit Gottes Wirken wird eine Formalabgrenzung des Inhalts (»all das und nur das...«) in Verbindung gebracht. Der eigentliche Schreibvorgang wird nicht beschrieben, umso deutlicher ist die Verklammerung von göttlichem Handeln mit menschlichem Tun zu sehen. Dies bewahrt davor, die Schrift als unantastbares Werk Gottes zu verstehen oder sie nur auf der Ebene eines Werkes aus der Antike zu betrachten. Nur in der Zusammenschau von Gottes initiative mit menschlicher Indienstnahme kann sich Begegnung mit der Schrift in der Kirche ereignen.

Inspiration ist dann als ein dynamischer Prozeß zu verstehen, der von Gottes Geist vorangetrieben wird. Ausgangspunkt dafür ist Gottes Initiative in den Verfasserinnen und Verfassern der biblischen Schriften. Zielpunkt dieses Prozesses sind jedoch die Leserinnen und Leser der biblischen Botschaft, die das Wort nicht nur lesen und hören, sondern darin dem Anruf des lebendigen, auch heute wirkenden Gottes begegnen. Daher ist Inspiration eine Wirklichkeit, die von der menschlichen Verfasserin bzw. vom menschlichen Verfasser auf die Adressatin und den Adressaten übergreift und diese in das gestaltende, auch fordernde Handeln Gottes miteinbezieht. Wenn der glaubende Mensch die Bibel als Heilige Schrift liest, begegnet er darin der Anrede Gottes in der Kraft des Geistes, die freilich seine Reaktion, seine Antwort erfordert.

Inspiration schafft also für den Kommunikationsvorgang zwischen Verfasserin bzw. Verfasser und Adressaten eine Atmosphäre des Geistes, in der nicht nur die Vermittlung der Botschaft Gottes gewährleistet, sondern auch die glaubende Antwort des Menschen ermöglicht wird (vgl. dazu Konstitution Dei Verbum Art. 5). In diesem Sinne kann das bereits herangezogene Kommunikationsschema (vgl. oben → I.1.) weiterentwickelt werden:

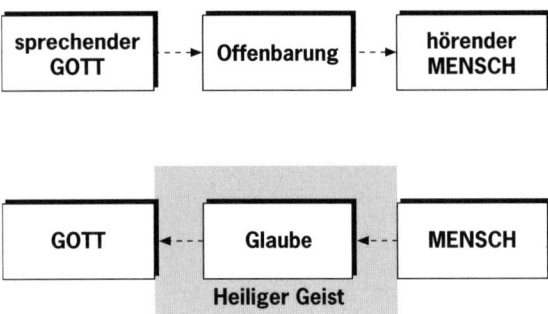

➧ VERSTÄNDNIS- UND WIEDERHOLUNGSFRAGEN ZU KAPITEL II:

Zu 1. Die Kanonbildung
■ Was versteht man unter Kanon?
■ Welche Bedeutung haben der alttestamentliche Kanon und die christliche Liturgie für die neutestamentliche Kanonbildung?
■ Welche zwei Tendenzen beschleunigen die Kanonentwicklung im 2. Jh. n. Chr.?
■ Welchen Stellenwert hat der Osterbrief des hl. Athanasius aus dem Jahre 367 n. Chr. für die Kanonbildung?

Zu 2. »Inspirierte Schrift«
■ Erläutern Sie den neutestamentlichen Befund über das Verständnis des biblischen (alttestamentlichen) Wortes als heilig.
■ Wie kann Inspiration im Rahmen des Kommunikationsprozesses zwischen Gott und Mensch verstanden werden? Was sagt dazu die Konstitution Dei Verbum (III Art. 11)?
■ In welcher Weise betrifft Inspiration die heutigen Leserinnen oder Hörerinnen, bzw. Leser oder Hörer der biblischen Schriften?

III. Das Wirken Jesu von Nazaret

In diesem Kapitel wollen wir uns mit der zentralen Gestalt des Neuen Testaments befassen und nach der Person Jesu von Nazaret fragen. In den neutestamentlichen Schriften wird uns an keiner Stelle ein »Portrait« oder ein »Psychogramm« Jesu überliefert. So müssen wir also Schritt für Schritt versuchen, zu einem konkreten Bild der Person Jesu zu gelangen.

1. Historische Rückfrage nach Jesus von Nazaret

Die Quellen über Jesus von Nazaret

Die historischen Unterlagen über die Person Jesu können in drei Gruppen geteilt werden:

```
1) Biblische Quellen

                                        jüdische Schriften
2) Nichtbiblische profane Quellen <
                                        römische Schriften

3) Nichtbiblische religiöse Quellen
```

▶ Die *biblischen Quellen* umfassen das Neue Testament. Insofern das neutestamentliche Schrifttum die Darlegung des Christusereignisses zum Thema hat, ist es in seiner Gesamtheit als Quellmaterial zur Frage nach Jesus zu verstehen. Die neutestamentlichen Schriften sind die umfangreichsten und ausführlichsten Unterlagen über Jesus. In besonderem Maße gilt dies für die vier Evangelien; in ihnen wird Jesu Wirken dargelegt. In der neutestamentlichen Briefliteratur kommt die Person Jesu aus dem Blickwinkel seiner Wirkgeschichte zur Sprache. Ziehen wir die neutestamentlichen Schriften, insbesondere die Evangelien, als Quelle für die Frage nach Jesus heran, müssen wir allerdings in besonderer Weise ihre literarische Eigenart sowie ihre Aussageabsicht beachten (vgl. dazu oben → I.1.).

Die Evangelien sind keine Biographien Jesu; vielmehr wollen die Verfasser über Jesus und über seine Botschaft verkündigen. So schreiben die Evangelisten auch kein »Leben Jesu«, sondern eine aus ihrer Sicht möglichst überzeugende Darlegung von Person und Wirken Jesu. Werden also an diese Schriften historische Rückfragen gestellt, ist dies immer mitzubedenken. Die spezifische Eigenart der Jesusdarstellung eines Verfassers ist dabei in Rechnung zu stellen und als redaktionelle Bearbeitung des Evangelisten vorsichtig vom historischen Kern der Überlieferung abzuheben. Es liegt in der Natur der Sache, daß dies mit Sorgfalt und Zurückhaltung geschehen muß (vgl. genauer dazu unten → VII.). Die Evangelisten beschreiben und definieren die Person Jesu nicht. Wollen sie etwas Bestimmtes über Jesus zum Ausdruck bringen, so tun sie dies auf ihre Weise: Sie überliefern eine entsprechende Episode:

Um zu verdeutlichen, daß Jesus in jenen Bereichen kompromißlos war, wo es um die Gegenwärtigsetzung von Gottes Güte und Liebe ging, erzählen die Evangelisten von seiner Mahlgemeinschaft mit Zöllnern und Sündern (vgl. Mk 2,13–17 par) oder von Jesu Heilungstätigkeit am Sabbat (vgl. Mk 3,1–6 par; Lk 13,10–17 usw.). In solchen Episoden kann ein entsprechendes Jesuswort eine entscheidende Stellung einnehmen: Vgl. z. B. Mk 2,17; Mk 3,4; Lk 13,15–16. Vielfach wird das Anliegen Jesu auch durch die Weitergabe der von ihm erzählten Gleichnisse wachgehalten (vgl. z. B. Lk 15,3–7.8–10.11–32 unter dem Blickwinkel der Einleitung Lk 15,1–2).

Wollen wir also aus den Texten der neutestamentlichen Schrift etwas über die Eigenart der Person Jesu erfahren, so müssen wir die Geschichten, die Episoden und Erzählungen sowie die überlieferten Jesusworte lesen. Durch die Art ihrer Darstellung, durch Auswahl und Gruppierung der Texte erfahren wir etwas über die Person Jesu.

» AUFGABEN:

■ Versuchen Sie, anhand solch sensibler Lektüre des Neuen Testaments, insbesondere der Evangelien, selbst eine Charakterisierung der Person Jesu vorzunehmen. Verbinden Sie dies mit den folgenden Fragen: Wer war Jesus? – Welche Eigenschaften hatte er? – Wie verhielt er sich? Notieren Sie ihre Eindrücke: Jesus war ... Halten Sie auch die Ihrer Beschreibung entsprechenden Bibeltexte fest.

■ Lesen Sie aus der Konstitution Dei Verbum Art. 19 und setzen Sie den Text zu dem Gesagten in Beziehung.

▶ Als einzige profane jüdische Schrift, die auf die Existenz Jesu von Nazaret verweist, ist ein Werk des Josephus Flavius zu nennen.

Josephus lebte von ca. 37 n. Chr. bis ca. 105 n. Chr. Im jüdischen Krieg nimmt er zunächst 66 n. Chr. die Aufgabe eines Truppenführers in Galiläa ein. 67 n. Chr. läuft er zu den Truppen des römischen Kaisers Vespasian über, da er in ihm den Erfüller jüdischer Erwartungen sieht. 69 n. Chr. wird er ein Freigelassener Vespasians; er bleibt am römischen Hof und nimmt den Beinamen Flavius an. Nach dem Jahre 70 n. Chr. schreibt er in Rom verschiedene Werke, darunter als seine bedeutendsten Schriften umfangreiche Abhandlungen über die »Jüdischen Altertümer« (Antiquitates Judaicae) und über den »Jüdischen Krieg« (De Bello Judaico).

»Ananos hielt die Gelegenheit für günstig, da Festus gestorben, Albinus noch unterwegs war. Er berief eine Gerichtssitzung (des hohen Rates) ein und ließ ihr den Bruder Jesu, des sogenannten Gesalbten (Christus), Jakobus, und einige andere vorführen. Die Anklage lautete auf Gesetzesübertretung. Er ließ sie zur Steinigung abführen.« (Ant. XX 200)

Festus starb 62 n. Chr; zu seiner Person vgl. Apg 24,27; 25–26. Ananos war zu dieser Zeit Hoherpriester aus der Gruppe der Sadduzäer. Jesus, der sogenannte Christus, war zu jener Zeit offenbar im Judentum sehr bekannt. Josephus spricht sehr geläufig über ihn. Aus der Notiz über den Prozeß geht überdies hervor, daß die Anhänger Jesu nicht zum Schweigen gebracht worden waren. Kritisch läßt sich aus dieser Passage zumindest ein untrügliches Zeugnis für die Existenz Jesu von Nazaret ableiten.

Der Vollständigkeit halber ist noch ein weiterer Text anzuführen. Der folgende Abschnitt

aus der gleichen Schrift des Josephus trägt deutliche Spuren einer christlichen Überarbeitung. Wegen seines bekenntnishaften Stils wird er als »Testimonium Flavianum« (Zeugnis des Flavius) bezeichnet (spätere christliche Ergänzungen stehen in Klammern):

»In jener Zeit lebte Jesus, ein weiser Mensch (wenn er überhaupt Mensch genannt werden darf). Er wirkte nämlich außerordentliche Dinge und war Lehrer derjenigen, die die Wahrheit mit Freuden aufnahmen. Er zog viele Juden an sich und auch viele Griechen. (Er war der Christus). Nachdem ihn Pilatus, auf die Anklage unserer angesehensten Männer hin, dem Kreuzestod überantwortete, verschwanden doch die nicht, die ihn von Anfang an geliebt hatten. (Ihnen erschien er am dritten Tage, wieder lebendig geworden, wie schon die göttlichen Propheten diese und tausend wunderbare Dinge von ihm verkündet hatten). Und noch heute hat die Schar derer, die nach ihm Christen heißen, nicht abgenommen.« (Ant. XVIII 63–64)

▶ Mehrere römische Schriftsteller nehmen in ihren Werken auf Jesus von Nazaret, bzw. auf die von ihm ausgelöste Bewegung der Christinnen und Christen Bezug:

Sueton: »Claudius vertrieb die Juden, die unter Anstiftung des Chrestus Tumult stifteten, aus Rom.« (Sueton, Vita Claudii XXV 4)

Sueton lebte zwischen 75 und 150 n. Chr. Er bezieht sich hier auf das Judenedikt des Jahres 49/50, das hier fälschlich auf die Judenchristinnen und -christen eingeengt wird (vgl. dazu auch Apg 18,2). Ebenso wird irrtümlich der Zusammenhang mit Jesus (Christus → Chrestus) unmittelbar hergestellt. Aus dem Textabschnitt läßt sich erheben, daß die Bezeichnung »Chrestus« als Name aus dem jüdischen/judenchristlichen Milieu in Rom bekannt war.

»Mit Todesstrafe wurde gegen die Christen vorgegangen, eine Sekte, die sich einem neuen gemeingefährlichen Aberglauben ergeben hatte.« (Sueton, Nero 16)

Die Bewertung der christlichen Gemeinschaft als »gemeingefährliche« Sekte läßt auf ihre Bekanntheit sowie auf ihre Lebendigkeit schließen. Im Blick auf die Person Jesu kann erneut das Wissen um den vom Christus-Titel abgeleiteten Namen »Christen« beachtet werden.

Tacitus: »Keine menschliche Anstrengung, keine Spenden des Herrschers, keine Sühnezeremonien für die Götter verscheuchten den Verdacht, es habe auf Befehl gebrannt. Um das Gerücht aus der Welt zu schaffen, schob er (Nero) die Schuld auf andere und verhängte die ausgesuchtesten Strafen über die wegen ihrer Verbrechen Verhaßten, die das Volk »Chrestianer« nannte. Diesen Namen führen sie wegen Chrestus. Dieser war unter der Regierung des Tiberius durch den Prokurator Pontius Pilatus hingerichtet worden. Für den Augenblick wurde der verderbliche Aberglaube unterdrückt. Aber er brach wieder aus, nicht nur in Judäa, dem Ursprungsort dieses Unheils, sondern auch in Rom, wo alles Scheußliche und Schandbare von überallher zusammenströmt und Anhang findet.« (Tacitus, Ann. XV 44)

Tacitus lebte zwischen 55 und 120 n. Chr. Die Annalen entstanden zwischen 110 und 120 n. Chr. Der zitierte Bericht bezieht sich auf die Christenverfolgung durch Nero nach dem Brand von Rom im Jahre 64 n. Chr. Neben dem Hinweis auf Chrestus als den Urheber der Christen wird Jesu gewaltsamer Tod unter Pontius Pilatus sowie das Ursprungsland der Jesusverkündigung (Judäa im weiteren Sinne) genannt. Die scharfe Verurteilung der Christen verweist auf ihre Bedeutung (und Nonkonformität) im Leben der Stadt Rom. Durch den Hinweis auf den Tod Jesu unter Pontius Pilatus liefert Tacitus das einzige historisch-biographische Datum des Lebens Jesu, das aus profanen Quellen belegt werden kann.

Aus der Korrespondenz des Plinius d. J. ist ein längeres entsprechendes Schreiben an Kaiser Trajan überliefert (Ep. ad Traian: Ep X 96). Plinius d. J. lebte von 61 n. Chr. bis 114 n. Chr. Seit 110 n. Chr. war er Statthalter in Bithynien. 112 n. Chr. schrieb er den genannten Brief. Plinius schildert darin seine (maßvolle) Vorgangsweise gegenüber den Christen. Neben seinem Prozeßverfahren erwähnt er auch die Versammlungspraxis der Christen »regelmäßig an einem bestimmten Tag vor Tagesanbruch«. Trajan drückt in seiner Antwort sein Einverständnis zur geübten Gerichtspraxis aus.

Ein späterer Text des Kirchenschriftstellers Eusebius von Cäsarea kann wie ein Kommentar zu den angeführten Texten gelesen werden. Eusebius war Bischof von Cäsarea; er starb 339 n. Chr. Seine umfangreiche Kirchengeschichte (Historia ecclesiastica) enthält wertvolle Zitate und Hinweise zum Leben der Kirche in den ersten Jahrhunderten.

»Zu der erwähnten Zeit (Domitians) strahlte unsere Glaubenslehre bereits so weit aus, daß sogar Schriftsteller, die unserer Sache fernstanden, ohne Bedenken in ihren Geschichtswerken über die Verfolgung und die Martyrien darin berichteten. Sie geben auch das genaue Datum an; sie berichten nämlich, daß im fünfzehnten Regierungsjahr Domitians (95 n. Chr.) neben vielen anderen auch Flavia Domitilla, eine Tochter der Schwester des Flavius Clemens, der damals einer der römischen Konsuln war, wegen ihres Bekenntnisses zu Christus auf die Insel Pontia verbannt wurde.« (Historia Eccl. III 18,4; vgl. dazu auch Dio Cassius, HistRom LXVII 14,1)

Ein Rückblick auf die genannten nichtbiblischen profanen Quellen läßt folgende Aussagen über Jesus von Nazaret erschließen:

▶ Die historische Existenz Jesu ist als gesichert anzusehen.

▶ Jesus ist eines gewaltsamen Todes unter römischer Anordnung gestorben.

▶ Seine Tätigkeit begann in Judäa. Nach seinem Tod verbreiteten sich seine Anhängerinnen und Anhänger von dort bis nach Rom.

▶ Nach dem Tod Jesu blieb eine religiöse Gemeinschaft bestehen; diese wurde als lebendig beschrieben und als Sekte eingestuft.

Zu beachten und zu bedenken bleibt angesichts der Texte auch, was nicht ausgesagt wird: Wir erhalten keine Hinweise auf Einzelheiten aus dem Leben Jesu. Ebenso fehlen Angaben über Jesu Lehre und Wirken sowie auch inhaltliche Aussagen über Leben und Verkündigung der christlichen Gemeinden. In diesen Bereichen sind wir vornehmlich auf die neutestamentlichen Schriften als Quellen angewiesen.

▶ Die christlichen apokryphen Schriften können als *nichtbiblische religiöse Quellen* eingeordnet werden. »Apokryph« ist eine Sammelbezeichnung für religiöse Schriften des Judentums und des frühen Christentums, die nicht in das Verzeichnis der Heiligen Schrift aufgenommen wurden (vgl. oben → II.1.). Ihre Benennung (*apokryphon* → verborgen, geheim) bezieht sich auf ihre unklare Herkunft (so Irenäus in seiner Schrift Adversus Haereses I 20 1, sowie Tertulian, De pudicitia 10,12, beide gegen Ende des 2. Jh. n. Chr.). Die Bezeichnung folgt damit der Praxis religiöser und philosophischer Gruppen, ihre Schriften verborgen zu halten und so dem allgemeinen Zugang zu entziehen. Dem Inhalt nach bieten die Apokryphen, deren Entstehungszeitraum sich über mehrere Jahrhunderte erstreckt, zumeist ausführliche und durch Ausschmükkungen erweiterte Neufassungen der älteren biblischen Schriften.

Die Apokryphen können in beschränktem Maße als Quellen herangezogen werden. Kennzeichnend für diese Texte ist die Liebe zum mirakulösen Detail sowie die Tendenz, einzelne Personen in übertriebener Weise in den Vordergrund der Erzählung zu rücken. Gerade dadurch unterscheiden sie sich besonders von den Schriften des Neuen Testaments. Denn die neutestamentlichen Verfasser schreiben in erster Linie ja nicht über Apostel und andere Verkündigerinnen und Verkündiger, sondern über die Verkündigung der Jesusbotschaft. Diesem Anliegen sind alle anderen Interessen zugeordnet. Da die Apokryphen vielfach ältere Texte nachahmen, ist ihre historische Glaubwürdigkeit gering. Dies gilt insbesondere auch dort, wo sie eigentümliche Ausschmückungen und wundersame Episoden überliefern. Ihr Wert für die historische Rückfrage kann jedoch darin liegen, daß sie die Dichte, Verzweigtheit und Bedeutung einer biblischen Tradition aufzeigen bzw. belegen können. In solchen Fällen kann aus den apokryphen Schriften ein zusätzliches Argument abgeleitet werden.

Zwei Beispiele können die Eigenart der apokryphen Schriften verdeutlichen:
»Und Maria nahm den Krug und ging hinaus, um Wasser zu schöpfen, und siehe, eine Stimme sprach: Sei gegrüßt, du Begnadete, der Herr sei mit dir, du Gesegnete unter den Frauen. Und sie schaute sich nach rechts und links um, woher diese Stimme komme. Und sie erbebte, ging in ihr Haus, stellte den Krug ab, nahm den Purpur, setzte sich (damit) auf ihren Stuhl und spann ihn aus. Und siehe, ein Engel des Herrn stand plötzlich vor ihr

und sprach: Fürchte dich nicht, Maria; denn du hast Gnade gefunden vor dem Allmächtigen und wirst aus seinem Wort empfangen. Als sie das hörte, zweifelte sie bei sich selbst und sprach: Ich sollte empfangen vom Herrn, dem lebendigen Gott, und gebären, wie jede Frau gebiert? Und der Engel des Herrn sprach: Nicht so, Maria; denn Kraft des Herrn wird dich überschatten; darum wird auch das, was aus dir geboren wird, heilig, Sohn des Höchsten, genannt werden. Und du sollst seinen Namen Jesus heißen; denn er wird sein Volk von seinen Sünden retten. Und Maria sprach: Siehe, ich bin die Magd des Herrn vor ihm: Mir geschehe nach deinem Wort.« (Protoevangelium des Jakobus 11)

➤ AUFGABE:

Unterstreichen Sie jene Sätze, Satzteile und Worte, die Ihnen aus dem biblischen Text geläufig sind. Welche Unterschiede und Besonderheiten des apokryphen Textes fallen ihnen auf? (Ziehen Sie, wenn nötig, als biblische Grundlage Lk 1,26–38 heran).

»Dies tat unser Herr Jesus Christus, der von Joseph und von Maria, seiner Mutter, dahin gegeben wurde, wo er die Schrift lernen sollte. Und der, welcher ihn lehrte, sagte zu ihm, während er ihn lehrte: Sag: Alpha! Er antwortete und sagte zu ihm: Sage du mir zuerst, was Beta ist! Und ... wahr ... eine wirkliche Tat, die getan wurde.« (Epistula Apostolorum 4)

➤ AUFGABE:

Überlegen Sie, was mit dieser Episode über Jesus ausgesagt werden soll. Welches Jesusbild wird in diesem Text vermittelt?

Eine Durchsicht des Quellenmaterials im Überblick zeigt also, daß wir uns bei der Rückfrage nach Person und Wirken Jesu vornehmlich an die Schriften des Neuen Testaments halten müssen.

Evangelienschreibung und historischer Bericht

In diesem Abschnitt gehen wir nochmals – von einem etwas präziseren Blickwinkel her – auf die angestellten Überlegungen zur Historizität der Schrift zurück. Anhand zweier Beispiele soll die Eigenart der Evangelien als Verkündigungstexte konkret aufgezeigt werden.

Die Vorgeschichten Mt 1 – 2/Lk 1 – 2

Schon ein erster, nur oberflächlicher Überblick über den Anfang des MtEv sowie jenen des LkEv zeigt deutlich, daß zwar beide Evangelisten über den Anfang und den Ursprung Jesu von Nazaret schreiben, dies aber auf unterschiedliche Weise tun. Die Lektüre dieser Textabschnitte zeigt auch, daß sie inhaltlich nicht auf die Kindheit Jesu eingehen, sondern sich vornehmlich mit den Hintergründen seiner Geburt, bzw. mit der Zeit davor und unmittelbar danach beschäftigen. Aus diesem Grund ist auch die zusammenfassende Bezeichnung »Kindheitsgeschichten« für diese Abschnitte unzutreffend. In Entsprechung zum Inhalt wie auch zur Absicht der Verfasser wären diese Texte eher »Vorgeschichten« zu nennen.

Allenfalls Lk 2,41–52 hat eine Episode aus der sogenannten Kindheit im Blick. Genau besehen, ist jedoch auch dies unzutreffend (siehe dazu unten S. 29 f). Deshalb ist diese Texteinheit hinsichtlich ihrer Funktion und Stellung auch gesondert zu bedenken.

Unser Ziel kann an dieser Stelle keine genaue Auslegung der mt und der lk Vorgeschichten sein. Es geht vielmehr um ein Bedenken der literarischen Eigenart und der Aussageabsicht, die mit diesen Textabschnitten verbunden ist. Um diese schon im Überblick zu erkennen, muß das Augenmerk sowohl dem Aufbau wie auch der Abfolge der einzelnen Erzähleinheiten gelten.

➤ AUFGABEN:

■ Schlagen Sie, bevor Sie weiterlesen, das Neue Testament bei Mt 1,1 auf. Notieren Sie auf einem Blatt die Abfolge der Texteinheiten (etwa mit Betitelung und Abgrenzung nach der Einheitsübersetzung) bis Mt 2,23 und verbinden Sie damit jeweils eine eigene kurze Charakterisierung des Textinhalts.

■ Überlegen Sie, welche Absicht der Verfasser mit der Auswahl und mit der vorliegenden Reihung der Textabschnitte verfolgt hat.
■ Finden Sie in den einzelnen Einheiten Hinweise, die Ihre Überlegungen zur Verfasserabsicht bestärken oder belegen können? Notieren Sie auch diese oder unterstreichen Sie die entsprechenden Sätze / Satzteile im Bibeltext.

Das Beispiel Mt 1,1 – 2,23

● Mt 1,1–17 Der Stammbaum Jesu

Mt 1,1 wird die Herkunft Jesu zweifach rückgebunden: an David und an Abraham. Demnach beginnt der Stammbaum bei Abraham, und auf die Verbindung zum Hause Davids wird besonderer Wert gelegt. Die Erläuterung in Mt 1,17 zeigt, daß der Verfasser dies besonders im Blick hatte. Auch der Hinweis auf die vierzehn Generationen, der in diesem Vers dreimal begegnet, verweist letztlich in besonderer Intensität auf David.

14 = 2 x 7,	d.h.: zweimal die Zahl der Vollkommenheit
3 x 14 = dreifach 2 x 7,	d.h.: die Zahl der Vollkommenheit in besonderer Fülle

Weiters ist zu beachten, daß im Hebräischen die Konsonanten auch Zahlenwert hatten, und daß die Zahlensymbolik im Judentum eine besondere Rolle spielte. Unter diesem Blickwinkel kann auch der Name David gesehen werden:

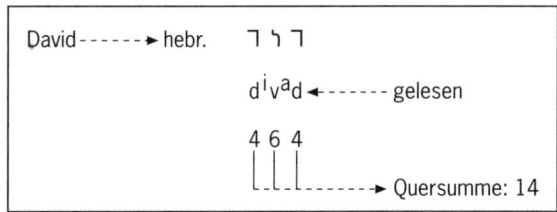

Im Stammbaum fällt die Erwähnung von vier Frauen auf: Tamar (Mt 1,3); Rahab (Mt 1,5); Rut (Mt 1,5); die Frau des Urija (Mt 1,6). Sie alle haben in der alttestamentlichen

Überlieferung einen besonderen Stellenwert; zugleich ist ihnen gemeinsam, daß sie durch ihre Herkunft oder ihr Verhalten aus dem Rahmen des Üblichen heraustreten: Rahab und Rut waren Heidinnen; Tamar und die Frau des Urija galten als Sünderinnen.

● Mt 1,18–25 Über die Geburt Jesu
An sich sagt uns der Textabschnitt über das Geburtsgeschehen sehr wenig. Vielmehr beschäftigt er sich mit der Zeit davor. Damit nimmt die Erzählung Bezug auf die Unregelmäßigkeit des Stammbaumes, in dem die Herkunft Jesu nicht auf den Vater, sondern auf die Mutter zurückgeführt wird (vgl. Mt 1,16). Um dies zu begründen, wird eine Engelserscheinung erzählt und ein Wort aus der alttestamentlichen Schrift (Jes 7,14) zitiert. Josef begegnet uns als jener, der in Entsprechung zum göttlichen Auftrag handelt und seine eigenen Absichten zurückstellt (vgl. Mt 1,19 mit Mt 1,24). Über Zeit, Ort und Begleitumstände der Geburt wird nicht gesprochen. Mt 1,25 ist bloß das Faktum der Geburt erwähnt: Was der Engel angekündigt hat, ist eingetreten.

● Mt 2,1–12 Die Huldigung der Magier
Erst in dieser Erzählung erfahren wir den Geburtsort Jesu: Betlehem. Beachten wir, daß ihn der Verfasser im einleitenden Nebensatz erwähnt, also kaum Gewicht darauf legt. Die Aussage dient ihm zur Weiterführung der Erzählung sowie als Hintergrund für einen weiteren, in der Erzählung zentralen Hinweis auf die alttestamentliche Schrift (Mi 5,1.3), die sich nun erfüllt. Inhaltlich wird in der Erzählung hervorgehoben,daß nicht der jüdische König und das jüdische Volk, sondern Fremdlinge das Wesen des Kindes und seine königliche Würde begriffen haben. (Der königliche Charakter der Geschenke der Magier will nicht auf die Überbringer verweisen, sondern das Kind als ein königliches Kind charakterisieren).

● Mt 2,13–15 Die Flucht nach Ägypten
Die den Magiern gegebene und noch nicht näher begründete Weisung des geänderten Rückweges (Mt 2,12) wird im Engelwort dieser kurzen Erzählung begründet (Mt 2,13). Wiederum begegnet Josef als einer, der sogleich dem Auftrag Gottes nachkommt (Mt 2,13), und erneut wird die Erzählung unter dem Blickwinkel alttestamentlicher Prophetie (Hos 11,1) gedeutet.

● Mt 2,16–18 Der Kindermord
Was Mt 2,12 anklingt und Mt 2,13 angekündigt wird, tritt tatsächlich ein. So ist umso deutlicher erkennbar, daß Gott zum Schutz des Kindes gehandelt hat. Überdies zeigt der Abschnitt die tödliche Abneigung des jüdischen Königs gegenüber einem möglichen messianischen Thronanwärter (vgl. Mt 2,3).

● Mt 2,19–23 Die Rückkehr aus Ägypten
Die Erzählung ist zunächst eine notwendige Konsequenz nach 2,13–15. Erneut bestimmt Gott das Geschehen, und Josef führt Gottes Weisung gehorsam aus. Damit ist zugleich der Grund für die weitere Erzählung eines Wirkens Jesu in Galiläa (vgl. Mt 3,13 und Mt 4,12ff) gelegt.

Aus dieser kursorischen Lektüre können verschiedene Schlüsse auf die Absicht des Evangelisten gezogen werden:

▶ Die einzelnen Erzählungen sind untereinander durch sachliche Erläuterungen oder inhaltliche Weiterführungen verknüpft. Teilweise sind sie auf diese Verknüpfung sosehr angewiesen, daß sie ohne die vorangestellte Einheit nicht verständlich wären. (Dies gilt insbesondere für die Verbindung Mt 2,13–15.16-18.19–23). Zumindest in ihrer vorliegenden literarischen Gestalt sind sie aufeinander bezogen.

Der Beginn der Erzählung über die Geburt: »Mit der Geburt Jesu aber war es so: …« (Mt 1,18) klingt in dieser Formulierung wie eine Erläuterung. Dieser im Einleitungsvers angedeutete Textcharakter bleibt für die gesamte Texteinheit erhalten.

▶ Die Feststellung von Tatsachen und Fakten steht nicht im Vordergrund des Interesses des Verfassers.

▶ In der Gestalt des Engels begegnet uns Gottes Eingreifen zugunsten des Kindes. Von allem Anfang an steht es unter besonderem Schutz (vgl. Mt 1,20; 2,13.19–20; sachlich auch Mt 2,12.22).

▶ Die Umstände der Geburt sowie die nachfolgenden Episoden werden in Beziehung zur alttestamentlichen Verkündigung gesetzt. (Schon) im Anfang Jesu erfüllt sich die Schrift.

▶ In der Sorge um das Kind und in Gehorsam gegenüber Gott wird uns Josef als Beispiel vorgestellt. Er ist ein Vorbild im Glauben, er handelt sogleich und in Gehorsam gegenüber dem göttlichen Auftrag.

Der Aufbau der mt Vorgeschichte vermittelt also bereits weitgehende Einsichten bezüglich der Absicht des Verfassers. Schematisch kann der Textzusammenhang in folgender Weise dargestellt werden:

Der Stammbaum Jesu	Mt 1,1-17
• Über die Geburt Jesu vgl. Jes 7,14	Mt 1,18-25
• Die Huldigung der Magier vgl. Mi 5,1.3	Mt 2,1-12
• Die Flucht nach Ägypten vgl. Hos 11,1	Mt 2,13-15
Der Kindermord vgl. Jer 31,15	Mt 2,16-18
Die Rückkehr aus Ägypten vgl. Jes 11,1 [?]	Mt 2, 19-23

▶▶ AUFGABEN:

■ Schlagen Sie, bevor Sie weiterlesen, das Neue Testament bei Lk 1,5 auf. Notieren Sie auf einem Blatt die Abfolge der Texteinheiten (etwa mit Betitelung und Abgrenzung nach der Einheitsübersetzung) bis Lk 2,40 und verbinden Sie damit jeweils eine eigene kurze Charakterisierung des Textin-

halts. Überlegen Sie auch hier, welche Absicht der Verfasser mit der Auswahl und vor allem mit der vorliegenden Darstellungsweise und der Reihung der Texteinheiten beabsichtigt hat.

■ Finden Sie Hinweise, die Ihre Überlegungen bestärken oder belegen können? Notieren Sie auch diese oder unterstreichen Sie die entsprechenden Sätze / Satzteile im Bibeltext.

Das Beispiel Lk 1,5 – 2,40

● Lk 1,5–25 Ankündigung der Geburt des Johannes

Der Evangelist beginnt seine Erzählung mit einer Episode über die Ankündigung der Geburt des Täufers. Dabei ist der Zusammenhang mit der Jesuserzählung zunächst noch nicht erkennbar. Die Geburt eines Sohnes wird hier einem älteren, bis dahin kinderlosen Ehepaar angekündigt. Die Botschaft wird von einem Engel überbracht, sie ergeht an den Vater, der als Priester im Tempel den Opferdienst versieht. Über das Kind wird Bedeutendes ausgesagt: Es wird groß sein und dem Herrn vorangehen (vgl. Lk 1,15.17).

Mit der Ankündigung der Geburt wird ein Gebetswunsch des Ehepaares erhört (vgl. Lk 1,13). Deshalb wird auch das zweifelnde Fragen des Zacharias als Unglaube gedeutet. Der Botschaft Gottes folgt aus diesem Grund ein Strafzeichen (vgl. Lk 1,20). Damit wird außerdem angedeutet, daß Zacharias aus seiner Kenntnis der alttestamentlichen Schrift um die Möglichkeit göttlichen Wirkens in dieser Weise hätte wissen müssen (vgl. z. B. Gen 18,10–15; 1 Sam 1,1–20).

● Lk 1,26–38 Ankündigung der Geburt Jesu

Die Ankündigung der Geburt Jesu geschieht nicht im Tempel in Jerusalem, sondern irgendwo in Nazaret, also in einem kleinen, bis dahin nie genannten Ort in Galiläa. Die Botschaft ergeht an eine Jungfrau, die am Beginn einer Ehe steht. Über das Kind wird Großes, ja eben: noch Größeres gesagt: Sohn des Höchsten, heilig, Sohn Gottes (vgl. Lk 1,32.35). Die Reaktion Marias ist Staunen, Frage und Zustimmung.

Die Erzählung ist eingangs (Lk 1,26) sowie in der Eigenart des Zeichens, das die Botschaft begleitet (Lk 1,36), mit der vorangegangenen Texteinheit verbunden. Für die hier angekündigte Geburt aufgrund des Wirkens Gottes finden sich im Alten Testament keine vergleichbaren Vorbilder.

● Lk 1,39–56 Begegnung der Mutter des Johannes und der Mutter Jesu
Diese Erzählung setzt beide vorangestellten Abschnitte voraus. In der Begegnung mit Maria erfüllt sich das Wort des Engels an Zacharias über die Geistbegabung seines Sohnes schon im Mutterschoß (vgl. Lk 1,15). In geistbegabter Rede deutet demnach auch Elisabet in ihrem Gruß die Bedeutung des Kindes, das Maria erwartet: Es ist ihr Herr (Lk 1,43). Dadurch fällt auch Licht auf die Stellung und auf die Erwählung Marias.

Der Hymnus des Magnifikat bietet im Munde Marias und in der Sprache des Lobpreises eine zusammenfassende Reflexion von Gottes Heilswirken an den Menschen und von der Eigentümlichkeit seines Tuns. Sowohl in der literarischen Gattung als auch in konkreten Formulierungen erinnert der Hymnus an alttestamentliche Psalmen.

Es ist auffällig, daß Maria – gemäß der Darstellung des Lukas – bereits vor der Geburt des Johannes ihre Verwandte verläßt: Erst nach dem Hinweis auf ihre Heimkehr (Lk 1,56) folgt die Geburtserzählung des Täufers.

● Lk 1,57–79 Geburt des Johannes
Die Geburtserzählung ist in ihrem ersten Teil (Lk 1,57–63) von der Namensgebung des Kindes bestimmt. In Übereinstimmung zum Engelwort (Lk 1,13) gibt der Vater den Namen; ebenso in Zusammenhang mit der Botschaft des Engels wird die Stummheit von ihm genommen (vgl. Lk 1,20 mit 1,64). Die Feststellung der Aufhebung des Strafzeichens leitet über zum zweiten Teil der Erzählung, in deren Mittelpunkt das Staunen über das Kind und der Lobpreis des Zacharias stehen: In seinem eigenen Sohn erkennt Zacharias den Beginn der endzeitlichen und machtvollen Erlösung durch Gott (vgl. Lk 1,68–79). Auch dieser, Gottes Handeln an den Menschen in weitgehend alttestamentlicher Sprache bedenkende Hymnus wird als geistgewirkte Rede charakterisiert (vgl. Lk 1,67).

● Lk 1,80 Das Heranwachsen des Knaben
Mit einem sehr allgemein formulierten Vers schließt der Evangelist die Johanneserzählung der Vorgeschichten ab (vgl. ähnliche Aussagen Gen 17,20 zu Ismael; Gen 21,8.20 zu Isaak und Ismael; Gen 25,27 zu Jakob und Esau; Ri 13,24 zu Simson). Zugleich leitet der Verfasser durch den Hinweis auf das Auftreten in der Wüste zur Darstellung des Täuferwirkens über (Lk 3,1–20).

● Lk 2,1–39 Erzählungen um die Geburt Jesu
Schon durch den Umfang der Erzählungen um die Geburt Jesu ist erkennbar, daß sie für den Evangelisten von besonderer Bedeutung sind. Zunächst wird die Darstellung ausführlich eingeleitet (Lk 2,1–3.4–5). Die genannte Volkszählung hat vermutlich erst 6 n. Chr. stattgefunden (vgl. dazu auch Josephus, Ant. XVII 13.5). Für Lukas steht weniger die genaue Datierung im Vordergrund als die Plazierung des Geschehens im Kontext der großen Weltgeschichte (vgl. dazu auch Lk 3,1–2). In sehr knapper und zurückhaltender Weise spricht der Verfasser von der Geburt Jesu (Lk 2,6–7). Die ausdrückliche Benennung als Erstgeborener (Lk 2,7) gibt keinen Aufschluß über die Familienverhältnisse. In Anlehnung an Ex 13,12; 34,19 wird damit an die besondere Stellung des Kindes erinnert: Als erstgeborener Sohn ist er gottgeweiht. Der Verfasser spricht weder über den Zeitpunkt der Geburt noch über die Umgebung des Kindes. Erst eine spätere Auslegung von Weish 18,14–15a und Jes 1,3 im Blick auf das Geburtsgeschehen haben auf die mitternächtliche Stunde und auf das Umfeld von Ochs und Esel schließen lassen. Den Platzmangel in der Herberge formuliert

Lukas wohl aus grundsätzlichen Überlegungen (vgl. dazu Lk 9,58 par Mt 8,20, sowie mit einer vergleichbaren Aussageabsicht Mt 2,3; Joh 1,11).

Um dieses an sich noch nicht als außergewöhnlich dargestellte Geburtsgeschehen zu deuten, schildert der Verfasser in der Folge die Verkündigung an die Hirten (Lk 2,8–14). In der Botschaft des Engels wird die Geburt als die des Messias und Retters verkündet (Lk 2,11). Der Lobpreis der Engel zeigt, daß Gott in der Geburt Jesu am Menschen gnadenvoll gewirkt hat und ihm so Frieden – das bedeutet im biblischen Sinne: ungetrübte Gottesgemeinschaft – schenkt. In starkem Gegensatz zur Deutung des Geschehens steht das dafür gegebene Zeichen (Lk 2,12): Ein Säugling in der Krippe soll Gottes entscheidendes Handeln am Menschen verdeutlichen.

Der Weg der Hirten zur Krippe (Lk 2,15–20) läßt uns episodenhaft miterleben, daß die von den Engeln gegebene Botschaft und das Zeichen tatsächlich zutreffen (vgl. bes. Lk 2,16). Ein eigentümliches Licht fällt (insbesondere nach der vorangegangenen Erzählung über die Ankündigung der Geburt Lk 1,26–38) auf jene, die bei der Krippe sind, einschließlich Maria (und Josef): Die Hirten deuten ihnen das Geschehen aufgrund des Zeichens (vgl. Lk 2,17–18); demgemäß wird auch Maria nicht als Wissende, sondern als Glaubende dargestellt (vgl. Lk 2,19). Die Hirten haben die Verkündigung der Engel fortgesetzt: Sie, denen selbst die Botschaft verkündigt wurde, treten ein in die Verkündigung. Wie zuvor die Engel (Lk 2,13–14), preisen nun die Hirten Gott für das Geschehen.

In nur einem Vers werden Beschneidung und Namensgebung Jesu erzählt (Lk 2,21). Dabei verbindet der Evangelist das Geschehen ausdrücklich mit der Ankündigung und mit dem Auftrag des Engels (vgl. Lk 1,31) und deutet so an, daß die von Gott kommende Botschaft sich nun tatsächlich erfüllt.

Zwei die Geburtserzählungen abschließende, das Geschehen deutende Episoden verknüpft der Evangelist mit dem Hinweis auf die Reinigung der Mutter Jesu (Lk 2,22–24.39; dann Lk 2,25–35.36–38). Nach dem kurzen Vermerk der Beschneidung ist damit erneut darauf verwiesen, daß sich das Geburtsgeschehen sowie der weitere Lebensverlauf Jesu im Kontext einer vom jüdischen Glauben geprägten Umgebung und Familie ereignet. In der Erzählung über die Begegnung des Kindes mit Simeon spricht der Verfasser erneut die Messianität Jesu aus (vgl. Lk 2,26 mit Lk 2,30). In prophetischer Sicht deutet Simeon den Weg und die Bedeutung des Kindes sowie das Schicksal der Mutter. Das Zeugnis und die Verkündigung der Hanna (Lk 2,38) wird durch ihre Benennung als »Prophetin« (Lk 2,36) aufgewertet. Die Rückkehr nach Nazaret (Lk 2,39) entspricht jenen Angaben, die der Evangelist eingangs der Jesuserzählung (Lk 1,26) gemacht hatte. Zugleich wird eine Beziehung zwischen den Anfängen Jesu und dem Beginn seines öffentlichen Wirkens hergestellt (vgl. Lk 4,16–30, bes. 4,16).

● Lk 2,40 Das Heranwachsen des Knaben
Der Evangelist schließt die Jesuserzählung in ähnlicher Weise ab wie die Darlegung über das Werden des Johannes. Ein Textvergleich zeigt die vollständige Übereinstimmung der jeweils ersten Vershälfte von Lk 1,80a und Lk 2,40a. Die Weiterführung der allgemeinen Notiz über das Heranwachsen ist differenziert: Jesu Weisheit kommt unmittelbar im folgenden Text zur Sprache (vgl. Lk 2,41–52, bes. 2,47); seine Begnadung wird bei seinem Auftreten in Nazaret gerühmt werden (vgl. Lk 4,22). Über die Geistbegabung, die hier (anders als bei Johannes!) nicht angesprochen ist, wird der Evangelist in einer eigenen Erzählung sprechen (vgl. Lk 3,21–22; weiters Lk 4,18).

Der summarische Vers über das Heranwachsen Jesu gibt den Texteinheiten über die Vorgeschichte eine offene Perspektive.

Mit dieser Notiz blickt der Verfasser über die Anfänge hinaus und weiter zum Wirken Jesu. Zugleich markieren diese Sätze eine Zäsur: Es wird nicht mehr in Einzelepisoden über Jesu Anfang erzählt, sondern gleichsam abschließend eine bestimmte Blickrichtung für den weiteren Text des Evangeliums angedeutet.

Entgegen herkömmlichen Abgrenzungen sowie auch entgegen dem üblichen Verständnis wurde die Episode über den zwölfjährigen Jesus im Tempel (Lk 2,41–52) nicht in den Überblick über die lk Vorgeschichten miteinbezogen. Dies muß noch begründet werden:

Inhaltlich fällt auf, daß diese Texteinheit erstmals nicht um das Geburtsgeschehen kreist. Es wird ein sehr langer Zeitraum für diese Erzählung übersprungen. Der Verfasser erzählt von der Tempelwallfahrt eines zwölfjährigen Knaben. D.h., Jesus ist zu diesem Zeitpunkt nach jüdischer Auffassung kein Kind mehr, sondern er steht an der Schwelle zum Erwachsen-Sein. (Man dürfte also selbst hier nicht von »Kindheitsgeschichten« sprechen!).

Anhand der Erzählabfolge in Lk 1,5 – 2,40 fällt eine starke Parallelisierung auf. Lk 1,80 sowie Lk 2,40 sind offensichtlich als Abschlußnotizen der Johannes- und der Jesuserzählung zu lesen. Die Absicht der Parallelisierung ist nicht übersehbar; zur Erzählung über den zwölfjährigen Jesus im Tempel fehlt bei der Darstellung des Werdens des Johannes jedoch jede Entsprechung.

Die Erzählung läßt sich daher als ein Resümee zu den lk Vorgeschichten verstehen. Das Moment des einzigartig Großartigen, das in den Erzählungen über den Anfang Jesu so deutlich hervortritt, wird hier zum Gegenstand einer eigenständigen Erzählung gemacht. Damit ist der Text ein Verbindungsstück zur weiteren Darlegung des Wirkens Jesu. Er greift Elemente aus den Vorgeschichten auf (vgl. bes. Lk 2,40 mit Lk 2,52, sowie Lk 2,39 mit 2,51a), zeichnet aber bereits Konturen von Jesu Verkündigungstätigkeit.

Aus der kursorischen Durchsicht der Texteinheiten Lk 1,5 – 2,40 können auch hier Anhaltspunkte bezüglich der Absicht des Verfassers gewonnen werden:

▶ Die Erzählungen über das Werden Jesu und über das Werden des Johannes stehen zueinander in einer engen Beziehung. Bei der Geburt beider Kinder geschieht Außergewöhnliches und Unerwartetes. Der Evangelist läßt aber keinen Zweifel daran, daß beim Werden Jesu Gott in einzigartiger Weise wirksam wird.

▶ Um dies zu unterstreichen, sind die Erzählungen jeweils in paralleler Abfolge angeordnet, wobei die Jesuserzählung jene des Johannes überbietet.

▶ Die Johannes- und die Jesuserzählungen bleiben in sich selbständig. Nach den Geburtsankündigungen werden sie in der Erzählung über die Begegnung der zwei Mütter jedoch entscheidend miteinander verknüpft. Hier bietet der Evangelist in der Deutung Jesu durch Elisabet sowie im Lobgesang Marias ein Zwischenresümee über das bisher Erzählte: Bevor in den Geburtserzählungen das Geschehen weitergeführt wird, soll über die Tragweite des bisher Gesagten reflektiert werden.

▶ Daraus ergibt sich ein wichtiges Gestaltungsmerkmal. Die Erzählungen sind eingeordnet in den schematischen Ablauf einer Verheißung (Lk 1,5–25.26–38), die in Erfüllung geht (1,57–79; 2,1–39).

▶ Die Vorgeschichten haben die Funktion einer Einführung und Vorbereitung auf die folgende Darlegung des Wirkens Jesu. Sie erläutern zunächst die Aufgabe des späteren Täufers und stellen seine Person in die richtige Beziehung zu Jesus. Sodann wird der Leserin, bzw. dem Leser der Botschaft bereits hier Entscheidendes über Wesen und Person Jesu gesagt, wenn die Texte mit allem Nachdruck betonen: Jesus hat in einzigartiger und radikalster Weise seinen Ursprung in Gott.

▶ Der Evangelist rückt in seiner Darstellung Maria als jene in den Vordergrund, die in innerer Bereitschaft und in glaubendem Vertrauen das Werden Jesu entscheidend mitbestimmt. In den Erzählungen ist sie das Vorbild im Glauben; ihr wird Zacharias als Antitypus gegenübergestellt.

Schematisch läßt sich die lk Komposition in folgender Weise darstellen.

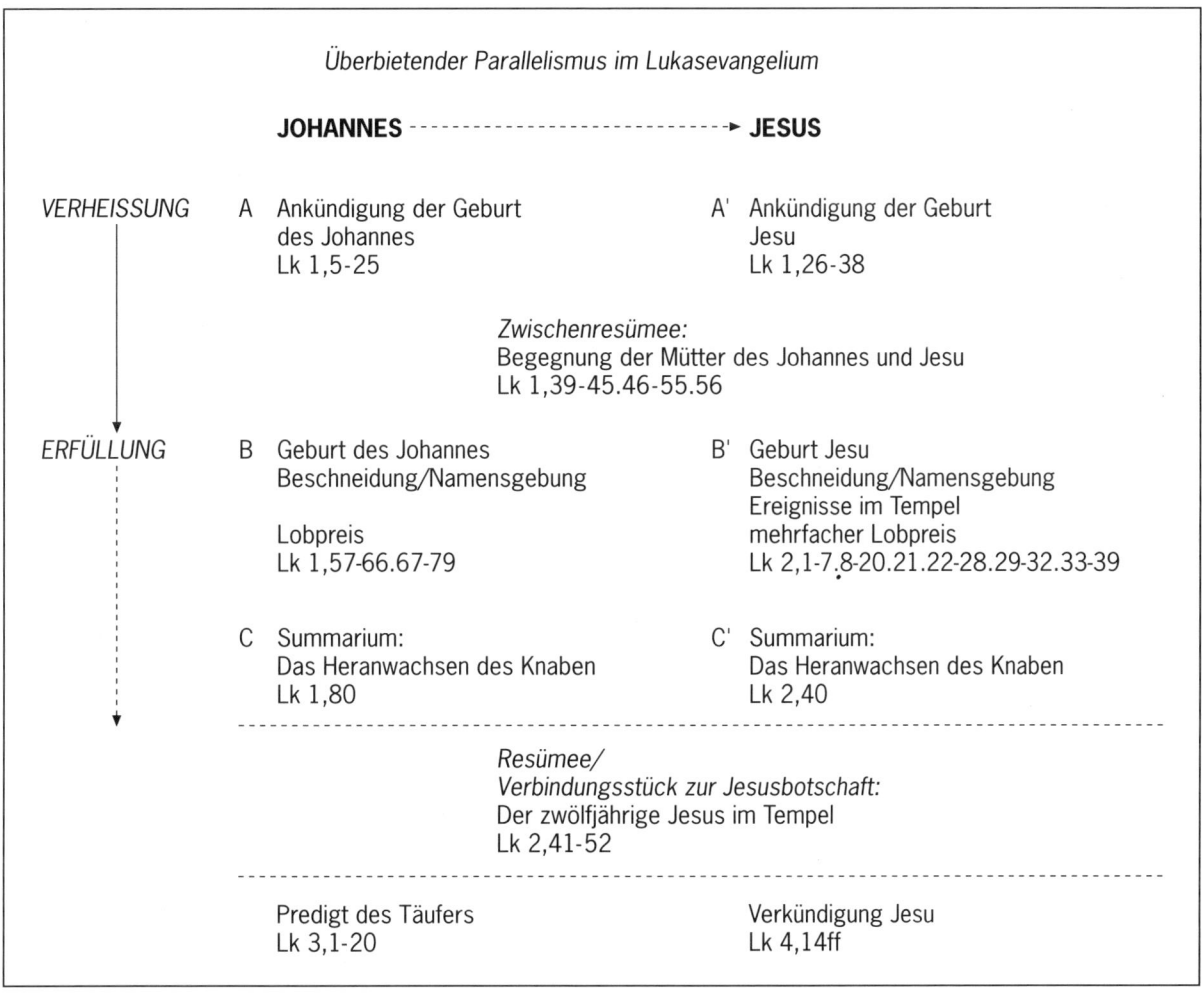

Überbietender Parallelismus im Lukasevangelium

JOHANNES ┈┈┈┈┈┈┈┈┈┈┈┈┈┈┈┈┈► **JESUS**

VERHEISSUNG   A Ankündigung der Geburt   A' Ankündigung der Geburt
des Johannes   Jesu
Lk 1,5-25   Lk 1,26-38

Zwischenresümee:
Begegnung der Mütter des Johannes und Jesu
Lk 1,39-45.46-55.56

ERFÜLLUNG   B Geburt des Johannes   B' Geburt Jesu
Beschneidung/Namensgebung   Beschneidung/Namensgebung
Ereignisse im Tempel
Lobpreis   mehrfacher Lobpreis
Lk 1,57-66.67-79   Lk 2,1-7.8-20.21.22-28.29-32.33-39

C Summarium: C' Summarium:
Das Heranwachsen des Knaben   Das Heranwachsen des Knaben
Lk 1,80   Lk 2,40

Resümee/
Verbindungsstück zur Jesusbotschaft:
Der zwölfjährige Jesus im Tempel
Lk 2,41-52

Predigt des Täufers   Verkündigung Jesu
Lk 3,1-20   Lk 4,14ff

Die Erzählungen von der Taufe Jesu Mk 1,9–11 par

In den Evangelien des Mt, Mk und Lk wird die Taufe Jesu als ein Geschehen erzählt, das dem öffentlichen Auftreten Jesu unmittelbar vorangeht. Schon durch ihre Stellung erhält diese Texteinheit also eine besondere Bedeutung. Die Evangelisten blicken auf den Anfang der Verkündigungstätigkeit Jesu zurück und setzen dabei bestimmte Schwerpunkte. Ein Vergleich der entsprechenden Abschnitte soll einen Überblick über die Aussageabsicht der Verfasser vermitteln.

Die Tauferzählungen des Matthäus, Markus und Lukas

Mt 3,13–17	*Mk 1,9–11*	*Lk 3,21–22*
13Dann begibt sich Jesus von Galiläa an den Jordan zu Johannes, um getauft zu werden von ihm.	9Und es geschah in jenen Tagen: Jesus kam von Nazaret in Galiläa	21Es geschah aber,
14Johannes aber hinderte ihn, sagend: Ich habe nötig, von dir getauft zu werden, und du kommst zu mir?		
15Antwortend aber Jesus, er sprach zu ihm: Laß jetzt, denn so geziemt es sich für uns, zu erfüllen jede Gerechtigkeit. Dann ließ er ihn.		
		als getauft wurde das ganze Volk und während Jesus getauft wurde
16Getauft aber Jesus,	und er wurde getauft in den Jordan von Johannes.	
		und betete:
er stieg sofort herauf vom Wasser Und siehe: auftaten sich [ihm] die Himmel	10Und sofort heraufsteigend vom Wasser, sah er sich spalten die Himmel	Auftat sich der Himmel,
und er sah den Geist Gottes herabsteigen wie eine Taube [und] kommen auf ihn.	und den Geist wie eine Taube herabsteigen in ihn.	22und herabstieg der Geist, der heilige, in leiblicher Gestalt wie eine Taube auf ihn,
17Und siehe: eine Stimme aus den Himmeln, sagend: Dieser ist mein Sohn, der geliebte, an dem ich Wohlgefallen habe.	11Und eine Stimme geschah aus den Himmeln: Du bist mein Sohn, der geliebte, an dir habe ich Wohlgefallen.	und eine Stimme aus dem Himmel geschah: Du bist mein Sohn, der geliebte, an dir habe ich Wohlgefallen.

➤ AUFGABE:

Lesen Sie die Tauferzählungen des Mt, des Mk und des Lk (siehe oben) nacheinander durch. Beachten (und notieren) Sie, was erzählt wird, sodann auch, was die einzelnen Evangelisten (im Vergleich zu den anderen) nicht erwähnen. Versuchen Sie, die Erzählungen zu gliedern, und halten Sie fest, in wieviele (und welche) Abschnitte jede Textfassung aufzuteilen ist.

Eine Durchsicht und ein Vergleich der drei verschiedenen Fassungen der Erzählung über die Taufe Jesu führt uns nochmals zu der Frage nach der Eigenart der Evangelien als Verkündigungstexte zurück.

▶ *Mk* bietet einen zweiteiligen Text. Er vermerkt zunächst die Taufe Jesu, ohne darin ein Problem zu erblicken (Mk 1,9). Sodann erzählt er vom damit verbundenen Offenbarungsgeschehen (Mk 1,10–11), in dem er wiederum zwei Gesichtspunkte hervorhebt: Die Herabkunft des Geistes und die Himmelsstimme, die Jesus seine Sohnschaft zusagt.

▶ *Mt* erzählt in einer dem mk Text sehr ähnlichen Abfolge, aber er erweitert den ersten Teil der Texteinheit in einem entscheidenden Punkt: Der Absicht Jesu (vgl. die Formulierung Mt 3,13: »...um getauft zu werden von ihm«) steht der Einwand des Täufers gegenüber, der theologisch nur allzu gut verständlich ist. Darin spiegelt sich ein Problem, das die Gemeinde des Mt mit dieser Erzählung gehabt haben könnte. So ergänzt der Verfasser diesen Dialog, der auf das gewichtige Jesuswort (Mt 3,15) hinausläuft: »Jede Gerechtigkeit«, d. h., der Wille Gottes in Fülle, muß geschehen – auch wenn dies im ersten Augenblick nicht ganz verständlich erscheint. (Vgl. zu diesem mt Schwerpunkt auch Mt 5,20; 7,21).

Mt 3,16–17 wird, erneut mit dem Akzent auf zwei Aussagen, das mit der Taufe verbundene Offenbarungsgeschehen dargelegt. Der Evangelist spricht jedoch nicht von einer Zusage (»Du bist ...«), sondern von einer Proklamation: »Dieser ist ...«. So erhält der Text im Blick auf eine Deutung der Person Jesu besonderes Gewicht.

▶ *Lk* zieht das gesamte erzählte Geschehen zu einer Einheit zusammen. Die Taufe Jesu wird (nur) einleitend im Nebensatz (Lk 3,21) erwähnt, die Erzählung zielt deutlich auf das Offenbarungsgeschehen, in dem die Geistbegabung einen zentralen Platz einnimmt. Für diesen Evangelisten geht es also in der vorliegenden Erzählung weniger um die Taufe Jesu; für ihn ist Jesu Geistbegabung am Beginn seiner öffentlichen Tätigkeit die entscheidende Aussage dieser Texteinheit (vgl. dazu die eigentümliche Formulierung von Lk 2,40; weiters bes. Lk 4,1.14, sodann Lk 4,18 mit 4,21).

Die verschiedenen Gestaltungsformen der Tauferzählung lassen Schlüsse auf die theologische Aussageabsicht der Verfasser zu:

Durch das Taufgeschehen stellt sich Jesus in die Reihe der Sünder; er solidarisiert sich mit allen Menschen (so besonders: Mt). Die Himmelsstimme verweist auf Gott als den hier Handelnden. In der Darstellung knüpfen die Evangelisten dabei an alttestamentliche Vorbilder an (vgl. Gen 22,11; weiters Ex 3,4). Jesus empfängt in der Taufe den Geist Gottes. Dies ist Zeichen seiner besonderen Erwählung, und es verweist überdies auf die Erfüllung alttestamentlicher Prophetie (vgl. Jes 11,2; 61,1) (so besonders: Lk). Im zusagenden Wort aus dem Himmel (also einem Wort von Gott her) wird – erneut in Anspielung auf die alttestamentliche Prophetenbotschaft: vgl. Jes 42,1 – die Geistbegabung Jesu als die Gemeinschaft des Sohnes mit dem Vater gedeutet. Dies geschieht hinweisend-proklamatorisch (so Mt), bzw. dialogisch-zusagend (so Mk, Lk). Es ist zu beachten, daß dieser Hinweis auf die intensive

Gemeinschaft des Sohnes mit dem Vater nochmals in der Erzählung über die Verklärung Jesu aufgegriffen wird (vgl. Mk 9,2–10 par Mt 17,1–9; Lk 9,28–36).

❯❯ AUFGABEN:

■ Lesen Sie die Erzählung über die Verklärung Jesu. Vergleichen Sie die Stimme aus der Wolke mit der Himmelsstimme in der Tauferzählung des jeweiligen Evangelisten: Was fällt Ihnen auf? Können Sie eine Erklärung für die Unterschiede finden?

■ Die (gewichtige) Aussage der Himmelsstimme steht mit der Tauferzählung am Beginn des Wirkens Jesu, also an bedeutsamer Stelle. Überprüfen Sie den Textzusammenhang der Verklärungserzählung und deren Stellung im Gesamtevangelium. Welche Gründe lassen sich dafür nennen, daß die Evangelisten in dieser Erzählung erneut die bedeutende Aussage über die Sohnschaft Jesu überliefern?

Diese Beobachtungen zeigen die Darstellungsweise der Evangelisten: Ein im Kern historischer Vorgang wird Ausgangspunkt und Anlaß für eine theologisch deutende Erzählung. Die Schilderung ist knapp, es fehlen Ausschmückungen und Details. Das Geschehen ist zielstrebig dargestellt, aber es ist nicht als Protokoll zu verstehen. In anschaulicher Weise wird das überlieferte Geschehen im Blick auf die Adressaten interpretiert.

Bezüglich der Historizität der Evangelien und im Hinblick auf ihren Umgang mit den geschichtlichen Fakten des Lebens und Wirkens Jesu kann nach der erfolgten Durchsicht einzelner, verschiedener Textabschnitte festgehalten werden:

Die Evangelisten sind nicht an einer vollständigen Biographie Jesu von Nazaret interessiert. Sie erzählen einzelne Episoden aus dem Leben und Wirken Jesu mit der Absicht der Erläuterung und der Deutung seiner Person. Die Evangelien können deshalb als verkündigend theologisierende Erzählungen um Geschichte verstanden werden.

Im Zentrum des Interesses der Verfasser stehen dabei Person und Wirken Jesu. Um diesem Anliegen gerecht zu werden, bringen die Evangelisten nicht spekulative Argumente vor, sondern sie erzählen einzelne Episoden. Das Christusereignis wird also erzählend, nicht argumentativ gedeutet und verkündet.

Versetzen wir uns dazu in eine fiktive Situation: Wenn wir einen Evangelisten fragen könnten: Wer war Jesus, wie war er, usw.: Die Antwort wäre nicht eine definierende Beschreibung: Jesus war so und so ... Der Evangelist würde eher sagen: Ich erzähle Dir eine Begebenheit: Jesus sah einmal in einer Synagoge eine gekrümmte Frau; er rief sie zu sich und heilte sie. Jene, die ihn deswegen kritisierten, wies er scharf zurecht ... (vgl. Lk 13,10–17). Jetzt erkennst Du selbst, wer er war und wie er war.

Auf diese erzählende, also narrativ deutende Weise entsteht in den Evangelien ein Bild Jesu. Jedes dieser »Gemälde im Wort« enthält auch die persönlichen Züge des Verfassers. Aus seiner gläubigen und umfassenden Kenntnis des gesamten Wirkens Jesu wird dessen Person dargestellt.

Hinsichtlich einer betont historischen Fragestellung bedeutet dies zweierlei:
– Wir müssen uns der Relativität dieser Fragestellung angesichts der Absicht des Evangelisten bewußt bleiben.
– Wir müssen bei der historischen Frage nach dem Detail jeweils überprüfen, ob und inwieweit mit der Darstellungsart ein theologisierend-deutendes Interesse des Verfassers verbunden sein kann. Aus diesem Grund bedarf es einer vertieften Kenntnis der jeweiligen Hauptanliegen der einzelnen Verfasser (vgl. dazu unten → VI.).

➤➤ AUFGABEN:

Versuchen Sie, unter Berücksichtigung der Überlegungen in diesem Abschnitt sowie unter Zuhilfenahme des Neuen Testaments das Formblatt für ein WHO's WHO Jesu von Nazaret auszufüllen (s. S.35).

Jesus vor dem Hintergrund seiner Zeit

Dieser Abschnitt soll einen kurzen Überblick über den geschichtlich-politischen Hintergrund sowie über die soziale und religiöse Situation zur Zeit des Wirkens Jesu vermitteln.

Das Christusereignis geschah zu einem bestimmten geschichtlichen Zeitpunkt an einem konkreten »Ort« in dieser Welt. Deswegen ist es notwendig, auch in diesem Zusammenhang den Gedanken von der Situationsbezogenheit aufzugreifen: Jesu Wirken und seine Verkündigung haben nicht die Form einer gänzlich objektivierten, aus der Bezogenheit zu Raum und Zeit herausgelösten Botschaft, im Gegenteil: Jesu Botschaft richtet sich an die Menschen in Galiläa und Judäa, die in diesen Gebieten in der ersten Hälfte des 1. Jh. n. Chr. gelebt haben. Daher ist es wichtig, daß wir uns von deren Lebenssituation ein Bild machen können. Drei das Leben dieser Menschen bestimmende Gesichtspunkte werden gesondert herausgegriffen.

Geschichtlich-politische Entwicklung

333 v. Chr. wird der Perserkönig Darius III. von Alexander d. Gr. bei Issus besiegt. Da sich Juda freiwillig dem neuen Herrscher unterwirft, bleibt das Recht auf die eigenständige Ausübung der Religion erhalten. Der mit Alexander gegebene Einfluß aus dem griechischen Raum führt zur Entwicklung des Hellenismus und bringt wichtige kulturelle und geistige Veränderungen mit sich. Das philosophisch reflektierte Welt- und Menschenbild der Griechen vermengt sich mit der biblisch geprägten Denkweise der Juden. In dieser Epoche erweist sich die Tora als die wesentliche Richtschnur für die Bewahrung der religiösen und der kulturellen Eigenständigkeit des Judentums. Nach dem Tod Alexanders (323 v. Chr.) wird Juda den Ptolemäern zugeteilt. Das Land wird vom Hohenpriester weitgehend autonom verwaltet.

Formblatt zu einem

WHO's WHO Jesu von Nazaret

NAME:

Geburtsort: Polit. Gebiet:

Geburtsdatum: Rel. Bek.:

Eltern: Vater (*gesetzlich, zur Regelung von Abstammung und Erbe*):

                                    Abstammung/Herkunft:

                                    Beruf:

        Mutter:

                                    Abstammung/Herkunft:

                                    Beruf:

Wohnort:

erlernter Beruf:

ausgeübte(r) Beruf(e):

Besondere Leistungen und Verdienste:

Publikationen:

Bedeutende Vorträge:

Todestag: Todesort:

Todesursache:

Kritische Würdigung:

Der aufgrund der hohen Steuerlasten herbeigesehnte Herrschaftswechsel erfolgt 198 v. Chr.: Antiochus III. von Syrien besetzt Palästina und vertreibt die Ptolemäer. Juda erhält sich die relative Eigenständigkeit. Auf religiösem Gebiet mehren sich die Zerfallserscheinungen. Dies ist nicht zuletzt auf den Einfluß des Hellenismus zurückzuführen. 175 v. Chr. wird in Jerusalem sogar ein Gymnasium errichtet. Jerusalem wird weitgehend in eine hellenistische Stadt verwandelt. Antiochus IV. nimmt innere Unruhen zum Anlaß, um 169 v. Chr. den Tempel in Jerusalem zu plündern und dabei zu entweihen. In der Folge beginnt eine schwere religiöse Verfolgung unter dem Deckmantel der Hellenisierung.

Durch die Ermordung eines abgefallenen Juden sowie eines syrischen Beamten durch den Priester Mattatias in Modein bei Lydda kommt es zum bewaffneten Widerstand. Zu gleicher Zeit bildet sich unter den Jahwetreuen die Gruppe der »Chasidim« (d.i.: Fromme), die sich nachdrücklich dem von Antiochus IV. ausgesprochenen Religionsverbot (vgl. 1 Makk 1,44–59) widersetzt. Der Kampf gegen die Syrer wird von Judas, einem Sohn des Mattatias geführt. Dieser erhält den Beinamen *makkaba* (Hammer → der Hammerartige); daraus entsteht der Name Makkabäer.

164 v. Chr. wird mit den Syrern ein Kompromiß geschlossen: Den Juden wird Kultfreiheit gewährt, der Tempel wir wieder eingeweiht; die syrische Oberhoheit bleibt bestehen. In neuerlichen Kämpfen gegen die Syrer fällt Judas 160. v. Chr. Die Führung des Widerstandes leitet Jonathan, ein Bruder des Judas. Nach dessen Ermordung (143 v. Chr.) wird Simon der Führer des Volkes; er übernimmt zugleich die Würde des Hohenpriesters. 140 v. Chr. wird ihm dieses Amt erblich bestätigt. Damit ist der Grundstein für die Dynastie der Hasmonäer gelegt. Da 142 v. Chr. die Steuerfreiheit von den Syrern erreicht wurde, herrschen die Hasmonäer

jetzt unabhängig über Palästina. (»Hasmonäer« ist also eine zusammenfassende Bezeichnung für die Nachfolger des Judas makkaba. Das daraus entstehende Herrschergeschlecht geht auf den Priester Mattatias und auf seine Söhne Judas, Jonathan und Simon zurück). 134 v. Chr. wird auch Simon ermordet. Die Herrschaft übernimmt sein Sohn Hyrkan.

Da die Regierungszeit der Hasmonäer eine zunehmende Angleichung an die hellenistische Kultur mit sich bringt, wachsen die Widerstände in orthodoxen jüdischen Kreisen. In diese Epoche fällt daher auch der Ursprung der Pharisäer, der Qumran-Essener, sowie der Sadduzäer (siehe unten). Diese Zeit ist auch von kriegerischen Auseinandersetzungen, innerer Unzufriedenheit und Machtkämpfen in der Herrscherfamilie geprägt. Als sich 67 v. Chr. Aristobul II und Hyrkan II (beides Söhne des 76 v. Chr. gestorbenen Jannäus und dessen Frau Alexandra, die von 76–67 v. Chr. die Herrschaft innehatte) nicht über die Nachfolge einigen konnten, treten unter dem Einfluß des Antipater, des Sohnes eines Beamten des Jannäus, die Römer als Ordnungsmacht auf.

Pompeius besetzt 63 v. Chr. das jüdische Gebiet, das ganz Palästina umfaßte, und errichtet die römische Provinz Syrien. Antipater regiert in Palästina, ab 55 v. Chr. als Statthalter. Nach seinem Tod (43 v. Chr.) wird sein Sohn Herodes (d. Gr.) 40 v. Chr. durch Senatsbeschluß als König der Juden eingesetzt. Seine Herrschaft ist gekennzeichnet von besonderer Strenge und Grausamkeit. Herodes versucht, zwischen dem orthodoxen Judentum und dem Hellenismus auszugleichen. Er erweitert den Tempel und schützt die Diasporagemeinden. Andererseits errichtet er Theater, Gymnasien und Bäder. Aus Eifersucht auf seine Herrschaft läßt er seine Gattin Mariamne und deren Söhne töten.

Herodes stirbt 4 v. Chr.. Palästina wird nach dem Tod Herodes' d. Gr. in Übereinstimmung mit seinem Testament unter seinen restlichen Söhnen aufgeteilt: Philippus regiert über das Ostjordanland im Norden (4 v. Chr. bis 34 n. Chr.). Herodes Antipas herrscht über Galiläa und Peräa (4 v. Chr. bis 39 n. Chr.). Die Herkunft Jesu aus Galiläa ist Anlaß für ein Zusammentreffen Jesu mit diesem Herrscher (vgl. Lk 23,6–12). Archelaus regiert über Judäa, Samaria, Idumäa (4 v. Chr. bis 6 n. Chr.). Wegen seiner Grausamkeit (vgl. in diesem Sinne auch Mt 2,22) wird Archelaus von den Römern abgesetzt und verbannt. An seiner Stelle übernimmt ein römischer Statthalter mit Residenz in Cäsarea die Herrschaft über dieses Gebiet. Nach Coponius, Ambibulus, Rufus und Valerius Gratus wird Pontius Pilatus 26–36 n. Chr. römischer Prokurator über Judäa-Samaria. Zur Zeit der Errichtung der römischen Prokuratur durch Kaiser Augustus 6.n. Chr. ist Publius Sulpicius Quirinius römischer Legat in Syrien (6–11 n. Chr.; vgl. dazu Lk 2,1–2, dazu auch Josephus, Ant. XVII 13.5.; XVIII 1.1–5).

Von 41–44 n. Chr. kann Agrippa I. (der Sohn des mit seiner Mutter Mariammne hingerichteten Aristobul; Apg 25–26 wird er auch Herodes Agrippa genannt) das gesamte jüdische Gebiet nochmals unter einer Herrschaft vereinen. 44 n. Chr. unterstellt Kaiser Claudius Palästina der unmittelbaren römischen Verwaltung. Diese sogenannte zweite römische Prokuratur dauert bis 67 n. Chr. Im Blick auf ihre Erwähnung im Neuen Testament sind unter den Statthaltern dieser Epoche Antonius Felix (52–60 n. Chr., vgl. Apg 24) sowie Porcius Festus (60–62 n. Chr., vgl. Apg 24–26) zu erwähnen.

Bei Ausbruch des jüdischen Krieges wird Palästina 67 n. Chr. dem Militärkommando Vespasians unterstellt. Als Vespasian 69 n. Chr. römischer Kaiser wird, überträgt er seinem Sohn Titus die Führung des römischen Heeres. 70 n. Chr. wird Jerusalem belagert, die Stadt wird teilweise, der Tempel zur Gänze zerstört. Palästina wird im gleichen Jahr zur kaiserlichen Provinz unter der Regierung des Generals der X. Legion, der in Cäsaräa seinen Sitz hat. Der Hohe Rat verliert als politisch-religiöse Behörde seinen Bestand; die Pharisäer ziehen sich nach Jamnia (Jabne) zurück. Da ein Opferkult im Tempel fortan nicht mehr möglich ist, leiten die Pharisäer eine Neubesinnung auf die Heilige Schrift als Grundlage der jüdischen Religion ein und sichern damit den weiteren Bestand des Judentums.

Die soziale Situation

Einer kleinen, finanziell und politisch einflußreichen Oberschicht steht der Großteil der Bevölkerung gegenüber, der in mittelständischen und kleinbürgerlichen Verhältnissen lebt. Tagelöhner und Bettler bilden – insbesondere in den Städten – eine zahlenmäßig bedeutsame Unterschicht.

Die Oberschicht dominiert insbesondere in den Städten, hier vor allem in Jerusalem. Sie besteht aus den Beamten und Günstlingen des Königs, die sich um den Hof scharen und dort verschiedene Ämter ausüben. Zu dieser Gruppe gehören auch die Hohenpriester sowie die Adelsfamilien und Großgrundbesitzer. Sie beziehen regelmäßige Einkünfte aus ihren Besitzungen, in schlechten Zeiten auf Kosten der ärmeren Bevölkerung. Zu den wohlhabenden Schichten sind auch die Steuerpächter zu zählen, die aufgrund des herrschenden Zollsystems nach eigenem Ermessen ihre Gebühren festsetzen konnten.

Die Mittelschicht der Bevölkerung wird von den Handwerkern, den Händlern und dem niedrigen Priesterstand gebildet. Auch die Betreiber von Herbergen und Schenken gehören in diese Gruppe. Die Angehörigen der Mittelschicht konnten aufgrund ihrer Arbeit und ihres kleineren Grundbesitzes einen regelmäßigen Erwerb erzielen, der zwar für die Deckung der täglichen Bedürnisse ausreichte, jedoch eine Vorsorge für Notzeiten nicht mehr zuließ. Da sie in schlechten Zeiten nicht nur dem allgemeinen Mangel, sondern auch der wirtschaftlichen Spekulation der Reichen ausgesetzt waren, war ihr Leben sehr risikoreich.

Eine große Bevölkerungsgruppe war auf die Arbeit als Taglöhner angewiesen, um sich zu ernähren. In diesem Bereich war die Grenze zu den sehr zahlreich tätigen Bettlern gering, ja fließend. Der Tageslohn (in der Regel ein Denar) reichte nur für das Notwendigste, keinesfalls aber z. B. noch für die entsprechende Versorgung einer Familie. Beim Wegfall der an sich schon unsicheren Hilfsarbeit des Tagelöhners blieb nur mehr die Verwiesenheit auf die Güte anderer Menschen oder der Weg in die totale Abhängigkeit der Sklaverei.

Jüdische Sklaven mußten spätestens in jedem Sabbatjahr freigelassen werden (vgl. Ex 21,2); es ist jedoch fraglich, ob diese Bestimmung tatsächlich eingehalten wurde. Sie sind sozial ebenso verachtet wie jene Menschengruppen, die aufgrund ihres Berufes oder durch leibliche oder geistige Gebrechen als levitisch unrein gelten (z. B.: Zöllner, Hirten; Aussätzige, Besessene, Invaliden; Menschen, die wegen ihres Lebenswandels als »Sünder« gelten).

Zwar gab es im Judentum eine in jeder Gemeinde organisierte Armenvorsorge. Dennoch lebte der größte Teil der Bevölkerung, insbesondere in ländlichen Gebieten, in kärglichen Verhältnissen.

Die religiöse Situation

Das religiöse Leben wird (zumindest in Jerusalem) durch den Tempelkult bestimmt. Dieser wird unter der Verantwortung des Hohenpriesters vollzogen. Der Hohepriester steht an der Spitze des Hohen Rates (Synedrium), der sowohl jurisdiktionelle als auch administrative Aufgaben im religiösen und im profanen Bereich ausübt. Der Hohe Rat gliedert sich in drei Abteilungen: Die sogenannten »Hohenpriester« (amtierender Hohepriester, dessen Stellvertreter, der

Tempeloberst, einige weitere hochrangige Priester), die Ältesten (Mitglieder des Priesteradels sowie Großgrundbesitzer), die Schriftgelehrten.

Das religiöse Leben ist durch Aberglauben stark überwuchert. Zeugnis dafür geben die in der zwischentestamentlichen Literatur sowie in der rabbinischen Tradition überlieferten religiösen Anschauungen und Bräuche. Angesichts der politischen Instabilität und Unterdrückung ist die Messiaserwartung lebendig. Mit ihr sind sehr unterschiedliche Vorstellungen verbunden. Volksglaube und theologische Reflexion gehen erheblich auseinander.

Seit der Hasmonäerzeit stehen dieser Entwicklung die ernsten Bemühungen tief religiöser Kreise gegenüber, eine Besinnung auf die wesentlichen Momente des Jahweglaubens und des Judentums voranzutreiben:

Für die _Essener_ war vermutlich ihre Ablehnung der hasmonäischen Hohenpriester der letzte entscheidende Grund zum Rückzug in die Wüste. Um 140/130 v. Chr. begann diese Gruppe mit dem Bau ihrer Siedlung in Qumran, einem Ort, der schon im 8. Jh. v. Chr. besiedelt gewesen war. Qumran wurde 31 v. Chr. durch ein Erdbeben zerstört und um die Zeitenwende wieder aufgebaut. Im Juni 68 n. Chr. wurde die Siedlung von den Römern unter Vespasian endgültig vernichtet. Vermutlich wurden die Schriften der Qumran-Gemeinde unmittelbar vor der Eroberung in Tonkrügen verschlossen und in Höhlen am Toten Meer versteckt. 1947 wurde durch Zufall von Beduinen die erste Höhle entdeckt; 1951 begannen in Qumran die Ausgrabungen. Seither wurden die Ruinen der Gebäude weitgehend freigelegt. Insgesamt wurden bisher 11 Höhlen mit Schriftenmaterial gefunden. Bei den Handschriften handelt es sich um Abschriften alttestamentlicher Bücher, um jüdische Bibelkommentare sowie um eigene religiöse Literatur. Die genaue Identität der Bewohner Qumrans, insbesondere ihre Gleichsetzung mit den bei Josephus erwähnten Essenern (vgl. De Bello II 119–160), ist bis heute nicht endgültig geklärt.

Die *Pharisäer* lehnten die Konzentration der politischen und der religiösen Macht (Verbindung von weltlicher Herrschaft und Würde eines Hohepriesters) unter den Hasmonäern ab. Sie legten besonderen Wert auf levitische Reinheit für den würdigen Vollzug des Tempelkultes sowie auf die Einhaltung der Tora. Darunter verstanden sie sowohl die in den Schriften des Alten Testaments überlieferte Satzung als auch deren Auslegung für die Gegenwart, die durch die Schriftgelehrten zu erfolgen hatte. Spätestens ab dem 1. Jh. v. Chr. waren die Pharisäer eine organisierte Gruppe (»Partei«) in bürgerlichen Kreisen.

Ab der Mitte des 2. Jh. v. Chr. ist die Gruppe der *Sadduzäer* nachweisbar. Die Zugehörigkeit zu dieser Strömung verteilte sich auf verschiedene Bevölkerungsschichten, vornehmlich auch auf gehobene Priesteradelsgruppen. Im Gegensatz zu den Pharisäern glaubten sie nicht an eine Auferstehung von den Toten oder an Engel (vgl. dazu Mk 12,18–27, sowie Apg 23,6–8), denn sie hielten die in den fünf Büchern des Mose schriftlich überlieferte Tora für die einzige verbindliche Norm und konnten in diesen Schriften keine Anhaltspunkte für die genannten Glaubensaussagen finden.

Im Gegensatz zu den Pharisäern und den Sadduzäern fanden sich die *Zeloten* nicht mit den politischen Gegebenheiten unter römischer Herrschaft ab. Ähnlich wie die *Sikarier*, einer in Galiläa beheimateten sozialrevolutionären Gruppe, strebten sie mit Waffengewalt nach der Verwirklichung apokalyptischer Hoffnungen, die sie auf die Opposition gegenüber der Fremdherrschaft umdeuteten. Ihr Ziel war die Errichtung eines neuen Tempels gemäß Ez 40–48. Während die Sikarier viel Zulauf aus dem einfachen Volk (Bauern, Kleinhandwerker) hat-

ten, stammten die Zeloten aus idealistischen Schichten des Priesteradels.

Aufgrund der zahlreichen politischen Wirren in der Zeit seit dem babylonischen Exil enstanden religiöse Gruppierungen, die ihre Hoffnung nicht auf ein religiös stabilisiertes Leben in dieser Welt setzten, sondern auf eine absolute Zukunft hofften. Diese »Apokalyptiker« erwarteten das (schreckliche) Ende dieser Welt in einem endzeitlichen Kampf zwischen Gott und den Mächten des Bösen, dem das Gericht Gottes und die Errichtung einer neuen Schöpfung folgt. In Dan 7,12–14 wird dieses Geschehen erstmals mit der Gestalt des Menschensohnes in Beziehung gebracht. Die Haltung der Apokalyptiker ist in mehreren Schriften bezeugt. Zur Zeit Jesu ist sie äußerst lebendig. (Vgl. dazu z. B. Mt 25,31–46; weiters Offb passim, insbes. Offb 18–21).

Mit Ausnahme der Pharisäer werden alle genannten Gruppen durch den Jüdischen Krieg zerstreut und aufgelöst. Durch ihre starke Konzentration auf die Tora gelingt es den Pharisäern, unabhängig von der Bindung an einen bestimmten Ort, auch nach dem Jahre 70 n. Chr. den Fortbestand des Judentums zu sichern.

➔ AUFGABEN:

■ Nehmen Sie eine Landkarte von Palästina zur Zeit Jesu zur Hand (Sie finden sie in jeder Ausgabe des Neuen Testaments). Sehen Sie sich die Aufteilung dieses Gebietes in verschiedene Herrschaftsbereiche zur Zeit Jesu an.

■ Schlagen Sie in den einzelnen Evangelien die Passionserzählungen auf (Mt 26–27; Mk 14–15; Lk 22–23; Joh 18–19). Welche Gruppierungen werden als Gegner Jesu genannt? Notieren Sie Ihre diesbezüglichen Beobachtungen. Was fällt Ihnen dabei auf?

■ Lesen Sie das Lukasevangelium im Überlick (kursorisch): Welchen sozialen Schichten gehören die Menschen an, mit denen Jesus zusammentrifft, spricht, oder die er heilt? Fassen Sie Ihre Beobachtungen zusammen.

2. Das Wirken Jesu als Verkündigung der Gottesherrschaft

Schon ein erster Überblick über die Verkündigung der synoptischen Evangelien (also der Schriften des Mt, Mk und Lk, vgl. dazu unten → VI.1.) zeigt uns, daß sehr häufig der Begriff »Gottesherrschaft« (oder »Reich Gottes«/»Himmelreich«) vorkommt. So kann vermutet werden, daß dieser Begriff (und die damit verbundene Wirklichkeit) für die Verkündigung Jesu von besonderer Bedeutung ist. Wenn wir uns also in diesem Kapitel – nach der Klärung historischer Vorfragen – mit dem Wirken Jesu beschäftigen wollen, müssen wir bei der Frage nach der Bedeutung von »Gottesherrschaft« in der Verkündigung Jesu ansetzen.

Die entsprechende griechische Wortverbindung *basileia tou theou* wird sehr verschieden übersetzt (siehe oben). In diesem einen Fall sollte – um der Klarheit und der Eindeutigkeit der Aussage willen – wenn möglich der griechische Begriff beibehalten werden.

Herleitung des basileia-Begriffs

Das basileia-Verständnis Jesu geht auf die jüdisch-alttestamentliche Deutung dieses Begriffs zurück. Basileia ist das griechische Äquivalent zum hebräischen *malkut*; dies bedeutet Königtum, Königswürde, Königsherrschaft. Damit wird die erstmals von Saul in dieser Form ausgeübte politische Herrschaft über Israel umschrieben. Der Wunsch des Volkes nach einem König stößt beim Richter Samuel aufgrund der Anweisung Jahwes auf Widerstand, denn damit bleibt nicht mehr klar erkenntlich, wer in Israel die Königswürde innehat:

»⁶Samuel mißfiel es, daß sie sagten: Gib uns einen König, der uns regieren soll. Samuel betete deshalb zum Herrn, ⁷und der Herr sagte zu Samuel:
Hör auf die Stimme des Volkes in allem, was sie dir sagen. Denn nicht dich haben sie verworfen, sondern mich haben sie verworfen.

Ich soll nicht mehr ihr König sein. ⁸Das entspricht ganz ihren Taten, die sie (immer wieder) getan haben, seitdem ich sie aus Ägypten herausgeführt habe, bis zum heutigen Tag; sie haben mich verlassen und anderen Göttern gedient. So machen sie es nun auch mit dir.«
(1 Sam 8,6–8)

Dieser Text zeigt, daß die Königswürde im vollen Sinn des Wortes einzig und allein Jahwe zusteht: Im Unterschied zu allen umliegenden Völkern und Stämmen hat Israel nicht (irgend)einen Menschen zum König, sondern seinen Gott. Diese Königswürde Gottes ist ein entscheidender Leitgedanke der theologischen Reflexion in der alttestamentlichen Epoche. Vor allem in den sogenannten Königspsalmen wird Gott wegen dieser seiner Würde gepriesen (vgl. Ps 47; 93–100). Der irdische König hat die Aufgabe der Stellvertretung, er ist gleichsam ein Vasall Gottes.

Nach dem Zerfall der politischen Königsherrschaft über Israel (722 v. Chr.) und Juda (586 v. Chr.) gerät das Denken über die Königsherrschaft Jahwes in eine Krise. Den Propheten dieser Epochen gelingt es, auf der Grundlage des Bundesgedankens, der Schöpfungstheologie sowie durch die Rückbesinnung auf entsprechende ältere Texte (vgl. bes. 2 Sam 7,12–16) eine Neuorientierung an der Königsherrschaft Jahwes herbeizuführen: Jahwe wird seine Herrschaft wieder aufrichten, sie wird ewig Bestand haben:

»¹²Wenn deine Tage erfüllt sind und du dich zu deinen Vätern legst, werde ich deinen leiblichen Sohn als deinen Nachfolger einsetzen und seinem Königtum Bestand verleihen. ¹³Er wird für meinen Namen ein Haus bauen, und ich werde seinem Königsthron ewigen Bestand verleihen.
¹⁴Ich will für ihn Vater sein,
und er wird für mich Sohn sein.
Wenn er sich verfehlt, werde ich ihn nach Menschenart mit Ruten und mit Schlägen züchtigen. ¹⁵Meine Huld aber soll nicht von ihm weichen, wie sie von Saul gewichen ist, den ich vor deinen Augen verstoßen habe. ¹⁶Dein Haus und dein Königtum sollen durch mich auf ewig bestehen bleiben, dein Thron soll auf ewig Bestand haben.« (2 Sam 7,12–16)

Die Wirkgeschichte dieser Neuorientierung läßt sich bis in die Zeit Jesu aufzeigen (Vgl. z. B. 1 Chr 17,11–14; in einem Fragment aus der 4. Höhle von Qumran heißt es: »...Ich werde ihm Vater sein, und er wird mir Sohn sein. Das ist der Sproß Davids, der mit dem Erforscher des Gesetzes auftreten wird...": 4Q flor I 11). Vor diesem Hintergrund kann die Bedeutung des Titels »Sohn Davids« für Jesus ermessen werden (vgl. z. B. Mt 1,16–17; Lk 2,4; Mk 10,47.48 par; Röm 1,3 und öfters).

Mit der Hoffnung auf die Neuerrichtung der Königsherrschaft Gottes wurden zweifellos auch zur Zeit Jesu verschiedene Erwartungen verbunden; dies ist angesichts der schwierigen politischen Situation nicht verwunderlich. Entscheidend ist dabei der Grundgedanke, daß Jahwe in endgültiger Weise neuerlich an seinem Volk rettend handeln wird. Dieser Erwartung liegt ein sehr dynamisches Verständnis von Gottes Eigenart zugrunde: Gott wirkt immer wieder neu, er ist – auch als König – ein stets Handelnder. Diese innere Dynamik ist (aufgrund der bisherigen Gotteserfahrung und -reflexion) durch positive Werte bestimmt.

Diesem Gesichtspunkt der Dynamik oder Lebendigkeit Gottes muß Rechnung getragen werden: Wenn daher eine Übersetzung von *basileia* nicht zu vermeiden ist, sollte von der (Königs-)Herrschaft Gottes (und weniger vom »Reich« Gottes) gesprochen werden. Denn so kommt ein wichtiges Moment der Begriffsbedeutung zum Ausdruck: Gott wird gekennzeichnet in seinem immer neuen, stets machtvollen Handeln, in dem er sich als der Herr (und König) erweist.

In den neutestamentlichen Schriften findet sich keine Definition von basileia. Allerdings zeigen verschiedene Textabschnitte, was darunter verstanden werden kann: Im Sinne einer negativen Abgrenzung können wir jene Texte verstehen, in denen eine klare Mißdeutung von basileia vorliegt (vgl. z. B. Mk 10,35–40, bes. V. 37; Apg 1,6): Basileia hat nichts mit äußerer Machtfülle und ebensowenig mit politischen Ansprüchen zu tun.

Viele Texte sprechen vom Anbruch der basileia mit dem Kommen Jesu (vgl. Mk 1,15; Lk 17,21); dem stehen jene Aussagen gegenüber, die stärker in eine absolute Zukunft blicken (vgl. Mk 14,25; Joh 18,36, auch Mt 6,10). Paulus umschreibt die Wirklichkeit der basileia mit den Begriffen »Gerechtigkeit, Friede und Freude im Heiligen Geist« (Röm 14,17) und entfaltet dies an anderer Stelle durch die Benennung mehrerer Tugenden (so Gal 5,22–23; vgl. dazu nachpaulinisch Kol 3,12–17).

> In ähnlicher Weise wird basileia in der Präfation zum Hochfest Christkönig dargestellt:
> »Wenn einst die ganze Schöpfung seiner Herrschaft unterworfen ist, wird er (Jesus Christus) dir, seinem Vater, das ewige, allumfassende Reich übergeben:
> das Reich der Wahrheit und des Lebens,
> das Reich der Heiligkeit und der Gnade,
> das Reich der Gerechtigkeit, der Liebe und des Friedens.«

Ein erster Überblick zeigt also: Basileia ist im neutestamentlichen Verständnis von positiven Werten bestimmt. Im Sprechen von basileia halten die neutestamentlichen Verfasserinnen und Verfasser die Spannung zwischen dem anfanghaften Sich-Ereignen und der noch erwarteten Vollendung dieser Wirklichkeit aufrecht. Dies ist von besonderer Bedeutung. Die Spannung des Schon und des Noch Nicht (also: des schon Angebrochen-Seins, aber der noch nicht erfolgten Vollendung) kennzeichnet das gesamte Wirken Jesu. Seine Verkündigung der basileia erweist sich so als eine dynamisch fortschreitende Botschaft. An einzelnen Textbeispielen kann ihre besondere Eigenart dargelegt werden.

Entfaltung der basileia

Mk 1,14–15

Nach dem Verständnis des Mk-Ev eröffnet Jesus sein öffentliches Wirken mit einem programmatischen Spruch, der einer Zusammenfassung seiner Botschaft entspricht:

»¹⁴Nach dem Ausgeliefert-Werden des Johannes aber kam Jesus nach Galiläa,
verkündigend das Evangelium Gottes
¹⁵und sagend:
Erfüllt ist die Zeit,
und nahegekommen ist die basileia Gottes.
Kehrt um,
und glaubt an das Evangelium.«

Für das Verständnis ist zunächst die Wertung sowie der Aufbau des Spruches zu beachten: Das Wort Jesu wird als »Evangelium Gottes« bezeichnet. Damit wird angedeutet: Es handelt sich nicht um eine beliebige, sondern um eine äußerst bedeutungsvolle Aussage Jesu, um ein eu-angelion, also um eine gute, frohe/freudige Botschaft. Schon eingangs seiner Schrift hat der Verfasser seine Verkündigung als das »Evangelium von Jesus Christus, dem Sohn Gottes« (Mk 1,1) umschrieben. Damit sind Absicht und Bedeutung der Niederschrift umrissen. Dieses Evangelium von Jesus Christus wird nun Mk 1,14 als eine Botschaft bezeichnet, die auf Gott zurückzuführen ist – eben als ein Evangelium Gottes. Das heißt: Mit dieser Botschaft hat Gott selbst etwas zu tun, hier ist er entscheidend beteiligt, in diesem von Jesus verkündigten Evangelium wirkt Gott selbst. Unter diesem Gesichtspunkt ist sodann die Aussage von Mk 1,15 zu lesen.

Das Wort Jesu hat eine klare Struktur: Zunächst werden zwei Feststellungen (in indikativischer Form) ausgesprochen und aneinandergereiht. Daran schließen sich als Konsequenz zwei Imperative. Die konstatierenden Aussagen Jesu leiten also zu konkreten Forderungen an die Hörerinnen und Hörer bzw. an die Leserinnen und Leser über.

Die erste Aussage spricht davon, daß eine »Zeit«, eine gewisse Epoche also, zur Fülle gekommen ist. In der Person und im Wirken Jesu erfüllt sich die Bundestreue Gottes, die in den Schriften des Alten Testaments in vielfältiger Weise bezeugt wird. Gott erweist sich in Jesus tatsächlich als ein »Gott mit uns« (Mt 1,23), als ein väterlicher Gott, der auch als Vater anzusprechen ist (vgl. Mt 6,9, bes. Röm 8,15 und Gal 4,6). In der Botschaft der Propheten wurde Gott als ein Gott verkündet, der für uns Menschen und mit uns Menschen da sein will. In diesem Sinne ist auch der Jahwe-Name zu deuten (vgl. Ex 3,14). Dieses Mit-Sein Gottes wird vielfach und immer wieder dem Menschen zugesagt (vgl. Hebr 1,1–2). Diese Epoche des Mit-Seins Gottes in seinem Wort ist nun vollendet, sie ist zu einer Fülle gelangt: Etwas Neues bricht an. In der Person Jesu ereignet sich eine neue Phase des Mit-Seins Gottes: Gott sagt nicht sein Wort zu, sondern er personifiziert diese zusagende Botschaft. Jesus bezeugt nicht nur Gottes Nähe und Zuwendung, sondern er setzt sie selbst in seiner Person gegenwärtig. In seinem Wirken ist dieses Mit-Sein Gottes lebendig, wird es personifiziert. So erweist es sich als endgültig, als unüberbietbar konkret und wirkmächtig. Deshalb ist auch von der Nähe der basileia die Rede. In Jesu Wirken wird Gottes Heilswille neue, erfahrbare Wirklichkeit.

Aufgrund dieser Aussagen Jesu ergibt sich als erste Konsequenz der Ruf zur Umkehr. Damit greift Jesus den Verkündigungsinhalt Johannes' des Täufers auf (vgl. Mk 1,4 par). Mit *Um*kehr ist in erster Linie eine *Ab*kehr vom Bösen gemeint, zugleich aber wird damit eine *Um*-Wendung, eine *Zu*-Wendung der eigenen Person auf Gott hin gefordert. *Um*-kehr geschieht also in *Ab*-kehr und *Zu*-kehr. Sie besteht in einer grundsätzlichen Ausrichtung und Bestimmung der eigenen Existenz, nicht mehr das zu denken und zu tun, »was Menschen wollen«, sondern das, »was Gott will« (Mk 8,33b).

Diese Grundhaltung ist Voraussetzung für Glauben. Im vorliegenden Text ist damit die vertrauensvolle Annahme der Botschaft gemeint. Es geht um das Ernstnehmen eben dieser Personifizierung der Liebe Gottes in Jesus von Nazaret. Diese Grundhaltung ist –

wie sich noch zeigen wird – eine unabding-
bare Voraussetzung, die der Mensch gegenüber dem Wirken Jesu aufbringen muß (vgl.
dazu z. B. Mk 6,5–6a).

In Mk 1,14–15 ist in zusammengefaßter
Form das Programm des Wirkens Jesu enthalten. Zugleich zeigt dieser Spruch den
Blickwinkel, unter dem der Verfasser des
MkEv die Verkündigung Jesu darstellen
wird. Im MtEv und im LkEv finden wir – mit
gewissen Änderungen – den gleichen Entwurf (vgl. Mt 4,12–17; Lk 4,14–15.16-30).
Lediglich der Verfasser des JohEv kleidet die
Botschaft Jesu in eine andere Begrifflich-
keit. Eine Gegenüberstellung ermöglicht
eine weitere Deutung von basileia:

Mk 1,15	Joh 3,16–17
»Erfüllt ist die Zeit, und nahegekommen ist die basileia Gottes. Kehrt um, und glaubt an das Evangelium.«	»¹⁶So hat Gott die Welt geliebt, daß er seinen einzigen Sohn gab, damit jeder, der an ihn glaubt, nicht verlorengeht, sondern ewiges Leben habe. ¹⁷Denn nicht hat Gott den Sohn in die Welt gesandt, daß er die Welt richte, sondern daß die Welt gerettet werde durch ihn.«

Basileia ereignet sich also dort, wo Gott mit
seiner Liebe zum Menschen ernst macht. In
einzigartiger Weise (gleichsam in einer
Hochform) ist dies in der Person Jesu der
Fall; hier verschmelzen Inhalt und Träger
der Botschaft, Gottes Liebe wird personifiziert. Jesus ist selbst das Evangelium, das er
verkündet.

Mk 1,35–38.39

Im Anschluß an die Darstellung des Wirkens
Jesu an einem Tag in Kafarnaum überliefert
der Verfasser des MkEv die folgende
Abschlußnotiz:

»³⁵Und früh morgens, (noch) ganz nachts sich erhebend, ging er hinaus und ging er weg an einsamen Ort;
und dort betete er. ³⁶Und es suchten ihn Simon und die
mit ihm. ³⁷Und sie fanden ihn, und sie sagen ihm: Alle suchen dich. ³⁸Und er sagt ihnen: Ziehen wir anderswohin
in die umliegenden Dörfer, damit ich auch dort verkündige. Denn dazu bin ich ausgegangen.
³⁹Und er ging, verkündigend in ihren Synagogen in ganz
Galiläa und die Dämonen austreibend.«

Bedeutsam ist der Hinweis auf das Beten
Jesu, das in seinen äußeren Umständen sehr
nachhaltig ausgedrückt ist (Mk 1,35). Die
Episode des Suchens und Findens (Mk 1,36–
37) ergibt sich aus dem Textzusammenhang
(vgl. Mk 1,32–34: Viele Menschen werden
geheilt). Zugleich ermöglicht diese Erzählabfolge ein grundsätzliches Wort Jesu, in dem
er seine Sendung deutet. Mk 1,39 erzählt
zusammenfassend die Durchführung von
Jesu Sendungsauftrag in umfassender
Weise (»...in ganz Galiläa...«). Aus Mk 1,38
ist zu erkennen: Jesus versteht seine Sendung als einen Auftrag zur Verkündigung,
also zur bezeugenden Weitergabe seiner Botschaft. Im Rückblick auf Mk 1,14 (»...verkün-
digend das Evangelium Gottes...«) und
sodann Mk 1,15 ist im Umriß erneut der
Inhalt dieser Verkündigungstätigkeit erkennbar: Es ist die Botschaft von der basileia. Was dies genau inhaltlich bedeutet,
erfahren wir (noch) nicht; allerdings verweist Mk 1,39 auf die Eigenheit dieser Verkündigung, wenn in diesem Zusammenhang
von Verkündigen und von Dämonenaustrei-
ben die Rede ist. Für die Bedeutung des Wortes Jesu (Mk 1,38) ist nochmals der Textzusammenhang zu beachten. Dieses Wort wird
gesprochen, nachdem sich Jesus zum Gebet
zurückgezogen hatte. Aus der Verbundenheit mit dem Vater also formuliert und deutet Jesus seinen Auftrag.

Lk 6,17–19

Nach der Auswahl der zwölf Jünger (Lk
6,12–16) erzählt der Verfasser – überlei-
tend zur Rede am Fuße des Berges (Lk 6,20–
49) – von dem Ortswechsel, den Jesus vor-
nimmt. Diese Notiz eines bloßen Bewegungs-
vorgangs gibt uns einen wichtigen Schlüs-

sel, um die Art und Weise der Verkündigung Jesu zu verstehen:

»[17]Und herabsteigend mit ihnen, blieb er stehen auf ebenem Ort, und eine große Schar seiner Jünger, und eine große Menge des Volkes von ganz Judäa und Jerusalem und dem Küstengebiet von Tyros und Sidon. [18]Sie kamen, um ihn zu hören und um geheilt zu werden von ihren Krankheiten. Und die von unreinen Geistern Geplagten wurden geheilt. [19]Und das ganze Volk suchte ihn zu berühren, denn eine Kraft ging von ihm aus und heilte alle.«

Lk 6,17–18 skizziert der Verfasser die einzelnen Gruppen um Jesus: Jesus selbst, die Zwölf, viele Jünger, die Volksmenge. Der weite Rahmen wird durch weiträumige geographische Angaben (Judäa, Jerusalem, das Gebiet von Tyros und Sidon) noch verstärkt. Die Kranken und die Besessenen werden durch Jesu »Kraft« geheilt (Lk 6,18b.19).

Lk 6,18 wird in Verbindung mit dem Hinweis auf das Kommen all dieser Menschen auch in zweifacher Weise ihr Grundmotiv ausgedrückt: um Jesus zu hören und um geheilt zu werden. In dieser zweifachen Erwartungshaltung der Menschen wird zugleich Jesu Tun charakterisiert. Seine Verkündigung besteht in der Gabe des Wortes sowie in der Gabe des von ihm gewirkten Heils (also: der von ihm ausgehenden Kraft des Heilens, vgl. Lk 6,19). In dieser zweifachen Weise der Verkündigung Jesu ereignet sich basileia: Sie geschieht in seinem Wort, da es sich als ein wirkmächtiges Wort erweist; sie bricht an in seinem heilenden Tun (vgl. dazu Lk 24,19; Apg 10,38).

Für das Verständnis der Evangelien ist es wichtig, diese Zusammengehörigkeit zu sehen: Wort und Tat Jesu bilden eine Einheit in der Verkündigung der basileia, sie ergänzen einander und sind daher nicht voneinander zu trennen. Für die Darlegung der Botschaft Jesu in menschlicher Sprache ist freilich jenes Nacheinander der Darstellung notwendig, wie wir es in den Evangelien finden. Dabei ist aber die Einheit von Wort und Tat im Wirken Jesu und im Blick auf die basileia

nicht zu übersehen! Fallweise stellen die Evangelisten diese zwei Aspekte des einen Wirkens Jesu blockweise dar. Vgl. z. B. Mt 5 – 7 (Bergpredigt); Mt 8 – 9,34 (Zusammenstellung von zehn Wundererzählungen).

Diese Zusammengehörigkeit und diese zugleich in der Darstellung notwendige Entflechtung von Wort und Tun Jesu liegt auch der Weiterführung in den nächsten Abschnitten zugrunde. Zuerst wird über die Wortverkündigung Jesu (3. Abschnitt), sodann wird über seine Verkündigung im Tun (4. Abschnitt) nachgedacht. Wir bleiben uns dabei bewußt, daß beide Bereiche Teil der einen basileia-Verkündigung sind.

≫ AUFGABE:

Lesen Sie Mk 1,16–34 unter dem soeben skizzierten Blickwinkel. Was sagen Ihnen die einzelnen Erzählungen hinsichtlich der in Mk 1,14–15 zusammengefaßten Botschaft Jesu von der basileia?

3. Die Wortverkündigung Jesu und ihre Überlieferungsformen

In der Darlegung der Wortverkündigung Jesu ist stets deren Rückbezug zur basileia-Botschaft zu beachten. Schon ein Überblick über die Evangelien zeigt uns, daß die Überlieferung der Worte Jesu nicht in einer dem Umfang oder auch der Gestalt nach einheitlichen Weise geschieht. Aus diesem Grund müssen die Verschiedenheiten der überlieferten Jesusworte auch hinsichtlich ihres Inhalts sowie hinsichtlich der Überlieferungsform genauer beachtet und bedacht werden.

Zur (historischen) Einordnung der Worte Jesu

Neben der Beachtung der literarischen Eigenart der neutestamentlichen Schriften – hier insbesondere der Evangelien – als Verkündigungsschriften verbieten sowohl inhaltliche als auch formale Gegebenheiten eine vorschnelle, unkritische Einordnung aller überlieferten Jesusworte als historische, also zitathafte Wiedergabe aus dem Munde Jesu.

Ein Vergleich der überlieferten Jesusworte zeigt gewichtige theologische Unterschiede, die nur schwer mit der Annahme der Identität ein- und desselben Sprechenden in Einklang zu bringen sind. Neben solchen inhaltlichen Unterschieden zeigt sich überdies, daß den Jesusworten verschiedene formal-sprachliche Ausdrucksmuster zugrundeliegen, die einmal einen aramäischen Sprachhintergrund vermuten lassen, ein anderes Mal von griechischer Syntax geprägt sind.

▶▶ AUFGABE:

Schlagen Sie, bevor Sie weiterlesen, folgende Texte im Neuen Testament nach und vergleichen Sie die Aussagen miteinander:
Mt 10,5–8; Mt 28,18–20
Mk 13,30–32; Mt 24,34–36; Lk 21,32–33
Mk 10,11–12; Mt 19,9
Mk 14,22; Joh 6,55–57
Formulieren Sie die Unterschiede, die Sie hier jeweils feststellen können.

Die Überprüfung der sprachlichen Unterschiede bedingt eine genaue Analyse der entsprechenden Texte. Es fällt aber auf, daß nach der Darstellung der Evangelien zwischen der Sprechweise Jesu nach Mt, Mk und Lk und jener nach Joh ein beträchtlicher Unterschied besteht.

▶▶ AUFGABE:

Vergleichen Sie unter diesem Gesichtspunkt der Sprachform Lk 17,20–21 mit Joh 3,14–21. Benennen Sie die Unterschiede in der Ausdrucksweise.

Aufgrund der Textanalyse müssen wir annehmen, daß die Evangelisten die Worte Jesu nicht immer im ursprünglichen Wortlaut, also als »Zitate« überliefert haben. Die Evangelisten haben die ihnen bekannten Jesusworte teilweise neu oder erweitert formuliert, bzw. sie haben auf der Grundlage der ursprünglichen Worte Jesu und deren Aussageabsicht im Blick auf ihre Gemeinden neue Jesusworte hinzugefügt. Für diese Vorgangsweise müssen zwei Gesichtspunkte als entscheidend angesehen werden:

▶ Die Evangelisten verkündeten in ihren Schriften über das irdische Wirken jenes Jesus von Nazaret, den sie – nach Ostern – bereits als den erhöhten und auferstandenen Herrn bekannten und glaubten. Auch wenn sie über Jesu vorösterliches Wirken schrieben, so konnten sie diese entscheidende österliche »Optik« nicht beiseitelassen: Wer hier sprach, war immer schon der österliche Herr. Das Osterereignis hat demnach das Denken und Schreiben der Evangelisten entscheidend beeinflußt. Sie verfassen ihre Schriften »unter dem Lichte der Auferstehung« (*sub luce resurrectionis*).

▶ Kraft der Zusage des auferstandenen Herrn ist die Kirche und sind die Evangelisten in ihrem Bemühen um die Formulierung der Botschaft Jesu nicht allein. Ihnen ist der Beistand des Geistes verheißen (vgl. Lk 24,49; Apg 1,8a; Joh 16,13) und – so wird mehrfach in den Schriften bezeugt – auch gegeben (vgl. Apg 2; Joh 20,22). Die Verkündigung und sodann die Niederschrift der Botschaft im Blick auf die Gemeinden (und die vielfach neu nach Ostern gegebenen Voraussetzungen) geschieht also in der Kraft des Geistes, der die Verfasser zu einem »volleren Verständnis« (*pleniora intelligentia*) des Christus-ereignisses führt.

Vgl. dazu aus der Konstitution über die göttliche Offenbarung des II. Vatikanischen Konzils:
»Die Apostel haben nach der Auffahrt des Herrn das, was er selbst gesagt und getan hatte, ihren Hörern mit jenem volleren Verständnis überliefert, das ihnen aus der Erfahrung der Verherrlichung Christi und aus dem Licht des Geistes der Wahrheit zufloß.«
(*Dei Verbum V Art. 19*).

Bei einer historisch-orientierten Analyse der Jesusworte in den Evangelien können also zwei Gruppen unterschieden werden:

▶ In der *ipsissima vox* (ureigenes Wort) Jesu finden wir eine Aussage Jesu, die – abgesehen von der Übertragung in eine andere Sprache – in der ursprünglichen, von Jesus verwendeten Sprachgestalt erhalten geblieben ist.

▶ Im *Herrenwort* begegnet uns eine Formulierung, die der Evangelist unter Einfluß des Ostergeschehens in der Kraft des Geistes im Blick auf die neue nachösterliche Verkündigungssituation im Sinne Jesu zusammenstellt. Dieses Wort wurde in der vorliegenden Form nicht selbst von Jesus gesprochen, entspricht jedoch seiner Grundabsicht und dem Grundtenor seiner Verkündigung.

Die Einordnung dieser Unterscheidung, die sich in der Exegese als richtiger Zugang zur Frage nach den Jesusworten durchgesetzt hat, sowie vor allem die theologische Bewertung sollten verschiedene Gesichtspunkte nicht außer acht lassen:

Die Evangelien sind keine Zitatensammlung von Jesusworten, sondern Verkündigung über Jesus von Nazaret. Diesen Texten liegt eine andere Geschichtsauffassung zugrunde als jene, der wir uns heute verpflichtet fühlen. Dies gilt auch hinsichtlich des Verständnisses der wortgetreuen Wiedergabe einer Aussage, also eines Zitats. Vergleiche mit der antiken Literatur zeigen, daß in dieser Hinsicht ein sehr ungenauer Umgang mit dem überlieferten Wort geschehen konnte, ohne deshalb von einer »Fälschung« zu sprechen.

Die Apostel und die frühe Kirche gingen mit der Botschaft Jesu keineswegs leichtfertig um (vgl. z. B. Gal 2,2). Die biblischen Schriften zeigen jedoch, daß sich die Verfasserinnen, bzw. die Verfasser zu diesem Vorgehen der Ergänzung der Botschaft Jesu zweifellos legitimiert fühlten.

Eine Überbewertung der Unterscheidung entspricht nicht dem katholischen Verständnis der Heiligen Schrift. Denn das entscheidende Kriterium ist nicht die Historizität eines Jesuswortes, sondern das Verständnis der Gesamtheit der Schrift als Gottes Wort in Menschenwort (vgl. dazu oben → II.2.).

Für den gesamten Zusammenhang bleibt zu berücksichtigen, daß das gesprochene Wort Jesu schon durch die Niederschrift seine ursprüngliche Situierung (als ein wesentliches Merkmal) verliert. Die Übertragung in andere Sprachen, überdies noch in andere Sprachfamilien zu verschiedenen Epochen führt zu einer weiteren Relativierung der Ausdrucksintensität. Es wäre also einseitig, wollte man das historische Kriterium überbewerten und die anderen Schwierigkeiten hinsichtlich der Rückfrage nach dem Wort Jesu übersehen.

Dies bedeutet: Die Unterscheidung von ureigenem Wort Jesu und Herrenwort ist für die Interpretation von entsprechenden Texten zu beachten, um Mißverständnisse und einseitige, falsche Erklärungen zu vermeiden. Sie darf jedoch für das Gesamtverständnis der Jesusworte, vor allem für deren Gewichtung, nicht überbetont werden.

Nur in allgemeiner Weise kann die exegetische Wissenschaft für die entsprechenden Unterscheidungen Leitlinien aufstellen. Diese müssen sodann von Fall zu Fall anhand des Einzeltextes kritisch angewendet und überprüft werden:

▶ Ipsissima vox ist dort erkennbar, wo im Vergleich zur zeitgenössischen Sprech- und Denkweise Unterschiede feststellbar sind. Sie zeigt sich weiters in aramäischen Sprachresten, die (in unserem Sinn) zitatmäßig in den Text eingestreut wurden (vgl. Mk 5,41; 7,34; 14,36). Schließlich kann ein ureigenes Wort Jesu dann angenommen werden, wenn sich die Aussage inhaltlich grundlegend von der praktischen oder theologischen Situation nach Ostern unterscheidet (vgl. Mt 10,5).

▶ Herrenworte sind durch (inhaltliche) Elemente gekennzeichnet, für die zur Zeit und in der Umwelt Jesu die Voraussetzungen fehlten (vgl. Mk 10,12). Das Herrenwort läßt den Einfluß späterer Ereignisse oder schon gegebener urkirchlicher Praxis erkennen (vgl. Mt 28,18–20; Lk 21,20–24). Es ist geprägt von fortgeschrittener theologischer Reflexion (vgl. Joh 6,22–59; Joh 17).

➤ AUFGABE:

Bedenken Sie nochmals die oben als Beispiele für die Problemstellung angeführten Bibeltexte. Versuchen Sie unter Anwendung der genannten Kriterien eine Einordnung der Aussagen Jesu.

Die vorgestellte Unterscheidung der Jesusworte kann am Beispiel der Worte über die Scheidung dargestellt werden: In den ersten drei Evangelien ist an mehreren Stellen ein Wort Jesu zur Scheidung überliefert. Dabei zeigt sich, daß die entsprechenden Aussagen nicht gänzlich übereinstimmen. Sie können teilweise nur als einander ergän-

zend bzw. weiterführend verstanden werden. Ein Überblick über die Texte bietet die Voraussetzung für die anschließende Erläuterung (siehe unten).

➤ AUFGABE:

Unterstreichen Sie mit einer ersten Farbe die Gemeinsamkeiten zwischen Mt 5 und Lk 16. Unterstreichen Sie mit einer zweiten Farbe die Übereinstimmungen zwischen Mt 19 und Mk 10. Unterstreichen Sie schließlich mit einer dritten Farbe auch die Gemeinsamkeiten zwischen Mt 5 und Mt 19.
Überlegen Sie, welche inhaltliche Bedeutung die verschiedenen Unterschiede in der Formulierung mit sich bringen.

Erste Beobachtungen zu den Texten können auf ihre Besonderheiten verweisen:
Mt 5 wird Ehescheidung zu Ehebruch in Beziehung gesetzt. Die Argumentation zeigt, daß Scheidung als eine Form von Ehe-

---

Mt 5,27–32
27Ihr habt gehört, daß gesagt wurde: Du sollst nicht ehebrechen.
28Ich aber sage euch: Jeder, der anblickt eine Frau, um sie zu begehren,
hat schon ehegebrochen [mit] ihr in seinem Herz.
29Wenn das rechte Auge dich verführt, reiß es aus und wirf [es] von dir; denn es bekommt dir,
daß eines deiner Glieder vernichtet wird und nicht dein ganzer Leib in die Hölle weggeht.
30Und wenn deine rechte Hand dich verführt, haue sie ab und wirf [sie] von dir; denn es bekommt dir,
daß eines deiner Glieder vernichtet wird und nicht dein ganzer Leib in die Hölle weggeht.
31Es wurde aber gesagt: Wer entläßt seine Frau, der gebe ihr den Scheidebrief.

32Ich aber sage euch:
Jeder, der entläßt seine Frau,
abgesehen aufgrund von Unzucht,
macht, daß sie ehebricht,
und wer immer eine Entlassene heiratet,
bricht Ehe.

Lk 16,18
18Jeder, der entläßt seine Frau
und heiratet eine andere,
bricht Ehe,
und der eine vom Mann Entlassene heiratet,
bricht Ehe.

Mt 19,9
9Ich sage euch aber:
Wer immer seine Frau entläßt,
außer bei Unzucht,
und eine andere heiratet,
bricht Ehe.

Mk 10,11–12
11Und er sagt ihnen:
Wer immer seine Frau entläßt
und eine andere heiratet,
bricht Ehe gegenüber ihr.

12Und wenn sie selbst ihren Mann entläßt
und heiratet einen anderen,
bricht sie Ehe.

bruch verstanden wird und daher als verboten gilt. Mt 5,32 ist jedoch eine Ausnahme formuliert.

Lk 16 sowie Mk 10 und Mt 19 ist das entsprechende Verbot in ähnlicher Weise formuliert. Wir beobachten jedoch, daß Mt 19,9 erneut eine ähnlich lautende Ausnahme vermerkt ist. Weiters fällt auf, daß Mk 10,12 das Verbot auch hinsichtlich einer entsprechenden Initiative der Frau ausgesprochen wird.

Hinsichtlich einer entsprechenden (historischen) Einordnung der hier überlieferten Jesusworte ergibt sich folgender Befund: Hinter der Aussage von Mk 10,11; Mt 19,9 sowie Mt 5,32; Lk 16,18 verbirgt sich die ipsissima vox Jesu. Denn die Aussage unterscheidet sich deutlich von der Denkweise der Umgebung Jesu. Da sie überdies einen sehr bedeutsamen Bereich betrifft, ist es unwahrscheinlich, daß sich erst die frühe Kirche diesbezüglich von ihrer Umgebung abheben wollte. Die Fassung Mk 10,11 und Lk 16,18 läßt auch erkennen, daß die in den Mt-Texten zusätzlich formulierten Ausnahmen nicht in dieser ursprünglichen Weisung enthalten waren; dies wäre eine markante Abweichung gegenüber der sonstigen Spruchpraxis Jesu, die keine Einschränkungen kannte. Ein genauer Wortlaut ist also kaum mehr rekonstruierbar; eindeutig läßt sich jedoch die Intention Jesu erschließen.

Der Verfasser des MtEv hat die Weisung Jesu mit einer weiterführenden, offensichtlich auf die Gegebenheiten (und Nöte) seiner Gemeinde zielenden Ergänzung versehen, die eine Ausnahme konstituiert. Diese Ausnahme scheint auf den ersten Blick im Widerspruch zur Weisung Jesu zu stehen; wird sie jedoch eingeordnet in die Gesamtbotschaft über das Wirken Jesu – also auch über sein Verhalten gegenüber Menschen, die angesichts des Anspruchs Gottes in Not und Schuld geraten sind – so ist erkennbar, daß Zuwendung und die Möglichkeit eines Neuanfangs, wie er hier angedeutet wird, zweifellos ebenso der Grundabsicht Jesu entsprechen.

Für unseren thematischen Schwerpunkt in diesem Abschnitt ist vor allem von Bedeutung, daß der Evangelist das in diesem Fall formulierte Herrenwort ohne Abhebung an das überlieferte ureigene Wort Jesu anschließt. Dies verweist auf das Selbstverständnis des Verfassers und auf seinen Umgang mit der Botschaft Jesu.

Auch der Verfasser des MkEv schließt an die ursprüngliche Weisung Jesu (Mk 10,11) ein Herrenwort an, das diese Weisung in eine neue Richtung ergänzt, für die im Verkündigungsumfeld Jesu die Notwendigkeit fehlte: Während es im Judentum nicht denkbar war, daß eine Frau hinsichtlich der Scheidung einer Ehe initiativ werden konnte, ist dies im hellenistisch-heidnischen Milieu möglich gewesen. In Treue zur Absicht Jesu (und teilweise sogar im gleichen Wortlaut) formuliert der Evangelist daher die Weisung Jesu auch im Blick auf die Frau. Auch hier erkennen wir, daß ureigenes Wort Jesu und Herrenwort nahtlos als die weisunggebietende Rede Jesu aneinandergefügt sind.

Aus diesen Beobachtungen ergibt sich die Folgerung, daß jede Erläuterung der Worte Jesu über die Ehescheidung den Gesamtbefund der Überlieferung berücksichtigen muß und nicht bei der isolierten Sicht nur eines Wortes bleiben darf.

Die Überlieferungsformen der Jesusworte

Jesus von Nazaret hat nach der Art und Weise der Rabbinen seiner Zeit gepredigt. Er bediente sich also vielfach eines kurzen, sentenzenhaften Redestils, so daß seine Sprüche leicht einprägsam waren und von seinen Zuhörern leicht im Gedächtnis behalten werden konnten. Die Verkündigung Jesu orientierte sich also an sogenannten »mnemotechnischen« Grundsätzen (vgl. dazu auch oben → I.1.). Dazu gehört eine einprägsame, teilweise auch rhythmische Sprache. Neben dieser Art der Verkündigung verwendete Jesus sehr häufig die Gleichniserzählung zur Verdeutlichung seiner Botschaft. Als Anlaß für die Formulierung von Sprüchen (oder Logien) und die Entwicklung von Gleichnissen dienten konkrete Situationen in der Jüngerbelehrung, in der Auseinandersetzung mit den Gegnern, oder die Verkündigung im Synagogengottesdienst.

Die Verfasser der Evangelien haben die ihnen überlieferten Worte Jesu in unterschiedlicher Weise in ihren Evangelienschriften weitergegeben. Die Grundvarianten dieses Prozesses werden im Folgenden vorgestellt.

▶ Ein sehr häufiges und zugleich sehr vielfältig abgewandeltes Vorgehen ist die Einzelüberlieferung eines Spruches: Ein Wort Jesu wird an einer bestimmten Stelle des Evangeliums in einer ganz bestimmten Erzähl- oder Sprechsituation eingebaut. Je nach Inhalt und rahmender Situation können die überlieferten Sprüche eingeteilt und entsprechend bezeichnet werden.

Als Beispiele können genannt werden:	
Nachfolgespruch	z. B. Mk 8,34; Lk 5,10
Weisheitsspruch	z. B. Mt 7,12; Lk 4,23
Streitgespräch	z. B. Mk 12,13–17
Gerichtsspruch	z. B. Mt 5,20; Lk 11,31–32
Leidensankündigung	z. B. Mk 8,31; 9,31; 10,33–34
Jüngerbelehrung	z. B. Mt 9,15

Diese Einzelsprüche können auch zu Spruchfolgen mittelbar oder unmittelbar verbunden werden, z. B.: Mt 9,15.16.17; Lk 9,57–58.59–60.61–62.

▶ Die Sprüche Jesu können zu »Reden« zusammengestellt werden. Dies kann bereits im Laufe der vor-evangelischen Überlieferung geschehen oder erst auf den Evangelisten zurückgehen. In diesen Redekompositionen werden Aussagen zu einem thematischen Bereich zumeist mittels Stichwortverknüpfung zusammengefügt. Wir können davon ausgehen, daß Jesus keine der uns in den Evangelien überlieferten Reden in der vorliegenden Form tatsächlich gehalten hat, sondern daß diese Reden eine spätere literarische Komposition darstellen, in der im Blick auf die (thematisch bezogene) Verkündigung Worte Jesu um einen inhaltlichen Leitfaden gruppiert wurden. Eine genauere Analyse der einzelnen Redeüberlieferungen kann zeigen, daß dieser Befund zutrifft. Denn es fällt auf, daß einzelne, in Redekompositionen enthaltene Sprüche von den Evangelisten an verschiedener Stelle und in unterschiedlichen Sprechsituationen wiedergegeben werden. Die Evangelisten haben also Jesusworte miteinander verbunden, bzw. an entsprechender Stelle in ihr Evangelium eingebaut. (Vgl. dazu im einzelnen auch das Beispiel im nachfolgenden Exkurs. Zur Bewertung dieser Vorgangsweise vgl. unten → V. mit Exkurs).

Als Beispiele für solche Redekompositionen können genannt werden:	
Die Bergpredigt	Mt 5 – 7
Die Jüngerrede	Mt 9,35 – 11,1
Die Gleichnisrede	Mk 4,1–34
Die Gleichnisrede über das Verlorene	Lk 15

Für das Verständnis dieser Texte ist insbesondere zu beachten, daß den einzelnen Sprüchen oft eine unterschiedliche Sprech- und Aussageabsicht zugrundeliegt und daß sie aus verschiedenen Überlieferungsschichten stammen können. Es ist also wichtig, eine Redekomposition nicht einfach als durchgehende »Rede« zu verstehen, sondern auch den in der Textzusammenstellung gegebenen Wechsel von Sprechgattung und Aussageabsicht zu berücksichtigen.

EXKURS: Die Bergpredigt als Redekomposition (Mt 5–7)

An diesem Textbeispiel soll gezeigt werden, welche Merkmale Redekompositionen haben (können) und welche Folgerungen daraus für das Textverständnis zu ziehen sind.

Spruchfolge in der Bergpredigt und Parallelstellen in den anderen Evangelien

Bergpredigt Mt 5–7	Rede am Fuße des Berges Lk 6	andere Parallelen im LkEv	Parallelen im MkEv	Parallelen im MtEv
Mt 5,1–2	Lk 6,17a.20a			
Mt 5,3–12	Lk 6,20b–23			
Mt 5,13–16		Lk 14,34–35 Lk 8,16	Mk 9,49–50 Mk 4,21	
Mt 5,17–20		Lk 16,16–17		
Mt 5,21–48	Lk 6,29–30 Lk 6,27–28.32–36	Lk 12,57–59; 16,18	Mk 9,47–48.43 Mk 10,11	Mt 19,9
Mt 6,1–18		Lk 11,1–4		
Mt 6,19 – 7,11	Lk 6,37–42	Lk 12,33–34; 11,34–36; 16,13; 12,22–32; 11,9–13		
Mt 7,12	Lk 6,31			
Mt 7,13–14		Lk 13,23–24		
Mt 7,15–20.21–23	Lk 6,43–45.56	Lk 13,25–27		Mt 12,33–35
Mt 7,24–27	Lk 6,47–49			
Mt 7,28–29		Lk 4,32	Mk 1,22	

➤➤ AUFGABE:

Lesen Sie Mt 5 – 7 oder orientieren Sie sich zumindest über diesen Bibeltext, bevor Sie hier weiterlesen. Zur Lektüre des folgenden Exkurses halten Sie den Bibeltext bereit.

Für die in der Bergpredigt vorliegende Redekomposition sind vor allem drei Merkmale von besonderer Bedeutung:

▶ Die einzelnen Sprüche und ihre Zusammenstellung weisen besondere Eigenheiten auf: Die Sprüche sind in sich abgeschlossen, d. h., sie könnten auch jeder für sich allein stehen. Dies gilt z. B. für jede einzelne Seligpreisung (Mt 5,3–12) oder für das Bildwort vom Salz (Mt 5,13) und jenes vom Licht (Mt 5,14–16). Der Sprechkontext ist für diese Aussagen nicht unmittelbar gefordert.

Zwischen den Sprüchen stehen keine Bindeglieder (neuerliche Redeeinleitungen; rhetorische Fragen), sondern sie sind auch literarisch nahtlos aneinandergereiht. Die Einzelsprüche werden auch nicht szenarisch eingekleidet; maßgeblich bleibt die einleitend (Mt 5,1–2) skizzierte (fiktive) Sprechsituation.

Die einzelnen Sprüche wurden vielfach einzeln und an verschiedener Stelle überliefert. Ein Überblick über die Spruchfolge in der Bergpredigt sowie über die entsprechenden Parallelstellen in den anderen Evangelien kann dies zeigen: (siehe oben)

Neben den Parallelen in der lukanischen Rede am Fuße des Berges begegnen einzelne Sprüche in teilweise veränderter Formulierung auch an anderen Stellen in den Evangelien. Dies ist ein wichtiger Hinweis für die auswählende und sodann die Rede komponierende Tätigkeit des Evangelisten.

Die Sprüche sind teilweise thematisch und/ oder formal zusammengefaßt und bieten teils eine strikte Systematik in Aufbau und Gedankengang. Als Beispiele dafür können die Seligpreisungen (Mt 5,3–12), die Antithesen (Mt 5,21–47), das Doppelbildwort (Mt 5,13.14–16) oder die Anweisungen für das Wirken im Verborgenen (Mt 6,1–18) gelten.

▶ In der Verbindung der einzelnen Sprüche geschieht zugleich eine Verknüpfung verschiedener literarischer Gattungen. In diesem Zusammenhang ist das Prinzip der Textauslegung zu beachten, daß jeder Text entsprechend seiner ursprünglichen Absicht zu verstehen ist.

Als wichtigste Gattungen können in der Bergpredigt erkannt werden:

Die Heilszusage Mt 5,3–12
Prophetische Gesetzesworte Mt 5,21–47
Gleichnis, bzw. Bildwort Mt 5,13.14–16; 7,24 27
Gerichtsworte (Einlaßsprüche) Mt 5,19; 5,20; 7,21
Sendunsworte Mt 5,17
Beispielhafte Anweisungen Mt 6,1–18
Imperative Mt 6,19.20; 7,1; 7,6; 7,13; 7,15

Es ist einsichtig, daß eine Heilszusage einen anderen Aussagecharakter hat als ein Gerichtswort. Mit der gewählten Ausdrucksform soll auch eine andere Absicht vermittelt werden. Dementsprechend sind diese Eigenheiten der Einzelsprüche bei der Lektüre zu beachten. Eine Redekomposition kann daher nicht »linear« gelesen werden.

▶ Die Redekomposition ist unter maßgeblicher Beachtung eines thematischen Leitfadens zusammengestellt. Um diesen Leitfaden zu erkennen, ist sowohl der Text selbst als vor allem sein Umfeld (der Textzusammenhang) genau zu beachten. Durch die Situierung der Komposition gibt der Verfasser Aufschluß über seine mit dieser Zusammenstellung verbundene Absicht.

Ein Überblick über den weiteren und engeren Kontext der Bergpredigt sowie über die Rahmenverse kann uns den thematischen Leitfaden der Bergpredigt erkennen lassen. Dieser Befund wird durch einen kursorischen Blick durch die Bergpredigt ergänzt und vervollständigt:

Mt 4,12–17: »[12]Da er aber hörte, daß Johannes ausgeliefert worden war, zog er sich zurück nach Galiläa.
...
[17]Von da an begann Jesus zu verkündigen und zu sagen: Nahegekommen ist die basileia der Himmel.«

Mit diesen Versen stehen wir am Beginn der Darstellung des Wirkens Jesu. Dabei ist auffallend, daß Jesus die Tätigkeit des Täufers fortsetzt und dessen Verkündigung vom Anbruch der basileia – hier erstmals im Munde Jesu formuliert – aufgreift (vgl. dazu Mt 3,2).

Mt 4,18–22: »...[20]Diese aber, sogleich verlassend ihre Netze, folgten ihm nach...[22]Diese aber, sogleich verlassend das Boot und ihren Vater, folgten ihm nach.«

Nach dem Wort über die basileia vernehmen wir nichts Inhaltliches über die Gottesherrschaft. Hingegen erzählt der Evangelist eine zweiteilige Berufungserzählung, die von Bereitschaft und Nachfolge bestimmt ist. Durch die Stellung des Abschnittes macht der Verfasser deutlich, daß das Erzählte etwas mit basileia zu tun hat.

Mt 4,23–24: »[23]Und er zog umher in ganz Galiläa, lehrend in ihren Synagogen und verkündigend das Evangelium der basileia und heilend jede Krankheit und jedes Leiden im Volk.
[24]Und wegging sein Ruf nach ganz Syrien. Und sie brachten zu ihm alle, die litten an verschiedenen Krankheiten und die behaftet waren mit Gebrechen und Besessene und Mondsüchtige und Gelähmte, und er heilte sie.«

Summarisch werden die Leserin und der Leser an die Mitte des Wirkens Jesu erinnert: Es geht um die Verkündigung der basileia; dies geschieht durch Lehren und Heilen. Eine inhaltliche Verdeutlichung gibt der Verfasser neuerlich nicht.
Das soeben allgemein formulierte Stichwort »heilen« (Mt 4,23) wird nun sehr umfassend, aber neuerlich summarisch, entfaltet. Verkündigung der basileia bedeutet also (zunächst) die Gegenwärtigsetzung von Gottes Heil in den Kranken.

Mt 4,25: »[25]Und es folgten ihm nach große Volksscharen von Galiläa und der Dekapolis und Jerusalem und Judäa und jenseits des Jordan.«

Im Anschluß an die Heilungen skizziert der Verfasser eine umfassende Kulisse. »Ganz Israel« versammelt sich – wobei ausdrücklich das wichtige Wort »nachfolgen« (vgl. Mt 4,20.22) verwendet wird.

Mt 5,1–2: »[1]Da er aber die Volksscharen sah, stieg er hinauf auf den Berg; und da er sich setzte, traten zu ihm seine Jünger;
[2]und öffnend seinen Mund, lehrte er sie, sagend:«

Zu beachten ist die hier angedeutete Sprechmotivation: Anlaß sind die Volksscharen, die Jesus aufgrund der summarischen Hinweise auf Heilen und Lehren als Verkündigung der basileia nachgefolgt sind. Die feierliche Redeeinleitung kennzeichnet die Bedeutsamkeit der folgenden Worte.

Mt 5,3–10.20: »³Selig die Armen der Geisteshaltung nach: Denn ihnen gehört die basileia der Himmel...
¹⁰Selig die um der Gerechtigkeit willen Verfolgten: Denn ihnen gehört die basileia der Himmel.
²⁰Wenn eure Gerechtigkeit nicht überfließt mehr als die der Schriftgelehrten und der Pharisäer, werdet ihr nicht eingehen in die basileia der Himmel.«
Vgl. 6,33; 7,21

Schon der erste Spruch gibt deutlich das Thema an. Es geht um die Frage nach der basileia. Dabei werden verschiedene Gesichtspunkte angesprochen: Zunächst die Zusage der basileia (5,3–12); sodann die Frage nach der Lebensordnung und -haltung angesichts der Verwirklichung von basileia (5,13–48; 6,1–18); die Priorität der basileia vor allen anderen Werten (6,19–34); der dringende Ernst der basileia (5,20; 7,21). Es zeigt sich also: Unter dem Leitfaden der basileia werden verschiedene Sprüche zusammengestellt. Nachdem die Leserin und der Leser mehrfach allgemein auf diesen Schwerpunkt der Jesusverkündigung hingewiesen wurde, erfährt sie/er jetzt deren inhaltliche Dimension.

Mt 7,28–29: »²⁸Und es geschah: Als Jesus diese Worte vollendet hatte, gerieten die Volksscharen außer sich über seine Lehre;
²⁹Denn er lehrte sie wie Vollmacht habend und nicht wie ihre Schriftgelehrten.«

Die Abschlußverse kennzeichnen die Bedeutung der vorangehenden Aussagen. Nochmals wird ihr Charakter als eine Lehre in Vollmacht (vgl. Mt 5,2 sowie Mt 4,23) in Erinnerung gerufen. Diese Lehre macht die Volksscharen betroffen, obwohl sie den Menschen intensivst fordert. Dennoch wird die Botschaft angenommen:
Mt 8,1–2: »¹Da er aber herabstieg vom Berg, folgten ihm nach große Volksscharen.
²Und siehe: ein Aussätziger...«

Der Evangelist zeigt uns die Volksscharen weiter in der Nachfolge Jesu. Nach der exemplarischen Verkündigung über die basileia wird sie nun ebenso exemplarisch gegenwärtig gesetzt: Vgl. 8,1 - 9,34.

Die Gleichnisse in der Jesusverkündigung

Besonders in den ersten drei Evangelien werden im Kontext der Verkündigung Jesu zahlreiche Gleichnisse überliefert. Eine Zusammenstellung verdeutlicht diese Vielfalt: (siehe S. 53)

Die Gleichnisüberlieferung bildet neben den Sprüchen einen wesentlichen Teil der Botschaft Jesu. Jesus konnte sich bei der Verkündigung in Gleichnissen auf eine gut eingeführte Sprechgattung beziehen. Dennoch hat er dieser Verkündigungsform auch eigene Züge gegeben.

Für das Verständnis der Gleichnisrede sind vor allem zwei Gesichtspunkte zu beachten:
▶ Die Sprechform in Gleichnissen ist in den Versuch einzuordnen, über Gott nachzudenken und dies mittels der menschlichen Sprache zu formulieren. Dabei begegnet der Mensch der Erfahrung der Begrenztheit seiner Ausdrucksmöglichkeiten, und er sucht nach neuen, anderen Wegen, um diese Unzulänglichkeit seiner Kommunikationsfähigkeit auszugleichen. Ein hier vielfach beschrittener Weg ist die Rede in Gleichnissen.

Es ist einsichtig, daß die menschliche Sprache, die als Kommunikationsform im zwischenmenschlichen Bereich entwickelt wurde, für ein adäquates Sprechen über Gott unzulänglich bleibt. Mit diesem Problem muß sich Theologie immer wieder auseinandersetzen, und dies gilt auch für die biblischen Verfasser. In der Bibel finden wir neben der Gleichnisrede auch andere Versuche, diese Schwierigkeit zu überwinden: Über Gott und über sein Handeln wird in anthropomorpher Weise gesprochen (d. h.: menschliche Kategorien werden auf Gott übertragen); Aussagen über Gott werden immer wieder – gleichsam sie einschließend – ausgedrückt (Konzentrik); vielfach begegnen wir Formulierungen im Vergleich (wie...).

Aus diesen Bemühungen und Überlegungen ist die grundsätzliche Tendenz der Gleichnisrede zu erkennen: Das Gleichnis dient der besseren Verständlichkeit der Rede über Gott. Mittels eines Vergleichs aus dem Alltags- oder dem Naturbereich, der – normalerweise – für die Hörerin und den Hörer, bzw. für die Leserin und den Leser ohne Schwierigkeiten einsichtig ist, wird eine religiöse Aussage verständlich, bzw. verstehensmäßig zugänglich gemacht.

Gleichnisse in der Verkündigung Jesu bei Mk, Mt und Lk

	Mk	Mt	Lk
Sämann	4,3–9	13,3–9	8,5–8
Senfkorn	4,30–32	13,31–32	13,18–19
böse Winzer	12,1–11	21,33–44	20,9–18
Feigenbaum	13,28–29	24,32–33	21,29–31
Wachsen der Saat	4,26–29		
Türhüter	13,34–36		
Weg zum Richter		5,25–26	12,58–59
Hausbau		7,24–27	6,47–49
spielende Kinder		11,16–19	7,31–35
Rückkehr der unreinen Geister		12,43–45	11,24–26
Sauerteig		13,33	13,20–21
verlorenes Schaf		18,12–14	15,4–7
königliches Hochzeitsmahl		22,2–14	14,16–24
wachsamer Hausherr		24,43–44	12,39–40
treuer und schlechter Knecht		24,45–51	12,42–46
Talente/Minen		25,14–30	19,12–27
Unkraut unter dem Weizen		13,24–30	
Schatz		13,44	
Perle		13,45–46	
Fischnetz		13,47–50	
unbarmherziger Gläubiger		18,23–35	
Arbeiter im Weinberg		20,1–16	
ungleiche Söhne		21,28–32	
zehn Mädchen		25,1–13	
Weltgericht		25,31–46	
zwei Schuldner			7,41–43
barmherziger Samariter			10,30–37
bittender Freund			11,5–8
törichter Reicher			12,16–21
wachende Knechte			12,35–38
unfruchtbarer Feigenbaum			13,6–9
verschlossene Tür			13,24–30

	Mk	Mt	Lk
Bescheidenheit			14,8–11
rechte Gäste			14,12–14
Turmbau			14,28–30
Kriegführen			14,31–32
verlorene Drachme			15,8–10
verlorene Söhne			15,11–32
kluger Verwalter			16,1–8
reicher Mann / armer Lazarus			16,19–31
unwürdiger Knecht			17,7–10
gottloser Richter			18,1–8
Pharisäer und Zöllner			18,9–14

Die Gleichnisse Jesu sind thematisch mit dem Lebensraum seiner Zeit verbunden. Die Bildwelt der Erzählungen entspricht der Umgebung der Zuhörerinnen und Zuhörer. So ordnen sich die Vergleiche aus dem landwirtschaftlichen Leben, aus Ackerbau und Weidebetrieb in den unmittelbaren alltäglichen Erfahrungsbereich der Menschen in Galiläa ein. Dies gilt auch für die zahlreichen Gleichnissse, die von einem Gast- oder Festmahl sprechen und damit auf den Stellenwert der Gastfreundschaft und der mit einem Mahl verbundenen Feierlichkeit anspielen. Weil es das Ziel der Gleichnisrede ist, zur Verständlichkeit schwieriger Aussagen beizutragen, ist diese Einbettung in den Alltag unumgänglich.

Andere Deutungen für die Zielsetzung der Gleichnisrede entsprechen einem besonderen christologischen Interesse der Evangelisten, das sodann in ihr Gesamtverständnis der Botschaft Jesu einzuordnen ist. So wird das Sprechen über die Verstockung, Blindheit und Taubheit des Volkes Israel (Jes 6,9–10) rückblickend auf das Verhalten der Menschen gegenüber der Botschaft Jesu gedeutet und mit einer entsprechenden Absicht Jesu in Beziehung gesetzt (vgl. Mk 4,12 par Mt 13,14–17). Ähnlich verhält es sich mit dem johanneischen Verständnis: »Verhüllte Rede« in Gleichnissen ist ein Zeichen des vorösterlichen Unverständnisses der Jünger. Erst in der

Kraft des österlichen Geistes – so deutet der Evangelist – ist es möglich, die Botschaft Jesu in vollem Sinne zu begreifen (vgl. Joh 16,25 mit Joh 16,13). Beide Interpretationsmodelle müssen im Zusammenhang der Theologie der Verfasser gesehen werden und erhalten darin ihre Berechtigung. Es wäre verengend, sie als die Leitlinie der Gleichnisinterpretation heranzuziehen.

▶ Schon das Alte Testament enthält Gleichnisüberlieferungen (vgl. z. B. Jes 5,1–6); überdies wird diese Sprechform sehr hoch eingeschätzt (vgl. Ps 78,2; Sir 47,17). Im zwischentestamentlichen Judentum wird das Gleichnis als eine Vermittlungsform der Weisung Gottes verstanden. Im Midrasch (also einer Deutung) zu Ps 78,2 heißt es:

»Nicht nur die Worte allein,
auch die Rätsel und Gleichnisse sind tora.«

Neben der Gleichnisrede verdient im Alten Testament vor allem die Gleichnishandlung besondere Beachtung: Anhand eines alltäglichen Geschehens wird ein Sachverhalt im Verhältnis zwischen Gott und Mensch verdeutlicht. Diese Beziehung zwischen Gott und Mensch wird bildhaft dargestellt und prophetisch (d. h.: in der Kraft des Geistes, aus der Sicht Gottes) gedeutet. Daher sprechen wir in diesem Zusammenhang von »prophetischer Zeichenhandlung«.

Beispiele für »prophetische Zeichenhandlung«
Hos 1,2 – 3,5: Die Ehe des Propheten ist Zeichen für die Beziehung zwischen Gott und Mensch.
Jer 13,1–14: Der Gürtel aus verdorbenem Strick ist Zeichen für das verdorbene Israel.
Jer 18,1–17: Der Ton in der Hand des Töpfers ist Zeichen für den (formenden) Umgang Gottes mit seinem Volk.
Jer 27,1–15: Das Joch auf den Schultern des Propheten ist Zeichen für die bevorstehende Unterjochung des ganzen Volkes.
Ez 12,1–16: Die Reisevorbereitungen des Propheten sind Zeichen für den bevorstehenden Weg in die Verbannung.

Es ist zu beachten, daß in der Darstellung des Wirkens Jesu durch die Evangelisten neben den gesprochenen Gleichnissen auch Zeichenhandlungen erkennbar sind. Darin zeigt sich erneut, daß Jesu Wort und Tun als die eine Verkündigung der basileia zu verstehen sind.

Als Beispiele können genannt werden:
Die Taufe Jesu (bes. Mt 3,13–17);
die Auswahl der Zwölf (Mk 3,13–19);
die Tempelreinigung (Mk 11,15–19);
das Schreiben Jesu im Sand (Joh 8,6);
die Praxis Jesu, mit allen Menschen Mahlgemeinschaft zu halten;
der Gestus der Handauflegung.

➤➤ AUFGABE:

Überlegen Sie, welchen Sachverhalt die angeführten Zeichen verdeutlichen sollen. Können Sie weitere Beispiele finden?

Für die Rede Jesu in Gleichnissen sind mehrere formale Gesichtspunkte charakteristisch:
▶ Das Gleichnis ist in der Regel allgemein formuliert. Es erzählt von »irgendeinem« Handlungsträger (Ausnahme im Neuen Testament: das Gleichnis vom armen Lazarus, Lk 16,19–31). Mittels festgeprägter Ein-

leitungsformen ist es für den Zuhörer sofort als Gleichnis erkennbar.

In den Evangelien begegnen vor allem folgende Einleitungen zu den Gleichnissen:
(Irgend)ein Mann ...
Wer unter euch, der...
Was meint ihr:...?
Vergleichen muß man die basileia mit...
So ist die basileia wie...
Die basileia ist wie...
Verglichen wird die basileia mit...

▶ Das Gleichnis hat (in der Regel) eine einfache Erzählstruktur. Die Handlung wird ohne besondere Ausschmückung erzählt, zumeist geschieht dies in einem Handlungsgang. Vielfach steht die angestrebte Pointe am Schluß der Erzählung. Durch die Stellung im Textzusammenhang kann sie freilich auch verändert werden (vgl. z. B. Lk 15,3–7 mit Mt 18,10–14). Die Gleichniserzählung kann auch »offen« bleiben und so die Hörerin und den Hörer umso nachdenklicher zurücklassen (vgl. Lk 15,11–32).
▶ Vielfach werden in den Evangelien die Gleichnisse zu Gleichnisfolgen zusammengestellt. Dies kann unter verschiedenen thematischen Gesichtspunkten und/oder durch formale Angleichung geschehen. Fallweise geben Rahmenverse das Grundthema, bzw. den Verstehenshorizont für die Gleichnisse in einem konkreten Textzusammenhang an.

Beispiele für Gleichnisfolgen:
Mk 4,3–9.(10–25).26–29.30–32
Mt 13,3–9.24–30.31–32.33.
    (34–35.36–43).44.45–46.47–50
Mt 24,43–44.45–51; 25,1–13.14–30.31–46
Lk 12,39–40.42–46
Lk 13,18–19.20–21.24–30
Lk 14,8–11.12–14.16–24.28–30.31–32
Lk 15,4–7.8–10.11–32; 16,1–8
Lk 18,1–8.9–14

▶ Im Hinblick auf eine strenge literarische Klassifizierung erweisen sich die neutestamentlichen Gleichnisse als sehr vielfältig.

Großteils handelt es sich um Parabeln und Beispielerzählungen, nur selten findet sich das Gleichnis (im strengen literarischen Sinn). Neben Allegorie und Metapher begegnen (besonders imJohEv) die Bild- und Offenbarungsrede.

Als *Parabel* versteht man eine Geschichte, die ein einmaliges Ereignis mit einer individuellen Handlung enthält (z. B.: Lk 14,15–24).

Die *Beispielerzählung* verzichtet auf die Übertragung des Bildes. Sie zeichnet bereits einen Idealfall nach, der sodann vorbildhaft für gutes (oder schlechtes) Verhalten ist (z. B.: Lk 10,29–37).

Das *Gleichnis* im engeren Sinn geht von einem vertrauten Sachverhalt aus und bringt bekannte Vorgänge zur Sprache, um daraus Aussagen für einen anderen Bereich zu ziehen (z. B.: Lk 15,3–6; Mk 4,30–32).

Die *Allegorie* enthält mehrere Einzelaussagen mit übertragener Bedeutung, die entschlüsselt werden können (z. B.: Mt 13,24–30; 22,1–10).

Die *Metapher* ist eine (meist kurze) Aussage, in der ein Wort nicht die übliche, sondern eine übertragene Bedeutung hat (z. B.: Mt 5,13.14–16).

Die *Bild- und Offenbarungsrede* entwickelt eine bildhafte Vorstellung zur Umschreibung einer anderen Wirklichkeit (z. B.: Joh 15,1–17).

Bezüglich der literarischen Abgrenzung der genannten Gattungsbestimmungen besteht in der neutestamentlichen Forschung keine Übereinstimmung. Auch in anderen Teilen des Neuen Testaments finden sich Gleichnisse, bzw. gleichnishafte Formulierungen (vgl. z. B. 1 Kor 9,24–27; Phil 3,14; weiters Röm 12,4–8; 1 Kor 12,12–31; 1 Kor 3,5–17).

Die Gleichnisse bilden einen wesentlichen Teil der Wortverkündigung Jesu. Sie handeln demnach über den Kern der Botschaft Jesu, über die basileia. Dabei werden unterschiedliche Akzente gesetzt. Die Gleichnisse können die neue Wirklichkeit der basileia deuten, sie können auf das im Kommen der basileia geforderte Verhalten verweisen, oder sie können das Verhältnis zwischen Gott und Mensch angesichts dieser dringenden Verkündigung vom Anbruch der basileia erläutern.

➤ AUFGABE:

Versuchen Sie, Ihnen bekannte Gleichnisse gemäß deren Aussage in eine der genannten Gruppen einzuordnen.

Die breite Vielfalt der Gleichnisüberlieferung sowie die Verknüpfung mit zeichenhaften Handlungen zur Deutung seiner Botschaft sprechen dafür, daß die Gleichnisverkündigung in ihrem Grundbestand auf das Sprechen Jesu selbst zurückgeht. (Es versteht sich von selbst, daß diese allgemeine Aussage im Einzelfall genauer zu überprüfen wäre). Vielfach erhalten die Jesusgleichnisse darüber hinaus eine besondere christologische Spitze. Denn neben einfachen, allgemein verständlichen Gleichnissen finden sich in den Evangelien auch Erzählungen, die nur teilweise, nur in Verbindung mit der Person Jesu (d. h.: nur als Gleichnisse JESU) verständlich oder akzeptabel sind. Ihre Bildhälfte entspricht nicht der alltäglichen Erfahrung des Menschen; sondern ein geschilderter Vorgang wird annehmbar, weil Jesus davon spricht und die Autorität seiner Person damit verbindet (Als ein Beispiel für solche Texte vgl. das Gleichnis von den Arbeitern im Weinberg Mt 20,1–16). Gerade diese Gleichnisse verweisen auf den tieferen Sinn dieser Texte im Rahmen der Verkündigung Jesu: Im Zentrum der Aussageabsicht stehen Jesus, seine Botschaft, deren Verständnis.

➤ AUFGABEN:

■ Wählen Sie ein Ihnen bekanntes Gleichnis. Überlegen Sie: Was sagt diese Erzählung über das Wirken Gottes?
Was sagt diese Erzählung über Gottes Verhalten gegenüber mir/mein Verhalten gegenüber Gott?
■ Suchen Sie nach gleichnishaften Ausdrucksweisen und nach gleichnishaften Handlungen in Ihrem Alltag. Überlegen Sie: Was wollen Sie damit ausdrücken, was ist die »Botschaft«, die Sie mit solchem Sprechen oder Handeln vermitteln möchten?

4. Jesu Handeln als Verkündigung im Tun

Bei einem umfassenden Verständnis des Wirkens Jesu muß neben seinen Worten auch sein Handeln und Verhalten berücksichtigt werden. Aus beidem läßt sich auf Jesu Verständnis seiner Botschaft von der anbrechenden Gottesherrschaft schließen. Besondere Beachtung verdienen dabei jene Erzählungen, die von einer konkreten Gegenwärtigsetzung der Gottesherrschaft im Leben einzelner Menschen sprechen. Da Jesus selbst seine Botschaft verkörperte und lebte, ist darüber hinaus sein Gesamtverhalten zu beachten.

Die neutestamentlichen Wundererzählungen

Ein Überblick kann die große Zahl und die Vielfalt der Wundererzählungen im Neuen Testament zeigen:

Wundererzählungen in den Evangelien

	Mk	Mt	Lk	Joh
Besessener	1,21–28		4,31–37	
Schwiegermutter des Petrus	1,29–31	8,14–15	4,38–39	
Heilungen am Abend	1,32–34	8,16–17	4,40–41	
Aussätziger	1,40–45	8,1–4	5,12–16	
Gelähmter	2,1–12	9,1–8	5,17–26	
Mann mit kranker Hand	3,1–6	12,9–14	6,6–11	
Heilungen	3,7–12	12,15–21; 4,24–25	6,17–19	
Bannung des Sturmes	4,35–41	8,23–27	8,22–25	
Exorzismus bei Gerasa	5,1–20	8,28–34	8,26–39	
Tochter des Jairus	5,21–24. 35–43	9,18–19. 23–26	8,40–42. 49–56	
kranke Frau	5,25–34	9,20–22	8,43–48	
Speisung der 5000	6,30–44	14,13–21	9,10–17	6,1–15
Wandel auf dem See	6,45–52	14,22–33		6,16–21
Heilungen in Gennesaret	6,53–56	14,34–36		
Tochter der Syrophönizerin	7,24–30	15,21–28		
Taubstummer	7,31–37			
Speisung der 4000	8,1–10	15,32–39		
Blinder bei Betsaida	8,22–26			
besessener Knabe	9,14–29	17,14–21	9,37–43a	
Bartimäus	10,46–52	20,29–34 9,27–31	18,35–43	
stummer (und blinder) Besessener		12,22–23	11,14	
Knecht/Sohn des Hauptmanns		8,5–13	7,1–10	4,46–53

	Mk	Mt	Lk	Joh
Heilung vieler Kranker		15,29–31		
Jüngling von Nain			7,11–17	
sündige Frau			7,36–50	
gekrümmte Frau			13,10–17	
Wassersüchtiger			14,1–6	
10 Aussätzige			17,11–19	
Knecht des Hohepriesters			22,51	
Hochzeit zu Kana				2,1–12
Lahmer am Teich Betesda				5,1–9
Blindgeborener				9,1–41
Lazarus				11,1–53

Wundererzählungen in der Apostelgeschichte

Wunder	Apg	Wundertäter	Apg	Wundertäter
viele Heilungen	2,43	Apostel	14,3	Paulus, Barnabas
Gelähmter	3,1–10	Petrus	14,8–10	Paulus
Strafwunder	5,1–11	Petrus	13,9–12	Paulus
viele Heilungen	5,12 5,15 5,16	Apostel Petrus Petrus Apostel	19,11–12 28,9	Paulus Paulus
Befreiungswunder	5,17–21	Apostel	16,25–34	Paulus, Silas
viele Wunder	6,8	Stephanus		
viele Heilungen	8,6–7	Philippus		
Kranker	9,32–35	Petrus	28,7–8	Paulus
Tote(r)	9,36–42	Petrus	20,7–12	Paulus
Befreiungswunder	12,3–17	Petrus		
Exorzismus			16,16–18	Paulus
Naturwunder			28,3–6	Paulus
gegen falsche Wundertäter	8,18–24	Petrus	19,13–19	Paulus
Summarium über das Wirken Jesu	10,37–38			

Die Zusammenstellung zeigt: Die überwiegende Mehrzahl der Wundererzählungen ist in den ersten drei Evangelien überliefert. Vielfach erzählen die Evangelisten ähnliche oder vergleichbare Wunder Jesu. Im JohEv finden sich nur sieben Wundererzählungen, darunter kein Exorzismus.

Wunder werden nicht nur in den Evangelien und nicht nur von Jesus erzählt. In der Apg sind mehrere Erzählungen über das entsprechende Wirken der Apostel, insbesondere des Petrus und des Paulus, überliefert.

Mit Ausnahme eines zusammenfassenden Hinweises werden in der Apg keine Wunder Jesu erzählt. Es fällt auf, daß das Tun des Petrus und jenes des Paulus weitgehend parallelisiert werden. Die Wundererzählungen enthalten verschieden deutliche Hinweise darauf, daß sich der Wundertäter auf die Vollmacht eines anderen beruft (vgl. besonders Apg 3,6: »...im Namen Jesu, des Nazoräers...«; zu beachten ist dazu Lk 9,1).

Bei einer historischen Rückfrage nach dem Wunderhandeln Jesu sind mehrere Gesichtspunkte zu beachten: Sowohl die Zahl als auch die inhaltliche Vielfalt der neutestamentlichen Wundererzählungen ist unverhältnismäßig groß. Im Alten Testament finden sich nur vereinzelt Wundererzählungen; sie haben auch gegenüber den Großtaten Gottes, die das ganze Volk betreffen, untergeordnete Bedeutung. In den zwischentestamentlichen Schriften des Judentums und in entsprechenden hellenistischen Schriften finden sich ebenfalls wenige Wundererzählungen. Als entsprechendes Vergleichsmaterial können einzelne Erzählungen bei Josephus herangezogen werden.

Gerne wird in diesem Zusammenhang auf die von Philostratus erstellte Lebensbeschreibung des Apollonius von Tyana (Vita Apollonii) verwiesen. Apollonius lebte zwar in der zweiten Hälfte des 1. Jh. n. Chr., die Vita ist jedoch erst Anfang des 3. Jh. n. Chr. verfaßt, so daß sie als Bezugstext ausscheidet. Auch die gerne genannten hellenistischen Zauberpapyri sind erst späteren Datums (3./4. Jh. n. Chr.). Zu beachten sind allenfalls die Wunderdarstellungen aus Epidauros (5./4. Jh. v. Chr.), die jedoch einen anderen literarischen Charakter haben. In den Schriften von Qumran sind insgesamt nur zwei Wundererzählungen überliefert (lQ GenAp XX 16–29; 4Q OrNab).

Die große Anzahl von Wundererzählungen ist also an sich nicht typisch. Eine genauere Durchsicht der Texte zeigt auch ihre vielfältige literarische Darstellungsweise, d. h.: Trotz Verwendung ähnlicher Motive (die vom erzählten Inhalt ja weitgehend vorgegeben sind) ist die Erzählstruktur sehr vielfältig (vgl. z. B. Mk 10,46–52 mit Lk 13,10–17).

Öfters ist erkennbar, daß es dem Verfasser gar nicht um die Wundererzählung geht, sondern damit eine andere Aussage verdeutlicht oder begründet werden soll (vgl. Lk 13,10–13.14–17).

In den Evangelien wird in unbefangener Weise davon gesprochen, daß auch andere Wunder tun (vgl. Mk 9,38–41; Lk 11,19). Das bedeutet: Der Verweis auf Jesu Wunderhandeln allein konnte seinen christologischen Anspruch (bzw. die nachösterliche Verkündigung der Kirche über Jesus als den auferstandenen und erhöhten Herrn) nicht begründen, auch keineswegs belegen oder gar beweisen. Mit dieser Überlegung ist der Möglichkeit einer generellen Formulierung der Wundererzählungen erst nach Ostern die motivierende Grundlage entzogen.

In der historisch kritischen Wertung der einzelnen Wundererzählungen ist erneut zu beachten, daß die Evangelien Verkündigungsschriften sind. Eine Rückfrage nach der Geschichtlichkeit von Einzelheiten stößt daher auf große Schwierigkeiten.

Als Beispiel dafür kann die Erzählung von der Heilung der Schwiegermutter des Petrus (Mk 1,29–31 par Mt 8,14–15; Lk 4,38–39) gelten: Die Heilung wird in den drei Evangelien verschieden dargestellt; auch der Anlaß/Ausgangspunkt der Heilung wird unterschiedlich beschrieben. Schließlich steht die Erzählung in Mk l am Beginn des Wirkens Jesu; Mt 8 geschieht sie zu einem späteren Zeitpunkt. Die dadurch entstehenden historischen Fragen sind im Detail nicht mehr zu klären.

➤ AUFGABE:

Vergleichen Sie Mk 1,29–31 mit den Paralleltexten. Formulieren Sie genau die oben nur allgemein festgehaltenen Beobachtungen:
Wer/Was ist der Anlaß der Heilung?
Wie wird die Frau geheilt bei Mk? bei Mt? bei Lk?

Aufgrund der Vielfalt und großen Zahl der neutestamentlichen Wundererzählungen sowie aufgrund des Mangels einer Motivation für ihre nachösterliche Komposition ist davon auszugehen, daß sich diese Erzählungen auf einen historischen Kern im Wirken Jesu abstützen können. Diese Feststellung bedarf hinsichtlich der einzelnen Wundererzählung, insbesondere in bezug auf die Darstellungsweise, jeweils einer gesonderten Überprüfung.

Aus einzelnen Texten der Evangelien, die ohne entsprechende Kritik auf andere Wundertäter hinweisen, geht hervor, daß es nicht das erstrangige Anliegen der Evangelisten ist, Jesus als besonderen Wundertäter auszuweisen. Umso dringender stellt sich die Frage nach der Absicht, die zunächst Jesus selbst mit seinem entsprechenden Handeln und sodann die Evangelisten mit der Darstellung von Wundern verbunden haben.

Einen wichtigen Anhaltspunkt dazu bietet uns eine diesbezügliche Auseinandersetzung hinsichtlich der auf den Wundertäter bezogenen Deutung des Wundergeschehens:

Mt 12,22–30: »[22]Dann wurde zu ihm ein blinder und stummer Besessener gebracht, und er heilte ihn, sodaß der Stumme redete und sah. [23]Und das ganze Volk geriet außer sich und sprach: Ob dieser nicht der Sohn Davids ist? [24]Die Pharisäer aber, (das) hörend, sprachen: Dieser treibt nicht die Dämonen aus, es sei denn im (Namen des) Beelzebul, des Obersten der Dämonen... [27]Wenn ich im (Namen des) Beelzebul die Dämonen austreibe, eure Söhne – in wessen (Namen) treiben sie aus? Deswegen werden diese eure Richter sein. [28]Wenn ich aber im Geist Gottes die Dämonen austreibe, dann ist die basileia Gottes schon zu euch gekommen.«

Ausgangspunkt ist ein zusammengefaßt dargestellter Exorzismus, der Anlaß für eine entscheidende Hinterfragung des Wunderhandelns Jesu wird. Durch das Volk sowie durch die Pharisäer sind die Alternativen klar formuliert: Entweder Jesu Tun verweist auf seine Davidsohnschaft oder auf sein Bündnis mit Beelzebul, also mit dem Bösen. Jesus antwortet in zwei Schritten: Er verweist zunächst auf die Widersprüchlichkeit, daß das Böse in der Kraft des Bösen überwunden werden könne (Mt 12,25–26). Dann argumentiert er aus der Erfahrung seiner Umwelt: Mit dem Hinweis auf andere Exorzisten aus den Reihen derer, die ihn hier anschuldigen, ist der Vorwuf an ihn hinfällig. Jesus schließt selbst die entscheidende positive Deutung an: Sein Handeln geschieht in der Kraft Gottes.

Die Erzählungen über Jesu Wunderhandeln sind also *christologische Entscheidungstexte*: Was hier erzählt wird, provoziert die Leserin und den Leser zu der Frage nach der Eigenart Jesu.

In diesem Sinne ist z. B. der Abschluß der Erzählung von der Bannung des Sturmes aufschlußreich (Mk 4,41): Und sie fürchteten sich mit großer Furcht, und sie sprachen zueinander: Wer ist dieser...?

Durch die Wundererzählungen wird diese Frage nach dem Wesen und nach der Eigenart Jesu mittelbar oder unmittelbar aufgeworfen. Dabei sind mehrere Gesichtspunkte zu beachten:

▶ Im Wunderhandeln erschließt Jesus einen Zugang zu seiner Person. Dies ist vor dem Hintergrund der alttestamentlichen Gottesverkündigung zu sehen. Denn anhand der Wundererzählungen wird Jesus als machtvoll über die Naturgewalten, über Krankheit bis in den Tod, über Mächte und Gewalten dargestellt. Diese Vollmacht wird im alttestamentlichen Schrifttum Jahwe als dem Schöpfergott zugeschrieben. Wird solches Handeln auch von Jesus bezeugt, so legt sie die Frage nach seiner Beziehung zu Gott dringend nahe und fordert die Leserin und den Leser zu einer diesbezüglichen Stellungnahme heraus (vgl. dazu z. B. Lk 7,16; Mk 5,19–20).

▶ Jesu Handeln steht in unmittelbarer Beziehung zur Botschaft von der anbrechenden Gottesherrschaft. Wenn einzelne Menschen vom Unheil (in jedweder Form) in das Heil Gottes gesetzt werden, so ereignet sich an ihnen bereits die Zusage von Gottes Heil und Liebe (vgl. Mk 1,14–15; Joh 3,16–18). Was an einzelnen geschieht, ist für alle Umstehenden ein Zeichen dafür, daß ihre Hoffnung auf ein von Gott gewirktes Heil sinnvoll ist. Unter diesem Blickwinkel ist es bedeutsam, daß das Wunderhandeln Jesu nicht im Verborgenen, sondern zumeist in aller Öffentlichkeit geschieht und auch bei den Umstehenden eine staunende Betroffenheit auslöst.

▶ Jesu Wunderhandeln hat zeichenhafte Bedeutung, d. h., es verdeutlicht eine andere, tiefere Wirklichkeit und ein inneres Geschehen. Wenn Gott dem Menschen sein Heil anbietet, darf davon ausgegangen werden, daß sich dieses nicht (nur) auf das leibliche, äußerliche Befinden des Menschen bezieht, sondern daß der Mensch in seiner Gesamtheit geheilt wird. Im Blick auf die Wunder Jesu bedeutet dies: Was zeichenhaft durch die Heilung leiblicherLeiden geschieht, verweist auf die Heilung des Menschen von innerer Not, Schuld und Sünde.

Einzelne Wundererzählungen sprechen diese Dimension unmittelbar an, so z. B. die Heilung des Gelähmten (Mk 2,1–12), die Loslösung der gekrümmten Frau (Lk 13,10–17), besonders die Heilung des Blindgeborenen (Joh 9,1–41). Aus diesem Grund ist auch die Heilung der Sünderin (Lk 7,36–50) als Wundererzählung zu verstehen.

In der neutestamentlichen Darstellung des Wunderwirkens Jesu spielt die Frage nach der Möglichkeit eines solchen Handelns bzw. eines solchen Geschehens keine Rolle. Das Wundergeschehen wird als ein zwar außergewöhnliches Handeln Gottes angesehen, aber es liegt durchaus im Rahmen des Denkmöglichen. In diesem Punkt hat sich das Wunderverständnis zweifellos verschoben. Der biblische Wunderbegriff und der heutige, sogenannte moderne Wunderbegriff sind nicht identisch. Die heute in diesem Zusammenhang als abgrenzende Kriterien genannte Unerklärbarkeit des Geschehens und das Überschreiten von natürlichen Gesetzmäßigkeiten haben für den biblischen Menschen keine Bedeutung. Für ihn ist die glaubende Gewißheit entscheidend, daß Gott hier und jetzt in einer bestimmten, staunenerregenden (und aus der Sicht des Menschen wohl unerklärbaren) Weise gewirkt hat. Für das biblische Wunderverständnis ist es daher unerheblich, ob ein wunderbares Geschehen der biblischen Zeit aus unserer heutigen Kenntnis der Naturzusammenhänge oder auch der Medizin erklärt werden kann. Entscheidend ist die Betroffenheit des Menschen, der in dem Geschehen ein Handeln Gottes ortet und dies glaubend bezeugt.

Es ist in diesem Zusammenhang zu beachten, daß der Wunderbegriff auch im kirchlichen Rahmen mit verschiedener inhaltlicher Abgrenzung verwendet wird. So liegt z. B. der Bestimmung eines »Wunders« im Bereich von Wallfahrtsorten oder Heiligsprechungsprozessen die oben skizzierte abgrenzende Auffassung zugrunde. Fälschlicherweise wird diese des öfteren dann auch auf die biblischen Wundererzählungen übertragen. Dabei wird übersehen, daß eine Bezugsetzung zwischen biblischer Wundererzählung und den in späterer Zeit festgestellten Gesetzmäßigkeiten der Natur einen Anachronismus darstellt.

Grundlegend für das neutestamentliche Wunderverständnis ist die Einordnung des Wundergeschehens in die Beziehung zwischen Gott und Mensch. Wunder können dort geschehen, wo der Mensch Jesus zumindest ansatzweise Vertrauen, Hoffnung und Glauben entgegenbringt. Der Mensch muß die Offenheit für Gottes Wirken und die Bereitschaft zur Annahme dieses Wirkens aufbringen. Mehrere Hinweise in den entsprechenden biblischen Texten sprechen für diese Akzentsetzung.

Im Zusammenhang mit Wundererzählungen begegnet des öfteren die Aussage Jesu »Dein Glaube hat dir Heil gebracht« (Mk 5,34; 10,52; Lk 7,50; 17,19; ähnlich Lk 8,50). Besonders auffallend ist in diesem Zusammenhang die Notiz Mk 6,5–6a, daß Jesus wegen des Unglaubens der Menschen in Nazaret keine Wunder tun konnte. Für Jesu Handeln bedarf es des entsprechenden Vorsensoriums, der »Atmosphäre«, die offen ist für sein Wirken.

Ein Wunder im Sinne der neutestamentlichen Schriften ist ein Geschehen im Bereich der Gottesoffenbarung. In ungemein intensiver Weise erfährt ein Mensch (mehrere Menschen) Gottes Zuwendung; er erkennt und begreift, daß Gott handelnd (heilend) in sein Leben und in seine Existenz eingreift; er ist davon persönlich betroffen und gibt diese glaubende Betroffenheit anderen weiter (vgl. in diesem Zusammenhang z. B. Mk 5,18–20). Anhand dieser Deutung tritt die Frage nach der Möglichkeit des Geschehens in den Hintergrund. So wie Gott in den Errettungstaten gegenüber Israel seine Wirkmacht geoffenbart hat, so tut dies Jesus, wenn er einzelnen Menschen in seiner Zusage von Heil auch – nötigenfalls – leibliche Gesundung schenkt.

➤➤ AUFGABEN:

Lesen Sie eine Ihnen bekannte oder besonders bedeutsame Wundererzählung. Setzen Sie den Text in Beziehung zu den Überlegungen dieses Abschnitts. Formulieren Sie die Folgerungen, die sich
für Ihren Zugang zu Jesus,
für Ihre Vorstellung von Gottesherrschaft,
für Ihr Verständnis von Vergebung und Heil,
für Ihren Glauben an einen wirkmächtigen Gott ergeben.
Versetzen Sie sich in die Person der oder des Geheilten und überdenken Sie die Erzählung aus dieser Perspektive.

Das Verhalten Jesu

Wird das gesamte Verhalten Jesu, sein Habitus, als eine Äußerungsform der Verkündigung der Gottesherrschaft und als eine Möglichkeit des Zugangs zur Person Jesu verstanden, so ist dieses Verhalten unter einem zweifachen Blickwinkel zu bedenken: Einerseits ist zu fragen, wie die Verfasser der Evangelien diesen Habitus Jesu darstellen; andererseits können auch die Reaktionen auf Jesus Rückschlüsse auf seine Person ermöglichen. Die folgenden Überlegungen und Hinweise auf bestimmte Abschnitte in den Evangelien wollen nicht zur vorschnel

len Annahme verleiten, alle angesprochenen Episoden könnten genau in der überlieferten Weise im Wirken Jesu verankert werden. Aber sie sollen zur Frage verleiten, welche Vorstellung von der Faszination der Person Jesu in den urchristlichen Gemeinden im Umlauf war, daß die einzelnen Episoden in dieser Weise dargestellt werden konnten.

Für Jesu Verhalten sind mehrere Grundlinien maßgeblich:

▶ Jesu Handeln ist nach eigenständigen, nicht unbedingt nach üblichen Maßstäben ausgerichtet. Es ist geprägt von der Ausübung und Ausstrahlung nicht eingegrenzter Vollmacht:

Das Sprechen in der 1. Person singular (»Ich …«) kennzeichnet diese Grundhaltung (vgl. z. B. Mk 2,17; Mt 5,17.21–47; 10,34; Mk 1,41). In manchen Fällen scheint Jesus, der den Menschen so nahe ist, als fern, unnahbar, eben als ein ganz anderer. Diese Spannung zwischen der menschlichen Nähe und der scheinbar unnahbaren Ferne Jesu wird insbesondere im Zusammenhang mit seiner Verwandtschaft deutlich (vgl. Lk 2,49 oder Mk 3,31–35; auch Joh 2,4 weist in diese Richtung). Jesus ist zwar den Menschen zugewendet, aber er handelt nach anderen als von diesen erwarteten Prioritäten.

▶ Wenn es die Treue zu seiner Sendung erfordert, setzt sich Jesus über gesellschaftliche und über levitische Regeln hinweg und handelt nach seinen, das heißt: nach neuen Maßstäben. Daraus ist nicht abzuleiten, daß Jesus grundsätzlich die jüdische Weisung geringschätzte. Aber er sieht in erster Linie den Menschen, nicht das Gebot (vgl. Mk 2,17), und er steht daher der damaligen Praxis der Umsetzung von Gottes Gebot kritisch gegenüber. So wird Gott als ein Gott der Bußfertigen verkündet (vgl. Lk 15), als ein Gott, der ins Verborgene sieht (Mt 6,1–18) und der die Reinheit des Herzens sucht (Mk 7,1–23). Daher geht Jesus nicht nur zu bestimmten Schichten der Gesellschaft; er hat Kontakt mit sogenannten »Sündern« (vgl. Mk 2,13–17; Lk 7,36–50; 19,1–10), er berührt Aussätzige (Mk 1,40–45), er hat Umgang mit Besessenen (vgl. z. B. Mk 5,1–20), und er schließt sich damit selbst aus der Gesell schaft aus. Maßgeblich für sein Verhalten sind nicht menschliche Regeln, sondern die Not des Menschen und der Wille Gottes.

Aus dem Verhalten anderer gegenüber Jesus kann auf die Faszination seiner Persönlichkeit geschlossen werden.

▶ Die sofortige Nachfolge weist auf die Dringlichkeit des Anrufes Jesu (vgl. Mk 1,16–20).

▶ Vielfach sind Furcht, Staunen, auch Unbehagen die Reaktionen auf das Verhalten oder auf das Wort Jesu. Wenn die Menschen auf Jesu Tun mit Furcht und Schrecken reagieren (vgl. so Mk 2,12; 5,33; 5,36; 6,50), so erinnert diese Darstellungsform an einen alttestamentlichen Grundgedanken: Gegenüber Gottes machtvollem Handeln gerät der Mensch in Furcht und Zittern (vgl. Ex 3,6; z. B. auch Mk 16,5). So stellt sich also aufgrund dieser Reaktionen erneut die drängende Frage: Wer ist dieser? – Zu beachten ist auch die Furcht der Gegner Jesu (z. B. Mk 11,18; Joh 18,6), die in Anerkennung der Überlegenheit Jesu keine Fragen mehr stellen (vgl. Lk 2,47; Mt 22,46). Selbst die Jünger haben angesichts der Eigenart Jesu ein Unbehagen (vgl Mk 10,32). Mit der Furcht ist des öfteren das Staunen verbunden. Schon die Vorgänge um die Menschwerdung Jesu werden davon begleitet (vgl. Lk 1,21.63; 2,18.33, vgl. dazu oben → III.1.). Die Menschen staunen über Jesu wunderbares Tun (Mk 5,20); selbst Pilatus staunt über Jesus (Mk 15,5.44).

▶ Jesu Handeln und sein Verhalten leiten die Menschen dazu an, Gott zu preisen. Angesichts der Geburt Jesu wird Gott von den Engeln (Lk 2,13) und von den Hirten (Lk 2,20) gepriesen. Ähnliches geschieht nach dem Tun von Wundern (Lk 13,13; 17,15), ja sogar in der Passion (Lk 23,47). Nochmals ist also auch in diesem Zusammenhang die Frage nach der Gottesbeziehung Jesu zu stellen.

➤ AUFGABEN:

■ Lesen Sie einzelne Abschnitte aus den Evangelien. Achten Sie dabei darauf: Was sagt Ihnen der Text über Jesu Verhalten gegenüber den Menschen. Besonders eignen sich: Mk 1,14–3,6; Lk 15,1–32; Mk 8,27–34; Lk 10,1–42.

■ Versuchen Sie, bevor Sie weiterlesen, aufgrund Ihrer Kenntnis der Evangelien ein Persönlichkeitsprofil Jesu von Nazaret zusammenzustellen:

Wer war Jesus?

Wie war er, wie hat er sich verhalten, wie hat er gesprochen?

Was beeindruckt Sie an Jesus?

Was macht Sie ihm gegenüber zurückhaltend, was macht Ihnen Schwierigkeiten mit seiner Person?

■ Vergleichen Sie das Ergebnis Ihrer Überlegungen mit jenen Beobachtungen, die Sie aufgrund der Aufgabe zu III.1. (siehe oben S. 22) angestellt haben. Bedenken Sie Übereinstimmungen ebenso wie Unterschiede!

5. Skizze eines vorösterlichen Jesusbildes

Im Rückblick auf die verschiedenen Schwerpunkte, die in diesem Kapitel bei der Rückfrage nach Jesus behandelt wurden, können wesentliche und markante Züge der Person Jesu von Nazaret zusammengefaßt werden:

Jesus aus der Perspektive seines Menschseins

Mehrere Abschnitte in den Evangelien leiten dazu an, das Menschsein Jesu ernst zu nehmen. In diesem Zusammenhang ist auf menschliche Züge an der Person Jesu zu verweisen (z. B. das Mitleid: Lk 7,13; das Weinen über den Tod des Lazarus: Joh 11,33–35). Vor allem ist zu beachten, daß die Jesusverkündigung an zentralen Stellen diesen Gesichtspunkt hervorhebt: Die Versuchungserzählungen (Mt 4,1–11 par) zeigen Jesus als einen um seine Sendung ringenden Menschen. In der Darstellung des Leidens Jesu wird mit Nachdruck darauf hingewiesen, wie und daß Jesus letztlich den Willen des Vaters annimmt (vgl. bes. Mk 14,32–42 par).

Wenn wir von Jesus (auch) als von einem Menschen sprechen, so bedeutet dies den Einbezug von Leben, Wachsen, Entwicklung, Unterwegs-Sein. Jesu Existenz war also keine »statische«, gleichsam vorprogrammierte; vielmehr ist er in seine Sendung, seine Berufung hineingewachsen (vgl. andeutungsweise Lk 2,40.52), er hat sich darin vertieft, sich schließlich damit identifiziert und sie so immer intensiver gelebt. Das Selbstbewußtsein Jesu muß aus dieser dem Menschen adäquaten Perspektive gesehen werden. In den Evangelien gibt es verschiedene Anhaltspunkte dafür, daß dieses Bewußtsein und das Wissen Jesu um seine Sendung einem kontinuierlichen Prozeß unterworfen war, für den verschiedene Schlüsselerlebnisse (z. B. die Taufe: Mk 1,9–11 par; die Verklärung: Mk 9,2–9 par, aber auch die Begegnung mit der Syrophönizerin: Mk 7,24–30) bestimmend gewesen sind. Die Ölbergszene (Mk 14,32–42) zeigt, daß sich dieser Weg der Entscheidung bis in die Passion zieht.

Jesu Wirken

Das Auftreten Jesu ist geprägt von einer Identität von Wort und Tun. Was dem Menschen nicht oder nur annähernd gelingt, findet sich in der Person Jesu: Sein Wort stimmt mit seinem Tun völlig überein, und es schafft daher neue Wirklichkeiten; die Erfüllung seines Wortes ist nicht abhängig und begrenzt durch beschränkte Dimensionen des Möglichen. Jesus spricht – es geschieht. Der gedankliche Bezug zur Darstellung des Wirkens Gottes im Alten Testament legt sich nahe (vgl. Gen 1,1–2,4a; bes. Jes 55,10–11; vgl. dazu dann ähnlich Mk 1,41–42). Jesu Wort und sein Handeln konstituieren daher eine zusammenhängende Wirklichkeit (vgl. dazu oben → III.2.).

Die Verkündigung Jesu in seinem Wort und in seinem Tun ist von einem entscheidenden Moment bestimmt: von seiner Vollmacht. Darin hebt sie sich vom Wirken anderer Rabbinen seiner Zeit ab, darin wird sie auch glaubwürdig.

Dieses zentrale Merkmal der Verkündigung Jesu kann an mehreren thematischen Bereichen erläutert werden. Es ist dort erkennbar, wo Jesus ausschließlich in der Kraft seines Wortes heilt, wo er sich machtvoll erweist über die vielfältigen Formen von Leid und Unheil, die den Menschen treffen. Jesu Vollmacht begegnet überdies in seinem neue Richtlinien grundlegenden Wort: Dort, wo er die Praxis gegenüber dem Gesetz des Mose durch seine Interpretation korrigiert und wo er im Verhältnis zwischen dem Menschen und der Weisung neue Wertigkeiten vorgibt.

Mk 1,21–22 und Mk 1,23–28 werden uns zwei scheinbar thematisch unabhängige Erzählungen überliefert: Zunächst hören wir über Jesu Lehrtätigkeit, sodann über einen Exorzismus in der Synagoge von Kafarnaum. Zu beachten ist allerdings, daß die staunenden Leute aufgrund der Heilung nach der Vollmacht Jesu fragen (Mk 1,27), und daß der Gedanke einer neuen Lehre in Vollmacht die zwei Abschnitte verbindet (vgl. Mk 1,22 mit Mk 1,27).

Die Persönlichkeit Jesu

Die Evangelisten stellen Jesus von Nazaret als eine faszinierende, überragende, menschennahe Persönlichkeit dar. Sie ist geprägt von einer grundsätzlichen, unbeugsamen Ausrichtung auf den Willen Gottes als seines Vaters, zugleich von einer unbegrenzten, geduldigen und erbarmenden Zuwendung zum Menschen. Jesus ist in seinem Denken und Wirken eingebettet in seinen Lebensraum, in seine Religion und Kultur. Darin situiert er auch seine Verkündigung und sein gesamtes Wirken. Zugleich wird erkennbar, wie Jesus den Rahmen dieser seiner Umgebung sprengt, wenn es um die Grundsätzlichkeit seiner Sendung und seiner Botschaft geht. Dann erscheint auch die Darstellung der Evangelisten in bezug auf seine Person als offen, spannungsgeladen, »unfertig«.

Reflexion: Wert und Grenzen eines vorösterlichen Zugangs zur Person Jesu

Bei einem Bedenken des vorösterlichen Wirkens Jesu von Nazaret begegnet uns Jesus in einer intensiven inhaltlichen Entfaltung seiner Botschaft in seinem verkündigenden Wort sowie in seinem dieses Wort gegenwärtig setzenden Tun. Diese Betrachtungsweise führt uns Schritt für Schritt in die Eigenart und Einzigartigkeit der Person Jesu ein. Zugleich bleiben bei diesem Zugang Fragen offen. Es bleibt der Eindruck, daß über die Person Jesu (noch) nicht alles gesagt ist; deswegen erscheint die Darstellung seiner Person und seines Wirkens auch spannungsgeladen. Eine Antwort auf die Begründung und Legitimierung seiner Vollmacht in Wort und Tun wird angedeutet, aber nicht gegeben. Schließlich lassen die entsprechenden Erzählungen die Leserin und den Leser mit der entscheidenden Frage »Wer ist denn dieser?« noch allein unterwegs.

Die Wichtigkeit einer Besinnung auf das vorösterliche Wirken ist besonders dann deutlich, wenn das Ziel eine personale Begegnung mit Jesus von Nazaret sein soll. In der Jesusdarstellung der Evangelisten (gleichsam als »Gemälde mit Worten«, als ein »narratives Portrait«) wird erkennbar, daß darin über die Person Jesu noch nicht alles gesagt ist: Die vorösterliche Jesusdarstellung drängt nach einer Weiterführung, nach einer Vertiefung.

Da in diesem Bedenken des vorösterlichen Wirkens Jesu das Wesen Jesu zwar nicht ausgesprochen, aber in indirekter Weise das Thema der Darstellung ist, nennt man diesen Bereich der christologischen Reflexion »implizite« oder »indirekte« oder »mittelbare« Christologie. In der Darlegung wird zwischen den Zeilen Rätselhaftes deutlich, das erst vom Mitbedenken des Ostergeschehens her aufgelöst werden kann. In mißverständlicher Weise ist daher bisweilen auch von einer »Christologie von unten« (also von einem Bedenken des Menschseins Jesu) die Rede. Dem steht jener Zugang zu Jesus Christus gegenüber, der an dem Offenbarungsgeschehen von Tod und Auferstehung Jesu ansetzt und von diesem Blickwinkel beginnt, die Person und das Wesen Jesu Christi zu bedenken. In diesem Fall spricht man von einer »expliziten« oder »direkten« oder »unmittelbaren« Christologie (bzw. von einer »Christologie von oben«).

➤ VERSTÄNDNIS- UND WIEDERHOLUNGSFRAGEN ZU KAPITEL III:

Zu 1. Historische Rückfrage nach Jesus von Nazaret

■ Charakterisieren Sie den Geschichtswert der biblischen Quellen im Blick auf die Person Jesu.

■ Nennen Sie nichtbiblische profane Quellen über Jesus von Nazaret. Was kann aus diesen Quellen historisch gesichert über Jesus von Nazaret gesagt werden?

■ Was sind apokryphe Schriften? Welche Bedeutung haben die neutestamentlichen Apokryphen für die historische Rückfrage nach Jesus von Nazaret?

■ Fassen Sie den Aufbau der matthäischen Vorgeschichten zusammen.

■ Welche inhaltlichen Schwerpunkte setzt der Verfasser des MtEv in den Vorgeschichten?

■ Fassen Sie den Aufbau der lukanischen Vorgeschichten zusammen.

■ Welche inhaltlichen Schwerpunkte setzt Lukas in den Vorgeschichten?

■ Welche Folgerungen sind bezüglich der Historizität und der Eigenart der Evangelien aus den angeführten Textbeispielen (Mt 1–2; Lk 1–2; Mk 1,9–11 par) zu ziehen?

■ Nennen Sie die wichtigsten Stationen der politischen Entwicklung in Palästina seit 333 v. Chr.

■ Wie wurde das Königreich des Herodes nach dessen Tod aufgeteilt? Seit wann und wieso gab es in Judäa römische Statthalter? Ordnen Sie die Person des Pontius Pilatus in die politische Entwicklung ein.

■ Charakterisieren Sie die soziale Situation in Palästina zur Zeit Jesu von Nazaret.

- Nennen und charakterisieren Sie die wichtigsten religiösen Gruppierungen des Judentums zur Zeit Jesu. Welche dieser Gruppen überlebte den jüdischen Krieg? Warum?

Zu 2. Das Wirken Jesu als Verkündigung der Gottesherrschaft

- Was heißt basileia vor dem Hintergrund alttestamentlicher Hoffnung und Überlieferung?
- Wie können Sie den Begriff und die Wirklichkeit von basileia auf der Grundlage von Mk 1,14–15 umschreiben?
- Begründen Sie die Verknüpfung von Tat und Wort in der Verkündigung Jesu. *die Tat fehlt heute Hier liegt ein Problem der heutigen Verk.*

Zu 3. Die Wortverkündigung Jesu und ihre Überlieferungsformen

- Erläutern Sie den Textbefund hinsichtlich einer historischen Einordnung der Worte Jesu. Welche Gesichtspunkte müssen für einen grundsätzlichen Zugang zu diesem Problem beachtet werden?
- Was versteht man unter »ipsissima vox"? Was versteht man unter »Herrenwort"? Welche Überlieferungsformen von Jesusworten begegnen in den Evangelien? Welche Merkmale sind für die Bergpredigt als Redekomposition bedeutsam?
- Was ist der thematische Leitfaden der Bergpredigt? Begründen Sie Ihre Ansicht anhand des biblischen Textes.
- Welche Erkenntnisse ergeben sich aus einem Überblick über die Gleichnisse in den Evangelien? Welche Gesichtspunkte sind für das Verständnis der Gleichnisrede Jesu zu beachten?

- Was versteht man unter »prophetischer Zeichenhandlung"? Nennen Sie dafür (alttestamentliche und neutestamentliche) Beispiele.
- Welche formale Beobachtungen fallen bei den neutestamentlichen Gleichnissen auf?
- Was ist das Grundthema der Gleichnisse Jesu? Können Sie Beispiele nennen und erläutern?
- Worin liegt die christologische Spitze der Gleichnisse Jesu?

Zu 4. Jesu Handeln als Verkündigung im Tun

- Welche Folgerungen ziehen Sie aus einem Überblick über die Wundererzählungen im Neuen Testament?
- Wie beurteilen Sie die historische Frage hinsichtlich des Wunderwirkens Jesu?
- Erläutern sie die christologische Dimension der Wunder Jesu. Welche Gesichtspunkte sind hier zu beachten?
- Wodurch unterscheidet sich der biblische Wunderbegriff vom »modernen« Wunderverständnis?
- Welche Eigenschaften prägen das gesamte Verhalten Jesu?
- Welche Reaktionen auf die Person Jesu und das Wirken Jesu überliefern die Evangelisten? Was ist daraus im Blick auf die Person Jesu zu schließen?

Zu 5. Skizze eines vorösterlichen Jesusbildes

- Formulieren Sie wesentliche Charakteristika der Person Jesu von Nazaret auf der Grundlage der Ausführungen in Kapitel III.
- Welchen Wert und zugleich welche Grenzen hat ein vorösterlicher Zugang zur Person Jesu von Nazaret?

IV. Jesus, der Christus

Um die Person Jesu von Nazaret in ihrer Gesamtheit zu verstehen, bedarf es der Miteinbeziehung seines Todes und seiner Auferstehung. Dabei ist – mit Paulus (vgl. bes. 1 Kor 1,18–25) – zu beachten, daß das Passions und das Ostergeschehen nicht voneinander getrennt werden dürfen, sondern als eine (theologische und christologische) Einheit zu verstehen sind. Dazu sollen in diesem Kapitel schrittweise die wichtigsten Gesichtspunkte erarbeitet werden.

1. Tod und Auferstehung Jesu in der Verkündigung der Evangelien

In der heutigen Exegese werden die Evangelien gerne als Passions- und Ostergeschichten mit einer ausführlichen Einleitung bezeichnet. Diese Charakterisierung – so pontiert sie auch formuliert ist – verweist uns auf eine richtige und bedeutsame Perspektive dieser Schriften: Erst vom Ostergeschehen her erhalten sie ihre Bedeutung, sind sie richtig und voll zu verstehen. Bei genauerer Lektüre zeigt sich, daß auch in diesen zentralen Abschnitten die Evangelisten ihre eigenständigen Akzente setzen.

Abgrenzung und Umfang der Passions- und Ostergeschichten

Die gebräuchlichen Textausgaben des Neuen Testaments setzen hinsichtlich der Abgrenzung der Passions- und Ostererzählungen präzise Markierungen (siehe Schema unten).

Dieser Überblick zeigt: Der Beginn der Passionserzählung ist in den einzelnen Evangelien deutlich markiert; ebenso ist die Zäsur nach der Erzählung von der Grablegung Jesu erkennbar, die zum zweiten Hauptteil, zu den Ostererzählungen, überleitet. Mit Ausnahme des MkEv, das uns ursprünglich nur eine Ostergeschichte überliefert, fügen die Evangelisten der Erzählung über die Entdeckung des geöffneten und leeren Grabes noch deutende Erzählungen mit Erscheinungen des Auferstandenen hinzu.

Bei dieser Aufgliederung der Texte darf nicht übersehen werden, daß der Gedanke an einen Tod Jesu nicht erst gegen Ende der Evangelien auftaucht. Er durchzieht schon frühere Texte in den Evangelien und wird so der Leserin und dem Leser allmählich nahegebracht.

Der Verfasser des MtEv bringt das Thema der Lebensbedrohung Jesu bereits in den Vorgeschichten ausführlich zur Sprache (vgl. Mt 2,13–18, vgl. dazu oben → III.1.). Schon angesichts des ersten Auftretens Jesu in Nazaret erzählt Lukas von einem Anschlag auf das Leben Jesu (vgl. Lk 4,28–30). Auf Ablehnung verweisen auch bereits Lk 2,7 und Joh 1,11. Auch Jesu Wunderhandeln kann zur Todesdrohung führen (vgl. so Mk 3,6). In den Leidensankündigungen wird ausführlich auf das kommende Schicksal Jesu hingewiesen (Mk 8,31–33; 9,30–32; 10,32–34 par). Die Auseinandersetzungen in Jerusalem lassen einen Konflikt erahnen (vgl. Mk 11–12 par).

Daraus ergibt sich: Die Passionserzählungen sind schon gut vorbereitet. Ihre Thema-

	Mt	Mk	Lk	Joh
Todesbeschluß des Hohen Rates	Mt 26,1–5	Mk 14,1–2	Lk 22,1–2	
Wissen Jesu um seine Stunde				Joh 13,1
Grablegung Jesu	Mt 27,57–61	Mk 15,42–47	Lk 23,50–56	Joh 19,31–42
Der Gang zum Grab	Mt 28, 1–8.9–10	Mk 16,1–8	Lk 24,1–12	Joh 20,1–18
Die Vollendung Jesu	Mt 28,16–20		Lk 24,44–53	Joh 20,19–23

tik setzt bereits früher ein als erst mit dem offiziellen Todesbeschluß des Hohen Rates. Widerstand, Auseinandersetzung, Bedrohung und Ablehnung prägen vielfach die Darstellung des Wirkens Jesu. Es zeigt sich, daß dieser Akzent die Evangelien ab der ersten Leidensankündigung und insbesondere nach dem Einzug Jesu in Jerusalem immer intensiver bestimmt (vgl. nach Mk 8,31–33 par und nach Mk 11,1–11 par): Die zunehmende Schärfe des Konflikts entwickelt sich konsequent aus der Unbeirrbarkeit des Wirkens Jesu. Aufgrund dieser Überlegungen kann nach dem ursprünglichen Umfang und nach der ursprünglichen Abgrenzung der Passions- und Ostererzählungen gefragt werden.

EXKURS: Eine »vormarkinische« Passionsgeschichte?

Aufgrund ausführlicher Analysen des MkEv hat Rudolf Pesch versucht, einen zusammenhängenden Erzählkomplex mit der Grundthematik »Passion/Auferstehung« zu rekonstruieren, der schon vor der Entstehung des MkEv zu datieren wäre. Als Kriterien legte Pesch dieser These vor allem stilistische Beobachtungen sowie Einzelanalysen der Texteinheiten von Mk 8,27 – 16,8 zugrunde. Die Rekonstruktion umfaßt ingesamt 39 Erzähleinheiten; davon stehen 18 Textabschnitte vor Mk 14. Die Einheiten können jeweils in Dreiergruppen zusammengefaßt werden, die durch sprachliche sowie durch thematische Merkmale untereinander verknüpft sind.

Die Rekonstruktion beginnt mit
Mk 8,27–30 Messiasbekenntnis bei Cäsarea Philippi
Mk 8,31–33 Erste Leidens- und Auferstehungsankündigung
Mk 9,2–8 Verklärung Jesu.

Die letzte Perikopengruppe bilden
Mk 15,40–41 Die galiläischen Frauen unter dem Kreuz
Mk 15,42–47 Das Begräbnis Jesu
Mk 16,1–8 Die Auffindung des leeren Grabes und die Offenbarung der Osterbotschaft.

Mk 8 – 16 ist großteils von dieser zusammenhängenden Erzählung erfaßt. Verschiedene Merkmale lassen auf ein hohes Alter sowie auf den Ursprung der Passionsgeschichte in der jerusalemer Gemeinde schließen: Die Verfasserinnen oder Verfasser, bzw. Gestalterinnen oder Gestalter dieser zusammenhängenden Erzählung verfügten über gute Kenntnisse der Topographie Jerusalems und seiner Umgebung. Der starke theologische Einfluß der Psalmen weist auf ein judenchristliches Entstehungsmilieu: Jesu Leiden wird als das Leiden des gegenüber Gott gehorsamen Gerechten dargestellt. Der öfters erwähnte Hohepriester (Mk 14,53.54.60.61.63) wird nie mit dem Namen genannt. Dies läßt darauf schließen, daß für die ursprünglichen Adressatinnen und Adressaten die Identität des Hohenpriesters bekannt war, d. h.: Die Erzählerinnen oder Erzähler sprechen von jenem Hohenpriester, der zur Zeit ihrer Erzählung (noch) im Amt ist. Gerade die letzte Überlegung führt zu einer sehr frühen Datierung: Da Kajaphas bis 37 n. Chr. Hoherpriester war, wäre die Entstehung der vormarkinischen Passionsgeschichte in die Jahre zwischen dem Tod Jesu und dem Jahr 37 n. Chr. festzulegen. Für eine (relativ) frühe Entstehungszeit spricht auch der zum Ausdruck kommende Grundgedanke der Dahingabe Jesu und seiner Auslieferung in den Tod – eine theologische Sprechweise, die sich auch 1 Kor 11,23–25 findet und die unter Umständen an Jes 52,13 – 53,12 (viertes Lied vom Gottesknecht) anknüpfen will.

Im Hinblick auf eine kritische Einordnung der These von R. Pesch kann folgendes bedacht werden: Für die Christinnen und Christen der ersten Generation waren Tod und Auferstehung Jesu das entscheidende Thema ihres Zugangs zu Jesus Christus. Dabei ist insbesondere zu bedenken, daß der Tod Jesu am Kreuz nicht einfach als Bericht weitergegeben werden konnte. Da er im jüdischen Kontext ein schweres Ärgernis bedeutete (vgl. dazu Dtn 21,23), bedurfte er einer Aufarbeitung und einer Deutung. Im Rahmen der verschiedenen Messiaserwartungen, die zur Zeit Jesu im Judentum lebendig waren, sind keine Anhaltspunkte für die Hoffnung auf einen gekreuzigten (oder gewaltsam zu Tode gekommenen) Messias gegeben. Demnach ist es vermutlich schon sehr früh für die erste christliche Generation entscheidend gewesen, die Eigenart und Einzigartigkeit des Schicksals Jesu deutend aufzuarbeiten. Die erzählende Darstellungsweise einer Passions- und Ostergeschichte bietet dafür eine gute, den damaligen Argumentationsweisen entsprechende Möglichkeit. Die genauere Abgrenzung der Rekonstruktion von R. Pesch, also die Frage der Zuordnung einzelner Verse, kann unterschiedlich beurteilt werden.

Mit einem hohen Maß an Wahrscheinlichkeit können wir also davon ausgehen, daß schon im ersten Jahrzehnt nach dem Tod Jesu eine umfangreiche, zusammenhängende Erzählung über die Entwicklungen, die zu seinem gewaltsamen Tod führten, über sein Sterben und über die Offenbarung seiner Auferstehung entstanden ist.

➤➤ AUFGABE:

Schlagen Sie in Ihrem Neuen Testament Mk 14,1 auf. Notieren Sie alle Texteinheiten bis einschließlich Mk 16,1–8. Vergleichen Sie sodann die einzelnen Erzählungen sowie ihre Abfolge mit Mt 26,1 – 28,20; Lk 23,1 – 24,53; Joh 18,1 – 20,29.
Beachten Sie besonders jene Texteinheiten, die zusätzlich in die Erzählung kommen, sowie jene, die an anderer Stelle eingereiht sind. Überlegen Sie: Was könnte den Evangelisten zu solchen Ergänzungen und Umstellungen veranlaßt haben?

Beobachtungen zum Prozeß Jesu

Bezüglich einer Rekonstruktion des Prozesses Jesu können folgende Momente festgehalten werden:

▶ Das erste Verfahren fand vor dem Hohen Rat statt. Ob dabei Rechtsvorschriften verletzt wurden (Form der Einberufung, Anklageerhebung, Zeugen, Art der Verteidigungsmöglichkeit), ist nicht gesichert. Das Verfahren endet mit einem Schuldspruch Jesu (vgl. Mk 14,64b), der wegen Lästerung erfolgt. Dieses Vergehen kann sowohl im Anspruch der Sohnschaft Gottes (Mk 14,61–64a) als auch in Jesu Worten gegen den Tempel (Mk 14,58, vgl. auch schon Mk 13,2) erblickt werden. Da der Bestand des Tempels sowie das religiöse Leben in und um ihn einen wesentlichen Teil jüdischen Lebens darstellte, und da dieser Bereich auch ein sehr sensibler Berührungspunkt mit der römischen Besatzungsmacht war, ist eine Rückführung des Urteils gegen Jesus auf diesen Anklagepunkt durchaus (auch) wahrscheinlich.

▶ Auf Lästerung stand die Todesstrafe. Sie wurde im Judentum in der Form der Steinigung vollzogen (vgl. z. B. Apg 7,54 – 8,1a). Da Jerusalem keine »freie Stadt«, sondern eine »untertänige Gemeinde« war, durfte die Todesstrafe nur von der römischen Besatzungsmacht vollzogen werden. Ob es diesbezüglich Ausnahmeregelungen gab, ist umstritten.

▶ Es könnte sein, daß im Verfahren vor Pilatus der Hauptanklagepunkt verändert wurde (vgl. in diesem Sinn besonders Joh 19,12). Der Königstitel nimmt in der diesbezüglichen Überlieferung der Evangelisten breiten Raum ein. Lediglich wenn Jesu Sprechen gegen den Tempel als sachlicher Grund für den Vorwurf der Lästerung bedacht wird, ist ein Interesse des Statthalters an dem Prozeß (und an einem Urteil gegen Jesus) zu erkennen: Die Institution des Tempels und des Tempelkultes war eine für die Römer wichtige Einnahmequelle; politisch gesehen war ein geordneter Verlauf des Lebens um den Tempel mit ein Garant für die Stabilität im Besatzungsgebiet.

Die Tatsache einer Hinrichtung war für die römische Behörde kein besonderes Ereignis. Historisch ist es nicht mehr feststellbar, ob der Statthalter ein juridisch einwandfreies Todesurteil fällte, oder ob er – wie die Evangelisten einhellig, jedoch in unterschiedlicher Deutlichkeit überliefern – schließlich und teils widerwillig dem Wunsch der aufgehetzten Menge nachgab. Die Vollstreckung des Todesurteils durch Kreuzigung war als römische Hinrichtungsart in den besetzten Gebieten an nichtrömischen Bürgern üblich.

▶ Zum Tag der Kreuzigung und somit auch des Todes Jesu werden in den Evangelien verschiedene Angaben gemacht.

Mk 14,12: »Am ersten Tag des Festes der Ungesäuerten Brote, an dem man das Paschalamm schlachtete, sagten die Jünger zu Jesus: Wo sollen wir das Paschalamm für dich vorbereiten?«

Dieser Satz, der die Erzählung über die Vorbereitung zum letzten Mahl einleitet, setzt folgenden zeitlichen Ablauf der weiteren Ereignisse voraus: Letztes Mahl Jesu am ersten Tag des Festes; Verhaftung in der darauffolgenden Nacht; Prozeß, Verurteilung und Kreuzigung am nächsten Tag, dem zweiten Tag des Festes der Ungesäuerten Brote. Der erste Tag des Festes, der sogenannte »Rüsttag«, galt als ein wichtiger Vorbereitungstag. Am Nachmittag wurden im Tempel die Paschalämmer geschlachtet; am Abend wurden diese nach den entsprechenden Vorschriften verzehrt. Der darauffolgende Tag, der zweite Tag des Festes, war hoher Feiertag.

Joh 18,28: »Von Kajaphas brachten sie Jesus zum Prätorium; es war früh am Morgen. Sie selbst gingen nicht in das Gebäude hinein, um nicht unrein zu werden, sondern das Paschalamm essen zu können.«

Für die Teilnahme am Paschamahl war levitische Reinheit eine Grundvoraussetzung. Diese wurde jedoch durch das Betreten eines heidnischen Hauses verwirkt. Der Text setzt eindeutig voraus, daß dieses Mahl noch aussteht.

Joh 19,14: »Es war am Rüsttag des Paschafestes, ungefähr um die sechste Stunde. Pilatus sagte zu den Juden: Da ist euer König!«

Auch diese (zweite) Notiz des Verfassers weist eindeutig auf eine entsprechende Einordnung, nämlich: Verurteilung, Kreuzigung und Tod Jesu am Rüsttag zum Paschafest.

Mt 27,62: »Am nächsten Tag gingen die Hohenpriester und die Pharisäer gemeinsam zu Pilatus; es war der Tag nach dem Rüsttag.«

Die Zeitangabe bezieht sich auf den Tag nach dem Tod und nach dem Begräbnis Jesu. Sie setzt die gleiche Chronologie wie Joh 18 und 19 voraus.

Alle vier Evangelisten verweisen überdies darauf, daß der Tag des Begräbnisses Jesu (und somit auch sein Todestag) der Vortag zum Sabbat gewesen ist: Mt 27,62 kann auch in diesem Sinne verstanden werden. Denn der Begriff »Rüsttag« wurde sowohl hinsichtlich des Vorbereitungstages auf einen hohen Festtag (so eindeutig Joh 19,14: Rüsttag des Paschafestes) als auch als Bezeichnung für den Tag vor dem Sabbat (wörtlich dann Vorsabbat) verwendet. Vgl. dazu weiters:

Mk 15,42: »Da es Rüsttag war, der Tag vor dem Sabbat, und es schon Abend wurde, ging Josef von Arimathäa, ein vornehmer Ratsherr, der auch das Reich Gottes erwartete, zu Pilatus und wagte es, um den Leichnam Jesu zu bitten.«

Lk 23,54: »... Das (d. h.: Das Begräbnis Jesu) war am Rüsttag, kurz bevor der Sabbat anbrach.«

Joh 19,31: »Weil Rüsttag war und die Körper während des Sabbats nicht am Kreuz bleiben sollten, baten die Juden Pilatus, man möge den Gekreuzigten die Beine zerschlagen und ihre Leichen dann abnehmen.«

Aus diesen verschiedenen Hinweisen können folgende Schlüsse gezogen werden:

Aus den Angaben der Evangelisten geht hervor, daß im Todesjahr Jesu der zweite Festtag, also das eigentliche Paschafest, auf einen Sabbat fiel. Rüsttag zum Paschafest und Rüsttag des Sabbats fielen also zusammen; der 15. Nisan war in jenem Jahr ein Sabbat.

Die zeitliche Einordnung des Verfassers des JohEv verdient gegenüber jener in Mk 14,12 den Vorzug. Denn es ist nur schwer vorstellbar, daß in Jerusalem am höchsten Feiertag ein Todesurteil vollstreckt wurde. Daher ist anzunehmen, daß Jesus am Rüsttag des Paschafestes, das ist der 14. Nisan, gekreuzigt wurde und gestorben ist. Diese historische Überlieferung legt der Verfasser des JohEv seiner christologischen Deutung des Todes Jesu zugrunde: Etwa zu jener Zeit, da im Tempel die Paschalämmer geschlachtet werden, stirbt Jesus als das Paschalamm schlechthin am Kreuz. In diesem Zusammenhang sind folgende johanneische Texte zu sehen:

Joh 19,36: »Das ist geschehen, damit sich das Schriftwort erfüllte: Man soll an ihm kein Gebein zerbrechen.« (Dieses Zitat aus Ex 12,46 entstammt der Anweisung über die Zubereitung des Paschalammes).
Joh 1,29: »Am Tag darauf sah er Jesus auf sich zukommen und sagte: Seht, das Lamm Gottes, das die Sünde der Welt hinwegnimmt.« (Vgl. auch Joh 1,36).

Aufgrund der Umrechnung dieser Angaben in unser Kalendersystem ergibt sich mit großer Wahrscheinlichkeit Freitag, der 7. April des Jahres 30 n. Chr. als Tag des Todes Jesu.

Die Verkündigung des Todes Jesu

In den Evangelien wird der Tod Jesu nicht protokollartig berichtet, sondern er wird in seiner Dimension gedeutet und verkündet. Damit ist auch die Absicht angedeutet, diesem Tod Jesu einen Sinn zu geben. Ein Überblick über die entsprechenden Textabschnitte sowie eine kursorische Durchsicht zeigt die diesbezüglichen Aussageschwerpunkte der vier Evangelisten (siehe S. 72).

➠ AUFGABEN:

■ Lesen Sie die vier Texte über den Tod Jesu. Achten Sie zunächst auf die Gemeinsamkeiten, sodann auf die Unterschiede. Was wird durch die unterschiedliche Gestaltung besonders hervorgehoben?
■ Fragen Sie weiter: Welche bedeutsame Eigenheit wollen die einzelnen Verfasser mit ihrer Darstellungsweise des Todes Jesu besonders hervorheben?

Mk legt eine zweiteilige Darstellung vor. Mk 15,33–37 schildert er die Begleitumstände des Sterbens Jesu. Mk 15,38–39 stellt die

Folgen dar. Die Finsternis (Mk 15,33) erinnert an apokalyptisch-prophetische Ausdrucksweise. In der Finsternis bricht das eschatologische Gericht an.

Vgl. dazu Am 8,9: »An jenem Tag – Spruch Gottes, des Herrn – lasse ich am Mittag die Sonne untergehen und breite am hellichten Tag über die Erde Finsternis aus.«
Joel 2,1b-2a.10: »[1]Alle Bewohner des Landes sollen zittern; denn es kommt der Tag des Herrn, ja, er ist nahe, [2]der Tag des Dunkels und der Finsternis, der Tag der Wolken und Wetter. ... [10]Die Erde zittert..., der Himmel erbebt; Sonne und Mond verfinstern sich, die Sterne halten ihr Licht zurück.« (Vgl. auch Joel 3,4; 4,15; Jes 13,10; 24,23).

Mit dem Ruf Jesu, in dem der Anfang von Ps 22 zitiert wird, stellt der Verfasser Jesus als einen in Not stehenden Gerechten dar, der betend und im Vertrauen auf Gottes Zuwendung stirbt. Jede andere Deutung des Zitats aus Ps 22,2 ist verfehlt. Es ist hingegen die Eigenart dieses Psalms als Klagelied zu beachten: Nachdem der Beter Gott in eindringlichster Weise seine Not vorträgt (vgl. Ps 22,2–22), formuliert er ebenso nachdrücklich sein Vertrauen auf Gottes Hilfe (vgl. Ps 22,23–32). Wenn der Verfasser den ersten Vers dieses Psalms Jesus in den Mund legt, möchte er keineswegs damit ausdrükken, Jesus habe nur diesen einen Satz gesprochen; vielmehr deutet er damit das Gebet des ganzen Psalmes an (Vgl. in diesem Sinn die gebräuchliche Ausdrucksweise:

»Ein Vaterunser beten«: Auch hier ist das Sprechen des ganzen Gebets, nicht nur der ersten Worte gemeint). Das durch die aramäische Zitation ausgelöste Mißverständnis eines Rufes nach Elija rückt nochmals die Schmähung Mk 15,27–32 in den Blick: Der sich selbst nicht helfen kann, ruft Elija um Hilfe. So ist auch die Stärkung mit Essig als ein Versuch zu verstehen, den Tod dadurch hinauszuzögern, um zu sehen, ob Elija Hilfe bringt.
  Die Spaltung (so wörtlich) des Tempelvorhangs enthüllt das Heiligtum und gibt es

Die Verkündigung des Todes Jesu

| Mt 27,45–54 | Mk 15,33–39 | Lk 23,44–48 | Joh 19,28–30 |

45Von der sechsten Stunde

eine Finsternis geschah über das ganze Land bis zur neunten Stunde.

46Um die neunte Stunde aber schrie Jesus auf mit lauter Stimme, sagend:
Eli, Eli, lema sabachtani?
Dieses ist: Mein Gott, mein Gott, warum hast du mich verlassen? 47Einige aber der dort Stehenden, [dies] hörend, sagten: Elias ruft dieser. 48Und sogleich einer von ihnen, laufend und nehmend einen Schwamm gefüllt mit Essig und ihn legend um einen Rohrstock, gab ihm zu trinken.
49Die übrigen aber sagten: Laß, sehen wir, ob Elija kommt, ihn rettend.

50Jesus aber, wieder schreiend mit lauter Stimme, gab den Geist auf.

51Und siehe: Der Vorhang des Tempels wurde gespalten von oben bis unten in zwei [Teile] und die Erde bebte und die Felsen wurden gespaltet.
52Und die Gräber wurden geöffnet, und viele Leiber der entschlafenen Heiligen wurden auferweckt, 53und herauskommend aus den Gräbern nach seiner Auferstehung, gingen sie in die heilige Stadt und wurden sichtbar gemacht vielen.

54Der Hauptmann aber und die mit ihm Wache Haltenden, sehend das Erdbeben und das Geschehen, fürchteten sich sehr, sagend: Wahrlich, Gottes Sohn war dieser.

33Und zur sechsten Stunde

eine Finsternis geschah über das ganze Land bis zur neunten Stunde.

34Und in der neunten Stunde schrie Jesus mit lauter Stimme:
Eloi, eloi lema sabachtani?
Das ist: Mein Gott, mein Gott, warum hast du mich verlassen? 35Und einige der Dabeistehenden, [dies] hörend, sagten: Siehe, Elias ruft er. 36Einer aber, laufend und füllend einen Schwamm mit Essig und ihn legend um einen Rohrstock, gab ihm zu trinken, sagend:

Laßt, sehen wir, ob Elija kommt, ihn herabzunehmen.

37Jesus aber, ausstoßend einen lauten Schrei, hauchte [den Geist] aus.

38Und der Vorhang des Tempels wurde in zwei [Teile] gespalten von oben bis unten.

39Der Zenturio aber, der ihm gegenüber auf der anderen Seite stand, sehend, daß er so [den Geist] aushauchte, sagte: Wahrlich, dieser Mensch war Gottes Sohn.

44Und es war schon ungefähr die sechste Stunde, und eine Finsternis geschah über das ganze Land bis zur neunten Stunde, 45da sich die Sonne verfinsterte. Gespaltet aber wurde der Vorhang des Tempels mitten [entzwei].

46Und rufend mit lauter Stimme, sprach Jesus: Vater, in deine Hände übergebe ich meinen Geist. Dies aber sprechend hauchte er [den Geist] aus.

47Der Hauptmann, sehend das Geschehen, lobte Gott, sagend: Wirklich, dieser Mensch war ein Gerechter.
48Und die ganze zu diesem Schauspiel zusammengelaufene Volksmenge, schauend das Geschehen, sich an die Brust klopfend, kehrte um.

28Danach, wissend, daß schon alles erfüllt sei, – damit die Schrift erfüllt werde, sagt Jesus: Mich dürstet. 29Ein Gefäß stand da voll Essig. Einen Schwamm nun voll Essig auf einen Ysopzweig steckend, führten sie zu seinem Mund. 30Als Jesus nun den Essig genommen hatte, sagte er: Es ist vollendet. Und sein Haupt neigend, gab er den Geist hin [zurück].

preis. Darin deutet sich ein strafendes Warnzeichen an, das sodann (nach der Tempelzerstörung) entsprechend gelesen wird.

Das Bekenntnis des heidnischen Hauptmanns ist das erste, nicht widersprochene Christusbekenntnis im MkEv. Es geschieht angesichts eines solchen Todes. Damit wird angedeutet: Erst im Tod Jesu wird sein innerstes Wesen, seine wahre Gestalt offenbar. Es ist zu beachten, daß dieses Bekenntnis im Munde eines Heiden überliefert ist.

Mt stellt das Sterben Jesu in unmittelbarer Parallelität zu Mk dar. Erst die Folgen des Geschehens überliefert er in eigenständiger Weise. Das Beben der Erde verweist auf ein Kommen Gottes, auf das die Natur entsprechend reagiert (vgl. bei Mt noch 8,24; vor allem 21,10; 28,2).

Aus dem reichhaltigen alttestamentlichen Hintergrund vgl. dazu:

Ri 5,4–5: »4Herr, als du auszogst aus Seir, als du vom Grünland Edoms heranschrittest, da bebte die Erde, die Himmel ergossen sich, ja, aus den Wolken ergoß sich das Wasser. 5Die Berge wankten vor dem Blick des Herrn, vor dem Blick des Herrn, des Gottes Israels.«
Ps 77,17–20: »17Die Wasser sahen dich, Gott, die Wasser sahen dich und bebten. Die Tiefen des Meeres tobten... 19Dröhnend rollte dein Donner, Blitze erhellten den Erdkreis, die Erde bebte und wankte.«
In ähnlicher Weise ist das Gespaltet-Werden der Felsen zu verstehen. Nach biblischer Vorstellung ist dies eine Machttat Gottes (vgl. Ex 14,16.21; Jes 35,6; 48,21; Sach 14,4; weiters Gen 7,11; Num 16,31). Vgl. dazu auch Test-Lev 4,1: »Nun wisse, daß der Herr die Menschen richtet, wenn Felsen sich zerspalten, die Sonne erlischt...«

Aus den geschilderten Begleitumständen des Todes Jesu ist also erkennbar, daß Gottes Gegenwart und sein Wirken sich abzeichnen. Die auf den ersten Blick rätselhafte Aussage von Mt 27,52–53 bestätigt diese Interpretation. Gemäß der biblischen Bezugsstelle zu diesen Versen offenbart Gott im Tod seines Sohnes seine Vollmacht und sein Wesen:

Ez 37,12–13: »12So spricht Gott, der Herr: Ich öffne eure Gräber und hole euch, mein Volk, aus euren Gräbern herauf. Ich bringe euch zurück in das Land Israel. 13Wenn ich eure Gräber öffne und euch, mein Volk, aus den Gräbern hervorhole, dann werdet ihr erkennen, daß ich der Herr bin.«

Der Verfasser des MtEv stellt also den Tod Jesu als eine Gottesoffenbarung (Theophanie) dar. Es ist daher konsequent, daß das Bekenntnis des Hauptmannes auf dem Miterleben des Geschehens beruht (Mt 27,54).

Lk verdeutlicht zunächst den Hinweis auf die Finsternis durch die Ergänzung über die Verdunkelung der Sonne. Die Spaltung des Tempelvorhanges ist aus seiner Sicht nicht eine Folge, sondern eine Begleiterscheinung des Sterbens Jesu. Sowohl in der Finsternis als auch in der Spaltung des Vorhangs sieht der Verfasser eine zeichenhafte Andeutung der katastrophalen Dimension dessen, was im Tod Jesu geschieht. Das (für den Evangelisten offenbar mißverständliche) Gebet Jesu läßt der Verfasser weg, an dessen Stelle formuliert er in anderer Weise einen tiefen Ausdruck des Vertrauens und der Zuversicht. Dem Wort Jesu liegt Ps 31,6a zugrunde. Das Aushauchen des Geistes kann in Zusammenhang mit der Geistbegabung Jesu für sein Wirken, das jetzt vollendet ist, verstanden werden (vgl. dazu Lk 3,21–22; 4,18).

Der Tod und die Art des Sterbens Jesu rufen eigentümliche Reaktionen hervor: Für den Hauptmann ist dies Anlaß zum Gotteslob. Für die Umstehenden, die zu einem Schauspiel gekommen waren, ist es Anlaß zur Umkehr.

Zwei Gesichtspunkte sind hier zu beachten: Aus lukanischer Sicht ist die gesamte Existenz Jesu Grund und Anlaß für einen Lobpreis Gottes. Dies beginnt bei der Geburt, geschieht auch angesichts des Todes Jesu und wird sich nach seiner Auferstehung fortsetzen (vgl. Lk 24,53). Es begleitet außerdem das gesamte Wirken Jesu (vgl. Lk 5,25.26; 7,16; 13,13; 17,15; 18,43). Weiters ist aus der Darstellungsweise erkennbar, daß der Verfasser in der Formulierung von Lk 23,48 an den hellenistisch römischen Brauch denkt, der Volksmenge grausame Spiele zu gestalten (vgl. das in der römischen Politik gebräuchliche geflügelte Wort »panem et circenses« – Brot und Zirkusspiele). Umso markanter ist sodann die unerwartete Folgerung zu lesen: Statt einer befriedigten Sensationslust löst das Sterben Jesu zur Umkehr bewegende Betroffenheit aus: Noch in seinem Tod erfüllt Jesus seine Sendung (vgl. Lk 3,1–20; 4,16–30).

Joh stellt Jesu Sterben in einer gänzlich eigenständigen Weise dar. Jesus begegnet auch im Tod als eine hoheitsvolle Persönlichkeit. Wie sein gesamtes Wirken, so ist auch sein Tod von seinem »Wissen« bestimmt: Er weiß um den Vater, um seine Sendung vom Vater, so auch um seinen Tod. Das Wortfeld »erfüllen/vollenden« bestimmt die Darstellung: Die Erfüllung des Werkes des Vaters war Jesu Lebensauftrag (vgl. Joh 4,34; 5,36; weiters 17,4.23). Dieses Moment bestimmt auch sein Sterben. Das Wort vom Dürsten und das nachfolgende Tränken mit Essig könnte von Ps 69,22 bestimmt sein (»Sie gaben mir Gift zu essen, für den Durst reichten sie mir Essig«). Es wäre jedoch auch möglich, daß sich Jesu Wort in einem tieferen Sinne auf Joh 18,11 bezieht: »Der Kelch, den mir der Vater gegeben hat – soll ich ihn nicht trinken?« So könnte Jesu Trinken am Kreuz als eine bewußte Todesübernahme verstanden werden. Das Reichen des Essigs wäre demnach – in typisch johanneischer Darstellungsweise – als ein Mißverständnis zu deuten.

Das Verständnis von Joh 19,30 bietet den Schlüssel zu dieser Szene: Die übliche Übersetzung »Es ist vollbracht« darf nicht als ein Ausdruck der Erlösung (vom Leid durch den Tod) verstanden werden. Auch hier begegnet das Wortfeld »erfüllen/vollenden« (griechisch: *tetelestai*; darin ist das Wort *telos* –Ziel enthalten). Jesu Wort am Kreuz drückt also die Vollendung seiner Sendung aus. Demnach ist auch die Hingabe des Geistes als eine Rückgabe des Geistes an den Vater zu verstehen. Es ist jener Geist, der am Ostertag aus der Friedensgemeinschaft mit Gott in den Jüngern wirksam wird (vgl. Joh 20,19.21).

Die Offenbarung der Auferstehung Jesu

Über die Auferstehung Jesu wird in den neutestamentlichen Schriften unter Anwendung verschiedener literarischer Gattungen und mit verschiedenen inhaltlichen Schwerpunkten gesprochen. Wir kennen z. B. erzählende (narrative) Texte über die Entdeckung und Auffindung des leeren Grabes sowie über die Erscheinungen des Auferstandenen. Diese Sprechweise begegnet in den Evangelien. Weiters finden wir proklamierende, bekennende Texte über die Auferstehung Jesu, die formelhaften (also gut einprägsamen) Charakter haben. Vereinzelt sind sie in den Evangelien, vorwiegend jedoch in der Briefliteratur enthalten. Wenn die biblischen Texte über die Auferstehung Jesu als historische Berichte aufgefaßt werden, wird damit ihr Verkündigungscharakter übersehen. Die daraus resultierenden Harmonisierungsversuche, die alle Ostertraditionen in einen Rahmen bringen wollen, lassen sodann scheinbare Widersprüche und diesbezügliche Fragen offen.

Alle neutestamentlichen Verfasserinnen, bzw. Verfasser gehen – sofern sie ausdrücklich über die Osterbotschaft sprechen – davon aus, daß es sich hier nicht um eine allgemein verständliche, gleichsam logisch ableitbare Botschaft handelt. Vielmehr – und dies wird ehrlich zugegeben – bereitet diese Botschaft ernste Schwierigkeiten (vgl. dazu Mt 28,17; Mk 16,11.14; Lk 24,11; Joh 20,24–29; Apg 17,32; 26,8.24; 1 Kor 1,22).

» AUFGABE:

Schlagen Sie die angegebenen Texte nach. Was sagen Ihnen diese Texte im Blick auf den heutigen Zugang zur Botschaft der Auferstehung Jesu?

Die Botschaft von Jesu Auferstehung ist eine unerhörte, gänzlich neue Botschaft, die jeder Analogie und jeder Erfahrung entbehrt. Sie kann nicht aus der allgemeinen Auferstehungshoffnung gefolgert werden, die aus den Spätschriften des Alten Testaments (vgl. z. B. 2 Makk 7) bezeugt ist, und sie entspricht auch nicht einfach den Totenerweckungserzählungen der alttestamentlichen (vgl. z. B. 1 Kön 17,17–24) und neutestamentlichen Überlieferung, da sie von einer gänzlich neuen Gegebenheit ausgeht. Der Zugang zu dieser Botschaft geschieht nicht auf der Ebene der logischen Beweisbarkeit, sondern auf jener der glaubenden Annahme, daß diese Verkündigung eine entscheidende (religiöse) Wahrheit enthält.

Die Grundzüge der Osterverkündigung werden anhand eines neutestamentlichen Beispiels dargelegt. Darin zeigt sich die Denkstruktur, die der Verkündigung in dieser Gestalt zugrundeliegt. Vor allem wird erkennbar, daß sich die neutestamentlichen Verfasserinnen oder Verfasser in der literarischen Art der Darstellung des Ostergeschehens an den ihnen zur Verfügung stehenden Möglichkeiten orientieren (siehe Schema).

Aus der erzählerischen Eigenart von Mk 16,1–8 sind die wesentlichen Akzentsetzungen in der biblischen Verkündigung über die Auferstehung Jesu abzuleiten. Folgende Momente sind besonders zu beachten:

▶ Aus Mk 16 ist klar erkennbar: Gegenstand des Osterglaubens ist die Botschaft: »Er wurde auferweckt«, das heißt: Jesus, der tot war, lebt (vgl. so Lk 24,23). Die Formulierung dieser Botschaft orientiert sich an jener Ausdrucksweise, mit der das Aufstehen des schlafenden Menschen umschrieben wird: Im deutschen Sprachgebrauch

---

Mk 16,1–8   *Theophanieschema*

¹Und als der Sabbat vorüber war, kauften Maria von Magdala und Maria die des Jakobs und Salome Gewürzöle, damit sie gehend ihn salben.

²Und sehr früh am ersten Tag der Woche kommen sie zum Grabmal, als die Sonne aufging.

³Und sie sagten zueinander: Wer wird uns wegwälzen den Stein aus der Tür des Grabmals?

⁴Und aufblickend, sehen sie, daß weggewälzt ist der Stein; er war nämlich sehr groß.

⁵Und hineingehend in das Grabmal sahen sie einen Jüngling, sitzend zur Rechten, gehüllt in weißen Überwurf, und sie erschauderten [sehr].

● Auftreten Gottes / eines Boten Gottes
● Furcht als Reaktion des Menschen

⁶Der aber sagt ihnen: Erschaudert nicht; Jesus sucht ihr, den Nazarener, den Gekreuzigten. Er wurde auferweckt, nicht ist er hier. Sieh, der Ort, wo sie ihn hingebracht hatten.

● Zuspruch des Boten

● Botschaft Gottes
● Zeichen für die Botschaft

⁷Aber hebt euch weg, sagt seinen Jüngern und dem Petrus, daß er euch vorausgeht nach Galiläa, dort werdet ihr ihn sehen, wie er euch gesagt hat.

● Auftrag

⁸Und hinausgehend flohen sie vom Grabmal, denn Schrecken und Entsetzen hatte sie gepackt. Und niemandem sagten sie etwas; denn sie fürchteten sich.

● Ankündigung eines weiteren Zeichens

Vg. ähnlich: Mt 28, 1–8.9–10; Lk 24,1–12; Joh 20,1–18

---

wurde in die Worte »aufstehen«, »aufwekken« die Zwischensilbe »-er-« eingefügt und so die Sprechweise von der Alltagsverwendung dieser Worte abgehoben. Im Neuen Testament wird die Osterbotschaft mit der Wendung »er wurde auferweckt« oder »er ist auferstanden« ausgedrückt. Zwischen beiden Formulierungen darf nicht nach unserem sprachlichen Empfinden streng unterschieden werden – so, als sollte damit das Handeln verschiedener Subjekte ausgedrückt werden. Sprachliche Untersuchungen zeigen, daß die aktive und passive Form sich auf eine aramäische Ausdrucksweise zurückführen lassen. Es ist also nicht jener Gegensatz der Handlungsart ausgedrückt, wie dies in der deutschen Formulierung der Fall ist. Beide Formulierungen finden sich in sehr alten, ungefähr zur gleichen Zeit entstandenen Osterformeln (1 Thess 4,14; 1 Kor 15,4). Darin kommt zum Ausdruck, daß Gott an seinem Sohn so handelt, wie er es aufgrund seiner (Bundes)treue und der im Alten Testament bezeugten Identität seines Namens Jahwe geoffenbart hat: als ein über den Tod hinaus treuer Gott, der seinem Sohn neues Leben gibt.

Eindeutig vermerken die biblischen Verfasser: Die Botschaft der Auferstehung ist von Gott geoffenbart. Das aber bedeutet: Die entsprechende Antwort des Menschen bewegt sich in der Kategorie von Glauben und Unglauben. Diesbezüglich kann Apg 2,32 als eine erläuternde Leitlinie gelten: In der Pfingstverkündigung des Petrus wird – nach einigen Hinweisen auf die alttestamentlichen Zeichen – ein einziges Argument für die Osterbotschaft formuliert:»Diesen Jesus hat Gott auferweckt, dafür sind wir Zeugen.« Die von Gott geoffenbarte Osterbotschaft ist Gegenstand des persönlichen Bemühens um Glauben und sodann der bezeugenden Weitergabe an andere Menschen.

▶ Von der Botschaft abgehoben sind die hinzugegebenen Zeichen: das leere Grab sowie die Ostererscheinungen. Diese eindeutige Akzentsetzung ist in der Auseinandersetzung über das Ostergeschehen zu beachten. Es ist daher zwischen einer Diskussion über die Glaubwürdigkeit der Osterbotschaft und einer kritischen Haltung gegenüber den Zeichen, die diesbezüglich erzählt werden, zu unterscheiden. Eine kritische Auseinandersetzung über die Eigenart sowie über die Historizität der genannten Zeichen kann im Rahmen der christlichen Osterverkündi-

gung ihren Platz haben, solange ihre bloß beigeordnete Bedeutung gewahrt bleibt: Die Zeichen sind nicht als ein Kriterium für die Glaubwürdigkeit, sondern als Hilfe für das bessere Verstehen der Osterbotschaft anzusehen.

▶ Im Hinblick auf die Glaubwürdigkeit des leeren Grabes können folgende Kriterien genannt werden:

Theologische Deutungen (also etwa auch als »Zeichen« für eine Botschaft) schließen sich meist historischen Vorgegebenheiten an. Der Ort des Grabes Jesu war bekannt; trotzdem ist kein späterer Kult überliefert: Dies ist nur verständlich, wenn es tatsächlich leer war. Die Überlieferung einer Entdeckung des Grabes durch Frauen kann keine spätere Erzählung der Urkirche sein, da sie allen damaligen Vorstellungen entsprechender Glaubwürdigkeit entbehrt (Frauen waren nicht als Zeugen zugelassen). Nach Mt 28,13–15 wird die Leere des Grabes von den Gegnern nicht bestritten, sondern nur anders gedeutet. Schließlich ist für den jüdischen Verstehenshorizont das leere Grab eine sachliche Voraussetzung für ein Sprechen von Auferstehung (Nach J. Kremer, Osterevangelien 49–50 → Lit.).

▶ Über die Ostererscheinungen des Auferstandenen liegen im Neuen Testament sehr verschiedene Darstellungen vor. Meist werden die Erscheinungen mit dem griechischen Verb *ophthe* umschrieben. Diese passivische Verbform ist am ehesten zu übertragen mit:»er wurde sichtbar gemacht«/»er hat sich sichtbar gemacht«. Damit wird unterstrichen, daß die Begegnung mit dem Auferstandenen aufgrund seiner Initiative geschieht: Lk 24,13–35 sowie Joh 20,11–18 wird dieser wesentliche Akzent in erzählender Form ausgedrückt. Die Ostererscheinungen umschreiben außergewöhnliche personale Begegnungen mit dem Auferstandenen, die von der positiven Beziehung zwischen ihm selbst und den Betroffenen bestimmt sind. Eine eindeutige Beschreibung oder Klassifizierung ist nicht möglich (vermutlich träfe sie auch nicht das Anliegen der biblischen Verfasser): Einmal steht die realistische Schilderung im Vordergrund, die jeden Verdacht auf Täuschung oder Einbildung widerlegen möchte (vgl. z. B. Lk 24,36–43); ein anderes Mal überwiegt die Betonung der neuartigen, vom Geist Gottes geprägten Lebensform Jesu (bes. Joh 20,10–23.24–29); mehrfach begegnen kurze Erscheinungserzählungen, die starke Züge alttestamentlicher Theophanieschilderungen tragen (z. B. Mt 28,8–10; 28,16–20; auch Mk 16,9–10; 16,14–18). Paulus bezeichnet seine Begegnung mit dem Auferstandenen selbst als von Gott gegebene Offenbarung (Gal 1,16). Dabei ist es ein Anliegen der Verfasser, die Identität des Auferstandenen mit dem Gekreuzigten (z. B. durch den Hinweis auf die Spuren der Kreuzigung: so bes. Lk 24,39) hervorzuheben. Die Vielfalt der Darstellungen zeigt den Versuch, das reale Erleben der Betroffenen wiederzugeben. Das Unvermögen der konkreten Vorstellbarkeit dieser Erscheinungen ist kein Argument gegen ihre Glaubwürdigkeit und Wahrheit: Denn damit würde göttliches Handeln gegenüber dem Menschen entweder auf einen historischen und nachvollziehbaren Rahmen beschränkt oder generell dem Kriterium unserer Denkmöglichkeiten unterworfen.

2. Urkirchliche Deutungen des Ostergeschehens

Die Problemstellung ist durch eine Besinnung auf die Situation nach Tod und Auferstehung Jesu zu erkennen. Die Jüngerinnen und Jünger waren Zeuginnen und Zeugen eines einzigartigen Geschehens geworden. Jesus war eines gewaltsamen Todes gestorben – ein Schock für alle, die ihm nahegestanden waren. Umso gewaltiger mußte sie das Geschehen von Ostern treffen: Der Auferstandene offenbart sich ihnen als ein Leben-

der. Was die Jüngerinnen und Jünger hier erleben, läßt sich nicht ohne Schwierigkeiten miteinander vereinbaren. Was sie an Ostern erlebt hatten, bedarf einer Einordnung in ihren Lebens- und Erfahrenshorizont. Das Ostergeschehen muß zu ihrem eigenen (jüdischen) Glauben in Bezug gesetzt werden; es muß in Beziehung zu ihrem Gottesbild und zu ihrem bisherigen Verhältnis zu Jesus von Nazaret gebracht werden: Denn angesichts des Ostergeschehens stellt sich die Frage »wer ist nun dieser?« (vgl. Mk 4,41) mit neuer Dringlichkeit. Mit der persönlichen Betroffenheit der Jüngerinnen und Jünger ist die Einsicht verbunden, daß sie das Erlebte nicht für sich behalten dürfen. Sie müssen also ihre eigene Reflexion und ihre Einsichten den Menschen in ihrem Umfeld als eine gute Botschaft (eben: als das Evangelium schlechthin) vermitteln. Eine solche Deutung des Ostergeschehens kann nicht nur in einer Weise erfolgen: Die menschliche Sprache vermag diese Fülle göttlichen Wirkens nicht in einer Formulierung auszudrücken, und seine Konsequenzen können nicht in nur einem Denkmodell eingebracht werden. Überdies hängt die Darstellung des Ostergeschehens von der eigenen Glaubensbiographie und der eigenen Person ab (vgl. dazu oben → I.1). Aus der vermutlich noch größeren Fülle der nachösterlichen Zeit sind in den neutestamentlichen Schriften eine Vielzahl entsprechender Deutungsversuche überliefert. Sie begegnen in den Briefen, in der Apg, in der Offenbarung und in den Evangelien in der je verschiedenen Art und Weise der Darstellung des Christusereignisses. Sie sind – analog zum Gesamtverständnis der Botschaft der Schrift – als einander ergänzend und als Zusammenschau zu verstehen. Einige dieser Osterdeutungen sollen in der Folge anhand einzelner neutestamentlicher Textabschnitte aufgezeigt werden.

Das Christusgeschehen – ein Ostergeschehen

Die Verkündigung der Botschaft über Jesus von Nazaret, über sein Leben und sein Wirken, erhält von Ostern her eine neue Dimension. Was sich bezüglich des Wesens Jesu in seinem vorösterlichen Wirken bereits andeutet, wird im Ostergeschehen offenbar. Vieles, was vor Ostern rätselhaft blieb, erscheint jetzt – rückblickend – verständlich. In diesem Zusammenhang ist nochmals auf die nachösterliche Tätigkeit der neutestamentlichen Verfasser hinzuweisen (vgl. dazu oben → I.1).

Schon vor der Abfassung der neutestamentlichen Schriften sind sehr bald nach Ostern Texte entstanden, die das gesamte Christusereignis unter der Perspektive des Ostergeschehens formulieren. Als ein Beispiel dafür kann die vormarkinische Passionsgeschichte gelten, die diesem Anliegen in Form einer Erzählung gerecht wird (vgl. oben → IV.1., Exkurs). In der Gattung der formelhaften Zusammenfassung überliefert Paulus einen Text, der ebenfalls in der Absicht entstanden ist, das Christusgeschehen als Ostergeschehen zu formulieren und zu deuten:

1 Kor 15,3–8: »³Denn vor allem habe ich euch überliefert, was auch ich empfangen habe:
Christus ist für unsere Sünden gestorben, gemäß der Schrift,
⁴und er ist begraben worden.
Er ist am dritten Tag auferweckt worden gemäß der Schrift,
⁵und er erschien dem Kephas, dann den Zwölf.
⁶Danach erschien er mehr als fünfhundert Brüdern zugleich; die meisten von ihnen sind noch am Leben, einige sind entschlafen.
⁷Danach erschien er dem Jakobus, dann allen Aposteln.
⁸Als letztem von allen erschien er auch mir, dem Unerwarteten, der ›Mißgeburt‹....«

Die Einführung (1 Kor 15,3a) zeigt, daß sich Paulus bereits auf ältere Überlieferung beruft. In dem formelhaften Abschnitt 1 Kor 15,3b-5 wird der Kern des Christusereignisses mit den Aussagen »gestorben – begraben – auferweckt – erschien« zusammengefaßt, wobei zusätzlich betont wird, daß all dies »gemäß der Schrift« geschah. Tod und Auferstehung werden als eine Wirklich-

keit dargestellt, die nicht zu trennen ist (vgl. auch 1 Kor 1,18–23). Die angefügte Liste der Ostererscheinungen (1 Kor 15,6–8) soll die vorangestellte Botschaft gleichsam »beglaubigen«. Damit wird auch ihre besondere Bedeutung unterstrichen. Der formelhafte Charakter läßt darauf schließen, daß Formulierungen dieser Art schon sehr früh in festgeprägter Form weitergegeben wurden.

Jesus Christus wird also gedeutet und verkündet als jener, der in Übereinstimmung mit der Schrift gestorben und auferstanden ist.

Das »Für uns« des Ostergeschehens

Das Ostergeschehen ist nicht nur ein Kristallisationspunkt für das Christusverständnis. In der Verkündigung der ersten christlichen Generation ist die Frage nach der Beziehung des Ostergeschehens zu den Jüngerinnen und Jüngern, bzw. zu all jenen, die zum Glauben an Jesus Christus gekommen sind, von besonderer Bedeutung. Die Antwort, die sich aus der nachösterlichen Verkündigung in den neutestamentlichen Schriften auf diese Fragestellung niedergeschlagen hat, ist sehr klar: Tod und Auferstehung Jesu sind für uns geschehen.

Diese Aussage ist in der vorösterlichen Haltung Jesu vorbereitet. Sein Leben und sein Wirken zielen nicht auf seinen eigenen Vorteil ab, sondern auf ein Für-Sein (Proexistenz) für alle Menschen (vgl. dazu besonders die Erzählungen über die Versuchung Jesu Mt 4,1–11 par, sowie die entsprechenden Abschnitte aus der Passionserzählung Mk 15,29–32 par). Es ist also folgerichtig, wenn auch Jesu Tod und seine Auferstehung aus dieser Perspektive gedeutet werden. Dieses Verständnis kommt bereits 1 Kor 15,3b zum Ausdruck (»Christus ist für unsere Sünden gestorben...«). Noch klarer sagt es eine urkirchliche Osterformel, die erneut Paulus aufgreift:

Gal 1,4: »... Jesus Christus,
⁴der sich gab für unsere Sünden,

damit er uns herausreiße aus diesem bösen gegenwärtigen Äon
gemäß dem Willen Gottes und unseres Vaters...«

Der formelhafte Text ist durch mehrere Momente besonders gekennzeichnet: Jesu Selbstgabe ist als ein aktives, totales Handeln beschrieben. Es geschieht »für unsere Sünden«, also deshalb, weil wir Sünder sind (vgl. dazu Röm 6,7–8; Gal 2,20). All dies steht in Übereinstimmung mit dem Willen Gottes. Das Ziel solchen Handelns ist die Befreiung aus dem bösen gegenwärtigen Äon, also eine Hineinstellung des Menschen in die mit Jesus Christus anbrechende Endzeit.
Aus dieser vielschichtigen Aussage ist ein zweifacher Grundaspekt des Handelns Jesu erkennbar: freiwillig und in Gehorsam gegen Gott – bei all der Spannung, die damit gegeben ist. Dieses Handeln ist von einer zweifachen, aufeinander bezogenen Motivation begleitet: Es geschieht für uns und im Blick auf unsere Befreiung für die beginnende Endzeit. Paulus verwendet hier eine Formel, die in Anspielung an die Befreiung Israels aus der Knechtschaft Ägyptens formuliert ist (vgl. Ex 3,7–8). Daraus ergibt sich ein wichtiger Bezug: So wie Jahwe Israel aus der Sklaverei der Ägypter befreit hat, so befreit Christus die an ihn Glaubenden aus der Knechtschaft der Sünde. Röm 6,16–23 zeigt die Vertrautheit des Paulus mit diesem Bild des erlösten Sklavenschicksals (vgl. auch Röm 8,15 und Gal 4,6).

Dieses »für uns« in Übereinstimmung mit dem Willen Gottes darf jedoch nicht in einseitiger Interpretation zu einer falschen Gottesvorstellung führen. Diese Aussage setzt nicht die Annahme voraus, Gott habe ausdrücklich den Tod des Sohnes gewünscht und gefordert, um die Sünde des Menschen zu tilgen und zu sühnen – gleichsam als wäre Jesu Schicksal vom ersten Tag seiner irdischen Existenz bereits vorausgeprägt gewesen. Eine solche Vorstellung widerspricht den Aussagen des Neuen Testaments über die Menschheit Jesu (vgl. oben → III.5.), und sie übersieht den nachösterlichen Charakter der neutestamentlichen Schriften: Denn Menschsein bedeutet Wachsen, Entwicklung, Vertiefung; es ist ein mit der Geschichte verknüpfter Prozeß. Die Verfasser des Neuen Testaments blicken auf die Ebene des geschichtlichen Verlaufs zurück und deuten das Geschehen aus ihrer situationsbezogenen Perspektive.

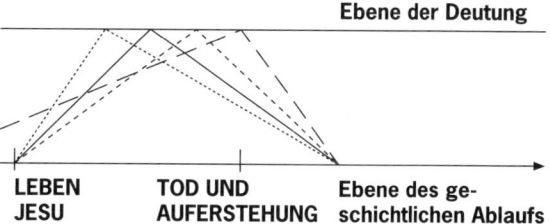

LEBEN JESU TOD UND AUFERSTEHUNG Ebene der Deutung / Ebene des geschichtlichen Ablaufs

Jesu Aufgabe war es nicht, nach einer gewissen Zeit irdischen Lebens am Kreuz zu sterben, sondern vielmehr, den Menschen die Botschaft von der Liebe seines Vaters zu verkünden und mit seiner gesamten Existenz dafür einzustehen und sie gegenwärtig zu setzen (vgl. Mk 1,14–15; Joh 3,16–18, dazu oben → III.2.). Im geschichtlichen Augenblick von Jesu Wirken wurde diese Botschaft – vornehmlich von jenen Menschen, die in seinem Lebensraum die Möglichkeit der Meinungsbildung und der Entscheidung hatten – nicht angenommen. Diese Ablehnung bedeutete für Jesus den Tod, da er in Treue zu seiner Sendung von dieser unter keinen Umständen Abstand nehmen wollte. Gerade in diesem Tod aber bezeugte Gott in einer für den Menschen nicht vorstellbaren oder erwartbaren Weise seine Treue zu seinem Sohn: Er ließ ihn nicht im Tod, sondern erwies sich in der Gabe eines neuen Lebens in Fülle als ein Gott, der auch über den Tod hinaus treu und zugewendet (also proexistent) bleibt.
»Gemäß der Schrift« vermittelt (ähnlich wie »gemäß dem Willen Gottes«) die Überzeugung, daß sich im Christusgeschehen, insbesondere im Osterereignis Gott in jener Weise geoffenbart hat, wie dies aus der alttestamentlichen Überlieferung bereits bezeugt und verkündet wurde, also als der Bundesgott Jahwe. Damit wird ausgedrückt, daß Gottes Handeln an Ostern in Kontinuität zu seinem bisherigen Wirken gegenüber Israel verstanden wird, wenngleich in einer bisher unerhörten Intensität und Verdichtung. (Paulus kann deshalb auch sagen, daß das

Evangelium Gottes über Jesus Christus »vorherverkündet wurde durch die Propheten in den Heiligen Schriften«: Röm 1,2). Werden die Freiheit Jesu und sein Menschsein ebenso ernstgenommen wie Gottes Zuwendung und Liebe, so ist der geschichtliche Ablauf theologisch nicht anders zu interpretieren. Der Ablauf der Ereignisse wurde – nachdem er sich so in seiner geschichtlichen Einmaligkeit ergeben hatte – im Blick auf Gott, auf Jesus Christus und auf den Menschen gedeutet.

Dazu wurden verschiedene Sprach- und Vorstellungsmodelle herangezogen, die sodann auch in die neutestamentlichen Schriften Eingang gefunden haben. Die Ausweitung des Gedankens »für uns«, der das Moment der Sühne und des stellvertretenden Leidens einschließen kann, legte sich im jüdischen Denkhorizont besonders nahe: Schon sehr früh wurden die sogenannten »Gottesknechtslieder« des zweiten Jesajabuches (insbesondere Jes 52,13 – 53,12) einer auf das Schicksal Jesu bezogenen Relektüre unterzogen. Was dort über den Mann der Schmerzen gesagt wird, wurde als Vorausnahme und als prophetische Sicht des Passionsgeschehens verstanden. Überdies wurde in einer judenchristlichen Tradition Jesus Christus zur Gestalt und Bedeutung des jüdischen Hohepriesters in Beziehung gesetzt: Jener brachte am Versöhnungstag das Versöhnungsopfer für das Volk dar; Jesus Christus hat dies durch seinen Tod in vollkommener Weise und ein- für allemal getan und so endgültige Versöhnung zwischen Gott und den Menschen bewirkt. Diese Interpretation ist insbesondere im Hebr entfaltet worden (vgl. bes. Hebr 9,11–28) und hat sodann das christliche Osterverständnis maßgeblich mitbestimmt.

Jesus Christus wird also aufgrund von Tod und Auferstehung als jener verkündet, der für uns das Heil gewirkt hat.

Das Ostergeschehen – Höhepunkt der Offenbarung in Jesus Christus

Aufgrund des Ostergeschehens bedarf die Geschichte unserer Rettung einer erneuten Interpretation. Im Neuen Testament finden sich diesbezüglich mehrere Modelle:
▶ Der Gedanke der auf Christus hin fortschreitenden Offenbarung knüpft an einem dialogischen Offenbarungsverständnis an:

Hebr 1,1–2: »[1]Viele Male und auf vielerlei Weise hat Gott einst zu den Vätern gesprochen durch die Propheten;
[2]in dieser Endzeit aber hat er zu uns gesprochen durch den Sohn, den er zum Erben des Alls eingesetzt und durch den er auch die Welt erschaffen hat.«

Gottes Zuwendung zum Menschen verdichtet sich also über das Wort der alttestamentlichen Verkünder (»Prophet« ist im weiteren Sinne des Wortes zu verstehen) hin auf Jesus Christus. Dieser kündet nicht nur vom Vater, er setzt Gott selbst gegenwärtig (vgl. Joh 1,18; 14,9), er bezeugt und verkörpert Gottes Liebe in tiefstmöglicher, nämlich in personaler Weise.
▶ Das biblische Darstellungsschema, in dem die von Gott gegebene Verheißung einer Erfüllung zustrebt, wird im Sinne einer Gesamtschau der alttestamentlichen Schrift auf den Auferstandenen bezogen. In ihm kommt Gottes sich selbst zusagendes Wort an sein (alttestamentliches) Bundesvolk zur Fülle. Daher ist das gesamte Christusgeschehen »gemäß der Schrift« und erfüllt sich die Schrift im Leben und Wirken Jesu. In diesem Zusammenhang kann z. B. auf den matthäischen Umgang mit dem Alten Testament hingewiesen werden: 33 mal verweist der Evangelist in sogenannten »Reflexions- oder Erfüllungszitaten« auf die Erfüllung der Schrift durch Jesus hin. Auf die Täuferfrage (Mt 11,4–6 par) wird in der Antwort Jes 35,4–5 zitiert. Paulus wendet die Technik des rabbinischen Schriftbeweises an, um seine auf Christus bezogenen Darlegungen als Erfüllung des Alten Testaments aufzuzeigen.

Hinsichtlich des dabei zugrundegelegten Schriftverständnisses sind zwei Gesichtspunkte zu beachten: Anders als der heutige Mensch, bedient sich der jüdische Schriftgelehrte der Stichwortassoziation, um ein Schriftwort mit einem anderen (oder auch mit einem aktuellen Wort, bzw. Geschehen) in Beziehung oder gar in Übereinstimmung zu setzen. Kriterien wie die kontextgerechte bzw. der ursprünglichen Verfasserabsicht entsprechende Verwendung eines Schriftzitates spielen dabei keine oder nur eine untergeordnete Rolle. Des weiteren bezieht sich das Sprechen von der »Schriftgemäßheit« nicht auf eine einzelne Bibelstelle, sondern auf den Gesamtbefund der alttestamentlichen Schrift: Was in vielen Einzeltexten über die Eigenart Gottes ausgesagt ist, entspricht in seiner Gesamtheit dem Befund, der aufgrund des Ostergeschehens hinsichtlich der Eigenart Gottes zu erschließen ist.

▶ Die heilsgeschichtlich orientierte Darstellung des Christusgeschehens versucht, die Geschichte unter der Perspektive unseres Heils nachzuzeichnen und zu interpretieren.

Phil 2,6–11: »⁶Er war Gott gleich,
hielt aber nicht daran fest, wie Gott zu sein,
sondern er entäußerte sich und wurde wie ein Sklave
und den Menschen gleich.
Sein Leben war das eines Menschen;
⁸er erniedrigte sich
und war gehorsam bis zum Tod, bis zum Tod am Kreuz.
⁹Darum hat Gott ihn über alle erhöht und ihm den Namen gegeben, der größer ist als alle Namen,
¹⁰damit alle im Himmel, auf der Erde und unter der Erde ihre Knie beugen vor dem Namen Jesu
¹¹und jeder Mund bekennt: Jesus Christus ist der Herr -
zur Ehre Gottes, des Vaters.«

Von den christologischen Aussagen Phil 2,9b-11 her wird das gesamte Heilsgeschehen in Jesus Christus interpretiert. Phil 2,9a (»Darum...«) kennzeichnet die entscheidende Wende.

In diesem Zusammenhang wäre auch auf das lukanische Geschichtsdenken zu verweisen: Lukas gliedert die Geschichte der Schöpfung in eine Zeit der Erwartung, die hingeordnet ist auf das Kommen Jesu; in eine »Mitte« oder eine Wende der Zeit, die mit dem Christusereignis geschieht; in eine (beginnende) Vollendung, die seit dem Christusereignis ständig fortschreitet.

Der Ablauf der Heilsgeschichte hat eine innere Gesetzmäßigkeit, die im Neuen Testament mehrfach mit dem »Müssen« Jesu umschrieben wird. Dies bedeutet nicht einen sachlichen Zwang, sondern eine aufgrund seiner Sendung gegebene Hinordnung auf den Willen des Vaters. Als Beispiel dafür kann die erste Leidensankündigung gelten:

Mk 8,31: »Und er begann sie zu lehren,
daß der Menschensohn vieles leiden müsse,
und daß er verworfen werden müsse von den Ältesten
und den Hohepriestern und den Schriftgelehrten,
und daß er getötet werden müsse,
und daß er nach drei Tagen auferstehen müsse.«

Es ist zu beachten, daß sich das »Muß« Jesu in diesem sein Schicksal interpretierenden Text auf alle Momente, auch auf seine Auferstehung bezieht (vgl. ähnlich Lk 24,26– 27.44 – 47). Was zuvor für das Verständnis der Wendung »für uns« und »gemäß der Schrift« gesagt wurde, trifft auch für das Sprechen vom »Müssen« Jesu zu.

Jesus Christus wird also als jener verkündet, der Höhepunkt und Beginn der Erfüllung von Gottes Geschichte mit dem Menschen vergegenwärtigt.

Das Ostergeschehen – Offenbarung des präexistenten Sohnes in Macht

Die Reflexion über das Wesen Jesu aufgrund seines Todes und seiner Auferstehung führen die Jüngerinnen und Jünger und sodann die neutestamentlichen Verfasserinnen oder Verfasser zu dem Schluß, daß Jesus seine Existenz nicht erst mit seiner Menschwerdung beginnt, sondern daß er als der einziggeborene Sohn schon von jeher bei und mit Gott gewesen ist. In diesem Sinn ist beispielsweise der Prolog des vierten Evangeliums zu lesen (vgl. Joh 1,1–18: Der Logos, der bei Gott war, kam in die Welt und brachte Kunde von Gott).

Kol 1,17: »Und er selbst ist vor allem,
und alles hat in ihm Bestand.«
Offb 1,17–18: »¹⁷...Ich bin der Erste und der Letzte
¹⁸und der Lebendige.
Ich war tot, doch nun lebe ich in Ewigkeit,
und ich habe die Schlüssel zum Tod und zur Unterwelt.«
Röm 1,3–4: »³... das Evangelium von seinem Sohn,
der geworden ist aus dem Geschlecht Davids dem Fleische nach,
⁴der eingesetzt ist als Sohn Gottes in Macht dem Geist der Heiligkeit nach aus der Auferstehung von den Toten,
Jesus Christus, unserem Herrn, ...«

Die Texte akzentuieren in unterschiedlicher Formulierung die konstante Gegenwart Jesu (vgl. auch Joh 8,58). Röm 1,4 erlaubt überdies einen deutlicheren Zugang zum Problem: Der immer schon Sohn Gottes war, hat sich in seiner Auferstehung als solcher erwiesen: Er wurde »eingesetzt... in Macht«. So wird deutlich: Der Zugang zu dieser außergewöhnlichen Dimension des Wesens Jesu ist für den Menschen durch Jesu Auferstehung eröffnet.

Jesus Christus wird demnach als der ewig (schon) seiende Sohn des Vaters verkündet.

Reflexion der Herkunft Jesu als Davidsohn

Das Ostergeschehen veranlaßt dazu, Jesu natürliche Abstammung (vgl. Mt 1,1–17) unter einer besonderen Perspektive zu sehen: Jesus ist nicht irgendein Kind aus dem Hause Davids, sondern er ist DER Sohn Davids schlechthin. An Ostern wird offenbar, daß Jesus von Nazaret jener Nachkomme Davids ist, von dem die Natanverheißung (2 Sam 7,12–16, vgl. dazu oben → III.2.) spricht: Gott wird ihm seine Herrschaft übertragen, und diese wird ohne Ende sein. Rückblickend wird dieses Moment der Abstammung aus dem Hause Davids nicht nur als eine biographische Notiz vermerkt, sondern sie erhält tiefere Bedeutung: Vgl. als Beispiele Lk 1,26–38; 2,4.11, weiters z. B. Mk 10,47.48 par; 11,10 par.

Besonders deutlich wird die theologische Absicht dieses Hinweises auf die Abstammung Jesu in der Formel Röm 1,3–4: Der Bezug auf die Davidsohnschaft bietet die Grundlage für die weiterführende Aussage über die Präexistenz. Beide Aussagen sollen das einzigartige Wesen Jesu deuten, d. h.: Schon aufgrund seiner Abstammung ist erkennbar, daß Jesus der Gesalbte Jahwes ist; überdies hat er an Ostern seine machtvolle Sohnschaft geoffenbart.

Jesus Christus wird also als der eine Nachkomme aus dem Hause Davids, als der Sohn Davids verkündet.

Das Ostergeschehen – Grundlage für die Gabe des Geistes

Die ersten urkirchlichen Generationen erfuhren in nachdrücklicher und vielfältiger Weise Wirken und Beistand des Geistes als Wirken und Beistand der dynamischen Wirkkraft Gottes. In mittelbarer oder in unmittelbarer Rückbindung wird dieses Wirken des Geistes mit dem Tod und der Auferstehung Jesu in Beziehung gesetzt.

Röm 8,15: »Ihr habt nicht einen Geist empfangen, der euch zu Sklaven macht, sodaß ihr euch immer noch fürchten müßt, sondern ihr habt den Geist empfangen, der euch zu Kindern macht, den Geist, in dem wir rufen: Abba, Vater!« (Vgl. ähnlich Gal 4,6)

Paulus verbindet seine Darlegung über das Wirken des Geistes mit dem Bild vom neuen Sklaven in Christus (vgl. Röm 6). Dieses in Tod und Auferstehung grundgelegte neue Gottesverhältnis ist vom Geist Gottes bestimmt, der den Menschen erst zu einem solchen neuen Gottesverhältnis befähigt. Damit ist indirekt auf die unmittelbare Verbindung von Ostergeschehen und Geistbegabung hingewiesen. Ausdrücklich wird diese Darstellungsweise im JohEv entfaltet:

Joh 20,21–22: »[21]Wiederum sagte Jesus zu ihnen: Friede euch! Wie mich der Vater gesandt hat, so sende ich euch. [22]Nachdem er das gesagt hatte, hauchte er sie an und sprach zu ihnen: Empfangt Heiligen Geist!«

Für den Verfasser des JohEv sind Tod, Auferstehung, Erhöhung und Geistsendung eine umfassende theologische Wirklichkeit. Aus diesem Grund erzählt der Evangelist davon auch in einer zusammenhängenden zeitlichen Dichte.

Lukas hingegen möchte die gleiche Aussage in zeitlich differenzierter Abfolge verständlich machen. Er knüpft dabei an besonders bedeutungsvolle Zahlen (40 Tage → Himmelfahrt/Erhöhung Jesu), bzw. an bestehende jüdische Feste (Pfingsten – Fest der Ernte und der Gesetzgebung) an und führt schrittweise in die Fülle des österlichen Geschehens ein: Tod und Auferstehung Jesu, Erhöhung und Himmelfahrt Jesu, Gabe des Geistes. (siehe Schema)

16,7–11; 16,12–15) sind ein Zeugnis der urkirchlichen, nachösterlichen Geisterfahrung.

Jesus Christus wird also als jener verkündet, der uns an Ostern den Geist gewirkt und gesandt hat.

Das Ostergeschehen – Deutung des Kosmos

Besonders angesichts von Erdbeben und kosmischen Ängsten um die Mitte des 1. Jh.

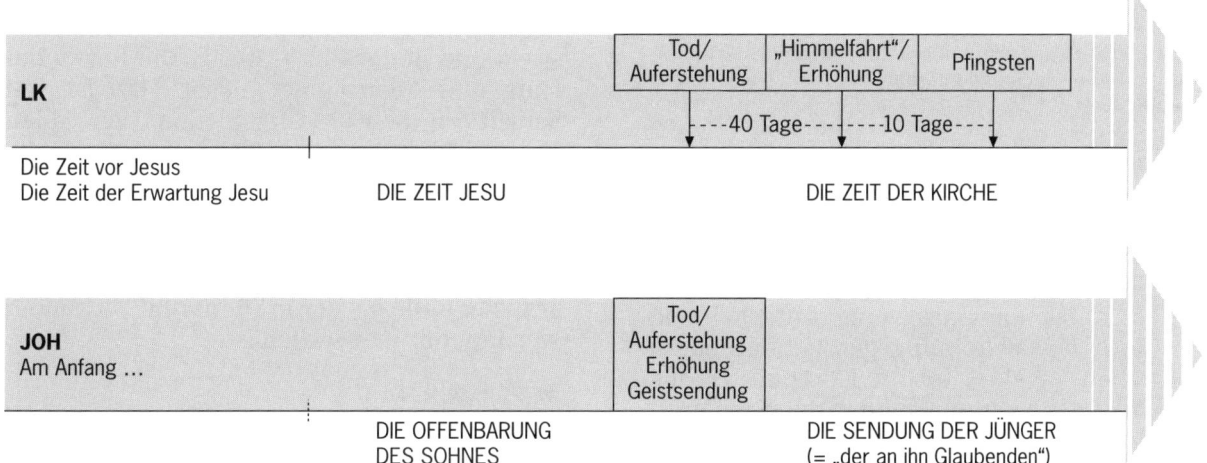

Die Sendung des Geistes befähigt die Gemeinde zum Zeugnis für den auferstandenen Herrn (vgl. Apg 2,1–13.14–36), so wie Jesus für seine Sendung zur Bezeugung der Liebe des Vaters mit Gottes Geist ausgerüstet worden war (vgl. Lk 3,21–22; 4,18–19). Was Lukas erzählend über dieses nachösterliche Geistwirken in der Apg entfaltet, formuliert der Verfasser des JohEv in Herrenworten, in denen die nachösterliche Situation und Erfahrung der Gemeinde reflektiert wird. Er stellt den Geist als den Beistand dar, der zu den Jüngerinnen und Jüngern kommt, da Jesus zum Vater geht (vgl. Joh 16,16–22), der sie unterstützt, aufrichtet, fördert und ermutigt. Die sogenannten Parakletsprüche (Joh 14,16–17; 14,26; 15,26;

n. Chr. wurde das Ostergeschehen Anlaß für eine Bezugsetzung zwischen dem Auferstandenen und der gesamten Schöpfung. So wird Jesus Christus nicht nur in seiner Beziehung zum einzelnen Menschen und zur glaubenden Gemeinschaft gesehen, sondern es wird nach seiner Bedeutung für den Kosmos gefragt.

Diese Bezugsetzung zur gesamten Schöpfung ist in der Offb festzustellen (vgl. z. B. Offb 1,17–18; 22,13); sie begegnet auch in anderen neutestamentlichen Schriften (vgl. z. B. Eph 1,10; Joh 1,1–5). In besonderer Weise prägt dieser Zugang zu Jesus Christus den Kol:

Kol 1,15–20: »[15]Er ist Bild Gottes, des unsichtbaren, Erstgeborener aller Schöpfung,

¹⁶denn in ihm wurde alles erschaffen in den Himmeln
und auf der Erde,
das Sichtbare und das Unsichtbare,
seien es Throne,
seien es Herrschaften,
seien es Mächte,
seien es Gewalten;
alles ist durch ihn und auf ihn hin erschaffen.
¹⁷Und er selbst ist vor allem,
und alles hat in ihm Bestand;
¹⁸und er selbst ist das Haupt des Leibes – die Kirche.
Er ist (der) Anfang,
Erstgeborener aus den Toten,
damit in allem er selbst der Erste sei;
¹⁹denn (Gott) hatte daran Wohlgefallen,
in ihm die ganze Fülle wohnen zu lassen
²⁰und durch ihn alles zu versöhnen auf ihn hin,
(indem er) Frieden schuf durch das Blut seines Kreuzes,
(durch ihn) – sei es das auf der Erde, sei es das in den
Himmeln.«

Dieser Hymnus gibt einen Einblick in die Eigenart des österlichen christologischen Denkens. Ausgangspunkt der Reflexion ist die Beziehung zwischen Jesus Christus und der Schöpfung. Dabei wird ihm eine umfassende Kausalität, also eine entscheidene Position im Schöpfungsgeschehen zugeschrieben (vgl. Kol 1,15–16). Dieser Gedanke des Vorranges (oder des Erst-Ranges) ist in einer Zwischenstrophe (Kol 1,17–18a) im Blick auf die nun an Ostern geschehene Neu-Schöpfung der Kirche weiterentwickelt. Der genauere Zusammenhang dieses neuen Gedankens mit dem Geschehen von Tod und Auferstehung Jesu wird Kol 1,18b–20 genauer dargelegt.

Jesus wird also als das Haupt und der Anfang (Urgrund) der ganzen und jedweder Schöpfung verkündet.

Das Ostergeschehen – Schlüssel zur Person Jesu

Der Glaube der Jüngerinnen und Jünger, die Jesu Botschaft verkündigen, ist entscheidend vom Ostergeschehen bestimmt. Dies gilt auch für die neutestamentlichen Verfasserinnen und Verfasser. In ihren Schriften bezeugen sie ihren Glauben an den Aufer-standenen, sie formulieren die Verkündigung aus dieser ihrer Sicht. Darin kommt auch der spezifisch je eigene Zugang zur Person Jesu zum Ausdruck. Dies bedeutet: Jede und jeder der neutestamentlichen Verfasserinnen und Verfasser bezeugt den Auferstandenen; aus der persönlichen Schreibsituation sprechen sie über Jesus. Das Ostergeschehen ist dafür in besonderer Weise maßgebend. So wird Jesus nicht einfach bei seinem Namen genannt, sondern es werden bestimmte Hoheitstitel mit seiner Person verbunden: Jesus ist der »Herr«, der »Menschensohn«, der »Davidsohn«, der »Christus« und der »Sohn Gottes«. Die Formulierung und Ausprägung dieser Titel ist von Schrift zu Schrift verschieden (vgl. dazu unten → VI.); verursacht ist sie jeweils durch das Ostergeschehen, denn dieses bestimmt letztendlich das Jesusbild der Verfasserin oder des Verfassers.

Aufgrund des Ostergeschehens also kann Jesus in Fülle als der erkannt und verkündet werden, der er wirklich ist.

➤ AUFGABEN:

■ Bedenken Sie die einzelnen hier genannten Gesichtspunkte anhand der angesprochenen Bibeltexte.
■ Suchen Sie nach weiteren neutestamentlichen Beispielen zu den dargelegten Grundpositionen.
■ Überlegen Sie, welche Deutungsversuche der Person Jesu aufgrund der neutestamentlichen Verkündigung noch erhoben werden könnten.

3. Zusammenfassung: Jesus – Christus – Kyrios als Grundinhalt christlichen Glaubens

Die Bedeutung des Ostergeschehens für die Christinnen und Christen kann zusammenfassend auf der Grundlage einzelner neutestamentlicher Texte bedacht werden.

Osterglaube und Hoffnung auf Heil

Die neutestamentlichen Verfasserinnen und Verfasser betonen mehrfach, daß der Glaube an den auferstandenen Herrn das entscheidende Kriterium für unser Heil ist. Die christliche Verkündigung wie auch die christliche Existenz sind daran gebunden (vgl. 1 Kor 15,14). Am markantesten ist diese Grundhaltung in einer paulinischen Glaubensformel ausgedrückt:

Röm 10,9: »Wenn du mit deinem Mund bekennst: Jesus ist der Herr, und in deinem Herzen glaubst: Gott hat ihn von den Toten auferweckt, so wirst du gerettet werden.«

»Jesus ist der Herr« ist eine indirekte Umschreibung für die Aussage: Er ist auferstanden. Im Bekenntnis zum auferstandenen Herrn liegt also die Hoffnung auf unsere endzeitliche Zukunft bei Gott begründet.

Bekenntnis zu Jesus aus dem Geist

Die Begabung mit dem österlichen Geist ist die Grundvoraussetzung für den Menschen, an Jesus als den Auferstandenen zu glauben. Die neutestamentlichen Verfasserinnen, bzw. Verfasser heben die Notwendigkeit dieser Geistbegabung hervor: Sowie die Osterbotschaft nicht menschlichem Erkennen und Begreifen entspringt, sondern in Gottes Offenbarung grundgelegt ist, so bedarf es auch für die gläubige Annahme dieser Botschaft und für die personale Zuwendung zum Auferstandenen des Beistandes der dynamischen Wirkkraft Gottes.

1 Kor 12,3: »Keiner, der aus dem Geist Gottes redet, sagt: Jesus sei verflucht!
Und keiner kann sagen: Jesus ist der Herr!, wenn er nicht aus dem Heiligen Geist redet.«

Die knappe Formelhaftigkeit dieses Satzes unterstreicht seine Aussage: Bekenntnis zu Christus ist nur in der Kraft des Geistes möglich. Unter diesem Gesichtspunkt bedarf es erneut eines Bedenkens unseres Getauft- und Gefirmt-Seins!

Schicksalsverbundenheit mit Christus

Ostern konstituiert ein neues Gottesverhältnis des Menschen. Die Existenz des Glaubenden ist unlösbar mit dem Schicksal des einen Sohnes, Jesus Christus, verbunden – wie Paulus dies mit allem Nachdruck in seiner Taufkatechese darlegt:

Röm 6,3–8: »[3]Wißt ihr nicht, daß wir als solche, die getauft wurden auf Christus Jesus, auf seinen Tod getauft worden sind?
[4]Wir wurden also mitbegraben mit ihm durch die Taufe auf den Tod, damit, so wie Christus auferweckt wurde von den Toten durch die Herrlichkeit des Vaters, so auch wir in einem neuen Leben wandeln.
[5]Wenn wir nämlich zusammengewachsen sind mit der Gestalt seines Todes, dann werden wir auch (zusammengewachsen) sein (mit der Gestalt) der Auferstehung.
[6]Das wissend, daß unser alter Mensch mitgekreuzigt wurde, damit vernichtet werde der Leib der Sünde, damit wir nicht Sklaven sind der Sünde.
[7]Denn der Gestorbene ist freigesprochen von der Sünde.
[8]Wenn wir nun gestorben sind mit Christus, glauben wir, daß wir auch mitleben werden (mit) ihm.«

➤ AUFGABE:

Unterstreichen Sie in diesem Textabschnitt alle Aussagen, die auf einen Bezug / eine Verbindung mit Christus hinweisen. Zu welchem Ergebnis kommen Sie?

Anhand dieses Textes ist erkennbar, daß im paulinischem Verständnis das »Mit/In Christus« ein Wesensmerkmal der Christinnen und der Christen darstellt.

»Für uns« – Bindeglied zwischen Jesus Christus und den Glaubenden

Im Ostergeschehen vollendet Jesus Christus seine Existenz als ein Leben des »Für-Seins« und der »Für-Gabe«. In Entsprechung zu Joh 13,34–35 ist damit eine tiefe Verbindung aus Liebe zwischen Jesus Christus und den Menschen konstituiert, die im Sprechen vom »Für uns« des Ostergeschehens zum Ausdruck kommt (vgl. 1 Kor 15,3–5; Gal 1,4; 2,20b). So ist erkennbar: Im Bedenken des

Ostergeschehens steht christliche Existenz auf ihrem Prüfstein und an ihrem Angelpunkt.

➡ AUFGABEN:

Bedenken Sie rückblickend zum IV. Kapitel:
■ Welche Konsequenzen ergeben sich daraus für Ihren Umgang mit der Heiligen Schrift und für die Gewichtung der Beschäftigung mit biblischen Texten?
■ Welche Folgerungen können Sie für Ihr eigenes Bemühen um Glauben ziehen?
Lesen Sie Lk 24,13–35:
■ Welches Jesus- und Christusbild wird uns in dieser Erzählung vermittelt?
■ Was bedeutet dies für unsere Schriftlesung; für die Feier der Eucharistie; für unsere Suche nach einer personalen Jesusbeziehung?
In der Eucharistiefeier antwortet die Gemeinde auf die Verkündigung des »Geheimnisses unseres Glaubens«: »Deinen Tod, o Herr, verkünden wir, und deine Auferstehung preisen wir, bis du kommst in Herrlichkeit.«
Bedenken Sie die einzelnen Aussagen:
■ Was bedeuten Sie – besonders vor dem eben bedachten biblischen Hintergrund?
■ Wie kann ich mich damit auseinandersetzen und identifizieren?
Denken Sie über den paulinischen Satz nach, daß mit unserem Glauben an Jesus als einem Auferstandenen unser Christentum steht und fällt (1 Kor 15,14):
■ Wo stehe ich als Christin oder als Christ?
■ Welchen Stellenwert hat der Osterglaube in meinem Leben?
Müßten wir den Auferstandenen nicht mehr um den Beistand der Gabe seines Geistes für unseren Glauben bitten?

➡ VERSTÄNDNIS- UND WIEDERHOLUNGSFRAGEN ZU KAPITEL IV:

Zu 1. Tod und Auferstehung Jesu in der Verkündigung der Evangelien
■ Welche Bedeutung hat die These von einer vormarkinischen Passionsgeschichte für das Glaubensverständnis der jungen Kirche?
■ Was kann aus rechtlicher Sicht zum Verfahren gegen Jesus von Nazaret angemerkt werden?
■ Welche Datierungen des Todestages Jesu liegen in den Evangelien vor? Wie sind sie zu beurteilen?
■ Welche Schwerpunkte setzen die Evangelisten in ihrer Darstellung des Todes Jesu?
■ Welche Momente der Osterverkündigung sind aus Mk 16,1–8 erkennbar? Wie sind in diesem Text Engelerscheinung, Botschaft der Auferstehung, leeres Grab und Hinweis auf Erscheinungen einander zuzuordnen und zu bewerten?

Zu 2. Urkirchliche Deutungen des Ostergeschehens
■ Begründen Sie die Notwendigkeit der Deutung des Passions- und Ostergeschehens.
■ Erläutern Sie den Satz: Tod und Auferstehung Jesu sind »für uns« geschehen.
■ Nennen Sie – beispielhaft – Aussagen über Jesus von Nazaret, die aufgrund des Ostergeschehens in den neutestamentlichen Schriften reflektiert werden.
■ In welcher Weise wird das Wirken des Geistes und das Ostergeschehen im Neuen Testament zueinander in Beziehung gesetzt?

V. Die Verkündigung über Jesus, den Christus

Das Christusgeschehen ist Gegenstand der neutestamentlichen Verkündigung. In diesem Kapitel sollen Gedanken darüber angestellt werden, welche Wege vom Wirken Jesu zur weiteren Verbreitung seiner Botschaft und schließlich zu ihrer schriftlichen Erfassung geführt haben.

1. Ansätze zur Traditionsbildung

Schon für die Zeit des Wirkens Jesu stellt sich die Frage, wie aus der mündlichen Predigt und aus dem Handeln Jesu feststehende Traditionen entstehen konnten. Diese Fragestellung ist über das Ostergeschehen hinaus in die nachösterliche Situation weiterzuführen. Da wir diesbezüglich nur spärliche Angaben in den neutestamentlichen Schriften vorfinden, müssen wir mit großer Zurückhaltung versuchen, die Entwicklung zu rekonstruieren.

Die vorösterliche Situation

Jesus hat sich – nach der Art damaliger Verkündigung – in seiner Predigt der sogenannten Mnemotechnik bedient. Er hat seine Botschaft in prägnante Sprache gefaßt, die leicht zu behalten war (vgl. dazu oben → I.1.). Vorbilder für diese Art der Unterweisung finden sich in der Redepraxis der Rabbinen sowie in der literarischen Gattung der Weisheitsliteratur. So ist damit zu rechnen, daß schon in dieser Phase feste Formulierungen entstanden sind, die von den Jüngerinnen und Jüngern aufgenommen wurden.

Gemäß Mk 6,6b-13 par ist bereits vor Ostern eine erste Aussendung der Jünger (und Jüngerinnen) anzusetzen. Dabei muß offenbleiben, ob sich diese allein auf die Zwölf beschränkte oder über diesen Kreis hinausging (vgl. in diesem Sinne Lk 10,1–16). Die Jüngerinnen und Jünger hatten dabei die Aufgabe, gleichsam Multiplikatoren für die Botschaft Jesu von der basileia zu sein (vgl. dazu Mk 3,14b). Daher bildeten wohl vor allem Aussagen, die die anbrechende Wirklichkeit der basileia erläutern konnten, den Inhalt ihrer Verkündigung.

Als Beispiele könnten genannt werden:
– Worte über die basileia, wie z. B. Mk 1,15; Lk 11,20;
– Gleichnisse über die basileia, wie z. B. Mt 13;
– Beispielerzählungen, wie z. B. Lk 10,30–37; 15,11–32;
– klärende Streitgespräche als erzählte Episoden, wie z. B. Mk 2,17; Mk 2,27b.28;
– grundlegende Interpretationsformen für die Torah, wie z. B. Mt 5,17–20.

Es ist anzunehmen, daß die Jüngerinnen und Jünger nicht bloß Worte Jesu zitierten, sondern – im Sinne der Darstellung seiner Persönlichkeit – wohl auch von seinem Handeln erzählten. So kann vermutet werden, daß bereits vor Ostern die eine oder andere Wundertat Jesu zu einer immer wieder erzählten Episode formuliert wurde. In ähnlicher Weise kann über die Auseinandersetzungen Jesu mit den jüdischen Behörden gedacht werden (Streitgespräche). Da auch für die Weitergabe der basileia-Botschaft Jesu grundsätzlich das Kriterium gilt, daß ihre Entfaltung in Wort und Tun nicht zu trennen ist (vgl. so oben → III.2.), ist es wahrscheinlich, daß auch die Jüngerinnen und Jünger die basileia in einzelnen Menschen kraft ihres Auftrags von Jesus zeichenhaft gegenwärtig setzten (vgl. dazu auch Mk 6,7b par; Lk 10,17–20).

Der Schnittpunkt Ostern

Das Ostergeschehen läßt Person und Wirken Jesu aus einer neuen und zugleich endgültigen Perspektive erscheinen. Dies bedeutet, daß die vorösterliche Jesustradition mit dem österlichen Verständnis seiner Person verbunden wird: Jener, über den gedacht und gesprochen wird, ist nicht (mehr nur) der Rabbi Jesus, sondern es ist jener Jesus von Nazaret, dessen Wesen und Vollmacht sich im Ostergeschehen in entscheidender Weise gezeigt hat (vgl. dazu z. B. Röm 1,3–4 und insgesamt oben → IV.2.). Für den Gang der Überlieferung bedeutet dies: In der Formulierung der Osterbotschaft wird jener Bereich der Verkündigung mitbedacht, der sich auf den vorösterlichen Jesus bezieht. Die vorösterliche Tradition wird unter dem Licht des Ostergeschehens reflektiert und formuliert.

Diese Vorgangsweise läßt sich z. B. in den Evangelien dort noch nachempfinden, wo in die Darstellung des vorösterlichen Wirkens Jesu nachösterliche Titel eingeflochten sind. (Insbesondere Lukas bezeichnet Jesus in der Darstellung seines Wirkens immer wieder als den »Herrn«(kyrios), z. B.: Lk 5,8; 5,12; 7,13; 9,54, usw. (vgl. auch die Jesusanrede in der Erzählung von der Heilung des Bartimäus: Mk 10,46–52, hier Mk 10,47.48.51).

Die nachösterliche Entwicklung

Aus der traditionskritischen Untersuchung jenes Überlieferungsmaterials, das später Eingang in die neutestamentlichen Schriften fand, können folgende Schritte in einer nachösterlichen Entwicklung erhoben werden:
▶ Sehr frühe Formulierung und Weitergabe einer zusammenfassenden Passions- und Ostergeschichte (vgl. dazu oben → IV.1. Exkurs).
▶ Weitergabe von kurzen und prägnanten Sprüchen Jesu und von Episoden aus seinem Wirken. Beides wird gegebenenfalls unter dem Eindruck des Ostergeschehens gegenüber der vorösterlichen Überlieferung präzisiert und auf die vielfältige und neue Situation des Adressatenkreises erweitert, bzw. ausgerichtet (vgl. z. B. Mk 10,11 und sodann Mk 10,12).
▶ Formulierung von zusammenfassenden Kurzformeln und von deutenden Zusammenfassungen. Diese bildeten eine wichtige Grundlage für die Taufvorbereitung, für die Katechese und vermutlich auch – in zunehmendem Maße – für die Liturgie. Für letztere entstanden kurze Proklamationsformeln (vgl. z. B. Röm 10,9) und rhythmische, hymnenartige Texte (vgl. z. B. Phil 2,6–11).
▶ Mit der zeitlichen Distanz zum historischen Jesus steigt vermutlich das Interesse an seiner Person und an seinem vorösterlichen Wirken. Dies mag auch darin seinen Grund haben, daß die Augenzeugen allmählich nicht mehr am Leben sind und somit Traditionen über das vorösterliche Wirken Jesu als Informationsquelle stärkere Bedeutung erlangen. (Es könnte sein, daß damit auch die relativ späte Entstehung der Evangelien zusammenhängt; Lk 1,1–4 ließe dies vermuten). In diesem Zusammenhang ist an thematisch verbundene Erzählzyklen über Jesus von Nazaret zu denken: (thematisch abgestimmte) Spruchsammlungen, Gleichnissammlungen, Zusammenstellungen mehrerer Wundererzählungen.

Grundsätzlich ist bei diesen Überlegungen immer noch von der im Judentum gebräuchlichen mündlichen Weitergabe der Überlieferungsstücke auszugehen. Nur vereinzelt und nur mit begrenzter Sicherheit ist der Schritt zur schriftlichen Überlieferung zu erkennen.

2. Vom mündlichen zum geschriebenen Wort

Das Ergebnis der schriftlichen Form der nachösterlichen Verkündigung über Jesus, den Christus, liegt uns in den neutestamentlichen Schriften vor. In vielen Fällen (insbesondere bei den Evangelien) ist anzunehmen, daß es sich bei diesen Schriften um ein Endprodukt handelt, dem (auch schriftliche) Vorstufen vorangegangen sind. In allgemeiner Form können dazu folgende Beobachtungen gemacht werden:

Ersatz persönlicher Kommunikation

Der erste für uns greifbare Schritt zur Niederschrift der Verkündigung ist in den Paulusbriefen erkennbar. Die schriftliche Form ist hier nicht eine primär angestrebte Ausdrucksweise, sondern ein Ersatz für die persönliche Gegenwart des Apostels: Weil Paulus nicht in eine Gemeinde kommen kann, weil aber Fragen und Probleme drängen, schreibt er einzelnen Gemeinden Briefe.

Dies kann am Beispiel des 1 Kor illustriert werden: Paulus kann im Augenblick nicht selbst nach Korinth kommen; so schickt er seinen Mitarbeiter Timotheus, der vermutlich auch das Schreiben überbringt (vgl. 1 Kor 4,12–21); Nachrichten aus der Gemeinde (vgl. 1 Kor 1,11; 5,1–3) sowie Anfragen (vgl. 1 Kor 7,1; 8,1; 11,17) haben Paulus zu einer solchen Reaktion veranlaßt.

Dieser sekundäre Charakter der schriftlichen Form könnte auch dort gegeben gewesen sein, wo sich Verantwortliche in den Gemeinden Predigtnotizen der Apostel und anderer Verkündigerinnen und Verkündiger anfertigen, um für die Zeit von deren Abwesenheit für die Verkündigung gerüstet zu sein. So mag also da und dort die Grenze zwischen der Entwicklung umfangreicher mündlicher Sammlungen und der Niederschrift solcher Sprüche oder Episoden aus dem Wirken Jesu fließend gewesen sein. Diese hilfsweise Verwendung der schriftlichen Form war eine wichtige Voraussetzung für eine weitergehende Verschriftlichung der Botschaft.

Die schriftliche Verkündigung

Eine genaue zeitliche Abgrenzung, wann die schriftliche Verkündigung gegenüber der mündlichen Weitergabe dominiert, ist nicht möglich. Es ist überdies festzuhalten, daß es keinen Auftrag Jesu gab, die Botschaft schriftlich zu formulieren – widersprach dies doch den jüdischen Gepflogenheiten. Außerdem hätte sich die junge Kirche auf einen solchen Auftrag zweifellos berufen, wie sie dies ja hinsichtlich der Verkündigungstätigkeit sehr wohl tat (vgl. z. B. Mt 28,18–20; Apg 1,8). Als mögliche Gründe für die Entwicklung zur schriftlichen Form der

Verkündigung können genannt werden:

▶ Der Umfang der Botschaft übersteigt den Rahmen des mündlich Überlieferbaren und damit dessen, was im Gedächtnis bleiben kann. Eine solche Überlegung ist möglich; sie darf aber nicht von den modernen Maßstäben der (beschränkten) Hör- und Gedächtnisfähigkeit des heutigen Menschen ausgehen.

▶ Die zunehmende Verzweigung der Verkündigung bringt es mit sich, daß nicht mehr in jeder Gemeinde ständig eine kompetente Lehrperson oder gar ein Augenzeuge oder eine Augenzeugin des historischen Jesus anwesend sein kann. So muß für die Gemeinden für den Gebrauch im Gottesdienst und in der Unterweisung entsprechendes Material niedergeschrieben und »vervielfältigt« (d. h.: mehrfach abgeschrieben) werden.

▶ Die Ausbreitung der Verkündigung und die zahlreichen Gemeinden bringen für die richtige Weitergabe der Botschaft ein mehrfaches Risiko: Die Verkündigung muß sich gegen äußere Widerstände behaupten (Verfolgungen), und sie muß sich im innerkirchlichen Raum durchsetzen (Irrlehren). Die schriftliche Formulierung gibt die Möglichkeit einer »authentischen« Fassung der Botschaft über Jesus, den Christus. In diesem Sinn wären z. B. Lk 1,4 sowie 2 Tim 4,1–4 zu lesen. Daß in diesem Zusammenhang nicht an eine Vereinheitlichung der Christusbotschaft zu denken ist, zeigt die Vielfalt der neutestamentlichen Christologien, also der Sprechweise von Jesus Christus.

EXKURS: Die Entstehung der Evangelien

Am 21. April 1964 veröffentlichte die Päpstliche Bibelkommission die Instruktion »Sancta Mater Ecclesia« über die historische Wahrheit der Evangelien. Dieses Dokument setzt sich vornehmlich mit den modernen Methoden der Bibelforschung auseinander und behandelt unter Anwendung dieser

Methoden sodann exemplarisch die Frage nach der Entstehung der Evangelien. Daran schließen sich pastoral orientierte Anweisungen an jene Menschen in der Kirche an, die in verschiedener Form mit der Weitergabe der biblischen Botschaft vertraut sind: Exegeten, Dozenten der biblischen Fächer, Prediger, Schriftsteller, die sich mit biblischen Themen beschäftigen, Leiter von Bibelvereinigungen.

Die Bedeutung des Textes ist unter dem Blickwinkel des Entstehungszeitpunktes zu erwägen: Die Veröffentlichung geschieht durch eine kompetente Fachkommission während des Zweiten Vatikanischen Konzils; das Dokument ist jedoch kein Konzilstext, es unterliegt keiner Abstimmung, sondern wird im Auftrag des Papstes publiziert. Die wichtigsten Aussagen fanden sodann in die Konstitution Dei Verbum (Kap. V) in verkürzter Form Eingang.

Besondere Bedeutung hat jener Abschnitt dieser Instruktion erlangt, der sich mit der Frage der Entstehung der Evangelien befaßt und daraus entsprechende Konsequenzen für die Interpretation dieser Schriften zieht. Der Text berührt gerade die Fragestellung dieses Kapitels und soll daher vorgestellt und erläutert werden:

Instruktion »Sancta Mater Ecclesia«, nr. 2:
»Der Exeget möge die Stichhaltigkeit dessen, was in den Evangelien überliefert ist, richtig betonen und zu diesem Zweck sorgfältig auf die drei Phasen der Tradition achten, in denen uns Jesu Lehre und Leben übermittelt worden sind.

CHRISTUS DER HERR hat sich besondere Jünger ausgewählt, die ihm von Anfang an folgten, seine Werke sahen, seine Worte hörten und dadurch fähig wurden, für sein Leben und seine Lehre Zeugen zu sein.
In der mündlichen Darstellung seiner Lehre hat sich der Herr an die damals üblichen Denk- und Darstellungsweisen gehalten, sich so dem Geist seiner Zuhörer angepaßt und erreicht, daß sich die Jünger seine Lehre fest einprägen und leicht im Gedächtnis behalten konnten.
Sie faßten denn auch seine Wunder und die Geschehnisse seines Lebens ganz richtig als Tatsachen auf, deren sich Jesus bediente, um die Menschen zum Glauben an Jesus Christus und zur Annahme seiner Heilslehre zu führen.

Die APOSTEL verkündeten vor allem den Tod und die Auferstehung des Herrn, gaben für Jesus Zeugnis, stellten sein Leben und seine Worte getreu dar und trugen den Verhältnissen, in denen ihre Zuhörer lebten, bei ihrer Predigtweise Rechnung. Nach-

Im zentralen Abschnitt des Dokuments werden im Blick auf das richtige Verständnis der Evangelien die drei Phasen der Entstehung dieser Schriften hervorgehoben. Anhand dieses Dreischrittes, jeweils gekennzeichnet durch die entscheidenden Subjekte, wird über die charakteristischen Momente dieser drei »Überlieferungsphasen« Wichtiges ausgesagt.

Als *erstes Stadium* im Werden der Evangelien umschreibt der Text das Wirken Jesu. Damit ist deutlich hervorgehoben: Die Evangelien fußen auf Jesu eigener Verkündigungstätigkeit. Für das noch Gesagte ist dieser Rückbezug zu beachten. Aus dem Wirken Jesu werden drei Gesichtspunkte hervorgehoben:
– Die Auswahl der Jünger führt bestimmte Menschen in die Zeugenschaft Jesu und befähigt sie dazu. Die Prädikate umschreiben gleichsam den Weg in diese Jüngerschaft (folgen/sehen/hören/fähig werden zum Zeugnis).
– Die Eigenart der Lehrtätigkeit Jesu ist durch das Bestreben gekennzeichnet, mittels mnemotechnischer Hilfsmittel und durch Eingehen auf den Lebenskontext der Zuhörerinnen und Zuhörer sowie der Jüngerinnen und Jünger die Einprägsamkeit der Botschaft zu erhöhen. Schon die Verkündigung Jesu ist also ausdrücklich situationsbezogen. Jesu Handeln wird von den Jüngerinnen und Jüngern richtig als Teil seiner Verkündigung verstanden.

Das *zweite Stadium* umfaßt die Predigt der Apostel. Die Verkündigungstätigkeit der Apostel wird zunächst inhaltlich, dann formal näher erläutert: Zwei Themen stehen im Zentrum: Tod und Auferstehung Jesu, sowie Leben und Worte Jesu. Auch die Apostel

dem Jesus vom Tode auferstanden und seine Gottheit klar erkannt war, hat der Glaube die Erinnerung an das, was geschehen war, durchaus nicht ausgelöscht, sondern vielmehr verstärkt; denn er stützte sich auf das, was Jesus getan und gelehrt hatte. Und durch die Verehrung, die die Jünger von nun an Christus als dem Herrn und Gottessohn entgegenbrachten, wurde er keineswegs in eine »mythische« Gestalt verwandelt noch seine Lehre entstellt. Doch besteht auch kein Grund zu leugnen, daß die Apostel die Worte und Taten Jesu ihren Zuhörern mit dem volleren Verständnis mitteilten, das sie dank der Erleuchtung durch die glorreiche Verherrlichung Christi und das Licht des Heiligen Geistes besaßen. Wie daher Jesus nach seiner Auferstehung die Worte des Alten Testaments und seine eigenen ihnen erklärte, so haben auch sie seine Worte und Taten erläutert und gedeutet, wie die Bedürfnisse ihrer Zuhörer es verlangten. Wenn sie sich dem Dienste des Wortes widmeten, so gebrauchten sie verschiedene Darstellungsweisen, wie ihr Ziel und die Anpassung an den Geist ihrer Zuhörer es wünschenswert machten; denn sie hatten Griechen und Barbaren, Weisen und Törichten gegenüber eine Pflicht zu erfüllen. Diese Darstellungsweisen der Verkünder Christi sind auseinanderzuhalten und abzuwägen; es sind Katechesen, Erzählungen, Zeugnisse, Lieder, Doxologien, Gebete und andere literarische Formen solcher Art, wie die Heilige Schrift und die Menschen jener Zeit sie zu verwenden pflegten.

Diese anfängliche Belehrung über Christus, die zuerst mündlich, dann schriftlich weitergegeben wurde – denn schon bald versuchten viele, die Dinge geordnet zu erzählen, die den Herrn Jesus betreffen – , haben die VERFASSER der heiligen Bücher nach einer Methode, die dem besonderen Ziel eines jeden entsprach, zum Nutzen der Kirchen in den vier Evangelien niedergelegt. Aus dem vielen, das überliefert wurde, wählten sie einiges aus, anderes faßten sie knapp zusammen, manches erläuterten sie im Hinblick auf die Gegebenheiten der Kirchen; ihr ganzes Bestreben ging darauf aus, den Lesern Sicherheit über die Dinge, die man sie gelehrt hatte, zu vermitteln. Denn diese Schriftsteller wählten aus dem Schatz des ihnen Zugekommenen vor allem das aus, was dem von ihnen angestrebten Ziel und den je verschiedenen Bedingungen der Gläubigen entsprach, und erzählten es dementsprechend. Da der Sinn eines Satzes auch durch den Zusammenhang geprägt wird, in dem er steht, haben die Evangelisten beim Bericht der Worte und Taten des Erlösers diese zum Nutzen der Leser in verschiedene Textzusammenhänge gestellt.

richten ihre Verkündigung auf die Adressaten aus. Zwei Falschinterpretationen werden zurückgewiesen:
Sie betreffen die Erinnerungsfähigkeit und die Mythifizierung der Person Jesu. Die Apostel konnten aufgrund des Ostergeschehens die Botschaft Jesu besser verstehen und in der Kraft des Geistes deuten. Ausführlich wird dargelegt, daß die Verkündigung der Apostel keine historisch-biographische Darstellung ist, sondern eine auf die Zuhörer eingehende Deutung des Christusgeschehens. Im Hinblick auf die literarischen Gattungen, deren wichtigste als Beispiele aufgezählt sind, werden zwei Imperative formuliert: Die einzelnen Gattungen sind für das Verständnis »auseinanderzuhalten und abzuwägen«; und es ist zu sehen, daß es sich hier um zeitgenössische Rede- und Ausdrucksformen handelt. Damit wird ausgesprochen, daß schon in der mündlichen Verkündigungsphase festgeprägte Formen in der Weitergabe der Botschaft angewendet werden. Zugleich wird die Legitimität einer Forschungstätigkeit in diese Richtung (Form- und Gattungskritik, vgl. dazu → VII.3.) anerkannt.

Die *dritte Überlieferungsphase* kennzeichnet schließlich das Wirken der biblischen Verfasser. Zunächst wird darauf hingewiesen, daß der Schritt zur Verschriftlichung der Botschaft teilweise schon vor der Tätigkeit der Evangelisten erfolgte. Die Verfasser konnten also sowohl auf mündlichem wie auch auf schriftlichem Überlieferungsgut aufbauen.
In der Beschreibung der Arbeitsweise der Evangelisten kommen die Grunderkenntnisse der redaktionskritischen Methode zum Ausdruck: Die Tätigkeit der Verfasser geht über ein bloßes Sammeln der Überlieferung hinaus. In der Bearbeitung (Redaktion) des Überlieferungsmaterials weisen sie sich als Theologen aus, die sich wiederum an den Anliegen der Gemeinden orientieren. Ausdrücklich wird dabei auf die Bedeutung hingewiesen, die der Erzählkontext für das Verständnis eines Textes hat. Damit ist gleichsam für spätere linguistische Betrachtungsweisen des Bibeltextes das Tor geöffnet.

Die Exegeten sollen daher erforschen, was der Evangelist dadurch, daß er ein Wort oder ein Begebnis so erzählt oder in diesen bestimmten Rahmen bringt, beabsichtigt haben mag. Es ist ja der Wahrheit der Berichte durchaus nicht abträglich, daß die Evangelisten Worte oder Taten des Herrn in verschiedener Reihenfolge erzählen und seine Sätze unter Wahrung des Sinnes nicht wörtlich und daher verschieden zum Ausdruck bringen. ...

Als Konsequenz aus den Darlegungen über die Entstehung der Evangelien wird die diesbezügliche Aufgabe des Exegeten zusammenfassend formuliert: Die Exegetin und der Exeget muß nach der Aussageabsicht des Evangelisten forschen, die sich hinter Anordnung und Auswahl des Überlieferungsstoffes verbirgt. Damit wendet sich die Instruktion gegen das zu ihrer Entstehungszeit weit verbreitete Vorurteil, durch eine solche Betrachtungsweise werde der Wahrheitsgehalt der biblischen Botschaft relativiert.

Der Entstehungsvorgang der Evangelien in drei Stufen kann in folgender Weise dargestellt werden:

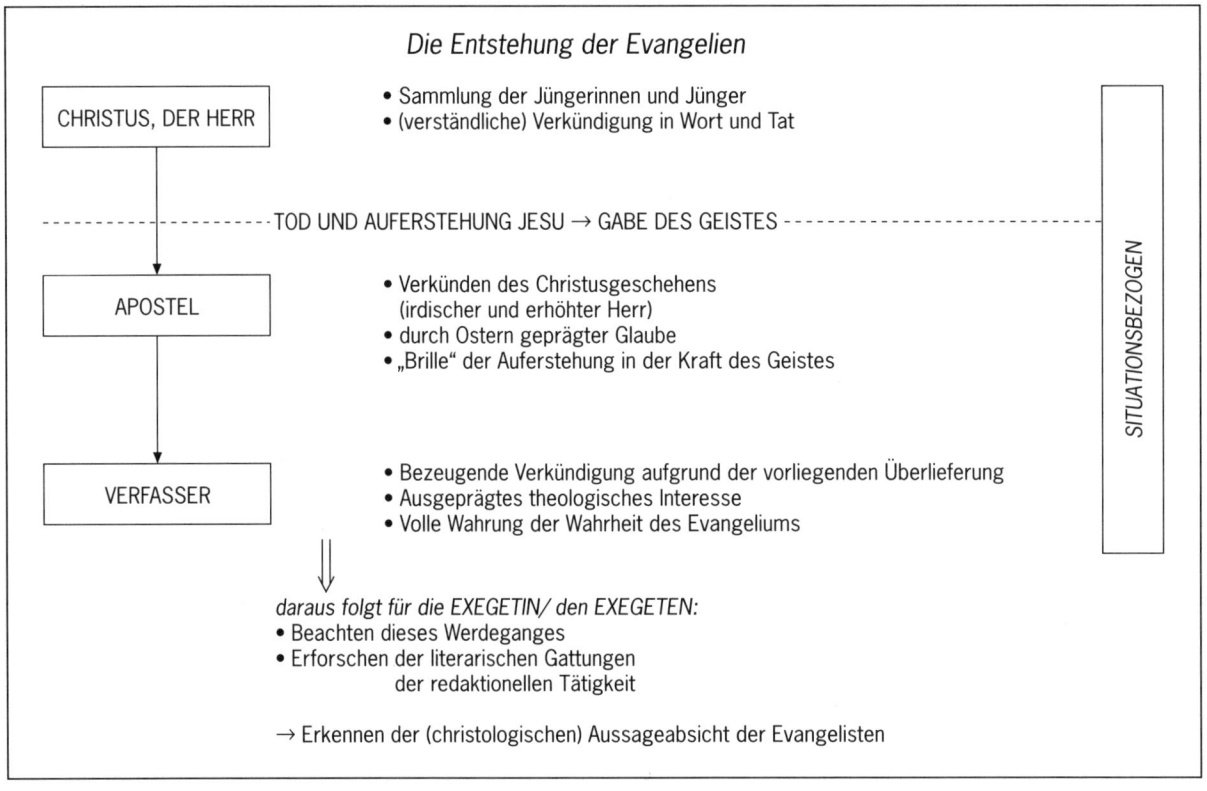

Die Entstehung der Evangelien

CHRISTUS, DER HERR
- Sammlung der Jüngerinnen und Jünger
- (verständliche) Verkündigung in Wort und Tat

------ TOD UND AUFERSTEHUNG JESU → GABE DES GEISTES ------

APOSTEL
- Verkünden des Christusgeschehens (irdischer und erhöhter Herr)
- durch Ostern geprägter Glaube
- „Brille" der Auferstehung in der Kraft des Geistes

VERFASSER
- Bezeugende Verkündigung aufgrund der vorliegenden Überlieferung
- Ausgeprägtes theologisches Interesse
- Volle Wahrung der Wahrheit des Evangeliums

SITUATIONSBEZOGEN

daraus folgt für die EXEGETIN/ den EXEGETEN:
- Beachten dieses Werdeganges
- Erforschen der literarischen Gattungen der redaktionellen Tätigkeit

→ Erkennen der (christologischen) Aussageabsicht der Evangelisten

➤➤ AUFGABEN:

■ Lesen Sie Lk 1,1–4: Wie können Sie die Aussagen dieses Textes mit den obigen Ausführungen in Verbindung setzen?

■ Lesen Sie aus der Konstitution Dei Verbum die Art. 18 und 19. Versuchen Sie, in diesen Text das Konzept der dreiphasigen Entstehung der Evangelien einzuordnen.

■ Überlegen Sie: Wie könnten Sie in Analogie zur Darlegung des Werdegangs der Evangelien die Entstehung der Paulusbriefe in einzelnen Stufen denken (und darstellen)?

➤➤ VERSTÄNDNIS- UND WIEDERHOLUNGSFRAGEN ZU KAPITEL V:

Zu 1. Ansätze zur Traditionsbildung

■ Welche Vorgangsweise Jesu begünstigte die vorösterliche Traditionsbildung?

■ Welchen Stellenwert hat das Ostergeschehen für die Formulierung und für die Weitergabe der Verkündigung Jesu?

■ Welche frühen Elemente der Traditionsbildung können für die nachösterliche Zeit angenommen werden?

Zu 2. Vom mündlichen zum geschriebenen Wort

■ Welche Umstände veranlaßten Paulus zur Abfassung von Briefen?

■ Welche Gegebenheiten führen zur schriftlichen Form der Verkündigung über Jesus von Nazaret?

■ In welchen drei Phasen skizziert die Instruktion »Sancta Mater Ecclesia« die Entstehung der Evangelien? Charakterisieren Sie diese drei Phasen.

■ Stellen Sie eine Beziehung zwischen den Ausführungen der Instruktion und den Hinweisen zur Situationsbezogenheit (vgl. dazu oben → I.1.) her.

VI. Die Entstehung der neutestamentlichen Schriften

Nach den allgemeinen Überlegungen zur Entstehung der neutestamentlichen Schriften ist in diesem Kapitel nun auf die einzelnen Schriftengruppen des Neuen Testaments (sowie auf die Einzelschriften) einzugehen. Wir müssen nach den Entstehungsfaktoren der Schriften fragen, und wir müssen ihre literarische Eigenart und die mit ihrer Entstehung zusammenhängenden Probleme aufgreifen.

1. Die Evangelien

Das Wort »Evangelium« (*euangelion*) bedeutet: gute Botschaft. In diesem Sinn wird der Begriff sowohl außerhalb der Bibel als auch schon im Alten Testament verwendet.

Als Beispiel vgl. Jes 52,7: »Wie willkommen sind auf dem Berg die Schritte des Freudenboten, der Friede ankündigt, der eine gute Botschaft bringt und Rettung verheißt.«
Um die Zeitenwende wurde der Begriff »Evangelium« vor allem im Zusammenhang mit der Beschreibung wichtiger Abschnitte im Leben der römischen Kaiser verwendet. In einer um 1898 am Marktplatz des kleinasiatischen Ortes Priene entdeckten Kalenderinschrift aus dem Jahre 9 v. Chr. heißt es im Hinblick auf die Geburt des Augustus: »Der Geburtstag des Gottes hat für die Welt die an ihn sich knüpfenden Freudenbotschaften (euangelia) heraufgeführt« (Zeile 40–41 der Inschrift). Auch die Thronbesteigungsnachricht u. ä. werden als ein Evangelium bezeichnet. Gerade unter dieser Perspektive wäre Lk 2,10–11 zu lesen: Die Geburt des »Christus, des Herrn«, des »Retters« wird von den Engeln den Hirten als ein Evangelium verkündet. Im Wortgebrauch der frühen Kirche ist »Evangelium« die zusammenfassende Umschreibung des Christusgeschehens. Dieses Verständnis des Begriffes begegnet zunächst bei Paulus.
Röm 1,1–4 spricht Paulus davon, daß er »ausgesondert (ist) für das Evangelium Gottes... über seinen Sohn... Jesus Christus, unseren Herrn«. Vgl. u. a. auch 1 Kor 9,23; 15,1; Gal 1,6; 1,11; 2,2.

Gerade im Blick auf die neutestamentliche Verwendung des Begriffes ist die Umschreibung »gute Botschaft« der Übersetzung »frohe Botschaft« vorzuziehen. Denn in der Verkündigung des Christusgeschehens gibt es zweifellos auch ernste Elemente, die nicht sofort als »froh«, im Blick auf die darin für den Menschen ausgedrückten Perspektiven jedoch als »gut« einzustufen sind.

Die vier Schriften und das eine Evangelium

Die Sammlung von vier Evangelienschriften im Neuen Testament bedeutet nicht, daß es sich um vier verschiedene Botschaften handelt. Die eine Botschaft über das Christusgeschehen wird vielmehr von verschiedenen Blickwinkeln aus dargelegt.

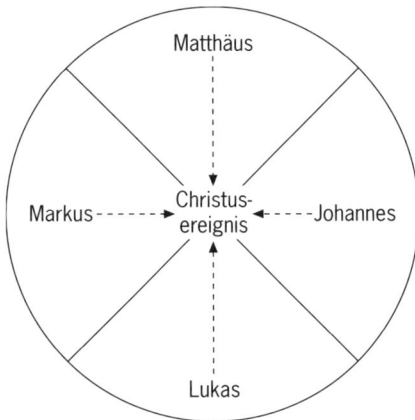

Die Ursache dafür ist die jeweils unterschiedliche Schreibsituation der einzelnen Verfasser, also ihre je verschiedene Situationsbezogenheit. Diese verschiedenen Darstellungen des Christusgeschehens sind nicht als einander ausschließend oder als gegensätzlich zu betrachten. Sie sind vier einander ergänzende (und somit auch bereichernde) Zugänge zu Person, Wirken und Leben Jesu. Da die Fülle des Christusgeschehens das

Denken und die Sprache eines einzigen biblischen Verfassers übersteigt, ist der mehrfache Zugang (in unterschiedlicher Formulierung und gekleidet in unterschiedliche Denkmodelle) eine Chance für das bessere Verstehen des Christusgeschehens.

Die Entstehung der Evangelien

Aufgrund des Einführungssatzes der Schrift des Mk »Anfang des Evangeliums von Jesus Christus, dem Sohn Gottes« (Mk 1,1) wurde aus der allgemeinen Bezeichnung für die Botschaft über das Christusgeschehen die Benennung einer neuen literarischen Gattung. Die Gattung »Evangelium« (oder »Evangelienschrift«) ist von mehreren Komponenten bestimmt. Das Evangelium ist keine nach objektiven Gesichtspunkten zusammengestellte Biographie. Ein diese Schriften prägendes Kriterium ist die Absicht des Verfassers, Person und Wirken Jesu aus dem Ostergeschehen zu deuten und so die Tragweite des Christusgeschehens aufzuzeigen. Das Evangelium ist nicht zur Erinnerung geschrieben, sondern es ist eine Verkündigungsschrift, formuliert mit der Absicht, den Glauben an Jesus, den Christus, weiterzugeben.

Erste Nachrichten über die Entstehung der vier Evangelien sind in Textfragmenten aus der Kirche des 2. Jh. n. Chr. enthalten. Da diese Überlieferungen die Auffassung über die Entstehung dieser vier Schriften bis in unsere Zeit entscheidend beeinflußten, sollen sie kurz erläutert werden:

Papias war Bischof in Hierapolis (Phrygien in Zentralkleinasien) in der 1. Hälfte des 2. Jh. (geb. um 60–70 n. Chr., gest. nach 120–130 n. Chr.). Er verfaßte fünf Bücher über die »Auslegung von Herrenworten«, die nicht mehr erhalten sind, jedoch bei mehreren frühchristlichen Schriftstellern zitiert wurden. Darin legt Papias eine eigene Darstellung über das Wirken Jesu vor und beruft sich dafür auf frühere Augenzeugen und Ver-

fasser. In diesem Zusammenhang kommt er auch auf die Evangelisten zu sprechen. Seine Hinweise zum MtEv und zum MkEv sind in der Kirchengeschichte des Eusebius zitiert und somit (in dieser indirekten Form) erhalten geblieben. Vgl. dazu Eusebius, Hist. Eccl. (Kirchengeschichte) III 39:

»Markus war ein Interpret (*hermeneutés*) des Petrus und schrieb sorgfältig auf, wessen er sich erinnerte, jedoch nicht nach Ordnung das, was vom Herrn gesagt oder getan worden ist. Er hatte nämlich den Herrn weder gehört, noch war er ihm gefolgt, später aber, wie ich sagte, dem Petrus. Dieser gestaltete seine Lehren nach dem Bedürfnis, aber nicht, als wolle er eine Zusammenstellung der Herrenberichte schaffen, sodaß Markus keinen Fehler machte, indem er einiges, wie er es erinnerte, aufschrieb. Er beabsichtigte ja nur eines: nichts von dem auszulassen oder zu verfälschen, was er gehört hatte...«

Hermeneutés kann sowohl »Dolmetscher« als auch »Erläuterer« bedeuten, sodaß für die Tätigkeit des Evangelisten beides in Frage kommt. Ausdrücklich wird gesagt, daß der Verfasser kein Augenzeuge des Wirkens Jesu, sondern Schüler des Petrus (also Christ der zweiten Generation) war. Nach Papias enthält das MkEv daher auch die petrinische Verkündigung. Erkennbar ist auch die Absicht, das Evangelium im Blick auf seine Vollständigkeit und auf die eigene Stoffanordnung zu verteidigen, indem es an die Eigenart der Vorgangsweise des Petrus rückgebunden wird.

»Matthäus stellte in hebräischer Sprache *(hebraidi dialékto)* die Berichte zusammen, es interpretierte *(hermeneusen)* sie aber jeder, wie er es konnte.«

Papias könnte von einem ursprünglich hebräischen (oder aramäischen) Text sprechen, der sodann verschieden übersetzt wurde. Dieses Verständnis hat die Mt-Forschung über Jahrhunderte bestimmt.

Irenäus von Lyon war zwischen 161 und 180 n. Chr. Presbyter der Gemeinde von Lyon. 180 n. Chr. wurde er zum Bischof der Stadt gewählt. Zwischen 180 und 190 n. Chr. schrieb er die Schrift »Adversus Haereses« (Gegen die Häresien), die allerdings verlorenging. Zitate sind in der Kirchengeschichte des Eusebius erhalten. Vgl. Eusebius, Hist. Eccl. V 8,2–4 (= Adv. Haer. III 1,1):

»Der Herr über alles gab seinen Aposteln, durch die wir auch die Wahrheit, das ist die Lehre des Sohnes Gottes kennen, die Vollmacht, das Evangelium zu verkünden. Denn wir kennen die Anordnung unseres Heils nicht durch andere außer durch sie, durch die das Evangelium zu uns gelangte. Denn was sie zunächst verkündigt hatten, haben sie uns danach durch den Willen Gottes in Schriften überliefert: das Fundament und die Schule unseres Glaubens... Sie zogen bis zu den Grenzen der Erde... (und) verkündeten den Menschen den himmlischen Frieden; sie hatten sowohl alle als auch jeder einzeln das Evangelium Gottes.«

Deutlich ist in diesem Text die apologetische (d. h.: die verteidigende) Absicht zu erkennen. Zunächst hebt der Verfasser die entscheidende Bedeutung der Evangelien hervor. Mit dem Hinweis auf die voranliegende mündliche Verkündigung unterstreicht er die Kontinuität der Botschaft. Nur in den Evangelien bietet sich für uns die Grundlage des Glaubens dar. Es sind Texte, die auf der Verkündigung der Christusbotschaft aufbauen. Ausdrücklich wird (bereits damals) die Frage der Vielfalt der Evangelien angesprochen: Jede einzelne Evangelienschrift enthält – ebenso wie alle zusammen – die Fülle der Botschaft.

»So hat Matthäus, als er den Hebräern (predigte), in deren Sprache eine Evangeliumschrift herausgegeben, während Petrus und Paulus in Rom predigten und die Gemeinde gründeten.«

Auch Irenäus geht von einer hebräischen Fassung des MtEv aus; bei einem solchen Verständnis wird allerdings aus der Adressatenbezeichnung auf die Sprache geschlossen. Weiters datiert Irenäus das MtEv als das älteste bereits in die Zeit um 60 n. Chr.

»Nach deren Tod hat Markus, Schüler und Interpret des Petrus, eben das von Petrus Verkündete uns in schriftlicher Form überliefert.«

Markus wird erneut als Petrusschüler verstanden. Sein Evangelium wird in Zusammenhang mit dem Tod des Petrus gebracht und als schriftliche Form der petrinischen Verkündigung angesehen.

»Lukas aber, der Paulus folgte, legte das von diesem verkündigte Evangelium in einem Buch nieder.«

Erstmals ist hier die Aussage greifbar, Lukas sei Schüler des Paulus gewesen. Analog zu Markus schreibt Lukas die Verkündigung des Paulus auf.

»Schließlich gab auch Johannes, der Jünger des Herrn, der auch an seiner Brust ruhte, ein Evangelium heraus, während er in Ephesus in Asien weilte.«

Der Verfasser des JohEv wird ausdrücklich mit dem geliebten Jünger (vgl. Joh 13,23–25 u.ö.) identifiziert. Erstmals wird hier Ephesus als Aufenthaltsort des Verfassers und somit als Entstehungsort der Schrift erwähnt.

1740 fand *L. A. Muratori* in der Bibliothek von Mailand in einer Handschrift aus dem 7. bis 8. Jh. ein älteres Fragment, das später nach ihm benannt wurde. Die Entstehung der Schrift wird auf ca. 200 n. Chr. datiert; aufgrund der schlechten lateinischen Sprache ist anzunehmen, daß der Text die Übersetzung eines ursprünglich griechischen Schriftstückes ist. Das Fragment enthält eine der ältesten Aufzählungen der neutestamentlichen Schriften (aus diesem Grund wird es auch »Kanon Muratori« genannt). Zeile 1 bis 26 handeln über die Evangelien, die Hinweise über Mt und Mk sind allerdings nicht erhalten:

»Das dritte Evangelienbuch nach Lukas. Lukas, dieser Arzt, hat es nach der Himmelfahrt Christi, da ihn Paulus als des Weges (der Lehre) Kundigen bei sich aufgenommen hatte, unter (in) seinem Namen nach (dessen) Meinung verfaßt. Doch hat auch er den Herrn nicht im Fleische gesehen, und daher beginnt er so, wie es ihm erreichbar war, auch von der Geburt des Johannes an zu erzählen.«

Der Text erwähnt im Blick auf Lukas drei wichtige Faktoren: Der Evangelist wird als Arzt bezeichnet (vgl. dazu Kol 4,14); weiters wird Lukas als Schüler des Paulus gesehen, der paulinische Verkündigung aufgeschrieben hat; schließlich wird betont, daß Lukas kein Augenzeuge Jesu gewesen ist.

»Das vierte Evangelium des Johannes, (eines) von den Jüngern. Als ihn seine Mitjünger und Bischöfe aufforderten, sagte er: Fastet mit mir von heute ab drei Tage, und was einem jeden geoffenbart werden wird, wollen wir einander erzählen. In derselben Nacht wurde dem Andreas, einem der Apostel, geoffenbart, daß Johannes in seinem Namen, indem alle (es) überprüfen sollten, alles niederschreiben sollte.«

In den Hinweisen zum JohEv kommt deutlich der »geistige« Charakter dieser Schrift zum Ausdruck: Es wird aufgrund einer Offenbarung niedergeschrieben. Wichtig erscheint dabei, daß ein Jünger Jesu Verfasser dieser Schrift ist; zugleich wird auch die Autorität des Andreas und anderer Jünger mit dem Evangelium verbunden.

»Und deshalb, wenn auch verschiedene Anfänge, (Tendenzen) in den einzelnen Evangelienbüchern vorgetragen werden, trägt es doch für den Glauben der Gläubigen nichts aus, da durch den einen und führenden (anfänglichen) Geist in allen alles erklärt ist: Über die Geburt, über das Leiden, über die Auferstehung, über den Verkehr mit seinen Jüngern und über seine doppelte Ankunft: erstens verachtet in Niedrigkeit, was geschehen ist; zweitens herrlich durch königliche Macht, was noch geschehen wird.«

Der Textabschnitt hat eine verteidigende Grundrichtung: Trotz der Vielfalt der Evangelien sind sie inhaltlich vollständig. Dies wird unter Hinweis auf den in den Schriften wirkenden Geist festgestellt. In der Aufzählung der behandelten Themen sind die Grundanliegen der damaligen christlichen Verkündigung zu erkennen.

Die einzelnen Evangelienschriften

Im Zusammenhang dieser Einführung soll eine kurze Information über die einzelnen Schriften sowie eine Charakterisierung ihrer theologischen Eigenheiten und Akzente genügen.

➡ AUFGABE:

Lesen Sie die folgenden Kurzdarstellungen mit dem Neuen Testament. Schlagen Sie die genannten Schriftstellen nach und überprüfen Sie, ob sich daraus eine »innere Evidenz« (vgl. zu diesem Begriff oben → I.2.) zu den Aussagen über die jeweilige Evangelienschrift ableiten läßt.

Das Matthäusevangelium

An den Beginn seines Evangeliums stellt der Verfasser die Vorgeschichte: Sie gibt Aufschluß über die Herkunft Jesu (1,1–25) und über die Ablehnung und Verfolgung durch das eigene Volk (2,1–23). Die Predigt des Täufers sowie die Taufe am Jordan (3,1–17) und die Versuchung Jesu (4,1–11) werden als Weiterführung der ausführlichen Einleitung (oder Hinführung) dargestellt.

Im ersten Hauptteil des Evangeliums erzählt der Verfasser über das Wirken Jesu (4,12 – 13,58), wobei den großen Redekompositionen (Bergpredigt: 5,1 – 7,29; Jüngerrede: 9,36 – 11,1; Gleichnisrede: 13,1–52) ein Wunderzyklus (8,1 – 9,34) und die ausführliche Schilderung der Auseinandersetzung mit den Juden (11,2 – 12,50) gegenüber-

gestellt sind. Im zweiten Hauptteil (14,1 – 20,34) zeigt der Evangelist Jesus auf der Wanderung durch das ganze Land. Im dritten Teil (21,1 – 28,20) überliefert der Verfasser die Ereignisse der letzten Tage, Tod und Auferstehung Jesu.

Um der (großteils) judenchristlichen Adressatengemeinde Argumentationsmaterial gegenüber der jüdischen Umgebung zur Verfügung zu stellen, bemüht sich der Evangelist um den Nachweis, daß Jesus von Nazaret der im Alten Testament verheißene Messias, der Sohn Davids ist (vgl. 1,1–17). In den Erfüllungszitaten wird auf das Alte Testament verwiesen (1,22–23; 2,6.15.17–18; 3,3; 4,4–16; 8,17; 12,17–21; 13,14–15.35; 21,4–5; 27,9–10 und öfters); gegenüber der Parallelüberlieferung wird der Messias-, bzw. der Christustitel Jesu besonders betont: Vgl. Mt 11,2 mit Lk 7,18; Mt 16,20 mit Mk 8,30; Mt 24,5 mit Mk 13,6; Mt 26,68 mit Mk 14,65; Mt 27,17 mit Mk 15,9; Mt 27,22 mit Mk 15,12. Darüber hinaus wird Jesus als der neue Moses gekennzeichnet, der wie der Lehrer schlechthin das neue Volk Gottes vom Berg aus lehrt (vgl. 4,25 – 5,2) und der in der Interpretation der Weisung Jahwes unerhörte eigenständige Autorität besitzt (vgl. 5,17–20.21–48; 12,8). So rückt Jesus das Verständnis des Gesetzes zurecht: Nicht um die buchstäbliche äußere Erfüllung geht es, sondern um den Geist, um die innere Haltung, die dahinter steht (vgl. 5,21–28; 15,1–11; 22,34–40); deswegen wird auf die sittlichen Forderungen und ihre Erfüllung (das »Tun« der Weisung: vgl. 5,19; 7,21) besonderer Nachdruck gelegt.

Obwohl im Evangelium verschiedene partikularistische Tendenzen aufscheinen (10,5.23; 15,24), ist die Schrift dennoch für eine Kirche bestimmt, die, um 80 bis 90 n. Chr., bereits die Trennung vom Judentum vollzogen hatte und weit darüber hinausgewachsen war (vgl. bes. 28,16–20; weiters 8,12; 21,43; 22,8–10; 24,14; 26,13). Der Verfasser möchte mit seiner Schrift seiner

Gemeinde helfen, sich in einer Kirche von Judenchristinnen und Heidenchristinnen, bzw. Judenchristen und Heidenchristen zurechtzufinden. Die religiöse Spannung zur Entstehungszeit des Evangeliums können wir uns anhand der nebenstehenden Skizze verdeutlichen.

Aus einem Nebeneinander (teilweise auch Miteinander) der ersten christlichen Generation mit dem Judentum wurde aufgrund entscheidender Ereignisse eine fortschreitende Trennung. Erster Anlaß dafür war wohl die unterschiedliche Deutung des Ostergeschehens (vgl. dazu Mt 27,62–66; 28,11–15). Die Entscheidung zur Heidentaufe führte zu einem weiteren Schritt der Trennung. Durch die Zerstörung der Stadt Jerusalem sowie durch die Interpretationen dieses Geschehens begann die entscheidende Phase der endgültigen Trennung.

Der Evangelist zieht für seine Schrift verschiedene Quellen heran, insbesondere das MkEv: 600 der insgesamt 1068 Verse sind markinisch beeinflußt. Dies, sowie die Beobachtung, daß die alttestamentlichen Schriftzitate mehrheitlich der Septuaginta (vgl. dazu oben → I.3.) entnommen sind, läßt darauf schließen, daß das Evangelium ursprünglich bereits in griechischer Spache entstanden ist und vermutlich nicht unmittelbar vom Apostel Matthäus geschrieben wurde: Kaum hätte sich dieser als Apostel auf das Material eines Nicht-Augenzeugen gestützt. Das Evangelium wurde eher von einem namentlich unbekannten Judenchristen verfaßt, der dem Schülerkreis des Matthäus angehörte; so wird von Anfang an der Name dieses Apostels mit dem Evangelium verbunden.

Die entsprechende Aussage bei Papias kann demnach in zweifacher Hinsicht verstanden werden: Entweder ist darin ein Hinweis zu finden, daß der Evangelist in hebräischer Redeweise, also in einem semitisierenden (griechischen) Sprachstil schreibt. Oder der Papias-Text bezieht sich nicht auf das vorliegende Evangelium, sondern auf eine davor entstandene Sammlung von Berichten über die Verkündigung. Auch der Hinweis des Irenäus auf die Sprache der Hebräer könnte sich auf die Sprechweise, also auf ein semitisierendes Griechisch beziehen.

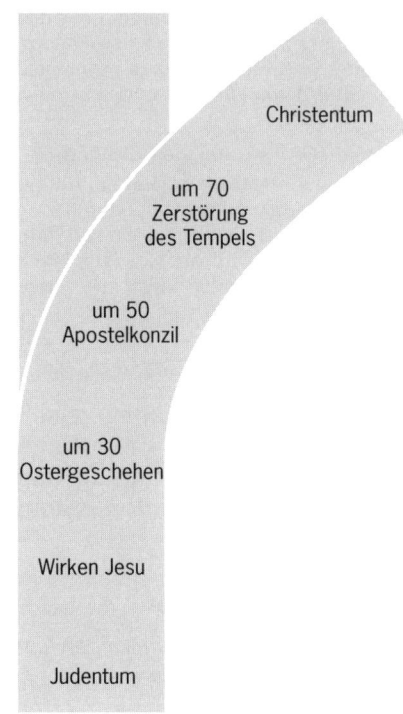

Christentum

um 70
Zerstörung
des Tempels

um 50
Apostelkonzil

um 30
Ostergeschehen

Wirken Jesu

Judentum

Das Markusevangelium

Markus stellt an den Beginn seines »Evangeliums Jesu Christi« (1,1) eine kurze Darstellung der Begebenheiten vom Anfang: Mit dem Auftreten Johannes des Täufers (1,2–8) sind die Taufe Jesu (1,9–11) und seine Versuchung (1,12–13) eng verbunden. Damit leitet der Verfasser den ersten großen Abschnitt seines betont geographisch aufgebauten Werkes ein: Die Zeit in Galiläa (1,14 – 10,1) ist ausgefüllt mit der Verkündigung der Gottesherrschaft (vgl. grundlegend dafür 1,14–15), mit dem wunderbar heilenden Handeln an Kranken und Besessenen in ganz Galiläa (vgl. 1,39). Dabei durchzieht das Geheimnis um die Person Jesu den Text. Niemand versteht Jesus (vgl. 6,51b–52); wo jedoch seine messianische Herrlichkeit erkannt wird oder durchbricht, gebietet Jesus selbst

Schweigen (vgl. 1,24–25; 7,35– 36 u.ö.). Dieser erste Abschnitt des Wirkens Jesu erreicht für den Evangelisten den Höhepunkt dort, wo das Geheimnis Jesu im Kreis der Jüngerinnen und Jünger dargelegt (8,27–29) und offenbar (9,2–10) wird; 8,32–33 zeigt auch hier Unverständnis.

Dem Wirken Jesu in Galiläa sind die (letzten) Tage in Jerusalem gegenübergestellt: 10,1 kennzeichnet den Aufbruch dorthin. Diese Tage sind charakterisiert durch Belehrung und scharfe Auseinandersetzungen (11–13), welche die Passionserzählung vorbereiten. Die Erzählung von der Auffindung des geöffneten, leeren Grabes (16,1–8) beschließt das Evangelium, dem später der sogenannte zweite Markusschluß (16,9–20) angefügt wurde.

Markus schreibt sein Evangelium knapp vor oder zur Zeit der Zerstörung Jerusalems (also um 65 bis 70 n. Chr.) an heidenchristliche Adressatinnen und Adressaten: Darauf verweisen sowohl die Erklärung jüdischer Feste und Sitten (z. B. 7,3) sowie die Übersetzung aramäischer Worte: 3,17; 5,41; 7,11.34; 10,46; 15,22.34. Der geographische Aufbau hat für den Verfasser theo-, bzw. christologische Funktion: In Galiläa, dem Gebiet fern vom Zentrum des Heiligtums, nimmt das Heil seinen Anfang; hier verkündet Jesus die Botschaft der mit ihm anbrechenden Gottesherrschaft, hier wirkt er Wunder. Für Galiläa wird die Erscheinung des Auferstandenen verheißen (16,7), von hier aus geschieht die zeichenhafte Öffnung zu den Heiden (7,31; 8,27). In Jerusalem dagegen begegnet Jesus Feindseligkeit. Hier wirkt er keine Wunder (in ganz Judäa geschieht nur ein Wunder: vgl. 10,46–52); die Auseinandersetzung gipfelt in Passion und Kreuz; daher gibt es für Markus in Jerusalem keine Ostererscheinungen.

Entscheidend ist für Markus seine Deutung der Person Jesu als Sohn Gottes (vgl. schon 1,1). Freilich durchzieht das ganze Evangelium die Spannung zwischen seinem Offenbar-Werden und dem (eigenartigen) Streben Jesu, verborgen zu bleiben. Auch hierin ist das Anliegen des Evangelisten christologisch: Die Herrlichkeit Jesu und sein wahres Wesen können erst durch seinen Tod (und seine Auferstehung) voll begriffen werden: Das erste echte Bekenntnis spricht daher der heidnische (!) Hauptmann unmittelbar nach dem Tod Jesu (15,39). Implizit jedoch deutet Markus diese Sohnschaft konsequent in seinem Evangelium an, wenn er immer wieder die Vollmacht und die Autorität Jesu hervorhebt: Jesus erweist sich als mächtig über Dämonen (z. B. 1,21–28), über Krankheiten (z. B. 1,29–31); er steht über dem Sabbat (2,23–28), er beherrscht die Naturgewalten (4,35–41). Angesichts der hoheitsvollen und machterfüllten Verkündigung Jesu erhält so die Frage »wer ist dieser?« für die Gemeinde des Evangelisten besondere Dringlichkeit (vgl. 4,41).

Das Evangelium wurde ziemlich sicher von einem Mann namens Markus geschrieben: Wäre dieser Name nicht von Anfang an mit dieser Schrift verbunden gewesen, hätte man sie wohl eher mit einer bekannteren Persönlichkeit der ersten Generation in Verbindung gebracht. Ob Markus mit dem Apg 12,12 erwähnten Johannes Markus identisch ist, muß offen bleiben, ist aber eher zu verneinen, da sich der Evangelist in Jerusalem und in der Umgebung der Stadt nicht sehr gut auskennt – wie einzelne geographische Fehler zeigen (vgl. 7,31; 10,1; 11,1). Auch bezüglich der Nähe des Markus zu Petrus bleiben Fragen offen. Nimmt man mit Papias und Irenäus an, der Evangelist sei Petrusschüler gewesen, muß das Problem gelöst werden, warum sich in diesem Evangelium keine besondere petrinische Tradition, ja nicht einmal ein besonders positiver Umgang mit den allgemeinen Petrusüberlieferungen findet: Weder 8,27–30.31–33 noch 14,66–72 wird Petrus im Vergleich mit den anderen Evangelien geschont. Wenn auch bezüglich der Herkunft des Evangelisten keine Sicherheit zu erzielen ist, wird man doch eher annehmen müssen, daß Markus aus dem Heidenchristentum stammt. Ein Hinweis dafür könnte 6,14 vorliegen: Ein Judenchrist hätte Herodes nicht einfach als König bezeichnet, sondern hier – in Kenntnis des politischen und des geschichtlichen Hintergrundes – noch präziser unterschieden.

Das Lukasevangelium

In Anlehnung an profane Literatur stellt Lukas seiner Evangelienschrift ein Vorwort mit Widmung voran (1,1–4). Nach der Deutung der Herkunft und des Ursprungs Jesu (1,5 – 2,40) führt der Verfasser nach einer ausführlichen Einleitung (einem »Vorspiel«: 2,41 – 4,13) weiter zur Darstellung des Wirkens Jesu als dem entscheidenden Gegenstand seines Evangeliums (4,14 – 19,27). Dieses Wirken nimmt seinen Ausgang in Galiläa (4,14–44), bevor es auf das ganze jüdische Land ausgeweitet wird (5,1 – 9,50). 9,51 – 19,27 wird Jesus auf seiner Wanderung nach Jerusalem dargestellt. Der abschließende Teil des Evangeliums erzählt die Ereignisse der letzten Tage in Jerusalem, das Ostergeschehen und die Himmelfahrt des Auferstandenen (19,28 – 24,53).

Schon der äußere Aufbau, obwohl in den Grundzügen dem MkEv nachgestaltet, erhält bei Lukas christozentrische Bedeutung: Jesu Wirken beginnt im fernen Nazaret (4,16–30) und Galiläa. Mit 9,51 wird ein wichtiger Wendepunkt markiert. Jesu Wanderung durch das jüdische Land erhält in der Hinwendung nach Jerusalem seine entscheidende Richtung und Bestimmung. Von 9,51 an ist Jesus auf dem Weg in die Heilige Stadt, dem Ort seiner Vollendung (vgl. 13,22.33; 17,11; 18,31; 19,11.28). Was in Galiläa seinen Anfang genommen hat, wird in Jerusalem im Ostergeschehen vollendet. (Dieser geographisch-christozentrische Gedanke wird in der zweiten Schrift des Lukas, in der Apg, fortgesetzt, wo gemäß der Apg 1,8 angegebenen »Stationen« die Ausbreitung des Evangeliums in Jerusalem, Judäa, Samaria bis an die Grenzen der Erde – d. h.: Rom – dargestellt wird.)

Für Lukas ist die Geschichte des Heils in Jesus Christus eingeordnet in die Weltgeschichte (vgl. 2,1; 3,1–2). Was Gott in der Zeit vor Jesus von Nazaret an seinem Volk gewirkt hat, ist hingeordnet auf die Erfüllung in und durch Jesus Christus (vgl.1,1). »Erfüllen« und »Erfüllung« sind Lieblingsbegriffe des Evangelisten (vgl. bes. 4,21); der Grundgedanke, daß sich das Wort der alttestamentlichen Schrift (»Verheißung«) in Jesus erfüllt, ist für Lukas im Grundsätzlichen maßgeblich. Nach der Erwartung der alttestamentlichen Epoche bricht mit Jesus von Nazaret die »Mitte der Zeit« (H. Conzelmann) an, in der die entscheidende Auseinandersetzung mit Satan und die Überwindung seiner Macht geschieht (4,1–13; 10,17, 22,3.53). Auf diese grundsätzliche Wende in der Geschichte (des Heils und der Welt) folgt die Zeit der Kirche, getragen von der Hoffnung und dem Warten auf die noch zukünftige Vollendung (vgl. Apg 1,11).

Lukas schreibt sein Evangelium in einer Epoche der Konsolidierung der urkirchlichen Gemeinden: Nicht auf ein kurzes Warten bis zur Wiederkunft Christi, sondern auf ein beharrliches Leben im Glauben mußte die Kirche vorbereitet werden. Deswegen betont der Verfasser die Dauerhaftigkeit der Botschaft Jesu im Blick auf die Lebenssituation seiner Gemeinde (vgl. Lk 8,15 mit Mk 4,20; Lk 9,23 mit Mk 8,34; Lk 21,36 mit Mk 13,33). Das »Heute« des Heils Jesu (vgl. so 2,11; 4,21; 19,9; 23,43; ähnlich auch 5,26) bezieht sich nicht nur auf den geschichtlichen Augenblick des Wirkens Jesu, sondern ereignet sich stets neu im Leben der Kirche.

Lukas stellt Jesus als einen menschenfreundlichen, gütigen, sich erbarmenden Messias dar: Die Lehrtätigkeit Jesu wird hervorgehoben (4,15; 5,3; 6,6; 13,10.22; 19,47; 20,1; 21,37); Jesu heilendes Wirken wird gegenüber den anderen Evangelien besonders betont (vgl. 5,17b; 7,13; 22,51). Jesus kommt zu den Armen, zu den Sünderinnen und Sündern (11,41; 12,33; 7,36–50; 19,1–10), er ist der Heiland, der sich aller Menschen erbarmt, der sucht, was verloren ist (10,30–37; 15,1–32; 18,10–14) und der Männer und Frauen in seine Nachfolge ruft (vgl. 6,12–16; 8,1–3; 23,49; 24,1–35). Mit seiner Verkündigung will Lukas für die junge Kirche um das Jahr 80 bis 90 ein Fundament zur Festigung des Glaubens und zur Bewältigung der Probleme dieser christlichen Generation legen.

Sicherlich ist der Name des Verfassers dieses Evangeliums richtig überliefert: Andernfalls hätte man wohl einen bedeutenderen oder bekannteren Namen mit der Evangelienschrift verbunden. Nach Lk 1,1–4 war der Verfasser kein Augenzeuge des Wirkens Jesu; vermutlich handelt es sich um einen Christen der dritten Generation, der sehr gebildet war und aus dem Heidenchristentum stammte. Darauf verweisen das gute Griechisch sowie die Gestaltung der Evangelienschrift unter Beachtung der Gesetzmäßigkeiten der griechischen Literatur. Fraglich bleibt die Nähe des Verfassers zu Paulus. Es fällt auf, daß Lukas in der Apg die paulinischen Briefe nicht erwähnt und kein Interesse am Lebensschicksal des Paulus hat. Überdies sind beträchtliche Unterschiede zwischen der lukanischen und der paulinischen Christologie festzustellen. Die diesbezüglichen Angaben bei Irenäus und im Muratorischen Fragment stützen sich vermutlich auf die sogenannten »Wir-Berichte« der Apg (vgl. 16,10–17; 20,5; 21,1; 27,1 –28,16) sowie auf die Erwähnung eines Lukas in Phlm 24; Kol 4,14 sowie 2 Tim 4,11. Dabei ist die Identität der in den genannten Schriften erwähnten Person mit dem Evangelisten keineswegs gesichert; die Namensgleichheit reicht dafür nicht aus. Die erwähnten Wir-Berichte sind nicht als Indizien für eine persönliche Augenzeugenschaft zu werten, sondern als Ausdruck der literarischen Fertigkeit des Verfassers, der damit seine Darstellungskompetenz unterstreicht und so die Glaubwürdigkeit seiner Erzählung fördern möchte. Die gleiche Überlegung ist auch gegenüber der bereits im Muratorischen Fragment enthaltenen Annahme, Lukas sei Arzt gewesen, zu berücksichtigen. Diese Überlieferung bezieht die entsprechende Notiz in Kol 4,14 auf den Evangelisten. Auch hinsichtlich der feststellbaren Sachkenntnis in medizinischen Belangen ist jedoch eher der Rückschluß auf die schriftstellerische Kompetenz des Lukas als auf seinen Beruf zutreffend.

EXKURS: Die synoptische Frage

Schon die Kirchenväter haben in ihren Kommentaren zu den Evangelien verschiedene Beziehungsmomente zwischen diesen Schriften festgestellt, die insbesondere das Verhältnis der drei ersten Evangelien zueinander betreffen. Durch die exegetische Forschung der letzten zwei Jahrhunderte konnten diese Beobachtungen präzisiert werden. Der exegetische Befund stellt sich in folgender Weise dar:

▶ Die Evangelien nach Mt, Mk und Lk weisen viele Ähnlichkeiten auf, die sich teils auf die Anordnung und die Abfolge der Texte beziehen, teils bis zur wörtlichen Übereinstimmung längerer Textabschnitte führen können. Daraus ist zu schließen, daß zwischen diesen drei Schriften eine direkte, unmittelbare Beziehung besteht.

▶ Den Gemeinsamkeiten und Übereinstimmungen stehen Abweichungen gegenüber. Diese beziehen sich sowohl auf die Textgestaltung als auch wiederum auf die Abfolge der einzelnen Textabschnitte. Vielfach verweisen diese Eigentümlichkeiten einer Evangelienschrift auf die theologischen Anliegen und Eigenheiten des Verfassers. Sie zeigen also, daß die Evangelisten ihre Werke eigenständig konzipiert und geschrieben haben.

▶ Die genannten Beobachtungen hinsichtlich Übereinstimmung und Abweichungen können in zweifacher Weise angestellt werden. Sie betreffen einmal einen Vergleich des Mt, Mk und Lk; weiters zeigt sich, daß Übereinstimmung in Formulierung und Textabfolge bei jenen Textabschnitten vorliegen kann, die nur Mt und Lk überliefern und die bei Mk fehlen.

▶ Schließlich finden sich in diesen drei Evangelien auch jeweils Texte, die nur einer der Evangelisten überliefert hat und die in den anderen Schriften nicht aufscheinen.

Diese Beobachtungen haben die exegetische Forschung vor zahlreiche Fragen gestellt. Die ersten drei Evangelien wurden aufgrund dieses festgestellten Verhältnisses zueinander »Syn-optiker« (syn-opsis: Zusammenschau) genannt. Um die zweifellos gegebenen unmittelbaren Beziehungen zwischen diesen Schriften zu klären, wurden mehrere Theorien entwickelt. Das Problem ist bis heute nicht restlos geklärt. Jene These, die am ehesten die Schwierigkeiten der verschiedenen Textbeziehungen beantworten kann, ist die im Gefolge der Forschungen von C. Lachmann entwickelte Zweiquellentheorie (um 1835). Diese Theorie geht davon aus, daß sowohl der Verfasser des MtEv als auch jener des LkEv zwei diesen beiden Evangelisten gemeinsame Quellen benützt hat:

▶ Jenen Abschnitten und Texteinheiten, in denen das MtEv und das LkEv mit dem MkEv (weitgehend) übereinstimmen, liegt der Text des MkEv zugrunde. Die Verfasser haben für diese Texte das MkEv als literarische Vorlage herangezogen.

▶ In jenen Teilen ihrer Evangelienschriften, in denen das MtEv und das LkEv ohne Beziehung oder Parallele zum MkEv untereinander übereinstimmen, greifen die Verfasser auf eine andere, ihnen gemeinsame Quelle zurück. Diese Quelle – sie ist nicht erhalten und kann aus dem Textvergleich nur postuliert und teilweise rekonstruiert werden – enthielt vornehmlich Sprüche Jesu. Sie wird daher als »Spruchquelle« (oder Logienquelle) Q bezeichnet.

Zusätzlich zu diesen zwei Quellen für seine Evangelienschrift verwendet jeder Evangelist auch sogenanntes »Sondergut« – Überlieferungen also, die nur in seinem Evangelium aufscheinen: sei es, daß nur ein Evangelist sie kannte; oder sei es, daß nur ein Evangelist sie in seine Schrift aufnehmen wollte. (Sondergut findet sich in allen vier Evangelien; aufgrund des möglichen Vergleichs ist es jedoch nur für das MtEv und das LkEv eindeutig feststellbar).

Schematisch kann diese Sicht der Evangelienentstehung in folgender Weise dargestellt werden:

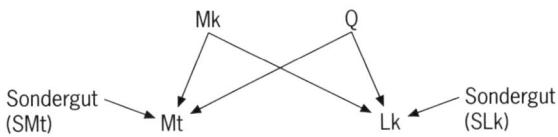

Als Beispiele
– für eine allen drei Synoptikern gemeinsame Überlieferung vgl. Mk 1,29–31 par Mt 8,14–15; Lk 4,38–39;
– für Texte, die aus der Quelle Q stammen vgl. Mt 6,9–13 par Lk 11,2–4 (Vater unser);
– für Sondergut des jeweiligen Evangelisten vgl. Mt 1–2 oder Lk 1,5 – 2,40.

Ein offenes Problem der Evangelienforschung bleibt in diesem Zusammenhang die Frage nach der näheren Umschreibung der Quelle Q: Ist die Redequelle in die Gattung der alttestamentlich-jüdischen Weisheitsrede einzuordnen oder eher als eine Spruchsammlung zu verstehen, die in prophetischer Tradition steht? Vermutlich ist letzteres der Fall. Kennzeichnend für die Redequelle sind die Bildung von Überlieferungsblöcken (vgl. Lk 3,1–20); die Rahmung einzelner Abschnitte (Lk 7,18–23.29-30); die offensichtlich als chronologisch beabsichtigte und mittels Stichwortassoziation verknüpfte Anordnung der Sprüche.

⇥ AUFGABEN:

■ Lesen Sie unter Berücksichtigung der Zweiquellentheorie nochmals den Text über die Taufe Jesu (Mk 1,9–11 par, siehe oben → III.1.): Welche Überlegungen können Sie nun hinsichtlich der unterschiedlichen Fassungen der Erzählung anstellen?

■ Vergleichen Sie Mt 5,3–12 mit Lk 6,20–26: Welche der Seligpreisungen (oder der Weherufe) sind –auf der Grundlage der Zweiquellentheorie – der Spruchquelle Q zuzuordnen, welche dem Sondergut des jeweiligen Evangelisten? Überdenken Sie das Ergebnis Ihrer Analyse; lesen Sie dazu nochmals aus der Instruktion »Sancta Mater Ecclesia« über die Tätigkeit der biblischen Verfasser (siehe dazu oben → V. Exkurs).

■ Sehen Sie nochmals die Zusammenstellung über die Spruchfolge der Bergpredigt durch (siehe dazu oben → III.3. Exkurs): Was erkennen Sie daraus bezüglich der Herkunft der einzelnen Abschnitte der Bergpredigt? Was lernen Sie daraus im Blick auf die Arbeitsweise der Evangelisten?

Das Johannesevangelium

Der Evangelist eröffnet seine Schrift mit einem Prolog, in dem er unter Rückgriff auf einen älteren Hymnus die Herkunft und das Wesen Jesu reflektiert (1,1–18). Damit ist der Grund für den ersten Hauptteil des Evangeliums gelegt (1,19 – 12,50): Jesus offenbart sich (und damit den Vater) vor dieser Welt; er kommt so seiner Sendung vom Vater nach. Einführende Abschnitte (Zeugnis des Täufers und Berufung von Jüngern: 1,19–51) führen zur Eröffnung von Jesu Wirken in Kana (2,1–12, vgl. bes. 2,11). Dieses (Gottes) Herrlichkeit offenbarende Wirken Jesu (vgl. 2,11; 9,3 und öfters) ist von »Zeichen« und von »Werken« geprägt, die in weiterführenden Reden und Gesprächen gedeutet werden. Kennzeichnend für das Auftreten Jesu ist der wachsende Widerspruch und die Ablehnung seitens »der Juden« – für den Evangelisten ein Sammelbegriff für die Gegner Jesu (vgl. Joh 7–8, bes. 9,18–34). Mehrmals muß sich Jesus vor seinen Gegnern zurückziehen (vgl. 4,1–3; 7,30; 8,59; 10,39; 11,54.57). Die Frage nach seiner Person durchzieht die einzelnen Texte (vgl. z. B. 1,19–28; 1,29–34.36; 3,27–30; 4,25–26; 7,11–13; 7,25–29; 7,45–52; 10,24–25 u.ö.). Im Glauben an ihn als den vom Vater Gesandten entscheidet sich das Schicksal für den Menschen (vgl. 3,16–18; 12,44–50).

Mit Joh 13,1 beginnt die Vollendung der »Stunde« Jesu: der Weg zurück zum Vater durch den Tod zur Verherrlichung (13,1 – 20,29). Die Fußwaschung (13,1–20) sowie die anschließenden Reden im Jüngerkreis (13,21 – 17,26) sind als Vorbereitung für den Gang zum Vater zu verstehen. In der Passionserzählung stellt der Evangelist Jesus als den hoheitsvollen, wahren König dar, der über dem Geschehen steht, ja dieses noch selbst bestimmend prägt (Joh 18 – 19, vgl. hier 19,28). Die Darstellung des Ostergeschehens zeigt, daß der Verfasser die Auferstehung Jesu, seine Erhöhung und die Gabe des Geistes als eine theo- und christologische Einheit versteht (20,1–29).

Der ursprüngliche Evangelientext schließt mit einem Epilog (20,30–31). Joh 21 wurde erst nach Abschluß der Niederschrift des Evangeliums, vermutlich auch erst nach dem Tod des Verfassers (vgl. 21,23) hinzugefügt.

Der Verfasser schreibt in sehr einfachem Griechisch und verwendet unter den vier Evangelisten den kleinsten Wortschatz. Die Begriffe erhalten jedoch vielfach zeichenhafte und damit »theologische« Bedeutung und geben so dem Evangelientext einen eigentümlichen Klang. Mit besonderer Vorliebe denkt der Evangelist in gegensätzlichen Begriffspaaren (z. B.: Licht – Finsternis; Wahrheit – Lüge; glauben – nicht glauben; erkennen – nicht erkennen; bleiben – nicht bleiben, usw.).

Mit dem Kommen Jesu in diese Welt ist für den Menschen die Entscheidung angebrochen. Sie vollzieht sich im Glauben oder Unglauben gegenüber Jesus (vgl. 3,16–18; 20,30–31). Das Gericht über den Menschen geschieht also in seiner Jesusbeziehung. Deshalb hat sich der Mensch an Jesus selbst zu orientieren (vgl. 13,34–35). Der glaubende Mensch ist in seinem Verhältnis zu Jesus in den innergöttlichen Lebensvollzug mithineingenommen. Er hat Anteil an der Sendung (vgl. 20,21) und an der Lebensfülle Jesu im Austausch des dreifaltigen Gottes (vgl. 6,57), in dem jedwede Einheit grundgelegt ist (vgl. 17,21, weiters 15,4.9). Der Grund für die Forderung nach Glauben ist für den Evangelisten das Wesen Jesu. Er ist die entscheidende Offenbarung des unsichtbaren Gottes, der »Exeget« des Vaters (vgl. bes. 1,18). Jesus bringt Kunde vom Vater (15,15), in seiner Person wird der Vater sichtbar (14,9), sein Wirken wird vom Vater geleitet und bezeugt. Was Jesus – sich offenbarend – von sich sagt, gilt für den Vater (vgl.: »Ich bin...«).

ICH BIN...	
das Brot des Lebens	6,35.41.48.51
das Licht der Welt	8,12 (12,46)
die Tür	10,7.9
der gute Hirte	10,11.14
die Auferstehung und das Leben	11,25
der Weg, die Wahrheit und das Leben	14,6
der Weinstock	15,1.5

Die Vollendung seiner Sendung (vgl. 19,30) führt Jesus in die Herrlichkeit des Vaters zurück (vgl. 20,17). Den Jüngerinnen und Jüngern – das sind jene, die an Jesus glauben – bleibt die Gegenwart des Geistes als die Gabe der vollendeten Sendung Jesu (vgl. 20,22, zur Deutung 14,17.26; 15,26; 16,13): Es ist jener Geist, der das Wirken Jesu geprägt hatte (vgl. 7,37–39; 19,30b.34–35). Der Evangelist reflektiert mit seiner Schrift

die Jesusverkündigung in einer gegenüber den älteren Evangelien weiterführenden Weise. So erzählt er z. B. anstelle des Einsetzungsberichtes die Fußwaschung (13,1–20), das Geheimnis der eucharistischen Speise wird im Zusammenhang mit der wunderbaren Speisung gedeutet (vgl. 6,1–15.22–59).

Das Evangelium ist wohl als letztes der vier Evangelienschriften entstanden. Von den apostolischen Vätern (Klemens, Barnabas) wird es (um 90 n. Chr.) noch nicht erwähnt; hingegen datieren die ältesten erhaltenen Textfragmente in die Zeit um 125 n. Chr; (Papyrus P[52] mit dem Textabschnitt 18,31–33.37–38). So kann auf eine Entstehungszeit zwischen 90 und 100 n. Chr. geschlossen werden. Ob das Evangelium im kleinasiatischen Raum geschrieben wurde, ist heute umstritten. Seine Entstehung könnte auch in Palästina rekonstruiert werden.

Der überlieferte Verfassername ist sicher zutreffend. Schwierigkeiten bereitet hingegen die Identifizierung des genannten »Johannes«. Die etwas schematische, typisierende Darstellung von Person und Wirken Jesu lassen kaum auf ein Naheverhältnis zwischen Jesus und dem Verfasser schließen. Der Verfasser war deswegen kaum ein Augenzeuge; er war wohl auch nicht jener Johannes, der aus der synoptischen Überlieferung als einer der Söhne des Zebedäus (vgl. Mk 1,19) bekannt ist. Der Evangelist ist aus diesem und auch aus anderen Gründen auch nicht mit dem geliebten Jünger gleichzusetzen, der ab Joh 13 mehrmals ohne Namensnennung erwähnt wird (vgl. 13,23–26; 19,26–27; 20,3–10; 21,7.20–23.24; eventuell auch 18,15; 19,35): Daß der eigene Name durch den Verfasser aus Bescheidenheit verschwiegen worden wäre, erscheint angesichts der Hervorhebung eines so auszeichnenden Verhältnisses zu Jesus doch sehr eigentümlich.

Aufgrund der literarischen Einheit des Evangeliums ist für die Entstehung der Schrift an einen Verfasser zu denken. Dies schließt nicht aus, daß sich dieser auf einen weiteren Kreis gestützt hat (vgl. dazu die Hinweise im Muratorischen Fragment). Dieser Verfasser könnte im Schülerkreis des gleichnamigen Apostels zu suchen sein; oder die Evangelienschrift könnte von einem sonst unbekannten Verfasser namens Johannes stammen, dessen Verknüpfung mit der urkirchlichen Tradition zwar anzunehmen ist, heute aber nicht mehr zurückverfolgt werden kann. Wie die Sprache des Evangeliums verrät, war der Verfasser semitischer Herkunft (vgl. semitische Wendungen in 1,12; 2,23; 3,18.21; 7,42; 8,33.37), schrieb aber für griechisch sprechende Adressatinnen und Adressaten – wie die Übersetzung aramäischer Ausdrücke zeigt (vgl. 1,38.41.42; 4,25; 20,16). Diese Adressatinnen und Adressaten sind weniger in einer örtlich geschlossenen Gemeinde als vielmehr innerhalb einer bestimmten Gesinnungsgruppe zu orten. Vermutlich setzt sich der Evangelist intensiv mit der philosophischen Strömung der Gnosis auseinander, die dem Menschen aufgrund eigener Erkenntnis (→ Gnosis) zum Heil führen wollte. Ebenfalls bestimmend für die Abfassung des Evangeliums war wohl die Grenzziehung zu sogenannten Johannesjüngern (vgl. dazu Apg 19,3–5), denen die überragende Stellung Jesu verdeutlicht werden sollte (vgl. 1,6–8.19–28.32; 3, 22–40).

EXKURS: Das Johannesevangelium und die Synoptiker

Aufgrund der Sprache sowie der theologischen Denkweise bestehen zwischen den synoptischen Evangelien und dem JohEv erhebliche Unterschiede, die nicht an eine unmittelbare literarische Beziehung denken lassen. Besonders kennzeichnend ist in diesem Zusammenhang die unterschiedliche theologische Ausdrucksweise: Vgl. z. B. Mk 1,14–15 mit Joh 3,16–17 (vgl. dazu oben → IV.2.): Der Begriff der Gottesherrschaft

fehlt im JohEv beinahe gänzlich (ausgenommen Joh 3,3.5). Abstrakte Begriffe und Gegenüberstellungen finden sich hingegen kaum in den synoptischen Evangelien.

Demgegenüber lassen sich jedoch in einzelnen Fällen Berührungspunkte zumindest im Inhalt der erzählten Perikopen feststellen. Vgl. in diesem Zusammenhang als Beispiele:

Joh 4,46–54	mit	Mt 8,5–13; Lk 7,1–10
Joh 6,1–15	mit	Mk 6,32–44; Mt 14,13–21; Lk 9,10–17
Joh 6,16–21	mit	Mk 6,45–52; Mt 14,22–33

Zwischen der Gestalt des armen Lazarus (Lk 16,19–31) und der erzählerischen Entfaltung der Auferweckung eines Lazarus (Joh 11,1–53) muß eine – näher nur schwer zu bestimmende – Beziehung angenommen werden. Der nach allgemeinem exegetischen Urteil nicht zum ursprünglichen Bestand des vierten Evangeliums gehörende Textabschnitt Joh 7,53 – 8,11 (Jesu Vergebung für die Ehebrecherin) wirft ebenfalls entsprechende Fragen auf. Sowohl nach der Art der Darstellung als auch dem Inhalt und der Wortwahl nach ist diese Erzählung stark synoptisch geprägt. Wie sie in das vierte Evangelium kam, ist weitgehend ungeklärt. Dieser Textabschnitt könnte auf eine Verbindung zwischen dem JohEv und den Synoptikern hinweisen, welche sich nur auf einzelne Überlieferungsabschnitte bezieht. Die Frage nach dem Verhältnis zwischen dem JohEv und den anderen Evangelien stellt sich als überaus komplex dar; es ist weitgehend ungeklärt. Der Stand der Forschung mahnt hier zur Zurückhaltung, bevor – vorschnell – Abhängigkeiten oder literarische Verwandtschaftsverhältnisse angenommen werden.

2. Die Apostelgeschichte

Durch die dem Werk vorangestellte Widmung an Theophilus (Apg 1,1) sowie durch den Rückverweis auf die Evangelienschrift (ebd.) ist die Apg als zweiter Teil des lukanischen Doppelwerkes erkennbar. Auch gedankliche Weiterführungen verweisen auf die Zusammengehörigkeit von LkEv und Apg sowie auf die (heute weithin unbestrittene) Identität des Verfassers.

Nach Art der antiken Geschichtsschreibung und -darstellung verfolgt Lukas die Absicht, die nachösterliche Kontinuität der Jesusbotschaft in der Ausbreitung des verkündigten Wortes aufzuzeigen. Als literarisches Vorbild gelten ihm dafür die sogenannten »Acta": Beschreibungen der ruhmreichen Taten großer Persönlichkeiten (vgl. den lateinischen Namen der Schrift: Acta Apostolorum). In diesem Sinne ist das in Jesu Auftrag und Vollmacht verkündigte Wort das entscheidende handelnde Subjekt: In der Apg wird nicht über die Taten und das Wirken der Apostel geschrieben, sondern über die Vollmacht und Gewalt des in der Kraft des Geistes weitergegebenen und bezeugten Wortes. Insofern die Apostel »Diener des Wortes« (Lk 1,2) sind, ist von ihnen in dieser Schrift stets die Rede.

Ähnlich dem LkEv hat auch die Apg eine ausführliche Einleitung. Nach der Widmung, die nahtlos in die einführenden Texte über Himmelfahrt und Apostelwahl übergeht (vgl. 1,1–3.4–26), folgt mit der Erzählung des Pfingstgeschehens (Apg 2) der entscheidende Anstoß für die schon 1,8 angesagte Bezeugung der Botschaft über Jesus als den auferstandenen und erhöhten Herrn. Bis Apg 12 wird – mit Ausnahmen – über die Entwicklung der Gemeinde in Jerusalem und in Judäa erzählt. Das ausführlich dargestellte Martyrium des Stephanus (6,8 – 8,1a) – die Schilderung weist Ähnlichkeiten mit der lk Fassung der Passion Jesu auf – wird als innere Voraussetzung für die Bekehrung des Paulus verstanden (vgl. 7,58; 8,1a). Diese ist Anstoß für die Ausbreitung der Kirche über Judäa hinaus (vgl. Apg 8) und führt letztlich zur ersten Heidentaufe (vgl. Apg 10–11). Die Bekehrung des Paulus (Apg 9) sowie die Taufe des Kornelius durch Petrus sind die Voraussetzungen für die von Paulus getragene Mission im hellenistischen Bereich (Kleinasien und Griechenland, vgl. Apg 13 – 21,17). Mit der Weisung des Geistes (13,1–3) wird dieser zweite Abschnitt der Apg eingeleitet. Das Apostelkonzil (Apg 15) bestätigt diese (neue) Entwicklung. Aufgrund seines persönlichen Schicksals ist Paulus erneut Träger der Botschaft bis nach Rom (Apg 22 – 28). Mit dem Hinweis, daß Paulus in Rom ungehindert und in allem Freimut die Gottesherrschaft und die Lehre über Jesus Christus, den Herrn, vortragen kann (vgl. 28,31), beschließt Lukas sein Werk.

Dieser abrupte Schluß der Apg gibt endgültig Aufschluß über die Absicht des Verfassers: Es geht ihm nicht um eine Darstellung der Person des Paulus (oder – in Apg 1 – 12 – des Petrus und der anderen Apostel), sondern um den Weg der Botschaft. Hilfreich ist hier der programmatische Satz Apg 1,8:
»Ihr werdet meine Zeugen sein
– in Jerusalem
– in ganz Judäa und Samarien
– und bis an die Grenzen der Erde.«
Da die Botschaft (nach lukanischer Darstellung: mit Paulus) Rom erreicht, ist dieses Ziel erfüllt. Der geographisch-theologische Rahmen des Evangeliums (Galiläa → Jerusalem) wird in der Apg also weitergeführt.

Für den Verfasser ist es bedeutsam, seinen Adressatinnen und Adressaten das Werden der Kirche darzustellen. Es ist vom Eingreifen des göttlichen Geistes getragen, der eine Gabe des erhöhten Herrn ist (vgl. Lk 24,49; Apg 1,8; 4,8.31; 6,5, sodann 8,29.39; 10,19; 11,12; 13,2.4; 16,6–7 u.ö.). Das Wirken der Kirche ist ein Wirken »im Namen Jesu Christi, des Nazoräers« (3,6; vgl. weiters 4,10); so wie Gott mit ihm war (vgl. 10,37–38), so ist er mit der nachösterlichen Gemeinde.

3. Paulus und seine Briefe

Gemessen am Gesamtumfang des Neuen Testaments, nimmt das paulinische Schrifttum eine bedeutsame Stellung ein. Auch hinsichtlich des Alters kommt den Briefen des Paulus ein Vorrang zu. Ohne Zweifel war dieser Mann eine der bedeutsamsten Gestalten der ersten christlichen Generationen. Aufgrund seiner Schriften haben wir über ihn und durch ihn selbst unmittelbare Unterlagen zu seinem theologischen Denken und zur Prägung seines Christusglaubens erhalten. Einer ersten Orientierung über seine Persönlichkeit sollen Hinweise zu seinen Schriften und sodann zu seinem theologischen Denken folgen.

Leben und Wirken des Paulus

Eine biblische Biographie des Paulus liegt nicht vor. Um sein Leben zu erhellen, müssen wir die verfügbaren Quellen auf Informationen sichten.

Die Quellen

Über die Person des Paulus sind keine profanen literarischen Quellen vorhanden. Wir sind also diesbezüglich auf religiöses, vornehmlich neutestamentliches Quellenmaterial angewiesen: Als erstrangige biblische Quelle sind die paulinischen Briefe zu nennen. Hier finden sich zwar keine ausführlichen biographischen Hinweise, aber mehrere Einzelnotizen. Diese stehen jeweils im Dienst einer sachlich bezogenen Argumentation, so daß sie zumeist ohne besondere autobiographische Absicht geschrieben sind und daher als Quelle herangezogen werden können.

Der Verfasser der Apg schreibt ausführlich über Paulus. Bei der Verwertung dieser Informationen ist das andersgelagerte Interesse des Lukas zu beachten: Dem historiographischen Anliegen ist ein theologisch-darstellendes übergeordnet. Daraus kann gefolgert werden: Der Geschichtswert der Apg ist im Blick auf Paulus groß; im Zweifelsfall ist jedoch den paulinischen Angaben der Vorzug zu geben.

In den sogenannten »nachpaulinischen Schriften« wird in pseudepigraphischer Weise aus der Sicht des Paulus geschrieben. Die Verfasserinnen oder Verfasser geben somit indirekt Informationen weiter, die sie selbst noch über Paulus besitzen. Da hier andere Aussagefaktoren bestimmend sind, ist der geschichtliche Wert entsprechender Hinweise jeweils zu überprüfen.

Unter den neutestamentlichen Apokryphen finden sich zahlreiche Texte, die sich mit der Person des Paulus beschäftigen. Da sie erst jüngeren Datums sind und vielfach in der Entstehung von älteren Texten abhängig, ist ihr geschichtlicher Wert großteils gering.

Als einziger zeitgeschichtlicher, allerdings indirekter, Hinweis ist der sogenannte »Gallio-Stein« zu nennen: Ende des 19. Jh. wurden in Delphi neun Fragmente einer Inschrift gefunden; sie wurden 1905 erstmals veröffentlicht. Die Bruchstücke gehören zu einem Brief des Kaisers Klaudius an die Stadt Delphi. Darin wird erwähnt, daß Klaudius bereits zum 26. Mal als Imperator ausgerufen war und daß Lucius Iunius Gallio das Prokonsulat in der senatorischen Provinz Achaia innehatte. Die 26. Akklamation zum Imperator kann nicht datiert werden, erfolgte jedoch vermutlich zu Ende des 11. oder am Anfang des 12. Jahres der Ausübung der tribunizischen Gewalt durch Klaudius (d. h.: zwischen dem 25. Jan. 52 und dem 24. Jan. 53 n. Chr.). Da die 27. Akklamation durch eine Inschrift auf der am 1. Aug. 52 eröffneten Aqua Claudia belegt ist, folgt für die Datierung des Briefes: Er entstand frühestens Ende 51, eher nach dem 25. Jan. 52 und vor dem 1. Aug. 52 n. Chr.

Da Achaia eine senatorische Provinz war, blieb der Prokonsul üblicherweise ein Jahr im Amt. (Ausnahmen waren zwar möglich, sind jedoch für Achaia, das bis 44 n. Chr. unter einem legatus Augusti pro praetore stand, kaum anzunehmen). Da normalerweise die Abreise der Prokonsuln aus Rom im Spätfrühling (seit 42 n. Chr. schon vor dem Aprilneumond) erfolgte, ist mit einem Amtsantritt um den 1. Juli zu rechnen. Daraus folgt – unter Beachtung des kaiserlichen Briefes, in dem Gallio bereits als Prokonsul genannt wird: Gallio war entweder von (Mitte) 51–52 oder von 52–53 Prokonsul in Achaia.

Dieser zeitgeschichtliche Befund weist einen Schnittpunkt mit den biblischen Aussagen auf; dadurch erhält er seine Bedeutung: Nach Apg 18,1–17 hielt sich Paulus nach seinem Mißerfolg in Athen für eineinhalb Jahre in Korinth auf (Apg 18,11). Auseinandersetzungen während seiner Verkündigungstätigkeit führen dazu, daß Paulus vor das Gericht der römischen Behörde gebracht wird, »als Gallio Prokonsul von Achaia war«

(Apg 18,12). Da der genaue Zeitpunkt der Begegnung des Paulus mit Gallio nicht festzustellen ist, kann keine präzisere Datierung erfolgen. Aus der Verbindung der Datierung des Gallio-Steins mit den Hinweisen in Apg 18,12 ergibt sich jedoch, daß sich Paulus zwischen 51 und 53 n. Chr. in Korinth aufgehalten hat (siehe unten).

Da diese Verbindung der Gallio-Inschrift mit Apg 18 der einzige feste Anhaltspunkt in der Chronologie des Paulus ist, erhält dieser eine besondere Bedeutung. Bei einer Rekonstruktion des Lebens des Paulus kann nur von seinem Aufenthalt in Korinth vor-, bzw. zurückgerechnet werden.

Übertragung der Gallio-Inschrift
Die Fragmente in Großbuchstaben sind auf den Steintafeln entzifferbar (Ausnahme: Schreibweise von Eigennamen mit großem Initial).

TIBERius Claudius CäsAR AugustUS Germanicus, im 12. jahr seiner tribuniz. geWÄLT, zuM 26. MAL als imperator proklamiert, Vater des vATERLANDdes, grüßt ... SCHON LANge war ich dER Stadt DELPHi niCHT NUr wohlgesonnen, sondern habe auch Sorge getragen für ihr geDEIHEN, UND ich HABE AUCH STETS deN KULT DEs pythischen APOllo BESCHIRMT. weil sie aber JETZT AUCH VON bürGERN ENTBlößT SEIN SOLL, WIe mir gerade L. JuNIUS GALLIO, MEIN FReund UNd stattHALTER gemeldet hat, SO Gebe ich die anweisung, in der absicht, daß delphi DEN FRÜheren glanz ungeschmälERT BEHALTE, daß ihr auch aus anDEREN STÄDTEN freigeborene menschen als neue bürger nach delphi RUFt und DASS IHR IHNEN und ihren nachkommen alle VORREchte von delPHI ZUgesteht WIE BÜRGern von gleichem und selbem rechtsstatus. DENN wENN NUN LEUte als bürGER ÜBERSIEDELT sind zu dieSEN ORTEN...
diESE   GÄNZLICH.
     DIE aber
  UND DAS MIT-ZUNEHmen
    wIE BEI DEN...
   sAGE ICH. ALLERdings dEN
   GEBE ICH DIE ANWEISUNG, DAß
NACH GEbühr nichts von allem, WAS IN IHM GESCHRIEben steht, STRITTIg sei

---

Im Folgenden wird versucht, eine solche Lebensskizze des Paulus zusammenzustellen. Dazu werden jeweils die biblischen Verweisstellen für die einzelnen Informationen beigefügt.

Die jüdische Zeit

Paulus wurde in Tarsus (Zilizien, vgl. Apg 21,39; 22,3) als Jude aus dem Stamm Benjamin (Röm 11,1; Phil 3,5; 2 Kor 11,22) aus pharisäischer Familie (Phil 3,5) mit römischem Bürgerrecht (Apg 16,37; 22,25.28) geboren. Er wurde in Jerusalem – wahrscheinlich von Rabbi Gamaliel (zu dessen Person vgl. Apg 5,34–39) – zum Schriftgelehrten ausgebildet (Apg 22,3) und erlernte, wie damals üblich für diesen Beruf, zusätzlich ein Handwerk: die Zeltmacherei (Apg 18,3). Dies blieb für sein ganzes Leben sein Brotberuf (1 Kor 9,6; 2 Kor 2,17; 12,14; Phil 4,15–16; 1 Thess 2,9). Paulus lebte ehelos (1 Kor 7,7; 9,5.19).

Die Bekehrung

Lukas schildert in der Apg die Bekehrung des Paulus dreimal – ein Indiz dafür, welche Bedeutung er diesem Ereignis für die junge Kirche beimaß (vgl. Apg 9; 22; 26). Vermutlich ereignete sich die Bekehrung des Paulus bald nach dem Tod des Stephanus, also um 32–33 n. Chr. Während in der Apg Einzelheiten überliefert werden, begnügt sich Paulus mit einer grundsätzlichen Deutung des Geschehens. Die lukanische Darstellung, daß der religiöse Eifer des Paulus für seinen Gott im Zuge der Christenverfolgungen durch göttliches Eingreifen in die richtige, d. h., in eine neue, auf Christus bezogene Richtung gelenkt wird, trifft mit größter Wahrscheinlichkeit den historischen Sachverhalt. Paulus deutet das Geschehen im Lichte seiner Kenntnis des Alten Testaments: Er bringt seine Bekehrung in Beziehung zur Berufung alttestamentlicher Propheten (Gal 1,13–24).

➤ AUFGABEN:

■ Vergleichen Sie die drei Bekehrungsdarstellungen in der Apg miteinander: Apg 9,1–19; 22,6–21; 26,12–18. Achten Sie genau auf die Gemeinsamkeiten, besonders auf die Unterschiede. Welche Absicht verfolgt der Verfasser mit jeder dieser Texteinheiten? Was ist der Grund für die geänderte Darstellungsweise? Welche Schlüsse können Sie für die Aussage der Texte ziehen?

■ Wählen Sie unter den drei genannten Darstellungen jene aus, die Ihnen am aussagekräftigsten und eindrücklichsten erscheint. Vergleichen Sie diese Texteinheit mit Gal 1,13–24. Lesen Sie dazu auch Jer 1,4–10, sowie Röm 1,1 und Gal 1,1. Formulieren Sie in der Gegenüberstellung von Apg und Gal die Unterschiede, insbesondere die Hauptakzente der Textaussagen.

Das Leben als Apostel

Für die Rekonstruktion des apostolischen Wirkens des Paulus sind wir weitgehend auf die Angaben in Apg 13 – 28 angewiesen. Bei einer generellen Übereinstimmung der paulinischen Angaben und jener in der Apg zeigen sich in Einzelheiten sowie in der Sichtweise entsprechende Unterschiede. Die Gegenüberstellung für die Zeit bis zum Apostelkonzil kann dafür als Beispiel dienen: (siehe Seite 110).

Nach dem Apostelkonzil (um 49 n. Chr.) entfaltet Paulus seine Missionstätigkeit bis nach Europa. In den folgenden zehn Jahren bereist er neben Kleinasien auch Griechenland, in diesem Jahrzehnt schreibt er auch seine Briefe. Die einzelnen Stationen der Reise überliefert Lukas (vgl. Apg 13,2 – 14,27; 15,36 – 18,22; 18,23 – 21,17).

➤ AUFGABE:

Tragen Sie den Weg des Paulus auf der Landkarte ein. Verwenden Sie für jede Reise eine eigene Farbe und unterscheiden Sie den Weg zu Lande und zur See. Benützen Sie als Informationsgrundlage die Darstellung in der Apg. Lesen Sie dazu auch die in Ihrer Bibelausgabe angemerkten Verweise auf Texte aus den Paulusbriefen.

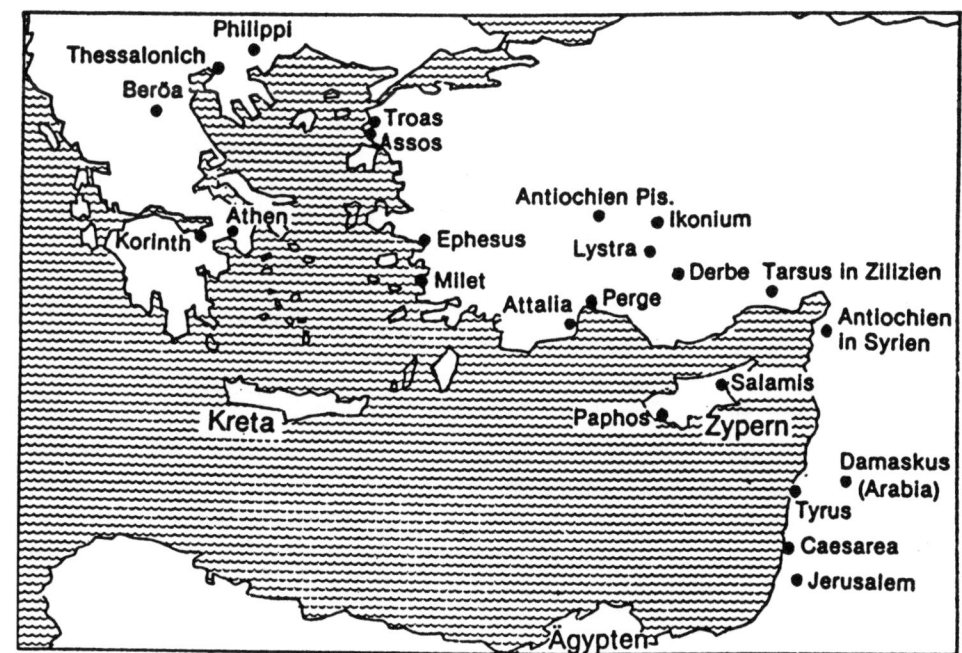

Wirken des Paulus

Darstellung in den paulinischen Briefen	Darstellung in der Apostelgeschichte
Bekehrung und Sendung *Gal 1,12.15*	Bekehrung und Sendung *Apg 9,1–19*
Aufenthalt in der arabischen Wüste, Rückkehr nach Damaskus *Gal 1,17*	
Flucht aus Damaskus *2 Kor 11,32–33*	Flucht aus Damaskus *Apg 9,24–25*
nach drei Jahren: nach Jerusalem; Zusammentreffen mit Petrus und Jakobus, sonst kein Apostel *Gal 1,18–19*	nach Jerusalem; Einführung durch Barnabas *Apg 9,26–28*
Aufenthalt: 14 Tage *Gal 1,18*	
Aufenthalt in Syrien und Zilizien *Gal 1,21*	Wegen Hellenisten weiter nach Cäsarea und Tarsus *Apg 9,29–30*
	Barnabas holt Paulus aus Tarsus *Apg 11,25*
	Gemeinsames einjähriges Wirken in Antiochien *Apg 11,26*
	Kollektenreise nach Jerusalem *Apg 11,29–30*
	Rückkehr nach Antiochien mit Johannes Markus *Apg 12,25*
	Erste Missionsreise *Apg 13,2 – 14,27*
	Aufenthalt in Antiochia; Ankunft orthodoxer Judaisten aus Judäa; Auseinandersetzung über Frage der Beschneidung *Apg 14,28 – 15,1*
Zeitangabe: nach 14 Jahren *Gal 2,1*	
nach Jerusalem zur Gemeinde und den Säulen *Gal 2,1.2*	nach Jerusalem zu den Aposteln und Ältesten *Apg 15,2*
mit Barnabas und Titus *Gal 2,1*	mit Barnabas und einigen aus Antiochien *Apg 15,2*
aufgrund von Offenbarung *Gal 2,2*	von der Gemeinde gesandt *Apg 15,2*
	Bericht über Bekehrung der Heiden in Phönizien und Samaria *Apg 15,3*
	Empfang in Jerusalem durch Gemeinde, Apostel und Älteste *Apg 15,4*
Darlegung des Evangeliums (zur eigenen Überprüfung) *Gal 2,2*	Bericht über Großtaten Gottes *Apg 15,4*
Keine Aufforderung zu Beschneidung des Titus *Gal 2,3*	
Angriff von Falschbrüdern *Gal 2,4*	Gläubige Pharisäer fordern Beschneidung *Apg 15,5*
	Versammlung der Apostel und der Ältesten zur Klärung der Frage *Apg 15,6*
Widerstand um der Wahrheit des Evangeliums willen *Gal 2,5*	Streit *Apg 15,7*
	Rede des Petrus: Gott macht keinen Unterschied zwischen Juden und Heiden *Apg 15,7–11*
Keine Auflagen durch die Angesehenen *Gal 2,6*	Petrus: keine Auflage *Apg 15,10*
Feststellung (und Anerkennung) der Sendung zu den Heiden *Gal 2,7*	Paulus und Barnabas berichten über Großtaten Gottes bei den Heiden *Apg 15,12*
Vergleich mit der Sendung des Petrus zu den Juden *Gal 2,7*	Rede des Jakobus: Im Eingreifen Gottes zur Heidenmission des Petrus erfüllt sich das AT *Apg 15,14–18*
	Jakobusklauseln mit Hinweis auf Mose *Apg 15,19–21*
Wirksamkeit Gottes im Apostolat des Petrus und des Paulus *Gal 2,8*	
Anerkennung der dem Paulus gegebenen Gnade *Gal 2,9*	
Handschlag der Säulen (Jakobus, Kephas, Johannes) mit Paulus und Barnabas *Gal 2,9*	
Übereinkunft zur Teilung: Heiden und Judenmission *Gal 2,9*	
Aufforderung zum Denken an die Armen *Gal 2,10*	
	Vgl. *Apg 11,29; 24,17*
	Gesandtschaft nach Antiochien: Paulus, Barnabas, Judas Barsabbas, Silas *Apg 15,22*
	Aposteldekret: Keine Auflagen, nur Jakobusklauseln zur Vermeidung von Ärgernis *Apg 15,23–29*

Aufgrund des Vorwurfs der Tempelschändung wird Paulus zum Pfingstfest (spätestens des Jahres 58 n. Chr.) in Jerusalem verhaftet (Apg 21,27–30). Das römische Bürgerrecht ermöglicht ihm die Berufung an den kaiserlichen Gerichtshof (Apg 25,11–12). Da zwischen Verhaftung und Appelation an den Kaiser in Cäsarea ein Statthalterwechsel stattfindet, ist die Überführung nach Rom auf 60 bis 61 n. Chr. anzusetzen.

Über den Ausgang des Berufungsprozesses in Rom stehen nur indirekte Angaben zur Verfügung.

Klemens von Rom schreibt um 95 n. Chr. über Paulus:

»[5]Wegen Eifersucht und Streit zeigte Paulus den Kampfpreis der Geduld. [6]Siebenmal in Ketten, vertrieben, gesteinigt, Herold im Osten wie im Westen, empfing er den echten Ruhm für seinen Glauben; [7]er lehrte die ganze Welt Gerechtigkeit, kam bis an die Grenze des Westens und legte vor den Machthabern Zeugnis ab; so schied er aus der Welt und gelangte an den heiligen Ort – das größte Beispiel der Geduld.« (l Klem 5,5–7)

Im Muratorischen Fragment heißt es:

»Lukas faßt für den »Besten Theophilus« zusammen, was in seiner Gegenwart im einzelnen geschehen ist, wie er das auch durch Fortlassen des Leiden des Petrus einsichtig klar macht, ebenso durch (das Weglassen) der Reise des Paulus, der sich von der Stadt (Rom) nach Spanien begab.« (2,35–39)

Aus diesen Texten ist die frühe Überzeugung erkennbar, daß Paulus seine ursprüngliche Absicht, über Rom nach Spanien zu reisen und eine Mission im Westen zu beginnen (vgl. Röm 15,24), noch verwirklichen konnte. Wenn dies zutrifft, setzt es freilich einen Freispruch im Berufungsprozeß voraus. Demnach wäre Paulus ungefähr zwischen 63 bis 66 tatsächlich in Spanien gewesen und nach seiner Rückkehr nach Rom vermutlich während der neronianischen Christenverfolgung zu Tode gekommen.

Treffen die alten Notizen nicht zu, wäre Paulus aufgrund der Anklage der Tempelschändung zum Tod verurteilt und zwischen 63 und 64 – als römischer Bürger mit dem Schwert – hingerichtet worden. Eine sehr alte Ortstradition benennt als Todesort die Gegend um den 10. Meilenstein auf der Straße nach Ostia.

Aufgrund der literarischen Belege und der diesbezüglichen Absichtserklärung durch Paulus in Röm 15 kann angenommen werden, daß Paulus von der gegen ihn erhobenen Anklage freigesprochen worden ist. Es ist fraglich, ob ein kaiserliches Gericht in Rom einen römischen Bürger wegen eines (angeblichen) rein innerjüdisch-religiösen Delikts ungefähr 15 Jahre nach dem Judenedikt des Kaisers Claudius zum Tod verurteilt hätte. Aufgrund fehlender äußerer Evidenz (Fehlen von Lokaltraditionen oder anderen ergänzenden Hinweisen) muß jedoch die Frage des Spanienaufenthalts letzlich offen bleiben.

Die äußeren Lebensdaten des Paulus können demnach in folgender Weise zusammengefaßt werden:

um die Zeitenwende	Geburt des Paulus
32/33	Bekehrung vor Damaskus
45/46 bis 48/49	erste Missionsreise
um 49	Apostelkonzil in Jerusalem
49/50 bis 52/53	zweite Missionsreise
zwischen 51 und 53	Aufenthalt des Paulus in Korinth
53/54 bis spätestens 58	dritte Missionsreise
54 bis 56	Aufenthalt/Gefangenschaft des Paulus in Ephesus
um 57	in Mazedonien
Winter 57/58	Aufenthalt in Korinth
Pfingsten 58	Verhaftung in Jerusalem
60/61	Überfahrt nach Rom
63/64	Verurteilung im Berufungsprozeß Hinrichtung in Rom
oder:	
65–67	Freispruch im Berufungsprozeß Missionsreise nach Spanien Rückkehr nach Rom Tod in der neronianischen Christenverfolgung

Die schriftstellerische Tätigkeit des Paulus

Die Schriften des Apostels Paulus sind die ältesten Dokumente des Neuen Testaments. Sowohl in ihrer Entstehung als auch dem

Inhalt nach sind sie eingebettet in die paulinische Verkündigungstätigkeit (vgl. oben → I.1.: Situationsbezogenheit!). Die schriftliche Verkündigungsform ersetzt für Paulus das gesprochene, unmittelbar an die Adressatin und an den Adressaten gerichtete Wort. Die paulinischen Schriften sind nicht ein Hilfsmittel, das die mündliche Verkündigung unterstützen soll; vielmehr verwendet Paulus diesen schriftlichen Kommunikationsweg stellvertretend für den mündlichen, da eine persönliche, unmittelbare Begegnung im Augenblick – aus den verschiedensten und vielfältigsten Gründen – nicht möglich ist.

Der Brief an eine Gemeinde ist sozusagen der schriftlich verlängerte Arm des Apostels: Da er im Augenblick nicht anwesend sein kann, wählt er diesen Weg der Kommunikation. Vgl. so z. B. 2 Kor 2,3: »... so schrieb ich, statt selber zu euch zu kommen, einen Brief...« Die schriftliche Form der Kommunikation und Verkündigung bleibt jedoch trotzdem eine Ersatzform; auch die Schriften des Paulus sind auf eine mündliche Verkündigung – d. h.: auf eine Aufnahme im Hören (durch Vorlesen) – hin orientiert.

Die paulinischen Schriften sind in besonderem Maße Gelegenheitsschriften, sie entspringen der konkreten Notwendigkeit der Verkündigung. Dies prägt auch ihre literarische Form. Paulus schreibt keine Rundbriefe, sondern er richtet seine Briefe hauptsächlich an eine bestimmte Gemeinde. Zwei Briefe bilden hier eine Ausnahme: Gal ist »an die Gemeinden in Galatien« (Gal 1,2) – an eine Gemeindegruppe also – gerichtet; Phlm gleicht eher einem antiken Privatbrief, er ist an eine Hausgemeinschaft (»Familie«) adressiert.

Diese konkrete Bezogenheit auf eine bestimmte Adressatengruppe bedingt, daß die paulinischen Schriften keineswegs als eine (systematische) Summe paulinischer Theologie verstanden werden dürfen. Sie sind vielmehr auf die Zu- und Mißstände in den einzelnen Gemeinden zugeschnitten, die Paulus alle – mit Ausnahme Roms –

bereits vor Abfassung seiner Schrift gut kannte; sie gehen auf Fragen und Probleme, Nöte und Sorgen ein. Diese Themen werden behandelt; ein Anspruch oder auch die Sorge des Verfassers um theologische Vollständigkeit besteht nicht.

Hätte es in der Stadt Korinth um 55 n. Chr. keine schwerwiegenden Mißstände bei der Feier der Eucharistie und Vermengungen mit dem anschließenden Liebesmahl gegeben, wäre Paulus nicht genötigt gewesen, der Gemeinde nochmals ermahnend seine Verkündigung über die Feier des Herrenmahls in Erinnerung zu rufen (vgl 1 Kor 11,17–34). In diesem Falle wäre uns in den paulinischen Schriften kein Hinweis auf die Feier der Eucharistie erhalten worden – zu welch gefährlichen Mißdeutungen der Praxis paulinischer Gemeinden hätte dies Anlaß geben können!

Der Brief als literarische Gattung

Im Blick auf den von ihm angestrebten Kommunikationsprozeß zu seinen Adressatinnen und Adressaten wählt Paulus die literarische Form des Briefes. Paulus orientiert sich dabei am antiken Briefformular. Seine Briefe sind echte Briefe, nicht Kunstbriefe, d. h.: Diese Schreiben gehen tatsächlich den Weg vom genannten Absender zu den angeführten Adressatinnen und Adressaten. Fast alle paulinischen Briefe überschreiten die Länge des antiken Privatbriefes beträchtlich. Nur Phlm entspricht dem Umfang eines persönlichen Schreibens. Im Aufbau gleichen die paulinischen Briefe – mit einigen Variationen – dem Schema des antiken Privatbriefes.

➤ AUFGABE:

Schlagen Sie den Brief an Philemon (Phlm) auf. Gliedern Sie diesen Text nach der auf S. 113 oben angegebenen Einteilung. Wiederholen Sie diese Aufgabe bei 1 Thess. (Lassen Sie sich dabei nicht durch Überschriften oder Gliederungen in Ihrer Ausgabe des Neuen Testaments irritieren).

Schema des antiken Privatbriefes

Präskript (Briefeingang)
Absender, Adressat, Gruß

Proömium (Überleitung)
höfliche Einstimmung des Adressaten
(captatio benevolentiae)
Lobpreis

Briefcorpus (Hauptteil)
Inhalt, Mitteilungen

Postskript (Briefschluß)
Grüße, Wünsche, persönliche Notizen
(persönliche Unterschrift)

Paulus geht mit dem übernommenen Briefschema frei um. Er erweitert, ergänzt und variiert es:

■ Das Präskript wird durch theologische Aussagen sowie durch Würdetitel für die angesprochene Gemeinde ergänzt. Dadurch ist es nicht nur Eröffnungsformel für den Brief, sondern bereits erster inhaltlicher Schwerpunkt. (Vgl. z. B. Röm 1,1–7: Der formale Grundbestand des Präskripts würde lauten: »Paulus...denen, die in Rom sind: Gnade euch und Friede!«).

■ Das Proömium wird zu einem Dank an Gott für die Gemeinde, bzw. für ihren Glauben entwickelt. Es kann in der Form eines Hymnus gestaltet sein (2 Kor); wenn inhaltlich für einen solchen Dank kein Anlaß besteht, kann es ganz wegfallen (so im Gal).

■ Der Briefcorpus läßt sich meist in zwei Abschnitte gliedern: Im kerygmatischen Teil behandelt Paulus Fragen der Verkündigung (*kerygma* bedeutet: Verkündigung) und grundsätzliche Anliegen und Probleme der Adressatinnen und Adressaten. Im parenäti-schen Teil konkretisiert der Verfasser diese Ausführungen im Blick auf Anweisungen und Ermahnungen an die Gemeinde. Abgesehen von 1 Kor (und evtl. 2 Kor) läßt sich diese Struktur des Briefcorpus in den Paulusbriefen feststellen. Strenger durchgehalten wird sie in den nachpaulinischen Briefen.

■ Das Postskript ist sehr unterschiedlich gestaltet; es ist jener Abschnitt der Paulusbriefe, der am stärksten persönlich (und auch stimmungsmäßig) geprägt ist. Dementsprechend kann es über ein Kapitel reichen (Röm) oder sich auf wenige Verse beschränken (2 Kor).

➤ AUFGABEN:

■ Vergleichen Sie die Präskripte der Paulusbriefe (siehe den Überblick auf den Seiten 114 und 115). Unterstreichen Sie mit einer Farbe den Grundbestand des Präskripts, mit einer anderen die theologischen Erweiterungen, mit einer weiteren die Ergänzungen in der Umschreibung des Absenders, schließlich mit einer vierten Farbe die Würdetitel, bzw. Umschreibungen der Adressatinnen und Adressaten. Welche Schlüsse könnten Sie aus den Eigenheiten der einzelnen Briefpräskripte auf den Ton des Briefes und auf das Verhältnis des Verfassers zu den Adressatinnen und Adressaten ziehen?

■ Untersuchen Sie das Präskript und die Weiterführung des Gal. Was beobachten Sie zur Struktur? Welche Gründe könnte die Eigenart dieses Textaufbaus haben?

Dem paulinischen Briefschema folgen unter den späteren neutestamentlichen Schriften: Eph, Kol, 2 Thess, 1 Tim, 2 Tim, Tit, 1 Petr, 2 Petr, 2 Joh, Jud. Der Jak ist ähnlich aufgebaut, variiert jedoch die Form des Präskripts.

Während in den Paulusbriefen das Präskript in zwei Sätzen formuliert ist (Absender – Adressatin/Adressat. Gruß: jüdisch-vorderorientalisches Formular), ist in Jak das Präskript in einem Satz ausgedrückt (hellenistisches Formular, vgl. so auch z. B. 1 Makk 10,18.25; 12,20; 2 Makk 1,10; Apg 15,23).

Die Präskripte der paulinischen Briefe

Röm	1 Kor	2 Kor
Paulus, Knecht Christi Jesu, berufen zum Apostel,	*Paulus,* berufen zum Apostel Christi Jesu durch Gottes Willen,	*Paulus,* Apostel Christi Jesu durch Gottes Willen,
ausgesondert für das Evangelium Gottes, das vorherverkündet wurde durch seine Propheten in den heiligen Schriften, über seinen Sohn, der geboren ist aus dem Geschlecht Davids dem Fleische nach, der eingesetzt ist als Sohn Gottes in Macht dem Geist der Heiligkeit nach durch die Auferstehung von den Toten, Jesus Christus, unseres Herrn, von dem wir Gnade und Apostelamt empfangen haben, um herbeizuführen Glaubensgehorsam bei allen Heiden in seinem Namen,	und der Bruder Sosthenes	und der Bruder Timotheus
unter denen auch ihr seid, Berufene Jesu Christi, allen, die in Rom sind, Geliebte Gottes, berufene Heilige	der Gemeinde Gottes, die in Korinth ist, Geheiligte in Christus Jesus, berufene Heilige, mit allen, die den Namen unseres Herrn Jesus Christus überall anrufen, bei ihnen und bei uns;	der Gemeinde Gottes, die in Korinth ist, mit allen Heiligen, die in ganz Achaia sind;
Gnade euch und Friede von Gott, unserem Vater, und dem Herrn Jesus Christus.	*Gnade euch und Friede* von Gott, unserem Vater, und dem Herrn Jesus Christus.	*Gnade euch und Friede* von Gott, unserem Vater, und dem Herrn Jesus Christus.
Zunächst danke ich meinem Gott durch Jesus Christus für euch alle, ...	Ich danke meinem Gott jederzeit euretwegen ...	Gepriesen sei der Gott und Vater unseres Herrn Jesus Christus, ...

Gal	Phil	1 Thess	Phlm
Paulus, Apostel, nicht von Menschen oder durch Menschen, sondern durch Jesus Christus und Gott, den Vater, der ihn von den Toten auferweckt hat,	*Paulus,*	*Paulus,*	*Paulus,* Gefangener Christi Jesu
und alle Brüder, die bei mir sind,	und Timotheus, Knechte Jesu Christi	und Silvanus und Timotheus	und der Bruder Timotheus
den Gemeinden von Galatien;	allen Heiligen in Christus Jesus die, die in Philippi sind; mit Episkopen und Diakonen	der Gemeinde von Thessaloniki in Gott, dem Vater, und dem Herrn Jesus Christus;	dem Philemon, unserem geliebten Mitarbeiter, und der Schwester Apphia und unserem Mitstreiter Archippus und der Gemeinde deines Hauses;
Gnade euch und Friede von Gott, unseren Vater, und dem Herrn Jesus Christus, der sich gab für unsere Sünden, damit er uns herausreiße aus dem bestehenden bösen Äon, gemäß dem Willen Gottes und unseres Vaters, dem die Herrlichkeit [sei] in die Äonen der Äonen. Amen. Ich staune, daß ihr so rasch euch abwendet von ...	*Gnade euch und Friede* von Gott, unserem Vater, und dem Herrn Jesus Christus. Ich danke meinem Gott jedesmal, wenn ich euer gedenke, ...	*Gnade euch und Friede.* Wir danken Gott jederzeit euretwegen, ...	*Gnade euch und Friede* von Gott, unserem Vater, und dem Herrn Jesus Christus. Ich danke meinem Gott jedesmal, wenn ich in meinen Gebeten deiner gedenke, ..

Die Postskripte der paulinischen Briefe

Röm	1 Kor	2 Kor	Gal	Phil	1 Thess	Phlm
				Dank 4,10–19		
Reisepläne 15,14–29	Pläne 16,1–4.5–12					
Fürbitte 15,30–33						
		Mahnungen 13,11	Mahnungen 6,17		Mahnungen 5,12–22.25.27	Mahnungen/Bitte 21–22
Grüße 16,1–23	Grüße 16,13–20	Grüße 13,12		Grüße 4,21–22	Grüße 5,26	Grüße 23–24
	Unterschrift 16,21		Unterschrift 6,11			Unterschrift 19
Wunsch 16,24	Wunsch 16,22b–24	Wunsch 13,13	Wunsch 6,16.18	Wunsch 4,23	Wunsch 5,23–24.28	Wunsch 25
Doxologie 16,25–27				Doxologie 4,20		

➤ AUFGABE:

Vergleichen Sie die Postskripte der paulinischen Briefe (siehe den obenstehenden Überblick): Welche Elemente scheinen immer oder öfters auf, welche nur einmal oder selten?

Schlagen Sie die letztgenannten im Neuen Testament nach; versuchen Sie, einen Zusammenhang mit dem gesamten Schreiben (Situation, Tonfall, Inhalt) herzustellen.

Als Orientierungshilfe können Ihnen die Einführungen in die einzelnen Schriften in Ihrer Textausgabe dienen.

EXKURS: Die Frage der Pseudepigraphie

Bei den Hinweisen zum Aufbau der paulinischen Briefe wurde jeweils nur auf sieben Schriften bezug genommen, obwohl in den neutestamentlichen Textausgaben vierzehn Briefe als paulinisches Schrifttum aufgezählt sind. Auch unter Berücksichtigung der unverwechselbaren Eigenart jedes einzelnen Paulusbriefes ist bei genauer Untersuchung der entsprechenden Schriften festzustellen, daß sie nicht alle aus einer Hand stammen. Maßgeblich für solche Überlegungen sind sowohl stilistische als auch theologisch-sachliche Beobachtungen. Wollte man alle in Frage kommenden Schriften (einschließlich Hebr) Paulus zuschreiben, müßte man von diesem Apostel innerhalb eines Lebensjahrzehnts eine gedankliche und sprachliche Flexibilität in einem Ausmaß erwarten, das nur schwerlich angenommen werden kann.

So hat Paulus z. B. eine jüdische Opfertheologie im Blick auf die Person Jesus Christus weitgehend überwunden, während sie in Hebr (z. B. 8,1 – 9,28) wieder entfaltet wird. Paulus formuliert in Zusammenhang mit der Deutung der Taufe ein futurisch-endzeitliches Verständnis von Erlösung (bes. Röm 6,3–11), während es in Kol präsentisch gedacht ist (bes. Kol 2,12–13; 3,1–4). Das Bild des Leibes als Deutung der Kirche (1 Kor 12,4–30; Röm 12,4–8) wird in Kol (1,15–20) und Eph (4,1–6.7–16) weitergeführt; usw.

Die exegetische Forschung hat daher hinsichtlich der paulinischen Verfasserschaft der entsprechenden Schriften (in unterschiedlicher Entschiedenheit) Bedenken angemeldet. Die bisher erwähnten sieben Briefe (Röm, 1 Kor, 2 Kor, Gal, Phil, 1 Thess, Phlm) gelten zweifelsfrei als paulinisch. In bezug auf die übrigen Schriften stellt sich generell die Frage nach ihrer pseudepigraphischen Entstehung. »Pseudo-epigraphie« bedeutet fälschliche Zuschreibung, in diesem Fall des Verfassers.

Es ist nun zu bedenken, welchen Stellenwert die damit angedeutete Vorgangsweise für das Verständnis der biblischen Texte hat. Die entsprechenden Beobachtungen an den neutestamentlischen Schriften sind wertneutral zu beschreiben. Abwertende Klassifizierungen (»Fälschung«) verkennen die Bedeutung dieser Vorgangsweise in der Antike.

Für ein pseudepigraphisches Vorgehen, also die Abfassung und Verbreitung einer Schrift unter falschem Verfassernamen, waren in der Antike vor allem zwei Gründe maßgebend: Einerseits sollte durch diese Vorgangsweise die Erinnerung an eine bekannte, meist zu diesem Zeitpunkt bereits verstorbene Persönlichkeit wachgehalten und – gegebenenfalls – intensiviert werden (Verstärkung der sog. memoria). Andererseits wurde durch die Verknüpfung einer Schrift mit dem Namen einer bedeutenden Persönlichkeit deren Einfluß und Autorität erhöht.

Beide Beweggründe sind für die neutestamentliche Pseudepigraphie entscheidend. Es ist in diesem Zusammenhang auch zu beachten, daß im Verständnis der Kirche eine Schrift nicht deswegen bedeutsam ist, weil die Identität der Verfasserin oder des Verfassers zweifelsfrei bekannt wäre, sondern weil ihr Inhalt als von Gottes Geist entscheidend mitgestaltet und mitgeprägt (»inspiriert«) geglaubt wird. Das Kriterium der sogenannten »Apostolizität« ist also im Blick auf die Zuverlässigkeit und Kontinuität der Überlieferung anzuwenden.

In den neutestamentlichen Schriften können drei Formen der pseudepigraphischen Einkleidung festgestellt werden:
▶ Eine Verfasserangabe wird im Präskript ohne weitere Bezüge auf die genannte Person im weiteren Text eingetragen; z. B. 1 Petr, ähnlich Jak.
▶ Die pseudepigraphische Identität eines Verfassers wird in die ganze Schrift eingetragen. Dies geschieht mittels fiktiver autobiographischer Angaben unter Miteinbeziehung des Milieus des genannten Verfassers; z. B. 2 Petr 1,12–21; Eph 3,1–13; 4,1; 6,20; Kol 1,23–2,7; 4,3.7–17.
▶ Die gesamte Schrift wird konsequent pseudepigraphisch gestaltet. Dies geschieht durch pseudepigraphische Nennung von Verfasser und Adressat. Dadurch wird die Schrift auf eine andere (frühere) Kommunikationsebene gestellt. Die gegenwärtige Situation (oder die gegenwärtigen Fragen und Probleme) werden fiktiv als ältere Situation oder Problemstellung behandelt; z. B. 1 Tim, 2 Tim, Tit: Hier werden die Gemeindeprobleme der zur Zeit des echten Verfassers oder des echten Verfassers in die paulinische Zeit zurückverlegt und auf der Ebene des Paulus und seiner Mitarbeiter behandelt.

Aus diesen Überlegungen ergibt sich für die meisten pseudepigraphischen Schriften auch die Konsequenz, daß ihre literarische Form (hier insbesondere die Briefform) fiktiv ist, d. h.: Die pseudepigraphischen Briefe wurden nicht von einem Verfasser oder einer Verfasserin an einen Adressatenkreis gesendet; die Briefform ist künstlich und Teil der pseudepigraphischen Gestaltung. Die Bedeutung dieser Vorgangsweise kann durch eine Gegenüberstellung aufgezeigt werden (siehe Seite 118).

Die Unterscheidung ist nicht in allen Fällen genau durchzuführen. Teilweise ist bei den pseudepigraphischen Schriften die Briefform nicht erhalten oder defekt (z. B. Hebr), teilweise ist eine Entscheidung über die Zuordnung einzelner Schriften zu pseudepigraphischen Texten auf der Grundlage des heutigen Forschungsstandes nicht eindeutig möglich; dies gilt insbesondere für einzelne der sogenannten »Katholischen Briefe«.

Die paulinischen Briefe (im Überblick)

Die folgende Darstellung muß sich auf allgemeine Hinweise beschränken. Für genauere

Echter Brief	Fiktiver Brief
Absender(in)angabe echt	Absender(in)angabe pseudonym
Adressat(inn)enangabe echt	Adressat(innen)angabe ungenau oder pseudonym
gerichtet an bestimmten Personenkreisen	gerichtet an eine (un-)begrenzte Öffentlichkeit
Gelegenheitsschrift; verankert in konkreter Situation	Geplante Schrift; Situation für den Brief wird konstruiert
Schrift ersetzt mündliche Verkündigung	theologische Abhandlung in Briefform gekleidet
Schriftform sekundär	Schriftform konstitutiv tatsächlich »Literatur«
Stand der theologischen Reflexion um 50 bis 60	Stand der theologischen Reflexion um 70 bis 100 → Weiterentwicklung

Ausführungen zu Entstehung, Gedankengang und Inhalt sind die Einführungen in den Textausgaben des Neuen Testaments sowie weiterführende Literatur heranzuziehen. Die Entstehung der paulinischen Briefe ist in die Zeit der zweiten und der dritten Missionsreise einzuordnen, d. h. zwischen 51/52 bis 58 n. Chr.

Da Paulus seine ursprüngliche Absicht, die von ihm gegründete Gemeinde in Thessalonich nochmals zu besuchen, aufgeben muß (vgl. 1 Thess 2,17–18) und sein Mitarbeiter Timotheus aus der Stadt mit Nachrichten über Mißverständnisse in Glaubensfragen (insbesondere hinsichtlich der Auferstehung der Toten und der Parusie) zurückkommt (vgl. 1 Thess 4,13; 5,1), schreibt Paulus während seines Aufenthaltes in Korinth, vermutlich um 51/52, einen Brief an diese Gemeinde. Mit diesem *1 THESS* eröffnet Paulus – freilich unbewußt – die Schriften des Neuen Testaments.

Seine umfassendste schriftstellerische Tätigkeit entfaltet Paulus während seines längeren Aufenthaltes in Ephesus im Zuge der dritten Missionsreise. Nach Apg 19,10.22 (vgl. auch Apg 20,31) hat sich Paulus über zwei Jahre in Ephesus aufgehalten, bevor er nach dem Aufstand der Silberschmiede nach Mazedonien weiterreiste (vgl. Apg 20,1). Die Zeit in Ephesus ist auf 53/54 bis ca. 56 zu datieren. Vermutlich noch vor der Korrespondenz mit der Gemeinde von Korinth schreibt Paulus aus Ephesus an die Gemeinden in Galatien. Damit sind mit großer Wahrscheinlichkeit die Christengemeinden in der Landschaft Galatien (im Zentrum Kleinasiens) angesprochen. Sie sind nicht identisch mit den auf der ersten Missionsreise gegründeten Gemeinden (vgl. Apg 13,4 – 14,28). Allerdings läßt Gal 4,13–19 darauf schließen, daß Paulus die Adressatinnen und Adressaten gut kannte. Hinweise auf die Gründung der Gemeinden können hinter Apg 16,6; 18,23 vermutet werden. Der erregte Ton des Briefes zeigt, daß die das Schreiben auslösenden Auseinandersetzungen nicht allzu lange zurückliegen. Deshalb ist die Abfassung des *GAL* auch eher zu Beginn des Aufenthalts in Ephesus (um 54) anzusetzen.

Ebenfalls in Ephesus entsteht ein Großteil der Korrespondenz mit der Gemeinde von Korinth, wie er in den beiden Korintherbriefen erhalten ist. Nachrichten aus dieser Gemeinde veranlassen Paulus zu sofortiger Reaktion, die in schriftlicher Form geschehen muß (vgl. 1 Kor 1,11; 4,18–21; 5,1–3). Den so entstehenden *1 KOR* nimmt Paulus auch zum Anlaß, auf ihm vorgelegte Fragen der Gemeinde (vgl. 1 Kor 7,1; 8,1; 11,17) zu antworten. Es ist möglich, daß der als Mitabsender genannte Sosthenes (1 Kor 1,1) – nach Apg 18,17 Synagogenvorsteher in Korinth – der Überbringer der Nachrichten und Anfragen an Paulus ist. 1 Kor 4,17; 16,10 verweist darauf, daß Timotheus mit dem Brief nach Korinth reist.

Die Sammlung der weiteren Korrespondenz mit der Gemeinde von Korinth liegt –

teilweise in fragmentarischem Charakter – in *2 KOR* vor. In der heutigen Forschung ist es weitgehend unbestritten, daß 2 Kor eine Briefsammlung darstellt. Die zugrundeliegenden Briefe sind großteils in Ephesus entstanden. Im Detail ist die Abgrenzung der Fragmente umstritten; die Entwicklung kann in der folgenden Form rekonstruiert werden:

Aufgrund von Informationen, daß in der Gemeinde die Autorität des Apostels untergraben wird, schreibt Paulus erneut einen Brief nach Korinth, in dem er die Eigenart und das Wesen seines apostolischen Dienstes darlegt und versucht, zwischen sich und der Gemeinde Frieden zu schaffen: 2 Kor 2,14 – 7,4. Da dieses Schreiben seinen Zweck verfehlt, kann eventuell mit einem kurzen Zwischenbesuch des Paulus in Korinth gerechnet werden; die Absicht dazu hatte der Apostel bereits 1 Kor 16,7 geäußert. Paulus wird jedoch auch persönlich von der Gemeinde abgewiesen. Dies veranlaßt ihn dazu, erneut an die Gemeinde zu schreiben. In diesem sogenannten »Tränenbrief« (vgl. zur Bezeichnung 2 Kor 2,4) setzt sich der Apostel nochmals sehr persönlich und engagiert mit den Angriffen gegen seine Person und sein Wirken auseinander. Dieses Schreiben überbringt Titus; sein Einsatz und das Schreiben des Paulus haben Erfolg (vgl. 2 Kor 7,6-7). Titus kehrt mit guten Nachrichten zu Paulus zurück, als dieser bereits über Troas auf dem Weg nach Mazedonien ist. Der Hauptteil dieses Schreibens ist in 2 Kor 10–13 erhalten. Als Reaktion schreibt Paulus wieder einen Brief, in dem er vermutlich erneut einen Besuch in der Gemeinde ankündigt (vgl. Apg 20,2-3): 2 Kor 1,1 – 2,13; 7,5-16. 2 Kor 8 und 2 Kor 9 enthalten zwei unabhängige Brieffragmente mit einem für Paulus wichtigen Thema: der Sammlung von Gaben für die Gemeinde in Jerusalem (vgl. schon 1 Kor 16,1-4 sowie später Röm 15,25-28). Beide Fragmente setzen voraus, daß sich Paulus und die Gemeinde wieder versöhnt haben.

Mit großer Wahrscheinlichkeit ist auch die Korrespondenz mit der Gemeinde von Philippi in Ephesus entstanden. Nach Phil 1,13-14.17 ist Paulus zur Zeit der Entstehung des Textes in Gefangenschaft. Daß eine solche auch für Ephesus angenommen werden muß, zeigt 2 Kor 1,8-9. Der Brief setzt einen regen Austausch zwischen Paulus und der Gemeinde voraus. Weiters äußert Paulus die Absicht, die Gemeinde nach seiner Freilassung zu besuchen (vgl. Phil 1,26; 2,24). Aus

diesen Gründen scheidet wohl Cäsarea (Gefangenschaft vor der Berufung an den Kaiser, vgl. Apg 24,23-27) sowie vor allem Rom als Abfassungsort aus (nach Röm 15,23-29 hatte Paulus die Absicht, nach Spanien zu reisen und nicht zurück in den Osten des Reiches). Auch im Falle des *PHIL* wird heute vielfach an eine Briefsammlung gedacht:

In einem ersten Schreiben dankt Paulus der Gemeinde für die Gaben, die ihm Epaphroditus nach seiner Verhaftung überbracht hat: Phil 4,10-20. Mit einem zweiten Brief sendet Paulus den Epaphroditus nach Philippi zurück; er äußert sich optimistisch über den Ausgang des Verfahrens gegen ihn: Phil 1,1-3,1a; 4,7.21-23. In einem dritten Schreiben setzt sich Paulus nach seiner Freilassung mit Gegnern und Irrlehren in der Gemeinde auseinander: Phil 3,1b-4,1 oder 4,3.

Auch der Brief an *Philemon* ist sehr wahrscheinlich in Ephesus entstanden. Paulus ist zur Zeit der Niederschrift in Haft (Phlm 1.9-10.13.23). Aufgrund des im Schlußgruß erwähnten Epaphras (Phlm 23, vgl. Kol 4,12) ist anzunehmen, daß der Adressat Philemon in Kolossä beheimatet ist. Wenn Paulus den entlaufenen Sklaven Onesimos zu ihm senden möchte, kann er dies schwerlich aus den anderen Orten seiner Gefangenschaft tun; so scheiden erneut Cäsarea und Rom als Entstehungsorte aus. Da Paulus überdies einen Besuch bei Philemon plant (Phlm 22), ist an seinen Aufenthalt in Ephesus aufgrund der erwähnten Gefangenschaft, und aufgrund der erhofften Freiheit an einen Zeitpunkt gegen Ende dieser Haft (also: um 56 n. Chr.) zu denken.

Der längere Aufenthalt des Paulus in Korinth vor seiner Rückkehr nach Jerusalem zum Pfingstfest (vgl. Röm 15,25) fällt mit großer Wahrscheinlichkeit (und spätestens) in den Winter 57/58 n. Chr. Offensichtlich überdenkt Paulus in dieser Zeit seine Missionstätigkeit und steckt dafür neue Ziele ab. Im Zusammenhang solcher Überlegungen schreibt Paulus aus Korinth an die ihm unbekannte Gemeinde in Rom. Nach der vorgelegten Chronologie ist der *RÖM* das letzte Schreiben des Apostels Paulus. Zahlreiche inhaltliche und theologische Beobachtungen unterstützen eine solche Reihung. Die erste (schriftliche) Begegnung mit der ihm unbekannten Gemeinde nützt Paulus zur Darlegung seiner Position zu grundsätzlichen Fragen. Überdies will Paulus damit seinen Besuch vorbereiten, damit er in der Gemeinde einen Rückhalt für seine weitere Missionstätigkeit im Westen des Reiches hat (vgl. dazu Röm 15,24). RÖM ist das längste Schreiben des Paulus und zugleich jenes Dokument, in dem er am ehesten über den Gemeindekontext hinaus Grundprobleme des damaligen Christentums anspricht.

Der Aufbau der einzelnen Briefe gibt Aufschluß über die inhaltlichen Schwerpunkte:

Röm

1,1–7	*Präskript*
1,8–17	*Proömium*: Dankgebet für die Gemeinde
1,18 – 11,36	*Kerygmatischer Abschnitt*
1,18 – 3,20	Sünde und Sündenverflochtenheit des Menschen; demgegenüber Gottes Treue aufgrund seiner Gerechtigkeit
3,21 – 8,39	Gerechtigkeit aus dem Glauben an Jesus Christus, gewirkt durch den einen neuen Menschen, der Anteil gibt am Leben und Gemeinschaft grundlegt mit Gott
9,1 – 11,36	Israels Erwählung und die Bekehrung der Juden
12,1–15,13	*Paränetischer Abschnitt*
12,1–21	Das Verhalten des Christen in der Gemeinde
13,1–14	Der Christ in einem heidnischen Staat
14,1 – 15,13	Das Zusammenleben von Judenchristen und Heidenchristen: Das Bild von den »Starken« und den »Schwachen«
15,14 – 16,27	*Postskript*

1 Kor

1,1–3	*Präskript*
1,4–9	*Proömium*
1,10 – 6,20	*Erster Abschnitt*: Mißstände in der Gemeinde
1,10–17	Mahnung zur Einheit
1,18–31	Das Evangelium vom Kreuz
2,1 – 4,21	Spaltungen, Parteilichkeit
5,1 – 6,20	Sittliche Mißstände
7,1 – 14,40	*Zweiter Abschnitt*: Anfragen der Gemeinde
7,1–40	Ehelosigkeit und Ehe
8,1 – 11,1	Das Zusammenleben von Judenchristen und Heidenchristen; das Beispiel des Apostels; Warnungen
11,2 – 14,40	Die gemeinsame Feier des Gottesdienstes; die Feier der Eucharistie und des Liebesmahls; die Einheit der Gemeinde; die Geistesgaben in der Gemeinde, besonders die Glossolalie
15,1–58	*Dritter Abschnitt*: Die Auferstehung Jesu als Vorbild der Auferstehung der Toten am Tag der Parusie
16,1–24	*Postskript*

2 Kor

Da 2 Kor heute in Form eines Briefes vorliegt, ist – unbeschadet der Überlegungen zur Entstehung und der Zusammensetzung dieser Schrift – nach Aufbau und Gliederung des überlieferten Textes zu fragen.

1,1–2	*Präskript*
1,3–7	*Proömium*
1,8 – 7,16	*Erster Abschnitt*: Verteidigung des Apostels gegenüber der Gemeinde
1,8 – 2,17	Die Situation aus der Sicht des Paulus
3,1 – 6,10	Eigenart, Aufgabe und Last des Apostelamtes
6,11 – 7,16	Der Weg der Versöhnung mit der Gemeinde
8,1 – 9,15	*Zweiter Abschnitt*: Sammlung für die Gemeinde in Jerusalem
10,1 – 12,13	*Dritter Abschnitt*: Erneute Verteidigung gegen Angriffe
10,1–11	Vorwürfe gegen Paulus
10,12 – 11,15	Die Geringfügigkeit des Paulus
11,16 – 12,13	Leiden und Begnadung des Apostelamtes (»Narrenrede«)
12,14 – 13,10	*Überleitung*
13,11 – 13	*Postskript*

Gal

1,1–5	*Präskript*
1,6–9	*Überleitung mit Fluchandrohung*
1,10 – 5,12	*Kerygmatischer Abschnitt*
1,10 – 2,21	Die Rechtmäßigkeit des paulinischen Apostolats und seiner Verkündigung – Argumente aus dem Leben des Paulus

Grundzüge paulinischen Denkens

Die paulinische Theologie ist ein bestimmender Faktor christlichen Glaubensverständnisses. Die wichtigsten Grundlinien dieser Reflexion des Christusgeschehens sollen skizziert werden.

Das Selbstverständnis des Paulus

Paulus weiß sich als Apostel Christi Jesu. Diese Bezeichnung ist für ihn Ausdruck seiner Berufung und seiner Indienstnahme durch den erhöhten Herrn zur Verkündigung des Evangeliums (vgl. Gal 1,15–16). Grundlegend dafür sind nicht menschliche Sendung oder Beauftragung, sondern ist die Begegnung mit dem Auferstandenen (vgl. 1 Kor 9,1; 15,8). Als Apostel weiß sich Paulus mit höchster Autorität und Verantwortung für seine Gemeinden ausgestattet, zugleich als einer, der nichts anderes kennt als nur Jesus Christus. In seiner Selbstbezeichnung als Knecht Christi Jesu (vgl. Röm 1,1 u.ö.) kommt zum Ausdruck, daß sich Paulus in einer Schicksalsgemeinschaft mit Christus als seinem Herrn verbunden weiß (vgl. dazu Röm 14,7–8). Darin kommt seine Verwiesenheit auf Christus ebenso zum Ausdruck wie sein Vertrauen, vom auferstandenen Herrn gehalten zu sein.

Das Evangelium über Jesus Christus

Aufgrund seiner Bekehrung und Sendung kennt Paulus für sein Leben nur eine Aufgabe und ein Ziel: die Verkündigung der Christusbotschaft. Er setzt dafür am entscheidenden Kristallisationspunkt des Christusereignisses, nämlich im Ostergeschehen an. Dieses reflektiert und formuliert er für seine Verkündigung. Der Inhalt seines Evangeliums läßt sich zusammenfassen in einer kurzen Formulierung: Jesus Christus als Gekreuzigter (1 Kor 1,23). Paulus weiß um die Spannung dieser Aussage, um die Problematik dieser Botschaft. Dennoch ist für ihn die Verknüpfung von Tod und Auferstehung Jesu das untrennbare und nicht aufgebbare Zentrum der christlichen Botschaft. Im Bekenntnis zu Jesus als dem Herrn und Kyrios allein ist dem Menschen – als einem Glaubenden – Heil und Rettung zugesagt (vgl. Röm 10,9). In der paradoxen Spannung von Tod und Auferstehung (vgl. dazu 1 Kor 1,18–31) erweist sich der gekreuzigte Messias als die alles entscheidende Weisheit Gottes (1 Kor 1,30), die allein es zu begreifen gilt (vgl. Phil 3,10–11). Dieses Bedenken von Tod und Auferstehung Jesu Christi ist für alles Weitere unentbehrlich und entscheidend.

Der Mensch – erlöst in Jesus Christus

In der Deutung des Passions- und Ostergeschehens gibt es für Paulus eine maßgebliche Antwort: Es ist für uns geschehen, d. h.: Im Blick auf unsere sündige Existenz haben Tod und Auferstehung Jesu entscheidende Heilsbedeutung (vgl. bes. Röm 6,3–11.15–23; 8,14–15; Gal 4,6 u.ö.). Demgegenüber treten andere »Heilswege« in den Hintergrund und verlieren ihre Bedeutung. Rechtfertigung vor Gott geschieht nicht durch den Vollzug bestimmter Werke, sondern im Glauben an Jesus als den Christus. Dies bedeutet – nach 1 Kor 1,23 – immer das Bekenntnis zum gekreuzigten und auferstandenen Herrn. Denn Gott wirkt seine Gerechtigkeit in seinem Sohn, in ihm handelt er zur Heiligung des Menschen (vgl. 1 Kor 1,30, Gal 1,4). In der Gemeinschaft mit Christus empfängt die und der Glaubende auch jenen Geist der Kindschaft, der sie und ihn zum Abba/Vater-Ruf und zum vollen Christusbekenntnis befähigt (vgl. Röm 8,15; Gal 4,6; 1 Kor 12,3). In dieser, durch den Glauben an das erlösende Handeln Gottes in seinem Sohn geprägten Existenz sind die Christin und der Christ eine »neue Schöpfung« (2 Kor 5,17). Die Glaubenden sind nicht mehr dem Tod und der Sünde verbunden, sondern dem Leben

in Christus (vgl. Röm 7,7–25). Als solche Menschen haben sie nichts anderes als das Gebot der Liebe in Fülle zu verwirklichen (vgl. Röm 13,8–14; 1 Kor 13,13).

Die Kirche: Gemeinschaft der Glaubenden

Nach 1 Kor 1,2 sind die Christinnen und die Christen jene Menschen, die »den Namen unseres Herrn Jesus Christus [bekennend] anrufen«. Kirche wird also zuerst durch die Gemeinschaft des Glaubens und des Bekenntnisses konstituiert. Sie ist jener »Ort«, wo Menschen einander in den Glauben einführen, einander unterstützen und gegenseitig mittragen. Auf diese Stärkung der glaubenden Gemeinschaft sind die Gaben und Begabungen des einzelnen ausgerichtet (vgl. 1 Kor 12,4–30; wo solche Einheit fehlt, wird das Evangelium verleugnet (vgl. 1 Kor 1,10–13; 3,3–9). Aufgrund der Taufe wird der Mensch in diese Gemeinschaft eingegliedert, da der Name Jesu Christi (besitzergreifend) über ihn ausgerufen wird (vgl. Röm 6,3–4). Was die Getauften untereinander verbindet, ist maßgeblich die mit Jesus Christus eingegangene Schicksalsverbundenheit. Die Strukturen, die Dienste in dieser kirchlichen Gemeinschaft, sind auf die Notwendigkeiten und das Wohl des gesamten Leibes hingeordnet und von daher in ihrer Entfaltung bestimmt (vgl. 1 Kor 12,28–30, auch 14,26–40).

Die Heimat im Himmel

Mit dem Erlösungsgeschehen bricht die Zeit der Vollendung an. Herausgerissen aus dieser sündigen Epoche, erwarten die Glaubenden die Wiederkunft ihres Herrn (vgl. Gal 1,4; Röm 6,4.22; Phil 3,20–21). Grundlage für eine solche Hoffnung ist die Auferstehung Jesu, der als Erster den Weg vom Tod in das Leben gegangen ist (vgl. 1 Kor 15,12–58; 1 Thess 1,10; 4,14). Angesichts einer solchen Hoffnung verblaßt für Paulus die Mühsal dieser Welt (Röm 8,18). Denn aufgrund der liebenden Selbstzusage Gottes in seinem

Formblatt zu einem

WHO's WHO des Paulus von Tarsus

*Hinweise/
Stellenangaben
aus dem NT*

NAME:

Geburtsort: Polit. Gebiet:

Geburtsdatum: Rel. Bek.:

Staatsbürgerschaft/Bürgerrecht:

Wohnort:

erlernte(r) Beruf(e):

ausgeübte(r) Beruf(e):

Todestag: Todesort:

Todesursache:

Publikationen:

Kurzbiographie:

Besondere Leistungen und Verdienste/
Kritische Würdigung:

Sohn ist der glaubende Mensch ausgerichtet auf die Vollendung in der unmittelbaren Gemeinschaft Gottes (vgl. Röm 8,28; 8,35–39; 1 Kor 13,10).

➤➤ AUFGABE:

Füllen Sie, unter Anwendung der Ausführungen im 3. Abschnitt dieses Kapitels sowie unter Zuhilfenahme des Neuen Testaments das Formblatt auf Seite 123 für ein Who's Who des Paulus von Tarsus aus.
Notieren Sie dabei offen gebliebene Fragen; versuchen Sie, aus den Schriften dieses Mannes eine Antwort zu finden.

4. Die nachpaulinische Literatur

Mehrere neutestamentliche Schriften, die nicht im Zusammenhang mit dem paulinischen Schrifttum angesprochen wurden, nennen ebenfalls Paulus als ihren Verfasser. Wie die exegetische Forschung zeigen kann, geschieht dies in pseudepigraphischer Weise. Dies läßt zumindest vermuten, daß diese Texte in einem mittelbaren Verhältnis zu Paulus stehen. Allgemein kann angenommen werden, daß die tatsächlichen Verfasserinnen oder Verfasser dieser Schriften im Schülerinnen- bzw. Schülerkreis oder im Bereich der Mitarbeiterinnen und Mitarbeiter des Paulus zu suchen sind.

Der Hebr nimmt in dieser Schriftengruppe eine Sonderstellung ein. Da seine Briefform defekt ist (Präskript und Proömium fehlen), ist Paulus nicht unmittelbar genannt. Allerdings kann aus dem Postskript (bes. Hebr 13,23) entnommen werden, daß die Verfasserin oder der Verfasser das Dokument in das Umfeld des Paulus rücken möchte.

Abgrenzung der nachpaulinischen Literatur

Die Sicherheit der wissenschaftlichen Entscheidung über die Zuordnung der Schriften zur pseudepigraphischen Literatur variiert hinsichtlich jedes einzelnen Textes. Unbe-

stritten ist der nichtpaulinische Charakter des Hebr: Zu groß sind hier die theologischen und stilistischen Unterschiede. Aufgrund des Inhalts sind auch die Pastoralbriefe ohne Zweifel erst nachpaulinischen Ursprungs. Literarische und inhaltliche Bezüge lassen jedoch darauf schließen, daß 1 Tim, 2 Tim und Tit untereinander verwandt sind. Mit sehr großer Wahrscheinlichkeit wurde 2 Thess unter literarischer Benützung des 1 Thess ebenfalls erst nachpaulinisch verfaßt. Bezüglich der Entstehung von Eph und Kol besteht in der exegetischen Forschung keine einhellige Meinung. Deutlich erkennbar sind jedoch inhaltliche Übereinstimmungen, die auf eine unmittelbare literarische Abhängigkeit des Eph von Kol (nicht umgekehrt) schließen lassen. Dies sowie theologische Unterschiede gegenüber den paulinischen Briefen stützt die Annahme der nachpaulinischen Entstehung beider Schriften. Abgesehen von Hebr, der keine Verwandtschaft mit Paulus aufweist, sind in den Schriften in unterschiedlichem Ausmaß Spuren (bereits weiterentwickelter) paulinischer Theologie erkennbar. (Trotz seiner Eigenstellung wird im Hinblick auf herkömmliche Einteilungen der Hebr im Rahmen der nachpaulinischen Literatur zur Sprache gebracht).

Die einzelnen Schriften im Überblick

Der Brief an die Kolosser

Das Schreiben wurde von einem namentlich nicht bekannten Paulusschüler (oder einer Paulusschülerin) verfaßt. Die gute Kenntnis der Gemeindesituation wird durch Miteinbeziehung von wichtigen Personen der Gemeinde vorgetäuscht; dafür wird auf den Phlm zurückgegriffen. In den Brief sind mehrere pseudepigraphische Momente eingearbeitet (vgl. Kol 1,7.23–24; 2,1–7; 4,7–9.10–17.18). Die Nähe zum Phlm zeigt die Tatsache, daß mit einer Ausnahme alle in Phlm genannten Personen auch in Kol (die meisten nur dort) genannt werden; dies ist nicht in umgekehrter Reihenfolge der Fall, so daß der Schluß auf Abhängigkeit der Texte auch nicht umgekehrt gesehen werden kann. Vgl. dazu den folgenden Überblick:

Personen	Philemon	Kolosser
Epaphras	23	1,7; 4,12
Archippus	2	4,17
Aristarch	24	4,10
Onesimus	10	4,9
Lukas	24	4,14
Markus	24	4,10 vgl. Apg 13,5.13; 15,37.39 (?)
Demas	24	4,14
Aphia	2	
Tychikus		4,7 vgl. Apg 20,4; Eph 6,21 u. ö.
Justus		4,11
Nympha		4,15

Gegen eine paulinische Verfasserschaft sprechen neben stilistischen Eigenheiten vor allem theologische Unterschiede zu den Paulinen, bes.:
– Die »kosmische« Christologie (Kol 1,15–20) unterscheidet sich deutlich von Röm 12,3–5 und 1 Kor 12.
– Das Taufverständnis Kol 2,12; 3,1 ist anders gedacht als Röm 6,3–11.
– Die endzeitliche Dimension ist zusammengerückt (»Ihr seid mit Christus auferweckt …« Kol 3,1), während Paulus hier futurisch denkt.

Der Brief ist relativ bald nach dem Erdbeben des Jahres 61 n. Chr. entstanden. Dieses Naturereignis hat der Gemeinde stark zugesetzt und verschiedene kosmisch-gnostische Irrlehren begünstigt. Andererseits ist wohl der Tod des Paulus vorauszusetzen. Als Datum ist so ehestens 65–70 n. Chr. anzusetzen. Die Irrlehren und die damit verbun-

dene Weltangst waren wohl der Anlaß für das Schreiben. Im kerygmatischen Teil (1,9 – 2,23) kämpft die Verfasserin bzw. der Verfasser gegen diese innerweltlichen Heilslehren an (vgl. bes. 2,8), die zu eigenartigen Frömmigkeitspraktiken führten (vgl. 2,10.15–23). Im paränetischen Abschnitt (3,1 – 4,6) skizziert die Verfasserin oder der Verfasser das Leben des neuen Menschen in Christus (vgl. bes. 3,5–17).

Der Brief an die Epheser

In den ältesten Handschriften (P[46]: Pypyrus Chester Beatty II, um 200 n. Chr., und Codex Sinaiticus, 4. Jh. n. Chr.) fehlt im Präskript des Eph die Ortsangabe. Dies hat zu der Annahme geführt, es könne sich entweder um den Kol 4,16 erwähnten Brief an die Gemeinde von Laodizea handeln, oder Eph wäre als ein Rundbrief an mehrere Gemeinden in Kleinasien (eventuell im Umfeld von Ephesus) zu verstehen. Da der Brief auch nicht auf spezifische Gemeindefragen eingeht, ist die letztere Möglichkeit wahrscheinlich. Es wäre zusätzlich denkbar, daß die Zuschreibung »in Ephesus« im Hinblick auf die längeren Aufenthalte des Paulus in dieser Stadt (vgl. Apg 18,19–21; 19; 1 Kor 16,9) hinzugefügt wurde. Neben sprachlichen Beobachtungen (der Brief enthält 35 sogenannte Hapaxlegomena – Begriffe also, die im Neuen Testament nur hier vorkommen) sprechen besonders inhaltliche Kriterien für eine nachpaulinische Verfasserschaft:

– Ekklesiologie (vgl. Eph 4) und Eschatologie (vgl. Eph 1,3–14) sind gegenüber dem paulinischen Denken weiterentwickelt.
– Israel (vgl. Eph 2) ist eine bereits vergangene Größe (vgl. dagegen Röm 9–11).
Für die Einordnung des Schreibens ist jedoch insbesondere das Verhältnis zu Kol bestimmend; dieses muß aufgrund der Analysen als literarische Abhängigkeit bezeichnet werden. Ein vergleichender Überblick kann dies verdeutlichen: (siehe dazu Seite 126)

In das Schreiben sind durchgehend pseudepigraphische Momente eingetragen (vgl.

Kolosserbrief	Epheserbrief
Schematische, »formelhafte« Darlegungen:	
1,1–2	1,1–2
4,7–8	6,21–22
1,3–4	1,15–16
4,2–4	6,18–20
3,16–17.18 – 4,1	5,19–20.21 – 6,9
Ähnlichkeit in Ausdrucksweise und Aussage:	
1,14.(20)	1,7
1,5	1,13
2,12; 3,1	1,20
2,12–13	2,1–6
1,26	3,3–5
3,12–14	4,2–3
3,12–13	4,32
3,5	4,19
3,8	4,31
3,9–10	4,22–24
2,19	2,20–21; (4,16)
Ähnlichkeit in der Ausdrucksweise, aber Unterschied in der Aussage	
1,26–27	3,3
2,10.19 (1,18.24; 3,15)	1,23; 2,16; 4,4.12.16
1,25	1,10; 3,9

Eph 1,1.15–16; 3,1–13; 4,1; 6,19–20, evtl. 6,21–22). Seine Entstehung ist auf die Zeit zwischen 80 bis 90 n. Chr. einzugrenzen: Ignatius von Antiochien kennt den Brief und greift in manchen Formulierungen in seinem Schreiben an die Epheser darauf zurück (vgl. IgnEph Einleitung mit Eph 1,3–5.11; IgnEph 9,1 mit Eph 2,20–22; IgnPol 5,1 mit Eph 5,25). Damit ist eine Entstehung vor 110/120 n. Chr. gesichert. Der Brief nimmt keinen Bezug auf die Christenverfolgung unter Kaiser Domitian (Regierungszeit 81 bis 96 n. Chr.), er muß also vor dieser entstanden sein, wegen der feststellbaren Abhängigkeiten aber nach dem Kol.

Sowohl im kerygmatischen (1,15 – 3,21) als auch im paränetischen Abschnitt des Briefes (5,1 – 6,20) beschäftigt sich die Verfasserin oder der Verfasser mit der Krise der Kirche in Kleinasien. Den Auseinandersetzungen zwischen Heidenchristen und Juden-

christen (die vermutlich nach der Tempelzerstörung vermehrt nach Kleinasien kamen) und dem orientierungslosen, liberalen Weltbürgertum der großstädtischen Bevölkerung stellt die Schreiberin oder der Schreiber das Konzept einer umfassenden, alle einschließenden Kirche unter dem einen Haupt Jesus Christus gegenüber (vgl. 1,23; 2,17; 4,16). Besonders in der Paränese entfaltet sie oder er die Lebensordnung in dieser Kirche für den einzelnen Menschen, für sein Haus/seine Familie und für die gesamte Gemeinschaft.

Der zweite Brief an die Thessalonicher

Das Bedenken der Parusie ist das durchgehende Leitthema des 2 Thess. Sowohl inhaltlich als auch literarisch dient 1 Thess der Verfasserin oder dem Verfasser als Vorlage, wie die Gegenüberstellung zeigen kann:

Vgl. 2 Thess	mit 1 Thess
1,1–2	1,1
1,3–5.11-12	1,2–10
2,1–12	4,13–18
3,6	5,14
3,7–8	2,9–10
3,16	5,23
2,16–17	3,11–13 (Gegensatz)

Die Weiterführung des Parusiedenkens gegenüber 1 Thess sowie der allgemeine Stil und die Distanz zur Gemeinde (es fehlen die Schlußgrüße an Persönlichkeiten in der Gemeinde) verweisen auf die pseudepigraphische Entstehung. Lediglich 3,17 ist mit der Eintragung eines eigenhändigen Grußes der Versuch einer pseudepigraphischen Einkleidung unternommen.

Die Niederschrift setzt die paulinischen Briefe, insbesondere 1 Thess, voraus. Eventuell wird das Schreiben bei Polykarp zitiert (vgl. Pol, 2 Phil 11,3–4 mit 2 Thess 1,4?). So ist es in den (weiten) Zeitraum zwischen 80 bis 110 n. Chr. einzuordnen. Die Schreiberin oder der Schreiber setzt sich mit der Parusielehre von 1 Thess auseinander, ergänzt und modifiziert sie: Die Parusie ist noch nicht gekommen (2 Thess 2,2). Aus dieser Hauptthese des kerygmatischen Teils (2,1–14) werden in der Paränese (2,15 – 3,16) entsprechende Folgerungen gezogen; die Verfasserin bzw. der Verfasser fordert Standhaftigkeit und einen geordneten Lebenswandel. In gewisser Hinsicht kann 2 Thess als korrigierende Aktualisierung zu 1 Thess verstanden werden.

Die zwei Timotheus-Briefe; Der Brief an Titus (Die Pastoralbriefe)

Die drei genannten Schreiben weisen zahlreiche Gemeinsamkeiten auf. Sie sind nicht an Gemeinden, sondern an Mitarbeiter des Paulus gerichtet. Auf dieser (fiktiven) Ebene möchte die unbekannte Verfasserin oder der unbekannte Verfasser Hinweise für die Führung der paulinischen Gemeinden ausgangs des 1. Jh. geben. Neben sprachlichen Beobachtungen (insgesamt 225 Hapaxlegomena) verweist insbesondere die vorausgesetzte Gemeindeordnung auf die nachpaulinische Entstehung. Gegenüber der Vielfalt der Dienste zur paulinischen Zeit stehen in diesen Schriften einige wenige im Vordergrund. Zudem tauchen Fragen und »Stände« auf, die zur Zeit des Paulus offenbar noch nicht aktuell sind (vgl. z. B. die Ausführungen über den Witwenstand 1 Tim 5,3–16). Es zeigt sich jedoch auch, daß die genaue Zuordnung, bzw. Unterordnung von Episkopen, Presbytern und Diakonen noch nicht geklärt ist (vgl. dazu die Ämterspiegel 1 Tim 3,2–7; 3,8–13; Tit 1,6–9). Demgegenüber begegnet in den Gemeinden des Ignatius (gestorben um 117 n. Chr.) bereits die Struktur des monarchischen Episkopats (vgl. IgnSmyr 8,1–2). Daraus ist zu schließen, daß die Briefe eine geraume Zeit nach dem paulinischen Wirken, nicht aber nach dem Tod des Ignatius geschrieben wurden. Da die Pastoralbriefe manche Verwandtschaft mit den Briefen des Ignatius und des Polykarp (gestorben um 155/156 oder 168/169 n. Chr) aufweisen, ist an eine Zeit um 100 n. Chr. zu denken.

Der Brief an die Hebräer

Das Dokument hat seinen Namen aufgrund des Inhalts erhalten: Der Text ist an Judenchristinnen und -christen gerichtet und versucht, auf der Grundlage des alttestamentlichen Opferkultes die Person Jesu Christi als endzeitlichen Hohepriester sowie die christliche Gemeinschaft als das neue Gottesvolk auf der Wanderung darzustellen. Da der Hebr zwar kein Präskript, wohl aber ein Postskript aufweist, kann er als eine predigthafte Belehrung an eine bestimmte Adressatengruppe bezeichnet werden. Bezüglich der Verfasserschaft können nur Vermutungen angestellt werden. Die Schreiberin oder der Schreiber verfügt über gute Griechischkenntnisse und muß aus dem jüdischen Milieu stammen. Paulinisches Denken wird unter Umständen vorausgesetzt, jedoch weit überschritten. Aufgrund von Hebr 2,1–4 ist anzunehmen, daß die Verfasserin oder der Verfasser einer späteren Generation angehörte. Die Entstehungszeit des Schreibens kann annähernd bestimmt werden. Der um 95 n. Chr. entstandene 1. Klemensbrief läßt deutlich eine Benützung von Hebr erkennen. Die Ankündigung kommender Leiden und Prüfungen (10,19 – 12,29) könnte sich auf die Verfolgung unter Domitian beziehen. Zwischen Hebr und den Paulinen muß außerdem eine gewisse Zeitspanne angenommen werden. So wäre auf die Zeit zwischen 80 und 90 n. Chr. zu schließen. Der Zeitpunkt der Tempelzerstörung spricht nicht gegen diese Datierung, da im Hebr nicht auf der Grundlage des jüdischen Tempelkultes, sondern der alttestamentlichen Sicht des Opfers argumentiert wird.

5. Die Katholischen Briefe

Unter diesem Titel sind verschiedenartige Schriften des Neuen Testaments zusammengefaßt. Eusebius von Cäsarea gab diesen Texten erstmals den Beinamen »katholisch«, weil sie für eine weitere Allgemeinheit bestimmt sind (vgl. Hist. Eccl. II 23,25). »Katholisch« wird hier in der ursprünglichen Wortbedeutung verwendet: »allumfassend«.

Die Nennung der Adressatinnen und Adressaten der einzelnen Schriften ist in diesem Zusammenhang aufschlußreich:

Jak 1,1: »... an die zwölf Stämme, die in der Zerstreuung leben.«
1 Petr 1,1: »...an die Auserwählten, die als Fremde in... in der Zerstreuung leben.«
2 Petr 1,1: »... an alle, die durch die Gerechtigkeit unseres Gottes und Retters Jesus Christus den gleichen kostbaren Glauben erlangt haben wie wir.«
Jud 1: »... an die Berufenen.«

Der Brief des Jakobus

Das Schreiben könnte auf eine unbekannte Verfasserpersönlichkeit dieses Namens zurückgehen. Der »Herrenbruder« Jakobus scheidet dafür wegen seines frühen Todes (um 62 n. Chr.) ebenso aus wie der Apostel (hingerichtet um 44 n. Chr: Vgl. Apg 12,2). So ist auch eine pseudepigraphische Verfasserschaft nicht ausgeschlossen. Die Verfasserin oder der Verfasser verfügt über gute Griechischkenntnisse und einen jüdisch-theologischen Hintergrund. Vermutlich ist der Text an Christen in Syrien und Palästina gerichtet.

Manche Anklänge an die synoptische Überlieferung, vor allem an die Bergpredigt, lassen an eine Entstehung zwischen 70 bis 90 n. Chr. denken.

Ein Vergleich kann die Verbindungslinien zu Mt 5–7 zeigen:

Jakobusbrief	Matthäus	Lukas
1,5	7,7	
1,17	7,11	
1,22–23	7,24.26	
2,13	5,7	
3,12	7,16	
3,18	5,9	
5,12	5,33–37	
5,9	5,22	
4,9		6,25
5,1		6,24
4,10	23,12	14,11; 18,14
4,10		12,47
5,9	13,29	
5,13.15	6,13	

Das Anliegen der Schrift ist es, eine tatkräftige Verwirklichung des Glaubens an Jesus Christus anzumahnen und dazu zu ermutigen. In diesem Sinne wird der von Paulus auf die Notwendigkeit des Glaubens gesetzte Akzent nicht korrigiert, sondern es wird einem einseitigen Verständnis entgegengewirkt (vgl. bes. Jak 2,14–26, dazu auch Gal 5,6).

Der erste Brief des Petrus

Das Schreiben verrät eine innere Nähe zur paulinischen Tradition. Da der Brief zur Zeit der Verfolgung (vermutlich des Domitian) geschrieben ist (vgl. 1 Petr 4,12–19) und in 5,13 der erst nach 70 gebräuchliche Begriff »Babylon« für Rom verwendet wird, scheidet eine Abfassung durch Petrus aus. Der 1 Petr 1,1 genannte Kreis der Adressatinnen und Adressaten weist auch eher in paulinisches als in petrinisches Verkündigungsgebiet. Das Schreiben ist wohl zwischen 80 bis 90 n. Chr. entstanden. Polykarp, Phil (geschrieben um 110/111) zitiert das Schreiben bereits öfters.

Das Grundanliegen des Schreibens ist die Stärkung und Ermahnung der Gemeinden in der Bedrängnis der Verfolgung. Dafür wird den Christinnen und Christen ihre Würde und ihre Zugehörigkeit zu Christus in Erinnerung gerufen. Die Verfasserin bzw. der Verfasser verbindet damit Mahnungen für das christlich geprägte Leben der einzelnen Stände (Sklaven, Männer, Frauen, vgl. 2,18–25; 3,1–7) und ermutigt sie zur Vermeidung von Spaltungen und zur Beharrlichkeit in der Erduldung von Leiden.

Der zweite Brief des Petrus

Das stark pseudepigraphisch gestaltete Schreiben (vgl. 1,1.13–18; 3,1.15) ist vermutlich das jüngste Dokument des Neuen Testaments, entstanden um 120 n. Chr. Die Verfasserin oder der Verfasser greift auf mehrere andere neutestamentliche Schriften zurück. Die synoptische Verklärungserzählung ist bekannt (1,16–18), der Judasbrief wird benutzt (2,4–22), eine Sammlung von Paulusbriefen ist bereits vorausgesetzt (3,15–16) und 1 Petr ist bereits geschrieben (3,1). Gegenüber dem sehr umfassend umschriebenen Adressatenkreis setzt sich die Schreiberin oder der Schreiber mit libertinistischen Irrlehren (vgl. 2,18–19; 3,2–4) sowie mit einer ungeregelten Schriftauslegung auseinander (vgl. 2,20–21; 3,16). Die Glaubenden sollen sich vielmehr auf die Parusie einstimmen, die – wenngleich verzögert – ohne Zweifel kommt (3,1–16). Die Grundlage dafür kann ein Festhalten an der apostolischen Überlieferung sein – wohl ein entscheidender Grund für die pseudepigraphische Nennung des Petrus als Verfasser der Schrift. Auf diese Weise wird mit Nachdruck die Kontinuität der Überlieferung von der ersten Generation der Apostel bis in die nachapostolische Zeit hervorgehoben.

Der Brief des Judas

Die Verfasserschaft des Jud ist nicht eindeutig zu klären. Dafür kommt entweder ein »Herrenbruder« Judas (vgl. Jud 1, auch Mk 6,3) oder ein Judenchrist dieses Namens in Frage; andernfalls müßte mit Pseudonymität der Verfasserpersönlichkeit gerechnet werden. Die Verfasserin oder der Verfasser spricht gut griechisch und schreibt an eine nicht näher bezeichnete Gruppe von Heidenchristinnen und -christen. Das Anliegen des Schreibens ist es, die Glaubenden vor Irrlehre und Verführung zu warnen. Dabei sind offensichtlich libertinistische Kreise im Blick, die leicht Sympatisanten finden (vgl. Jud 4.8.19.22). Dieser Anfechtung ist mit Treue zur apostolischen Tradition auch nach dem Tod der Apostel (vgl. Jud 17) und durch Sorge um die verführten Glaubenden (vgl. Jud 3.20–25) zu begegnen.

Das Schreiben ist gegen 90 n. Chr. entstanden. Jud 7.9.14 werden apokryphe Schriften des Alten Testaments zitiert (vgl. äthHen 6,7; 10,4–6 bzw. 1,9; AscMos). Dies läßt darauf schließen, daß die um 90–95 erfolgte Abgrenzung des alttestamentlich-jüdischen Kanons noch nicht stattgefunden hat (vgl. dazu oben → II.1.).

Die drei Johannesbriefe

Die Verfasserfrage ist in Zusammenhang mit der Entstehung des vierten Evangeliums zu sehen. 1 Joh hat keine Briefform, nennt also auch keine Absenderin, bzw. keinen Absender. Stilistische und gedankliche Übereinstimmungen lassen jedoch mit großer Wahrscheinlichkeit vermuten, daß sein Verfasser mit jenem des JohEv identisch ist. 2 Joh und 3 Joh nennen einen namentlich nicht bezeichneten »Ältesten« als Absender. Dieser ist kaum näher zu identifizieren. Beide Briefe weisen starke stilistische und gedankliche Ähnlichkeiten zu 1 Joh auf, so daß eine Identität des Verfassers angenommen werden kann. Eine nähere Präzisierung hängt von der Bestimmung der Autorschaft des JohEv ab.

1 Joh hat ermahnend-belehrenden Charakter. Der Verfasser wendet sich gegen eine Aushöhlung der Christologie, wenn sowohl die Menschwerdung als auch die Gottessohnschaft Jesu nicht ernstgenommen werden

(vgl. 1 Joh 2,22–23; 4,2.15; 5,5.10). Der Gefahr des mit solchen (auch libertinistischen) Irrlehren auftretenden Antichristen ist mit einem überzeugten christlichen Leben in Liebe zu begegnen. Die Denkweise schließt an das JohEv an; die Schrift ist realtiv bald nach dem vierten Evangelium entstanden.

2 Joh wendet sich als kurzes Mahnschreiben an eine Gemeinde, die metaphorisch als »Herrin und ihre Kinder« bezeichnet wird (2 Joh 1). Die Warnung gilt vor Irrlehrern, die als Antichrist die Menschwerdung Jesu leugnen (2 Joh 7–8). Solche Irrlehrer sind abzuweisen. Nur wer in der wahren Lehre verharrt, hat Gemeinschaft mit Gott.

3 Joh ist an einen sonst nicht bekannten Gaius adressiert. Das Schreiben enthält eine Empfehlung für jene, die das Evangelium verkündigen, und den Tadel für das Gemeindemitglied Diotrephes. 2 und 3 Joh sind wahrscheinlich im Anschluß an 1 Joh, also um 100 n. Chr., entstanden.

6. Die Offenbarung des Johannes

Die Offb hat ihre literarischen Vorbilder in der apokalyptischen Literatur des Alten Testaments und des Judentums (*apokálypsis*: Offenbarung, Enthüllung). Diese Schriftgattung entstand besonders in Zeiten der Bedrängnis und der Not. Sie befaßt sich mit der Frage nach dem Ende der Notzeit, stets in Verbindung mit dem Gedanken an ein göttliches Gericht, das dem Leiden ein Ende machen und nach der Bestrafung der Schuldigen einen neuen Anfang setzen wird. (Vgl. als alttestamentliche Beispiele Jes 24,1–27,13; Dan 7–12; unter den jüdischen Schriften wären zu nennen: Die Apokalypse des Abraham, des Baruch, des Elischa, des Mose, des Zefanja, usw.).

Die Offb ist an die sieben Gemeinden in Kleinasien (vgl. Offb 2,1 – 3,22) in einer Zeit der Verfolgung gerichtet (vgl. Offb 2,13; 6,9–11; 17,6). Auch hier ist an die Zeit des Kaisers Domitian zu denken. Dies läßt auf die Entstehung der Schrift um 90 n. Chr. schließen.

Als Verfasser ist Offb 1,1.4.9; 22,8 ein Mann namens Johannes genannt, der dem Stand der Propheten angehört (vgl. Offb 1,4.7.10; 10,8–11; 22,6). Sowohl sprachliche als auch theologische Unterschiede verbieten es, diesen Mann mit dem Verfasser des JohEv zu identifizieren: Die Gegner des Christentums sind nach dem JohEv »die Juden«; in Offb hingegen sind die Heiden Träger der Verfolgung. Die Eschatologie wird im JohEv präsentisch verstanden (vgl. bes. Joh 3,14–21), in der Offb wird sie futurisch gedacht. Die Konzeption Jesu Christi als des vom Vater aus Liebe gesandten Sohnes (JohEv) ist nur schwer mit dem Bild des mit Vollmacht ausgestatteten Weltenrichters und mit jenem vom endzeitlichen Lamm (Offb) zu verbinden.

Der Verfasser verfolgt mit seiner Schrift die Absicht, die kleinasiatischen Gemeinden für die Verfolgung zu stärken. Er betont, daß der endzeitliche Sieg und die Herrschaft nicht bei den Feinden Gottes, sondern bei Gott und bei der Herrschaft seines Sohnes liegen wird. Nach der Verfolgung bricht die endzeitliche Vollendung in einer Neuschöpfung an. Die anschauliche, mitunter gewaltige Bildersprache ist auf die Gattung des Textes zurückzuführen. Der Text ist als eine Schrift der Hoffnung und Zuversicht in schwerer Bedrängnis zu verstehen.

➤ AUFGABE:

Tragen Sie in die auf Seite 131 stehende Zeittafel die einzelnen neutestamentlichen Schriften gemäß ihrer Entstehungszeit und ihrer literarischen Gattung ein. Kommentieren Sie das Ergebnis. In welcher Epoche summiert sich die Entstehung der Schriften? Können Sie Ihre Beobachtungen begründen?

Zeittafel zur Entstehung des Neuen Testaments

	Brief	Evangelium	Apostelgeschichte	Offenbarungsschrift
30–40				
40–50				
50–60				
60–70				
70–80				
80–90				
90–100				
100–110				
110–120				

um 50 Apostelkonzil
um 65 Tod des Petrus und Paulus
   70 Zerstörung Jerusalems
um 90 Verfolgung unter Domitian

➤➤ VERSTÄNDNIS- UND WIEDERHOLUNGSFRAGEN ZU KAPITEL VI:

Zu 1. Die Evangelien
■ Was bedeutet »Evangelium« allgemein und im biblischen Kontext?
■ Wie ist die Auffächerung der einen Botschaft in vier Evangelien zu erklären?
■ Welche Hinweise aus der frühen Kirche sind zur Entstehung der Evangelien überliefert?
■ Erläutern Sie die Entstehung der Evangelienschriften; achten Sie dabei auf Hinweise zum Verfasser, zu den Adressatinnen und Adressaten, zur Entstehungszeit und zum Aufbau der Schrift.
■ Erläutern Sie die Problemstellung der synoptischen Frage. Welche Lösungshypothese kann als wahrscheinlichste angeboten werden? Wie ist sie darzustellen und zu erklären?

Zu 2. Die Apostelgeschichte
■ Erläutern Sie die literarische Eigenart und den Aufbau der Apostelgeschichte.
■ In welchem Verhältnis steht dieses Werk zum LkEv?

Zu 3. Paulus und seine Briefe
■ Welche Quellen stehen uns über das Leben des Apostels Paulus zur Verfügung? Was ist hinsichtlich des Geschichtswertes der Apostelgeschichte zu beachten?
■ Erläutern Sie den Lebenslauf des Apostels Paulus anhand eines Überblicks.
■ Wie ist der paulinische Brief in der Regel aufgebaut?

■ Wie ist die Frage der Echtheit der Paulusbriefe und die Technik der Pseudepigraphie zu beurteilen? Welche Briefe sind zweifelsfrei paulinischen Ursprungs?
■ Erläutern Sie die Entstehung der einzelnen Paulusbriefe; achten Sie besonders auf die Entstehungsumstände und -zeit, sowie auf die inhaltlichen Schwerpunkte.
■ Fassen Sie die Schwerpunkte paulinischen Denkens zusammen.

Zu 4. Die nachpaulinische Literatur
■ Erläutern Sie die Entstehung der nachpaulinischen Schriften; achten Sie besonders auf die Entstehungsumstände sowie auf die inhaltlichen Schwerpunkte.

Zu 5. Die Katholischen Briefe
■ Erklären Sie die Bezeichnung dieser Schriften als »katholisch«.
■ Erläutern Sie die Entstehung der katholischen Briefe; achten Sie besonders auf die inhaltlichen Schwerpunkte.

Zu 6. Die Offenbarung des Johannes
■ Was versteht man unter einer »apokalyptischen« Schrift?
■ Wer ist der Verfasser, wer sind die Adressatinnen und Adressaten der Offb? Wann ist sie entstanden?
■ Welche Absicht verfolgt der Verfasser mit dieser Schrift?

VII. Neuere Methoden der Schriftauslegung

Die wissenschaftlichen Methoden der Texterschließung haben einen relativen, dem Textverständnis zugeordneten Charakter. Sie haben als Ziel das bessere Verständnis eines Textes, und sie sind nicht zeitlos und absolut gültig. Insofern das Verstehen eines Textes in Beziehung zum geschichtlichen Umfeld (Kontext) steht, sind auch die Methoden der Texterschließung einer steten Reflexion unterworfen, sie sind wandelbar und bedürfen der Anpassung und Änderung. Dies gilt auch für den biblischen, also auch den neutestamentlichen Bereich. Die Heilige Schrift wurde in der Geschichte der Kirche nicht immer mit jenen wissenschaftlichen Hilfsmitteln ausgelegt, die dafür heute angewendet werden. Dafür bedurfte es erst der geistesgeschichtlichen Entwicklung der letzten Jahrhunderte sowie des Einflusses des mitteleuropäischen Kulturraumes sowie der darin beheimateten philosophischen Strömungen und Denkkategorien.

Auf dieser Grundlage entwickelten sich (Schritt für Schritt) die sogenannten »Historisch-kritischen Methoden«. Sie versuchen, die Entstehung der biblischen Schriften sowie ihre Aussagen auf der Basis kritischer, also mit Bedachtsamkeit rückfragender Analysen zu untersuchen. In ihrer ursprünglichen, klassischen Entfaltung gliedern sie sich in vier Schritte: Textkritik, Literarkritik, Formgeschichte, Redaktionsgeschichte (zur Erläuterung dieser Schritte siehe unten in diesem Kapitel). In dieser Reihenfolge wurden die einzelnen Methoden auch entwickelt und angewendet. Heute orientieren sich die historisch-kritischen Methoden in zunehmendem Maße an der Geschichts-und Sprachwissenschaft sowie an der modernen Textlinguistik. Die Erkenntnisse über die Entstehung und die innere Zusammensetzung eines Textes sowie über die Gesetzmäßigkeiten von text-bezogenen Kommunikationsprozessen haben dazu geführt, daß gegenüber der früheren klassischen Vierschrittgliederung (Textkritik, Literarkritik, Form- und Gattungskritik, Redaktionskritik) eine Aufteilung in synchrone und diachrone Methodenschritte vorgezogen wird. Die Fragestellung der einzelnen historisch-kritischen Methodenschritte hat sich demnach erweitert. In der Anwendung werden die Arbeitsschritte durch weitere, auf anderer wissenschaftlicher Grundlage beruhende Methoden ergänzt (z. B. strukturalistische, soziologische, tiefenpsychologische, materialistische, feministische Auslegung).

In der katholischen Exegese wurden die historisch-kritischen Methoden in der ersten Hälfte dieses Jahrhunderts allmählich, aber zaghaft angenommen. Der Durchbruch dieser Methoden auch in der katholischen Bibelarbeit ist in engem Zusammenhang mit markanten innerkirchlichen Entwicklungen der letzten Jahrzehnte zu sehen. Mit seiner Enzyklika »Divinu afflante Spiritu« (1943) öffnete Pius XII. den Weg für eine literarkritische Beschäftigung mit der Heiligen Schrift. Dieser Initiative war jedoch aufgrund massiver innerkirchlicher Widerstände zunächst wenig Erfolg beschieden. Erst die während des Zweiten Vatikanischen Konzils veröffentlichte Instruktion »Sancta Mater Ecclesia« (1964, vgl. dazu oben → Exkurs zu V.) enthält die erste positive katholische Stellungnahme zur formgeschichtlichen Methode. Die Konzilsväter haben schließlich die Exegetinnen und Exegeten ausdrücklich auf die Anwendung der historisch-kritischen Methodenschritte in der Auslegung der Heiligen Schrift verpflichtet. Das 1993 von der päpstlichen Bibelkommission veröffentlichte Dokument über die Interpretation der Bibel in der Kirche unterzieht die einzelnen Auslegungsmethoden einer kritischen Wertung im Blick auf ihren Ertrag für das Verständnis der biblischen Texte. Dabei werden Grenzen aufgezeigt, aber in konstruktiver Kritik keine einzelnen methodischen Wege zurückgewiesen. Auch dieses Dokument hält ausdrücklich die Unverzichtbarkeit einer wissenschaftlichen Bibelauslegung auf der Grundlage der historisch-kritischen Methode fest.

Der folgende Überblick versucht eine Darstellung der historisch-kritischen Methodenschritte in ihrer heutigen Verwendungsform mit der Absicht, den methodischen Vorgang für die Leserinnen und Leser in ihrer Beschäftigung mit dem Neuen Testament selbst nachvollziehbar zu machen.

1. Vorarbeiten am Text

Bevor die wissenschaftlich fundierte Erschließung des biblischen Textes beginnen kann, sind einige Vorfragen zu klären. Sie dienen der genaueren Abgrenzung des Forschungsgegenstandes, also des biblischen Textes. Zwei Problemkreise stehen dabei im Vordergrund:
– Ist mein Forschungsgegenstand im Zusammenhang des Gesamttextes dem Umfang nach richtig bestimmt und abgegrenzt → Festlegung des Forschungsgegenstandes, also der zu erschließenden Texteinheit(en).
– Arbeite ich am – historisch gesehen – richtigen Forschungsgegenstand; ist der vorliegende Wortlaut der Texteinheit der ursprüngliche Text → Fragestellung der Textkritik.

In der Regel ist die so bestimmte Perikope (*perikopé*: Behauung, von *perikópto*: ringsum behauen, abschneiden) als abgegrenzte, in sich selbst verständliche Texteinheit der Gegenstand der weiteren exegetischen Arbeit.

Abgrenzung einer Texteinheit

Für die Abgrenzung einer Texteinheit werden sowohl inhaltliche als auch sprachliche Kriterien herangezogen. Dafür ist zu bedenken, daß den ursprünglichen Verfasserinnen und Verfassern (sowie auch den ersten Abschreiberinnen und Abschreibern) der Texte aufgrund der beschränkten praktischen Möglichkeiten sowie im Blick auf die Bestimmung des Textes zum Vorlesen (also zum Aufnehmen und Verstehen durch das Hören) nur im Text selbst eingetragene Gliederungsmöglichkeiten zur Verfügung standen.

Ursprünglich wurden die Texte in ungegliederten Textkolonnen zeilenweise geschrieben. Dabei wurden weder Satzzeichen noch Akzente gesetzt. Auf diese Weise konnte Schreibmaterial (Papyrus, ab dem 2. Jh. n. Chr. allmählich Pergament) gespart werden. Es gab keine Absätze, naturgemäß auch nicht die Hilfsmittel heutiger Textgestaltung (verschiedene Druckarten, Schreibtypen usw.). Verschiedene Signale in einem Gesamttext lassen die von der Verfasserin oder vom Verfasser beabsichtigten Gliederungen oder Hervorhebungen erkennen. Diese Signale können inhaltlicher oder syntaktisch-grammatikalischer Natur sein, bisweilen werden mehrere Elemente miteinander verbunden.

Innere Abgrenzungskriterien liegen vor, wenn ein Zeit- oder ein Ortswechsel vermerkt sind; wenn neue handelnde Personen auftreten oder handlungsbestimmend sind; wenn der Text durch einen neuen Gedanken oder ein neues Thema geprägt wird.

Grammatikalisch-syntaktische Kriterien sind vor allem der Wechsel im Satzbau oder in den Zeitformen der Verben; besondere syntaktische Figuren; besondere Konjunktionen oder Satzeinleitungen- (dann...; ... aber; und siehe:...; es geschah...; usw.); Wechsel des Subjekts. Da die Kapitel- und Verseinteilung in den biblischen Schriften erst in späterer Zeit erfolgte (siehe dazu oben → I.3.), ist sie für die Textabgrenzung nicht maßgeblich und sollte dafür nicht als Kriterium beachtet werden. Dies gilt manchmal auch für die Textabgrenzung in den heutigen Bibelausgaben.

➤➤ AUFGABEN:

■ Lesen Sie den nebenstehenden Bibeltext, der in der ursprünglich üblichen Schreibweise sowie in einer möglichst wörtlichen Textübertragung vorliegt. Suchen Sie nach Kriterien der Textabgrenzung und tragen Sie Abgrenzungsvorschläge in den Text ein. Bei längeren Perikopen überlegen Sie die Möglichkeiten einer weiteren

Nach dem Ausgeliefert-Werden des Johannes aber kam Jesus nach Galiläa, verkündigend das Evangelium Gottes und sagend: Erfüllt ist die Zeit und nahegekommen ist die Herrschaft Gottes. Kehrt um und glaubt an das Evangelium. Und entlanggehend am See von Galiläa, sah er Simon und Andreas, den Bruder Simons, auswerfend im See; sie waren nämlich Fischer. Und es sprach zu ihnen Jesus: Auf, hinter mich, und ich werde euch machen zu Menschenfischern. Und sogleich zurücklassend die Netze, folgten sie ihm nach. Und weitergegangen ein wenig, sah er Jakobus, den (Sohn) des Zebedäus, und Johannes, seinen Bruder, in dem Boot zurechtmachend ihre Netze, und sogleich rief er sie. Und zurücklassend ihren Vater Zebedäus in dem Boot mit den Lohnknechten, gingen sie weg hinter ihm (her). Und sie gehen hinein nach Kafarnaum. Und sogleich am Sabbat hineingehend in die Synagoge lehrte er sie. Und sie gerieten außer sich über seine Lehre; denn er war lehrend sie wie Vollmacht habend und nicht wie die Schriftgelehrten. Und sogleich war in ihrer Synagoge ein Mann mit einem unreinen Geist, und er schrie auf, sagend: Was ist (zwischen) uns und dir, Jesus Nazarener. Ich weiß, wer du bist: der Heilige Gottes. Und es drohte ihm Jesus, sagend: Verstumme und fahre aus aus ihm. Und ihn hin und her zerrend der Geist, der unreine, und aufheulend (mit) lauter Stimme, fuhr er aus ihm. Und es erschauderten alle, sodaß sie sich befragten, sagend: Was ist das? Eine neue Lehre mit Vollmacht; und den Geistern, den unreinen, gebietet er, und sie gehorchen ihm. Und hinausging sein Ruf sogleich überallhin ins ganze umliegende Land von Galiläa. Und sogleich aus der Synagoge hinausgehend, gingen sie in das Haus des Simon und des Andreas mit Jakobus und Johannes. Die Schwiegermutter aber des Simon lag darnieder fiebernd, und sogleich sagen sie ihm ihretwegen. Und herantretend richtete er sie auf, packend an der Hand. Und es verließ sie das Fieber, und sie bediente sie. Als (es) aber Abend geworden war, da die Sonne unterging, trugen sie zu ihm alle, die krank waren, und die Besessenen. Und es war die ganze Stadt versammelt an der Tür. Und er heilte viele, die krank waren an mancherlei Krankheiten, und viele Dämonen trieb er aus, und nicht ließ er reden die Dämonen, denn sie kannten ihn. Und früh morgens, (noch) ganz nachts sich erhebend, ging er hinaus und ging er weg an einsamen Ort, und dort betete er. Und es suchten ihn Simon und die mit ihm. Und sie fanden ihn, und sie sagen ihm: Alle suchen dich. Und er sagt ihnen: Ziehen wir anderswohin in die umliegenden Dörfer, damit ich auch dort verkündige, denn dazu bin ich ausgegangen. Und er ging, verkündigend in ihren Synagogen in ganz Galiläa und die Dämonen austreibend. Und es kommt zu ihm ein Aussätziger, ihn bittend und auf die Knie fallend und sagend: Wenn du willst, kannst du mich reinigen. Und von Mitleid gerührt, ausstreckend die Hand, berührte er ihn.

Gliederung der Texteinheit (Fragen Sie dazu: Wo würde ich heute in der Niederschrift einen Absatz machen?).

■ Überprüfen Sie, welche Mittel der Textabgrenzung die Verfasserin oder der Verfasser einsetzt. Variiert sie / er darin oder bevorzugt sie / er bestimmte Kriterien?
Benützen Sie für diese Aufgabe keine Textausgabe des Neuen Testaments als Hilfsmittel.

In Verbindung mit der Abgrenzung einer Perikope können wichtige Beobachtungen für die Gliederung einer Texteinheit gewonnen werden. Bei den weiteren Analysen können diese Beobachtungen als Grundlage dienen; sie bedürfen aber noch der Überprüfung (vorläufige Gliederung).

Die Textkritik

Von keiner Schrift des Neuen Testaments ist uns das Originalexemplar erhalten. Wir verfügen über eine sehr große Zahl von Abschriften, die teilweise bis in das 2. Jh. n. Chr. zurückreichen und daher die Basis für eine gesicherte Überlieferung des biblischen Textes bieten können. Wenn beachtet wird, daß schon um diese Zeit die neutestamentlichen Schriften als heilige Texte betrachtet wurden, und wenn die Sorgfalt im Umgang mit der apostolischen Überlieferung – wie sie gerade in den jüngeren Schriften des Neuen Testaments erkennbar ist (vgl. 1 und 2 Tim) – bedacht wird, so kann der Verlust der Urschriften nicht als ein Argument gegen die Glaubwürdigkeit der biblischen Schriften und gegen ihre Ursprünglichkeit angeführt werden. Die Textkritik hat die Aufgabe, die verschiedenen Handschriften und Abschriften zu sichten, kritisch zu prüfen und zu beurteilen, um unter mehreren Textvarianten (»Lesarten«) die ursprüngliche Lesart auf der Grundlage objektiver Kriterien feststellen zu können. Für diese Aufgabe bedient sich die Textkritik philologischer, archäologischer, histori-

scher und datenverarbeitender Hilfsmittel. Es ergibt sich aus der Problemstellung, daß die textkritische Arbeit nur am Text in seiner Ursprache geleistet werden kann.

Die uns überlieferten Bibelhandschriften können in folgende Gruppen geteilt werden:

Papyrushandschriften, großteils gekennzeichnet durch hohes Alter, meist jedoch nicht vollständig. Zur Zeit werden 88 neutestamentliche Papyri gezählt. In textkritischen Angaben werden sie mittels P (mit fortlaufender Hochzahl) gekennzeichnet.

Majuskelhandschriften (Majuskel: Großbuchstabe) sind Pergamenthandschriften mit ausschließlich großen griechischen Lettern. Sie gehen bis in das 4. Jh. zurück und bilden die Hauptgrundlage der Textüberlieferung. Zur Zeit zählt man 274 Majuskel. In textkritischen Angaben werden die wichtigeren Majuskeln oder Codices durch griechische oder lateinische Großbuchstaben (im Fall des Codex Sinaiticus durch einen hebräischen Buchstaben) oder durch fortlaufende Numerierung mit vorangestellter 0 (0..) gekennzeichnet.

Minuskelhandschriften (Minuskel: Kleinbuchstabe) sind in griechischen Kleinbuchstaben verfaßt. Sie sind gegenüber den Majuskeln meist jüngeren Datums (ab 6./7. Jh.). Ihre Bedeutung liegt vor allem in der großen Anzahl dieser Handschriften, die entscheidend zur breiten Fundierung der Textüberlieferung beiträgt. Zur Zeit werden 2768 Minuskeln gezählt. In textkritischen Angaben werden die Minuskeln durch fortlaufende Numerierung in arabischen Zahlen gekennzeichnet.

Lektionare enthalten biblische Textabschnitte in der Reihenfolge der liturgischen Leseordnung. Sie sind jüngeren Datums (ab dem 8. Jh.), bieten jedoch in ihrer großen Zahl (bis heute: 2156) eine wichtige zusätzliche Textevidenz. In textkritischen Angaben werden die Lektionare durch kursives *l* und fortlaufende Numerierung in arabischen Zahlen gekennzeichnet (*1* ..).

Ein *Palimpsest* oder *Codex rescriptus* ist eine (meist im Spätmittelalter) abgeschabte und sodann neuerlich beschriebene Pergamenthandschrift. Mittels chemischer und photographischer Hilfsmittel kann heute die ursprüngliche Beschriftung lesbar gemacht und so ein zusätzlicher Textzeuge zugänglich werden. Die Palimpseste werden nicht eigens gekennzeichnet, sondern nach ihrer Schriftgattung (meistens Majuskeln) eingeordnet.

Alte Übersetzungen der biblischen Texte sowie Schriftzitate bei den Kirchenvätern und Kirchenschriftstellern geben ebenfalls Hinweise, wie in den ersten christlichen Jahrhunderten der Bibeltext lautete. Sie werden daher als zusätzliche Entscheidungshilfen herangezogen. In textkritischen Ausgaben werden Übersetzungen durch kleine lateinische Buchstaben gekennzeichnet (z. B.: vg für Vulgata). Verweise auf Väterzitate sind durch abgekürzte Namensnennung identifiziert.

Durch die auch heute fortgesetzte Forschungsarbeit werden ständig neue Bibelfragmente identifiziert. Die angegebenen Zahlen sind also nicht absolut zu nehmen; sie vermitteln einen Eindruck der Größenordnung. Heute werden die Handschriftenvarianten mittels EDV gespeichert, so daß es bei der Erstellung der letzten kritischen Ausgabe (Nestle/Aland[26], siehe dazu oben → I.3.) erstmals möglich war, alle Textvarianten zu sichten und der Textbewertung zugrundezulegen.

Die textkritischen Entscheidungen bezüglich der Ursprünglichkeit einer Lesart geschehen nicht willkürlich, sondern auf der Grundlage objektiver Kriterien, die an den Befund der Textüberlieferung angelegt werden. Einige wichtige Kriterien sollen genannt werden:

Die bestbezeugte Lesart ist die ursprünglichere. Ausschlaggebend sind nicht nur Zahl und Alter der Handschriften, sondern auch ihre innere Qualität (Fehler, Korrekturen u.ä.).

Die schwierigere Lesart ist die ursprünglichere. Eine Textvereinfachung durch eine Abschreiberin oder einen Abschreiber ist – im Sinne einer Texterläuterung – eher anzunehmen als ein umgekehrter Vorgang.

Die kürzere Lesart ist die ursprünglichere. Es ist eher anzunehmen, daß durch erklärende Erläuterungen der Text verlängert wurde, als daß eine Abschreiberin oder ein Abschreiber den – heiligen! – Text gekürzt hätte.

Textvarianten müssen aus der bevorzugten Lesart erklärbar sein. Diese Regel bietet gleichsam die Gegenprobe: Der Gang der Textentwicklung muß – zumindest in den Grundzügen – durch die textkritische Entscheidung rekonstruierbar sein.

Die Schwierigkeit der textkritischen Entscheidung beginnt in jenen Fällen, wo sich einzelne Kriterien gegensätzlich überschneiden (z. B.: Der bestbezeugte Text ist der längste Text, usw.). In der Regel wird die heutige Bibelleserin oder der Bibelleser, vielfach auch die Exegetin und der Exeget nicht mit diesen Fragen unmittelbar konfrontiert. Es ist aber wichtig, um den Weg der Entscheidungsfindung in den kritischen Textausgaben der Heiligen Schrift zu wissen.

Das nachfolgende textkritische Beispiel soll einen Einblick in die Textgestalt einer kritischen Bibelausgabe geben. Es ist nicht in erster Linie zur eigenständigen Lösung gedacht, sondern eher zur Illustration oder zur gemeinsamen Bearbeitung. Besonders Interessierte können die nötigen Erläuterungen zu den Hilfszeichen und Handschriften in der Einleitung der kritischen Bibelausgabe finden (Nestle-Aland[26], 1*–38*, sowie 684–716).

---

14 ⌐Nachdem aber⌐ Johannes ausgeliefert worden war, kam Jesus nach Galiläa, verkündigend das Evangelium[T] Gottes 15 ⌐und sagend⌐: ⌐Erfüllt ist die Zeit⌐ und nahegekommen ist die Herrschaft Gottes. Kehrt um und glaubt an das Evangelium.
16 Und entlanggehend am Meer von Galiläa, sah er Simon und Andreas, den Bruder ⌐Simons⌐, ⌐ auswerfend im See; sie waren nämlich Fischer. 17 Und es sprach zu ihnen Jesus: Auf, mir nach, und ich werde euch machen zu Menschenfischern. 18 Und sogleich zurücklassend ⌐die Netze⌐ folgten sie ihm. 19 Und weitergegangen ein wenig, sah er Jakobus, den (Sohn) des Zebedäus, und Johannes, seinen Bruder in dem Boot zurechtmachend die Netze, 20 und sogleich rief er sie. Und zurücklassend ihren Vater Zebedäus in dem Boot mit den Knechten, ⌐ gingen sie weg hinter ihm her⌐.

14 ⌐ † und n. B D a ff2 bo[pt] ⋮ *txt* ℵ A L W Θ 074.0133.0135 *f*[1.13] 𝔐 lat sa[mss] bo[mss]; Or ┃[T]der Königsherrschaft A D W 074.0133.0135 𝔐 lat sy[p] bo[pt] ⋮ *txt* ℵ B L Θ *f*[1.13] 28*.33.565.892 *pc* b c ff2 sy[s.h] sa bo[pt]; Or • 15 ⌐2 ℵ1 A D Γ 074.1010 *pm* it sa bo[ms] ⋮ - ℵ* c sy[s]; Or ⋮ *txt* B K L W Δ Θ *f*[1.13] 28.33.565.700.892.1241.1424 *pm* lat sy[p.h] bo ┃⌐ erfüllt sind die Zeiten D it • 16 ⌐des Simons A Δ 0135 *f*1 1241 *pm* ⋮ seinen Bruder D W Γ Θ 28.33.1424 *pm* lat sy[s.p] bo[mss] ⋮ den Bruder eben des Simon K 074.1010 *pm* sy[h] ⋮ *txt* ℵ B L *f*13 565.700.892 ┃⌐ die Netze D (Θ) *f*13 28.565* *pc* ⋮ *p*) werfend das Wurfnetz Γ (*f*1, 700.) 892.1010.1241 *al* ⋮ auswerfend das Wurfnetz A W 074 *al* ⋮ *txt* ℵ B L 0133.33 *pc* • 18 ⌐ihre Netze A C2 074.0133.0135 *f*1 𝔐 f l sa bo[mss] ⋮ die Leinengewänder 700 ⋮ alles D it ⋮ *txt* ℵ B C* L W Θ *f*13 28.565.892.1241.1424 *pc* lat • 20 ⌐*p*) folgten sie ihm nach D W 1424 latt

(𝔐: Zeichen für den Mehrheitstext)

---

2. Synchrone Methodenschritte

Ein Text setzt sich aus zahlreichen Einheiten (»Textbausteinen«) zusammen, die aneinandergefügt sind. In der synchronen Textanalyse (*syn-chron*: mit dem Zeitablauf) wird der Textbaustein in seiner vorliegenden Form innerhalb seines vorliegenden Textumfeldes (Textzusammenhangs oder Kontextes) untersucht. Der bereits abgegrenzte Textbaustein ist Gegenstand weiterer Betrachtung, damit genauer seine Eigenheiten erkannt werden. Forschungsgegenstand der synchronen Analyse ist also die Texteinheit (der Textbaustein), wie sie vorliegt.

Die diachrone Analyse greift die Beobachtungen der synchronen Analyse auf und verwertet sie für eine Bearbeitung der Texteinheit unter Berücksichtigung des Zeitablaufs, also ihrer spezifischen Entstehungs und Überlieferungsgeschichte (*dia-chron*: quer zum Zeitablauf). Forschungsgegenstand der diachronen Analyse ist der entstehungs- und überlieferungsgeschichtliche Hintergrund einer Texteinheit.

Synchron – Blick auf die vorliegende Texteinheit; Untersuchung und Analyse dieser Texteinheit.

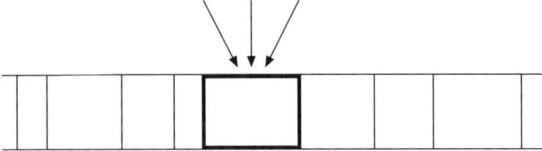

Diachron – Blick in die Geschichte der vorliegenden Texteinheit auf der Grundlage synchroner Beobachtungen.

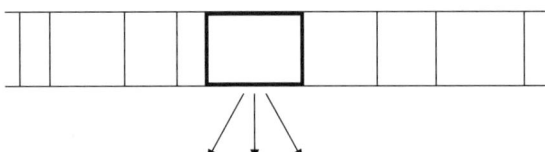

Daraus ergibt sich, daß die synchrone und die diachrone Textbearbeitung zusammengehören. Beide Schritte sind aufeinander angewiesen. Die synchrone Analyse geht der diachronen voraus.

Der synchrone Bearbeitungsvorgang ist ein beschreibender Methodenschritt. Es werden alle Beobachtungen zusammenge-

tragen, die im Hinblick auf die Textgestalt und auf den Inhalt von Bedeutung erscheinen. Diese Beobachtungen zum konkreten Textbaustein können sodann für das Textverständnis ausgewertet werden.

Literaturkritische Schritte

Bei der synchronen Analyse wird der biblische Text als ein literarisches Werk betrachtet, das nach literarkritischen (oder heute vielfach und besser: literaturkritischen) Gesichtspunkten zu analysieren ist. Die Sprachwissenchaft verweist überdies darauf, daß ein Text in vielfacher Weise die Absicht der Verfasserin oder des Verfassers spiegelt – auch wenn dies im einzelnen nicht im Bewußtsein der Schreiberin oder des Schreibers stand – und daß keine Eigenheit der Textgestalt unmotiviert in den Text gelangt.

Die einzelnen Arbeitsschritte sind unter dieser Voraussetzung zu sehen. Ihre Genauigkeit hängt vom Anliegen und vom Umfang der Beschäftigung mit dem Text ab. Grundsätzlich schreitet man dabei von der größeren zur kleineren Einheit: (Gesamttext) – Texteinheit – Satzgefüge – Satz – Phrase – Wort – (Silbe). Die Analysen bauen auf der klassischen Literarkritik auf und sind durch Elemente aus der Literaturwissenschaft erweitert. Untersucht werden die syntaktische Struktur, die Wortfelder (Semantik), die Handlungsstruktur, der Erzählaufbau; weiters wird das verwendete Wortmaterial analysiert, Stil und Motive werden beachtet, ähnliche biblische und außerbiblische Texte werden zum Vergleich herangezogen. Der Textbaustein wird gleichsam aus dem Textganzen herausgehoben und von verschiedenen Gesichtspunkten (Fragestellungen) her genau betrachtet, um all seine Eigenheiten und Charakteristika zu erfassen.

Diese (wissenschaftlichen) Arbeitsschritte können ohne besondere Mühe auch in einem weiteren Bereich angewendet wer-

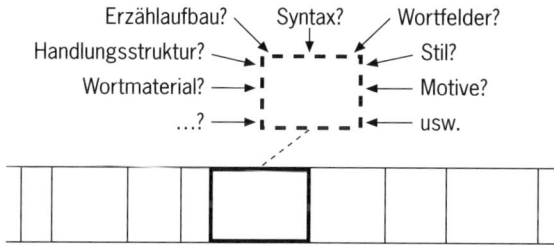

den. In der Folge soll auf einige der genannten Zugänge zum Text im Hinblick auf ihre allgemeine Anwendung eingegangen werden:

▶ Die *Handlungsstruktur* eines Textes kann durch die Analyse der handelnden Personen (Aktantinnen und Aktanten) erhoben werden. Um sich eine Übersicht zu verschaffen, wird jeder Handlungsschritt mittels eines Pfeils ausgedrückt. So kann graphisch der Weg der Handlung dargestellt werden. Daraus ist ersichtlich, ob in einer Texteinheit eine Aktantin oder ein Aktant die Handlung dominiert, ob die Handlung dialogisch verläuft, usw.

Schon die Handlungsstruktur von Mk 10,46–52 (Heilung des blinden Bartimäus) zeigt deutlich, wie intensiv Bartimäus die initiative an sich reißt und wie Jesus zunächst mittelbar (Mk 10,49a), dann unmittelbar reagiert.
Wird der Handlungsablauf zweier synoptischer Textfassungen verglichen, kann schon daraus die unterschiedli-

che Darstellungsweise der Evangelisten erkannt und festgestellt werden, in welcher Fassung der einfachere Erzählablauf vorliegt. Vgl. z. B. Mk 9,14–29 mit Lk 9,37–43a (Heilung des epileptischen Knaben). (Siehe Schema Seite 140 oben).

➤➤ AUFGABEN:

■ Analysieren Sie die Handlungsstruktur von Lk 1,26–38: Wie würden Sie den Handlungsablauf beschreiben?
■ Vergleichen Sie diesen Handlungsablauf mit jenem von Lk 1,5–25; was fällt Ihnen auf?

▶ Anhand der *Untersuchung der Wortfelder* einer Texteinheit können die bestimmenden inhaltlichen und begrifflichen Leitlinien erkannt werden. Die Methode bedient sich einer einfachen Vorgangsweise: Es wird nach jenen Begriffen (jener Begriffsfamilie) gesucht, die in einem Textabschnitt breiten Raum einnehmen und immer wiederkehren. Jeder Begriffsbereich wird im Text mit einer bestimmten Farbe unterstrichen. Anhand dieser Analyse ist feststellbar, in welchem begrifflichen Rahmen die Verfasserin oder der Verfasser bei der Niederschrift einer Texteinheit gedacht hat. Als Beispiel kann ein Abschnitt aus der eucharistischen Rede des JohEv (Joh 6,48–58) analysiert werden: (siehe Text Seite 140 unten).

➤➤ AUFGABEN:

■ Unterstreichen Sie in dem Textabschnitt Joh 6,48–58 alle Begriffe, die mit »Leben« zusammenhängen, in einer Farbe. Wählen Sie eine zweite Farbe für alle Begriffe, die mit »Brot/ Speise/essen« in Beziehung stehen. Mit einer dritten Farbe unterstreichen Sie alle Worte, die sich auf »ich/mich« usw. beziehen. Was stellen Sie über das Verhältnis dieser drei Wortfelder zueinander fest?
■ Versuchen Sie die Durchführung dieses Arbeitsschrittes an der Perikope Mk 1,16–20. Lesen Sie die Texteinheit aufmerksam nach wiederkehrenden Begriffen durch und überlegen Sie, welche Begriffsfamilien sie hier zugrundelegen könnten. Dann beginnen Sie zu unterstreichen...

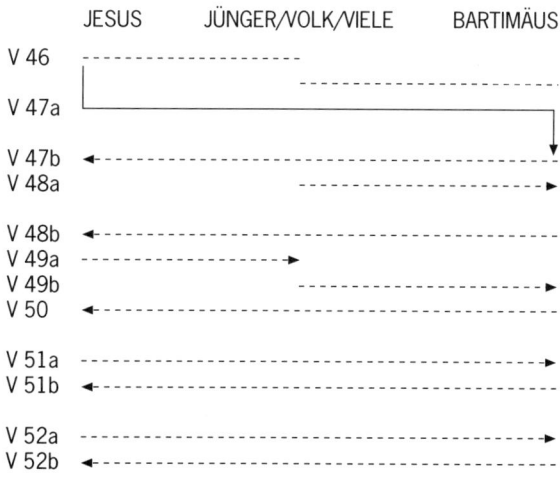

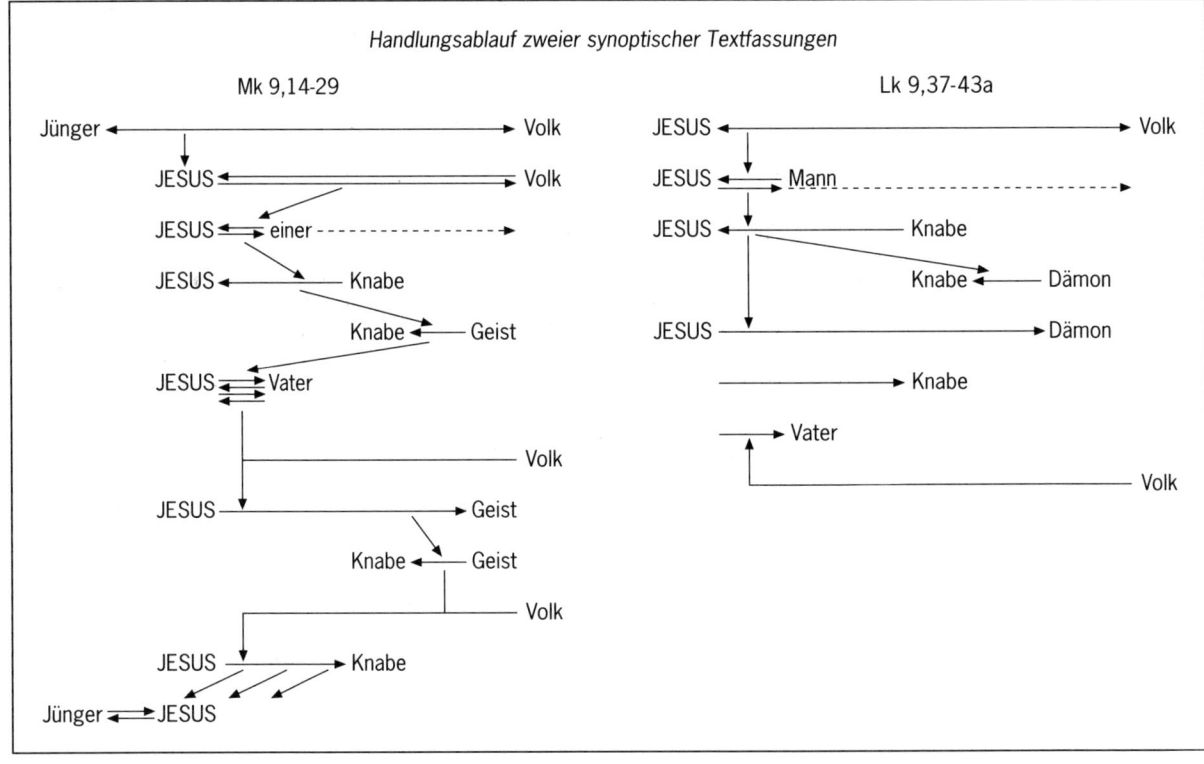

Handlungsablauf zweier synoptischer Textfassungen

Mk 9,14-29

Lk 9,37-43a

Aus der eucharistischen Rede des Johannesevangeliums

48 Ich bin das Brot des Lebens.
49a Eure Väter haben gegessen in der Wüste das Manna,
49b und sie sind gestorben.
50a Dieses ist das Brot, das vom Himmel herabkommt*,
50b so daß einer davon ißt und nicht stirbt.
51a Ich bin das lebende Brot, das vom Himmel herabgekommen ist*;
51b wenn einer ißt von diesem Brot, wird er leben in Ewigkeit,
51c und das Brot aber, das ich geben werde, ist mein Fleisch für das Leben der Welt.
52a Es stritten nun untereinander die Juden, sagend:
52b Wie kann dieser uns geben sein Fleisch zu essen?
53a Es sprach nun zu ihnen Jesus:
53b Amen, amen ich sage euch:
53c Wenn ihr nicht eßt das Fleisch des Menschensohnes und trinkt sein Blut,
53d habt ihr nicht Leben in euch.
54a Wer ißt* mein Fleisch und trinkt* mein Blut,
54b hat ewiges Leben,

54c und ich werde ihn aufstehen lassen am letzten Tag.
55a Denn mein Fleisch ist eine wahre Speise,
55b und mein Blut ist ein wahrer Trank.
56a Wer ißt* mein Fleisch und trinkt* mein Blut,
56b in mir bleibt (er),
56c und ich in ihm.
57a Wie gesandt hat mich der lebende Vater und ich lebe durch den Vater,
57b so wer ißt* mich, jener wird leben durch mich.
58a Dieses ist das Brot, das vom Himmel herabgekommen ist*;
58b nicht wie (jenes, das) haben gegessen die Väter,
58c und sie sind gestorben.
58d Wer ißt* dieses Brot,
58e wird leben in Ewigkeit.

*Ein * kennzeichnet eine Partizipialkonstruktion im griechischenText.*

▶ Anhand einer griechischen Textausgabe oder einer möglichst wortgetreuen Übersetzung können hilfreiche *stilistische Beobachtungen* an den Texteinheiten gemacht werden. Im Neuen Testament kommen vor allem drei stilistische Figuren vor. Sie können sich sowohl auf die grammatikalische Konstruktion als auch auf den inhaltlichen Aufbau und Ablauf eines Textes beziehen:

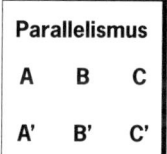 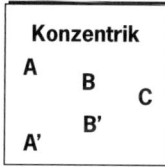 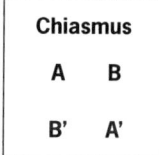

Stilfiguren verweisen auf besonders sorgfältige Schreibweise und somit auf ein hervorhebendes Interesse der Verfasserin oder des Verfassers. Beispiele können dies erläutern:

Mk 1,31a:		
Und hinzutretend	Partizip	A
richtete er sie auf	Prädikat	B
fassend ihre Hand	Partizip	A
Mk 1,33:		
Und (es) war	Prädikat (Kopula)	A
die ganze Stadt	Subjekt	B
versammelt...	Prädikat (Partizip)	A
Mk 1,34:		
Und er heilte viele	Prädikat Objekt	A B
und viele Dämonen trieb er aus	Objekt Prädikat	B A
Mk 1,37:		
Und sie fanden ihn	Konjunktion Prädikat Objekt	A B C
und sie sagen ihm	Konjunktion Prädikat Objekt	A B C
Mk 1,39:		
Und er ging,		
verkündigend	Partizip	A
in ihre(n) Synagogen	lokale Bestimmung	B
in/nach ganz Galiläa	lokale Bestimmung	B
und die Dämonen austreibend	Partizip	A

Die für die Stilanalyse wichtigen Untersuchungen zu Rhythmus und Reim können naturgemäß nur am ursprachlichen Text durchgeführt werden.

▶ Die Untersuchung des *Erzählaufbaus* gibt Hinweise auf die Gedankengänge einer Verfasserin oder eines Verfassers. Es ist zu fragen, wie und in welcher Abfolge bestimmte Inhalte dargestellt werden, wie viele Gedanken oder Handlungsgänge einen Text bestimmen. Dabei ist darauf zu achten, ob die Verfasserin oder der Verfasser linear erzählt (oder argumentiert), oder ob sie/er die einzelnen Aussagen konzentrisch gruppiert. Weiters interessiert die Gestaltung des Erzählrahmens und die Frage nach möglichen Unterbrechungen, der Einschaltung einer Zwischenhandlung, der Offenheit der Erzählung für eine Fortsetzung, usw.

Ein eindrückliches Beispiel für einen überlegten Erzählaufbau sind die lukanischen Vorgeschichten Lk 1,5–2,40 (vgl. dazu oben → III.1.). Was sich dort über mehrere Perikopen erstreckt, kann jedoch auch innerhalb einer Texteinheit beobachtet werden: Vgl. z. B. den Erzählaufbau von Lk 1,39–56 (die Begegnung der zwei Mütter):

1,39–40		Kommen Marias
1,41–42a		Reaktion der Elisabet
1,42b-45		Lobpreis der Elisabet
	1,42bc	Lobpreis Marias und ihres Kindes
	1,43.44	Bedenken der eigenen Situation und des eigenen Kindes
	1,45	Lobpreis Marias als der Glaubenden
1,46a		»Antwort«/Reaktion Marias (→ Weiterführung des Lobpreises)
1,46b-55		Lobpreis Marias
	1,46b-50	Lob Gottes für selbst empfangenes Heil
	1,51–53	Lob Gottes für das Heil der Kleinen
	1,54–55	Lob Gottes für seine barmherzige Treue
1,56		Aufenthalt/Gehen Marias

➤➤ AUFGABEN:

■ Untersuchen Sie den Erzählaufbau von Mk 2,1–12. Welche verschiedenen Handlungen und Themen werden hier zur Sprache gebracht?

■ Untersuchen Sie den Erzählaufbau von Mk 5,21–43: Wie können Sie die Darstellungsweise hier beschreiben?

▶ Eine Sonderform des Vergleiches ähnlicher Texte stellt der *Synoptische Vergleich* dar. Er wird auf der methodischen Grundlage der Zweiquellentheorie (vgl. dazu oben → VI.1. Exkurs) durchgeführt. Durch die Abhebung einer Textfassung von einer anderen, ähnlich formulierten treten die Unterschiede und damit die Besonderheiten der untersuchten Texteinheit besonders hervor. Üblicherweise wird der synoptische Vergleich durch das Vergleichen der verwendeten Begriffe durchgeführt. Er kann jedoch auch auf Satz- und Strukturebene ausgedehnt werden. Es wird der Textabschnitt des MkEv mit jeweils einem der sogenannten Seitenreferenten (also MtEv oder LkEv) verglichen.

Mittels einer zuvor festgelegten Farbsymbolik werden die Übereinstimmungen und Abweichungen gekennzeichnet, z. B.:
rot: Übereinstimmung mit Mk
grün: Sonderformulierung Mt
blau: Sonderformulierung Lk
braun: Übereinstimmung zwischen Mt und Lk (verweist auf Q)
gelb: (theologisch) besonders beachtenswerte Formulierung
Aufgrund der vorgenommenen Analyse können die Akzente der einzelnen Verfasser festgestellt werden. Zu einem späteren Zeitpunkt sind daraus Schlüsse auf die Aussageabsicht des Verfassers zu ziehen.

➤➤ AUFGABEN:

■ Führen Sie am Text Mk 1,9–11 par Mt 3,13–17; Lk 3,21–22 (Taufe Jesu) einen synoptischen Vergleich durch. Benützen Sie dazu die Textfassung oben S. 32. Vergleichen Sie Ihre Ergebnisse und Beobachtungen mit den dortigen Hinweisen zu den drei Textfassungen und ergänzen Sie diese.

■ Führen Sie einen synoptischen Vergleich am Text Mk 15,33–39 par Mt 27,45–54; Lk 23,44–48 (oben S. 72) durch. Beschreiben Sie Ihre Beobachtungen unter Bezugnahme auf die Zweiquellentheorie.

Bestimmung von Form und Gattung

Gleichsam an der Schwelle zwischen synchroner und diachroner Arbeitsweise steht die Beschäftigung mit Form und Gattung einer Texteinheit. Aufgrund des Erkennens der unverwechselbaren Eigenheiten einer Texteinheit kann diese entsprechend umschrieben (→ Form) und mit Texteinheiten, die ähnliche Charakteristika aufweisen, in Beziehung gesetzt werden (→ Gattung, heute vielfach: Textsorte).

Die FORM ist die Beschreibung einer abgeschlossenen, in sich verständlichen Texteinheit im Hinblick auf ihre literarische und inhaltliche Struktur durch ihre wesentlichsten Merkmale.

Die GATTUNG/TEXTSORTE bezeichnet eine Gruppe von Texteinheiten mit ähnlicher oder vergleichbarer Form.

Im Blick auf die heutige Verstehensvielfalt von Form und Gattung ist darauf zu achten, daß sowohl die Formbestimmung als auch die Zuordnung zu einer Gattung literarische und inhaltliche Elemente berücksichtigen muß (erst durch seinen Inhalt wird ein Text endgültig als ein solcher festgelegt!).

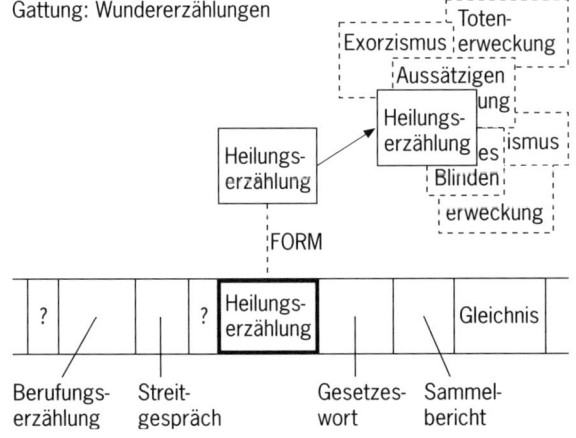

Gattung: Wundererzählungen

Für die Beschreibung und Bestimmung der Form eines Textbausteines sind nochmals die Beobachtungen der literaturkritischen Arbeitsschritte zusammenzutragen und zu sichten. Da der Textbaustein in seinen ihm eigenen (inhaltlichen und literarischen) Konturen gesehen wird, kann er auch zu ähnlichen Textbausteinen in Beziehung gesetzt und ihnen zugeordnet werden.

Insofern sich die Analyse von Form und Gattung kritisch mit der näheren Bestimmung der vorliegenden Texteinheit beschäftigt, ist sie als Formkritik und Gattungskritik zu bezeichnen und zu Recht als synchroner Methodenschritt einzuordnen. Wird damit jedoch die Frage nach der Herkunft (also der »Geschichte«) einer bestimmten Form oder Gattung verbunden (Formgeschichte), ist damit bereits ein Schritt der diachronen Textbearbeitung gesetzt.

3. Diachrone Methodenschritte

Die diachrone Arbeitsweise fragt nach der Geschichte und nach der Entstehung der Texteinheit. Dabei baut sie auf der synchronen Analyse auf, denn die Phasen und Eigenheiten der Überlieferung müssen weitgehend aus der vorliegenden Textgestalt erschlossen werden. Die synchrone Analyse von zusammenhängenden Texten zeigt, daß der Text eine Summe einzelner literarischer Formen ist, die zusammengefügt sind. Dies geschieht nicht immer nahtlos, so daß man die Fugen teilweise erkennen kann. Diese literarischen Verbindungen einzelner Texteinheiten werden »Rahmen« genannt.

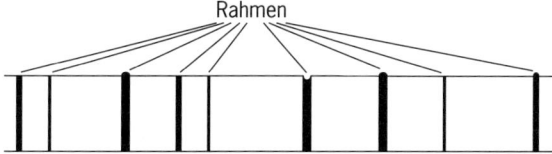

Die diachrone Analyse hebt die als Texteinheiten abgegrenzten und bedachten »Bausteine« aus ihrem Rahmen und aus dem gegenwärtigen Umfeld des Textganzen heraus und beschäftigt sich mit ihrer vorliterarischen Periode und Überlieferung. Dabei gilt das Interesse sowohl ihrer Entstehung als auch ihrer (früheren) Verwendung und – gegebenenfalls – Entwicklung.

Form- und gattungsgeschichtliche Einordnung

Die einzelnen von den biblischen Verfassern verwendeten oder auch geschriebenen Texteinheiten verdanken ihre Entstehung einem bestimmten geschichtlichen Hintergrund, einer konkreten Situation, die zur Formulierung des Textbausteins Anlaß gab. Diese Entstehungsgrundlage einer Texteinheit wird – seit Hermann Gunkel (1862–1932) »Sitz im Leben« genannt.

Der Sitz im Leben ist die geschichtliche, soziale, kulturelle, theologische Situation oder Begebenheit, die der Entstehung und Verwendung einer Texteinheit zugrundeliegt.

Da uns über diesen Sitz im Leben meist keine weiteren Angaben zur Verfügung stehen, muß er aus der Beschaffenheit des Textbausteins erschlossen werden.

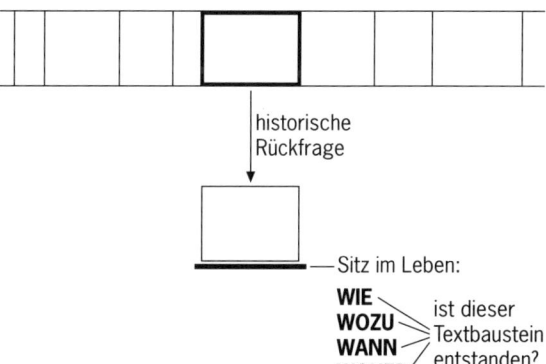

Der Sitz im Leben kann sich im Laufe der Geschichte eines Textes verändern, eine Entwicklung ist hier durchaus möglich. Manchmal kann man auch vom ersten, zweiten, dritten, ... Sitz im Leben sprechen. Als Beispiel kann die Überlieferung von der Einsetzung der Eucharistie dienen:
– Der ursprüngliche Sitz im Leben zu Mk 14,22–24 ist die historische Situation am Abend vor dem Tod Jesu, sein Handeln und seine Worte.

– Ein neuer Sitz im Leben ist die liturgische Situation der nachösterlichen Gemeinde, in der der Einsetzungsbericht in der Feier der Liturgie rezitiert wird.

– Einen wiederum neuen Sitz im Leben erhält dieser Text, wenn Paulus ihn der Gemeinde von Korinth ermahnend in Erinnerung ruft (vgl. 1 Kor 11,23–25).

– Schließlich erfährt die Überlieferung in Mk 14 wiederum eine anders akzentuierte Verwendung. Der Evangelist setzt den Text mit erzählend-informierender Absicht ein.

➤➤ AUFGABE:

Überlegen Sie, wie man die Sitze im Leben der Tradition über die Einsetzung der Eucharistie graphisch – unter Anwendung des oben angewandten Darstellungsschemas – übersichtlich skizzieren könnte. Fertigen Sie eine entsprechende Skizze an.

Redaktionsgeschichtliche Klärung

Die Aussageabsicht der biblischen Verfasserin oder des Verfassers hängt mit der Textgestalt, mit der Ordnung der Textabfolge sowie mit der Auswahl der Texteinheiten aus einem vermutlich größeren Überlieferungshintergrund eng zusammen. Die Art und Weise der Verbindung einzelner Einheiten (also: der Rahmen) verdient besondere Beachtung, kann doch hier die Verfasserin oder der Verfasser frei gestaltend in das Textganze eingreifen.

Angesichts der synchron analysierten Textgestalt und der diachronen Erkenntnisse zu Form und Gattung sowie zu Sitz im Leben einer Texteinheit ist also letztlich nach der Absicht der Verfasserin oder des Verfassers zu fragen: Was bewog sie oder ihn, so und nicht anders zu schreiben, zusammenzufassen, auszuwählen, zu gestalten? (Die Instruktion »Sancta Mater Ecclesia« erläutert die Arbeitsweise der biblischen Verfasserinnen und Verfasser am Beispiel der Evangelisten sehr ausführlich; vgl. dazu oben S. 90–92).

Da die Entstehung der einzelnen Schrift also auch redaktionelle Tätigkeit mitein-

schließt, nennt man die diesbezügliche Analyse redaktionskritische, bzw. – je nach dem Frageakzent – redaktionsgeschichtliche Methode.

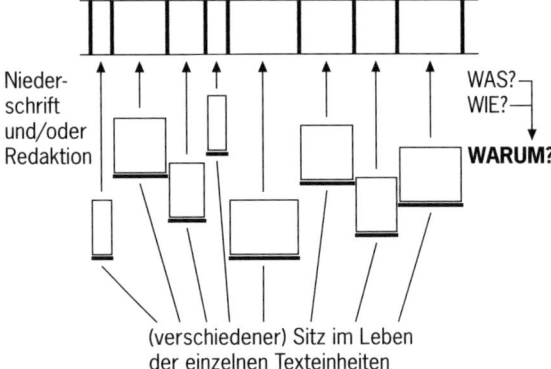

Niederschrift und/oder Redaktion

WAS?⌐
WIE?⌐
WARUM?

(verschiedener) Sitz im Leben der einzelnen Texteinheiten

Für die redaktionsgeschichtliche Methode ergeben sich daraus folgende Grundfragen:

▶ WAS wurde aus der Tradition übernommen/redigiert?

▶ WIE wurde die Tradition/der Textbaustein bearbeitet?

▶ → WARUM wurde so (und nicht anders) formuliert?

Diese redaktionsgeschichtlichen Fragen eröffnen den Zugang zum bibeltheologischen Gehalt und zur Aussageabsicht eines Textes. Insofern die redaktionsgeschichtliche Arbeit am Text den Umgang mit Traditionen (Überlieferungen) analysiert, ist sie stets auch traditionsgeschichtlich (und traditionskritisch) orientiert. Je nach dem Schwerpunkt der Textanalyse muß man daher von einer redaktions- oder einer traditionsgeschichtlichen Betrachtungsweise sprechen.

➤➤ AUFGABE:

Greifen Sie auf die Beobachtungen bei den synoptischen Vergleichen zu Mk 1,9–11 par und Mk 15,33–39 par (siehe oben S. 142) zurück und verbinden Sie Ihre Beobachtungen mit den redaktionsgeschichtlichen Grundfragestellungen. Formulieren Sie eine Antwort für die einzelnen Evangelisten.

4. Zur Auslegung einer Texteinheit

Die theologische Interpretation

Aufgrund der Anwendung der synchronen und der diachronen Methodenschritte sind zahlreiche Einzelaspekte der Texteinheit erhoben und viele Eigenheiten des Textes analysiert. Daraus ergibt sich die Frage, wie eine Texteinheit in der heute vorliegenden Form zu verstehen ist. Es geht nunmehr also um eine Integration der zahlreichen Einzelbeobachtungen in ein Gesamtverständnis des Textes.

Diese Auslegung geschieht Vers für Vers (oder Satz für Satz). Dabei werden jene Einzelbeobachtungen aufgegriffen, die über die formale Texterhellung hinaus für den Inhalt des Textes bedeutsam sind. Diese werden zueinander sowie zur biblischen Verfasserin oder zum biblischen Verfasser in Beziehung gesetzt. Dabei ist das Hintergrundwissen über die Verfasserin oder den Verfasser sowie über die Gesamtschrift miteinzubeziehen. Grundsätzlich ist dabei der Text aus dem Blickwinkel der Verfasserin, bzw. des Verfassers und im Rahmen des Kommunikationsprozesses zwischen ihr/ihm und den ersten Adressatinnen und Adressaten zu deuten. Erst wenn diese Grundabsicht des Textes erarbeitet ist, darf nach einer weiteren Bedeutung für die heutige Leserin und den Leser gefragt werden. Bei dieser zweiten Fragestellung an den Text ist zu bedenken, daß er über die ursprüngliche Entstehungssituation hinaus aufgrund seiner Geistgewirktheit grundlegende Bedeutung durch die Zeit behält. Dies bedeutet nicht, daß seine Aussage buchstäblich zeitlos wäre, sondern vielmehr, daß sie als in jede neue Zeit gesprochen und gelesen verstanden wird und sodann gedeutet werden muß. Für eine solche aktualisierende Deutung sind die neuen Rezeptionsumstände ebenso mitzubedenken wie all das, was mit dem heuti-gen (kritischen) Auge am Text methodisch erkannt wurde.

Die geistliche Schriftlesung

Wenn die Aussageabsicht der biblischen Verfasserin oder des Verfassers existentiell auf die Leserin, bzw. den Leser oder die Hörerin und den Hörer des Textes (rück-)bezogen wird, geht die historisch-kritische Betrachtungsweise einer Texteinheit in die verschiedenen Formen der geistlichen Schriftlesung über. Dies geschieht dann, wenn die Leserin und der Leser sich im biblischen Text selbst finden und die zuvor methodisch-kritisch erhobenen Gesichtspunkte zum Textverständnis auf sich selbst beziehen. Bei dieser Form der Schriftlesung wird die Aussage über die Inspiration des Textes ernst genommen und der biblische Text als das »Medium« des Wortes Gottes betrachtet: Hinter dem Buchstaben des Textes kommt die Fülle der geistgeprägten Rede Gottes an den Menschen zum Ausdruck. Daraus ergibt sich, daß der biblische Text nicht nur in Entsprechung zu seiner ersten, ursprünglichen Aussageabsicht verstanden werden kann, sondern daß darin eine übergreifende Sinngebung für die einzelne Leserin und den Leser (ein »Sinnüberschuß«) gegeben ist.

Nach dem Zeugnis des Neuen Testaments ist Glaube an Jesus Christus und personale Gemeinschaft mit Gott nur in der Kraft des Geistes möglich (vgl. 1 Kor 2,11; 12,3). Innerhalb der Gemeinschaft der Kirche, der die Führung des Geistes zugesagt ist (vgl. Joh 16,13), wird hier dem Wirken des Geistes Raum gegeben und läßt sich die oder der einzelne treffen, das heißt: betroffen machen vom Wort, das als Anspruch Gottes erkannt wird. Solcher Umgang mit der Schrift steht nicht im Gegensatz zur wissenschaftlichen Analyse und schließt diese auch nicht aus, im Gegenteil: Vom Menschen, der in einem wissenschaftlich geprägten Lebenskontext steht, wird die Bibel mit allen zur Verfügung stehenden Hilfsmitteln erschlossen, damit in dieser Begegnung im Wort der Mensch das Seine zur Suche nach der Textaussage und Gott ebenfalls das Seine in der Gabe des existentiell bezogenen Verstehens beitragen kann. So führt geistliche Schriftlesung letztlich zum Entscheidenden: zum Dialog, in dem der Mensch aufgrund des Geistes Gottes und seines – vorausgesetzten – eigenen Bemühens auf den Anruf und das erste Wort Gottes zu antworten vermag, intellektuell ebenso wie emotional und im Zeugnis seines Lebens.

➤➤ VERSTÄNDNIS- UND WIEDERHOLUNGSFRAGEN ZU KAPITEL VII:

- Wie verhalten sich biblischer Text und Auslegungsmethode zueinander?
- Durch welche methodischen Ergänzungen sind die heute angewendeten historisch-kritischen Methodenschritte erweitert?

Zu 1. Vorarbeiten am Text
- Nach welchen Kriterien kann eine Texteinheit abgegrenzt werden?
- Was ist das methodische Anliegen der Textkritik?
- In welche Gruppen werden die Bibelhandschriften eingeteilt?

2. Synchrone Methodenschritte
- Was versteht man unter synchroner Arbeit am Text; was demgegenüber unter diachroner Textbearbeitung? In welcher Abfolge werden diese Schritte angewendet?
- Nennen Sie einige literarkritische Methodenschritte und erläutern Sie das angewendete methodische Vorgehen.
- Was versteht man unter dem »Synoptischen Vergleich«? Wie wird er durchgeführt?
- Definieren Sie die Begriffe »Form« und »Gattung«.

3. Diachrone Methodenschrittte
- Definieren Sie den Begriff »Sitz im Leben«.
- Welche Bedeutung hat die form- und gattungsgeschichtliche Einordnung für das Verständnis eines Textes?
- Anhand welcher Grundfragen wird nach der redaktionsgeschichtlichen Methode das Entstehen eines Textes rekonstruiert?

4. Zur Auslegung einer Texteinheit
- Wie ist bei der theologischen Interpretation eines Textes vorzugehen?
- Welchen Stellenwert hat die geistliche Schriftlesung? Mit welcher Grundhaltung geht sie an den biblischen Text heran?

VIII. Rückblick:
Zum Umgang mit dem Neuen Testament

Das Neue Testament wurde als eine Schriftensammlung mit einer komplexen Entstehungsgeschichte vorgelegt. Darüber hinaus weisen diese Texte Eigenarten aus, die sie auszeichnen und die zugleich die Leserin und den Leser in besonderer Weise fordern. In aller Vielfalt der Darstellung und des Inhalts im einzelnen haben diese Texte eine innere Mitte: die Verkündigung und die Verdeutlichung der Christusbotschaft. Diese wollen sie zur Sprache bringen, damit die Leserin und der Leser davon betroffen und so zum Glauben an Jesus, den Christus geführt werden (vgl. Joh 20,30–31).

Eine Hinführung zum Neuen Testament kann die persönliche Auseinandersetzung, die unmittelbare Begegnung mit diesen Texten und mit ihrer anspruchsvollen Botschaft nicht ersetzen. Vielmehr soll sie dafür eine Grundlage schaffen und dazu anregen, sich in die Schriften selbst zu vertiefen. Dabei sollten – auf der Grundlage dieser Ausführungen – einige Gesichtspunkte Berücksichtigung finden:

▶ Die *Umstände der Textentstehung*, die Hinweise zu den Verfasserinnen, bzw. Verfassern und zur Absicht der Schrift sind zu beachten, damit der Text aus der richtigen Perspektive und mit dem zutreffenden Grundverständnis gelesen wird.

▶ Die *literarische Gestalt und Eigenart* eines Textes gibt Aufschluß über die Absicht der Verfasserin oder des Verfassers. Ein Einfühlen in die Sprechweise ermöglicht es, falsche Akzentsetzungen zu vermeiden.

▶ Ein neutestamentlicher Text ist *niemals isoliert* zu lesen, sondern er ist in seinen unmittelbaren und in seinen weiteren Kontext einzuordnen. Dieser kann sich – je nach der Leseabsicht und -intensität – auf die Einzelschrift, auf das gesamte Neue Testament,

auf die ganze Bibel beziehen. Ebenso ist die Aussage eines Textes im Gesamtrahmen der neutestamentlichen, eventuell der biblischen Verkündigung zu sehen. Denn die gesamte Schrift ist uns als Gottes Anrede an den Menschen in der Kirche bezeugt und überliefert. Auftretende inhaltliche Spannungen zwischen mehreren Schriften sind nicht wegzulassen, sondern sie müssen im Sinne einer Aussagevielfalt um die eine Mitte auch beachtet werden.

▶ Bibellesen ist *weder einem Leistungs- noch einem Zeitdruck* ausgesetzt. Das Ziel kann nicht sein, möglichst viel in kurzer Zeit zu lesen, sondern bei einem Text die dafür nötige Zeit zu verweilen. Das Ausmaß dieser Zeit wird durch die Betroffenheit bestimmt.

▶ Da die biblischen Schriften zum Vorlesen, also zum Hören geschrieben sind, sollte dies – wenn immer möglich – nachvollzogen und so gehandhabt werden. Das *laute Lesen (oder Vorlesen)* des Textes erhöht die Aufmerksamkeit und erschließt verborgene Eigenheiten und Schwerpunkte.

▶ Die Lebendigkeit des biblischen Textes ist in seiner *konkreten Sprachgestalt* verborgen. Durch ein gegliedertes Schreiben in Sinnzeilen wird der Blick für die Eigenart des Textes und dadurch vielfach für die Verfasserabsicht geschärft.

▶ Für eine intensive Beschäftigung mit dem Neuen Testament sollte *entsprechende Begleitliteratur* zur Absicherung der persönlichen Ergebnisse herangezogen werden. Der Kommentar gibt gleichsam einen Rahmen für die Bandbreite möglichen Schriftverständnisses an.

▶ Die Bibel ist ein Buch der Kirche. Sie sollte daher möglichst *in Gemeinschaft* gelesen, bedacht und besprochen, und ihr Verstehen sollte auch erbetet werden (vgl. Mt

18,20; 1 Kor 12,3). Zur gemeinsamen Bibellektüre gehört auch die entsprechende Beharrlichkeit (vgl. Apg 17,11) sowie der Mut des Nichtverstehens – im Eingeständnis, daß das Wort größer ist als die Leserin oder der Leser (vgl. Konstitution Dei Verbum Art. 1), und daß der Zugang zum Sinn der Schrift vom Auferstandenen selbst erschlossen wird (vgl. Lk 24,13–35; 24,45).

▶ Das Lesen und die Beschäftigung mit der Bibel als Heiliger Schrift darf nie bei der objektivierten Feststellung ihres Aussagegehaltes stehenbleiben. Bibellesen ist *Aktualisierung und Bezeugung des persönlichen Glaubens* an einen wirkmächtigen Gott, der in Jesus Christus seine Liebe letztgültig geoffenbart hat und sie in der Kraft des Geistes jedem ihm zugewendeten Menschen eröff-

net. Erst wenn die Beschäftigung mit der Heiligen Schrift zu einem auf Gottes Ruf antwortenden Dialog hinführt, entspricht der Umgang mit dem Neuen Testament auch dem Wesen der Christin und des Christen: aufgrund der Taufe zur gemeischaftlichen, kommunikativen Kindschaft Gottes (vgl. Röm 8,15; Gal 4,6) berufen zu sein.

⏩ VERSTÄNDNIS- UND WIEDERHOLUNGSFRAGEN ZU KAPITEL VIII:

■ Welche Vorinformationen sollten beim Bibellesen berücksichtigt werden?
■ Welche äußeren Hilfsmittel können beim Bibellesen Anwendung finden?
■ Welche innere Grundhaltung ist für das Bibellesen von Bedeutung?

Anhang

Grundlegende und weiterführende Literatur

Textausgaben zum Neuen Testament

Novum Testamentum Graece. Hrsg. v. E. Nestle/K. Aland, Stuttgart 26. Aufl. 1979
Septuaginta. Id est Vetus Testamentum graece iuxta LXX interpretes. 1 und 2. Hrsg. v. A. Rahlfs, Stuttgart 8. Aufl. 1935 (1984)
Nova Vulgata Bibliorum Sacrorum, Vatikanstadt 1979, Neuausgabe Kevelaer 1986
Das Neue Testament. Interlinearübersetzung Griechisch-Deutsch. Übersetzt von E. Dietzfelbinger, Neuhausen 3. Aufl. 1989
Münchener Neues Testament. Hrsg. v. J. Hainz, Düsseldorf 2. Aufl. 1989
Das Neue Testament. Einheitsübersetzung der Heiligen Schrift, Stuttgart 9. Aufl. 1993 (verschiedene Ausgaben)

Einleitungsliteratur

Baldermann I., Einführung in die Bibel. (UTB 1486), Göttingen 3. Aufl. 1988

Conzelmann H./Lindemann A., Arbeitsbuch zum Neuen Testament. (UTB 52), 9. Aufl. 1988
Egger W., Kleine Bibelkunde zum Neuen Testament, Innsbruck 4. Aufl. 1987
Kirchschläger W., Die Paulusbriefe vorgestellt, Klosterneuburg 1983
Lohse E., Entstehung des Neuen Testaments, Stuttgart 5. Aufl. 1991
Rebell W., Neutestamentliche Apokryphen und Apostolische Väter, München 1992
Schenke H. M./Fischer K. M., Einleitung in die Schriften des Neuen Testaments, 1 und 2, Gütersloh 1978, 1979
Schierse F. J., Einleitung in das Neue Testament, Düsseldorf 4. Aufl. 1987
Schweizer E., Theologische Einleitung in das Neue Testament, Göttingen 1989
Wikenhauser A./Schmid J., Einleitung in das Neue Testament, Freiburg 6. Aufl. 1973

Ausgaben ausserbiblischer Texte

Jüdische Schriften aus hellenistisch-römischer Zeit. Hrsg. v. W. G. Kümmel. 1 bis 6, Gütersloh 1973ff
Religionsgeschichtliches Textbuch zum Alten Testament. Hrsg. v. W. Beyerlin, Göttingen 2. Aufl. 1985

Die Texte aus Qumran. Hsrg. v. E. Lohse, München 4. Aufl. 1986

Maier J./Schubert K., Die Qumran-Essener. Texte der Schriftrollen und Lebensbild der Gemeinde. (UTB 224), München 1973, Nachdruck 1986

Maier J., Die Tempelrolle vom Toten Meer. (UTB 829), München 1978

Thoma C./Lauer S., Die Gleichnisse der Rabbinen, 1 und 2, Bern 1986, 1991

Neutestamentliche Apokryphen in deutscher Übersetzung. Hrsg. v. E. Hennecke/W. Schneemelcher. 1 und 2, Tübingen 6. Aufl. 1990, 5. Aufl. 1989

Die Apostolischen Väter griechisch und deutsch. Hrsg. v. A. Fischer, Darmstadt 9. Aufl. 1986

Textbuch zur neutestamentlichen Zeitgeschichte. Hrsg. v. H. G. Kippenberg/G. A. Wewers, Göttingen 1979

Josephus Flavius. De Bello Iudaico/Der Jüdische Krieg. Hrsg. v. O. Michel/O. Bauernfeind, Darmstadt 1963–1982

Philo von Alexandria, Die Werke in deutscher Übersetzung. Hrsg. v. L. Cohn u. a., 1 bis 7, Berlin 2. Aufl. 1962 (1 bis 6), 1964

Flavius Philostratus. Apollonius von Tyana. Hrsg. v. E. Baltzer, Rudolfstadt 1883, Nachdruck Zürich 1983

Lexika und Nachschlagewerke

Theologisches Wörterbuch zum Neuen Testament. Hrsg. v. G. Kittel/G. Friedrich, 1 bis 10, Stuttgart 1933–1979, Studienausgabe 1990

Exegetisches Wörterbuch zum Neuen Testament. Hrsg. v. H. R. Balz/G. Schneider, 1 bis 3, Stuttgart 1980–1983, Studienausgabe 1992

Theologisches Begriffslexikon zum Neuen Testament. Hrsg. v. L. Coenen/E. Beyreuther/H. Bietenhard, 1 und 2, Wuppertal 5. Aufl. 1990

Biblisch-historisches Handwörterbuch. Hrsg. v. B. Reicke/L. Rost, 1 bis 4, Göttingen 1962–1979

Bibel-Lexikon. Hrsg. v. H. Haag, Einsiedeln 2. Aufl. 1968

Neues Bibel-Lexikon. Hrsg. v. M. Görg/B. Lang, Zürich 1988ff

Léon-Dufour X., Wörterbuch zum Neuen Testament, München 2. Aufl. 1981

Lurker M., Wörterbuch biblischer Bilder und Symbole, München 4. Aufl. 1990

Odelain O./Séguineau R., Lexikon der biblischen Eigennamen, Düsseldorf 1981

Kleines Stuttgarter Bibellexikon, Stuttgart 4. Aufl. 1977

Synopsen

Synoptisches Arbeitsbuch zu den Evangelien. Hrsg. v. R. Pesch, 1 bis 5, Zürich 1980 (1 bis 4), 1981

Patmos Synopse. Hrsg. v. F. J. Schierse, Düsseldorf 21. Aufl. 1990

Synopse zum Münchener Neuen Testament, Düsseldorf 1991

Evangelien-Synopse der Einheitsübersetzung. Hrsg. v. C. H. Peisker, Wuppertal 2. Aufl. 1989

Vollständige Synopse der Evangelien. Nach dem Text der Einheitsübersetzung. Hrsg. v. O. Knoch/E. Sitarz, Stuttgart 2. Aufl. 1989

Schulz S., Q – Synopse. Der Text der Spruchquelle bei Matthäus und Lukas, Zürich 1972

Synopse der Redequelle der Evangelien. Hrsg. v. W. Schenk, Düsseldorf 1981

Konkordanzen

Praktisches Bibelhandbuch. Wortkonkordanz. Hrsg. v. Katholischen Bibelwerk, Stuttgart 14. Aufl. 1992

Konkordanz zur Einheitsübersetzung. Hrsg. v. F. J. Schierse, Düsseldorf 4. Aufl. 1992

Methodenlehren und Einführungen

Berger K., Exegese des Neuen Testaments. (UTB 658), Heidelberg 2. Aufl. 1984

Egger W., Methodenlehre zum Neuen Testament, Freiburg 2. Aufl. 1990

Preuß H. D./Berger K., Bibelkunde des Alten und des Neuen Testaments, 1 und 2. (UTB 887, 972), Heidelberg 4. Aufl. 1989, 3. Aufl. 1986

Stenger W., Biblische Methodenlehre, Düsseldorf 1987

Strecker G./Schnelle U., Einführung in die neutestamentliche Exegese. (UTB 1253), Göttingen 3. Aufl. 1989

Strecker G./Maier J., Neues Testament – Antikes Judentum. Grundkurs Theologie 2., Stuttgart 1989

Umwelt und Hintergrund des Neuen Testaments

Barrett Ch. K./Thornton C. J., Texte zur Umwelt des Neuen Testaments. (UTB 1591), Tübingen 2. Aufl. 1991

Becker J. u. a., Die Anfänge des Christentums, Stuttgart 1987

Bösen W., Galiläa als Lebensraum und Wirkungsfeld Jesu, Freiburg 2. Aufl. 1990

Bruce F. F., Außerbiblische Zeugnisse über Jesus und das frühe Judentum, Gießen 1991

Conzelmann H., Geschichte des Urchristentums, Göttingen 6. Aufl. 1989

Reicke B., Neutestamentliche Zeitgeschichte, Berlin 3. Aufl. 1982

Dommershausen W., Die Umwelt Jesu, Freiburg (Studienausgabe) 1987

Lohse E., Umwelt des Neuen Testaments, Göttingen 8. Aufl. 1989

Bühlmann W., Wie Jesus lebte, Luzern 2. Aufl. 1989

Hermeneutik und Theologische Gesamtentwürfe zum Neuen Testament

Stuhlmacher P., Vom Verstehen des Neuen Testaments, Göttingen 2. Aufl. 1986

ders., Biblische Theologie des Neuen Testaments 1, Göttingen 1992

Weder H., Neutestamentliche Hermeneutik, Zürich 2. Aufl. 1989

Berger K., Hermeneutik des Neuen Testaments, Gütersloh 1988

Lührmann D., Auslegung des Neuen Testaments, Zürich 2. Aufl. 1987

Bultmann R., Theologie des Neuen Testaments. (UTB 630), Tübingen 9. Aufl. 1984

Conzelmann H., Grundriß der Theologie des Neuen Testaments. (UTB 1446), Tübingen 4. Aufl. 1987

Gnilka J., Neutestamentliche Theologie. Ein Überblick, Würzburg 1989

Goppelt L., Theologie des Neuen Testaments. (UTB 850), Göttingen 3. Aufl. 1985

Kümmel W. G., Die Theologie des Neuen Testaments nach seinen Hauptzeugen Jesus, Paulus, Johannes, Göttingen 5. Aufl. 1987

Lohse E., Grundriß neutestamentlicher Theologie, Stuttgart 4. Aufl. 1989

Porsch F., Viele Stimmen – ein Glaube, Stuttgart 1982

Schelkle K. H., Theologie des Neuen Testaments, 1 bis 4, Düsseldorf 1968–1976

Lohse E., Theologische Ethik des Neuen Testaments, Stuttgart 1988

Schnackenburg R., Die sittliche Botschaft des Neuen Testaments, 1 und 2, Freiburg 1986 und 1988

Schrage W., Ethik des Neuen Testaments, Göttingen 5. Aufl. 1989

Berger K., Theologiegeschichte des Urchristentums. (UTB 1541), Stuttgart 1990

Schweizer E., Theologische Einleitung in das Neue Testament. (Grundrisse zum Neuen Testament; Bd 2), Göttingen 1989

Weiser, A., Theologie des Neuen Testaments II, Die Theologie der Evangelien. (Kohlhammer-Studienbücher; Bd. 8), Stuttgart 1993

Hübner H., Biblische Theologie des Neuen Testaments, 1 und 2, Göttingen 1990 und 1993

Wichtige deutschsprachige Kommentarreihen

Herders theologischer Kommentar zum Neuen Testament. Hrsg. v. A. Wikenhauser/A. Vögtle/R. Schnakkenburg, Freiburg

Evangelisch-Katholischer Kommentar zum Neuen Testament. Hrsg. v. J. Blank/R. Schnackenburg/E. Schweizer/U. Wilckens, Zürich-Neukirchen

Ökumenischer Taschenbuchkommentar zum Neuen Testament. Hrsg. v. E. Gräßer/K. Kertelge, Gütersloh-Würzburg

Regensburger Neues Testament. Hrsg. v. J. Eckert/O. Knoch, Regensburg

Das Neue Testament Deutsch. Hrsg. v. G. Friedrich/P. Stuhlmacher, Göttingen

Zürcher Bibelkommentare. Hrsg. v. H. H. Schmid/S. Schulz, Zürich

Die neue Echter Bibel. Hrsg. v. J. Gnilka/R. Schnackenburg, Würzburg

Stuttgarter Kleiner Kommentar. Hrsg. v. P. G. Müller, Stuttgart

Geistliche Schriftlesung. Hrsg. v. W. Trilling, Düsseldorf

Pesch R./Kratz R., so liest man synoptisch. Anleitung und Kommentar zum Studium der synoptischen Evangelien, 1 bis 7, Frankfurt 1975–1980

Weiterführende Literatur zur vorliegenden Einführung

Charpentier E., Führer durch das Neue Testament, Düsseldorf 4. Aufl. 1990

Das Buch der Bücher. Neues Testament. Hrsg. v. G. Iber, München 4. Aufl. 1990

Knoch O., Begegnung wird Zeugnis. Werden und Wesen des Neuen Testaments, Stuttgart 2. Aufl. 1987

Merkel H., Bibelkunde des Neuen Testaments, Gütersloh 3. Aufl. 1988

Roloff J., Neues Testament, Neukirchen 3. Aufl. 1989

Weder-Altherr H., Taschen-Tutor. Neues Testament, Göttingen 3. Aufl. 1989

Kirchschläger W., Kleiner Grundkurs Bibel. Im Blick: Das Neue Testament, Stuttgart 2. Aufl. 1992

ders., Schriftverständnis leicht gemacht. Zur Vermittlung biblischen Grundwissens, Klosterneuburg 1980

Zu Kapitel I.:

Egger W., Freude am Wort, Bozen 1987

Einheit im Wort. Einheitsübersetzung der Heiligen Schrift. Hrsg. v. J. G. Plöger/O. Knoch, Stuttgart 1979

Kellermann M. u. a., Welt, aus der die Bibel kommt. Biblische Hilfswissenschaften, Stuttgart 1982

Kremer J., Die Bibel lesen – aber wie? Stuttgart 10. Aufl. 1988

ders., Die Bibel – ein Buch für alle, Stuttgart 1986

Zu Kapitel II.:

Kirchschläger W., Dogmatische Konstitution über die Göttliche Offenbarung »Dei Verbum«. Einführung und Kurzkommentar, Klosterneuburg 1985

Zu Kapitel III.:

Beck E., Gottes Sohn kam in die Welt, Stuttgart 3. Aufl. 1985

Kirchschläger W., Der Lobgesang Mariens. Das Magnifikat, Fribourg 1984

Merklein H., Jesu Botschaft von der Gottesherrschaft, Stuttgart 1983

Lambrecht J., Ich aber sage euch. Die Bergpredigt als programmatische Rede Jesu, Stuttgart 1984

Knoch O., Wer Ohren hat, der höre. Die Botschaft der Gleichnisse Jesu, Stuttgart 1983

Weiser A., Was die Bibel Wunder nennt, Stuttgart 7. Aufl. 1988

Knoch O., Dem, der glaubt, ist alles möglich. Die Botschaft der Wundererzählungen, Stuttgart 1987

Schüngel P., Die Kraft des Ursprungs, Zürich 1992

Schweizer E., Jesus Christus, Gütersloh 5. Aufl. 1979

Schürmann H., Jesus, Paderborn 1994

Schnackenburg R., Die Person Jesu im Spiegel der vier Evangelien, Freiburg 1993

Zu Kapitel IV.:

Kremer J., Die Osterevangelien – Geschichten um Geschichte, Stuttgart 2. Aufl. 1981

Schierse F. J., Christologie, Düsseldorf 5. Aufl. 1987

Speidel K., Das Urteil des Pilatus, Stuttgart 1976

Zu Kapitel V.:

Fitzmyer J. A., Die Wahrheit der Evangelien, Stuttgart 1965

Zu Kapitel VI.:

siehe oben: Einleitungsliteratur

Zu Kapitel VII.:

Lang B., Ein Buch wie kein anderes. Einführung in die kritische Lektüre der Bibel, Stuttgart 1980
weiters siehe oben: Methodenlehren

Zu Kapitel VIII.:

Egger W., Gemeinsam Bibel lesen, Innsbruck 2. Aufl. 1978
weiters siehe oben: Hermeneutik

Register der im Wortlaut zitierten und/oder ausführlich besprochenen Texte

Texte, die (auch) wörtlich zitiert sind, werden in kursiver Schrift angegeben.

Biblische Schriften – Altes Testament

Biblische Schriften – Neues Testament

Register der den Übungsaufgaben zugrundegelegten Texte